P9-DTX-078

Universal-Bibliothek Nr. 7742

Umschlagabbildung nach einem Motiv von Koloman Moser
Gesamtherstellung: Reclam, Ditzingen. Printed in Germany 1992

ISBN 3-15-007742-7

Die Wiener Moderne

Literatur, Kunst und Musik zwischen 1890 und 1910

Mit 25 Abbildungen

Herausgegeben von
Gotthart Wunberg
unter Mitarbeit von
Johannes J. Braakenburg

PHILIPP RECLAM JUN. STUTTGART

Inhalt

Anhang

Einleitung

Die Wiener Moderne – das umfaßt Hofmannsthal und Gustav Klimt genauso wie Altenberg und Adolf Loos; wie Bahr, Kraus oder Schnitzler; Joseph Kainz oder das Kaffeehaus; Skandale um Secession und Schönberg-Konzerte. Die Literatur der Jahrhundertwende in Wien, deren Präsentation unter dieser Überschrift hier versucht werden soll, lebt bei aller ihr immer wieder nachgesagten Esoterik nicht (oder nicht nur) aus sich selbst. Vielmehr sind es gerade die zahllosen Verflechtungen mit dem kulturellen Leben anderer Länder – von St. Petersburg bis Madrid, von Oslo und Kopenhagen bis Rom und Paris, von Berlin bis London –, die diese Literatur zu dem gemacht haben, was sie im internationalen Kontext bis in die Gegenwart hinein bedeutet, und womit sie bis heute wirkt. Für ihre Vertreter waren die mannigfachen Verbindungen zu bildender Kunst und Musik des eigenen Landes genauso selbstverständlich wie die zu den Literaturen und bildenden Künsten der anderen. Was im kulturellen und wissenschaftlichen Wien geschah, drang weit über die Grenzen Österreichs, ja Europas hinaus; Anregungen von außen wurden produktiv aufgenommen und weitergeführt. Zu dem, was die Wiener Moderne neben dem rein Literarischen zu bieten hatte, gehörten höchst heterogene Dinge: die Propagierung einer neuen Architektur (Otto Wagner, Joseph Maria Olbrich oder Adolf Loos) und der riesige Komplex, der mit dem Stichwort Kunstgewerbe und der Einrichtung der »Wiener Werkstätten« nur unzureichend beschrieben ist; aber auch Theodor Herzls Zionismus und die Psychoanalyse Sigmund Freuds. Andererseits wirkte die Literatur des gesamten übrigen Europa direkt und indirekt, durch persönliche Kontakte oder literarische Vermittlung in Zeitungen, Zeitschriften und Büchern auf diese von Wien ausgehende Literatur ein. Das läßt sich sowohl in den literarischen Arbeiten selbst wie auch in der literaturkritischen und essayistischen Auseinandersetzung – namentlich mit der französischsprachigen Literatur – genau verfolgen.

Wiener Moderne und »Junges Wien«

Der zeitgenössischen Öffentlichkeit wurde die Literatur der Wiener Moderne allerdings zumeist – sowohl im eigenen Lande wie auch außerhalb; insbesondere von Berlin her – als die des sogenannten Jungen Wien dargeboten. Nicht immer unter dem Beifall der Betroffenen, oder besser gesagt: derer, die man sich für diese Rubrik ausgesucht hatte. Der Terminus täte nicht viel zur Sache, wenn es nicht der zeitgenössische wäre; einer, dessen Ableitung aus anderen, weit verbreiteten ähnlichen Schlagwörtern doch wieder sehr bezeichnend und instruktiv ist.

Freilich: die bloße Bezeichnung »Junges Wien« faßt – wie »Jung-Österreich« – das Gemeinte nur notdürftig. Greifbar wird darin allenfalls das Analogische: zum »Jungen« und »Jüngsten Deutschland« der Berliner Literaten um 1890 (was seinerseits an die dreißiger Jahre hatte erinnern sollen), zum »Jungen Polen«, »Jungen Frankreich« oder auch zu »Jung-Tirol« usw. Aber schon in der Analogie wird doch soviel wie eine Tendenz deutlich: die für die Zeit so symptomatische Mischung von Lokalpatriotismus und neuem Entwurf; die Fixierung des Neuen eben im Geographisch-Nationalen; das Junktim von Eigenständigkeit und Innovation; oder doch der Versuch, es miteinander zu verbinden. Der Ausdruck selbst ist später als die Sache: die Notwendigkeit einer eigenen Literatur hatte sich früher eingestellt als das Bedürfnis, sie mit einem Schlagwort zu benennen. Folglich stand dahinter auch kein Programm, das den Terminus als unerläßlich propagiert und gerechtfertigt, das ihn genauer definiert hätte. Im Gegenteil: die Einwände derer, die so rubriziert werden sollten, waren zahlreich; zahlreicher jedenfalls als die, die sich willig dazurechnen ließen.

Daß die Jung-Wiener sich nicht von Anfang an als das darstellten, was sie später waren und wofür sie angesehen wurden, daß sie vielmehr als Realisten und Naturalisten begannen oder beginnen wollten, und nicht als Neuromantiker, Symbolisten, Impressionisten oder Dekadente, ist wenig bekannt; aber es wird plausibel, wenn man näher hinsieht und die Dokumente studiert.
Zur Frage der Bezeichnung selbst ist immerhin festzustellen, daß sie schon relativ früh so verwendet wird, als sei sie allen geläufig und als bedürfe sie keiner weiteren Erläuterung. Das trifft etwa für Friedrich Michael Fels zu, als er im Juni 1892 in der *Freien Bühne* über eine Maeterlinck-Inszenierung berichtete,[1] ebenso für Robert Levissohn, wenn er sich über eine Gedichtsammlung von Richard Specht äußert und wie selbstverständlich von dem Verfasser als einem »der Talente von Jung-Wien« spricht.[2] – Als der in Berlin lebende Franz Servaes Ende 1896 unter der Überschrift »Jung-Wien« seine »Berliner Eindrücke« von dem zusammenfaßte, was man in der Reichshauptstadt von der österreichischen Literatur hielt und wußte, war der Ausdruck so eingebürgert, daß der Beitrag als deutliches Pendant zu einem umfänglichen Bericht in derselben Zeitschrift fungieren konnte, dessen Titel »Jung-Berlin. Zehn Jahre Literatur-Bewegung« lautete. »›Jung-Wien!?‹ Seit wann gibt es das?« – so beginnt der Bericht – »Wir in Jung-Berlin stecken die Köpfe zusammen und tuscheln. Damals, vor fünf, sechs Jahren, als der Hermann Bahr von uns fortging, da gab es ein Jung-Wien noch nicht. Was sich etwa so hätte nennen mögen, darum uns zu kümmern, spürten wir jedenfalls keinen Anlaß. Wien, das war für uns Berliner – Provinz, ganz einfach! Es war eine stille freundliche Dependenz, die man vielleicht ab und zu einmal durch ein lobendes Wort aufmunterte. Heute sehen wir ganz anders hin.«[3]
Die genauere, sozusagen intraspezifische Unterscheidung zwischen einem »Jungen Österreich« und einem »Jungen Wien« wird selten genau durchgeführt; wohl nicht zuletzt deshalb, weil sie von der Sache her kaum wirklich etwas

austrägt. Hermann Bahrs erster zusammenhängender Versuch über den speziell österreichischen Beitrag zur neuen deutschsprachigen Literatur setzt das »Junge Österreich« deutlich gegen das »Jüngste Deutschland« ab und integriert gewissermaßen das »Junge Wien« in seine nächstgrößere geographische Einheit: »Man redet jetzt viel von einem ›jungen Österreich‹. Es mag etwa drei, vier Jahre her sein, daß das Wort erfunden wurde, um eine Gruppe, vielleicht eine Schule von jungen, meist Wiener Literaten zu nennen, die durch auffällige Werke, einige auch schon durch schöne Versprechungen in der Gesellschaft bekannt, ja sie selber meinen wohl sogar: berühmt wurden. Die Menge weiß freilich ihren Namen nicht, weil die Zeitungen von ihnen schweigen [. . .].«[4] Die von ihm als Beispiele dieser österreichischen Moderne angeführten Autoren (Torresani, Schnitzler, Hofmannsthal, Dörmann, Korff, Specht, Paul Fischer und er selbst) lebten sämtlich in Wien. Arthur Schnitzlers Aufzeichnungen überliefern noch einige andere Namen. Seine Tagebücher »bieten gleichsam eine Abbreviatur des literarischen Lebens im Wien der Jahrhundertwende. 1891 liest man in den Aufzeichnungen mehrfach vom ›Jung Wien‹ oder vom ›Jungen Österreich‹. Diese Bezeichnungen kamen damals in Mode, und Hermann Bahr war es schließlich, der ihnen zu dauernder Geltung verhalf. Dieses ›Jung Wien‹ war nicht nur die ›Clique‹ Schnitzler, Beer-Hofmann, Salten und Hofmannsthal – wohlprotegiert von Bahr. Stattlich ist die Liste der Namen, die unter ›Jung Wien‹ und ›Das junge Österreich‹ von Schnitzler notiert werden: Ferry Bératon, Felix Dörmann, Leo Ebermann, Karl Federn, Friedrich Michael Fels, Paul Goldmann, Jacques Joachim, Eduard Michael Kafka, C. Karlweis, Heinrich von Korff, Julius Kulka, Rudolf Lothar, Friedrich Schik, Gustav Schwarzkopf, Falk Schupp, Richard Specht, Karl Ferdinand Freiherr von Torresani und Leo Vanjung (von Schnitzler oft fälschlich Fanjung geschrieben).«[5] – Der hier genannte Personenkreis deckt sich im wesentlichen mit denjenigen

Namen, die Alfred Zohner als die der regelmäßigen Besucher des Café Griensteidl aufzählt.
Hermann Bahr schrieb 1899 rückblickend, als er von der *Zeit* zum *Neuen Wiener Tagblatt* überwechselte, sie hätten seinerzeit keine Schule, keine Partei und keine Gruppe bilden wollen;[6] und in der Tat: das »Junge Wien« hat sich nie eigentlich konstituiert. Darin vergleichbar dem »Jungen Deutschland« der dreißiger Jahre des 19. Jahrhunderts oder den Berliner Jüngstdeutschen. Wie bei ähnlichen Gruppierungen gibt es aber gleichwohl eine Reihe von Ereignissen, die – von den Beteiligten gewollt, oder erst der späteren Literaturgeschichtsschreibung erkennbar – die Anfänge deutlich markieren. Für das »Junge Wien« ist das in erster Linie die Gründung der *Modernen Dichtung / Modernen Rundschau*, jener österreichischen Zeitschrift, in der die ersten dichterischen und literaturkritischen Arbeiten der Jungwiener gedruckt wurden; dann das Auftreten von Männern des literarischen Lebens – sei es, daß sie mehr aus der Ferne wirkten, wie Henrik Ibsen; sei es aus unmittelbarer Nähe wie Hermann Bahr. Hinzu kam etwa der Versuch, analog zu Berlin auch in Wien eine *Freie Bühne* zu gründen. Aber die Gewichtung ist verschieden. Wenn überhaupt jemand die Begründung Jungwiens für sich in Anspruch nehmen kann (und soll),[7] so ist das jedenfalls nicht Hermann Bahr (der das nie behauptet hat), sondern Eduard Michael Kafka, ein jung verstorbener Wiener Literat, der 1890 zusammen mit Julius Kulka in Brünn die *Moderne Dichtung* gründete. Daß die Zeitschrift in Brünn und nicht in Wien ihren Anfang nahm, dann aber ein Jahr später dorthin übersiedelte, beweist ihren gesamtösterreichischen Anspruch, den sie eben bezeichnenderweise auf die Dauer nur in der Hauptstadt verwirklichen zu können glaubte; weit entfernt von jedem Brünner oder auch nur Wiener Lokalpatriotismus.
Die Herausgeber dieser Zeitschrift waren es auch, die sich nicht nur Hermann Bahr vom ersten Heft an verpflichteten, sondern im April 1891 keinen Geringeren als Henrik Ibsen

nach Wien einluden, um ihn durch eine Aufführung der *Kronprätendenten* und ein »Festbanquett« zu feiern. Mit dieser Quasiproklamation Ibsens als Patronatsherren der jungen österreichischen Literatur machten sie zugleich einer breiteren Öffentlichkeit, als sie sie bei der Leserschaft ihrer Zeitschrift voraussetzen konnten, ein weiteres Mal klar, daß sie die neue Literatur nicht provinziell, sondern im europäischen Kontext zu sehen hatte. An dem breiten Raum, den die Berichte über diese Ereignisse in der *Modernen Rundschau* einnahmen, ist die Bedeutung abzulesen, die die Herausgeber ihnen beimaßen.

Café Griensteidl

Erst auf dieser sehr konkreten Grundlage einer Zeitschrift und ihrer Aktivität – das ist nicht nur allgemein plausibel, sondern historisch belegbar – kann die junge Wiener Literatur sich organisieren, kann Friedrich Michael Fels seine »Freie Bühne« gründen, Hermann Bahr seine Entdeckungen und »Überwindungen« vornehmen. Aber es tritt noch ein Faktum hinzu, das so banal wie wichtig war für den Zusammenhalt, das – wo es vorhanden war – Zusammengehörigkeitsgefühl der jungen Dichter: sie lebten fast ausnahmslos in Wien, fast ausnahmslos in wenigstens gemäßigt guten,[8] wenn auch nicht, wie man bis heute lesen kann, besten Verhältnissen. Sie konnten sich mühelos und schnell durch eine gut funktionierende Stadtpost, durch Boten oder Rohrpost verständigen; wenn es sein mußte, telegraphisch. Man traf sich – nicht regelmäßig, aber häufig – in der Oper, im Theater, zum Souper, zu gemeinsamen Radtouren oder – und das ist in die Literaturgeschichte eingegangen – im Kaffeehaus.[9]

Alfred Zohner beschreibt die Einzelheiten wie folgt: »Niemals früher und niemals später, weder in Österreich noch in Deutschland, Frankreich oder Italien, hat sich Literatur-

und Kulturleben inniger mit dem Kaffeehaus verschwistert als das ›Junge Wien‹ mit dem ›Café Griensteidl‹. Diese Verbundenheit geht so weit, daß man, ohne mißverständlich zu werden, einen Namen für den anderen setzen kann. Aber noch mehr, der innere Zerfall der ganzen Bewegung steht mit der allerdings aus anderen Gründen erfolgten Schließung des Lokals in zeitlichem Zusammenhang. Das Kaffeehaus als Hauptstapel- und Umschlagplatz von Zeitideen – man denke an das vormärzliche ›Silberne Kaffeehaus‹ in der Spiegelgasse oder an das ›Café Daum‹ am Kohlmarkt – gewinnt seine eigenartigste Erscheinungsform im ›Café Griensteidl‹.

Im März 1847 eröffnete Heinrich Griensteidl, ein ehemaliger Apotheker und Besitzer einer Kaffeeschänke in der Bibergasse, in den Parterrelokalitäten des gräflich Herbersteinschen Palais am Michaelerplatz (jetzt Ecke Herren- und Schauflergasse) ein für die damaligen Begriffe recht luxuriös ausgestattetes Lokal, in dem sich gleich nach der Gründung, wahrscheinlich wegen der zentralen Lage und der unmittelbaren Nachbarschaft des alten Burgtheaters, Literaten und Schauspieler zu treffen pflegten. Im Jahre 1848, im Rausch der Befreiungstage, in ›National-Café‹ umbenannt, der Treffpunkt der Politiker, in den fünfziger Jahren das Buenretiro aller Mißvergnügten und Räsoneure, in der Zeit des Bürgerministeriums sogar das Hauptquartier der Arbeiterführer Hartung, Andreas Scheu, Johann Most, Oberwinder (der von hier aus die erste Demonstration vor dem Parlament leitete), stets von vielen hervorragenden und populären Persönlichkeiten, wie Grillparzer, Laube, Reschauer, Grasberger, Masaidek, Camillo Sitte, Waldstein, Costa, Graf Beust, Lustkandl, Schönerer, Steinwender u. a., besucht, erlangte das ›Café Griensteidl‹ durch die literarische Revolution der Jugend der neunziger Jahre als ›Café Größenwahn‹, wie einer der vielen Spitznamen lautete, seine literarische Bedeutung.

Die vier oder fünf niedrigen, gewölbten Zimmer, mit einst weißen, nun rauchgeschwärzten Tapeten ausgeschlagen, mit dem Ausblick über den Michaelerplatz, wurden zu der Stätte, an der sich die in ihrer Aufgewühltheit gleichgesinnten jungen Menschen zusammenfanden. Hier hielten sie in jenen ›unendlichen Gesprächen, die nachmittags auf der Wieden begannen, um schließlich in irgend einem Café bei Morgengrauen noch immer nicht erledigt zu sein‹, über Gott und die Welt Gericht. ›Was sie einander nahe brachte, war das Frühlingshafte dieser ganzen Zeit, die gemeinsame Empfindung neu anbrechender Lebendigkeiten, eines neuen Willens zur Wahrhaftigkeit und zu einer erlebnisstarken Einfachheit, war das Bedürfnis, sich Gleichgesinnten (oder solchen, die man dafür hielt) aufzuschließen, an ihnen und durch sie zur Selbsterkenntnis und zur rechten Einstellung zu kommen, Anregungen zu empfangen, Probleme des Lebens und der Kunst zu sehen, die eigenen Fähigkeiten und Grenzen zu messen und zu behaupten und sich Wehleidigkeit abzugewöhnen.‹

Um Hermann Bahr als Wortführer schlossen sie sich zusammen. Bei kaum merklichen Altersunterschieden richteten sie ihr Stürmen und Drängen auch gegen die gleichen Widerstände und auf die gleichen Ziele. Zu der engeren Tischgemeinschaft Bahrs zählten: Schnitzler, der knabenhafte Hofmannsthal, Andrian, Beer-Hofmann, Baumgartner, Salten, Specht, Leo Feld, Dörmann, Ferry Bératon und Karl Kraus, später Peter Altenberg. (Weiters sind als ständige Besucher noch die Brüder Robert und Georg Fischer zu nennen, Julius Bauer, Wilhelm Stekel, Otto Sachs und der scharfsinnige, den Gesprächen immer eine neue Richtung gebende Leo Van-Jung, auch die sozialistischen Politiker und Redakteure der ›Arbeiter-Zeitung‹ Viktor Adler, Engelbert Pernerstorfer, Friedrich Austerlitz und Karl Leuthner, die aber noch vor der Schließung in das ›Café Central‹ abwanderten.) Andere, zum Teil bereits Arrivierte, wie Gustav Schwarzkopf, Torresani, Dr. Jacques Joachim, Fels, Ebermann, Julius Kulka, Viktor Léon, Karlweis, Emil Mark, der Schauspieler Max Pollandt, vor allem aber Karl Maria Heidt, der Schriftführer der Literaturgesellschaft ›Iduna‹, finden gelegentlich Berührungspunkte und Übergänge zu der recht exklusiven Tischgesellschaft der Älteren, die sich von den revolutionären, traditionslosen Elementen der neuen Generation streng absondern, sie verneinen und zu übersehen suchen.«[10]

Man sollte die Rolle des Kaffeehauses nicht als anekdotische Zugabe werten. Ihr soziologischer Charakter hat viel mit dem der Gruppe zu tun, die sich dort zu treffen pflegte. Die Beliebigkeit und Unregelmäßigkeit des Zusammenkommens, die für jedes Treffen nötige vorherige Verabredung – in den Briefen dieser Jahre vielfach belegt – hatten ihr Äquivalent in der letztlich fehlenden gemeinsamen Linie. Die war vorhanden, beruhte aber auf eben derselben Zufälligkeit wie das Zusammentreffen mit dem Richtigen zu einem mehr oder weniger beliebigen Zeitpunkt im Kaffeehaus.

»Moderne Dichtung / Moderne Rundschau«

Die Zeitschrift und ihre Mitarbeiter

Stößt die Beantwortung der Frage nach Bezeichnung und Personenkreis des Jungen Wien auf gewisse Schwierigkeiten, so kann die Literaturgeschichte, was das Datum betrifft – gerade im Hinblick auf die vorliegende Sammlung literatur- und kunstkritischer Arbeiten aus Österreich – mit einer runden Zahl aufwarten: dem 1. Januar 1890. Unter diesem Datum erschien das erste Heft jener »Monatsschrift für Literatur und Kritik«, die der einundzwanzigjährige Eduard Michael Kafka in Brünn unter dem Titel *Moderne Dichtung* herausgab.[11]

Hermann Bahr, der zwar nicht als Herausgeber zeichnete, die neue Literaturzeitung aber in ihren Grundzügen wesentlich mit entworfen hatte, berichtet 1899 rückblickend in einem »Zehn Jahre« überschriebenen Artikel von der Entstehung der *Modernen Dichtung*. Bahr war im Sommer 1889

in Paris gewesen und faßte seine Erinnerungen in der dritten Person ab: »[...] da begab es sich, daß er eines Tages von einem unbekannten Menschen, dessen Namen er niemals vernommen hatte, in einem stürmischen und aggressiven Brief aufgefordert wurde, sie sollten zusammen eine Literatur in Österreich begründen. [...] der Unbekannte [...] ist ein junger Mensch in Brünn gewesen, Herr E. M. Kafka [...]. Der hatte sich [...] in Brünn eine Revue der österreichischen Literatur herauszugeben entschlossen: Die ›Moderne Dichtung‹. Und über diesen Plan flogen nun zwischen den beiden jungen Leuten, die einer den andern niemals gesehen hatten, aber sich durch ihre Sehnsucht wie Brüder geworden waren, Briefe wie schreiende Sturmvögel hin und her, fünf Monate lang, bis denn dann endlich im Jänner das erste Heft der neuen Zeitung erschien, die Ankündigung einer neuen Literatur in unserem Lande.«[12]
Welchen Wert man diesem Ereignis in anderen literarischen Kreisen beimaß und welche Hoffnungen man in die neue Zeitschrift setzte, geht aus Otto Julius Bierbaums fast sechsseitiger Rezension der *Modernen Dichtung* in Michael Georg Conrads *Gesellschaft* hervor, wo es heißt: »Daß wir in aufsteigender Linie schreiten, ist aus vielem ersichtlich. Ein prächtiges Neujahrsgeschenk ist uns aus Österreich geworden in der oben im Titel angegebenen Kafkaschen Monatsschrift. Das ist eine verheißungsvolle Tat für den deutschen Realismus, um so verheißungsvoller, als es den Anschein hat, daß sie die Fehler vermeiden wird, welche uns bisher soviel geschadet haben, obwohl sie zum Teil in den Stürmen der ersten Propaganda notwendig waren. Die ›Moderne Dichtung‹ wird ohne die Tobanfälle jugendlichen Kämpferzorns auskommen können, welche vielleicht notwendige Begleiterscheinungen im bisherigen Gange unserer Entwickelung waren, sie wird sich auch wohl sicherlich nicht zur Unfehlbarkeitstribüne krankhaft geschwollenen Selbstbewußtseins hergeben. Wenn der Realismus seine Flegeljahre nötig gehabt hat, so hat er es jetzt sicher nötig, aus ihnen herauszutreten. Wir begrüßen das Erscheinen der

›Modernen Dichtung‹ als ein Symptom dafür, daß diese Erkenntnis immer mächtiger wird, und so begrüßen wir denn dieses neue Organ des literarischen Realismus überhaupt als ein schönes Zeichen des guten Fortgangs unserer Sache.

Das erste Heft ist gut gelungen, überraschend gut, wenn man bedenkt, welche Schwierigkeiten gerade die Zusammenstellung der Probenummer findet, die gewissermaßen aus dem Nichts herauserschaffen werden muß. Eins ist vor allem gut an ihr: man erkennt klar das Wollen des Unternehmens. Sie ist kein Prunk- und Schaustück, mühsam hergestellt zum Abonnentengimpelfang, sondern ein ehrliches Programm, aus dem man hauptsächlich erkennen möge, was man zu geben noch bestrebt ist. So bietet denn die Nr. 1 viel, läßt aber noch mehr erwarten.«[13]

In Österreich selbst verstand man dieses »Organ des literarischen Realismus« eher naturalistisch und nannte es auch so. Man hatte mit der Richtung also auch die Unsicherheit in der Bezeichnung von den Berlinern und Münchnern übernommen.

Das zeigt ein Aufsatz des Wiener Ästhetikers Emil Reich im *Magazin für Literatur*, den die *Neue Wiener Bücher-Zeitung* vom 15. Dezember 1890 teilweise abdruckte. In der im Winter zuvor gegründeten Grillparzer-Gesellschaft hätten sich nicht nur alte, schreibt Reich, sondern auch junge »Talente« (Jakob Julius David, Friedrich Beck, Hermann Hango, Karl Maria Heidt) zusammengefunden, und »auch sonst regt und rührt es sich in Österreich. In der Brünner ›Modernen Dichtung‹ hat der Naturalismus sich ein kräftig aufstrebendes Organ geschaffen. Kurzum es fehlt uns nicht an Talenten, aber es fehlt unseren Talenten an Beachtung.«[14]

Entscheidend in diesem Zusammenhang: der Hinweis auf die mangelnde Wirkung, die »berechtigte Klage darüber, daß unser heimisches Schrifttum draußen im Deutschen Reiche noch immer nicht die verdiente Anerkennung findet«.[15] Es deutet auch hier auf den Konkurrenzcharakter in der Beziehung zur deutschen Literatur, von dem noch die

Rede sein wird. Bierbaum stand mit seiner Genugtuung über den gemäßigten Realismus der neuen Zeitschrift nicht allein. In gleichem Sinne äußerte sich das von den Brüdern Hart herausgegebene *Kritische Jahrbuch*, das seinem Titel nach »Beiträge zur Charakteristik der zeitgenössischen Literatur sowie zur Verständigung über den modernen Realismus« liefern wollte: »Das erste literarische Ereignis, das mit dem Jahre 1890 ans Licht tritt, ist das Erscheinen einer Zeitschrift, die zum erstenmale alle Richtungen der jüngeren Dichterschaft, all die jungen Kämpfer, die, so widerhaarig sie meist persönlich einander gegenüberstehen, doch in einem geistigen Boden wurzeln, zu glückverheißendem Vereine um sich schart. Von Tag zu Tag tritt es mehr hervor, was die Alten und die Jungen trennt: nicht bloß eine neue Ästhetik, sondern vor allem auch neue Anschauungen von der Weltentwicklung, der Wahrheit, der Sittlichkeit und der Gesellschaft. Und da ist es denn gut, daß die Jungen endlich einmal als geschlossene Heerschar auftreten, das Trennende beiseite lassen und in ernstem Wetteifer miteinander zeigen, was ein jeder will und kann. Dann wird eine Gemeinschaftskraft von ihnen ausgehen, die unwiderstehlich vorwärts dringt. In diesem Sinne sei die ›Moderne Dichtung‹ gegrüßt; möge es ihr gelingen, festen Fuß zu fassen [. . .].«[16]
Mit der Feststellung, es gehe nicht nur um eine neue Ästhetik, sondern um eine viel allgemeinere Erneuerung, nahm der Rezensent des *Kritischen Jahrbuches*[17] die von den Herausgebern Kafka und Joachim erst zu Beginn des zweiten Jahrganges formulierten Prinzipien des nunmehr *Moderne Rundschau* genannten Organs vorweg.
Es ist bezeichnend für die anfängliche Unsicherheit der literarischen Kritik in Österreich, daß diesem so freudig begrüßten ersten Heft kein grundsätzlicher Artikel vorangestellt wurde, was nach dem Vorgang anderer solcher Zeitschriften, an denen man sich bis in die Aufmachung hinein orientierte, immerhin nahegelegen hätte.[18] Aber ihr Programm läßt sich dennoch genau ausmachen, denn die Herausgeber[19] hielten es, als sie sich im April 1891 nach viertel-

jähriger Pause entschlossen, die Zeitschrift unter dem Titel *Moderne Rundschau* weiterzuführen, doch für nötig, das Versäumte gewissermaßen nachzuliefern. Sie verfaßten es gemeinsam und stellten es unter der Überschrift »Gesellschaftliche Zusammenhänge« programmatisch an den Anfang des ersten Heftes der neuen Zeitschrift: »Die ›Moderne Dichtung‹ hat ausschließlich das literarische Leben, die Strömungen des modernen Geistes auf literarischem Gebiete in den Kreis ihrer Betrachtung gezogen, die ›Moderne Rundschau‹ tritt mit der Absicht auf den Plan, ein Spiegel des gesamten modernen Lebens zu sein. Die moderne Literatur ist für sich allein, abgesondert von allen übrigen Ausstrahlungen des modernen Geistes nicht zu begreifen, nur vom Standpunkt der neuesten naturwissenschaftlichen, psychologischen und soziologischen Erkenntnisse, nur vom Standpunkt der fortgeschrittensten rechts- und moralphilosophischen, technischen, volkswirtschaftlichen, sozialpolitischen Anschauungen aus sind wir imstande, die künstlerischen Dokumente des großen Lebensprozesses der Gegenwart recht zu verstehen und nach Gebühr zu würdigen.

Andererseits kann auch die Kunst selbst nur aus der Erkenntnis dieser Zusammenhänge heraus die rechte Kraft schöpfen und das Bewußtsein ihrer erhabenen Kulturmission: der Menschheit voranzuleuchten in ihrem Ringen nach Licht und Wahrheit und neuen Kulturzielen und werktätig mitzuarbeiten an der Überwindung aller kulturfeindlichen Mächte der Gegenwart!

Das gesamte Leben unserer Zeit in seinen Zusammenhängen zu erfassen und ein getreues Bild zu entrollen der gewaltigen Umwälzung, welche der moderne Geist in unserer ganzen Anschauungswelt hervorgerufen: mit diesem Programm betritt die ›Moderne Rundschau‹ ihren Weg.«[20]

Diese Ansicht – daß es keine isolierte Erneuerung geben könne, keine, die sich auf ein einzelnes Lebensgebiet beschränke; und vor allem, daß die Literatur nicht unabhängig von allen anderen Lebensbereichen zu verstehen sei –

teilten die Herausgeber mit den meisten ihrer Kollegen.[21] Die Soziologie kam gerade, verdeckt unter dem Namen Nationalökonomie, in Mode. Die *Moderne Rundschau* hatte sich damit expressis verbis dieselben Ziele gesetzt wie die beiden großen naturalistischen Zeitschriften *Die Gesellschaft* oder die inzwischen auf den Plan getretene *Freie Bühne*. Von daher gesehen war es nicht einmal inkonsequent, wenn die Herausgeber nach einem weiteren Dreivierteljahr meinten, man habe seine Aufgabe erfüllt, nun könne man seine Leser getrost an die *Freie Bühne* verweisen. Als sie im letzten Heft des Jahres 1891 den Lesern mitteilten, das Blatt werde vom Januar 1892 an »mit der ›Freien Bühne für modernes Leben‹, dem führenden Organ der modernen Geistesbewegung in Deutschland, vereint als Monatsschrift« erscheinen, beteuerten sie zugleich, kein neues Programm aufstellen zu müssen. Es könne sich vielmehr nur darum handeln, den »Kreis des Gebotenen in unablässiger Sorge zu erweitern«. Gleichzeitig gaben sie aber – sozusagen postum – die Programmpunkte bekannt, die sie zwei Jahre hindurch geleitet hätten: der große Entwicklungskampf der Zeit sei von ihnen »auf dem Sondergebiete der naturalistischen Bewegung in der Literatur, auf dem Boden der bedeutungsreichen sozialen und ethischen Strömungen unseres öffentlichen Handelns und Denkens, auf den verschlungenen Pfaden der unbeirrt vorschreitenden Naturwissenschaft« verfolgt worden.[22] Das deckt sich – wie gesagt – mit den Programmen der beiden anderen, weit bekannteren und bedeutenderen Zeitschriften. Besonders dem Programm der *Freien Bühne* kommt es nahe, wenn der »Kreis des Gebotenen in unablässiger Sorge« erweitert werden soll. Das ist nicht verwunderlich, wenn man gerade ihr sein weiteres Schicksal überlassen wollte. »Zum Beginn« hatte die *Freie Bühne* verkündet, die »unendliche Entwicklung menschlicher Kultur« sei »an keine Formel« gebunden, »auch an die jüngste nicht«; und in diesem Sinne, »im Glauben an das ewig Werdende« wolle man diese freie Bühne für das moderne Leben aufschlagen.[23] Das entsprach außerdem der von Wilhelm Bölsche schon im ersten Heft der *Modernen Dichtung* vertretenen Ansicht von den drei »großen treibenden Ideen« des Jahrhunderts, an denen die deutsche Ästhetik im Gegensatz zur Poesie selbst keinen »Anteil« habe: Naturwissenschaft, moderne Ethik und soziale Frage.[24]

Daß das erste Organ der jungen österreichischen Literatur sich so offensichtlich dem Naturalismus verschrieb, oder dem, was man darunter verstand, ist nur auf den ersten Blick verwunderlich; nur dann, wenn man die gemeinhin vertretene Auffassung teilt, in Österreich habe es eo ipso und von vornherein nichts anderes als Décadence-Bewegung, habe es nur Neuromantik, Symbolismus und Impressionismus, aber eben keinen Naturalismus gegeben. Daß dem ganz und gar nicht so ist, darüber kann die Literaturkritik und Essayistik gerade dieser Zeitschrift belehren. Aufschlußreich sind die Details: In Aufmachung und Gliederung der Beiträge entsprach die *Moderne Dichtung* weitgehend der *Gesellschaft*, dieser dezidiert naturalistischen Zeitschrift. Wie Conrad brachte auch Eduard Michael Kafka eine »Rundschau«, einen »Lesesaal«. Waren das auch noch keine naturalistischen Specifica (das konnte genausogut dem *Magazin* nachgemacht sein): Conrads Verwendung und Auswahl von Porträtphotos dürfte auch das Vorbild für die Kupferstichporträts in der *Modernen Dichtung* gewesen sein. Bahr sprach 1893 in einem Resümee der jungen österreichischen Literatur mit Recht davon, daß sie zuweilen »geflissentlich die Alluren der Münchener ›Gesellschaft‹ und der ›Freien Bühne‹« angenommen hätten.[25] Die Auswahl der Autoren, die hier im Bilde gezeigt werden, ist – das hat schon Alfred Zohner bemerkt[26] – geradezu symptomatisch.

Den zweimal sechs Heften des ersten Jahrgangs waren die folgenden Porträts vorangestellt: Michael Georg Conrad[27], Ludwig Anzengruber, Ferdinand von Saar, Georg Brandes, Hermann Conradi, Jeronim Jassinskij, Gerhart Hauptmann, Detlev von Liliencron, Adolf Pichler, Hermann Friedrichs, Leopold von Sacher-Masoch und Karl Henckell. Von diesen waren Conrad, Conradi, Hauptmann und

Henckell eindeutig Vertreter des deutschen Naturalismus. Wandte man den Begriff etwas großzügiger an, rechnete man, wie die Naturalisten das für sich selbst und andere zeitlebens getan haben, auch die Realisten dazu, dann gehörten die Österreicher Anzengruber, Saar, Sacher-Masoch auch hierher; ähnliches galt für den Russen Jassinskij[28]. Ein Blick auf die Beiträge bestätigt den realistisch-naturalistischen Charakter dieser Zeitschrift,[29] zeigt zugleich, wie sich das Gewicht von Heft zu Heft immer mehr zugunsten ganz anderer, neuer Strömungen verlagert.[30] Die eigentlichen Wiener Autoren, die man später zu den Jung-Wienern rechnete, nehmen einen immer entscheidenderen Raum ein. Hier erschienen Gedichte von Felix Dörmann und Felix Salten; »Reichtum« und »Anatols Hochzeitsmorgen« von Arthur Schnitzler; Gedichte, »Gestern« und die ersten Essays des jungen Hofmannsthal; und besonders: einige grundsätzliche Aufsätze zur literarischen und gesellschaftlichen Situation von Hermann Bahr, Marie Herzfeld, Hofmannsthal und Eduard Michael Kafka.[31]

Zwischen dem, was die Zeitschrift unter dem Titel *Moderne Dichtung*, und dem, was sie als *Moderne Rundschau* bot, herrscht ein eigenartig reziprokes Verhältnis. Obschon man bei der Neugründung den Begriff Dichtung gerade vermeiden wollte, weil er den Rahmen zu eng zu stecken schien, brachte die *Rundschau* die dichterisch entscheidenderen, wenn man so will: wertvolleren, Beiträge; die *Dichtung* die theoretisch interessanteren Auseinandersetzungen. Natürlich gab es Überschneidungen: Hofmannsthals erste Rezensionen, allerdings von Anfang an über den Rahmen einer bloßen Buchbesprechung weit hinausgehend, stehen erst in der *Rundschau*. Selbstverständlich war auch das fremdsprachige Ausland vertreten: Baudelaire, Georg Brandes, der italienische Lyriker Giosuè Carducci, Ola Hansson, Jeronim Jassinskij, Alexander Öhquist, Aurelien Scholl, August Strindberg; auch der Schweizer Carl Spitteler (als Felix Tandem). Das entsprach den Gepflogenheiten auch bei den meisten deutschen Zeitschriften. Und doch unterschied man sich, was die Definition einer eigenen nationalen oder internationalen literarischen Position betrifft, wesentlich von deutschen Kollegen, wie etwa Michael Georg Conrad. Conrad verstand seinen Naturalismus, wenn auch nach französischem, speziell Zolaschem Muster, als *deutschen* Naturalismus.[32] Für die Österreicher stand das nie zur Diskussion – was auch eine Generationsfrage sein mochte, denn auch in Deutschland war die entsprechende literarische Jugend weit weniger national gesinnt als ihre Väter. Die junge österreichische Generation jedenfalls dachte kosmopolitisch. Das hatte zum großen Teil seinen Grund darin, daß sie sich weitgehend aus dem Bildungsbürgertum rekrutierte, für das die Beherrschung der wesentlichen Kultursprachen – mindestens Englisch und Französisch, meist noch Italienisch, zuweilen Spanisch – eine Selbstverständlichkeit darstellte. Zu einem guten Teil war es auch der politischen Geschichte dieses Landes, also einer jahrhundertelangen internationalen, europäischen Tradition im weitesten Sinne zuzuschreiben. Solcher Kosmopolitismus bezog sich zunächst auf die deutschsprachige Literatur im frisch proklamierten Deutschen Reich, auf das man im übrigen in Österreich politisch und damit auch kulturell wie auf einen Nouveau riche hinabsah; aber es bezog sich auch auf die literarische Internationale: Frankreich, England, Skandinavien, Rußland, Italien, Spanien, Portugal, Polen und – selbstverständlich – auf die zur österreichischen Monarchie gehörigen fremdsprachigen Gebiete, das damalige Böhmen und das Königreich Ungarn. Das Selbstbewußtsein der in die Defensive gedrängten österreichischen Kultur, und damit speziell der österreichischen Literatur, kam erst später auf. Als Johann Willibald Nagl und Jakob Zeidler seit 1897 ihre deutsch-österreichischen Literaturgeschichten erscheinen ließen, fand man es allerdings an der Zeit, sich auf die eigene (Literatur-)Historie zu besinnen. Man begrüßte das Unternehmen – wie Hermann Bahr – als nationales Ereignis.[33]

Bezeichnend für die Unentschiedenheit und Unsicherheit im Programm der *Modernen Dichtung* ist aber nicht nur der fehlende, oben besprochene Auftakt, das fehlende »Was wir wollen« der *Freien Bühne*,[34] sondern in viel stärkerem Maße noch die eigenartige und bei genauerem Hinsehen wirklich starke Diskrepanz zwischen etwa Bahrs Programmaufsatz »Die Moderne«[35] und Bölsches Essay »Ziel und Wege der modernen Ästhetik«[36] im selben Heft. Außerdem: daß man gleich im ersten Heft den Naturalisten Michael Georg Conrad mit Bild und Aufsatz feiert;[37] ihn mit seiner »novellistischen Skizze« »Rotes Blut« gar selbst zu Wort kommen läßt; ihn, diesen entschlossenen Naturalisten, einem solchen Dokument literaturkritischer Ratlosigkeit wie Bahrs »Moderne« konfrontiert, spricht mehr als vieles andere für die unentschiedene literarisch-kritische Situation im Wien der frühen neunziger Jahre.

Resonanz

In Deutschland wurde Bahrs Essay hoch veranschlagt. Otto Julius Bierbaum hob ihn in seiner ausführlichen Besprechung der neuen Zeitschrift besonders hervor: »Auf dieses lustige Haidebild [Timm Kröger, »Auf der Haide«] [...] folgt wie ein Raketenprasselregen untermischt mit Kanonenschlägen ein genial pathetisches Impromptu von Hermann Bahr, dem eminenten Dramatiker, dessen ›Große Sünde‹ uns den Ausblick auf eine gewaltige realistische Dramatik eröffnete. ›Die Moderne‹, Bahrs kurzer Aufsatz in der ›M. D.‹, liest sich wie eine Art hymnischen Monologs, gehalten von einer Bahrschen Bühnengestalt, wenn diese so altmodisch wären, Monologe zu halten. Ein Feuergeist spricht aus ihm zu uns und ein flammendes, großes poesievolles Feuerherz, das eine Sprache von hinaufreißender, herrlicher Mannesgewalt hat. Man vergleiche einmal dieses Pathos mit dem leeren Paukenhall der alten konventionellen

Pathetik – das ist ein amüsanter Vergleich, ganz zu geschweigen von dem Inhalt.«[38]
Die Form fiel Bierbaum auf, nicht so sehr der Inhalt: die Art der Darbietung war ungewohnt. Man wird sich fragen dürfen, ob der Rezensent hinter der ungewohnten Form der Darbietung Bahrs neue Akzente überhaupt vermutet hat. Daß Bierbaum die Form nicht anders als mit »Raketenprasselregen« und seinen Autor nicht anders denn als »poesievolles Feuerherz« zu bezeichnen vermochte, geht wohl zu einem guten Teil auf die weitgehende Unverständlichkeit des Inhalts zurück. Jedenfalls hätte man diesen Text kaum inadäquater beschreiben können: Metaphern frühnaturalistisch-Conradischer Herkunft konnten ihm nicht gerecht werden; es handelte sich um nichts Geringeres als die Proklamation des Gegenteils. Und doch war Bierbaum – wenn man seine gerade zu dieser Zeit sich anbahnende neue Entwicklung in Rechnung zieht – für Bahr noch der verwandteste Geist im naturalistischen Lager. Für Bierbaum hatte sich, wie aus seiner Auseinandersetzung mit Conrad Albertis »Zwölf Artikeln des Realismus« hervorgeht, auch der Realismus-Naturalismus-Begriff an der Form entschieden. Die Diskussion über Böcklin und seine unrealistischen Inhalte, seine »Wasserweiber, Zyklopen, Centauren« usw., hielt er für gegenstandslos. Für ihn war Böcklin ein Realist, weil er realistisch darstellte; was er darstellte, interessierte nur insofern, als es gut, glaubhaft, d. h. realistisch dargestellt war oder nicht. Diese Auseinandersetzung mit Alberti lag ein halbes Jahr zurück, als er Bahrs Moderne-Aufsatz rezensierte. Mochte der auch alles andere als realistisch sein: Bierbaums Ohren waren geschärft genug, um schon aus der sprachlichen Form das Besondere und Neuartige herauszuhören.[39]

Begriff

Der Titel von Bahrs Aufsatz inauguriert nicht *den* »Moderne«-Begriff, sondern einen ganz bestimmten. Man hat lange Zeit angenommen, und Bahr hat selbst dieses Verdienst für sich in Anspruch genommen, daß mit diesem Aufsatz der Begriff erst geprägt und in Umlauf gebracht worden sei.[40] Das stimmt und stimmt auch wieder nicht. Tatsache ist vielmehr, daß Eugen Wolff, der spätere Kieler Literarhistoriker, ihn als erster verwendet hat. Er hatte zusammen mit Leo Berg und dem Arzt Konrad Küster im Sommer 1886 in Berlin den literarischen Verein »Durch!« gegründet, dem der »sozialistische Schauspieler Julius Türk, ein junger Gelehrter Rudolf Lenz, die Brüder Hart, der religiös-soziale Naturphilosoph Bruno Wille, der sozialistische Dichter John Henry Mackay, später auch Arno Holz, Johannes Schlaf und Gerhart Hauptmann angehörten«.[41] Am 10. September 1886 hielt Wolff dort seinen Vortrag »Die Moderne. Zur Revolution und Reformation der Literatur«; 1888 erschien seine Schrift »Die jüngste deutsche Literaturströmung und das Prinzip der Moderne« in den *Litterarischen Volksheften*.[42] Wolff entwickelt seinen »Moderne«-Begriff als Gegenbegriff zu »Antike«: jede Zeit habe die nur ihr entsprechende Kunst; das gleiche gelte für jedes einzelne Volk – und erklärte in der sechsten der »Zehn Thesen«, die 1886 im *Magazin*, 1887 in der *Deutschen Universitätszeitung* erschienen: »Unser höchstes Kunstideal ist nicht mehr die Antike, sondern die Moderne.«[43] Heinrich Hart vertrat im *Kunstwart* dieselbe Ansicht: »Die Antike arbeitete zum größten Teil unbewußt, ohne Zielklarheit sich vorwärts; mit vollem Bewußtsein die Fortentwicklung der Menschheit anzustreben, das wird zum Wesen der Moderne gehören.«[44]

Mit beidem hatte Bahrs hier vorgetragener Moderne-Begriff – wenn es ein Begriff war – nichts zu tun. Wolff hatte genaue, wenn auch beträchtlich hohle Definitionen gegeben. Noch dazu entwarf er ein allegorisches Bild der Moderne, die er als »wissendes, aber reines Weib, [...] mit flatterndem Gewand und fliegendem Haar« beschrieb: »Unser neues Götterbild: Die Moderne!«[45] Mochte Hermann Bahr dem – es war genau das von Bierbaum apostrophierte »Pathos mit dem leeren Paukenhall« – in seinen Formulierungen auch recht nahe kommen: im Grunde hatten beide Auffassungen nichts miteinander zu tun. Und insofern war es nicht einmal ganz falsch, wenn Bahr diesen Moderne-Begriff für sich in Anspruch nahm: einen, der mit der Antike nichts zu tun hatte, nicht einmal begrifflich zu fixieren war, nur höchst vage etwas Neues, den Wunsch nach etwas Neuem zum Ausdruck zu bringen suchte.

Vokabular

Dieser Aufsatz ist trotz seines Titels und mancher Beteuerungen nicht gerade das, was man gemeinhin ein Programm nennt. Und doch greift Bahr hier bereits über alles hinaus, was er später selbst zur Überwindung des Naturalismus vorgeschlagen hat. Hier, 1890, noch längst bevor das Schlagwort von der Überwindung erklungen, ja noch bevor auch nur sein erster Essay-Band *Zur Kritik der Moderne*[46] erschienen war, werden zum ersten Mal die zentralen Bilder der Décadence und vor allem des sogenannten Fin de siècle verwendet: »das große Sterben«; der »Tod der erschöpften Menschheit«; »das Ende, morgen bricht die Welt, wir sind wehrlos, wir haben keinen Beweis« usf. Dieser Aufsatz ist eher eine Conférence – ein Genus, das Bahr geliebt und häufig praktiziert hat – als ein Essay; es ist der assoziationsreiche Monolog des Literaten vor einem Publikum, das seine Sorge »um die Zukunft der Literatur« teilt. Die Terminologie scheint auf den ersten Blick höchst kryptisch; aber sie gehört in die Diktion der Zeit. Gleich zu Anfang ist von dem »Schrei nach dem Heiland« die Rede, gleich zu Anfang also knüpft Bahr an die ihm aus den Berliner Jahren wohlvertraute naturalistische Tradition an und beschreibt die literarische Situation (und nicht nur die literarische allgemein, sondern zugleich auch die politische, die gesellschaftliche) als aussichtslose Misere, aus der nur ein Heiland, ein Messias, eine – wenn man so will – Zarathustra- oder Übermensch-Figur, erretten kann. Dies und vieles andere (die

»neue Kunst«, die »neue Religion«, »Auferstehung« und der »Glaube der Moderne«, der die moderne Gesellschaft ist, und das »Versprechen des Gottes in unserer Brust« und die Ibsen nachformulierte Forderung nach Wahrheit und das Verbannen der Lüge aus dem Gesellschaftsleben) findet sich vielfältig im zeitgenössischen Schrifttum.[47]

Diagnose

Bahrs Diagnose deckt sich mit der seiner naturalistischen Zeitgenossen und versteht sich selbst innerhalb dieses Kontextes, wenn er schreibt: »Der Schrei nach dem Heiland ist gemein und Gekreuzigte sind überall.« Daß Literatur und Literaturkritik[48] eine einzige Misere darstellen, daß man sich in einer »entsetzlichen Finsternis« befindet, und daß man doch zugleich auf eine »Einkehr der Kunst bei den Menschen«, auf die »Auferstehung, glorreich und selig« hofft, das beschreibt er – nicht anders als Henckell, Bleibtreu, Leo Berg und alle anderen – als den »Glauben der Moderne«. Die Diagnose ist also nicht neu. Aber er hat einen Vorschlag, wie dem abzuhelfen ist. Die Naturalisten begnügten sich damit, die Situation zu diagnostizieren und sie für hoffnungslos zu halten. Die allgemein verbreitete Reaktion war: abwarten, warten auf die Zukunft der Literatur, den Messias; ihre einzige Artikulation in der Tat der »Schrei nach dem Heiland«. Bahr wollte die Literatur nicht sich selbst überlassen; er wollte sie von Anfang an verändern. Die Analyse der vorhandenen Literatur führte ihn zu Vorstellungen, wie die neue auszusehen hätte. Der entscheidende Satz, in den Bahrs Darlegungen schließlich münden, »wir haben kein anderes Gesetz als die Wahrheit, wie jeder sie empfindet«, bezeichnet die Nahtstelle zwischen Naturalismus und Fin de siècle, zwischen Naturalismus und Décadence, dem, was Bahr sich unter Naturalismus und Impressionismus; kurz: dem, was er sich im Gegensatz zu Naturalismus unter »Moderne« vorstellt, besonders deutlich. Naturalistisch daran ist das »Gesetz der Wahrheit«, das für die Naturalisten identisch war mit Realität; das von Émile Zola inauguriert,[49] von Ibsen dialektisch als Wahrheit und Lüge (oder Lebenslüge) formuliert und auch in Deutschland nahezu von allen als erste Maxime übernommen worden war.

»Die Wahrheit, wie jeder sie empfindet«

Aber was hier für Bahr zur Debatte stand, war nicht das Gesetz jener objektiven Wahrheit, jener Wahrhaftigkeit, die sich gegenüber der Realität der Außenwelt zu bewähren hatte, sondern eine subjektive, eben eine »Wahrheit, wie jeder sie empfindet«. Damit waren sogleich zwei Stichworte gegeben: die Relativierung objektiver Wahrheit zu einer subjektiven, und das Mittel zu solcher Relativierung und Subjektivierung, nämlich die »Empfindung«. »Nur den Sinnen wollen wir uns vertrauen, was sie verkündigen und befehlen.« Hier wird der Akzent vom Gegenstand auf seine Rezeption verlagert. Interessieren tut ihn nicht mehr der Gegenstand, sondern der Prozeß. Diese Vorliebe für die Aktion, für das Bewerkstelligen, eben für den Prozeß, hat Bahr bis an sein Lebensende beibehalten. Am deutlichsten und deshalb auch am markantesten hat das seine Verwirklichung in der Forderung einer Überwindung des Naturalismus gefunden, die ebenfalls auf Veränderung, auf Aktion hinauslief. Er hat dieses Modell nie ganz aufgegeben. Noch seine Einstellung zum Expressionismus ist davon bestimmt.[50] Aber gleichzeitig muß das, was die Sinne vermitteln, auch irgendwohin gelangen, und so taucht denn hier folgerichtig zum ersten Mal an entscheidender Stelle ein neues Stichwort, ein neuer Begriff auf: »Seele«. Es handele sich darum, diese äußere Wahrheit »in die Seele einzuführen: der Einzug des auswärtigen Lebens in den inneren Geist, das ist die neue Kunst«. Was hier mehr in Form einer lyrisch-gedanklichen Skizze[51] als in gedanklicher Deduktion vertreten wird, ist das zwar noch nicht ganz zu Ende diskutierte, aber eben doch schon vorhandene Programm der – um es vorsichtig auszudrücken – Nachnaturalisten. Das sagt – wie gezeigt – insofern zuviel, als gerade Programme von dieser Seite nie oder nur sehr selten entworfen worden sind. Selbst Bahr, der so groß im Theoretisieren über das war, was ihn und seine Gesinnungsgenossen gerade beschäftigte, hat seine Vorstellungen in den seltensten Fällen isoliert und für sich, dagegen in den allermeisten Fällen im Anschluß an konkrete Ereignisse wie die Lektüre neuer Bücher und vor allem im Anschluß an Theateraufführungen dargelegt.[52] Von dieser Position her wird auch der zunächst etwas kryptisch anmutende Ton des Aufsatzes legitimiert. Sein monologischer Charakter realisiert gleichsam im sprachlichen Vorgriff auf das hier inhaltlich zunächst nur Geforderte jene »Wahrheit, wie jeder sie empfindet«: »[...] wenn die in die Seelen getretene Wahrheit sich ins Seelische verwandelt, die seelischen Sprachen annimmt und deutliche Symbole schafft, wenn endlich alles Außen ganz Innen geworden und dieser neue Mensch ein vollkommenes Gleichnis der neuen Natur ist.«[53] – Poetisch realisiert sich das – was die Jung-Wiener Dichter anlangt – in den Gedichten Hofmannsthals und Felix Dörmanns,[54] in den Gedichten Leopold Andrians und seinem *Garten der Erkenntnis*, in Beer-Hofmanns Roman *Der Tod Georgs*, in Schnitzlers ersten, ebenfalls in der *Modernen Dichtung / Modernen Rundschau* publizierten »Anatol«-Fragmenten, schließlich in besonderer und eigenartiger Weise bei Peter Altenberg. In der Essayistik jedoch ist das alle überragende und leuchtende Beispiel dieser monologisch-assoziativen Analytik der junge, 17- bis 20jährige Hugo von Hofmannsthal, dessen außerordentliche Überlegenheit gerade auf diesem Gebiet der zwölf Jahre ältere Hermann Bahr neidlos anerkennt.[55]

Während Hermann Bahr, wie gezeigt, in seinem Aufsatz erste zaghafte Schritte unternimmt, die literarische Moderne zu definieren und ihr – zwar noch recht allgemein, aber doch schon sehr im Gegenzug zur herrschenden ästhetischen Vorstellung – neue Aufgaben zu stellen, ist Wilhelm Bölsche der dezidierten Meinung, zunächst bei einem »gewissen groben Realismus«[56] bleiben zu müssen. Das demonstriert, personifiziert an Bahr und Bölsche, einleuchtend die Unterschiede zwischen Wien und Berlin in den frühen neunziger Jahren. – Der Realismus habe – so Bölsche – bisher noch keine bündige Ästhetik entwickelt, die realistische Dichtung, aus der sie allein hervorgehen könne, habe dagegen in vielen Autoren den Beweis ihrer Daseinsberechtigung sozusagen in praxi aufs beste angetreten. Man müsse abwarten; warten auf eine realistische – mit anderen Worten: naturalistische – Ästhetik: »Die Zeit wird schon von selbst kommen, wo die Begriffe sich nachträglich verfeinern und eine gute Theorie den Auswüchsen der Praxis Halt gebietet.«[57] Er sieht die literarische Situation trotz aller Reserven doch ähnlich wie Bahr, wenn er schreibt: »[...] immer und überall ist es ein ähnliches Wollen, ein Druck nach derselben Richtung, die zuletzt aus der theoretischen Klügelei auch ohne den archimedischen Punkt einer neuen abstrakten Ästhetik in seiner Weise die Erde bewegen wird«;[58] nur geht die Entwicklung seiner Meinung nach in eine andere Richtung. Bölsche war der Ansicht, daß die deutsche Ästhetik die drei entscheidenden Phänomene des 19. Jahrhunderts, die Naturwissenschaft, die moderne Ethik und die soziale Frage, nicht verarbeitet habe und daß das ihre nächste und entscheidende Aufgabe zu sein hätte.[59] Über diesen Ansatz war Bahr zu diesem Zeitpunkt bereits hinaus. Seine *Neuen Menschen* und sein bürgerliches Trauerspiel *Die große Sünde* lagen so gut hinter ihm wie sein politisches Engagement gegen die *Einsichtslosigkeit des Herrn Schäffle*,[60] eine Schrift, die schon im Titel die Auffassung von Albert

Schäffle über die »Aussichtslosigkeit der Sozialdemokratie« karikierte. Dort hatte er soziale Ideen verkündet, die Ergebnisse der Vererbungslehre verarbeitet und eine – besonders in den *Neuen Menschen* – moderne Ethik proklamieren wollen; was von der maßgebenden Kritik, wohl auch aus Mangel an Besserem, begeistert begrüßt wurde.[61]

Realismus und die états d'âmes: der »Grüne Heinrich fin de siècle«

Aber inzwischen war in Paris sein Roman *Die gute Schule* entstanden, der in Fortsetzungen zunächst in der *Freien Bühne* und dann im gleichen Jahr, 1890, auch in Buchform erschien.[62] Die freie Liebe, ehedem eine schockierende Forderung, in Bahrs Drama von den *Neuen Menschen* auf die Bühne gebracht, war hier mehr zum Requisit geworden, zum selbstverständlichen Dekor. In diesem Roman, den Otto Brahm noch im selben Jahr in seiner eigenen Zeitschrift als »grünen Heinrich fin de siècle«[63] feierte, stand etwas zur Diskussion, was in dieser Form für diese Generation neu war: die Individualität des Künstlers. An sich war selbst ein extremer Individualismus für die Zeitgenossen nichts Ungewöhnliches; auch dieser Begriff gehörte zu den Modewörtern der Zeit, er vertrug sich in ihren Augen aufs beste mit jeder Form von engagiertem Sozialismus oder Pseudosozialismus. Aber konsequent weitergedacht, führte er in eine völlig andere Richtung; denn mit der Individualität des Künstlers kam auch seine Seele ins Spiel. Nur in solchem Zusammenhang läßt sich ausmachen, worum es Bahr hier, in diesem zunächst so unverständlichen Artikel über die Moderne, ging.

Die Pariser Zeit, die Lektüre Stendhals und besonders der Werke von Barrès lagen hinter ihm: etwas prinzipiell anderes, als was er bisher in seiner Wiener, dann in seiner Berliner Zeit betrieben hatte: »Das war mein Pariser Erlebnis, entscheidend für alle Zukunft: das Geheimnis der Form ging mir auf.«[64] – Aber bevor das hier weiter verfolgt werden kann, muß zunächst noch etwas zur Rolle Ibsens in Wien gesagt werden.

Ibsen in Wien

Die Begründung der *Modernen Dichtung* im Januar 1890 war alles in allem mehr eine Art Auftakt als die Konstituierung einer Gruppe, die man Jung-Österreich, oder gar Jung-Wien hätte nennen können; sie war das »erste Zeichen erwachender Zuversicht«, wie Bahr es rückblickend nannte.[65] Im Jahr darauf zog die Zeitschrift nicht nur als *Moderne Rundschau* nach Wien um; sie konzentrierte damit ihre Arbeit auch nach außen hin. Es war nur folgerichtig, wenn diejenigen, die ihr nahestanden, nun auch an die Öffentlichkeit treten wollten; eine größere und eine andere, als die der Zeitschrift es war und sein konnte. Die Gelegenheit, die sich bot, war günstig (und – von heute her gesehen – symptomatisch): Henrik Ibsen kam nach Wien.

Auf dem Programm des Burgtheaters standen die *Kronprätendenten*, und Ibsen kam auf Veranlassung von Max Burckhard, seit 1890 Direktor, zur Premiere am 11. April 1891 nach Wien. Es war die erste Station einer größeren Reise durch Österreich-Ungarn. Auch in Budapest, wo man seit 1889 die *Gespenster* und seit 1890 *Die Stützen der Gesellschaft* im Nationaltheater spielte,[66] sollte der Dichter gefeiert werden. Im Anschluß an die Wiener Premiere der *Kronprätendenten* fand im Hotel Kaiserhof zu seinen Ehren ein Bankett statt, bei dem Jacob Minor die Festrede hielt. Eduard Michael Kafka und Jacques Joachim, die Herausgeber der *Modernen Dichtung / Modernen Rundschau*, und Julius Kulka hatten dazu eingeladen. Die *Moderne Rundschau* berichtete ausführlich darüber.[67] An diesem Festbankett nahmen Dichter und Abgeordnete, Universitätsprofessoren und Schauspieler teil; es wurden Reden gehalten und Toasts ausgebracht, Huldigungsgedichte junger österreichi-

scher Dichter von Hofschauspielern vorgetragen und Telegramme von auswärts oder vom Wiener Frauenverein verlesen.[68] Was in Literatur und Theater später Rang und Namen hatte, war vertreten. Man sprach von den Veranstaltern als den »Wiener Jüngstdeutschen« und hatte damit so unrecht nicht; in dieser Kontamination war mit der personellen Zusammensetzung der Feierlichkeiten zugleich die literaturgeschichtliche Genese der Gruppe beschrieben: die Teilnehmerliste beweist es.[69] Überdies: rechts von Ibsen saß Max Burckhard, links – Richard Voss[70], aus der Perspektive der Zeitgenossen die richtige Plazierung.
Wie sehr die Verehrung Ibsens neben der literarischen auch eine politische Seite hatte, geht u. a. aus einem Ibsen-Zitat hervor, das Engelbert Pernerstorfer in seinem Trinkspruch verwendete: »Es muß ein adeliges Element in unser Staatsleben, in unsere Regierung, in unsere Repräsentation und Presse kommen. Ich denke dabei natürlich nicht an den Geburtsadel und auch nicht an den Geldadel, ja nicht einmal an den Adel der Intelligenz, sondern an den Adel des Charakters und der Gesinnung; der allein kann uns frei machen.«[71] Kein Wunder, daß diese Ansprache einen »stürmischen, eines gewissen demonstrativen Charakters nicht entbehrenden Beifall« erntete. Der gerade zum Sozialdemokraten gewordene ehemalige deutsch-nationale Pernerstorfer zitierte hier aus einer Rede, die Ibsen am 14. Juni 1885 vor dem Drontheimer Arbeiterverein gehalten hatte.[72]
Die Ibsen-Huldigungen waren nicht auf das Burgtheater und die jungen Leute von der *Modernen Rundschau* beschränkt. Auch das Deutsche Volkstheater brachte ein Stück von ihm: *Die Wildente*.[73]
Eine Woche nach dem Ibsen-Bankett im Kaiserhof, am 18. April, veranstaltete der Schriftstellerverein »Concordia« zu Ehren Ibsens einen »gemütlichen Abend«,[74] an dem u. a. so berühmte Schauspieler wie Sonnenthal, Lewinsky, Robert, Rhimig, Girardi, Kutschera, Kadelburg teilnahmen. Sonnenthal, Ferdinand Groß und Ludwig Ganghofer hielten Reden auf Ibsen, von Isidor Fuchs und Moritz Benedikt

waren sogar Vorträge zu hören. Am Tag darauf reiste Ibsen nach Budapest weiter, um auch dort begeistert empfangen und geehrt zu werden. Die Bedeutung, die Ibsens Besuch für die Wiener hatte, schien in einem eigenartigen Mißverhältnis zu der zu stehen, die sein Aufenthalt für ihn selbst hatte. Der Begeisterung auf seiten der Wiener Literaten standen bei ihm nur einige vage Worte an seine Verehrer gegenüber. Als er sich am 25. April am Bahnhof von ihnen verabschiedete – er war tags zuvor auf der Reise nach München noch einmal nach Wien zurückgekehrt –, meinte er lakonisch: »Nun ist das Märchen zu Ende.«[75]

Die *Moderne Rundschau* hatte für die Gäste des Festbanketts einen Separatdruck herstellen lassen. Er enthielt das Bild des Dichters, die vorgetragenen Gedichte und einen Theaterzettel mit den Ibsen-Aufführungen der laufenden Woche; außerdem einen Ibsen-Aufsatz von Julius Kulka.[76] Der Aufsatz trägt keine Überschrift. Er beginnt unvermittelt – neben einem Ibsen-Portrait im Stil des Salon fin de siècle: »Henrik Ibsen weilt in unserer Mitte«, aber er fährt nicht so fort. Schon wenige Sätze weiter heißt es, die *Kronprätendenten*, deren Wiener Erstaufführung der Anlaß für Ibsens Besuch sei, wären nicht »der eigentliche Ibsen«. Sie seien kein Grund, aber immerhin ein Anlaß, ihn zu feiern. Ja, es seien schon jetzt Entwicklungen über Ibsen hinaus sichtbar. Der Aufsatz bewegt sich innerhalb der üblichen Reaktion auf den norwegischen Dramatiker, Paradigma für die Naturalismus-Rezeption im weiteren und die Ibsen-Rezeption im engeren Sinne. Die »neuen Wahrheiten« werden den alten, zur »Lüge« gewordenen gegenübergestellt. Ibsen mache häufig den Eindruck, gerade das Gegenteil eines Naturalisten zu sein. »Den stark moralistischen Zug seines Wesens vor allem« kritisiert Kulka als dem Naturalismus geradezu zuwiderlaufend; was wiederum sein eigenes, vulgärnaturalistisches Verständnis zeigt. Wie Zola, so sei auch Ibsen »Symboliker«; worin – aufschlußreich genug – für ihn »freilich kein Gegensatz zum Naturalismus liegt«. Spätestens bei der Konstatierung, Ibsen sei vor allem Individua-

list, wird die Nähe Kulkas zu Bahrs schon vier Jahre früher vorgetragenen Ideen deutlich.[77] Nur in einem geht er über Bahr hinaus: Er hält Ibsen für den »Befreier und Erlöser«, den Hermann Bahr in ihm gerade geleugnet hatte. Bahr hatte gemeint, Ibsen sei ein »literarischer Johannes« gewesen, er habe der Zeit nur die Augen geöffnet für die Probleme; die Überwindung selbst müßte ein anderer, Größerer bringen.[78]
Das war es, was die Öffentlichkeit über Ibsens Besuch erfuhr. Die Begegnung mit ihm spielte sich aber auch auf ganz anderer Ebene ab. »Ibsen-Bankett im Kaiserhof nach den ›Kronprätendenten‹«, schrieb auch der 17jährige Hofmannsthal am 11. April 1891 in sein Tagebuch.[79] Eine Woche später machte er Ibsen im Hotel seine Aufwartung. Die Aufzeichnungen sind nicht eben enthusiastisch; denn alles in allem genommen, war es auf ein Mißverständnis hinausgelaufen. Aber sie enthalten – neben dem des »Individualismus« – die entscheidenden Stichworte: Hofmannsthal spricht von »uns Jungen in Wien« und notiert sich, daß Ibsens »Fragen offenbar auf eine Vereinigung junger Künstler, denen es nur am Schaffen liegt, hinzuzielen schienen, die er in uns zu sehen glaubt«.[80] Das erste dokumentiert bei aller sonst bekundeten Zurückhaltung das Zusammengehörigkeitsgefühl der Wiener Literaten; bezeichnenderweise gegenüber dem Manne artikuliert, »dem wir die Kraft zu manchem rühmlichen Entschluß, uns selber vom Anempfundenen zu befreien, dankten«;[81] aber bezeichnenderweise auch nicht öffentlich geäußert, sondern im streng privaten Rahmen einer Unterhaltung unter vier Augen. Das zweite gibt die von Ibsen formulierte Erwartung auf eine »Vereinigung junger Künstler« wieder, »denen es nur am Schaffen liegt«. Der Erwartung des einen steht die der anderen gegenüber: sie wollten nicht als organisierte Gruppe angesehen werden, aber sie nahmen ihn als »Führer zur Selbstbefreiung« für sich in Anspruch. In der Perspektive Ibsens waren sie bereits jene »Vereinigung junger Künstler«, als die sie in die Literaturgeschichte eingehen sollten.

Eine Woche später – es ist die nächste Tagebucheintragung Hofmannsthals, die das verzeichnet – lernten sich Bahr und Loris im Café kennen.[82] Es scheint, als setzten die Formulierungen in Bahrs mehr als dreißig Jahre später geschriebenen Lebenserinnerungen einen Austausch über dieses Gespräch zwischen Hofmannsthal und Ibsen voraus, wenn er dort schreibt, er – Bahr – habe »Jung-Österreich« »aus den Händen Ibsens« übernommen.[83]

Hermann Bahr

Der Initiator

Bahr war erst kurz zuvor nach Wien gekommen. Solche Formulierungen in den Lebenserinnerungen klingen noch nach einem Menschenalter wie die späte (und verspätete) Abwehr eines viel und seit seinen Wiener Anfängen immer wieder angefeindeten Mannes. »Dieses junge Wien galt den Spöttern jahrelang als eine meiner Erfindungen«[84] – das richtete sich insbesondere gegen Karl Kraus, der ihn als den »Herrn aus Linz« in seiner Satire über die *Demolierte Literatur* verhöhnt hatte.[85]

In Wahrheit galt er nicht nur als der eigentliche Initiator dieser Gruppe; er war es. Wobei der Akzent auf der Gruppe, nicht auf dem lag, was sie literarisch produzierte. Man muß unterscheiden zwischen der literarischen Öffentlichkeit, die auch hier Analogien brauchte, und dem Kreis der Betroffenen selbst. Es hatte sich im späten 19. Jahrhundert eingebürgert, von bestimmten Dichtern als von dem Haupt einer Gruppe (Heyse und Geibel oder Michael Georg Conrad in München, Holz/Schlaf und Hauptmann in Berlin) zu sprechen; man tut es bis heute. Solchem Bedürfnis kam es entgegen, wenn man einen »Führer« (Bahr hätte »Meister« gesagt und lieber gehört) aufzuweisen hatte; für Wien hieß er Hermann Bahr.[86] Die Betroffenen selbst allerdings hätten

ihm diesen Titel allenfalls als unvermeidliches, von anderen ihnen aufgedrängtes Attribut zugestanden.
Hofmannsthals Beziehung zu Bahr war bekanntlich mehr als ambivalent; Schnitzlers nicht minder. Manch einer mochte sich auch lediglich seine Vermittlung in Sachen Verlag zunutze machen, wie etwa Schnitzler mit dem *Anatol*-Zyklus oder Andrian mit dem *Garten der Erkenntnis*.[87] Sein durch Jahre und Jahrzehnte hindurch unablässiges Eintreten für seine Gefährten der neunziger Jahre in Wien machte ihn dazu, wenigstens – man mag es nennen, wie man will – für die breite Öffentlichkeit. Peter de Mendelssohn nennt ihn den »Organisator der österreichischen Literatur«, und das dürfte die Sache am besten treffen.[88]
Bahrs Bedeutung für die österreichische Literatur der Jahrhundertwende überhaupt, für die Wiener im besonderen, kann kaum überschätzt werden. Er brachte nicht nur allgemein Bewegung in die bis dahin mit Namen wie Grillparzer, Bauernfeld, Ferdinand von Saar, Marie von Ebner-Eschenbach und Ludwig Anzengruber etwas behäbig-provinziell daherkommende Literatur; er setzte Maßstäbe. Dazu brachte er wie kaum ein anderer die Voraussetzungen mit.

Die politische Situation

Österreich war nach der ergebnislos verlaufenen Revolution von 1848, dann Königgrätz, das den erfolglosen Krieg gegen Preußen markierte, und vollends durch den Bankkrach von 1873 mehr und mehr in eine allenthalben beklagte Resignation und Lethargie geraten. Insbesondere war die Rivalität mit Preußen/Deutschland seit dem verlorenen Krieg von 1866 in dem Maße internalisiert worden, wie sie in der Tagespolitik einer »Normalisierung« zu weichen hatte und wich.[89] Alles, was dort seitdem auf politischem, wirtschaftlichem und kulturellem Gebiet geschah, bot sich dem Österreicher unter dem Vergleich mit sich selbst an. Die Reichsgründung nach 1870, die für Deutschland das ersehnte Ziel

jahrhundertelanger Hoffnungen bedeutete, brachte der Donaumonarchie nur einmal mehr die vitale Überlegenheit des Nachbarlandes zum Bewußtsein, setzte sie doch sowohl die Auflösung des Heiligen Römischen Reiches unter Führung Österreichs als auch den verlorenen Krieg gegen Preußen geradezu voraus. Wie der deutschen Einigung unter Bismarck im Politischen der österreichische Hegemonieverlust gegenüberstand, so dem vermeintlich glücklichen und finanziell konsolidierten Aufstieg Deutschlands im Wirtschaftlichen der Wiener Börsenkrach vom 9. Mai 1873.[90]
Die weitere politische Entwicklung war durch zweierlei besonders gekennzeichnet: durch die immer dominierender werdende Nationalitätenfrage sowie ihr Seitenstück, einen Antisemitismus spezifisch österreichischer Provenienz; und die trotz oder gerade wegen Bismarcks Alleingang weiter fortwirkende Vorstellung einer »großdeutschen« Lösung, das also, was man später unter »Anschluß« verstand und was Hitler schließlich praktizieren sollte. Alles Fragen, die sich auf den Problemkomplex Autonomie reduzieren lassen; eine Zielvorstellung, in der sich für den kulturellen Bereich (belegbar am Beispiel Literatur) das verdrängte und sublimierte politische Bedürfnis neu artikulierte.
Auch Bahr – oder besser gesagt: er ganz besonders – trat unter diesen Vorzeichen an: »Sedan, Bismarck, Richard Wagner hatten sie, da draußen. Und was hatten wir?«[91] Für kaum einen anderen Österreicher dieser Zeit läßt sich das so genau belegen wie für ihn. »Auch er hatte zunächst als Burschenschaftler großdeutsch geschwärmt«,[92] schrieb er über Victor Adler; es galt auch für ihn selbst. Er hatte gar mit einer Grußadresse der österreichischen Burschenschaftler Bismarck zum Siebzigsten zu gratulieren:[93] das wäre nicht viel mehr als ein anekdotisches Detail,[94] wenn es nicht einen Punkt im Leben des 23jährigen Studenten Hermann Bahr markiert hätte, der für den späteren »Organisator der österreichischen Literatur« von entscheidender Bedeutung wurde, ja ihn dazu überhaupt erst werden ließ. Der schon einmal abgewiesene Gratulant wurde, als er das zweite Mal

vorsprach, in der Reichskanzlei von einem Regierungsrat empfangen, der Bahrs »unverhohlener Forderung von Annexion« mit einer Belehrung über die politische Notwendigkeit gerade eines starken Österreich begegnete und feststellte, »wie wichtig es vielmehr für das ganze Deutschtum sei, daß der deutschen Palette sozusagen die Farbe des Österreichers erhalten bleibt, eine Farbe, die er doch nur eben jener nahen Berührung mit anderen Nationen verdankt und die bald verlöschen oder doch verblassen und den hellen Glanz, um den der Österreicher in der ganzen Welt bewundert und von den übrigen Deutschen leise beneidet wird, verlieren müßte, wenn wir in den großen Teich des allgemeinen Deutschtums eingelassen würden, in dem wir ja schließlich doch kaum die Hechte wären, und ob nicht also, wenn man Gewinn und Verlust recht abschätzt, doch eigentlich schad wäre, des Österreichers Eigenheit in ein vages Neudeutsch ausrinnen zu lassen«. Bahr fährt fort: »Ich war bei den Worten des Rats nachdenklicher geworden, als ich mir noch selbst eingestand. Zum ersten Mal hatte mir jemand Österreichs Sinn, Gewicht und Bedeutung, gerade für das Deutschtum, gezeigt. Nie zuvor war mir noch so von Österreich gesprochen worden. Merkwürdig, daß ich meinen ersten österreichischen Unterricht in der Wilhelmstraße von einem Rat der Reichskanzlei Bismarcks empfangen mußte.«[95]

Maßstäbe

Diese Erfahrung gehörte entschieden zu denjenigen Voraussetzungen, von denen oben gesagt wurde, daß Bahr sie wie kaum ein anderer mitbrachte: um Maßstäbe zu setzen. Sie lassen sich unter den Begriff einer Umfunktionierung der historisch gegebenen und begründbaren Rivalität zwischen Österreich und Deutschland zusammenfassen, die zunächst eine politische war, die aber unter seinen Händen zu einer der Literatur und damit zugleich zu deren Stimulans wurde.

Die gesamte »Überwindung des Naturalismus«, die eine des deutschen, genauer gesagt, des Berliner Naturalismus war, ist – so gesehen – als das sublimierte Äquivalent zu verstehen, das erst in der Überwindung einer groß und übergroß gewordenen Konkurrenzliteratur das Stimulans zu eigener literarischer Produktivität begreift; ja diese erst dadurch überhaupt zu realisieren vermag.
Die Maßstäbe, die er in den Jahren seit 1890 setzte, gehen sämtlich auf dieses Grundmuster zurück. Seine Richtwerte, die er nicht mehr nur dem deutschen, sondern ausdrücklich dem europäischen Kontext entnahm, beruhten auf der Devise des Vergleichens. Die Franzosen und Skandinavier, Russen und Italiener, Engländer und Belgier, die er aufbot, um den Kreis abzustecken, in dessen Brennpunkt er seine österreichische Literatur ansiedeln wollte, sie alle – von Barrès bis Zola, von Ibsen bis Strindberg, Dostojewski bis Tolstoi, d'Annunzio bis zur Duse, Swinburne bis Walter Pater, Maeterlinck und Huysmans – legitimierten sich für ihn ausschließlich als stimulierendes Vergleichsmaterial. Hatten die Franzosen die »états d'âme« entdeckt, war es Zeit, die »Seelenstände« einzuführen; schrieb der vergötterte Barrès über *Les Déracinés*, blies auch Bahr zum Aufbruch in die Provinz.[96] Europa, nicht Österreich, gar Wien, sei seine geistige Heimat, hatte Kraus in der *Demolierten Literatur* gewitzelt[97] und traf damit – wiewohl ironisch-satirisch gemeint – ins Schwarze, indem er die Maxime dieses Kritikers genau traf. Der Erfolg blieb nicht aus: nahezu alle Themen, die die junge Wiener Literatur- und Kunstkritik anschlug, waren von Bahr vorher formuliert worden.
Er hatte sich umgetan: nach anfänglichem Studium der Philologie, dann Nationalökonomie in Wien, Czernowitz und Berlin war er nach absolviertem Militärdienst nach Paris gegangen, von dort nach Spanien gereist und – von Arno Holz als Mitarbeiter an die gerade von Otto Brahm in Berlin begründete Zeitschrift *Freie Bühne* berufen – am 1. Mai 1890 nach Berlin zurückgekehrt. Schon nach wenigen Monaten kam es zu einer spektakulär geplanten (aber nicht durchge-

führten) Palastrevolution;[98] Holz und Bahr trennten sich von Brahm und seiner Zeitschrift. Bahr schrieb für die *Nation* und reiste im Frühjahr 1891 mit dem ihm befreundeten naturalistischen Schauspieler Emanuel Reicher zu einem Gastspiel nach St. Petersburg. Von dort aus kam er nach Wien; »vermeintlich nur auf ein paar Wochen«;[99] aber er blieb hier bis 1912.

Europa

Die Stationen seines Lebens, bevor er für mehr als zwanzig Jahre nach Wien zurückkehrte – Berlin, Paris, Madrid, St. Petersburg –, waren von entscheidender Bedeutung für das, was der Literaturkritiker in den darauffolgenden Jahren schreiben und was der »Organisator« organisieren sollte. Jeder dieser Aufenthalte wurde für ihn – und damit, wie sich zeigen wird, für die österreichische Literatur – auf seine Weise wichtig. In Berlin lernte er den deutschen Naturalismus, in Paris dessen in Deutschland falsch verstandene Vorbilder und zugleich das kennen, was man in Frankreich inzwischen dem Naturalismus entgegensetzte: Baudelaire, Barrès usw.; aus Madrid schrieb er seinen Essay »Die Moderne«, diesen Programmaufsatz ohne Programm für die *Moderne Dichtung* Eduard Michael Kafkas in Brünn. In St. Petersburg schließlich lernte er die beiden bedeutendsten Schauspieler seiner Zeit – Eleonora Duse und Josef Kainz – kennen, deren Art zu spielen für ihn ein Erkenntnisgewinn höchsten Ranges im Hinblick auf die auch dort sich vollziehende Ablösung des platten Naturalismus bedeutete.
Die beiden ersten Stationen sollen hier herausgegriffen und auf ihre Bedeutung für die österreichische Literatur hin beschrieben werden.

Berlin und Paris

In der Reichshauptstadt lernte er nicht nur den Berliner Naturalismus aus eigener Anschauung kennen,[100] sondern auch den französischen: bezeichnend dabei ist, daß Zola – »in meine [erste] Berliner Zeit [1885] fiel krachend ›Germinal‹«[101] – von Bahr noch im nachhinein mit Ibsenschen Kategorien interpretiert wird. Der Kommentar: »Hier schien Weltgericht gehalten«,[102] verweist expressis verbis auf dessen berühmtes Diktum, Dichten heiße Gerichtstag halten über sich selbst.[103] Bahr arbeitete zu dieser Zeit an seiner Schrift über Ibsen, die dann 1887 in Pernerstorfers »Deutschen Worten«[104] erschien.

Entsprechend hatte ihm Paris, als er im Herbst 1888 über München, wo er Michael Georg Conrad und Ibsen aufsuchte, dort ankam, im Hinblick auf den Naturalismus nichts Neues mehr zu bieten. So sollte man meinen; aber dem war keineswegs so. Nur war es etwas anderes, das es zu bieten hatte, als er selbst sich erwartet haben mochte.

Zwei Sätze insbesondere, von zwei »Großmeistern des Naturalismus«,[105] wurden für ihn von entscheidender Bedeutung: Zolas »Une phrase bien faite est une bonne action«[106] und Flauberts »Les brutes qui croient à la réalité des choses!«.[107] Ihre Überzeugungskraft hatten sie ausschließlich deshalb, weil sie dem Parteigänger des Naturalismus von naturalistisch kompetenter Seite zukamen. Sie stehen für den Anfang einer Entwicklung, die für die österreichische und im weiteren Sinne für die deutsche Literatur von entscheidender Bedeutung werden sollte. Denn sie geben die Stichworte für eine Überwindung des Naturalismus, die nicht nur überwinden und dann vor dem literarischen Nichts stehen, die auch ersetzen will. Daß schon der gut gemachte Satz eine gute Tat ist, verlagert den bis dahin ausschließlich aufs Soziale gerichteten Aktivismus der Naturalisten für deren Nachfolger auf das spezifisch Literarische; stellt in der Tat, wie Bahr bald einsah,[108] die Frage nach der Form. Der Terminus freilich hieß zunächst – den

Zeitgenossen weniger verdächtig – Stil, neuer Stil.[109] Wenn darüber hinaus das Verdikt des Realisten Flaubert diejenigen traf, die noch an die »réalité des choses« glaubten, dann war beides zusammen allerdings dazu angetan, sich nach der Richtigkeit der Berliner Interpretation von Naturalismus zu fragen. Bahr jedenfalls ging »überhaupt auf, daß wir in Berlin den Naturalismus der Franzosen von Grund aus mißverstanden hatten. Wir legten ihn uns materialistisch aus [...].«[110] Vor diesem Hintergrund ist sein Schritt von den Naturalisten zu Baudelaire, Huysmans und insbesondere zu Barrès nicht mehr so unverständlich, erscheint er weniger willkürlich und weniger in dem vorgeblich »proteushaften« Naturell[111] Bahrs als vielmehr in der Konsequenz der Sache selbst zu liegen.

Der Bahr, der nach Berlin zurückkehrte, verstand nicht mehr und wurde nicht mehr verstanden. *Die Mutter*, sein viertes Drama, aber sein erstes nicht-naturalistisch, »rein artistisch gemeintes Werk«,[112] von den Berlinern nicht sonderlich beachtet, leitete eine neue Epoche ein. Nicht das Drama selbst, sondern die Rezension, die der Gymnasiast Loris, alias Hugo von Hofmannsthal, in der *Modernen Rundschau*[113] veröffentlichte. In immer wieder erstaunlicher Weise hat der Siebzehnjährige genau die Probleme begriffen, vor denen der fast elf Jahre Ältere stand: Hofmannsthal hat in diesem Essay zugleich eine Definition des Dilettantismus versucht (eines Begriffes, der in aller Munde war), indem er ihn auf Bahr anwandte. Daß Bahr begeistert war,[114] ist begreiflich. Die Berliner verstanden nicht, was er mit den »Nerven« wollte.[115] Hofmannsthal übersetzte das in »potenzierte Sensation« und »raffinierte Empfindung«, aber er verstand es; das »gesteigerte Leben«, das er an Bahrs Drama konstatierte, war das Gegenstück zu der von Flaubert verachteten banalen »réalité des choses«.[116] Richtig sah er auch, daß das Stück zugleich auf Paris und Berlin verweise, daß es »dilettantisch« diese beiden Milieus vermische: »Man kann sich kein Milieu erschaffen, wie man sich keine Heimat machen kann, man kann keine fremden, angefühlten

Empfindungen künstlerisch gestalten. Der Dilettantismus will beides.«[117] Er bescheinigt Bahr trotz aller Kritik, daß seine hier verwirklichten ästhetischen Vorstellungen in die richtige Richtung gehen, daß sie die »heutige Kunstaufgabe überhaupt«[118] darstellen, auch wenn das Drama sie seiner Meinung nach nicht bewältigt. Diese Rezension, so kritisch, ja negativ sie letztlich ausfiel, führte zur persönlichen Bekanntschaft mit ihrem Verfasser. Bahr hat das wiederholt beschrieben.[119] Sie führte aber indirekt auch dazu, daß Bahr in Wien blieb und nicht wieder »nach Europa« abreiste.[120] Seine Organisatorenrolle, die nicht wenig mit seiner physischen Anwesenheit in Wien zu tun hat, datiert eindeutig von diesem Ereignis. Seine Bedeutung in der literarischen Öffentlichkeit dokumentieren besonders seine zahllosen Arbeiten der neunziger Jahre, von denen die wichtigsten in der vorliegenden Sammlung abgedruckt sind. Seine Rolle im engeren und weiteren Freundes- und Bekanntenkreis des sogenannten Jungen Wien belegen darüber hinaus besonders die Briefwechsel der Zeitgenossen. Bahr blieb in Wien zunächst als Mitarbeiter der von Emil Auspitzer geleiteten *Deutschen Zeitung*[121] und gründete schließlich im Oktober 1894 mit Isidor Singer und Heinrich Kanner *Die Zeit*, in der er das Feuilleton redigierte, bis er sich im Herbst 1899 von ihr trennte und zum *Neuen Wiener Tagblatt* überwechselte.

»Freie Bühne, Verein für moderne Literatur«

»Heuer scheint ein fades Literaturjahr zu sein«, schrieb Loris-Hofmannsthal Ende 1891 an Bahr.[122] Er hatte recht und unrecht zugleich. Recht, wenn man an das Ende der *Modernen Rundschau* und den, wie Arthur Schnitzler sich ausdrückte, »unbedeutenden« Auftakt der Wiener *Freien Bühne* denkt;[123] unrecht, wenn man die Versuche gelten läßt, die im Laufe gerade dieses Jahres gemacht wurden: die Neugründung der *Modernen Rundschau* als Nachfolgerin der *Modernen Dichtung* im April, der Empfang, den man Ibsen in Wien bereitet hatte, und schließlich die Gründung des Vereins »Freie Bühne« im Juli 1891.

Dieser Verein konstituierte sich unter dem Namen »Freie Bühne, Verein für moderne Literatur« am 7. Juli 1891 – wohl auf Anregung von Friedrich Michael Fels – und hatte ein Programm, das nicht ohne Ambition war und die Zwecke des Vereins folgendermaßen formulierte: »Durch Abhaltung von Vorträgen aus dem Gebiete der Literatur und Wissenschaften, sowie durch Veranstaltung von dramatischen Aufführungen, durch Herausgabe und Subvention von Werken und Zeitschriften, durch Anlegung einer für die Mitglieder unentgeltlich benützbaren Bibliothek und eines Lesezimmers, durch Preisausschreibungen und durch Gewährung eines Rechtsbeistandes zur Vertretung der verletzten Interessen der Mitglieder«.[124] Die *Wiener Literatur-Zeitung* gab dem Verein eine gute Chance, wenn sie auch zu Recht die Lebensfähigkeit von der Zahl der Mitglieder abhängig machte und lakonisch die Höhe des Jahresbeitrages für 1891 (6 fl) mitteilte. Der Berichterstatter erwartete für das literarische Leben Wiens »bald einen frischen Luftzug« und nahm den Verein – aufschlußreich für das nicht eben stark ausgebildete Selbstbewußtsein der Wiener Literaten, wenigstens zu diesem Zeitpunkt – gegen den Vorwurf einer »bloßen Nachahmung reichsdeutscher Muster« in Schutz.[125] Trotzdem war die Parallele zu Otto Brahms Berliner »Freien Bühne« nicht zu übersehen. Nicht nur der Name, vielmehr auch das ausgesprochen naturalistische Programm sprachen für sich.

Die *Moderne Rundschau* brachte eine sachliche Information, samt dem oben zitierten Auszug aus den Statuten, und führte außerdem – wie übrigens auch die *Wiener Literatur-Zeitung* und das *Magazin*, das diesen Passus wörtlich übernahm[126] – die gewählten Vorsitzenden, Ausschußmitglieder usw. auf.[127] Fels wurde zum Obmann, Edmund Wengraf und Hermann Fürst zu seinen Stellvertretern, Kafka und Robert Fischer zu Schriftführern gewählt. Im Ausschuß waren u. a. Arthur Schnitzler, Engelbert Pernerstorfer, Dr. Hugo von Hofmannsthal[128] und Felix Salten vertreten. Auf Vorschlag von Julius Kulka, der zum Bibliothekar gewählt worden war, wurde Ibsen zum Ehrenmitglied ernannt. Die *Moderne Rundschau* hielt die Gründung der »Freien Bühne« für »vernünftig und notwendig« und erhoffte sich nicht nur für Wien, sondern für ganz Österreich einen »einflußreichen Faktor«. Wie gesagt: der Verein hatte ein weit gestecktes Programm.[129] Er verstand sich bei seiner Gründung – auch darin dem Berliner Unternehmen verpflichtet – als Vorkämpfer des Naturalismus. Das war im Juli 1891. Aber die literarischen Moden waren schnellebig: als er ein Vierteljahr später seinen ersten »geselligen Abend« veranstaltete, sah es so naturalistisch nicht mehr aus. Die anfänglich schwankende Gesinnung der Wiener Moderne findet auch hier ihren Ausdruck: abzulesen etwa an den Publikationen von Friedrich Michael Fels, dem Vorsitzenden des Vereins. Fels begann als Parteigänger der Naturalisten. Das bezeugen seine Arbeiten, zunächst in der *Gegenwart*,[130] dann auch in der *Modernen Rundschau*,[131] wie auch sein Aufsatz über Henrik Ibsen in der *Wiener Literatur-Zeitung*,[132] von dem sich die Herausgeber ausdrücklich distanzieren zu müssen glaubten. Noch in seinem Aufsatz »Unsere Idealisten«, drei Wochen vor Gründung der »Freien Bühne«, wehrt er sich dagegen, den Naturalismus als »überwundenen Standpunkt« anzusehen,[133] womit er sich – wie auch in anderem Zusammenhang – deutlich gegen Bahrs Position wendet. »Naturbeobachtung« ist ihm im Naturalismus als »erste und wichtigste Vorbedingung der Kunst« gegeben.[134] »Aufgewachsen und ausgebildet in den Anschauungen des Naturalismus«, spricht er geradezu von »wir ›Naturalisten‹«.[135] Das widerspricht nur scheinbar den Beobachtungen, die er an dem Dänen Jens Peter Jacobsen macht und die er eine Woche vor Gründung der »Freien Bühne« publiziert. Sie führen seine vorher eingenommene Position nur konsequent fort: Der Naturforscher, Botaniker und Darwin-Übersetzer Jacobsen konnte – durch seine jahrelange Krankheit »auf sich selbst zurückgewiesen« – »tausend Töne vernehmen, tausend Farben sehen, tausend Düfte fühlen, die ein anderer nicht wahrnimmt«.[136] Damit konstatiert Fels einen Tatbestand, der auf der einen Seite konsequent naturalistisch ist, auf der anderen aber genauso deutlich über ihn hinauszielt. Wie bei Arno Holz führt für Fels auch bei Jacobsen das genauere, präzisere Hinsehen zwar zu einer intensiveren Naturalistik, aber zugleich über sie hinaus in eine andere, einen Stil sui generis. Was Fels hier noch kritisch und kritisierend als Manierismus bezeichnet, ist in Wirklichkeit eine neue Stilrichtung, sind in Wirklichkeit die Anfänge des Impressionismus.

Auf Fels und seine Entwicklung zurückbezogen, bedeutet das zunächst etwas sehr viel Allgemeineres: das erwachende Interesse für die Form auf Kosten des Inhalts. Das aber führt ihn eindeutig weg vom Naturalismus, auch wenn er es merkwürdigerweise noch unter dieser Überschrift vertreten will. Es bringt ihn in die Nähe Bahrs, der, wie man sehen konnte,[137] mit eben dieser Devise aus Paris zurückgekommen war. Der Verein, der sich so viel vorgenommen hatte, der Ausschüsse gebildet,[138] Theateraufführungen und Lesezimmer geplant hatte, trat am 28. Oktober 1891 zum ersten Mal an die Öffentlichkeit: mit einem vergleichsweise bescheidenen Programm.[139] Schnitzler schrieb in sein Tagebuch: »Viel Beifall, unbedeutender Abend«.[140]

Hier interessiert allerdings weniger der mittelmäßige Erfolg dieses ersten Abends als der Vortrag, den Fels aus diesem Anlaß über das Thema »Die Moderne«[141] gehalten hat. Er nimmt Gedanken aus dem »Idealisten«-Aufsatz[142] wieder auf, geht aber, gewissermaßen im Sinne der Ausführungen über Jacobsen[143] (und in weitgehender Annäherung an Hermann Bahr auch hier) über ihn wesentlich hinaus. Insbesondere drei Gedanken stellt Fels deutlich in den Vordergrund: sein Bekenntnis zur Dekadenz, die Generalisierung des Naturalismusbegriffs, und schließlich die Konsequenz der Inkonsequenz. Dabei sollte man nicht aus dem Auge verlieren, daß die *Moderne Rundschau* sowohl in ihrer Ankündi-

gung als auch in ihrem Bericht vom »programmatischen Vortrage« des Vereinsvorstandes sprach.[144] Um so genauer wird man hinzuhören haben.
Fels leitet seinen Dekadenzbegriff aus einer im Grunde von Bahr getroffenen Feststellung ab. Bahr hatte am Schluß seines großen Ibsen-Aufsatzes geschrieben, Ibsen sei nur der Johannes der Literatur, ein größerer, der Messias eben, müsse erst noch kommen. Fels generalisiert diese ad personam getroffene Feststellung und bezieht sie auf die moderne Literatur überhaupt: »Was wir schaffen, ist nur Vorbereitung auf ein künftiges Großes.« Die aus diesen Gedanken gezogenen Schlußfolgerungen führen geraden Weges zu dem, was er selbst »das dekadente Bekenntnis eines sinkenden, haltlosen, unsicher treibenden Geschlechtes« nennt, zu dem (für einen Mann, der sich selbst als Naturalist bezeichnet) wahrhaft erstaunlichen Satz: »Es wird ein Tag kommen, da wird nicht mehr gelesen werden; freuen wir uns, daß der Tag bald komme!«[145] Hier wird das Epigonenbewußtsein der Spätgeborenen aufgegriffen, das man zwar – und gerade auch Fels – gehörig verachtet,[146] das aber gerade damit merklich prolongiert wird. Nietzsche, für den jede literarische Décadence dadurch gekennzeichnet war, daß »das Leben nicht mehr im Ganzen wohnt«,[147] stand auch hier Pate.
Was Fels speziell zum Naturalismus zu sagen hat, unter dem er mit dem Verein »Freie Bühne« aufgetreten war, ist für die wenn auch zunächst unmerkliche Entwicklung höchst aufschlußreich, die die Literatur in Wien gerade in diesen Jahren, ja Monaten nahm. Er hält den Naturalismus, den er praktisch mit dem Begriff »Moderne« identifiziert, für eine so umfassende Kategorie, daß in ihr die »verschiedensten und entgegengesetztesten Anschauungen und Bestrebungen Platz finden«.[148] Naturalist sei, so schreibt er, »schließlich jeder«;[149] womit der Verein praktisch freie Hand hat, alles zu bringen, was sich ihm bietet, »sei es nun naturalistisch oder neuidealistisch, symbolistisch oder impressionistisch«.[150] Der Schritt zu dem, was er als künstlerisches

Programm ausgibt: zur »großen Inkonsequenz«, ist nicht mehr mühsam. Die Beliebigkeit der Inhalte, die in der Inkonsequenz geübte Konsequenz, verweisen den Künstler auf die Form. Wo der Inhalt unwichtig geworden ist, wo das Was an Bedeutung verliert, wird die Form interessant, hat das Wie die eigentliche Bedeutung. Das führt Gedanken weiter, die Fels in seiner Einführung zu den von Marie Herzfeld veröffentlichten Briefen Jens Peter Jacobsens bereits berührt hatte. Als dann allerdings ein halbes Jahr später Maeterlincks *L'Intruse* aufgeführt wurde,[151] schrieb Fels in einer Besprechung in der Berliner *Freien Bühne*, er sei »ein etwas altmodischer Herr« geworden und hätte lieber Caesar Flaischlens *Toni Stürmer* oder Hauptmanns *Weber* auf der Bühne gesehen als diesen Symbolisten.

Die Wiener »Freie Bühne« konnte sich nicht lange halten. Bereits am 1. November 1891 berichtete die *Moderne Rundschau*, daß Engelbert Pernerstorfer, Hermann Fürst, Edmund Wengraf und Heinrich Osten ihre Posten niedergelegt hätten.[152] Fels selbst, der für den »Wiener Brief« in der Berliner *Freien Bühne* verantwortlich zeichnete, schrieb dort über das wenn nicht juristische, so doch faktische Ende des Vereins: »Ich sehe den ganzen Widerspruch, wenn ich diesen meinen ersten Theaterbrief mit der Freien Bühne beginne. Denn im Grunde hat der Wiener Postumus des naturalistischen Sklavenaufstandes mit den Theaterspielern selbst blutwenig zu schaffen. Indes: tout comprendre c'est tout pardonner, und der gute Wille fällt nicht bloß beim himmlischen Oberkritiker, sondern auch bei uns so viel kleineren irdischen Kritikern schwer ins Gewicht. Über Mangel an gutem Willen aber konnte man sich kaum beklagen, damals als die Freie Bühne hier begründet wurde; und wenn die in jenen vorbereitenden Versammlungen gegebenen Versprechen überhaupt hätten in Erfüllung gehen können, besäße Wien jetzt ein Theater, auf dem, neben der modernsten Dramatik, auch die modernste Schauspielkunst zu Hause wäre. Begeisterung, Phantastik und Unkenntnis der tatsächlichen Verhältnisse – die kennzeichnen die damaligen Gründer. Man rechnete mit einem ungeheuren Mitgliederstand, obwohl rein künstlerischen Angelegenheiten Wien nie Sympathie entgegengebracht hat. Man rechnete mit Schauspielkräften erster Bühnen, obwohl deren starke Beschäftigung, sowie die Stellungnahme der Direktoren, neuen Erscheinungen gegenüber, gewiß kein Recht darauf gaben. Einzig das Burgtheater wäre in Betracht gekommen; doch bei einer Hofbühne sind Rücksichten zu nehmen, die die Geneigtheit des einzelnen nicht aus der Welt schaffen kann. Man wähnte, Hervorragendes leisten zu können, zu einer Zeit, da die in Berlin ihre Mission bereits erfüllt sahen, da Ibsen an zwei Wiener Theatern gespielt wurde und Gerhart Hauptmann wenigstens angenommen war, man wähnte endlich, überhaupt die Aufmerksamkeit auf einen Verein lenken zu können, den keine ›Patronessen‹ und kein Garantiefond, kein feuilletonberühmter Vorstand und kein hocharistokratischer Ehrenpräsident der bewundernden Mitwelt verklärend hoben. Denn, zu allem übrigen, wurde die Leitung einem fünfzehnköpfigen Ungeheuer von Ausschuß anvertraut, von dem jeder sein eigenes Programm mitbrachte und immer einer noch jünger und unbekannter war als der andere. Der ›Tyrann‹ fehlte, und es fehlte die anerkannte Autorität. Allerdings zögerte der Ausschuß nicht, seine Aufgabe mit möglichster Energie in Angriff zu nehmen. Er richtete ein Lesezimmer ein, das nicht besucht wurde, plante Vorlesungen, von denen nur eine zustande kam, mietete ein Theater und nahm Stücke an, zu deren Aufführung außer einem Regisseur und den Schauspielern, die sich weder in Wien noch in Prag, Graz und Hamburg fanden, nur wenig mehr fehlte. Die Presse stand, wie vorauszusehen, dem Unternehmer [sic!] von vorneherein feindlich gegenüber, und das Publikum zeigte die gewöhnliche Teilnahmslosigkeit, bestenfalls abwartendes Mißtrauen in die Sache, wie in die Personen. Das Jahr ging zur Neige, ohne daß etwas geschehen wäre. Aussichten für die Zukunft waren nicht vorhanden. So legte man der Generalversammlung zwei Anträge vor, einen auf Auflösung und einen auf

Umwandlung des Vereins. Sie entschied sich für den letzteren: aus der Freien Bühne ist ein ›Verein für modernes Leben‹ erstanden. Das Programm ist vereinfacht: Theatervorstellungen sollen nicht mehr angestrebt werden, und es ist erweitert: auch Musik und bildende Kunst sollen beigezogen werden, zu Vorträgen und eventuell zu Ausstellungen. Ob auf diesem Wege ein günstiges Resultat zu erzielen ist, muß erst die Zukunft zeigen; die Aussichtslosigkeit des ersten Unternehmens und die Mutlosigkeit seiner Führer spiegelt sich in einer von den Zeitungen wiedergegebenen Äußerung des bisherigen Vorstandes, ›eine gewisse Heiterkeit des Gemüts sei begreiflich, angesichts dessen, daß ihm die Freude winke, in zwei Stunden nicht mehr Präsident der Freien Bühne zu sein‹. Dem Mann ist geworden, was er sich wünschte. Und ich kann meinen Freunden die tröstende Versicherung geben, daß ich mich fühle ganz wie nach einer langen, langen Krankheit, etwas schwach noch, aber ruhig und zufrieden, voller Hoffnung in die Zukunft.«[153]
Von dem, was man sich vorgenommen hatte, war nicht eben viel übriggeblieben.

Weitere Zeitschriften

Trotzdem – man könnte sagen: gegen alle Gründungsversuche – entwickelt sich in den kommenden Jahren die junge österreichische Literatur und mit ihr die Literaturkritik. Die verschiedenen Zeitschriften bieten dazu in zunehmendem Maße reichlich Gelegenheit.
»Etwa um die gleiche Zeit, da sich die ›Moderne Dichtung‹ in die ›Moderne Rundschau‹ wandelt, geht in Wien selbst aus den stark die österreichische Literatur betonenden Verlagsberichten des Antiquars Dr. A. Bauer, ›Wiener Bücher-Zeitung‹ (15. November 1890), eine Revue des modernen Lebens, die Monatsschrift ›Wiener Literatur-Zeitung‹ hervor, die bestrebt ist, der zeitgenössischen, besonders der

modernen heimischen Produktion den Weg zu ebnen. (Sie ›soll ein Organ für die literarische Welt sein; eine Bücherzeitung, die keinen Parteistandpunkt einnehmen will, die mit Objektivität auf das Beste in der Zeitliteratur aufmerksam zu machen sich zur Aufgabe stellt‹). [...] Der Tod Bauers (1893) bringt eine Änderung in der Redaktion mit sich (als neue Herausgeber zeichnen Heinrich Osten und Dr. Edmund Wengraf) und damit eine des Namens, der Ziele und der Erscheinungsbedingungen. In der Wochenschrift ›Neue Revue‹ mit dem Untertitel ›Wiener Literatur-Zeitung‹ (Dezember 1893 bis Mai 1898) wird der schöngeistige Teil durch Politik und Volkswirtschaft immer mehr in den Hintergrund gedrängt. [...] Im Juni 1898 schließt sich die ›Neue Revue‹ mit der eben gegründeten demokratischen, in der künstlerischen Einstellung gemäßigt-modernen, von Rudolf Lothar herausgegebenen ›Wage‹ zusammen. Unter der Leitung von E. V. Zenker (seit 1902) verlor das Blatt seine literarische Bedeutung. Ähnliche soziale und politische Ziele wie die ›Neue Revue‹ verfolgte die im Oktober 1894 ins Leben gerufene Wiener Wochenschrift für Politik, Volkswirtschaft, Wissenschaft und Kunst, ›Die Zeit‹, herausgegeben von Prof. Dr. Isidor Singer, Hermann Bahr und Dr. Heinrich Kanner. Jedoch in Fragen der Kunst standen beide einander schroff gegenüber: hier gaben Bahr und Muther den Ton an.

Der eigentliche Begründer der ›Zeit‹ war Heinrich Kanner. Auf einer Studienreise durch die Vereinigten Staaten hatte er den großen Einfluß der amerikanischen Wochenschriften kennengelernt, und er kehrte Ende 1893 mit dem Gedanken heim, ein ähnliches Unternehmen in Wien ins Leben zu rufen. Nachdem er sich über Plan, Programm, äußere Form und Namen der Zeitschrift schlüssig geworden war, setzte er sich mit Isidor Singer und dem ihm bis dahin nur aus seinen Schriften bekannten Bahr in Verbindung. Singer und dessen Freunde kamen für die finanziellen Mittel auf, Bahr konnte seine internationalen literarischen Bekanntschaften nutzen. Alle drei Herausgeber standen weit links und waren stark westlich orientiert. [...] ›Liebelei‹, Arthur Schnitzlers erster großer Burgtheatererfolg (9. Oktober 1895), der den lauten Jubel der Jugend auslöste, gab der Wiener Wochenschrift ›Liebelei‹ (4. Januar bis 20. März 1896), von Rolf Baron Brockdorff und Rudolf Strauß redigiert, den Namen. [...] Die großstädtische Décandence mit dem eine traumumwobene Müdigkeit zur Schau stellenden Symbolismus und Ästhetizismus gewann in der ›Wiener Rundschau‹ (15. November 1896 bis 1. September 1901), einer zunächst von Rudolf Strauß herausgegebenen Halbmonatsschrift, ein vornehmes Organ. ›An die Repräsentanten jeder Kultur, an die Schaffenden einerseits und an ein geistesverwandtes Publikum andererseits‹ wenden sich die einleitenden Worte dieser schon äußerlich elegant und geschmackvoll ausgestatteten literarischen Revue. ›Losgelöst von allen Rücksichten und Vorurteilen, soll versucht sein, den Menschen eine andere Art der Wertung aller Erscheinungen nahezubringen‹, um, wie es in einem Vorbericht zum dritten Jahrgang heißt, ›der dereinstigen Herrschaft der Geistigen die Wege zu bahnen, der Kunst an sich eine Zufluchtstätte zu bieten‹. [...] Als es fünf Jahre nach der Münchener Sezession auch in Wien zu den Austritten aus der bestehenden, recht konservativ gewordenen Künstlergenossenschaft kam (Mai 1897), schuf sich die neugegründete ›Vereinigung der bildenden Künstler Österreichs‹ (S. 1667) nach Art des ›Pan‹ ihr Organ ›Ver Sacrum‹ (Januar 1898 bis 1903), dessen literarischen Teil Artisten und Symbolisten beherrschten. [...] Unter Aufwand großer Mittel wurde im September 1902 die Wochenschrift ›Die Zeit‹ in ein Tagblatt im Stil der ›Frankfurter Zeitung‹ umgewandelt, das politisch bürgerlich, doch weit linksstehend geführt wurde und in künstlerischen Fragen durchaus die modernen Bestrebungen vertrat.

Es sollte, wie die Herausgeber J. Singer und H. Kanner geflissentlich immer wieder betonten, ein Blatt der reinen Hände sein. Dem politischen Teil gab Kanner mit einer scharf oppositionellen Einstellung gegen den Innen- und Außenkurs der österreichischen Regierungen das Gepräge.

Von jeher der preußischen Führung abgeneigt und mit den Westmächten sympathisierend, suchte er auch während des Weltkrieges seine dem amtlichen Preßbureau entgegengesetzten Auffassungen zu wahren, bis die Drohung mit der Einstellung des Blattes ihn und Singer zum Rücktritt zwang (18. Dezember 1917).«[154] – Seit dem Scheitern einer Wiener *Freien Bühne* konzentrierte sich die öffentliche literarische Aktivität mehr und mehr auf die genannten einschlägigen Zeitschriften.

Mit der Gründung der *Zeit* durch Heinrich Kanner, Isidor Singer und Hermann Bahr ist eine deutliche Konsolidierung zu bemerken. Das von Bahr geleitete Feuilleton dieser Wochenschrift trägt dazu entscheidend bei: an nahezu jedem Wochenende[155] erscheint dort ein Beitrag von ihm selbst oder einem seiner Gesinnungsgenossen, wird auch bald bereits über sie geschrieben.

Als am 21. Januar 1897 das Café Griensteidl geschlossen wird, ist das »Junge Wien« längst nicht mehr auf ein solches Lokal angewiesen. Als Gruppe hatte es sich nicht organisieren können, aber die literarische Richtung war deutlich. Karl Kraus nahm den Abriß des Griensteidl zum Anlaß, die Gruppe in der *Wiener Rundschau* als Clique zu verhöhnen, aber er zog bereits gegen einen literarischen Begriff (eben: die »demolierte Literatur«), wenn man so will, gegen eine Literaturepoche, zu Felde. Der Titel seiner Satire meinte nicht die Gruppe, sondern expressis verbis ihre Literatur; auch wenn die »Abfertigung« selbst auf die Personen rekurrierte. Zum exakt gleichen Zeitpunkt (November 1896) resümiert Bahr im Vorwort zu seiner Aufsatzsammlung *Renaissance*, die er Leopold Andrian und Hugo von Hofmannsthal widmet, die vorangegangenen Jahre: »Euere teueren Namen, lieber Hugo, lieber Poldi, setze ich auf dieses Buch, um Euch zu danken. Ihr seid ja mit mir gegangen, da ist uns der Weg leicht geworden. Wenn wir jetzt oben sind und ausschauen können, dürfen wir uns wohl freuen und wir wollen uns die Hände drücken! [. . .] Ich habe lange eine kleine Tafel unserer Freundschaft setzen wollen: nehmt nun

dieses Buch hin! Ihr habt die Sachen, die hier stehen, alle schon in der ›Zeit‹ gelesen. Diese Wochenschrift habe ich ja begründet, damit doch die Fragen der Kultur auch in unserem armen Lande einen Anwalt haben. Getreu schreibe ich da jede Woche auf, was die Suchenden finden; so nähern wir uns der großen Kunst. Ihr wißt, daß es gewirkt hat; es ist nicht umsonst gewesen. Von allen Seiten sind auf meinen Ruf viele Leute gekommen und wir dürfen glauben, daß aus unserem stillen Kreise mancher Gedanke in die große Welt gedrungen ist. Ich wünsche, es möchte diesem Buch beschieden sein, im Ganzen so zu walten, wie seine Teile gewaltet haben; dann ist es würdig, lieber Hugo, lieber Poldi, Euere geliebten Namen zu tragen.
Aber wichtiger ist mir, daß es Euch durch seine Gesinnung und den guten Willen, den es hat, ein bißchen Freude machen soll und Euch an unsere Stunden erinnert!«[156]
Neben der Satire von Karl Kraus und Bahrs Konstatierung des ersten Höhepunktes steht der Bericht, den Franz Servaes über das Junge Wien in der ersten Nummer der *Zeit* des Jahres 1897 aus Berliner Sicht gibt. Er dokumentiert bereits die wachsende Resonanz über die Grenzen Österreichs hinaus. Bahrs Aufsatz, schließlich, zum Thema »Entdeckung der Provinz«,[157] 1899 programmatisch an den Anfang seiner neuen Tätigkeit beim *Neuen Wiener Tagblatt* gestellt, markiert nicht nur äußerlich das Ende seiner Mitarbeit an der *Zeit*, sondern stellt auch inhaltlich eine Zäsur dar: er wendet sich anderen Gegenständen zu. Für ihn ist die Mission eines »Jungen Wien« erfüllt; die Fundamente einer neuen österreichischen Literatur sind mit ihm gelegt: »Denn es ist unser fester Glaube, daß wir den Zirkel der paar Literaten und Dilettanten verlassen und ins weite Land zum Volke gehen müssen, wenn sich der große Traum einer neuen österreichischen Kunst erfüllen soll.«[158]

Dieser Traum sollte in Erfüllung gehen; wenn auch gänzlich anders als hier geträumt. Die neue Kunst, die hier noch als »österreichisch« bezeichnet wird, bedurfte schon bald dieses nationalen Epithetons nicht mehr: mit Hofmannsthal, Schnitzler, Kraus, Rilke; mit – wenig später – Broch, Musil oder Kafka; mit Hugo Wolf oder Gustav Mahler, Berg und Schönberg hatte sie einen Horizont ausgeschritten, der mit dem der Weltliteratur, mit internationalem Rang überhaupt, verschmolz. Diese Kunst partizipiert nicht nur an der europäischen Kultur der Moderne; sie drückt ihr ihre Signatur auf. Unmöglich, eine Geschichte moderner Kunst ohne diese Namen skizzieren zu wollen, die Geschichte des 20. Jahrhunderts ohne Theodor Herzl zu denken, modernes Denken in Wissenschaft und Alltag ohne Freud. Hervorgegangen war alles das aus eher esoterischen Verhältnissen, die aber immerhin doch stark genug gewesen waren zu provozieren, was nicht mehr intra muros bleiben wollte. Im nachhinein nimmt sich die Wiener Moderne, das Österreich der Moderne wie die produktive Pause zur Selbstregenerierung einer ganzen Kultur aus; was wohl auch zu erklären vermöchte, warum diese Generation den politischen, wirtschaftlichen und sozialen Ereignissen ihrer Zeit mehr hinterherlief, als daß sie ihr den Weg gewiesen hätte. Man braucht kein Anhänger morphologischer Geschichtsschreibung zu sein, um das so zu sehen; zumal es sich aus den historischen Voraussetzungen der Wiener geradezu ableiten läßt. Es kennzeichnet die Literatur der Epoche und die Literatur im Österreich dieser Zeit, daß ihre Esoterik – und insofern kann sie als Spätzeitphänomen gelten – aus der Auseinandersetzung mit der Tradition entstanden ist. Strenggenommen ist es nicht einmal dies, sondern eine bloße Übernahme des überkommenen Bildungsgutes. Der spezielle Charakter dieser Literatur leitet sich aus dem Bewußtsein ab, über nicht weniger als die gesamte abendländische Kultur seit der Antike verfügen zu können; ein Gestus übrigens, der im Lebensstil von in die Heimat zurückgekehrten Kolonialherren seine sozialgeschichtliche Entsprechung hatte (oder umgekehrt).[159] Vorangegangen war, wie gesagt, gerade die Beschränkung auf sich selbst. Aber das spielte sich nicht solipsistisch ab. Diese Generation, die sich schließlich als einsam und allein gelassen formulierte, die nicht selten im täglichen Leben vollständig versagte, hatte diese Erfahrung nicht mit sich allein, sondern sozusagen an den Gegenständen der kulturellen Überlieferung gemacht. Was ihr zur Verfügung stand, war so gut wie komplett; und das nicht nur in archivalischem Sinne. Schon hatte man begonnen, die vorangegangenen Jahrhunderte ästhetisch zum Bestandteil des eigenen Lebens zu machen: Die Ringstraßengebäude präsentierten Historie zum täglichen Gebrauch; von dem in gräzisierendem Stil erbauten Reichsratsgebäude (Parlament) über das neugotische Rathaus bis zu den Prachtbauten in allen Varianten der Renaissance: Justizpalast, Hofoper, Neues Burgtheater oder Universitätsgebäude.

Es war der Überdruß an den vom späten 19. Jahrhundert aus der abendländischen Geschichte rekonstruierten Stiltraditionen, der zur eigenen Esoterik dieser Literatur führte; dazu, sich abzuschließen gegenüber diesem historischen Oktroi, als welcher das kulturhistorisch überall verfügbar gemachte »irdische Paradies« – einen Ausdruck Werner Hofmanns aufzugreifen[160] – sich herausgestellt hatte. Hofmannsthals Tor in der »Rumpelkammer voller totem Tand«[161] ist – 1893 – die poetische Figur für diesen Tatbestand. Sein Lord Chandos formuliert 1902 die Ratlosigkeit gegenüber dem Überkommenen, die Unfähigkeit, mit dem Gewohnten wie gewohnt umzugehen, ja, es auch nur zu benennen.[162]

Das alles gilt zwar in besonderem Maße, aber keineswegs ausschließlich für die Literatur. Wenn sich das Phänomen einer neuen österreichischen Kultur der Öffentlichkeit um die Jahrhundertwende auch wesentlich unter dem Schlagwort eines »Jungen Wien« oder eines »Jungen Österreich« darstellte, so war damit also durchaus nicht nur Literatur gemeint. Diese ist vielmehr für die Zeitgenossen so selbstverständlich mit Malerei und Theater, Musik, Architektur, Kunstgewerbe und Bildhauerei verflochten, wie ihr dieser Kontext für ein heutiges Verständnis erst rekonstruiert werden muß.

Dem will die hier vorgelegte Auswahl Rechnung tragen,

wenn die Texte in elf einander ergänzenden, aber auch einander überschneidenden Gruppen dargeboten werden. Mit der ersten: »Geschichte, Lokales, Politik«, soll eine allgemeine Einführung in den historischen und politischen Kontext im weitesten Sinne gegeben werden, in dem das eigentliche Textmaterial zu sehen und einzig zu verstehen ist. An zweiter Stelle stehen unter der Überschrift »Philosophie, Psychologie, Kultur« Zeugnisse, die das geistige Leben Wiens um die Jahrhundertwende belegen; Texte von Autoren zum Teil, die später weltberühmt geworden sind, wie Freud oder Mach. Die Texte der dritten Gruppe – »Literarische Epoche« – suchen speziell für die Literatur das Stichwort zu belegen, unter dem die ganze Sammlung steht: die Wiener Moderne. Als »Merkworte der Epoche« werden in der vierten Abteilung diejenigen Schlagworte vorgeführt, die – mehr als nur die Literatur betreffend – die Zeitgenossen selbst in Umlauf gesetzt haben. Damit nähert sich die Auswahl um einen entscheidenden Schritt der Literatur der Wiener Moderne selbst: Die fünfte Gruppe läßt die Wiener mit kritischen Äußerungen zur deutschsprachigen und fremdsprachigen Literatur ihrer eigenen Zeit zu Worte kommen; d. h. zumeist zu einer Literatur, die sie selbst für besonders wichtig gehalten haben. Die sechste bis achte Gruppe schließlich bringt Beispiele aus Lyrik, Prosa und Drama der Wiener. Hier wird den poetischen Texten nach Möglichkeit ein kritischer beigegeben, in dem jene sich brechen und der für die unmittelbare zeitgenössische Wirkung stehen kann. Mit »Bildende Kunst« ist dann die neunte Gruppe überschrieben, in deren Mittelpunkt die Wiener Secession als eigenständige österreichische Leistung im europäischen Kontext steht. Unter dem Titel »Musik« wird dann das reiche musikalische Leben der Stadt wenigstens in seinen Hauptvertretern von Bruckner bis Schönberg vorgestellt. Theater und Schauspielern ist eine eigene Abteilung vorbehalten; wenngleich gerade hier als Ergänzung ein Blick auf die Gruppen fünf und acht wichtig ist. Das »Literarische Leben« faßt als eigene Rubrik noch einmal explizit zusammen, was im ganzen Bande eher implizit vertreten war. Bei den nicht-literarischen Texten wurden nach Möglichkeit solche ausgewählt, die eine – offensichtliche oder verdeckte – Beziehung zur Literatur erkennen lassen. Nicht immer allerdings ließ sich das aus Gründen des Umfanges in den Vorspanntexten genauer belegen oder auch nur andeuten, die den einzelnen Gruppen – bis auf die mit den literarischen Texten selbst – als kurze einführende Bemerkungen des Herausgebers vorangestellt sind.

Anmerkungen

1 Friedrich Michael Fels, »Maeterlinck in Wien«, in: *Freie Bühne für den Entwickelungskampf der Zeit*, Jg. 3, Nr. 6, Juni 1892, S. 671 f. – Auch in: *Das Junge Wien. Österreichische Literatur- und Kunstkritik 1887–1902*, ausgew., eingel. und hrsg. von Gotthart Wunberg, 2 Bde., Tübingen 1976, S. 326 f. [zitiert als: JW.] – Die folgenden Ausführungen stellen z. T. eine gekürzte und überarbeitete Form der dort abgedruckten Einführung des Herausgebers dar.

2 Robert Levissohn, »Richard Specht. Gedichte«, in: *Neue Revue*, Jg. 5, Nr. 18, 18. April 1894, S. 572; JW, S. 441.

3 Franz Servaes, »Jung-Berlin. Zehn Jahre Literatur-Bewegung«, in: *Die Zeit*, Wien, Nr. 112, 21. November 1896, S. 124–126; Nr. 113, 28. November 1896, S. 139–142; Nr. 114, 5. Dezember 1896, S. 154–157. – »Jung-Wien. Berliner Eindrücke«, ebd., Nr. 118, 2. Januar 1897, S. 6–8.

4 Hermann Bahr, »Das junge Österreich«, s. S. 287.

5 *Jugend in Wien. Literatur um 1900. Eine Ausstellung des Deutschen Literaturarchivs im Schiller-Nationalmuseum Marbach a. N.*, Katalog der Ausstellung von Ludwig Greve und Werner Volke, 1974 (Sonderausstellungen des Schiller-Nationalmuseums. Katalog Nr. 24), S. 119. [Zitiert als: Marbach.] – Dieser Katalog kann als hervorragende Quelle zum »Jungen Wien« nicht genug empfohlen werden. Er stellt nicht nur bereits publiziertes, sondern auch unveröffentlichtes Material zusammen und bietet selbst für den Kenner eine Fülle von neuen Daten und Aspekten.

6 Hermann Bahr, »Zehn Jahre«, s. S. 668.

7 Ungehaltenheit und Skepsis gegenüber dieser Rubrizierung waren ohnehin groß. Wenn Arthur Schnitzler in einem Brief an Hugo von Hofmannsthal über das »dumme ›Jung Wien‹-Geplausch« spricht, so steht das für andere, ähnliche Äußerungen (Hugo von Hofmannsthal / Arthur Schnitzler, *Briefwechsel*, hrsg. von Therese Nickl und Heinrich Schnitzler, Frankfurt a. M. 1964, S. 78 (Brief vom 12. März 1897).

8 Eine Ausnahme bildete z. B. Felix Salten; vgl. Marbach, pass., bes. S. 122 f.

9 Vgl. Edmund Wengraf, »Kaffeehaus und Literatur«, s. S. 638 ff. – Vgl. auch Gustav Gugitz, *Das Wiener Kaffeehaus. Ein Stück Kultur- und Lokalgeschichte*, Wien 1940, S. 189 f.

10 Alfred Zohner, »›Café Griensteidl‹«, in: *Geschichte der deutschen Literatur in Österreich-Ungarn im Zeitalter Franz Josephs I.*, ein Handbuch unter Mitw. hervorragender Fachgenossen hrsg. von Eduard Castle, 4 Bde., 1897 ff.; Bd. 4, S. 1715 f. [Zitiert als: Castle.]

11 Zum Ganzen vgl. Alfred Zohner, »Literarische Zeit- und Streitschriften«, in: Castle IV, S. 1703–06; Fritz Schlawe, *Literarische Zeitschriften*, T. 1: 1885–1910, Stuttgart [2]1965, S. 31 f.; sowie die Erläuterungen von Eugene Weber zu der von ihm mitgeteilten Rezension von Karl Kraus über Hofmannsthals *Gestern*, in: *Hofmannsthal-Blätter*, H. 5, 1970, S. 349 ff. – Die *Moderne Dichtung* hat nicht lange existiert: Am 1. Dezember desselben Jahres erschien das vorläufig letzte Heft; vom April 1891 an gab Eduard Michael Kafka sie – gemeinsam mit Dr. Jacques Joachim – noch einmal für ein Dreivierteljahr als *Moderne Rundschau* heraus. Aber schon am 15. Dezember 1891 teilten die Herausgeber den Lesern mit, daß die Zeitschrift »ab Jänner 1892 mit der ›Freien Bühne für modernes Leben‹, dem führenden Organ der modernen Geistesbewegung in Deutschland, vereint als Monatsschrift unter dem Titel Freie Bühne für den Entwickelungskampf der Zeit« erscheinen werde.

12 Hermann Bahr, »Zehn Jahre«, s. S. 666 f.

13 Otto Julius Bierbaum, [Rezension der *Modernen Dichtung*,] in: *Die Gesellschaft*, Jg. 6, Februar 1890, S. 305–310, hier: S. 306.

14 In dem anonym erschienenen, wohl vom Herausgeber A. Bauer verfaßten Bericht wird Emil Reich in extenso zitiert: »Die deutsch-österreichischen Dichter und die Grillparzer-Gesellschaft«, in: *Neue Wiener Bücher-Zeitung*, Jg. 1, Nr. 2, 15. Dezember 1890, S. 3; JW, S. 144. – Es spricht vieles dafür, daß

hier tatsächlich Naturalismus und nicht Realismus gemeint war: Emil Reich, später Professor für Ästhetik in Wien und als Sozialdemokrat entscheidend an der Entwicklung volksbildnerischer Reformpläne beteiligt, hielt im Wintersemester 1892/93 an der Wiener Universität zwanzig einflußreich gewordene Vorträge über Ibsens Dramen, in denen er Ibsen eindeutig als Naturalisten verstand und vertrat. Die Vorträge erschienen 1893 gesammelt u. d. T. *Ibsens Dramen,* 1925 in der 14. Auflage (vgl. Castle IV, S. 2054 u. ö.).

15 Ebd.

16 *Kritisches Jahrbuch. Beiträge zur Charakteristik der zeitgenössischen Literatur sowie zur Verständigung über den modernen Realismus,* Jg. 1, H. 2, Februar 1890, S. 133.

17 Also wohl Heinrich oder Julius Hart, die beide um diese Zeit bereits eine sehr gemäßigte Haltung zeigen.

18 *Die Gesellschaft,* für die *Moderne Rundschau* in mehr als einer Hinsicht vorbildlich, hatte fünf Jahre früher unter dem Titel »Zur Einführung« eine grundsätzliche Darlegung dessen gebracht, was sie wollte (abgedruckt in: Erich Ruprecht [Hrsg.], *Literarische Manifeste des Naturalismus. 1880–1892,* Stuttgart 1972, S. 55. [Zitiert als: LMN.] Sowohl die *Deutsche Rundschau,* 1874, als auch die wenige Wochen nach der *Modernen Dichtung* gegründete *Freie Bühne,* 1890, wie die meisten späteren Literaturzeitschriften (*Die Zukunft, Jugend* u. v. a.) brachten einen solchen Vorspann. – Die wichtigsten Programme sind abgedruckt bei Harry Pross, *Literatur und Politik. Geschichte und Programme der politisch-literarischen Zeitschriften im deutschen Sprachgebiet seit 1870,* Olten / Freiburg i. Br. 1963.

19 Vgl. Anm. 11.

20 *Moderne Rundschau,* Bd. 3, H. 1, 1. April 1891, S. 2 f.

21 Hofmannsthals späteres Lieblingswort »The whole man must move at once« (Addison) hat hier seine plausible zeitgenössisch-gesellschaftliche Entsprechung. – Vgl. Die »Briefe des Zurückgekehrten«, in: *Erzählungen. Erfundene Gespräche und Briefe. Reisen,* hrsg. von Schoeller/Hirsch, S. 546 und 550, und Hofmannsthals Brief an Eberhard von Bodenhausen vom 7. Juni 1906, in: Hugo von Hofmannsthal, Eberhard von Bodenhausen, *Briefe der Freundschaft,* [Düsseldorf] 1953, S. 78.

22 *Moderne Rundschau,* Bd. 4, H. 6, 15. Dezember 1891, S. 193 f.

23 *Freie Bühne für modernes Leben,* Jg. 1, H. 1, (Januar) 1890, S. 2; LMN, S. 156 f.

24 Wilhelm Bölsche, »Ziele und Wege der modernen Ästhetik. Eine kritische Betrachtung«, in: *Moderne Dichtung*, Bd. 1, H. 1, Nr. 1, 1. Januar 1890, S. 29–34, hier: S. 31.

25 Hermann Bahr, »Das junge Österreich«, s. S. 288.

26 Zohner (Anm. 11) S. 1703.

27 Daß es Conrads Porträt war, mit dem das erste Heft eröffnet wurde, erfüllte seine Freunde mit Genugtuung. In Deutschland sprach man vom »Porträt unseres Conrad [...], desjenigen Mannes, der die realistische Bewegung (aus Frankreich) zu uns herübergetragen und als echter Michael Georg [sic!] zuerst den Kampf gegen den ekelhaften und mächtigen Drachen der Verlogenheit, Heuchelei und Gemeinheit begonnen hat« (Otto Julius Bierbaum, Anm. 13, S. 306). – In Österreich meldete sich gleich im ersten Heft der *Modernen Dichtung* Arthur Gundaccar Frhr. von Suttner mit einer Skizze über Conrad zu Wort, in der es hieß: »Er schrie es nicht in die Welt hinaus, daß er der erste war, der den Freiheitsfunken in der Literatur angefacht und zum Brennen gebracht hatte, er gab sich niemals als Prophet, dem sich die Nacheiferer als Gefolgschaft anzuschließen hätten, sondern er hieß jeden Gleichstrebenden als Kameraden willkommen und jeder Erfolg, den dieser zu verzeichnen hatte, freute ihn wie sein eigener. Um so mehr ist es Pflicht seiner Gesinnungsgenossen, ihm die Ehrenstelle des Führers einzuräumen, seine Verdienste so zu würdigen, wie es die Gerechtigkeit gebietet, und aus diesem Grunde auch eröffnet die ›Moderne Dichtung‹ den Reigen mit seinem Bilde« (»M. G. Conrad. Skizze«, in: *Moderne Dichtung*, Bd. 1, H. 1, Nr. 1, 1. Januar 1890, S. 16–20; hier: S. 19; JW, S. 36 ff.).

28 Jeronim Jeronimovic Jassinskij (Pseud. Maxim Belinskij, 1850–1931), polnisch-russischer Autor, den die Naturalisten sehr schätzten und von dem die *Moderne Dichtung* im selben Heft u. d. T. »In der Vorstadt« eine Erzählung abdruckte (H. 6, Nr. 6, 1. Juni 1890, S. 342–346; dort der Zusatz: »(Petersburg)«). – Vgl. Zohner (Anm. 11) S. 1703, Anm. 2.

29 Realismus und Naturalismus waren durch namhafte Autoren vertreten: Wilhelm Arent (Gedichte), Leo Berg (u. a. mit seinem berühmten Essay »Warum die moderne Kunst so deprimierend auf das Publicum wirkt«, Bd. 1, H. 6, S. 374–377), Wilhelm Bölsche (u. a. mit einem Aufsatz über »Ziele und Wege der modernen Ästhetik« und »Gerhart Hauptmann«, Bd. 1, H. 1, S. 29–34; Bd. 2, H. 1, S. 421–423), Michael Georg

Conrad (mit einer »realistischen Skizze« und einer »Begegnung mit Friedrich Nietzsche«, Bd. 1, H. 1, S. 21–28; Bd. 2, H. 4, S. 611–612), Hermann Conradi mit Gedichten und der Novelle »Unterm Nußbaum«, Bd. 1, H. 1, S. 279–289), Max Halbe, Ola Hansson, Julius Hart, Gerhart Hauptmann (»Der Apostel«, Bd. 2, H. 1, S. 406–414); Karl Henckell mit zahlreichen Gedichten, ferner Arno Holz, Ludwig Jacobowski, Philipp Langmann, Alexander Lauenstein, John Henry Mackay, C. F. Meyer, Ferdinand von Saar, Leopold von Sacher-Masoch, Falk Schupp, Gustav Schwarzkopf, August Strindberg, Heinz Tovote, Irma Troll-Borostyáni, Wilhelm Walloth, Bruno Wille, Richard Zoozmann – wenn man die wichtigsten nennt.

30 Neben die Naturalisten traten Autoren wie Hermann Bahr, Dichtungen von Baudelaire (in der Übersetzung von Felix Dörmann), Otto Julius Bierbaum, Georg Brandes, Max Dauthendey, Jakob Julius David, Richard Dehmel, Felix Dörmann, Paul Ernst, Gustav Falke, Friedrich Michael Fels, Marie Eugenie delle Grazie, Martin Greif, Karl Maria Heidt, Marie Herzfeld, Hugo von Hofmannsthal, Jacques Joachim, Eduard Michael Kafka, Heinrich von Korff, Julius Kulka, Detlev von Liliencron, Rudolf Lothar, Adolf Pichler, Felix Salten, Arthur Schnitzler, Richard Specht, Carl Spitteler (auch unter dem Pseudonym Felix Tandem), Arthur Gundaccar von Suttner, Bertha von Suttner.

31 Von Marie Herzfeld: »Essays von Georg Brandes«, JW, S. 64 ff.; »Felix Dörmann. Eine vorläufige Studie«, JW, S. 135 ff.; »Der Roman vom Übermenschen«, JW, S. 181. – Von Hugo von Hofmannsthal: »Die Mutter« [über Bahrs Schauspiel], JW, S. 193 ff.; »Das Tagebuch eines Willenskranken« [über Henri-Frédéric Amiel], s. S. 320 ff. – Von Eduard Michael Kafka: u. a. »Wilhelm II. und die junge Generation«, JW, S. 33 ff.; »Zur Kritik der Moderne«, JW, S. 42 ff.; »Vom modernen Individualismus«, JW, S. 85 ff., S. 107 ff.; »Der neueste Bahr«, JW, S. 241 ff.; »Die allerneueste Phase«, JW, S. 276 ff.

32 Vgl. Michael Georg Conrad, »Die Franzosenherrschaft im neuen Deutschen Reich«, in: *Die Gesellschaft*, Jg. 5, H. 11, November 1889, S. 1531–36.

33 Vgl. dazu Hermann Bahr, »Österreichisch«, s. S. 315 ff.; sowie Anm. 11. – Bahr war gegenüber dem Ansatz Nagls und Zeidlers – namentlich in bezug auf die zeitgenössische österreichi-

sche Literatur – skeptisch. Die Herausgeber waren davon ausgegangen, daß es sich »in unseren Tagen« um ein »vollständiges Zusammengehen von deutscher und österreichischer Literatur, wie im Mittelalter« handle.

34 *Freie Bühne für modernes Leben,* Jg. 1, 1890, H. 1, S. 1 f.; auch LMN (Anm. 23) S. 155 f.

35 Siehe S. 189 ff.

36 Vgl. Anm. 29.

37 Vgl. Anm. 27. – Dasselbe Heft brachte eine Rezension von Heinz Tovote über Conrads *Die klugen Jungfrauen* (H. 1, S. 49–52).

38 Bierbaum (Anm. 13) S. 307.

39 Otto Julius Bierbaum, »Bemerkungen zu Conrad Albertis ›Zwölf Artikel des Realismus‹«, in: *Die Gesellschaft,* Jg. 5, H. 5, Mai 1889, S. 670–677; auch in: LMN (Anm. 23) S. 136–138.

40 Vgl. Hermann Bahr, »Das junge Österreich«, s. S. 287 ff.

41 Vgl. Johannes J. Braakenburg, Nachwort zu: Wilhelm Bölsche, *Die naturwissenschaftlichen Grundlagen der Poesie. Prolegomena einer realistischen Ästhetik,* Tübingen/München 1976 (Deutsche Texte. 40), S. 85 f.

42 *Litterarische Volkshefte*, Nr. 5, Berlin 1888; auch in: *Die literarische Moderne. Dokumente zum Selbstverständnis der Literatur um die Jahrhundertwende,* hrsg. von Gotthart Wunberg, Frankfurt a. M. 1971, S. 3–42. [Zitiert als: Literarische Moderne.]

43 »Thesen zur literarischen Moderne aus der ›Allgemeinen Deutschen Universitätszeitung‹ 1887«, in: Literarische Moderne, S. 1 f., hier: These 6.

44 Heinrich Hart, »Die Moderne«, in: *Der Kunstwart. Rundschau über alle Gebiete des Schönen,* Jg. 4, H. 5, 1890/91, S. 148 f.; auch in: Literarische Moderne, S. 72.

45 Literarische Moderne, S. 40.

46 Hermann Bahr, *Zur Kritik der Moderne. Gesammelte Aufsätze,* 1. Reihe, Zürich 1890. – Der Moderne-Aufsatz (s. S. 189 ff.) erschien am 1. Januar 1890.

47 Vgl. hierzu die Auflistung der einzelnen Begriffe im Sachregister von JW; sowie zur Gesamtproblematik auch: Gotthart Wunberg, »Utopie und fin de siècle. Zur deutschen Literaturkritik vor der Jahrhundertwende«, in: *Deutsche Vierteljahrs-*

schrift für Literaturwissenschaft und Geistesgeschichte, Jg. 43, H. 4, 1969, S. 685–706.

48 Bahr führt diesen Gedanken schon in »Kritik der Kritik« (JW, S. 23 ff.) aus.

49 Zehn Jahre später wird Otto Stoeßl nach dem plötzlichen Tode Zolas in einem Nachruf dessen Sehnsucht nach dem »sicheren Besitz der Erscheinungen« als »eine geistigere Form des bürgerlichen Machtwillens« analysieren; richtig schreibt er, Zola habe »seine Liebe zur kleinen, exakten Wirklichkeit, zur schlichtbürgerlichen Verlässlichkeit des poetischen Zeugnisses, zu einem Wahrheitsfanatismus« gemacht (JW, S. 1199 ff.).

50 Vgl. die Darlegungen, die Bahr im Vorwort (»Trost in Goethe«) zu seinem Buch *Expressionismus* über die Gründe macht, die ihn zu seiner Auseinandersetzung mit dem Expressionismus bestimmt haben; allerdings kommt er inhaltlich dort bereits zu Ergebnissen, die den hier vorgeführten Ansätzen völlig konträr sind (*Expressionismus*, München 1916, S. 7 ff.).

51 Die Skizze als literarische Form hatten die Naturalisten zur Beschreibung von Wirklichkeitsausschnitten aufgebracht, aber erst ihre Kontrahenten und gleichzeitigen Nachfolger haben sie aufgegriffen und populär gemacht; der Impressionismus lebt davon.

52 Das mag einer der entscheidenden Gründe dafür sein, daß Bahrs Kritiken im einzelnen (über die in die Sammelbände aufgenommenen hinaus) bis heute nahezu unbekannt geblieben sind: hinter Theaterbesprechungen und Rezensionen vermutete man keine theoretischen Erörterungen.

53 Es ist auffallend, wie sehr diese Vorstellungen mit Aphorismen in Nietzsches *Willen zur Macht* korrespondieren, der erst sehr viel später aus dem Nachlaß, vollständig erst 1906 von Elisabeth Förster-Nietzsche und Peter Gast herausgegeben wurde. Das betrifft besonders die Problematik von »Innen und Außen«. Was sich schon im *Willen zur Macht* als »Phänomenalismus der ›inneren Welt‹« findet (Friedrich Nietzsche, *Werke*, hrsg. von Alfred Bäumler, Leipzig 1930, Bd. 4, S. 334), kristallisiert sich im übrigen Nachlaß noch mehr und deckt sich z. T. genau mit dem, was Bahr sagt: »An diesem Menschen ist nicht sein Äußeres, sondern sein Inneres hinzugelogen: er will durchaus nicht Schein und Oberfläche scheinen, was er doch ist« (ebd., Bd. 7, T. 1, Nr. 788); »Die innere Welt aufräumen! Da gibt es noch viele falsche Wesen! Mir genügen Empfindung

und Denken« (ebd., Bd. 7, T. 2, Nr. 321); »Wie *oberflächlich* und arm ist alles *Innere*: [...] z. B. das Ich im Vergleich zum ›Selbst‹« (ebd., Bd. 7, T. 2, Nr. 341). – Zum zeitgenössischen Verständnis der Décadence-Problematik im Zusammenhang mit Nietzsche vgl. bes. Kurt Eisner, »Friedrich Nietzsche und die Apostel der Zukunft. Beiträge zur modernen psychopathia spiritualis«, in: *Die Gesellschaft*, Jg. 7, Nr. 11, November 1891, S. 1505–36; Nr. 12, Dezember 1891, S. 1600–64; zum Ganzen vgl. auch: Elrud Kunne-Ibsch, *Die Stellung Nietzsches in der modernen Literaturwissenschaft*, Tübingen 1972 (Studien zur deutschen Literatur. 33).

54 Von beiden, bes. Dörmann, erschienen Gedichte in der *Modernen Dichtung / Modernen Rundschau.*

55 Vgl. dazu bes. seinen Aufsatz »Loris« in der *Freien Bühne* (JW, S. 293 ff.).

56 Bölsche, »Ziele und Wege der modernen Ästhetik« (Anm. 29) S. 33.

57 Ebd., S. 33 f.

58 Ebd., S. 34.

59 Die wichtigsten Passagen von Bölsches Aufsatz »Wege und Ziele der modernen Ästhetik«, der meines Wissens nie wieder gedruckt worden ist, finden sich in JW, S. LVIII–LX.

60 Hermann Bahr, *Die Einsichtslosigkeit des Herrn Schäffle. Drei Briefe an einen Volksmann als Antwort auf »Die Aussichtslosigkeit der Sozialdemokratie«*, Zürich 1886.

61 Vgl. die ausführliche Zusammenstellung der Pressestimmen (u. a. Jakob Viktor Widmann, John Henry Mackay, Otto Neumann-Hofer, Hans von Basedow, Adam Müller-Guttenbrunn) im Anhang von Bahrs *Zur Kritik der Moderne*, Zürich 1890, S. 257–259.

62 Hermann Bahr, *Die gute Schule. Seelenstände*, Berlin 1890.

63 Otto Brahm, »Die gute Schule«, in: *Freie Bühne für modernes Leben*, Jg. 1, H. 23, 9. Juli 1890, S. 615–617, hier: S. 616. – Was Brahm hier über *Die gute Schule* schreibt, charakterisiert Bahr auch in anderer Hinsicht ausgezeichnet: »Ein Roman wie ›Die gute Schule‹ ist in Deutschland noch nicht geschrieben worden; deshalb hat diese Zeitschrift, die dem Modernen gehört, ihn ihren Lesern zuerst mitgeteilt. – Weder über die Originalität noch über die künstlerische Bedeutung des Werkes ist damit etwas Entscheidendes ausgesprochen. Es ist neu für die deutsche, nicht für die europäische Literatur: seine Vorbilder liegen

jedermann vor Augen im französischen psychologischen Roman, Schule Bourget. Längst sind den älteren Naturalisten, die die Außenwelt, die états de choses zu schildern unternahmen, die Huysmans und Rod, gefolgt, die Decadenten, die ihren Blick in die Innenwelt richten, auf die états d'âmes: ›seelische Zustände‹ nennt, als ihr Discipel, Hermann Bahr seine Erzählung. ›Erzählung‹ – das altmodische Wort will hier kaum passen: sparsamer kann niemand, als Bahr, Erlebnisse, Vorgänge, die Schatten der Dinge nur auf das Ich des Helden fallen lassen. Um Gotteswillen keine Fabel! scheint oberste Regel; aber um so exakter, um so unbegrenzt genauer wird das seelische Leben geschildert, die ruhelos wogenden Sensationen eines höchst komplizierten, singulären Individuums: wie dieser modisch nervöse, raffinierte Decadent denkt und empfindet in jedem Augenblick, erfahren wir: wie er heißt – nicht. Ohne Zweifel ist es dem Autor gelungen, den Typus, den er hier schildern wollte, mit großer Schärfe hinzustellen; daß es kein angenehmer Typus ist, könnte nur die stoffliche Betrachtung einwerfen, und der Vorwurf zählt also nicht. Wahr ist dieser ›verwurstelte, verhutzelte‹ Kerl mit seinen Genialitäts-Allüren, seiner hysterischen Erotik gewiß, und jeder von uns hat ihn schon gesehen; ob es nicht anging, ihn rascher zu schildern, mit weniger Worten und weniger Pathos, mit mehr Überlegenheit und mehr Humor ist eine andere Frage. Zuweilen wenigstens schildert Bahr nicht einen Ungesunden, sondern ungesund: Übertreibungen laufen unter, und von fletschender Brunft, von Tobsucht und Tollwut hören wir mehr als glaublich scheint. Der Autor wird an solchen Stellen selbst von dem ›fieberischen tropischen Stil‹ seines Helden fortgerissen; er instrumentiert zu stark, mit rauschendem Wagnerischen Orchester, und all seine Musik ist con brio, ein einfaches Andante kennt er nicht.«

64 Hermann Bahr, *Selbstbildnis*, Berlin 1923, S. 221.

65 Ebd., S. 277.

66 Vgl. Henrik Ibsen, *Sämtliche Werke in deutscher Sprache*, hrsg. von Georg Brandes, Julius Elias und Paul Schlenther, Berlin o. J., 10 Bde., Bd. 10, S. 518. [Zitiert als: Ibsen, SW.] – Vgl. auch: [Anonym], »Ibsen in Österreich-Ungarn«, in: *Moderne Rundschau*, Bd. 3, H. 3, 1. Mai 1891, S. 130–132; JW, S. 218.

67 *Moderne Rundschau*, Bd. 3, H. 2, 15. April 1891, S. 89; JW, S. 200 f. – Die erwähnten Begrüßungs- bzw. Huldigungsgedichte von Felix Dörmann und Richard Specht finden sich im

selben Heft der *Modernen Rundschau* (Bd. 3, H. 2, 15. April 1891, S. 49, 72). – Zum authentischen Text von Ibsens Erwiderung vgl. auch Ibsen, SW, Bd. 1, S. 528 f.

68 Vgl. »Ibsen in Österreich-Ungarn« (Anm. 66). – Felix Salten hat über ein Detail dieses Empfangs berichtet, das für sich genommen wohl unwichtig ist und nicht hierher gehört, indirekt aber die kolossale Gespanntheit der jungen Literaten gegenüber ihrem großen ›Meister‹ psychologisch gut beschreibt (»Ein Abend. Statt eines Vorworts«, in: *Geister der Zeit. Erlebnisse*, Berlin/Wien/Leipzig 1924, S. 7 ff.).

69 Vgl. »Ibsen in Österreich-Ungarn« (Anm. 66).

70 Vgl. auch die Lebenserinnerungen von Richard Voss, einem seinerzeit viel gelesenen, völlig überschätzten Bühnen- und Romanschriftsteller, die unter dem Titel *Aus einem phantastischen Leben. Erinnerungen* (Stuttgart 1922) erschienen sind, S. 252 f. – Zum Ganzen vgl. auch Bahr, *Selbstbildnis*, S. 278.

71 »Ibsen in Österreich-Ungarn« (Anm. 66). Engelbert Pernerstorfer (1850–1918) war wie sein Schul- und Jugendfreund Victor Adler zunächst Deutsch-Nationaler, trat jedoch 1891 aus der Deutsch-Nationalen Partei aus und wurde Mitglied der Sozialdemokratischen Partei, die er seitdem auch im Abgeordnetenhaus vertrat. Vgl. Robert Arthaber, »Engelbert Pernerstorfer«, in: *Neue Österreichische Biographie*, Bd. 2, Wien 1925, S. 97–116.

72 Ibsen, SW, Bd. 1, S. 524 f.

73 Am 16., 17., 21. und 30. April 1891. – Vgl. Jacob Minor, »Ibsen und die moderne Schauspielkunst«, in: *Die Zeit*, Nr. 181, 19. März 1898, S. 184–186; JW, S. 832.

74 »Ibsen in Österreich-Ungarn« (Anm. 66).

75 Ebd. – In der Unbestimmtheit des Eindruckes kommt dieses Resümee seiner Erwiderung auf dem Festbankett im Kaiserhof sehr nahe: »Alles, was mich bewegt, was ich erlebe, wird mir zum Gedicht, und ich will die Erinnerung an diese Stunde aus Wien mit nach München nehmen. Das ist eine so schöne Stunde jetzt, ein so schönes Erlebnis – ich weiß es noch nicht genau – aber ich glaube, es wird zu einem Gedicht, was ich jetzt so Schönes, Helles, Freies sehe« (SW, Bd. 1, S. 528).

76 Julius Kulka, [»Henrik Ibsen weilt in unserer Mitte...«,] in: *Moderne Rundschau*, Bd. 3, H. 2, 15. April 1891, S. 69–71; JW, S. 197 ff.

77 Hermann Bahr, »Henrik Ibsen«, in: H. B., *Zur Kritik der Moderne. Gesammelte Aufsätze*, 1. Reihe, Zürich 1890, S. 59–79; zuerst in: *Deutsche Worte*, Wien, Jg. 7, H. 8/9, August/September 1887, S. 338–353; JW, S. 1 ff.

78 Bahr, »Henrik Ibsen«, JW, S. 17. – Zu Ibsen und Wien vgl. auch Castle IV (Anm. 10), S. 2048–59.

79 Hugo von Hofmannsthal, *Aufzeichnungen*, Frankfurt a. M. 1959, S. 90.

80 Ebd., S. 91.

81 Ebd.

82 Ebd., S. 92.

83 Bahr, *Selbstbildnis* (Anm. 64) S. 278.

84 Ebd.

85 Siehe S. 648.

86 Die »Meister«-Anrede verdiente eine eigene Untersuchung. Es ist wenig bekannt, daß sie nicht nur im George-Kreis üblich war. – Zur Selbsteinschätzung Bahrs als ›Führer‹ des Jungen Österreich vgl. den Brief an seinen Vater: »Über meine literarische Stellung scheinst Du Dich denn doch zu täuschen. Ich rede nicht von meinem Talent, sondern von meinem Ruhme oder Rufe: Tatsache ist, daß ich von der ganzen ›jungen Generation‹ in Österreich unbestritten der erste in der Meinung aller Leute bin, der am meisten bekannte und der Führer. Tatsache ist, daß von der ganzen ›jungen Generation‹ in Deutschland ein einziger bloß bekannter und erfolgreicher ist als ich: Gerhart Hauptmann, und einer vielleicht ebenso bekannt und verbreitet: Heinz Tovote. Unvergleichlich größere, wie Liliencron, können sich mit meiner tatsächlichen Geltung, die ja mit dem Talent gar nichts zu tun hat, sondern von tausend unkünstlerischen Momenten bestimmt wird, nicht messen. [. . .] Wenn ich heute sterben würde, brächte jede Zeitung Österreichs und Deutschlands und jedes Literaturblatt Europas einen Nekrolog« (Brief vom 14. August 1892, in: Marbach [Anm. 5] S. 101 ff.).

87 Vgl. Peter de Mendelssohn, *S. Fischer und sein Verlag*, Frankfurt a. M. 1970, S. 200 ff., 210 ff. [Zitiert als: Mendelssohn].

88 Mendelssohn, S. 191.

89 Keine Gebietsabtretungen Österreichs an Preußen nach 1866; Zweibund 1879 gegen Rußland; Dreibund 1882.

90 Vgl. zum Ganzen im Zusammenhang mit Literatur und Kunst auch Eduard Castle, »Herrschaft und Niedergang des deutsch-

liberalen Großbürgertums 1866 bis 1890«, Bd. 1: Im Völker-, Kultur- und Klassenkampf, in: Castle III (Anm. 10) S. 593–621, bes. S. 604 f.

91 Bahr, *Selbstbildnis* (Anm. 64) S. 127.

92 Ebd., S. 211.

93 Ebd., S. 185 f.

94 Vergleichbar seiner öffentlichen Ansprache auf dem Trauerkommers der Wiener Studenten beim Tode Richard Wagners, die ihm die Relegation von der Universität eintrug, weil er sich in seiner »billigen Symbolik bis zu dem beschwörenden Wehruf an Deutschland verstieg, es möge sich doch endlich erbarmen und der schwer büßenden Kundry nicht länger vergessen, die jenseits der Grenzen noch immer sehnsüchtig des Erlösers harrt« und damit die Veranstaltung zu einer »deutschnationalen Demonstration« machte (*Selbstbildnis,* S. 143).

95 Bahr, *Selbstbildnis,* S. 185 f.

96 Hermann Bahr, »Gegen die große Stadt«, in: *Die Zeit,* Bd. 14, Nr. 170, 1. Januar 1898, S. 11 f.; JW, S. 808 ff.

97 Kraus spielt direkt auf Bahr an, der in »Das junge Österreich« geschrieben hatte, »daß zwischen Wolga und Loire, von der Themse zum Guadalquivir heute nichts empfunden wird, das ich nicht verstehen, teilen und gestalten könnte, und daß die europäische Seele keine Geheimnisse vor mir hat« (s. S. 309).

98 Vgl. *Mendelssohn* (Anm. 87) S. 128.

99 Bahr, *Selbstbildnis,* S. 276.

100 Vgl. Hermann Bahr, »Das jüngste Deutschland«, in: *Deutsche Zeitung,* Wien, Nr. 7785, 30. August 1893, S. 1–3; Nr. 7792, 6. September 1893, S. 1–3; Nr. 7798, 12. September 1893, S. 1 f.; JW, S. 346 ff.

101 Bahr, *Selbstbildnis,* S. 192.

102 Ebd.

103 *Ein Vers: Leben* heißt – dunkler Gewalten / Spuk bekämpfen in sich. / *Dichten* – Gerichtstag halten / Über sein eigenes Ich« (Ibsen, SW [Anm. 66] Bd. 1, S. 167).

104 Vgl. Anm. 78. – Die Schlußsätze dieses Aufsatzes zitiert Bahr noch in seinen Lebenserinnerungen (*Selbstbildnis,* S. 193 f.); woran die Bedeutung abzulesen ist, die er selbst gerade dieser Passage noch mehr als dreißig Jahre später beimaß. Die Sätze demonstrierten das Programm der »Überwindung« an einem

der damals, 1887, berühmtesten Vertreter der europäischen Literatur.

105 Bahr, *Selbstbildnis,* S. 223 f.

106 Ebd., S. 223.

107 Ebd., S. 224.

108 Ebd., S. 221.

109 Vgl. Hermann Bahr, »Vom Stile«, in: *Moderne Dichtung,* Bd. 2, H. 5, Nr. 11, 1. November 1890, S. 701–704; H. 6, Nr. 12, 1. Dezember 1890, S. 755–757; JW, S. 127 ff. – Zur zeitgenössischen Stildiskussion vgl.: Curt Pfütze-Grottewitz, »Neuer Stil und neue Schönheit«, in: *Magazin für Literatur,* Jg. 60, Nr. 6, 7. Februar 1891, S. 85–87; Conrad Alberti, »Die beiden Stile«, in: *Neue Revue,* Nr. 46, 13. November 1895, S. 1443–49; Nr. 47, 20. November 1895, S. 1477–83; Franz Servaes, »Der Wille zum Stil«, in: *Neue Rundschau,* Jg. 16, H. 1, Januar 1905, S. 105–118.

110 Bahr, *Selbstbildnis,* S. 224.

111 Vgl. Bahr, *Selbstbildnis,* S. 257.

112 Bahr, *Selbstbildnis,* S. 257. – *Die Mutter. Drama in drei Akten,* Berlin 1891.

113 Hugo von Hofmannsthal, »Die Mutter«, in: *Moderne Rundschau,* Bd. 3, H. 2, 15. April 1891, S. 75–77; JW, S. 193 ff.

114 Vgl. Hermann Bahr, »Loris«, in: *Freie Bühne für den Entwikkelungskampf der Zeit,* Jg. 3, Nr. 1, Januar 1892, S. 94–98; JW, S. 293–298; sowie *Selbstbildnis,* S. 278 ff.

115 Bahr, *Selbstbildnis,* S. 256.

116 Ebd., S. 224.

117 Hofmannsthal, »Die Mutter«, JW, S. 195.

118 »Der dargestellte Vorgang, eine Synthese von brutaler Realität und lyrischem Raffinement, ist fast ein Symbol der heutigen Kunstaufgabe überhaupt« (JW, S. 196).

119 Die Tatsache, daß er hinter Loris einen älteren Herrn vermutete, aber den Siebzehnjährigen im Café Griensteidl traf, war für Bahr so überraschend, daß er fortan den Jüngling Hofmannsthal propagierte – gar heimlich wünschte, er hätte mit Zwanzig sterben sollen, um diesen Jünglingsnimbus nicht zu zerstören (*Selbstbildnis,* S. 279) – und nicht wenig dazu beitrug, daß Hofmannsthal sich bis zu seinem Tode gegen den Vorwurf zu wehren hatte, nicht immer Loris geblieben zu sein.

120 Bahr, *Selbstbildnis,* S. 279.

121 Ebd., S. 280.

122 Zitiert nach: Mendelssohn (Anm. 87) S. 198.
123 Marbach (Anm. 5) S. 109.
124 [Anonym], »Wiener Freie Bühne«, in: *Moderne Rundschau*, Bd. 3, H. 8, 15. Juli 1891, S. 316; JW, S. 247.
125 [Anonym], (»Eine Wiener Freie Bühne«), in: *Wiener Literatur-Zeitung*, Jg. 2, Nr. 9, 15. Juli 1891, S. 9; JW, S. 246.
126 *Magazin für Litteratur*, Nr. 30, 25. Juli 1891, S. 480.
127 »Wiener Freie Bühne« (Anm. 124).
128 Dr. Hugo August Peter von Hofmannsthal, der Vater des Dichters.
129 Vgl. »Wiener Freie Bühne« (Anm. 124).
130 Friedrich Michael Fels, »Zur naturalistischen Literatur«, in: *Die Gegenwart*, Bd. 38, Nr. 29, 19. Juli 1890, S. 38–40; Nr. 30, 26. Juli 1890, S. 57–59; JW, S. 92; »Naturalistische Literatur in Deutschland«, ebd., Bd. 38, Nr. 42, 18. Oktober 1890, S. 244–247; JW, S. 120 ff.; u. a.
131 Friedrich Michael Fels, »Der verlorene Sohn« [zu Curt Pfütze-Grottewitz], in: *Moderne Rundschau*, Bd. 3, H. 2, 15. April 1891, S. 72–74; JW, S. 189 ff.; »Ein Kärrner der Literatur«, ebd., Bd. 3, H. 3, 1. Mai 1891, S. 118 f.; JW, S. 215 ff.; »Von neuen Romanen« [zu J. J. David], ebd., Bd. 4, H. 4, 15. November 1891, S. 132 f.; JW, S. 284; u. a.
132 Friedrich Michael Fels, »Über Henrik Ibsen«, in: *Wiener Literatur-Zeitung*, Jg. 2, Nr. 6, 15. April 1891, S. 1–4; JW, S. 189.
133 Friedrich Michael Fels, »Unsere Idealisten«, in: *Moderne Rundschau*, Bd. 3, H. 5/6, 15. Juni 1891, S. 201–203; JW, S. 224 ff.
134 Ebd.
135 Ebd., S. 202; JW, S. 226.
136 Friedrich Michael Fels, »J. P. Jacobsen«, in: *Moderne Rundschau*, Bd. 3, H. 7, 1. Juli 1891, S. 258 f.; JW, S. 244 ff.; s. S. 344.
137 Vgl. S. 47 ff. und bes. Anm. 109.
138 So schreibt Arthur Schnitzler an Hofmannsthal am 27. Juli 1891: »[...] es waren schon ein paar Ausschußsitzungen; Special-Comités sind gewählt worden; ich sitze im Theatercomité zusammen mit Pernerstorfer, Wengraf, Osten, Kafka, Kulka. – Bis jetzt ist noch nicht viel Gescheites herausgekommen« (*Briefwechsel* [Anm. 7] S. 9).
139 Auf dem Programmzettel war unter dem 28. Oktober 1891 zu lesen: »1. ›Die Moderne‹, Vortrag von *Dr. Friedr. M. Fels* / 2. Karl Henckel [sic!] (Zürich): Strophen aus ›Gründeutsch-

land‹; / Felix Dörmann (Wien): ›Die Willis‹; / Konrad Nies (Newark, Ohio): ›Im Kampf der Zeit‹, vorgetragen von Herrn k. k. Hofschauspieler *Georg Reimers.* / 3. J. J. David (Wien): ›Lieder von der Straße‹; / Arthur Schnitzler (Wien): ›Am Flügel‹, ›An die Alten‹, vorgetragen von Herrn k. k. Hofschauspieler Max Devrient« (Marbach [Anm. 5] S. 109).

140 Marbach, ebd.

141 Siehe S. 191 ff.

142 Vgl. Anm. 133.

143 Vgl. Anm. 136.

144 [Anonym], »Wiener Freie Bühne«, in: *Moderne Rundschau,* Bd. 4, H. 2, 15. Oktober 1891, S. 69; JW, S. 279; [Anonym], »Wiener Freie Bühne«, ebd., Bd. 4, H. 3, 1. November 1891, S. 108; JW, S. 283.

145 Siehe S. 192.

146 Ebd.

147 »Ich halte mich diesmal nur bei der Frage des *Stils* auf. – Womit kennzeichnet sich jede *literarische* décadence? Damit, daß das Leben nicht mehr im Ganzen wohnt« (Nietzsche [Anm. 53] Bd. 5, S. 20: »Der Fall Wagner«).

148 Siehe S. 194.

149 Ebd.

150 Ebd.

151 Vgl. Marbach (Anm. 5) S. 136 ff., sowie Hugo von Hofmannsthal, *Briefe an Marie Herzfeld,* hrsg. von Horst Weber, Heidelberg 1967, S. 23 ff.

152 »Wiener Freie Bühne« (Anm. 144); vgl. »Wiener Freie Bühne« (Anm. 124).

153 Friedrich Michael Fels, »Wiener Brief«, in: *Freie Bühne für den Entwickelungskampf der Zeit,* Jg. 3, Nr. 2, Februar 1892, S. 197 f.; JW, S. 305.

154 Alfred Zohner, »Literarische Zeit- und Streitschriften«, in: Castle IV (Anm. 10) S. 1706 ff.

155 Vgl. dazu das Quellenverzeichnis im Anhang von JW, bes. S. 1227 f.

156 Hermann Bahr, *Renaissance. Neue Studien zur Kritik der Moderne,* Berlin 1897, S. [III f.].

157 Siehe S. 206 ff.

158 Ebd.

159 Man vergißt, daß die naturwissenschaftlich-technische Bildung der Zeit zwar – verglichen mit heute – gering, die Fülle der

humanistischen Bildung von Homer bis Goethe aber enorm war. Der durchschnittliche Gymnasiast – und nur aus solchen rekrutierten sich fast ausnahmslos die Schriftsteller – konnte in der Regel außer seiner eigenen Muttersprache drei bis vier weitere Sprachen zumindest fließend lesen: Griechisch, Latein, Englisch, Französisch; in Österreich häufig zusätzlich noch eine der in den Kronländern gesprochenen Nationalsprachen: Tschechisch, Ungarisch usw.

160 Vgl. Werner Hofmann, *Das irdische Paradies. Motive und Ideen des 19. Jahrhunderts,* München ²1974; ein Buch, das wie nur wenige Publikationen seiner Art Zuverlässigkeit im Detail, höchst anregende Auswahl des reichen Bildmaterials mit einfallsreicher und zu eigenem Nach- und Weiterdenken anregender Interpretation verbindet.

161 Hofmannsthal, *Gedichte. Dramen I*, hrsg. von Schoeller/ Hirsch, S. 283.

162 Siehe S. 431 ff.

1

Geschichte, Lokales, Politik

Die Komplexität des Kommunalwesens Wien, der »Reichshaupt- und Residenzstadt« der k. k. österreichisch-ungarischen Monarchie, die Mannigfaltigkeit ihrer politischen, wirtschaftlichen, kulturellen und sozialgeschichtlichen Bedingungen ist kaum auf wenigen Seiten auch nur annähernd zu dokumentieren. In Andeutungen wenigstens versucht die folgende Zusammenstellung einige Aspekte zu belegen, die repräsentativ sind; repräsentativ neben manchen anderen, die nicht genannt werden können. Das reicht von Karl Kraus und der *Fackel* bis zur Kaiserin Elisabeth; vom Antisemitismus spezifisch Wiener Prägung bis – kein eben großer Schritt – zu Schoenerer und Lueger; von der Kulisse der Ringstraße mit ihren imposant-protzigen Neubauten bis zu den Sprachenverordnungen.
Als »fröhliche Apokalypse Wiens um 1880« hat Hermann Broch die Situation in einer umfangreichen Studie über »Hofmannsthal und seine Zeit« bezeichnet und so den sozialen und geistesgeschichtlichen Hintergrund entworfen, vor dem er die Gestalt Hugo von Hofmannsthals als beispielhaft für die Zeit der Jahrhundertwende sich abheben läßt. Das Stichwort vom »Wert-Vakuum«, auf das er »Un-Stil«, »Lebensdekoration« und »Makart-Zeit« zurückführt, ist im Zusammenhang seiner anderen werttheoretischen Schriften zu sehen: insbesondere seiner Arbeit über den »Zerfall der Werte«, seiner »Werttheoretischen Bemerkungen zur Psychoanalyse«, schließlich seiner kunsttheoretischen Schrift über »Das Böse im Wertsystem der Kunst«. Die »rivalisierenden Städte Paris und Wien«, das sind für ihn die entscheidenden Stichworte, wie auf der anderen Seite der »barocke Charakter der Stadt«, den er nicht mehr primär kunsthistorisch, sondern psychologisch und soziologisch versteht.

Felix Salten beschreibt die neben Kaiser Franz Joseph für die breitesten Schichten aller Stände wichtigste Identifikationsfigur der Zeit: die österreichische Kaiserin Elisabeth. Ihr Bild hing bis weit über ihren Tod hinaus – sie fiel am 10. September 1898 in Genf dem Attentat eines italienischen Anarchisten zum Opfer – in allen Amtsstuben der Monarchie. Ihre bald legendär werdende Schönheit, ihre Bildung, nicht zuletzt ihre mit den Jahren immer stärker werdende Zurückgezogenheit machten sie zur geheimnisvollen entrückt-nahen Gestalt. Als 1907 im Volksgarten ihr Denkmal enthüllt wurde, schrieb Peter Altenberg: »So bist du denn nun nahegerückt der Menge, du Entfernteste! [...] Entfernt warst du und unnahbar wie ein jeder, der innerlich kommende Welten lebt, dem, der das Nächste sieht und seinen Zweck! Romantischen Dichtern vergleichbar bist du, mit allen ihren melancholischen Träumen, lauschend dem Sang der Baumeswipfel im Morgenwinde, und den schrillen Schrei des Lebens meidend! [...] Ferngerückt warst du denen, die geknebelt von Tag und Stunde den leisen Seufzer feige unterdrücken müssen in ihren Polstern nach Welten, die da kommen werden – – –. Nah warst du den Dichtern, den träumerischen wagemutigen Vorläufern der Menschheit – – –. Nun bist du allen nahgerückt, Entfernteste.«[1]
Baedeker, Musil, die Ringstraße in Bahrs Erinnerung – das ist nicht so weit von dem entfernt, was an Auflösungserscheinungen von Broch beschrieben wird und was sich in der Ermordung der Kaiserin oder dem Selbstmord ihres Sohnes, des österreichischen Thronfolgers Rudolf 1889, eines liberalen und politisch aufgeschlossenen Mannes, für diejenigen ankündigt, die das miterleben.
Im Baedeker von 1873, der Süddeutschland und Österreich in ein »Handbuch für Reisende« zusammenfaßt, hatte es über Wien noch geheißen: »Durch die großartigen Bauten der letzten Jahrzehnte hat die Stadt sich auch äußerlich den modernen europäischen Großstädten würdig zur Seite

1 Marbach, S. 230.

gestellt [. . .]. Der Fremde wird sich in der angenehmen Stadt echt großstädtischen Wesens rasch wohlfühlen. – Plötzliche Temperaturwechsel sind nicht selten, daher Vorsicht ratsam.« – Der Anfang von Robert Musils berühmtem Roman *Der Mann ohne Eigenschaften* benutzt, was bei Baedeker noch als Warnung an den Touristen gedacht war, bereits als metaphorisches Material: in der Reichshaupt- und Residenzstadt Wien schreibt man das Jahr 1913.

Hermann Bahr widmete in seinen Lebenserinnerungen der ersten Hälfte seines Lebens einen unverhältnismäßig breiten Raum. Er versteht diese Zeit rückblickend als Chiffre für eines seiner Lieblingsthemen: Moderne und Modernität. In diesem Kontext sieht er auch die Ringstraße: sie wird für ihn im nachhinein zum Symbol für die Auflösung Österreichs. Es ist die konkrete, zugleich imposante und hypertrophe Kulisse, vor der die neue Generation heranwächst. Was noch der Vätergeneration als Errungenschaft gegolten hatte, wird für die Jungen zum Problem. Der Rückzug auf »Ich«, »Seele«, »Innen« und »Stimmung« ist der Versuch, sich von dem abzusetzen, wofür diese Gebäude – interpretierbar durchaus als Pendant zur deutschen Gründerzeitarchitektur – stehen.

Die Fackel: Anfang April 1899 erscheint die erste Nummer dieser nachmals berühmten Zeitschrift von Karl Kraus. Bereits in den ersten Wochen werden 30 000 Exemplare verkauft. »Kraus beginnt als Kritiker von Korruption, Nepotismus und Presseunwesen. [. . .] Der enorme Erfolg der ›Fackel‹ in dieser Zeit beruht nicht zuletzt auf ihren Qualitäten als ›Enthüllungsblatt‹, die ihr mehr Leser verschaffen, als es die Sprachprobleme der letzten Jahrgänge vermögen, auch wenn Kraus alles andere als einen ›Enthüllungsjournalismus‹ anstrebte. Häufiger Zielpunkt der Kritik ist bereits zu diesem Zeitpunkt die ›Neue Freie Presse‹ unter ihrem Chefredakteur Moritz Benedikt, der es verstanden hatte, seiner Zeitung eine unangefochtene Spitzenstellung in der Publizistik des Habsburger Reiches zu verschaffen. Kraus sah in der ›Neuen Feilen Presse‹, wie er sie nannte, die prekären Seiten des österreichischen Hochliberalismus verkörpert.«[2]

Den Antisemitismus in Wien belegen zwei voneinander weit entfernte Dokumente. Arthur Schnitzler mit Hugo von Hofmannsthal, Richard Beer-Hofmann und Hermann Bahr als Dramatiker und Prosaist eine der markantesten Figuren der Wiener Moderne, war wiederholt antisemitischen Angriffen ausgesetzt. In seiner Autobiographie *Jugend in Wien* berichtet er über selbst erlebte und zugleich repräsentative Vorkommnisse seiner Studienzeit im Wien der frühen achtziger Jahre.

Theodor Herzl, der Begründer des modernen Zionismus, schrieb zunächst für verschiedene Wiener Zeitungen, bevor er, nach Jahren als Pariser Korrespondent, 1896 Feuilletonredakteur der *Neuen Freien Presse* wurde. 1895 bereits war seine erste, überaus folgenreiche Schrift *Der Judenstaat* erschienen. Drei Jahre später fand dann die Uraufführung seines – bezeichnend für die Resonanz des zionistischen Gedankens – mit großem Erfolg gespielten Dramas *Das neue Ghetto* im Carlstheater statt. Seine Verlautbarung über die jüdische Wochenschrift *Die Welt* von 1897 weist diesem »Judenblatt« seinen Platz an: es ist »das Blatt der Armen, der Schwachen, der Jungen«, überhaupt »aller derjenigen, die sich [...] zu ihrem Stamme heimgefunden haben«. Es soll allen Anfeindungen zum Trotz, die es zu »zerstreuen« hat, das Organ des »wiedergeborenen Nationaljudentums« sein.

In diesen Zusammenhang gehört unmittelbar die Gestalt des »christlich-sozialen« antisemitischen Bürgermeisters Karl Lueger. Felix Salten entwirft einen »Wiener Roman«, der die Jahre der Wiener Jahrhundertwende zu beschreiben hätte und in dessen Mittelpunkt diese so umstrittene wie volkstümliche Figur zu stehen hätte.

Lueger, der mit dem Antisemiten Georg von Schönerer dem

2 Jens Malte Fischer, *Karl Kraus*, Stuttgart 1974 (Sammlung Metzler, 131), S. 22.

»Reformverein« angehört hatte, war 1895 als »Christlich-Sozialer« zum Wiener Bürgermeister gewählt, aber erst nach längeren Auseinandersetzungen und dreimaliger Wiederholung der Wahl 1897 vom Kaiser bestätigt worden. Als am 9. März 1897 bei der Wahl zum Reichsrat in allen fünf Wahlkreisen Wiens die antisemitischen Kandidaten gesiegt hatten, ließ sich Lueger – nach dem Bericht der *Neuen Freien Presse* – folgendermaßen vernehmen: »Die Bevölkerung hat sich für uns entschieden. Als Revanche planten die Sozial-Demokraten für gestern eine Demonstrationsfeier am Grabe der *Märzgefallenen*. Die Bewegung von 1848 war gewiß eine edle, genützt hat sie aber nur einem kleinen Teile des Volkes, den Juden. Die Sozial-Demokraten haben gestern auch über viele christlich-soziale Gastwirte und Greißler den *Boykott* verhängt. Nun, ich rate den Sozial-Demokraten, das Seil nicht zu straff zu spannen. Sie sollen es nicht auf eine Kraftprobe ankommen lassen. Der deutsche *Michel* und der böhmische *Wenzel* werden sich gemeinsam gegen den jüdischen *Veitel* wenden.«[3] – Kommunalpolitisch war Lueger für Wien von großer Bedeutung: Die Eingemeindung der Vorstädte, die Einbeziehung der lebenswichtigen Betriebe, wie Straßenbahn, Strom- und Gasversorgung, in die städtische Verwaltung waren sein Werk.

3 Marbach, S. 201.

HERMANN BROCH

Die fröhliche Apokalypse Wiens um 1880

Auch in Wien beherrschte das Wert-Vakuum die Jahre von 1870 bis 1890, aber die waren hier eben die Backhendl- und nicht wie in Deutschland die Gründerzeit, und sie wurden daher so leicht genommen, wie es sich für ein Vakuum geziemt.

Gäbe es ein komplettes Wert-Vakuum, es wäre der Mensch auf den Stand des Melancholikers reduziert, dem es sich nicht zu leben verlohnt. Aber es gibt kein komplettes Wert-Vakuum, und wenn auch ein Stagnieren der künstlerischen Wert-Produktion kein isoliertes Phänomen ist, vielmehr einen alle Lebensgebiete umfassenden Un-Stil anzeigt, so wird ein solcher von den jeweiligen Zeitgenossen im allgemeinen kaum als wirkliche Lebensbeeinträchtigung empfunden: es bleiben immer noch genügend Betätigungsgebiete übrig, in die sich Lebenswerte projizieren lassen, und Ersatzwerte sind dem Menschen zumeist die weitaus erfreulichsten. Der Alltag geht stets weiter. Das Deutschland der Gründerzeit hatte einen voll- und überausgefüllten Alltag, und es hat in diesem nicht nur sehr echte wissenschaftliche Werte produziert, sondern war auch mit dem Aufbau seiner verhängnisvollen Wirtschafts- und Nationalgröße so ungemein beschäftigt, daß es sich über Wert-Vakuum und Un-Stil leicht hinwegsetzen konnte. Deutschland war das Land der rationalen Arbeitsberauschtheit. Doch wurde in Österreich, in Wien weniger gearbeitet? war es hier tatsächlich bloß die Backhendlzeit, also die eines reinen Hedonismus und der schieren Lebensdekoration? Und warum war das so?

Sicherlich wurde auch in Österreich gearbeitet, vielleicht etwas weniger besessen als in Berlin, doch sicherlich nicht weniger als in Süddeutschland. Der Alltag stellte allüberall die gleichen Forderungen. Die österreichische Wissenschaft leistete nichts Geringeres als die deutsche: in Wien wirkte

Ernst Mach, und wenn auch sein physikalisch-philosophisches Lebenswerk hier unbeachtet blieb, es wäre ihm in Deutschland das nämliche widerfahren; von Wien aus nahmen wichtigste technologische Neuerungen (so die Schiffsschraube) ihren Ausgang; doch vor allem war Wien der Sitz einer medizinischen Schule, welche – seit ihrer Begründung durch Joseph II. – in einer mehr als hundertjährigen Entwicklung, getragen von Männern wie Van Swieten, Hyrtl, Rokitansky und schließlich Billroth, sich zur ersten der Welt emporgearbeitet hatte. Auf Grund solcher Leistungen konnte man sich wohl, gleichwie in Deutschland, über das Wert-Vakuum hinwegsetzen.

Indes, man wollte nicht nur sich darüber hinwegsetzen, man wollte sich auch hinwegtäuschen. Man spielte Kunstblüte, zwar nicht ganz so plump wie später unter Wilhelm II., geschweige denn unter Hitler, dennoch nicht ganz unbewußt, also nicht ohne Verlogenheit. München ernannte sich zum »Isar-Athen«, weil in seinen Mauern (allerdings nicht von dem starken und eigenwilligen Leibl) eine Art Neo-van-Dyckismus und Neo-Velázquezismus betrieben und daneben etwas gedichtet wurde. Nun, bei aller Anerkennung der

Schiffsschraube: Joseph Ressel (1793–1857), österreichischer Forstmann und Techniker, entwickelte 1826 eine Schiffsschraube, mit der er 1829 ein Schraubenschiff, die »Civetta«, baute.

medizinische Schule: Die »Ältere Wiener medizinische Schule« wurde von dem bedeutenden holländischen Arzt Gerard van Swieten (1700–72), Leibarzt Maria Theresias, begründet, der 1745 die Wiener medizinische Fakultät neu ordnete.

Joseph II.: J. II. (1741–90) regierte 1780–90; er ließ 1784 das »Allgemeine Krankenhaus« in Wien errichten, 1785 das »Josephinum«, ein Institut zur Ausbildung von Militärärzten.

Hyrtl: Joseph H. (1810–94), namhafter österreichischer Anatom.

Rokitansky: Karl Frhr. von R. (1804–78), führender österreichischer Pathologe.

Billroth: Theodor B. (1829–94), bedeutender deutscher Chirurg; seit 1867 in Wien tätig.

Leibl: Wilhelm L. (1844–1900), deutscher Maler; Hauptvertreter des deutschen Realismus der zweiten Hälfte des 19. Jh.s.

malerischen Qualitäten eines Lenbach und sogar seines Nachfolgers Habermann, oder der literarischen ihres dichterischen Mitbürgers Heyse, »Isar-Athen« war eine Farce, teils eine, deren man sich aus bayrischem Partikularismus gegenüber Berlin befleißigte, teils aber die Farce einer ungewollten Selbstironie voller Anklänge an die Münchner *Fliegenden Blätter*, dem witzlosen Leib-Witzblatt des damaligen deutschen Bürgers; wahrlich nicht grundlos ist damals in München auch das Wort »Kitsch« entstanden. Und doch, so unfreiwillig solche Selbstironie auch war, die bayrische Nationalbissigkeit beließ sie nicht im Unbewußten, drehte sie immer wieder ins Bewußtsein und damit ins Echte zurück, und ebendaraus gewann »Isar-Athen« jenen humorigen Anstrich, der den eigentümlichen Reiz dieser Stadt, ihres Künstlertums, ihrer Gesamtatmosphäre ausmachte.

Obwohl Wien sich gleichfalls als Kunststadt, ja als Kunststadt par excellence fühlte, war die Atmosphäre hier eine ganz andere. Es war nämlich weit weniger eine Stadt der Kunst als der Dekoration par excellence. Entsprechend seiner Dekorativität war Wien heiter, oft schwachsinnig heiter, aber von eigentlichem Humor oder gar von Bissigkeit und Selbstironie war da wenig zu spüren. An literarischer Produktion war außer einem gefälligen Feuilletonismus so viel wie nichts vorhanden; der Heimgang Stifters und Grillparzers, die den einzigen gewichtigen Beitrag Österreichs zur deutschen und damit zur Weltliteratur geliefert hatten und nun ohne Nachfolge geblieben waren, berührte fast niemanden. Dichtung war eine Angelegenheit von Goldschnittbän-

Lenbach: Franz von L. (1836–1904), der beliebteste deutsche Bildnismaler der Gründerzeit, der viele bedeutende Persönlichkeiten seiner Zeit porträtierte.

Habermann: Hugo Frhr. von H. (1849–1929), österreichischer Maler, der anfangs unter Leibls Einfluß stand.

Heyse: Paul H. (1830–1914), einer der führenden Köpfe der Münchner Dichterschule.

»Münchner Fliegenden Blätter«: F. B., Münchener humoristische illustrierte Zeitschrift, 1845–1944; zu ihren Mitarbeitern gehörte u. a. Wilhelm Busch (1832–1908).

den auf dem Salontisch, und dafür war ein Rudolf Baumbach, bestenfalls ein Friedrich v. Halm im Grunde am besten geeignet. Dahingegen waren die bildenden Künste zur Lebensdekoration notwendig, und nach ihrer Dekorationsbrauchbarkeit wurden sie eingeschätzt; mit Recht benannte die Wiener Dekoration ihren Un-Stil nach ihrem repräsentativsten Maler, dem Schönheitsvirtuosen Hans Makart: er war der große Dekorateur der Epoche, und sie wurde, zumindest in Wien, die Makart-Zeit; gebärdete man sich in München neo-van-Dyckisch, so zauberte er auf seinen Bildern den staunenden Zeitgenossen eine Art Rubens-Oper vor – tatsächlich ritt er in Rubens-Verkleidung dem von ihm entworfenen Kaiser-Festzug 1873 auf weißem Zelter voran–, und alle jene, welche sich aus künstlerischer Ehrlichkeit dem Makart-Stil nicht einfügen konnten, nicht einfügen wollten, so der geniale, oft sogar impressionismusnahe Experimentator Pettenkofen, so der geradezu an Canaletto gemahnende, dennoch durchaus originelle wienerische Vedutenmaler Rudolf v. Alt, so die bedeutenden Schilderer der

Baumbach: Rudolf B. (1840–1905), Vertreter der Lyrik der Gründerzeit, der sog. Butzenscheibenlyrik, von den Naturalisten verspottet.

Halm: Friedrich von H. (d. i. Eligius Franz Joseph Reichsfrhr. von Münch-Bellinghausen, 1806–71), epigonaler österreichischer Schriftsteller.

Makart: Hans M. (1840–84), österreichischer Maler; Hauptvertreter der großen Prunkdekoration des »Neubarock« des 19. Jh.s; schuf großformatige Bilder mit religiösen, allegorischen und mythologischen Themen; großer Einfluß auf Mode- und Wohnkultur.

Kaiser-Festzug 1873: Festzug anläßlich der Weltausstellung im Prater und des 25jährigen Regierungsjubiläums Franz Josephs I.

Pettenkofen: August von P. (1822–89), österreichischer Maler; malte Szenen aus dem Volks- und Soldatenleben, oft in sehr kleinen Formaten.

Canaletto: Es gab zwei italienische Maler dieses Namens (Onkel und Neffe): C. I (d. i. Antonio Canal, 1697–1768) arbeitete vor allem in Venedig; C. II (d. i. Bernardo Bellotto, 1720–80) war Hofmaler in Dresden, Wien und München; wirkte zuletzt in Warschau.

Alt: Rudolf von A. (1812–1905), Wiener Vedutenmaler und Aquarellist; gehörte 1897 zu den Gründungsmitgliedern der Wiener »Secession«.

Wiener Landschaft Jacob Schindler und Tina Blau und viele andere, sie wurden in ihrer Geltung unweigerlich von solcher Hoch-Dekoration überschattet. Aber Wien pochte auf seine Dekorations-Rechte, und es war – und das ist das Wesentliche – hierzu wirklich bis zu einem gewissen Grad befugt, nicht nur weil Dekorativität überhaupt ein grundlegendes Charakteristikum der Epoche bildete, sondern noch viel mehr, weil sie in der Musik- und Theatertradition Österreichs ihre reinste und schönste Auswirkung erfahren hatte. Die pflichtgemäße Obsorge für diese Tradition nahm der Wiener Dekorativität das Farcenhafte, mit dem man sich in Deutschland und insbesondere in München über das Wert-Vakuum hinwegzutäuschen suchte, und wenn ihr auch damit noch lange nicht wahre Legitimität verliehen war, so war die hier erlangte doch um vieles vertretbarer als jede, die sonstwo in Europa erlangbar gewesen wäre.

Wenn irgendwo, so war in Wien Dekorativität legitim; nur daß es beiläufig jene Legitimation war, die der Etablierung und Instandhaltung eines Museums zukommt. In Erfüllung seiner Traditionspflicht verwechselte Wien Museumshaftigkeit mit Kultur und wurde (leider nicht auch im Architektonischen, wo es sich ärgster Verwüstungen schuldhaft machte) zum Museum seiner selbst. Weil wundersamerweise Haydn und Mozart, Beethoven und Schubert sich auf diesem Erdenfleck zusammengefunden hatten, hier schlecht behandelt wurden und nichtsdestoweniger komponiert haben, richtete sich Wien als musikalische Institution ein. Deutschland hat sich, trotz Weimar, niemals als dichterische Institution eingerichtet, und selbst Isar-Athen tat nichts dergleichen im Hinblick auf seine Malerei. Das Museale war Wien vorbehalten, und zwar als Verfallszeichen, als österreichisches Verfallszeichen. Denn Verfall im Elend führt zum Vegetieren, doch einer im Reichtum führt zum

Schindler: Jakob Sch. (1842–92), österreichischer Landschaftsmaler.

Blau: Tina B. (1845–1916), Wiener Malerin; lebte in München.

Museum. Das Museale ist Vegetieren im Reichtum, ist heiteres Vegetieren, und Österreich war damals noch ein reiches Land.

Dem Wiener Volk ist der Deutsche, besonders der Norddeutsche seit jeher unbehaglich gewesen, und sich von ihm zu unterscheiden, selbst um den Preis der Musealität, wäre wohl immer mit Zustimmung aufgenommen worden. Daß man sich aber durch diese museale Haltung auch von Paris unterschied, hätte geringere Zustimmung getroffen. Denn Wien ist auf seine Gemeinsamkeiten mit Paris stets stolz gewesen.
Sicherlich haben die beiden Städte manches miteinander gemein, vor allem im Atmosphärischen. Paris war zwar niemals so ausgesprochene Musikstadt gewesen wie Wien es war, übertraf aber dafür dieses womöglich an Theaterliebe. Die Leichtigkeit des Theaterhaften und der Theaterfreude, die Leichtigkeit ständig parater Vergnügungs- und Schaulust, kurzum die Spektakelfreude war da wie dort dem Volk eingeboren, war da wie dort zum Nährboden einer dominierenden Theaterkultur geworden und wurde umgekehrt von ihr stets aufs neue erweckt und in Atem gehalten. Die Comédie Française und das Wiener Burgtheater waren Parallelinstitute, und ihr hoher Stil wirkte über das Theater hinaus, reichte vorbildhaft in alle Schichten des Volkes (also nicht nur des Bürgertums), wurde für seine Sprache und Gehaben vielfach richtunggebend, beeinflußte daher erst recht das in beiden Städten mit aller Echtheit und Lebendigkeit vorhandene Volkstheater, ja sogar auch das volkstümliche Singspiel, das sich freilich seinerseits noch überdies in teils imitativer, teils satirisch-polemischer Abhängigkeit von

Comédie Française: das französische Nationaltheater, 1680 von Ludwig XIV. gegründet.

Wiener Burgtheater: von Maria Theresia im Hofballhaus nächst der Hofburg 1741 gegründet; in einem Dekret Josephs II. 1776 als »Teutsches Nationaltheater« proklamiert.

der großen Oper befand. Nirgendwo sonst war die gesamte Lebenstextur so eng mit der des Theaters verwoben wie eben in Paris und Wien.

Derartige Gemeinsamkeiten deuten auf Ähnlichkeiten im Volkscharakter hin. Aber der Volkscharakter steht mit den historischen Zuständen und Ereignissen in Wechselwirkung; er bestimmt sie und wird von ihnen bestimmt. Während des 17. und 18. Jahrhunderts waren Paris und Wien die Machtzentren des europäischen Kontinents, und die Rivalität zwischen den Häusern Bourbon und Habsburg war die Achse, um die sich die Weltpolitik drehte. Im Kräftegleichgewicht Europas hatten Frankreich und Österreich Ausnahmsstellungen errungen, mußten sie gegeneinander verteidigen, und zur Bewältigung der ihnen damit gestellten weltpolitischen Aufgaben bedurften sie beide einer höchstentwickelten Organisation: in der Tat wurden sie die beiden »modernsten« Kontinentalstaaten des Barocks. Diese neue Staatsorganisation war zentralistisch orientiert, in Frankreich noch mehr als in Österreich, durfte aber um solchen Zentralismus willen weder ihre sozusagen natürlichen Verwaltungsgrundlagen, die im Feudalen und Kirchlichen verankert waren, verleugnen oder gar zerstören, noch durfte sie tyrannisch werden, da sie das Volk und besonders den Bürger als Gegengewicht gegen die Macht der Feudal- und Kirchenherren zu verwenden hatte. Die Lösung für das so überaus schwierige Problem lag in der für das Barock ganz eigentümlichen, geradezu orientalischen Hypertrophierung des Höfischen. Durch den Glanz des Hofes konnten den großen Adelsgeschlechtern die Nebenlinien und Kleinherren abspenstig gemacht werden, und vom Höfischen aus wurde es möglich, geistig-kulturelle Bereiche, die bis dahin ausschließlich vom Klerus bestellt worden waren, mehr und

Bourbon: das französische Königshaus.

Habsburg: das österreichische Kaiserhaus; seit 1745, als Maria Theresia (1717–80) Franz I. (1708–65, Kaiser seit 1745) heiratete, Habsburg-Lothringen.

mehr zu säkularisieren, z. B. vermittels Gründung von Wissenschaftsakademien als vornehmlich höfische Einrichtungen. Und wenn auch bei alldem dem Volk selten mehr als die Rolle eines staunenden Zuschauers zugewiesen wurde, eine ihm übrigens recht genehme Rolle, so fühlte es doch, daß es zunehmenden Maßes politischer Faktor wurde, und unzweifelhaft war das eine wie das andere und gar beides zusammen durchaus danach angetan, den Nationalcharakter entscheidend zu beeinflussen: als Partizipant des neuen Macht- und Prachtbewußtseins war das Volk der rivalisierenden Städte Paris und Wien zum Träger eines gemeinsamen Lebensstiles geworden. Rivalität und Affinität sind seit jeher Geschwister gewesen.

Die Säkularisation des geistigen Lebens war vom Protestantismus ausgegangen; ihre Imitation durch die Höfe hatte also auch religionspolitischen Zweck, nämlich den einer Wiederfestigung des Katholizismus im neuen Staatsrahmen. Nicht zuletzt galt das für die Kunst. Indem an die Stelle der bürgerlich-privaten Intimität, in die der protestantische Säkularisationsprozeß notwendigerweise zu münden hatte, das für Zuschauerschaft berechnete repräsentative Amüsement des Souveräns gesetzt wurde (mit dem Salon als Maximum an Intimität), wurde die Säkularisation in einem Bereich aufgegriffen, der dem Bürgerlichen und seiner Kunstübung schon aus rein technischen Gründen nahezu unerlangbar bleiben mußte. Das große Konzert, die große Oper wie überhaupt das Theater, sie allesamt der Sphäre des Privaten entrückt, standen da gegen die Kammermusik und das Stilleben, und ebendarum bildeten sie eine jener Brükken, durch die das Volk in unmittelbaren Kontakt gebracht werden konnte. Die Tradition, aus der die Bourbonen- und die Habsburgerresidenz als Theaterstädte hervorgegangen sind, hebt in den beiden Hoftheatern an und erhielt von

Gründung von Wissenschaftsakademien: Die Wiener Akademie der Wissenschaften wurde erst 1846 auf Antrag Metternichs durch Ferdinand I. (1793–1875) ins Leben gerufen.

diesen stets neue Nahrung. Und es gab keine protestantischen Theaterstädte.

Das monarchisch-höfische Element wurde dabei allerdings mehr und mehr entbehrlich, d. h. zum leeren Schema. Denn jede sich festigende Tradition wird schließlich autonom. Die Tradition der Comédie Française hat jede Monarchenabsetzung ohne weiters überlebt. Wahrscheinlich wäre es mit dem Burgtheater auch nicht anders gegangen; doch es gab keine österreichische Revolution – zu ihrer Vermeidung haben die klug rechtzeitigen Verwaltungsreformen Josephs II. nicht wenig beigetragen –, und so blieb für das geistige Leben Wiens und gerade auch für das Theater das höfische Schema intakt. Die Akademie blieb also auch weiterhin dem Protektorat eines kaiserlichen Prinzen unterstellt, die Oper hatte auch weiterhin ihre Galaaufführungen, in denen die Anwesenheit des Kaisers dem Zuschauer ein Stück Partizipation am Glanz des Gottesgnadentums vermittelte, und auch weiterhin blieb den von solchem Glanz ausgeschlossenen, nämlich vom Hof offiziell nicht besuchten Privattheatern und selbst den kleinsten von ihnen streng aufgetragen, eine »Hofloge« (gleich den ebenfalls niemals benützten »Hofwartesalons« in den größeren Eisenbahnstationen) bereit zu halten, deren rotsamtener, mehr oder weniger billiger Prunk dem Publikum dauernd vor Augen zu führen hatte, daß sein Theatervergnügen nach wie vor dem Schema der monarchischen Werthierarchie eingeordnet war. Für ein wahrhaft sehendes Auge freilich wirkte diese ständig unbenützte, ständig verdunkelte Loge eher als Museumsstück, ja eigentlich, eben infolge der Museumshaftigkeit, als ein Symbol für das leergewordene Schema der monarchischen Barockgeste.

Verwaltungsreformen Josephs II.: Joseph II. ist der Hauptvertreter des »aufgeklärten Absolutismus«, dessen österreichische Sonderentwicklung als »Josephinismus« in die Geschichte eingegangen ist; so: Beamtenverwaltung statt ständischer Verfassung, Milderung der Zensur, Abschaffung der Folter und des Zuchtzwanges, Toleranzpatent, Übernahme der Kranken- und Armenfürsorge durch den Staat usw.

Österreich war im 19. Jahrhundert nicht nur im Geistigen, sondern auch im Politischen – kein Organismus, am allerwenigsten der einer Gemeinschaft, in der eines das andere bedingt, enthält isolierte Zonen – museal geworden. Der Revolutionsweg, der dem Reformator Joseph II. wohl vorgeschwebt haben mag, läuft auf des Messers Schneide, den Absturz in die Revolution an seiner linken, den in die Reaktion an seiner rechten Seite, und wer ihn begehen will, braucht einen Balance-Instinkt, wie er vielleicht bloß von dem insular gesicherten England entwickelt wurde; das von außen gefährdete und im Innern national zerrissene Österreich besaß nichts von solchem Instinkt, konnte nichts davon besitzen, und wo es nicht ins Reaktionäre verfiel, da mußte es stagnierend und museal werden. Während Paris seine Barockstruktur in Revolutionsstößen überwand und sich hierdurch die Entfaltung zu der in ihm bereits keimenden Weltstadt ermöglichte, ist Wien Barockstadt geblieben, fern von der jeder Weltstadt eigentümlichen leidenschaftlichen Düsterkeit und ihrem latenten Revolutionismus, der auch unter der französischen Heiterkeit des 19. Jahrhunderts schwelte und selbst bis heute nicht erloschen ist, wohl aber erlöschen könnte, wenn Paris einmal nicht mehr Weltstadt sein wird. Damit ein Aufstand über sich selbst hinauswachse und zur Revolution werde, muß er – wie in Frankreich 1789 – Weltwirkung erlangen, muß er – wie dies im 19. Jahrhundert immer deutlicher wurde – zur Weltrevolution hinstreben, und solches erfordert ein Weltzentrum, eine zumindest potentielle Weltstadt und nicht nur irgend eine Landesmetropole als Schauplatz. Und gerade hierfür war Österreich als ein Land, das seine weltpolitische Mission teils verloren, teils vertan hatte, denkbar ungeeignet. Nach 1848 geriet die Stadt, selbst ihre Proletarierviertel nicht ausgenommen, immer tiefer ins Unrevolutionäre, ins Hedonistische, ins Skeptisch-Freundliche, Freundlich-Skeptische; Wien wurde zur Un-Weltstadt, und ohne darum zur Kleinstadt zu werden, suchte es kleinstädtische Ruhe, kleinstädtische Engsicht, kleinstädtische Freuden, den Reiz des Einst: es war

noch Metropole, aber Barock-Metropole, und zwar eine, für die es keine Barock-Politik mehr gab.
Hiermit hob sich, abgesehen von einer gewissen Ähnlichkeit im Atmosphärischen, die eigentliche Gemeinsamkeit zwischen Paris und Wien wieder auf. Eine Stadt im akuten Wert-Vakuum, eine museal gewordene Stadt, hat mit einer, die sich in stürmischer Wert-Bewegung befindet, nichts wesenhaft Gemeinsames mehr. Und ein provinziell gewordenes Volk hat einen andern Charakter als ein weltstädtisches, muß also auch eine andere Art Kunst produzieren. Gerade an der volkstümlichen Kunst wird das sichtbar. Vergleicht man die drei Operettentypen, die sich in Offenbach, Sullivan und Johann Strauß verkörpern, so fehlt diesem, im Gegensatz zu den beiden andern, jegliche satirische Tendenz: die ironische Note, welche die Wiener Volksbühne in ihrer klassischen Epoche, also in der ersten Hälfte des 19. Jahrhunderts, ausgezeichnet hatte, romantisch bei Raimund, bissig bei Nestroy, war restlos verschwunden, und übrig geblieben war nichts als ein zur puren Idiotie verflachter Abklatsch der komischen Oper und ihrer teils liebenswürdigen, teils schalen Romantik; was sich da breit zu machen begann, war der platte Zynismus des schieren, d. h. des ausschließlich dekorativen Amüsements, und der adäquate Träger seiner Immoralität war das Straußsche Walzergenie. Gewiß, die komische Opernform lebt auch in der Offenbachschen Satire und in der Sullivanschen Sozialkarikatur, und gewiß gibt es auch hier neben echter Amüsierfreude echten Zynismus, aber es ist jener überaus weltstädtische, dessen Aggression aus politischem Wollen herstammt, darin seinen moralischen Rückhalt findet und ebendarum für das Zustandekommen von Satire unerläßlich ist. All das war dem Wienertum nach 1848 verlorengegangen, und so wurde die von Strauß begründete Operettenform ein spezifisches Vakuum-Produkt: als Vakuum-Dekoration hat sie

die drei Operettentypen: Gemeint sind hier die französische (Jacques Offenbach, 1819–80), die englische (Arthur Sullivan, 1842–1900) und die österreichische Operette (Johann Strauß Sohn, 1825–99).

sich nur allzu haltbar erwiesen, und ihr späterer Welterfolg kann geradezu als ein Menetekel für das Versinken der Gesamtwelt in das unaufhaltsam weiterwachsende Wert-Vakuum genommen werden.
Wien, Zentrum des europäischen Wert-Vakuums – sicherlich eine etwas absurde Würde und Einzigkeit, dennoch nicht so arg absurd, wenn man das für Europa ganz einzigartige sozialpolitische Gefüge dieser Stadt, das Sozialgefüge des eigentlichen Österreichertums betrachtet.

FELIX SALTEN

Elisabeth

Jetzt ist uns ihre Existenz fast schon wie etwas Unwirkliches, ihre Gestalt schwebend wie die Gestalten eines Traumes, und auf ihr Schicksal blicken wir kaum noch wie auf ein gelebtes Dasein, sondern wie auf eine Dichtung. Das rührt von der tiefsten Seelenkraft dieser Frau her, die alle Wirklichkeit immer ins Erhabene emporzwang. Das rührt davon her, daß ihr Wesen vom Geschick freilich verwundet, aber niemals bestaubt werden konnte. Was auch rings um sie her an Verheißungen hindorrte, ihr eigener Sinn ist nicht welk geworden. Was auch vor ihr an teuren Gütern in Trümmer sank, es vermochte nicht, ihr den Weg zu sich selbst zu verrammeln. Dieses unbegreiflich hohe Hinwegschreiten über das äußere Leben macht es, daß ihr Dasein jetzt einer Legende gleicht.
Es fängt mit dem strahlenden Glück an, läuft aus sonniger Pracht in dunkle Trauer und endigt in grauenhaftem Tod. Momente aus ihrem Leben: die stürmisch geliebte Kaiserbraut, die in Wien einzog, so lieblich, daß sie nicht bloß die

Elisabeth: E. Amalie Eugenie, Herzogin in Bayern (1837–98), am 24. April 1854 mit Franz Joseph I. vermählt.

erste, sondern die schönste Frau des Reiches war. Die schönste Kaiserin an einem lachenden, frohgelaunten Hof, in einem lachenden, frohgelaunten Wien. Dann ihre Krönung zur Königin von Ungarn, bejubelt, wie seit den Tagen der Maria Theresia keine Monarchin mehr bejubelt wurde. Dann ein langsames Hinweggleiten aus all dem Glanz. Einsam und einsamer auf weiten Reisen. Dann der Tag von Mayerling. Das jähe Hinstürzen jeglicher Zukunftshoffnung. Dann wieder tiefe Einsamkeit in fernen Ländern. Der Traum vom Griechentum in dem weißen Schloß auf Korfu. Ein unerfüllter Traum. Das Schloß blieb verlassen. Wandern, wandern, wandern. An den Gestaden südlicher Meere, durch kleine Städte Italiens. Unerkannt, unscheinbar in ihren Trauerkleidern, versteckt und den Zudrang der Menschen meidend. Jahre. Dann am Genfer See das schnelle, aus Mörderhand empfangene Sterben.

Die Kaiserin ... Sie ist uns lange schon entschwebt, war uns eine Gestalt, die irgendwo ihr Dasein hoch über dem Dasein anderer Menschen ins Weite trug. Nur manchmal drang eine Kunde von ihr bis zu uns herüber, nur manchmal kam ein Klang aus ihrer Welt zu uns herangeweht. Und wunderbar, wie feines Ahnen in den Instinkten der Menge liegt, daß man aus so fernen Fernen die Kaiserin verstand, daß man ihr

Krönung zur Königin von Ungarn: Die Krönung fand am 8. Juni 1867 statt, nach dem Ausgleich zwischen den beiden Teilen der Doppelmonarchie Österreich und Ungarn.

Maria Theresia: s. Anm. zu *Habsburg* S. 92.

weiten Reisen: Besonders seit dem Tode des Kronprinzen 1889 war die Kaiserin häufig auf Reisen durch ganz Europa.

Tag von Mayerling: am 30. Januar 1889 Selbstmord des Kronprinzen Rudolf in Mayerling (Niederösterreich), zusammen mit seiner Geliebten Mary Freiin von Vetsera (geb. 1871). Rudolf war verheiratet mit der belgischen Prinzessin Stephanie (1864–1945). Die Umstände, die zu dieser Tat geführt haben, wurden nie ganz aufgeklärt.

Schloß auf Korfu: das Achilleion, das 1892 eigens für Elisabeth gebaut wurde.

Genfer See: Am 10. September 1898 wurde Elisabeth, als sie in Genf an Bord eines Schiffes gehen wollte, von dem italienischen Anarchisten Luigi Lucheni (1872–1910) erdolcht.

Suchen nach Schönheit und Ruhe begriff, daß man banalere Vorstellungen vom Walten einer Kaiserin still beiseite legte und mit ahnungsvoller Ehrfurcht eine Menschlichkeit bewunderte, die über den höchsten irdischen Rang hinaus höheren Graden noch sehnsüchtig entgegenstrebte. Die Kaiserin. Auch dieses Wort ist durch Elisabeth zarter, märchenhafter, unwirklicher, gleichsam dichterischer geworden.

KARL BAEDEKER

Wien 1892

Wien (170 m), die Haupt- und Residenzstadt des österreich. Kaiserstaates, liegt in einer von fernen Bergen umgebenen Ebene am *Donaukanal*, dem südlichsten Arm der *Donau*, in welchen innerhalb der Stadt die *Wien* mündet. Die Stadt besteht seit der 1891 erfolgten Einverleibung der Vororte aus 19 Bezirken: I. Innere Stadt, II. Leopoldstadt, III. Landstraße, IV. Wieden, V. Margarethen, VI. Mariahilf, VII. Neubau, VIII. Josefstadt, IX. Alsergrund, X. Favoriten, XI. Simmering, XII. Meidling, XIII. Hietzing, XIV. Rudolfsheim, XV. Fünfhaus, XVI. Ottakring, XVII. Hernals, XVIII. Währing, XIX. Döbling, von denen die neun zuletzt genannten Bezirke jenseit der ehem. Linie liegen. Nach der Volkszählung vom J. 1891 hatte die innere Stadt 67 029 Einw.; mit den 18 äußeren Bezirken 1 365 170 Einwohner, darunter 22 651 Mann Besatzung. [...]

Wien hatte bis zum J. 1809 eine doppelte Befestigung, von der nur ein kleiner Teil noch vorhanden ist. Die *äußere*, 1704 zum Schutz gegen die unter Franz Rakoczy vordringenden Kuruzzen angelegt, ein 4 m hoher Wall und Graben,

Rakoczy: Franz II. Rákóczy (1676–1735) war der Führer der bedrohlichen ungarischen Erhebung gegen die Habsburger 1703–11. Nach der Niederlage verließ er Ungarn und starb in der Türkei.

Kuruzzen: die ungarischen Bauern und Adligen, die Rákóczy unterstützten.

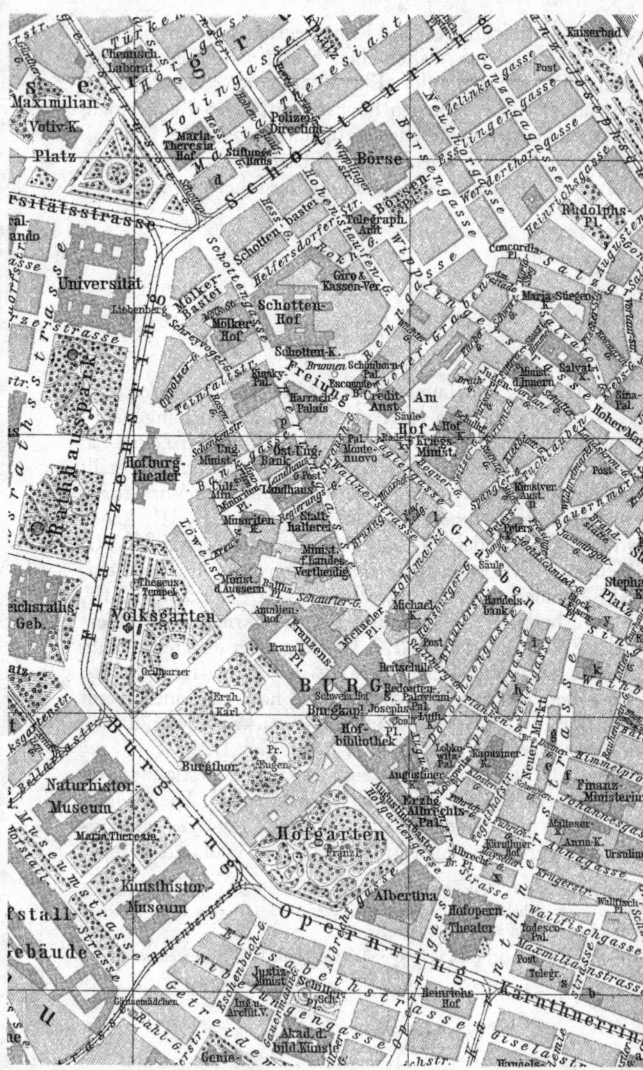

Chemisch. Laborat.
Maximilian
Votiv-K.
Platz
Maria-Theresia Hof
Stiftungs-Haus
Polizei-Direction
Börse
Kaiserbad
Post
Rudolphs Pl.
Concordia-Pl.
Telegraph. Amt
Giro & Kassen-Ver.
Universität
Liebenberg
Mölker-Bastei
Schotten-Hof
Mölker-Hof
Schotten-K.
Maria-Stiegen K.
Salvat.-K.
Minist. d. Innern
Sina-Pal.
Kinsky-Pal.
Harrach-Palais
Schönborn-Pal.
Escompte-B.
Credit-Anst.
Am Hof
Säule
Kriegs-Minist.
Ung. Minist.
Öst.-Ung. Bank
Landhaus
Hofburg-theater
Pal. Montenuovo
Minoriten-K.
Statthalterei
Minist. f. Landes-Vertheidig.
Minist. d. Aussern
Kunstver. Ausst.
Peters-K.
Stephans-Platz
Rathhauspark
Theseus-Tempel
Volksgarten
Amalienhof
Franzens-Pl.
Michaeler Pl.
Michael-K.
Handels-bank
Post
Reitschule
Franz II
Reichsraths-Geb.
Grillparzer
Erzh. Karl
BURG
Schweiz. Hof
Burgkapl.
Redoutten-S.
Palavicini-Pal.
Josephs-Pl.
Hof-bibliothek
Lobkowitz-Pal.
Kapuziner-K.
Neuer Markt
Finanz-Ministerium
Burgthor
Pr. Eugen
Augustiner-K.
Erzhg. Albrechts-Pal.
Naturhistor. Museum
Maria Theresia
Hofgarten
Franz I.
Malteser-K.
Anna-K.
Kärnthner-Hof
Ursulinen
Kunsthistor. Museum
Albertina
Hofopern-Theater
Wallfisch-Pl.
Todesco-Pal.
Post
Telegr.
Justiz-Minist.
Schiller
Heinrichs Hof
Gänsemädchen
Ing. u. Archit.V.
Akad. d. bild. Künste
Genie-
Stallgebäude
Universitätsstrasse
Schottenring
Franzensring
Burgring
Opernring
Kärnthnerring
Graben
Freiung
Herrengasse
Kärnthnerstrasse
Wipplingerstrasse
Kohlmarkt
Wallnerstrasse
Teinfaltstr.
Schottengasse
Bankgasse
Bognergasse
Tuchlauben
Bauernmarkt
Habsburgergasse
Augustinerstrasse
Annagasse
Johannesgasse
Himmelpfortg.
Weihburgg.
Singerstr.
Krugerstr.
Wallfischgasse
Maximilianstrasse
Elisabethstrasse
Getreidemarkt
Nibelungengasse
Babenbergerstr.
Museumstrasse
Rathhausstrasse
Löwelstr.
Kolingasse
Maria Theresiastr.
Börsengasse
Renngasse
Helfersdorferstr.
Hohenstaufeng.
Salzgries
Gonzagagasse
Zelinkagasse
Esslingergasse
Werderthorgasse
Heinrichsgasse
Neuthorgasse
Judengasse
Hoher Markt
Spiegelgasse
Dorotheergasse
Plankengasse
Seilergasse
Operngasse
Giselastrasse

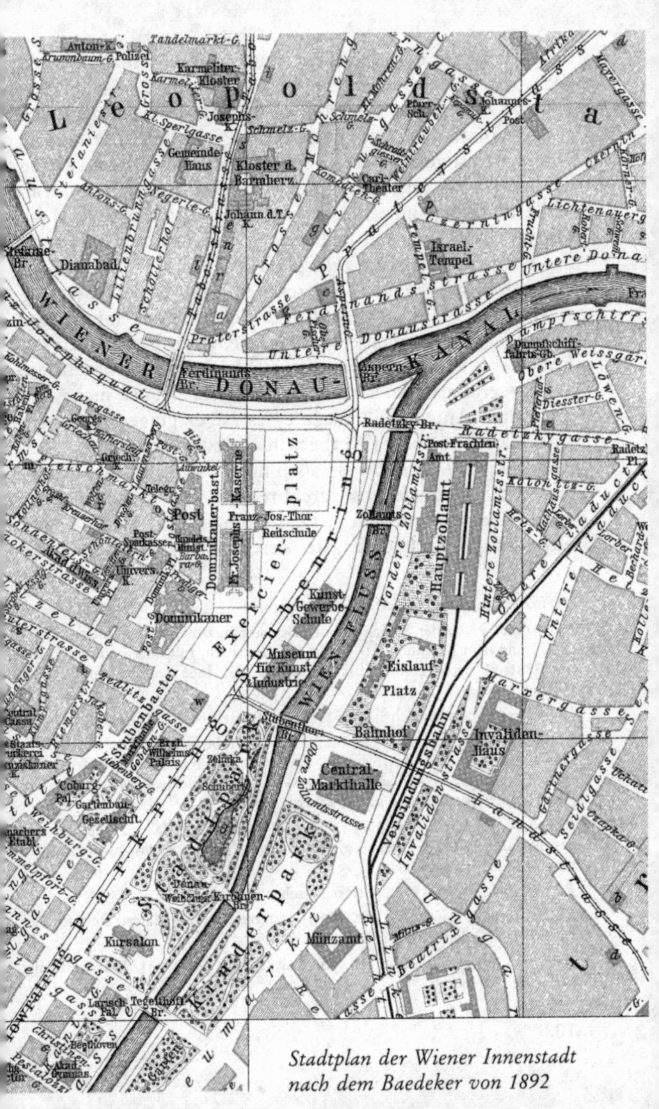

Stadtplan der Wiener Innenstadt nach dem Baedeker von 1892

bis 1890 wegen der ärarischen Maut noch unterhalten, wird jetzt beseitigt. Diese äußere Befestigung hatte den Namen *Linien-Graben* und *Linien-Wall* und die 18 meist nach den ehem. Vorstädten benannten *Ausgänge* hießen *»Linie«*. Die *innere* Befestigung, Bastei, Stadtgraben und Glacis, wurde nach einer kaiserl. Verfügung von 1858 geschleift und an Stelle derselben umschließt jetzt die breite *Ringstraße* die innere Stadt. Von den früheren Toren existieren nur noch das Burg- und das Franz-Josefs-Tor. [...]
Wien hat seit einigen Jahrzehnten eine *Kunstbedeutung* gewonnen, welche niemand nach der Öde der unmittelbar voraufgegangenen Zeit erwartet hätte. Zwar besaß Wien seit Ende des XVII. Jahrh. eine Kunstakademie, doch hatte diese an der großartigen Erneuerung unserer Kunst nicht den geringsten Anteil. Die Wege eines *Füger* gingen mit jenen eines Cornelius und Overbeck nicht zusammen; auch *Karl Ruß, Krafft, L. Schnorr* besaßen nicht die Kraft, den akademischen Schlendrian zu durchbrechen. Die jungen Talente wanderten aus, suchten sich in Rom, München und Paris weiterzubilden. Die längste Zeit war eigentlich nur die

ärarischen: den Staat betreffenden, staatlichen.

Ringstraße: Nach der Schleifung der Befestigungsanlagen der Inneren Stadt (1857) und dem Beschluß, das Glacis zu überbauen, folgt der Bau der R. um die Altstadt, deren erster Abschnitt am 1. Mai 1865 feierlich vom Kaiser eröffnet wurde.

Füger: Friedrich Heinrich F. (1751–1818), deutsch-österreichischer Maler.

Cornelius: Peter von C. (1783–1867), deutscher Maler; Akademiedirektor in Düsseldorf und München; schloß sich während seines Rom-Aufenthaltes 1811–19 den Nazarenern an; schuf Fresken in der Münchener Glyptothek, in der Alten Pinakothek und in der Ludwigskirche.

Overbeck: Johann Friedrich O. (1789–1869), deutscher Maler; Hauptvertreter der Nazarener, einer Gruppe gleichgesinnter Maler, die vor allem Fresken religiösen Inhalts schufen.

Ruß: Karl R. (1779–1843), österreichischer Maler.

Krafft: Johann Peter K. (1780–1856), österreichischer Maler; Direktor der kaiserlichen Galerie.

Schnorr: Ludwig Ferdinand Sch. von Carolsfeld (1788–1853), österreichischer Maler der Romantik.

seichte Nachahmung des englischen Porträtstils (Lawrence) in den tonangebenden Kreisen eingebürgert und angesehen. Es ist das Verdienst *Karl Rahls* († 1865), der seit der Revolution 1848 in Wien wirkte, in die Wiener Malerei frisches Leben gebracht, die Malerei wieder zu monumentaler Würde, zu stilvollem Ernste erhoben zu haben. Doch hätten Rahl und der einsam wirkende Genosse Overbecks, *Führich*, der erst in den letzten Lebensjahren († 1876) seine volle Kraft rein entfaltete, die Wiener Kunst auf die Dauer nicht emporgehalten, wenn nicht glückliche äußere Umstände hinzugetreten wären. In den fünfziger Jahren wurden durch den Bau der Votivkirche (*Ferstel*) und des Arsenals zahlreiche Künstlerkräfte in Bewegung gesetzt. Der große Aufschwung datiert aber erst aus den sechziger Jahren, seit denen der Plan der Stadterweiterung verwirklicht wurde, die Kunstgewerbe in dem trefflich geleiteten Museum für Kunst und Industrie einen Sammelpunkt fanden, zahlreiche Monumentalbauten (Reichstagsgebäude, Museen, Universität, Rathaus, Theater) in Angriff genommen wurden und der reichen Klassen der Bevölkerung sich eine fast leidenschaftliche Bilderfreude bemächtigte. Unter den Architekten

Lawrence: Sir Thomas L. (1769–1830), Hauptvertreter der englischen Porträtmalerei seiner Zeit.

Rahls: Karl Rahl (1812–65), österreichischer Maler; malte u. a. riesige allegorisch-historische Dekorationen.

Führich: Josef von F. (1800–76), Hauptvertreter der Nazarener in Wien.

Votivkirche: Kirche »Zum göttlichen Heiland«, Wien IX.; Erzherzog Maximilian (1832–67) ließ die Kirche nach der glücklichen Rettung seines Bruders, des Kaisers Franz Joseph I., bei dem Attentat des Ungarn Johann Libényis am 18. Februar 1853 errichten. Heinrich Ferstel erbaute die Kirche im Stil der französischen Kathedralgotik (1856–79, Einweihung am 24. April 1879).

Ferstel: Heinrich F. (1828–83), Vertreter des historisierenden Stils in Wien, baute anfangs in gotischem Stil, später (die Universität, 1871–84) im italienischen Renaissancestil.

Arsenals: Wien III., Arsenalstraße; 1849–56 erbaut, unter Verwendung der von den Architekten August von Sicardsburg, Eduard van der Nüll, Ludwig Föster (1797–1863) und Theophil Hansen vorgelegten Konkurrenzarbeiten.

gewannen namentlich *Fr. Schmidt*, eine große Autorität in der gotischen Baukunst, *Hansen, Hasenauer* u. a. einen großen Namen. *Sempers* Einfluß machte sich vielfach mit Glück geltend. Und wenn auch auf dem Gebiete der Plastik zugewanderte Meister (*Zumbusch*) sich am meisten auszeichneten, so bildete sich doch bald eine im einheimischen Leben wurzelnde, fröhliche und naturfrische Richtung aus, welche namentlich in der Porträtskulptur (*Kundmann, Tilgner*) einen trefflichen Ausdruck fand. Zahlreiche Kräfte tummeln sich auf dem Felde der Malerei, nicht wenig durch den Wetteifer mit ungarischen Künstlern angespornt. Münchener und Pariser Einflüsse lassen sich nicht übersehen. Doch offenbart auch hier der bekannteste Meister der neueren Zeit, *Hans Makart* († 1884), in vielen Zügen seine echt österreichische Natur, so daß man ihn vom Wiener Boden gar nicht abtrennen kann.

Schmidt: Friedrich Sch. (1825–92), Dombaumeister; bevorzugte den gotischen Baustil; baute zusammen mit Theophil Hansen mehrere Kirchen; 1872–82 das Rathaus unter Verwendung von Renaissance-Motiven.

Hansen: Theophil H. (1813–91), dänischer Architekt; seit 1846 in Wien; baute 1874–83 das Reichsratsgebäude, den Sitz des Abgeordneten- und Herrenhauses, in »griechischem« Stil.

Hasenauer: Karl von H. (1833–94), einer der produktivsten Architekten der Ringstraßenära; er schuf zusammen mit Semper die beiden Hofmuseen, das Burgtheater, die neue Hofburg u. a.

Sempers: Gottfried Semper (1803–79), seit 1870 als kaiserlicher Architekt in Wien; arbeitete mit Hasenauer zusammen.

Zumbusch: Kaspar von Z. (1830–1915), deutscher Bildhauer; seit 1873 Akademieprofessor in Wien; schuf zahlreiche Wiener Denkmäler, so das große Maria-Theresia-Denkmal, 1888 enthüllt.

Kundmann: Karl K. (1838–1919), österreichischer Bildhauer; schuf viele Porträtskulpturen.

Tilgner: Viktor T. (1844–96), österreichischer Bildhauer; schuf viele Statuen und Denkmäler in Wien, so das Mozart-Denkmal (jetzt im Burggarten).

Wetteifer mit ungarischen Künstlern: so etwa mit Mikaly Munkácsy (1844–1900), Hauptvertreter der ungarischen Malerei im 19. Jh.

Makart: s. Anm. S. 89.

Die Reichshaupt- und Residenzstadt Wien

Über dem Atlantik befand sich ein barometrisches Minimum; es wanderte ostwärts, einem über Rußland lagernden Maximum zu, und verriet noch nicht die Neigung, diesem nördlich auszuweichen. Die Isothermen und Isotheren taten ihre Schuldigkeit. Die Lufttemperatur stand in einem ordnungsgemäßen Verhältnis zur mittleren Jahrestemperatur, zur Temperatur des kältesten wie des wärmsten Monats und zur aperiodischen monatlichen Temperaturschwankung. Der Auf- und Untergang der Sonne, des Mondes, der Lichtwechsel des Mondes, der Venus, des Saturnringes und viele andere bedeutsame Erscheinungen entsprachen ihrer Voraussage in den astronomischen Jahrbüchern. Der Wasserdampf in der Luft hatte seine höchste Spannkraft, und die Feuchtigkeit der Luft war gering. Mit einem Wort, das das Tatsächliche recht gut bezeichnet, wenn es auch etwas altmodisch ist: Es war ein schöner Augusttag des Jahres 1913.

Autos schossen aus schmalen, tiefen Straßen in die Seichtigkeit heller Plätze. Fußgängerdunkelheit bildete wolkige Schnüre. Wo kräftigere Striche der Geschwindigkeit quer durch ihre lockere Eile fuhren, verdickten sie sich, rieselten nachher rascher und hatten nach wenigen Schwingungen wieder ihren gleichmäßigen Puls. Hunderte Töne waren zu einem drahtigen Geräusch ineinander verwunden, aus dem einzelne Spitzen vorstanden, längs dessen schneidige Kanten liefen und sich wieder einebneten, von dem klare Töne absplitterten und verflogen. An diesem Geräusch, ohne daß sich seine Besonderheit beschreiben ließe, würde ein Mensch nach jahrelanger Abwesenheit mit geschlossenen Augen erkannt haben, daß er sich in der Reichshaupt- und Residenzstadt Wien befinde. Städte lassen sich an ihrem Gang erkennen wie Menschen. Die Augen öffnend, würde er das gleiche an der Art bemerken, wie die Bewegung in den

Straßen schwingt, beiweitem früher als er es durch irgendeine bezeichnende Einzelheit herausfände. Und wenn er sich, das zu können, nur einbilden sollte, schadet es auch nichts. Die Überschätzung der Frage, wo man sich befinde, stammt aus der Hordenzeit, wo man sich die Futterplätze merken mußte. Es wäre wichtig, zu wissen, warum man sich bei einer roten Nase ganz ungenau damit begnügt, sie sei rot, und nie danach fragt, welches besondere Rot sie habe, obgleich sich das durch die Wellenlänge auf Mikromillimeter genau ausdrücken ließe; wogegen man bei etwas so viel Verwickelterem, wie es eine Stadt ist, in der man sich aufhält, immer durchaus genau wissen möchte, welche besondere Stadt das sei. Es lenkt von Wichtigerem ab.
Es soll also auf den Namen der Stadt kein besonderer Wert gelegt werden. Wie alle großen Städte bestand sie aus Unregelmäßigkeit, Wechsel, Vorgleiten, Nichtschritthalten, Zusammenstößen von Dingen und Angelegenheiten, bodenlosen Punkten der Stille dazwischen, aus Bahnen und Ungebahntem, aus einem großen rhythmischen Schlag und der ewigen Verstimmung und Verschiebung aller Rhythmen gegeneinander, und glich im ganzen einer kochenden Blase, die in einem Gefäß ruht, das aus dem dauerhaften Stoff von Häusern, Gesetzen, Verordnungen und geschichtlichen Überlieferungen besteht.

HERMANN BAHR

Die Ringstraße

Die Ringstraße. Jahre hat es mich gekostet, den Eindruck dieses falschen Wien, das ich zunächst [1877] zu sehen bekam, überwinden und das wirkliche Wien, das verborgene, finden zu lernen. Von dem wollten die Wiener nach

Ringstraße: s. Anm. S. 102.

Der Opernring in Wien um 1890

1866, die neuen Wiener, durchaus nichts mehr wissen und der Ausdruck dieses Verlangens, das geschichtliche Wien zu vergessen, ist die Ringstraße. Ich habe sie als Bub gehorsam erstaunend bewundert, ich habe sie später jahrelang heiß gehaßt; inzwischen [1923] ist sie selber Geschichte worden und hat dadurch einen Schein von Wirklichkeit gewonnen, besonders, seit die Wirklichkeiten Österreichs zergangen sind: die Ringstraße hat ja schließlich recht behalten, gegen Österreich.

Als Leistung bleibt sie staunenswert. Niemals hat sich Ohnmacht von einer so bezaubernden Anmut, Kühnheit und Würde gezeigt, keine Null ist je mit solcher fruchtbarer Fülle gesegnet, niemals Nichtssagendes von einer so hinreißenden Beredsamkeit gewesen. Es war sozusagen ein Kostümball in der Luft, irgendwie vorahnungsvoll schon vom Anfang an für den Festzug Makarts bereit, selber auch schon ein solcher Atelierscherz von unsterblicher Improvisation. Als Leistung staunenswert, vor allem gleich dadurch, daß sich überhaupt Männer fanden, sie zu wagen, freilich offenbar nur mit dem Mut jenes ahnungslosen Reiters über den zugefrorenen Bodensee. Staunenswert aber auch durch ihre ruchlose Modernität, der die ganze Vergangenheit, der eigenen Stadt nicht bloß, sondern aller Kunst, nichts als ein ungeheurer Steinbruch von Motiven war, die geistig damit nicht anders verfuhr als jene fränkischen Herzöge mit dem mittelalterlichen Athen, die sich aus dem Parthenon des Phidias Steine für ihre barbarisch gewaltigen Türme brachen. Und so stark hat sich diese blindwütige Modernität der Ringstraßenherrlichkeit erwiesen, daß, als sich ein Menschenalter später die jungen Baukünstler der Sezession

Festzug: s. Anm. S. 89.

Parthenon des Phidias: Das Hauptwerk des griechischen Architekten und Bildhauers Ph. (um 500 – nach 438 v. Chr.) ist das Bild der Athena Parthenon, 438 im Parthenon in Athen aufgestellt.

Baukünstler der Sezession: etwa Joseph Maria Olbrich (s. Anm. S. 509), Josef Hoffmann, Max Fabiani (1865–1962); ihnen diente als großes Vorbild Otto Wagner; s. auch Anm. S. 507.

erdreisten wollten, ihre neueste Modernität gegen jene längst inzwischen schon wieder veraltete der sechziger Jahre nun mit eben derselben Rücksichtslosigkeit einzusetzen, noch die ganze Stadt empört aufschrie, gegen die junge Modernität, für die verwichene. Der Ringstraßenherrlichkeit hatte sich die Stadt nur ein einziges Mal widersetzt, ganz im Anfang gleich, aufgeschreckt durch die Hofoper Siccardburgs und van der Nülls, durch das einzige Werk also gerade, das in der Gesinnung so groß und an überwältigenden Einfällen so reich ist, daß auch der Hauch von Improvisation und leiser Irrealität, der allein verrät, woher es kommt, durch den allein es sozusagen datiert wird, daß selbst dieses Aufschimmern einer sogleich immer wieder zur Sache gewiesenen Gaukelei hier gleich nur noch ein neuer Reiz wird, ein Werk, dem das fast Unmögliche gelingt, aus den Schwächen seiner Zeit Kraft zu schöpfen. Dagegen löckte Wien, das sich aber der gefälligen dänisch beweglichen Romantik Hansens wie der landfremden Gotik des schwäbisch doktrinären Schmidt willig ergab und zwischen der lässigen, doch bedachten und empfundenen, sinnvoll beherzten altösterreichischen Eleganz Ferstels und der turbulent aufhauenden, immer mit ihrem Bizeps prahlenden Genialität Hasenauers, einer so von Gewissen unbeherrschten Genialität, daß sie fortwährend daran war, in Talentlosigkeit umzuschlagen, eigentlich kaum mehr den Unterschied empfand. Die Grenze, wo Pracht und Prunk zu Protz wird, war verwischt, der Ausdruck dieser Verwischung ist die Ringstraße: le Bourgeois gentilhomme. Und eigentlich muß man ihr also zugestehen, daß sie, wenn auch nicht

Siccardburgs … Nülls: August Sicard von Sicardsburg (1813–68), österreichischer Architekt, errichtete in Gemeinschaft mit Eduard van der Nüll (1812–68) viele wichtige Bauten des neuen Wien; so u. a. das Sophienbad, das Carl-Theater, das Arsenal, das Haas-Haus, die Hofoper.

Hansens: s. Anm. S. 104.

Schmidt: s. Anm. S. 104.

Ferstels: s. Anm. S. 103.

Hasenauers: s. Anm. S. 104.

künstlerisch, so doch geschichtlich von Bedeutung ist, als Plakat nämlich, das der alten Stadt ankündigt: Höfisches, adeliges, grundbürgerliches Wien, deine Zeit ist um, eine neue Macht ist da, das Geld tritt jetzt die Regierung an! Kaum irgendwo sonst ist die Bourgeoisie gleich so triumphierend eingezogen, mit einem Banner aus Stein und hauptsächlich Gips. Ja dies sogar, bevor sie noch eigentlich da war. In der Ringstraße hat sich eine neue Gesellschaft im voraus Quartier bestellt, die selber um eben diese Zeit erst anfing, in aller Hast improvisiert zu werden. Und so muß man sagen, daß, wenn dieser Ringstraßenzauber durchaus, selbst in seinen schönsten Teilen, unwirklich, unglaubhaft und insgeheim irgendwie sozusagen ungereimt wirkt, ja geradezu schwindelhaft, eben darin gerade seine Echtheit besteht. Er ist ein vollkommener Ausdruck seiner Zeit, in der der Monarch, den ererbten und anerzogenen Grundsätzen des Absolutismus getreu, streng konstitutionell zu regieren entschlossen war, in der ein Land, das noch kein Bürgertum, ja kaum Ansätze dazu hatte, ein Bürgerministerium erhielt, in der die Hauptstadt, bisher eigentlich nur der Wohnort des Hofs mit seinen Bediensteten und Beamten, ein Absteigquartier des Landadels aller österreichischen Nationen und ein Festplatz für Abenteurer, Bummler, Glücksritter, Genußlinge, Lebeleute, Liebesleute, Luxusleute mit dem dazu gehörigen Troß für Vergnügen, derbster oder verfeinerter Art, für sinnliches wie geistiges Behagen sorgender, schneidernder, putzmachender, kochender, weinschenkender, aufspielender, tanzender, theaternder, witzelnder, neuigkeitskramender, materieller oder intellektueller Lakaien, plötzlich dem Ehrgeiz verfiel, sich eine »Gesellschaft« anzuschaffen, eine »Gesellschaft« nach westlichem Muster. Dieses Muster war schon selbst nicht mehr ganz echt. Das Vorbild der englischen wie der römischen Gesellschaft in ihrer ungezwungenen, unwillkürlichen,

Bürgerministerium: das erste Ministerium in Zisleithanien (1867–70), das nach dem Ausgleich mit Ungarn 1867 zustande kam; anfangs war Karl Fürst von Auersperg (1814–90) Ministerpräsident.

unversehenen Urwüchsigkeit lag zu fern, die von Paris aber, nach der das Ringstraßenwien zu schielen begann, hatte selber einen leisen Stich ins Unwirkliche: das Original war in der großen Revolution zunichte, Napoleons gewaltiger Entwurf einer heroischen Kopie davon aber noch nicht trocken geworden, als eine mit Geld beschmutzte Hand nach ihr griff; bei Balzac kann man fast auf jeder Seite spüren, wie jetzt in die Form einer erloschenen Macht eilends eine neue Hefe schießt, die Gesellschaft wird nicht so sehr verbürgerlicht als vielmehr bohemisiert, der junge Mann aus der Provinz ist es, mittellos, stellenlos, ratlos in der gleißenden Stadt, voll Gier nach ihren Lockungen, ohne die Geduld für den langen Weg bürgerlicher Arbeit, der Sohn von mühsamen Handwerkern oder kümmerlichen Beamten einer entlegenen kleinen Stadt, der jetzt aus dem Quartier latin durch Glück bei Frauen oder im Spiel empordringt in den allbeneideten Raum, dessen stiller Abglanz von ancien régime mit den Irrlichtern von Rastaquèren, eingeborenen und zugewanderten, männlichen und weiblichen, ein sonderbares Flackern gibt, ästhetisch vom höchsten Reiz, doch nur in einem Lande möglich, das insgeheim ein so kerngesundes, arbeitsfreudiges, nüchternes, sparsames, unverwüstliches Bürgertum hat wie Frankreich, ein Bürgertum des bon sens. Seine Mittel erlauben ihm den Luxus, sich diese »Gesellschaft« vorspielen zu lassen, die genau weiß, wieweit sie den Spaß mit ihren Zuschauern treiben darf. Wien aber hat sich den Spaß im vollen Ernst einreden lassen, als »Errungenschaft« der neuen Zeit.

Mit der Ringstraße war der Spielplatz der neuen Gesellschaft improvisiert. Es galt nun über Nacht auch diese selbst beizustellen; der Ringstraße war rasch noch erst das dazu passende Wien zu liefern. Man darf annehmen, daß es irgendwie schon in der Luft lag; der Plan der Ringstraße hätte sonst nicht keimen können. Es aus der Luft herabzu-

Rastaquèren: frz. rastaquouère: Ausländer, der großen Aufwand treibt, aber dessen Unterhaltsmittel man nicht kennt; daher auch: Hochstapler, Schwindler.

holen und so der Ringstraße nun erst Sinn, Berechtigung und Folge zu geben, hatte die Kraft ein in seinem Ungestüm, in seiner tätlichen Unrast, in der Unbeugsamkeit seines Willens ganz unwienerischer Mann, wirklich wie gerade für diesen Augenblick Wiens eigens geboren und dem dabei noch half, daß er ein halber Franzose war: Michael Etienne, der in der »Neuen Freien Presse« dem Ringstraßen-Wien ein Mundstück schuf.

KARL KRAUS

Vorwort zur »Fackel«

In einer Zeit, da Österreich noch vor der von radikaler Seite gewünschten Lösung an akuter Langeweile zugrunde zu gehen droht, in Tagen, die diesem Lande politische und soziale Wirrungen aller Art gebracht haben, einer Öffentlichkeit gegenüber, die zwischen Unentwegtheit und Apathie ihr phrasenreiches oder völlig gedankenloses Auskommen findet, unternimmt es der Herausgeber dieser Blätter, der glossierend bisher und an wenig sichtbarer Stelle abseits gestanden, einen Kampfruf auszustoßen. Der ihn wagt, ist zur Abwechslung einmal kein parteimäßig Verschnittener, vielmehr ein Publizist, der auch in Fragen der Politik die

Etienne: Michael E. (1827–79), österreichischer Journalist; begründete am 1. September 1864 die *Neue Freie Presse*, eine deutsch-konstitutionelle Zeitung, die bald zur wichtigsten der Donaumonarchie wurde. Mitbegründer waren Max Friedländer (1829–72) und Adolph Werthner (1828–1906). E. verstand es, ein Team hervorragender Redakteure zu finden. So arbeiteten Eduard Hanslick, Daniel Spitzer (1835–93), Theodor Herzl usw. an seinem Blatt mit; seit 1892 Moritz Benedikt (1849–1920) am volkswirtschaftlichen Teil (»Der Economist«), der 1908 Alleininhaber der Zeitung wurde.

Fackel: von Karl Kraus 1899, als ihm die Publikationsmöglichkeiten in Wien nicht mehr genügten, gegründete Zeitschrift. Die erste Nummer erschien Anfang April 1899 und hatte große Wirkung. Die Zeitschrift erschien bis 1936. (Vgl. auch S. 83.)

Nr. 1 Wien, Anfang April 1899

DIE FACKEL

HERAUSGEBER:

KARL KRAUS.

ERSCHEINT DREIMAL IM MONAT.

PREIS 10 KR. WIEN.

Nachdruck nur mit Angabe der Quelle »DIE FACKEL« erlaubt.

Titelblatt der »Fackel«, Nr. 1, April 1899

»Wilden« für die besseren Menschen hält und von seinem Beobachterposten sich durch keine der im Reichsrat vertretenen Meinungen locken ließ. Freudig trägt er das Odium der politischen »Gesinnungslosigkeit« auf der Stirne, die er, »unentwegt« wie nur irgendeiner von den ihren, den Clubfanatikern und Fraktionsidealisten bietet.

Das politische Programm dieser Zeitung scheint somit dürftig; kein tönendes »Was wir bringen«, aber ein ehrliches »*Was wir umbringen*« hat sie sich als Leitwort gewählt. Was hier geplant wird, ist nichts als eine Trockenlegung des weiten Phrasensumpfes, den andere immerzu national abgrenzen möchten. Mit Feuerzungen – und wäre es auch ein Dutzend verschiedensprachiger – predigen die Verhältnisse das Erkennen sozialer Notwendigkeiten, aber Regierende und Parteien wünschen vorerst – mit hinhaltender Berechnung die einen, in leidenschaftlicher Verblendung die anderen – die Kappenfrage der Prager Studenten erledigt zu wissen.

Diese Erscheinung schmerzlichsten Kontrastes, die sich durch unser öffentliches Leben zieht, wird hier den Gesichtspunkt für die Beurteilung aller politischen Ereignisse bestimmen, und es mag zuweilen glücken, dem dumpfen Ernst des Phrasentums, wo immer er sein Zerstörungswerk verübe, durch die ihm so unbequeme Heiterkeit rechtzeitig den Kredit zu schmälern.

Dem durch keine Parteibrille getrübten Blick muß doppelt deutlich sich das *Mene Tekel* zeigen, welches dräuend in unserer durch Altarkerzen verstärkten Finsternis zuweilen aufleuchtet. Aber die Sprachgelehrten wissen es nicht zu deuten, und vom alten Hader noch erschöpft, erheben sie sich zu neuem Zanke. Von dem unheimlichen Anblick geblendet, weisen die einen mit einem ängstlichen »Zde« nach der Erscheinung, dieweil die anderen, völkischen Verrat witternd, als die Verhandlungssprache des jüngsten Gerichtes nur die deutsche gelten lassen wollen .....

Zde: (tschech.) hier; Zwischenruf der tschechischen Abgeordneten im Parlament.

Vielleicht ist dem frevlen Treiben gegenüber, das den Wettkampf zwischen der auf ihre Reife nicht wenig stolzen und einer kräftig erst sich emporringenden Kultur auf den rüdesten Wirtshauszank reduzieren möchte, ein offenes Wort noch willkommen. Vielleicht darf ich mich aber auch der Hoffnung hingeben, daß der Kampfruf, der Mißvergnügte und Bedrängte aus *allen* Lagern sammeln will, nicht wirkungslos verhalle. Oppositionsgeister, die des trockenen Tons nun endlich satt sind, möge er befeuern, alle jene, die Talent und Lust zu einer beherzten Fronde gegen cliquenmäßige Verkommenheit auf *allen* Gebieten verspüren, ermuntern und in diesem unakustischen, national verbauten Reiche nicht bloß bei den für jede neue Erscheinung empfänglichen und grundsätzlich hellhörigen Staatsanwälten ein Echo finden.

Der umständliche Instanzenzug, den hier der sogenannte »Geist der Zeit« noch immer durchmachen muß, um nach oben zu gelangen, wird bei jeder sich darbietenden Gelegenheit in seinen vielverschlungenen Wegen zu verfolgen sein. Was an dem unbefangenen Beobachter ist, soll geschehen, um zwischen der Regierung und den Parteien Schuld in gerechter Weise zu verteilen: Ministern, die nur ein einziges Gesetz nicht verletzen, nämlich das Gesetz der Trägheit, vermöge dessen sich dieser Staat noch aufrechterhält – Volksvertretern, die jede andere, nur nicht die »innere Amtssprache« des Gewissens beunruhigt und welche unentwegt über die Aufschrift auf ärarischen Spucknäpfen streiten, während das Volk seine ökonomischen Bedürfnisse als Beichtgeheimnis allzuverschwiegenen Priestern anvertraut ... So möge denn die *Fackel* einem Lande leuchten, in welchem – anders als in jenem Reiche Karls V. – die Sonne niemals aufgeht.

ärarischen: den Staat betreffenden, staatlichen.

ARTHUR SCHNITZLER

Antisemitismus in Wien

Die eigentlichen Universitätsvorlesungen konnte man als Einjährig-Freiwilliger Mediziner nur unregelmäßig besuchen. [...] Im Riedhof hatten wir einen Stammtisch, an dem Louis Mandl und ich selten fehlten; auch Armin Petschek, ein braver, tüchtiger Kollege, heute Bezirksarzt in Wien, sowie der fleißige und gefällige Sigmund Dynes, der es, in Militärdienst verbleibend, allerdings bis zum Oberstabsarzt brachte, nahmen meist an dem gemeinsamen Mittagessen teil; und als einziger Zivilist Theodor Friedmann, der vom Schicksal als Urbild des Doktor Friedrich Witte im ›Märchen‹ vorbestimmt war, was wir beide damals nicht ahnten. Gleich Louis Mandl und mir war er Arztenssohn (sein Vater leitete die Wasserheilanstalt in Gainfarn), ein hübscher, recht eleganter, liebenswürdiger, nicht sonderlich strebsamer und nur mäßig begabter junger Mann, von dem mir aus der damaligen Zeit eine Äußerung, nicht so sehr durch ihre Bedeutung als durch den Eindruck, in Erinnerung geblieben ist, den sie auf uns Tischgenossen hervorbrachte. Es war vom Duell die Rede, und wir alle, ohne uns gerade als prinzipielle Anhänger dieser Sitte zu fühlen, betonten aus unserem Studententum heraus und mehr noch als Einjährig-Freiwillige und künftige Reserveoffiziere unsere Bereit-

Im Riedhof: Wien VIII., Wickenburggasse 15; eine besonders in den 60er und 70er Jahren des 19. Jh.s hauptsächlich von Ärzten, Offizieren und Beamten gern besuchte Bierwirtschaft mit großem Garten.

Mandl: Louis M. (1812–81), der spätere Gynäkologe, Universitätsprofessor Dr. Ludwig M.

Petschek: nicht ermittelt.

Dynes: nicht ermittelt.

Friedmann: Theodor F. (1860–1914), später Arzt in Garnfarn, südlich von Wien.

»Märchen«: als Manuskript gedruckt 1891, Buchausgabe 1894; Uraufführung: Deutsches Volkstheater, Wien, 1. Dezember 1893.

schaft, erforderlichenfalls ritterliche Satisfaktion zu geben. Nur Theodor erklärte, daß er sich unter keiner Bedingung schlagen würde, und zwar einfach darum, wie er auf unsere Frage lächelnd erwiderte, weil er feige sei. Nicht so sehr die keineswegs feststehende Tatsache seiner Feigheit, als der Mut seines Bekenntnisses war es, der uns verblüffte; was wir damals freilich weder ihm noch uns selber zugestanden hätten. Wir waren zwar alle weder Raufbolde noch besonders tüchtige Fechter, und keiner von uns lechzte daher nach einem Waffenhandel, aber ebensowenig hätte es einer versucht, sich einer studentischen Mensur oder selbst einem Duell zu entziehen, wenn es den geltenden Regeln nach als unausweichlich gegolten hätte. Die Frage war damals für uns junge Leute, namentlich für uns Juden, sehr aktuell, da der Antisemitismus in den studentischen Kreisen immer mächtiger emporblühte. Die deutschnationalen Verbindungen hatten damit begonnen, Juden und Judenstämmlinge aus ihrer Mitte zu entfernen; gruppenweise Zusammenstöße während des sogenannten »Bummels« an den Samstagvormittagen, auch an den Kneipabenden, auf offener Straße zwischen den antisemitischen Burschenschaften und den freisinnigen Landsmannschaften und Corps, deren einige zum großen Teil aus Juden bestanden (rein jüdische schlagende Verbindungen gab es damals noch nicht), waren keine Seltenheit; Herausforderungen zwischen Einzelpersonen in Hörsälen, Gängen, Laboratorien an der Tagesordnung. Nicht allein unter dem Zwang dieser Umstände hatten sich viele unter den jüdischen Studenten zu besonders tüchtigen und gefährlichen Fechtern entwickelt; müde, die Unverschämtheit und die Beleidigungen der Gegenseite erst abzuwarten, traten sie ihrerseits nicht selten provozierend auf, und ihre immer peinlicher zutage tretende Überlegenheit auf der Mensur war gewiß die Hauptursache des famosen Waidhofener Beschlusses, mittels dessen die deutsch-österreichische Stu-

Waidhofener Beschlusses: wohl der Beschluß des »Waidhofener Verbandes der Wehrhaften Vereine Deutscher Studenten in der Ostmark« vom 11. März 1893.

dentenschaft die Juden ein für allemal als satisfaktionsunfähig erklärte. Der Wortlaut dieses Dekretes soll an dieser Stelle nicht übergangen werden. Er lautete folgendermaßen: »Jeder Sohn einer jüdischen Mutter, jeder Mensch, in dessen Adern jüdisches Blut rollt, ist von Geburt aus ehrlos, jeder feineren Regung bar. Er kann nicht unterscheiden zwischen Schmutzigem und Reinem. Er ist ein ethisch tiefstehendes Subjekt. Der Verkehr mit einem Juden ist daher entehrend; man muß jede Gemeinschaft mit Juden vermeiden. Einen Juden kann man nicht beleidigen, ein Jude kann daher keine Genugtuung für erlittene Beleidigungen verlangen.« Dieser sozusagen offizielle Beschluß wurde allerdings erst einige Jahre später verkündigt; die Geistesverfassung, aus der er entstand, die Gesinnung, die er zum Ausdruck bringt, bestanden schon zu der Zeit, von der hier die Rede ist, Anfang der achtziger Jahre, wie auch die praktischen Folgerungen von beiden Seiten daraus gezogen wurden. Nicht immer, wenn es zu tätlichen Insulten gekommen war, und ganz besonders, wenn sich Offiziersehre mit Studentencomment nicht in Einklang bringen ließ, konnte das Waidhofener Prinzip so streng gewahrt werden, als es seinen Bekennern angenehm gewesen wäre; aber der Geist dieses Prinzips, die Idee, wenn man so sagen darf, triumphierte auf der ganzen Linie und, wie man weiß, nicht auf dieser Linie allein. Einer von den jüdischen Studenten, die, ehe die Dinge die oben geschilderte Wendung genommen, einer deutschnationalen Burschenschaft angehört hatten, war Theodor Herzl gewesen; den ich selbst noch mit der blauen Albenkappe und dem schwarzen Stock mit Elfenbeingriff, darauf das F. V. C. (Floriat Vivat Crescat) eingraviert war, in Reih und Glied mit seinen Couleurbrüdern umherspazieren sah; – daß diese ihn als Juden aus ihrer Mitte stießen, oder, wie das beleidigende Studentenwort hieß, »schaßten«, war zweifellos der erste Anlaß, der den deutschnationalen Studenten und Wortführer in der Akademischen Redehalle

schaßten: (wiener.) verjagten, beseitigten.

(wo wir einander, ohne uns noch persönlich zu kennen, an einem Versammlungsabend spöttisch fixiert hatten) zu dem vielleicht mehr begeisterten als überzeugten Zionisten wandelte, als der er im Gedächtnis der Nachwelt weiterlebt. Der Hochschulantisemitismus ließ sich natürlich an seinen bedeutungsvollen Reformen auf dem Gebiet des studentischen Comments und der Mannesehre im allgemeinen nicht genügen – ein Gebiet, wo ihn rassentheoretische Spekulationen, also in gewissem Sinn das Walten einer Idee immerhin noch entschuldigen konnten; sondern wußte seine Tendenzen auch innerhalb von Vereinigungen durchzusetzen, die nichts mit Philosophie, nichts mit Politik und nichts mit den Phantomen der Standesehre zu tun, sondern ausschließlich humanitären Zwecken zu dienen hatten. So gab es an der Universität unter andern ähnlichen einen Verein, dessen Aufgabe es war, bedürftige, fleißige Studenten der Medizin monatlich mit Beiträgen von zwei bis fünf Gulden zu unterstützen. Es waren, wie die Dinge nun einmal lagen, hauptsächlich Juden aus Ungarn, auch aus Böhmen und Mähren, denen diese zum allergrößten Teil aus jüdischen Taschen fließenden Summen zufielen; – nicht immer sehr sympathische Erscheinungen, wie man zugeben muß, aber durchaus strebsame, zuweilen sehr begabte Jungen oder Jüngelchen und jedenfalls bedauernswerte arme Teufel, die vorher im Ghetto ihrer Heimat gedarbt hatten und nun in der Großstadt weiterhungerten. Die Verteilung der Unterstützungen erfolgte durch den Ausschuß, in den jeder Jahrgang zwei Mitglieder entsandte und dem ich seit meinem ersten Studiensemester angehörte. Alljährlich fand eine Generalversammlung statt, in der der Ausschuß seinen Rechenschaftsbericht erstattete und vom Plenum das Absolutorium zu erhalten pflegte, was viele Jahre hindurch ohne wesentliche Debatten geschehen war. Es war nun in meinem Freiwilligenjahr, vielleicht auch ein Jahr vorher oder später, daß in

Ghetto ihrer Heimat: Aus den Ghettos Galiziens kamen damals viele jüdische Studenten nach Wien.

einer solchen Generalversammlung von deutschnationaler Seite die Forderung erhoben wurde, es dürften von nun an nur mehr deutsche, keine ungarischen und slawischen, das hieß also keine jüdischen Studenten der Unterstützung teilhaftig werden. Eine stürmische Diskussion erhob sich; es gab Interpellationen, Invektiven, Ordnungsrufe, kurz, die ganze Komödie der Parlamentsskandale im kleinen, und natürlich fehlte unter den Sprechern der christlich-germanischen Partei der getaufte Jude nicht, der, mit der falschen Objektivität des Renegaten, den Standpunkt der kläglichen, aber zum Teil wohl gutgläubig überzeugten Gesellen, bei denen er sich anzubiedern versuchte, so geschickt zu vertreten wußte, daß damals das Scherzwort geprägt wurde: Der Antisemitismus sei erst dann zu Ansehen und Erfolg gediehen, als die Juden sich seiner angenommen. Gelang auch der erste Vorstoß nicht vollkommen, der nächste oder übernächste führte zum Ziel: Ich und meine freisinnigen Kollegen verloren ihre Mandate, und ein durchaus antisemitischer Ausschuß wurde gewählt. Mein persönlicher Nachfolger wurde ein fleißiger Mediziner meines Jahrgangs namens Mäusetschläger, ein aufgedunsener, blasser Tiroler Bauernstämmling, dem es bestimmt war, noch vor Vollendung seiner Studien an Miliartuberkulose zugrunde zu gehen. Sein äußeres Bild fließt mir zusammen mit dem eines andern Mediziners, den ich einige Jahre später an der Standthartnerschen Abteilung zu behandeln hatte, wo er mit Scharlach darniederlag. Als ich ihm wenige Tage nach seiner Genesung im Spitalsgarten begegnete, hielt er sich als mutiger Bekenner des Waidhofener Beschlusses für verpflichtet, ohne Gruß an mir vorbeizugehen. Aus der Vereinigung dieser beiden Gestalten erstand die Figur des Studenten Hoch-

Mäusetschläger: Johann Meisetschläger (nicht ermittelt).

Standthartnerschen Abteilung: die Abteilung für Innere Krankheiten von Josef Standthartner (1818–92).

Hochroitzpointner: In Schnitzlers Komödie *Professor Bernhardi* (Uraufführung: Kleines Theater, Berlin, 28. November 1912) tritt der »Kandidat der Medizin am Elisabethanum« unter diesem Namen auf.

roitzpointner, dem in meiner Komödie ›Professor Bernhardi‹ eine ziemlich charakteristische Rolle zugeteilt ist. Das weitere Schicksal des medizinischen Unterstützungsvereins ist mir in seinen Einzelheiten nicht gegenwärtig. Keineswegs waren die Unruhen nach jenem ersten entschiedenen Sieg der antisemitischen Partei endgültig abgeschlossen. Bei späteren Versammlungen kam es zu Prügeleien, und als einmal oder öfters antisemitische Studenten mit Knüppeln und Stöcken über jüdische Mitglieder herfielen, die nach Abhaltung einer Besprechung den Hörsaal verließen, wurde der Verein behördlich aufgelöst. Es ist mir nicht bekannt, ob und unter welchen Bedingungen er sich später wieder konstituiert hat.

Auch unter den militärärztlichen Eleven, wie beinahe in allen Freiwilligenabteilungen – und wo nicht sonst! – fand eine – sagen wir auch hier »reinliche Scheidung« zwischen christlichen und jüdischen oder, da das nationale Moment immer stärker betont wurde, zwischen arischen und semitischen Elementen statt, und der außerdienstliche Verkehr hielt sich im allgemeinen in den engsten Grenzen. Von den Chefärzten war kaum einer den Juden wohlgesinnt; ohne daß man übrigens darunter irgendwie zu leiden gehabt hätte, nur einige der jüngeren Assistenz- und Oberärzte, soweit sie nicht selbst Juden waren, brachten ihre Gesinnung mit unerwünschter Deutlichkeit zum Ausdruck. Einer dieser Herren, Rudroff mit Namen, hoffte einmal, an mir sein Mütchen kühlen zu können, indem er mich und einige Kameraden, die sich wiederholt zur Visite verspätet hatten, zum Rapport bestimmte, der uns jedenfalls einige Wochen Kasernarrest eingetragen hätte. Ich richtete darauf in meiner Kameraden und in meinem eigenen Namen an unseren Chef, den Stabsarzt Chvostek, die Bitte, uns den Rapport zu erlassen, was jener ohne weiters bewilligte. Dies meldete ich in streng dienstlicher Form dem Herrn Assistenzarztstell-

Rudroff: Josef R. (nicht ermittelt).

Chvostek: Franz Ch. (1835–84), Internist.

vertreter, der höchst erbost bei Chvostek anfragte, ob es mit der Nachsicht des Rapportes seine Richtigkeit habe, eine Belästigung, mit der er sich bei Chvostek, der aller Soldatenspielerei abhold gewesen war, einen von uns allen mit Freude begrüßten Rüffel holte.

THEODOR HERZL

Ein Judenblatt

Über die jüdische Wochenschrift »Die Welt«

Unsere Wochenschrift ist ein »Judenblatt«. Wir nehmen dieses Wort, das ein Schimpf sein soll, und wollen daraus ein Wort der Ehre machen. »Die Welt« ist ein Blatt der Juden. Welcher Juden? Etwa der Starken, denen man ohnehin hilft? Nein, nein, die brauchen keine Unterstützung. »Die Welt« ist das Blatt der Armen, der Schwachen, der Jungen, aber auch aller derjenigen, die sich, ohne selbst in bedrängter Lage zu sein, zu ihrem Stamme heimgefunden haben. Wage es niemand zu sagen, daß wir den Klassenhaß in das Judentum hineintragen, wenn wir uns der Schwachen unter unseren Brüdern annehmen. In unseren Reihen stehen Männer genug, die weder »Proletarier« noch Umstürzler noch Tollköpfe sind. Die Sache, der wir dienen, ist groß und schön, ein Werk des Friedens, die versöhnende Lösung der Judenfrage. Ein Gedanke, wohl geeignet, edlere Menschen – sie seien Christen, Mohammedaner oder Israeliten – zu begeistern. Wir möchten, um es mit den unseren Freunden schon vertrauten Worten zu sagen: Eine völkerrechtlich gesicherte Heimstätte schaffen für diejenigen Juden, die sich an ihren

Die Welt: eine Wochenschrift, die das Zentralorgan der Zionistischen Bewegung war. Sie erschien in 18 Jahrgängen 1897–1914 in Wien. Treibende Kraft war bis zu seinem Tode 1904 Theodor Herzl, der das Blatt anfangs auch finanzierte.

jetzigen Wohnorten nicht assimilieren können oder wollen. Unter der Zionsfahne finden wir uns zusammen. Blicken wir aber auch nach einem fernen Ziele, so dürfen und werden wir doch den heutigen Zuständen der Juden unsere Aufmerksamkeit nicht entziehen. »Die Welt« soll dem jüdischen Volk eine Wehr und Waffe sein, und zwar eine reine Waffe. Gegen wen? Gegen seine Feinde – ohne Unterschied der Konfession. Man erwarte dabei nicht, daß wir zur Sprache des Pöbels hinabsteigen oder daß wir alles verherrlichen werden, was Juden tun und lassen. Eine redliche ernste Selbstkritik muß dem Judentum ersprießlich sein, und die wollen wir üben, mögen auch manche darüber wehklagen, daß es in »dieser Zeit« geschieht.

Eine der schwersten Folgen des Antisemitismus war es, daß »in dieser Zeit« gewisse Leute eine Art von Straflosigkeit genossen. Was die Judenfresser von ihnen sagten, galt natürlich als wüste Übertreibung, und die anständigen Juden glaubten zu allem schweigen zu müssen. Daraus konnte eine Solidarhaftung aller für die Niederträchtigkeiten einzelner durch unsere Gegner konstruiert werden. Und gerade die Minderwertigen unter den Juden hatten eine Deckung an unseren Feinden, indes unsere Besseren in ihrem Ehrgefühl tief beleidigt wurden. Die neue nationaljüdische Bewegung will auch darin Wandel schaffen. Von unseren Universitäten ist diese Bewegung vor fünfzehn Jahren ausgegangen, und es ist ihr ein Glanz von Idealen geblieben, selbst wenn sie nun seit Jahr und Tag in das praktische Leben hinausgetreten ist und mit dessen Bedingungen rechnet. Wie viele törichte Vorstellungen sind über unser wiedergeborenes Nationaljudentum verbreitet! »Die Welt« wird sie zerstreuen. Man schilt uns durcheinander Reaktionäre und Revolutionäre, wo wir doch nur einen maßvollen gesunden Fortschritt wünschen. Wir hängen mit unserem Gemüt am Alten, das ist wahr, wir lieben die schöne kampf- und leidensvolle Vergangenheit unseres Volkes; aber wir wollen doch nicht in irgendeine Enge des Geistes zurück. Es ist nur die Aufgabe der Dichtung und Geschichtsschreibung, die wir nach Maßgabe des Raumes in der Zeitung pflegen werden, uns von den einstigen Zuständen zu berichten.

Solche Erinnerungen gehören uns allein, die Schönheit der Hoffnungen aber teilen wir mit allen Menschen. »In dieser Zeit« des erneuten Judenjammers gehen auch gar herrliche Dinge in der Welt vor. Die Naturkräfte werden bewältigt, die Kultur erobert sich rastlos neue Gebiete, aus dem Verkehr der Völker entwickeln sich mildere Sitten, und eine tiefe Sehnsucht nach sozialen Reformen bewegt neben den Ärmsten auch die Besten. Die junge Männlichkeit des Nationaljudentums nimmt teil an allen diesen Arbeiten und Bestrebungen – nicht etwa zum egoistischen Vorteil unseres Volkes allein, sondern auch zum Wohle anderer Menschen. Das wird sich in unserer Zeitung ebenfalls erkennen lassen.

Und zwischen Erinnerung und Hoffnung steht unsere Tat. Auf Erforschung der Zustände, Erkenntnis der politischen Weltlage und Vereinigung aller Kräfte gründet sich unser Werk. »Die Welt« wird das Organ der Männer sein, die das Judentum aus dieser Zeit hinauf in bessere Zeiten führen wollen.

FELIX SALTEN

Lueger

Vielleicht kommt es auch dazu, und es greift einmal jemand nach diesem Mann und stellt ihn mitten in einen Wiener Roman, und rollt sein Leben auf und enthüllt sein Schicksal. Aber das müßte dann freilich einer tun, dem nicht Haß, noch Bewunderung den Blick umschleiert; es müßte jemand sein, der die wundervolle Gabe des Anschauens besitzt und dem in seiner Kunst nichts höher gilt als die Anschaulichkeit. Wie man einen Schlüssel ins Schloß fügt, so müßte derjenige, der es unternimmt, diesen Roman zu schreiben,

Lueger: s. S. 84 f.

den Lueger-Charakter in das Herz des Wiener Volkes einfügen und dieses Herz damit aufsperren, daß alle seine Kammern offen stünden. Er müßte die Gestalt Luegers so über die wienerische Art hinfegen lassen wie eine Wolke über eine Wasserfläche streicht, und das Wesen Luegers müßte sich in der Tiefe des wienerischen Wesens spiegeln wie eine Wolke auf dem Grund der Flut sich abzubilden scheint. Er müßte die ganze Stadt rings um diesen Mann herum aufbauen, damit alle ihre Farben und ihre Lichter, in diesem einen gesammelt, blitzen und funkeln. Das wäre die Aufgabe.

Wichtig, interessant und für den Roman sehr wirksam ist es, daß er gleich im Anfang sagte, er wolle Bürgermeister von Wien werden. Bei allen Parteien, denen er sich anbot, hat er diese Bedingung gestellt: Bürgermeister werden! Und er hat sich vielen Parteien angeboten. Er begann als der Schüler eines jüdischen Oppositionskünstlers im Gemeinderat, ging zu den Liberalen, zu den Demokraten, und pries zu Schönerers Füßen die teutonische Heilslehre. Überall lehnte man ihn ab, von seinem stürmischen Ehrgeiz beunruhigt. Überall auch spürte sein Instinkt: diese Mühlen klappern zu wenig, mahlen zu langsam. Sein wienerischer Instinkt spürte: das wurzelt nicht! Liberaler Bildungseifer, demokratische Aufklärung und Unzufriedenheit, alldeutsche Wotansideale ... das wurzelt hier nicht, das schlägt nicht ein! Er aber brauchte etwas, das breite Wurzeln fassen konnte, brauchte etwas, das wie der Donner einschlug. Damit er Bürgermeister werden könne. Niemand begriff damals, warum sein heißes Streben nach einem so bescheidenen Ziele ging. Er hat nachher gezeigt, wie es gemeint war.

Wichtig ist, auch für den Roman, sein Äußeres: Eine glänzende Bühnenerscheinung; die beste, die es für das Rollenfach des Demagogen gibt. Hochgewachsen, breitschultrig,

Oppositionskünstlers: Gemeint ist der jüdische Arzt Dr. Ignaz Mandl (1833–1907), der 1874–79 und 1880–89 Gemeinderatsmitglied war.

Schönerers: Georg Ritter von Schönerer (1842–1921), österreichischer deutschnationaler Politiker; radikaler Antisemit, Vorkämpfer der Los-von-Rom-Bewegung; trat für den Anschluß Österreichs an das Deutsche Reich ein.

nicht dick, aber doch behaglich genug, und man wird das Wort »stattlich« kaum vermeiden können, wenn man ihn schildern will. Nimmt man sein Antlitz noch dazu, dann wird vieles begreiflich. Für ein Wesen, das so ganz auf Äußerlichkeit gestellt ist, gilt solch ein Aussehen schon als Prädestination, als Beruf, als Erfolgsbürgschaft. Dieses Gesicht erscheint vollkommen bieder. Einfache, aus der knappen Stirn zurückfallende Haare, die sanft gelockt sind. Kleine Augen, die vergnügt und schwärmerisch, naiv und sentimental wirken. Ein außerordentlich solider Vollbart, der am Kinn nach dem Geschmack der Vororte geteilt ist; und mitten in diesem würdigen, bürgerlichen, ruhigen Antlitz die nette kleine Nase. Diese Nase, die wie eine aus der Bubenzeit stehengebliebene Keckheit aussieht. Man kann es gar nicht anders sagen: bieder, rechtschaffen, treuherzig, wacker. Lauter solche Worte fallen einem ein, wenn man sein Gesicht erblickt. Aus der Ferne. Denn alle Wirkung dieser Physiognomie ist gleichsam auf Distanz berechnet. In der Nähe redet dann schon eine trotzige Rauflust, die nicht ohne Tücke scheint, von dieser schmalen Stirne. In der Nähe zeigt sich der leicht schielende Doppelblick dieser kleinen listigen Augen, aus denen eine hurtige Verschlagenheit blitzschnelle, zwinkernde Umschau hält. Da zeigt sich, vom soliden, wackern Bart verborgen, ein spöttischer Mund, der hinter der Ehrlichkeit grauer Haare schadenfroh zu lächeln vermag. In der Nähe erst wird es sichtbar, welch ein unruhig flackernder Schimmer von Schlauheit und Verstellung dies Antlitz überbreitet, das auf Ansichtskarten schön ist.

Mit dieser lockenden Vorstadtpracht tritt er auf. Im Wien der achtziger und neunziger Jahre, in welchem die Vorstädte gerade anfangen, mächtig zu werden. Eine lauwarme, trübe, unentschlossene Zeit. Die bürgerlichen Parteien im Zerfall und in totaler Ratlosigkeit; nachlässig geleitet von ausrangierten Lieblingen, von alten Komödianten einer überlebten Politik. In der Tiefe des Volkes greift die Sozialdemokratie um sich. Die breite Masse der Kleinbürger aber irrt führerlos blökend wie eine verwaiste Herde durch die Versammlungs-

lokale. Und alle sind von der österreichischen Selbstkritik, von der Skepsis, von der österreichischen Selbstironie bis zur Verzagtheit niedergedrückt.
Da kommt dieser Mann und schlachtet – weil ihm sonst alle anderen Künste mißlangen – vor der aufheulenden Menge einen Juden. Auf der Rednertribüne schlachtet er ihn mit Worten, sticht ihn mit Worten tot, reißt ihn in Fetzen, schleudert ihn dem Volk als Opfer hin. Es ist seine erste monarchisch-klerikale Tat: Der allgemeinen Unzufriedenheit den Weg in die Judengassen weisen; dort mag sie sich austoben. Ein Gewitter muß diese verdorbene Luft von Wien reinigen. Er läßt das Donnerwetter über die Juden niedergehen. Und man atmet auf.
Allein er nimmt auch noch die Verzagtheit von den Wienern. Man hat sie bisher gescholten. Er lobt sie. Man hat Respekt von ihnen verlangt. Er entbindet sie jeglichen Respektes. Man hat ihnen gesagt, nur die Gebildeten sollen regieren. Er zeigt, wie schlecht die Gebildeten das Regieren verstehen. Er, ein Gebildeter, ein Doktor, ein Advokat, zerfetzt die Ärzte, zerreißt die Advokaten, beschimpft die Professoren, verspottet die Wissenschaft; er gibt alles preis, was die Menge einschüchtert und beengt, er schleudert es hin, trampelt lachend darauf herum, und die Schuster, die Schneider, die Kutscher, die Gemüsekrämer, die Budiker jauchzen, rasen, glauben das Zeitalter sei angebrochen, das da verheißen ward mit den Worten: selig sind die Armen am Geiste. Er bestätigt die Wiener Unterschicht in allen ihren Eigenschaften, in ihrer geistigen Bedürfnislosigkeit, in ihrem Mißtrauen gegen die Bildung, in ihrem Weindusel, in ihrer Liebe zu Gassenhauern, in ihrem Festhalten am Altmodischen, in ihrer übermütigen Selbstgefälligkeit; und sie rasen, sie rasen vor Wonne, wenn er zu ihnen spricht.
Aber wie spricht er auch zu ihnen. Das Dröhnen ihres Beifalls löst erst alle seine Gaben. Beinahe genial ist es, wie

schlachtet ... einen Juden: Anspielung auf Luegers Antisemitismus; ironisiert die alte Diffamierung, daß die Juden Christenkinder schlachten.

er sich da seine Argumente zusammenholt. Gleich einem Manne, der in der Rage nach dem nächsten greift, nach einem Zaunstecken, Zündstein, Briefbeschwerer, um damit loszudreschen, greift er, um dreinzuschmettern, nach Schlagworten aus vergangenen Zeiten und bläst ihnen mit dem heißen Dampf seines Atems neue Jugend ein, rafft weggeworfenen Gedankenkehricht zusammen, bückt sich nach abgehetzten, müd am Weg niedergebrochenen Banalitäten, peitscht sie auf, daß sie im Blitzlicht seiner Leidenschaft mit dem alarmierenden Glanz des Niegehörten wirken. In dem rasenden Anlauf, dessen sein Temperament fähig ist, überrennt er Vernunftgründe und Beweise, stampft große Bedeutungen wie kleine Hindernisse in den Boden, schleudert dann wieder mit einem Wort Nichtigkeiten so steil empor, daß sie wie die höchsten Gipfel der Dinge erscheinen. Im Furor seiner Rednerstunde gerät der Mutterwitz, der sein Wesen durchdringt, ins Sieden und wirft Blasen, in denen alles wie toll, alles verkehrt und lächerlich scheint. Einfälle sprudeln hervor, in deren Wirbel frappierende, unglaubliche und verführerische Gedanken funkeln, sich drehen und überschlagen. In seinem Rednerfuror, wenn ihm schon alles egal ist, fängt er freilich auch den Schimpf der Straße ein, reißt den Niederen und Geistesarmen alberne Sprüche des Aberglaubens vom Munde, schnappt selbst den Pfaffen die Effekte weg, die auf der Kanzel längst versagen wollten – aber er siegt mit alledem. Schlägt zu damit und trifft und wirkt. Oft schon hat er seine entsetzten, überrumpelten Gegner vor sich hergejagt – wie sich nachher gezeigt hat – mit einem Eselskinnbacken. [...]

Ein Kapitel aus dem Roman dieses Lebens: Wie er in der Fronleichnamsprozession dem Baldachin vorausschreitet. Als Vizebürgermeister; vor zwölf Jahren etwa. Er ist zum Bürgermeister erwählt worden, aber der Kaiser hat die Wahl

Eselskinnbacken: Anspielung auf Richter 15,15 f., wo Simson mit eines Esels Kinnbacken 1000 Philister schlägt.

der Kaiser hat die Wahl verworfen: Zwischen 1894 und 1897 wurde Lueger viermal zum Bürgermeister von Wien gewählt; erst beim vierten Mal aber

verworfen. Dreimal ist er gewählt worden, dreimal hat der Kaiser nein gesagt. Lueger wartet und begnügt sich derweil mit dem zweiten Platz. Jetzt geht er in der Fronleichnamsprozession vor dem Baldachin einher. Die Glocken läuten, die Kirchenfahnen wehen, und das brausende Rufen der Menge empfängt den geliebten Mann, der nach allen Seiten dankt, grüßt, lächelt. Er freut sich. Denn der Kaiser, der dem Baldachin folgt, muß den tausendstimmigen Donner hören. Auf dem ganzen Weg rauscht dieser Jubelschrei vor dem Kaiser einher, dieses jauchzende Brüllen, das einem andern gilt. [...]

Wien. Und in dieser Stadt ein einziges Haupt: Lueger, der Bürgermeister. Er nahm die Straßenbahnen, die Gaswerke, das elektrische Licht, die Leichenbestattung, die Spitäler. Wasser und Feuer, Leben und Tod gehört seiner Stadt. All dies lag freilich in der Entwicklung, hätte auch unter einer andern Verwaltung so kommen müssen. Aber er nahm diese Dinge, unter lauten pathetischen Proklamationen, er nahm sie wie man eroberte Provinzen einnimmt, und er schuf aus all diesen Besitztümern neue Werkzeuge seiner Macht. Wo die Straßenbahn hingeführt wird, das elektrische Licht, die Wasserleitung, da steigen in den entlegensten Gegenden die Bodenpreise, hebt sich der Wohlstand. Treue Bezirke können belohnt, unsichere gekirrt, treulose bestraft werden. Die Stadt, die so viele Betriebe in ihrer Hand hält, herrscht über eine Armee von Dienern, Arbeitern, Beamten, Lehrern, Ärzten und Professoren, herrscht durch tausendfach verknüpfte Interessen weithin über die Gesinnungen, und allen ist der Bürgermeister, von dem sie abhängen, wie ein Monarch.

Er arbeitet denn auch mit einer vollkommen monarchischen Technik. Sein Bild ist überall. In den Amtslokalen, in den Schulzimmern, in den Wirtshäusern, in den Theaterfoyers, in den Schaufenstern. Sein Antlitz ist den Wienern beständig

bestätigte der Kaiser, der Luegers Antisemitismus verabscheute, die Wahl (am 16. April 1897).

so gegenwärtig und eingeprägt, wie das Antlitz des Kaisers. Seine Ausfahrt ebenso feierlich, wie die eines Monarchen, und nur noch Franz Josef selbst wird in den Straßen ebenso gegrüßt wie der Bürgermeister Lueger. Wie auf den Staatsgebäuden der Name des Kaisers steht, so wird auf allen Bauten, in allen Gärten, die von der Stadt errichtet wurden, der Name Lueger hingeschrieben und eingemeißelt. In hundert Inschriften liest man es überall: »Erbaut unter dem Bürgermeister Dr. Karl Lueger.« Und wie dem Kaiser das »Gott erhalte ...« entgegenschallt, so empfängt den Bürgermeister überall seine offizielle Hymne: »Hoch Lueger, er soll leben ...« Wer städtische Dienste nimmt, muß Luegertreu sein, so wie jeder Staatsdiener zur Kaisertreue verpflichtet ist. Er hat das so eingerichtet, hat sich um den Widerspruch der Machtlosen, hat sich um das Recht der freien Meinung, die das Staatsgrundgesetz gewährleistet, nicht gekümmert und einen Fahneneid eingeführt für alle, die im Rathaus Broterwerb suchen. Ein monarchisches Talent, das vorher grölend durch alle Tiefen des Pöbels geschritten ist, im Bierdunst der Versammlungen die Massenpsychologie studiert und den Menschenfang allmählich bis zur Meisterschaft gebracht hat. Dennoch, nur ein Bürgermeister. Aber was hat er aus seiner Rolle gemacht! [...]

Ein anderes Kapitel aus dem Roman dieses Lebens: Wie dreimalhunderttausend sozialdemokratische Arbeiter gegen seinen Willen über die Ringstraße ziehen; wie sie das allgemeine, gleiche und direkte Wahlrecht erzwingen; wie der alternde Bürgermeister im Pomp des Rathauses sitzend dies Brausen der Volksmenge vernimmt; wie eine Ahnung ihn ergreift, daß nun eine neue Zeit heranbricht, eine neue Zeit, die er nur aufhalten, nur für eine kurze Weile verzögern aber nicht hindern konnte. [...]

Und noch ein Kapitel: Wie er jetzt weißhaarig, matt, erblin-

sozialdemokratische Arbeiter: Die Maidemonstration 1905 zwang Lueger, das allgemeine, gleiche und direkte Wahlrecht einzuführen.

weißhaarig: Infolge schwerer Erkrankung (Lueger war Diabetiker) alterte er früh und erblindete schließlich.

det und zitternd, von zwei Nonnen geführt, einherwankt, mit Orden bedeckt, .. Exzellenz .. auf dem Gipfel .. und niedergebrochen. Den letzten Rest der im Kampfe aufgebrauchten Gesundheit im Rausch der Siegesfeste vergeudet. Vorzeitig zu Boden geschleudert, unfähig die Ernte zu genießen. Neidisch auf alle, denen er emporgeholfen und die nun in der Fülle der Macht schwelgen. Wie er langsam zum ewig greinenden, mißlaunigen, scheltenden Alten sich wandelt, dem die Treuesten nur noch aus Pietät lauschen. Wie er fühlt, daß sie von ihm abrücken, heimlich schon über ihn lächeln, die Achseln zucken; und wie er dann manchmal zeigen möchte, daß er noch derselbe ist, wie er längst abgenützte Künste wieder spielen läßt, wie er mit gebrochener Stimme wieder schmettern und donnern möchte, und wie ihn dann die Weihrauchdämpfe mitleidiger Schmeichler benebeln und beschwichtigen. Das letzte Kapitel: wie diese Flamme eines Wiener Temperamentes im blassen Schimmer der Ordensterne, im kindischen Glanz von Auszeichnungen und Titeln verlöscht.

Dieser Roman wäre zu schreiben. Die Gestalt eines Menschen zu zeichnen, in dem sich der Wille einer Epoche erfüllt hat.

2
Philosophie, Psychologie, Kultur

Von den zeitgenössischen Philosophen haben auf die Literatur der Wiener Moderne zwei am stärksten gewirkt: Ernst Mach und Friedrich Nietzsche. War der eine so etwas wie ein österreichisches Spezifikum, so waren die Gedanken des anderen um so mehr Allgemeingut aller Gebildeten Europas.

Der Physiker Ernst Mach war seit 1895 Professor in Wien. In seinem Hauptwerk *Die Analyse der Empfindungen*, das in mehreren Auflagen erschien, untersucht er »das Verhältnis des Physischen zum Psychischen«. Die »antimetaphysischen Vorbemerkungen« lesen sich wie die philosophisch-physiologische Begründung des Impressionismus, wenn der Verfasser das Individuum auf die Eindrücke und Empfindungen des Ich reduziert. Machs Überlegungen fußen im wesentlichen auf Experimenten und Beobachtungen im Bereich der Optik; was für eine Herleitung auch des literarischen Impressionismus aus der bildenden Kunst besonders instruktiv ist. Die Erkenntnis vom »unrettbaren Ich« wurde dann namentlich von Hermann Bahr zum Schlagwort popularisiert.

Otto Weininger sprach despektierlich vom Ich als einem »Wartesaal für Empfindungen«. Sein berühmtes Buch *Geschlecht und Charakter* von 1903 (bis 1920 in 21 Auflagen erschienen) war eines der einflußreichsten Bücher der Zeit überhaupt. Es thematisiert die Stichworte der Epoche: männliche und weibliche Sexualität innerhalb einer sexuellen Typenlehre, das Verhältnis von Begabung und Genialität, von Erotik und Ästhetik; es handelt von Logik, Ich und Ethik genauso wie über Judentum und Hysterie.

Hermann Bahr stellt dann als Vertreter der literarischen und künstlerischen Wiener Moderne expressis verbis die Verbindung zwischen dem philosophisch-physikalischen Traktat

Machs und der Kunst der Zeit her. Den Aufsatz über »das unrettbare Ich« nimmt er 1904 in seine Schrift *Dialog vom Tragischen* auf. Wie manche andere Begriffe wird auch dieser erst durch ihn zum Schlagwort. Bahrs eigener intellektueller Werdegang von Kant über Marx zu Mach wird hier – stellvertretend für viele seiner Generation – subjektiv biographisch begründet. Ein anderer Aufsatz im selben Band stellt dann die Beziehung zwischen Mach und dem Impressionismus (vgl. S. 257 ff.) – so der Titel – auch objektiv her.

Wie für die ganze Generation, so bilden auch für die Wiener Moderne die Schriften Friedrich Nietzsches die ausgesprochene oder unausgesprochene Voraussetzung ihres gesamten Denkens. Manch einer weiß nicht einmal, daß er Nietzschesche Gedanken reproduziert. Die hier abgedruckten Zeugnisse von Schnitzler und Friedrich Michael Fels gehören zu den wenigen expliziten Äußerungen über einen mehr impliziten, aber deshalb nicht weniger wirksamen Einfluß auf die Zeitgenossen. Sie gehören in die Zeit, »wo der Nietzsche-Rummel unter der Wiener Jugend«, wie Heinrich Gomperz schreibt, »seinen Höhepunkt erreicht hatte«.[1]

Sigmund Freud entwickelte seine psychoanalytische Theorie methodisch als Selbstanalyse, d. h. auf der Basis von Beobachtungen, die er an sich selbst vornahm. Das eigene Ich als Gegenstand: das verbindet die Fragestellung des Psychologen Freud mit der des Philosophen Mach. Freuds Briefe an seinen Freund und Kollegen Wilhelm Fließ in Berlin haben den Status eines wissenschaftlichen Tagebuches, das mit minuziöser Genauigkeit die einzelnen Schritte verzeichnet, die den Wiener Neurologen zu seiner Psychologie und Medizin gleichermaßen revolutionierenden Theorie führen. Freuds wichtigste und folgenreichste Entdeckung: daß der Traum die Erfüllung eines verdrängten Wunsches darstellt, dokumentiert sich in einem zentralen Kapitel seiner *Traumdeutung* aus dem Jahre 1900. Beide Problemkomplexe – Ich

1 Heinrich Gomperz, »Franz Sirk«, in: *Die Zeit*, Bd. 10, Nr. 126, 27. Februar 1897, S. 138; JW, S. 695.

und Traum – sind, in mannigfachen Variationen, Thema der zeitgenössischen, insbesondere aber der Wiener Literatur (und bildenden Kunst). Die Arbeiten Hofmannsthals, Schnitzlers, Beer-Hofmanns oder Leopold Andrians behandeln, auf ihre Weise, das gleiche Thema.

Bertha Zuckerkandl führte als Tochter von Moriz Szeps, dem Gründer des *Neuen Wiener Tagblatts*, Gattin des Anatomen Emil Zuckerkandl und Schwägerin von Georges Clemenceau in Wien ein wissenschaftlich wie künstlerisch gleichermaßen bedeutendes Haus. Sie selbst schrieb für verschiedene Zeitschriften – so u. a. für die *Allgemeine Zeitung*, das *Neue Wiener Journal* und den *Ver sacrum* – insbesondere über Architektur und Kunstgewerbe und war wesentlich am Zustandekommen der »Wiener Werkstätten« beteiligt. – Der erste Text – ein Disput über Literatur und Philosophie – ist ihren Lebenserinnerungen entnommen; sie rekonstruiert hier ein Gespräch, das zwischen dem Promotor der österreichischen Literatur Hermann Bahr, dem Wiener Philosophen Ernst Mach und ihrem Mann, dem international bekannten Mediziner Emil Zuckerkandl, in ihrem Hause tatsächlich geführt worden ist. – Der andere Beitrag befaßt sich mit dem damals aufkommenden Problem des Kunstgewerbes, ein Thema, das sie auch sonst häufig behandelt hat. Rudolf Lothar sah – und dem hätte sie zweifellos beigepflichtet – im wachsenden Kunstgewerbe und darin, daß die bildenden Künstler sich, wie etwa Kolo Moser, mehr und mehr der dekorativen Kunst zuwandten, »ein Symptom jener Aristokratisierung der Massen durch Demokratisierung der Kunst«.[2]

Die kurze Passage über den »Komfort als Weltanschauung« ist dem Vorwort Arnold Schönbergs – Lehrer Alban Bergs, Anton von Weberns u. a. – zu seiner Harmonielehre von 1911 entnommen. Sie trägt als Widmung die Worte: »Dem Andenken Gustav Mahlers ist dieses Buch geweiht.« Mahlers Name, wie die im Text erwähnten Strindberg, Maeter-

2 Rudolph Lothar, »Von der Secession«, in: *Die Wage*, Jg. 1, H. 49, 3. Dezember 1898, S. 814; JW, S. 924.

linck und Weininger, zeigen Schönbergs starke Verbundenheit nicht nur mit der Musik, sondern auch den literarischen und weltanschaulichen Auseinandersetzungen seiner Zeit. Inhaltlich formuliert Schönberg hier *das* europäische Problem der Jahre vor dem Ersten Weltkrieg: Saturiertheit und Bequemlichkeit. Die Expressionisten schicken sich eben an, das unter der Überschrift »Bürgertum und Kaiserzeit« zum Thema ihrer Auseinandersetzungen zu machen.

ERNST MACH

Antimetaphysische Bemerkungen

Farben, Töne, Wärmen, Drücke, Räume, Zeiten usw. sind in mannigfaltiger Weise miteinander verknüpft, und an dieselben sind Stimmungen, Gefühle und Willen gebunden. Aus diesem Gewebe tritt das relativ Festere und Beständigere hervor, es prägt sich dem Gedächtnisse ein, und drückt sich in der Sprache aus. Als relativ beständiger zeigen sich zunächst räumlich und zeitlich verknüpfte *Komplexe* von Farben, Tönen, Drücken usw., die deshalb besondere Namen erhalten, und als *Körper* bezeichnet werden. Absolut beständig sind solche Komplexe keineswegs.

Mein Tisch ist bald heller, bald dunkler beleuchtet, kann wärmer und kälter sein. Er kann einen Tintenfleck erhalten. Ein Fuß kann brechen. Er kann repariert, poliert, Teil für Teil ersetzt werden. Er bleibt für mich doch der Tisch, an dem ich täglich schreibe.

Mein Freund kann einen anderen Rock anziehen. Sein Gesicht kann ernst und heiter werden. Seine Gesichtsfarbe kann durch Beleuchtung oder Affekte sich ändern. Seine Gestalt kann durch Bewegung oder dauernd alteriert werden. Die Summe des Beständigen bleibt aber den allmähligen Veränderungen gegenüber doch immer so groß, daß diese zurücktreten. Es ist derselbe Freund, mit dem ich täglich meinen Spaziergang mache.

Mein Rock kann einen Fleck, ein Loch erhalten. Schon der Ausdruck zeigt, daß es auf eine Summe von Beständigem ankommt, welchem das Neue hinzugefügt, von welchem das Fehlende nachträglich in Abzug gebracht wird.

Die größere Geläufigkeit, das Übergewicht des Beständigen gegenüber dem Veränderlichen drängt zu der teils instinktiven, teils willkürlichen und bewußten Ökonomie des Vorstellens und der Bezeichnung, welche sich in dem gewöhnlichen Denken und Sprechen äußert. Was auf *einmal* vorgestellt wird, erhält *eine* Bezeichnung, *einen* Namen.

Als *relativ* beständig zeigt sich ferner der an einen besonderen Körper (den Leib) gebundene Komplex von Erinnerungen, Stimmungen, Gefühlen, welcher als *Ich* bezeichnet wird. Ich kann mit diesem oder jenem Ding beschäftigt, ruhig und heiter oder aufgebracht und verstimmt sein. Doch bleibt (pathologische Fälle abgerechnet) genug Beständiges übrig, um das Ich als dasselbe anzuerkennen. Allerdings ist auch das Ich nur von *relativer* Beständigkeit. Die scheinbare Beständigkeit des Ich besteht vorzüglich nur in der *Kontinuität*, in der langsamen Änderung. Die vielen Gedanken und Pläne von gestern, welche heute fortgesetzt werden, an welche die Umgebung im Wachen fortwährend erinnert (daher das Ich im Traume sehr verschwommen, verdoppelt sein, oder ganz fehlen kann), die kleinen Gewohnheiten, die sich unbewußt und unwillkürlich längere Zeit erhalten, machen den Grundstock des Ich aus. Größere Verschiedenheiten im Ich verschiedener Menschen, als im Laufe der Jahre in *einem* Menschen eintreten, kann es kaum geben. Wenn ich mich heute meiner frühen Jugend erinnere, so müßte ich den Knaben (einzelne wenige Punkte abgerechnet) für einen andern halten, wenn nicht die Kette der Erinnerungen vorläge. [. . .]
Das Ich ist so wenig absolut beständig als die Körper. Was wir am Tode so sehr fürchten, die Vernichtung der Beständigkeit, das tritt im Leben schon in reichlichem Maße ein. [. . .]
Die zweckmäßige Gewohnheit, das Beständige mit *einem* Namen zu bezeichnen und ohne jedesmalige Analyse der Bestandteile in *einen* Gedanken zusammenzufassen, kann mit dem Bestreben, die Bestandteile zu sondern, in einen eigentümlichen Widerstreit geraten. Das dunkle Bild des Beständigen, welches sich nicht merklich ändert, wenn ein oder der andere Bestandteil ausfällt, scheint etwas *für sich* zu sein. Weil man jeden Bestandteil *einzeln* wegnehmen kann, ohne daß dies Bild aufhört, die Gesamtheit zu *repräsentieren* und wieder erkannt zu werden, meint man, man könnte *alle* wegnehmen und es bliebe noch etwas übrig. So entsteht

in natürlicher Weise der anfangs imponierende, später aber als ungeheuerlich erkannte philosophische Gedanke eines (von seiner »Erscheinung« verschiedenen unerkennbaren) *Dinges an sich*. [...]

Das Ding, der Körper, die Materie ist nichts außer dem *Zusammenhang* der Elemente, der Farben, Töne usw., außer den sogenannten Merkmalen. Das vielgestaltige vermeintliche philosophische Problem von dem *einen* Ding mit seinen *vielen* Merkmalen entsteht durch das Verkennen des Umstandes, daß übersichtliches Zusammenfassen und sorgfältiges Trennen, obwohl beide temporär berechtigt und zu verschiedenen Zwecken ersprießlich, nicht auf *einmal* geübt werden können. Der Körper ist *einer* und unveränderlich, solange wir nicht nötig haben, auf Einzelheiten zu achten. So ist auch die Erde oder ein Billardballen eine *Kugel*, sobald wir von allen Abweichungen von der Kugelgestalt absehen wollen, und größere Genauigkeit unnötig ist. Werden wir aber dazu gedrängt, Orographie oder Mikroskopie zu treiben, so hören beide Körper auf, Kugeln zu sein. [...]

Man pflegt in der populären Denk- und Redeweise der *Wirklichkeit* den *Schein* gegenüberzustellen. Einen Bleistift, den wir in der Luft vor uns halten, sehen wir gerade; tauchen wir denselben schief ins Wasser, so sehen wir ihn geknickt. Man sagt nun in letzterem Falle: Der Bleistift *scheint* geknickt, ist aber in *Wirklichkeit* gerade. Was berechtigt uns aber, *eine* Tatsache der *andern* gegenüber für Wirklichkeit zu erklären und die andere zum Schein herabzudrücken? In beiden Fällen liegen doch Tatsachen vor, welche eben verschieden bedingte, verschiedenartige Zusammenhänge der *Elemente* darstellen. Der eingetauchte Bleistift ist eben wegen seiner Umgebung *optisch* geknickt, *haptisch* und metrisch aber gerade. Das Bild im Hohl- oder Planspiegel ist *nur* sichtbar, während unter *andern* (gewöhnlichen) Umständen dem sichtbaren Bild auch ein tastbarer Körper entspricht. Eine helle Fläche ist neben einer dunklen heller als neben einer noch helleren. Unsere Erwartung wird allerdings getäuscht, wenn wir verschiedene Fälle des

Zusammenhanges, auf die Bedingungen nicht genau achtend, miteinander verwechseln, den natürlichen Fehler begehen, in ungewöhnlichen Fällen dennoch das Gewöhnliche zu erwarten. Die Tatsachen sind daran unschuldig. Es hat nur einen praktischen, aber keinen wissenschaftlichen Sinn, in diesen Fällen von *Schein* zu sprechen. Ebenso hat die oft gestellte Frage, ob die Welt wirklich ist, oder ob wir sie bloß träumen, gar keinen wissenschaftlichen Sinn. Auch der wüsteste Traum ist eine Tatsache, so gut als jede andere. Wären unsere Träume regelmäßiger, zusammenhängender, stabiler, so wären sie für uns auch praktisch wichtiger. Beim Erwachen bereichern sich die Beziehungen der Elemente gegenüber jenen des Traumes. Wir erkennen den Traum als solchen. Bei dem umgekehrten Prozeß verengert sich das psychische Gesichtsfeld; es fehlt der Gegensatz meist vollständig. Wo kein Gegensatz besteht, ist die Unterscheidung von Traum und Wachen, Schein und Wirklichkeit ganz müßig und wertlos. [...]

Somit setzen sich die Wahrnehmungen sowie die Vorstellungen, der Wille, die Gefühle, kurz die ganze innere und äußere Welt, aus einer *geringen Zahl von gleichartigen Elementen* in bald flüchtigerer, bald festerer Verbindung zusammen. Man nennt diese Elemente *gewöhnlich Empfindungen*. Da aber in diesem *Namen* schon eine *einseitige Theorie* liegt, so ziehen wir vor, kurzweg von *Elementen* zu sprechen, wie wir schon getan haben. Alle Forschung geht auf die Ermittlung der Verknüpfung dieser Elemente aus. [...]

Daß aus diesem Elementenkomplex, welcher im Grunde nur *einer* ist, die *Körper* und das *Ich* sich nicht in bestimmter, für alle Fälle zureichender Weise abgrenzen lassen, wurde schon gesagt. Die Zusammenfassung der mit Schmerz und Lust am nächsten zusammenhängenden Elemente in einer ideellen denkökonomischen Einheit, dem Ich, hat die höchste Bedeutung für den im Dienste des schmerzmeidenden und lustsuchenden Willens stehenden Intellekt. Die Abgrenzung des Ich stellt sich daher *instinktiv* her, wird geläufig und befestigt sich vielleicht sogar durch Vererbung. Durch ihre hohe *praktische* Bedeutung nicht nur für das Individuum, sondern für die ganze Art machen sich die Zusammenfassungen »Ich« und »Körper« instinktiv geltend, und treten mit elementarer Gewalt auf. In *besonderen* Fällen aber, in welchen es sich nicht um praktische Zwecke handelt, sondern die *Erkenntnis* Selbstzweck wird, kann sich diese Abgrenzung als ungenügend, hinderlich, unhaltbar erweisen.

Nicht das Ich ist das Primäre, sondern die Elemente (Empfindungen). [...] Die Elemente *bilden* das Ich. *Ich* empfinde Grün, will sagen, daß das Element *Grün* in einem gewissen Komplex von anderen Elementen (Empfindungen, Erinnerungen) vorkommt. Wenn *ich* aufhöre Grün zu empfinden, wenn *ich* sterbe, so kommen die Elemente nicht mehr in der gewohnten geläufigen Gesellschaft vor. Damit ist alles gesagt. Nur eine ideelle denkökonomische, keine reelle Einheit hat aufgehört zu bestehen. Das Ich ist keine unveränderliche, bestimmte, scharf begrenzte Einheit. Nicht auf die *Unveränderlichkeit*, nicht auf die bestimmte *Unterscheidbarkeit* von andern und nicht auf die scharfe *Begrenzung* kommt es an, denn alle diese Momente variieren schon im individuellen Leben von selbst, und deren Veränderung wird vom Individuum sogar *angestrebt*. Wichtig ist nur die *Kontinuität*. [...] Die *Kontinuität* ist aber nur ein *Mittel*, den *Inhalt* des Ich vorzubereiten und zu sichern. Dieser *Inhalt* und nicht das *Ich* ist die Hauptsache. Dieser ist aber nicht auf das Individuum beschränkt. Bis auf geringfügige wertlose persönliche Erinnerungen bleibt er auch nach dem Tode des Individuums in *andern* erhalten. Die Bewußtseinselemente *eines* Individuums hängen untereinander stark, mit jenen eines andern Individuums aber schwach und nur gelegentlich merklich zusammen. Daher meint jeder nur von sich zu wissen, indem er sich für eine untrennbare von anderen unabhängige *Einheit* hält. Bewußtseinsinhalte von allgemeiner Bedeutung durchbrechen aber diese Schranken des Individuums und führen, natürlich wieder an Individuen gebunden, unabhängig von der Person, durch die sie sich entwickelt haben, ein allgemeineres *unpersönliches, überpersönliches* Leben fort. Zu diesem beizutragen, gehört zu dem größten Glück des Künstlers, Forschers, Erfinders, Sozialreformators usw.

Das Ich ist unrettbar. Teils diese Einsicht, teils die Furcht vor derselben führen zu den absonderlichsten pessimistischen und optimistischen, religiösen, asketischen und philosophischen Verkehrtheiten. Der einfachen Wahrheit, welche sich aus der psychologischen Analyse ergibt, wird man sich auf die Dauer nicht verschließen können. Man wird dann auf das Ich, welches schon während des individuellen Lebens vielfach variiert, ja im Schlaf und bei Versunkenheit in eine Anschauung, in einen Gedanken, gerade in den glücklichsten Augenblicken, teilweise oder ganz fehlen kann, nicht mehr den hohen Wert legen. Man wird dann auf *individuelle* Unsterblichkeit* gern verzichten, und nicht auf das Nebensächliche mehr Wert legen als auf die Hauptsache. Man wird hierdurch zu einer freieren und *verklärten* Lebensauffassung gelangen, welche Mißachtung des fremden Ich und Überschätzung des eigenen ausschließt. Das ethische Ideal, welches sich auf dieselbe gründet, wird gleich weit entfernt sein von jenem des Asketen, welches für diesen biologisch nicht haltbar ist, und zugleich mit seinem Untergang erlischt, wie auch von jenem des *Nietzsche*schen frechen »Übermenschen«, welches die Mitmenschen nicht dulden können, und hoffentlich nicht dulden werden.**

Genügt uns die Kenntnis des Zusammenhanges der Elemente (Empfindungen) nicht, und fragen wir, »wer hat diesen Zusammenhang der Empfindungen, *wer* empfindet?«, so unterliegen wir der alten Gewohnheit, jedes Element (jede Empfindung) einem *unanalysierten* Komplex

* Indem wir unsere persönlichen Erinnerungen über den Tod hinaus zu erhalten wünschen, verhalten wir uns ähnlich wie der kluge Eskimo, der die Unsterblichkeit ohne Seehunde und Walrosse dankend ablehnte.

** So weit auch der Weg ist von der theoretischen Einsicht zum praktischen Verhalten, so kann letzteres der ersteren auf die Dauer doch nicht widerstehen.

einzuordnen, wir sinken hiermit unvermerkt auf einen älteren, tieferen und beschränkteren Standpunkt zurück. Man weist wohl oft darauf hin, daß ein psychisches Erlebnis, welches nicht das Erlebnis eines bestimmten Subjekts wäre, nicht denkbar sei, und meint damit die wesentliche Rolle der Einheit des Bewußtseins dargetan zu haben. Allein, wie verschiedene Grade kann das Ichbewußtsein haben, und aus wie mannigfaltigen zufälligen Erinnerungen setzt es sich zusammen! Man könnte ebensogut sagen, daß ein physikalischer Vorgang, der nicht in irgend einer Umgebung, eigentlich immer in der *Welt*, stattfindet, nicht denkbar sei. Von dieser Umgebung, welche ja in bezug auf ihren *Einfluß* sehr verschieden sein und in Spezialfällen auf ein Minimum zusammenschrumpfen kann, zu abstrahieren, muß uns hier wie dort erlaubt sein, um die Untersuchung zu *beginnen*. Man denke an Empfindungen der niedern Tiere, welchen man kaum ein ausgeprägtes Subjekt wird zuschreiben wollen. Aus den *Empfindungen* baut sich das Subjekt auf, welches dann allerdings wieder auf die Empfindungen reagiert.

Die Gewohnheit, den unanalysierten Ich-Komplex als eine unteilbare Einheit zu behandeln, hat sich wissenschaftlich oft in eigentümlicher Weise geäußert. Aus dem Leibe wird zunächst das Nervensystem als Sitz der Empfindungen ausgesondert. In dem Nervensystem wählt man wieder das Hirn als hiezu geeignet aus, und sucht schließlich, die vermeintliche psychische *Einheit* zu retten, im Hirn noch nach einem *Punkt* als Sitz der Seele. So rohe Anschauungen werden aber schwerlich geeignet sein, auch nur in den gröbsten Zügen die Wege der künftigen Untersuchung über den Zusammenhang des Physischen und Psychischen vorzuzeichnen. Daß die verschiedenen Organe, Teile des Nervensystems, miteinander physisch *zusammenhängen* und durch einander leicht *erregt* werden können, ist wahrscheinlich die Grundlage der »psychischen Einheit«. Ich hörte einmal ernstlich die Frage diskutieren: »Wieso die Wahrnehmung eines großen Baumes in dem kleinen Kopfe des Menschen Platz fände?« Besteht auch dieses *Problem* nicht, so wird doch durch die Frage die Verkehrtheit fühlbar, die man leicht begeht, indem man sich die Empfindungen *räumlich* in das Hirn hineindenkt. Ist von den Empfindungen eines *andern* Menschen die Rede, so haben diese in meinem optischen oder überhaupt physischen Raum natürlich gar nichts zu schaffen; sie sind hinzugedacht, und ich denke sie *kausal* (oder besser funktional), aber nicht räumlich an das beobachtete oder vorgestellte Menschenhirn gebunden. Spreche ich von *meinen* Empfindungen, so sind dieselben nicht räumlich *in* meinem Kopfe, sondern mein »Kopf« *teilt* vielmehr mit ihnen dasselbe räumliche Feld, wie es oben dargestellt wurde. [...]

Man betone nicht die Einheit des Bewußtseins. Da der scheinbare Gegensatz der *wirklichen* und der *empfundenen* Welt nur in der Betrachtungsweise liegt, eine eigentliche Kluft aber nicht existiert, *so ist ein mannigfaltiger zusammenhängender Inhalt des Bewußtseins um nichts schwerer zu verstehen, als der mannigfaltige Zusammenhang in der Welt.*

Wollte man das Ich als eine *reale* Einheit ansehen, so käme man nicht aus dem Dilemma heraus, entweder eine Welt von unerkennbaren Wesen demselben gegenüberzustellen (was ganz müßig und ziellos wäre), oder die ganze Welt, die Ich anderer Menschen eingeschlossen, nur als in unserm Ich enthalten anzusehen (wozu man sich ernstlich schwer entschließen wird).

Faßt man aber ein Ich nur als eine *praktische* Einheit auf für eine vorläufig orientierende Betrachtung, als eine *stärker* zusammenhängende Gruppe von Elementen, welche mit andern Gruppen dieser Art *schwächer* zusammenhängt, so treten Fragen dieser Art gar nicht auf, und die Forschung hat freie Bahn.

In seinen philosophischen Bemerkungen sagt Lichtenberg: »Wir werden uns gewisser Vorstellungen bewußt, die nicht von uns abhängen; andere, glauben wir wenigstens, hingen von uns ab; wo ist die Grenze? Wir kennen nur allein die Existenz unserer Empfindungen, Vorstellungen und Gedanken. *Es denkt,* sollte man sagen, so wie man sagt: *es blitzt.* Zu sagen *cogito*, ist schon zu viel, sobald man es durch *Ich denke* übersetzt. Das *Ich* anzunehmen, zu postulieren, ist praktisches Bedürfnis.« Mag auch der Weg, auf dem *Lichtenberg* zu diesem Resultate gelangt, von dem unsrigen etwas verschieden sein, dem Resultate selbst müssen wir zustimmen.

Nicht die Körper erzeugen Empfindungen, sondern *Elementenkomplexe* (Empfindungskomplexe) bilden die Körper. Erscheinen dem Physiker die Körper als das Bleibende, Wirkliche, die *›Elemente‹* hingegen als ihr flüchtiger vorübergehender Schein, so beachtet er nicht, daß alle *»Körper«* nur Gedankensymbole für *Elementenkomplexe* (Empfindungskomplexe) sind. Die eigentliche, nächste und letzte Grundlage, welche durch physiologisch-physikalische Untersuchungen noch weiter zu erforschen ist, bilden auch hier die bezeichneten *Elemente*. Durch diese Einsicht gestaltet sich in der Physiologie und in der Physik manches viel durchsichtiger und ökonomischer, und durch dieselbe werden manche *vermeintlichen Probleme* beseitigt.

Die Welt besteht also für uns nicht aus rätselhaften Wesen, welche durch Wechselwirkung mit einem andern ebenso rätselhaften Wesen, dem Ich, die allein zugänglichen ›Empfindungen‹ erzeugen. Die Farben, Töne, Räume, Zeiten ... sind für uns vorläufig die letzten Elemente [...], deren gegebenen Zusammenhang wir zu erforschen haben.* Darin besteht eben die Ergründung der *Wirklichkeit*.

* Ich habe es stets als besonderes Glück empfunden, daß mir sehr früh (in einem Alter von 15 Jahren etwa) in der Bibliothek meines Vaters *Kants* »Prolegomena zu einer jeden künftigen Metaphysik« in die Hand fielen. Diese Schrift hat damals einen gewaltigen unauslöschlichen Eindruck auf mich gemacht, den ich in gleicher Weise bei späterer philosophischer Lektüre nie mehr gefühlt habe. Etwa 2 oder 3 Jahre später empfand ich plötzlich die müßige Rolle, welche das »Ding an sich« spielt. An einem heitern Sommertage im Freien erschien mir einmal die Welt samt meinem Ich als *eine* zusammenhängende Masse von Empfindungen, nur im Ich stärker zusammenhängend. Obgleich die eigentliche Reflexion sich erst später hinzugesellte, so ist doch dieser Moment für meine ganze Anschauung bestimmend geworden.

OTTO WEININGER

Machs Wartesaal für Empfindungen

In jüngster Zeit hat *E. Mach* das Weltall als eine zusammenhängende Masse aufgefaßt und die Ichs als Punkte, in denen die zusammenhängende Masse stärkere Konsistenz habe. Das einzig Reale seien die Empfindungen, die im einen Individuum untereinander stark, mit jenen eines anderen aber, welches man *darum* vom ersten unterscheide, schwächer zusammenhingen. Der Inhalt sei die Hauptsache und bleibe stets auch in anderen erhalten bis auf die wertlosen (!) persönlichen Erinnerungen. Das Ich sei keine reale, nur eine praktische Einheit, *unrettbar*, darum könne man auf individuelle Unsterblichkeit (gerne) verzichten; doch sei es nichts Tadelnswertes, hie und da, besonders zu Zwecken des *Darwin*schen Kampfes ums Dasein, sich so zu benehmen, als ob man ein Ich besäße.

Es ist wunderlich, wie ein Forscher, der nicht nur als Historiker seiner Spezialwissenschaft und Kritiker ihrer Begriffe so Ungewöhnliches geleistet hat wie *Mach*, sondern auch in biologischen Dingen überaus kenntnisreich ist und auf die Lehre von diesen vielfach, direkt und indirekt, anregend gewirkt hat, gar nicht auf die Tatsache Rücksicht nimmt, daß alle organischen Wesen zunächst *unteilbar*, also doch irgendwie Atome, Monaden sind. Das ist ja doch der erste Unterschied zwischen Belebtem und Unbelebtem, daß jenes *immer* differenziert ist zu ungleichartigen, aufeinander angewiesenen Teilen, während selbst der geformte Kristall durchaus gleichgeartet ist. Darum sollte man doch, wenigstens als Eventualität, die Möglichkeit in Betracht ziehen, ob nicht allein aus der Individuation, der Tatsache, daß die organischen Wesen im allgemeinen nicht zusammenhängen wie die siamesischen Zwillinge, auch etwas für das Psychische sich ergibt, mehr Psychisches zu erwarten ist als das *Mach*sche Ich, dieser bloße *Wartesaal* für Empfindungen.

HERMANN BAHR

Das unrettbare Ich

Hier [in Machs *Analyse der Empfindungen*] habe ich ausgesprochen gefunden, was mich die ganzen drei Jahre her quält: »Das Ich ist unrettbar.« Es ist nur ein Name. Es ist nur eine Illusion. Es ist ein Behelf, den wir praktisch brauchen, um unsere Vorstellungen zu ordnen. Es gibt nichts als Verbindungen von Farben, Tönen, Wärmen, Drücken, Räumen, Zeiten, und an diese Verknüpfungen sind Stimmungen, Gefühle und Willen gebunden. Alles ist in ewiger Veränderung. Wenn wir von Kontinuität oder Beständigkeit sprechen, so ist es nur, weil manche Änderung langsamer geschieht. Die Welt wird unablässig und indem sie wird, vernichtet sie sich unablässig. Es gibt aber nichts als dieses Werden. Es gibt kein Ding, das zurückbleiben würde, wenn man die Farben, Töne, Wärmen von ihm abzieht. Das Ding ist nichts außer dem Zusammenhange der Farben, Töne, Wärmen. Nur um uns vorläufig zu orientieren, sprechen wir von »Körpern« und sprechen vom »Ich«, von Erscheinung und von Empfindung, die sich doch niemals trennen lassen, sondern sogleich zusammenrinnen. »Die große Kluft zwischen physikalischer und psychologischer Forschung besteht nur für die gewohnte stereotype Betrachtungsweise. Eine Farbe ist ein physikalisches Objekt, sobald wir zum Beispiel auf ihre Abhängigkeit von der beleuchtenden Lichtquelle (anderen Farben, Räumen) achten. Achten wir aber auf ihre Abhängigkeit von der Netzhaut, so ist sie ein psychologisches Objekt, eine Empfindung. Nicht der Stoff, sondern die Untersuchungsrichtung ist in beiden Gebieten verschieden ... Somit setzen sich die Wahrnehmungen sowie die Vorstellungen, der Wille, die Gefühle, kurz die ganze innere und äußere Welt aus einer geringen Zahl von gleichartigen Elementen in bald flüchtigerer, bald festerer Verbindung zusammen.« Die ganze innere und äußere Welt, mein Ich und das andere ist nur eine wogende zähe Masse,

die hier dicker wird, dort fast zu zerrinnen scheint. Das Ich ist nur ein Name für die Elemente, die sich in ihm verknüpfen.* [...]
Das Ich ist unrettbar. Die Vernunft hat die alten Götter umgestürzt und unsere Erde entthront. Nun droht sie, auch uns zu vernichten. Da werden wir erkennen, daß das Element unseres Lebens nicht die Wahrheit ist, sondern die Illusion. Für mich gilt, nicht was wahr ist, sondern was ich brauche, und so geht die Sonne dennoch auf, die Erde ist wirklich und Ich bin Ich.

ARTHUR SCHNITZLER

Brief an Hugo von Hofmannsthal

27. Juli 1891

Gelesen wird mancherlei Burckhardt, Kultur der Renaissance, Goethe, Annalen, Lessings dramat. Entwürfe, Jonas Lie etc. Besonders Nietzsche – zuletzt hat mich sein Schlußkapitel und das Schlußgedicht zu Jenseits von Gut u Böse ergriffen. – Erinnern Sie sich? Nietz'sche Sentimentalität! –

* Es folgt ein längeres Mach-Zitat, s. in dieser Ausgabe S. 141 f. [Anm. d. Hrsg.]

Burckhardt: Jacob B. (1818–97), einflußreicher Schweizer Kulturhistoriker; seine *Kultur der Renaissance in Italien* erschien 1860.

Lie: Jonas L. (d. i. Jonas Laurentz Idemil L., 1833–1908), norwegischer Schriftsteller; schrieb vor allem Romane.

Schlußkapitel: Gemeint ist: *Jenseits von Gut und Böse* (1886) II,5: »Was ist vornehm?«

Schlußgedicht: Gemeint ist: »Aus hohen Bergen. Nachgesang«.

FRIEDRICH NIETZSCHE

Jenseits von Gut und Böse

Aphorismus 296

Ach, was seid ihr doch, ihr meine geschriebenen und gemalten Gedanken! Es ist nicht lange her, da wart ihr noch so bunt, jung und boshaft, voller Stacheln und geheimer Würzen, daß ihr mich niesen und lachen machtet – und jetzt? Schon habt ihr eure Neuheit ausgezogen, und einige von euch sind, ich fürchte es, bereit, zu Wahrheiten zu werden: so unsterblich sehn sie bereits aus, so herzbrechend rechtschaffen, so langweilig! Und war es jemals anders? Welche Sachen schreiben und malen wir denn ab, wir Mandarinen mit chinesischem Pinsel, wir Verewiger der Dinge, welche sich schreiben *lassen*, was vermögen wir denn allein abzumalen? Ach, immer nur das, was eben welk werden will und anfängt, sich zu verriechen! Ach, immer nur abziehende und erschöpfte Gewitter und gelbe späte Gefühle! Ach, immer nur Vögel, die sich müde flogen und verflogen und sich nun mit der Hand haschen lassen – mit *unserer* Hand! Wir verewigen, was nicht mehr lange leben und fliegen kann, müde und mürbe Dinge allein! Und nur euer *Nachmittag* ist es, ihr meine geschriebenen und gemalten Gedanken, für den allein ich Farben habe, viel Farben vielleicht, viel bunte Zärtlichkeiten und fünfzig Gelbs und Brauns und Grüns und Rots: – aber niemand errät mir daraus, wie ihr in eurem Morgen aussahet, ihr plötzlichen Funken und Wunder meiner Einsamkeit, ihr meine alten geliebten – – *schlimmen* Gedanken!

FRIEDRICH MICHAEL FELS

Nietzsche und die Nietzscheaner

In einem Aphorismus der mittleren, besten Zeit hat Nietzsche einmal die Ansicht ausgesprochen, das sicherste, ja einzig sichere Zeichen für das Veralten eines Schriftstellers sei, wenn er zu immer jüngeren Leserkreisen herabsinke. [...] man sehe sich die Nietzscheaner einmal an! Es liegt in diesem Ausrufe gewiß nichts Verächtliches, denn es befindet sich unter ihnen die knospende Blüte unseres Volkes, die studierende Jugend, in deren Hand einmal die Zügel der Ordnung, wie die Bewahrung des Wissens gelegt sein wird. Aber es ist immerhin Jugend, und wie denkt Nietzsche von der Jugend? Die Reifsten, die Besten, die Erfahrensten, die Besonnensten, die Kältesten, die Härtesten hätte er um sich scharen mögen, und wer folgt ihm? Die Unreifen und Unvollkommenen, die Heißblütigen und Unerfahrenen, die Weichen und Halben. Dieses Unverhältnis zwischen Wollen und Vollbringen, ein echt tragischer Widerspruch, gehört auch mit zu den Widersprüchen, die sich in Nietzsches Leben so reichlich gegenüberstehen; er ist ja überhaupt der Philosoph des Widerspruches, nur verständlich, wenn wir ihn auffassen als stets im Widerspruche befindlich, sei es mit anderen, sei es mit sich selbst.

Indes wer weiß? Wenn der arme Blödsinnige auf einen Augenblick zum Bewußtsein erwachte und mitansähe, wer seine Anhänger und Propheten sind, vielleicht wäre er gar nicht einmal so unzufrieden mit ihnen. Ein Gefolge, eine Jüngerschaft ist ihm immer Bedürfnis gewesen, und da kann man keine Neinsager, keine Selbstdenker brauchen. [...]

Nietzsche ist, wenn man so will, mit den wachsenden Jahren immer jünger, jugendlicher geworden; endlich kehrte er,

Aphorismus: Gemeint ist: *Menschliches, Allzumenschliches* (1878), »Der Wanderer und sein Schatten«, Aphorismus 125: »Gibt es ›deutsche Klassiker‹?«
Blödsinnige: Nietzsche war von Ende 1888 bis zu seinem Tode geisteskrank.

indem er Sektengründer, Religionsstifter wurde, sogar ins Jünglingsalter der Menschheit zurück; und wenn wir ihn in der Unklarheit seines Ahnenden und Unendlichen, in seinem Hin und Her zwischen Verzweiflung und Ekstase genau betrachten, können wir das herbe Wort: »Pubertätsphilosoph« nicht wohl zurückhalten.

Aber gerade das mußte ja die Jugend zu ihm führen; »Lasset die Kleinen zu mir kommen!« diesen Satz könnte man ebenso gut vor seine Biographie setzen, wie er das Leben jenes anderen, bedeutenderen Religionsstifters passend umzeichnet. Nietzsche ist absolut, billigt oder verwirft absolut – die Jugend tut das auch; Nietzsche ist kriegerisch, angreifend – die Jugend auch; Nietzsche ist wechselnd wie das Aprilwetter, zieht alles in den Kreis seiner Betrachtung und glaubt, aus seinen Erfahrungen heraus alles beurteilen zu können, ohne sich darum die Bürde eines Systems gestatten zu müssen; für ihn gibt es kein Ende, immer läßt er noch ein Weiteres, Ferneres, Geheimnisvolles ahnen; er ist musikalisch, für ihn ist Sprache Musik, ist Stil Musik, ist alle Kunst Musik– hier fühlte die Jugend zum ersten Male: das ist Fleisch von Deinem Fleische, Bein von Deinem Beine und schloß sich mit ihrem ganzen Feuer, ihrer ganzen Begeisterung ihm an.

Und die Folgen? – Georg Brandes hat zwar unlängst hervorgehoben, bei einem solchen Manne dürfe man nach den praktischen Resultaten nicht fragen, er sei eine interessante, geistvolle Erscheinung, und das genüge. Möglich, daß es Brandes genügt: vielen anderen wird es nicht genügen. Viele werden so altmodisch sein, bei einem Philosophen, einem Moralphilosophen zumal, nach dem Ergebnisse zu fragen. Und wieder viele werden so modern sein, den auch von Brandes selbst gebilligten einzigen Maßstab neuer Ästhetik anzulegen, indem sie fragen: Ja, was wollte Nietzsche selbst mit seiner Lehre? Schwebten ihm irgendwie praktische,

Brandes: Georg B. (d. i. Georg Morris Cohen, 1842–1927), dänischer Kritiker und Literarhistoriker; großer Nietzsche-Verehrer; sein 1888 verfaßter Nietzsche-Aufsatz steht in dem Essayband *Menschen und Werke* (1894).

greifbare Resultate vor, oder wollte er nur sich selbst ausleben und schrieb bei dieser Gelegenheit so nebenher, weil er nun einmal ein Mann der Feder war, auch noch seine Bücher, gleichsam als Selbstbiographie, als Konfessionen? Die Antwort ist nicht zweifelhaft. Von seiner ersten Schrift an, die an die Religionsgenossenschaft der Wagnerianer gerichtet war, bis herab zur letzten hat er sich immer und überall an eine Gemeinde gewendet und die Absicht, Proselyten zu machen, nie verleugnet; nicht anders wird seine Tätigkeit auch von seinen Anhängern aufgefaßt, und so finde ich in der letzten Veröffentlichung des Nietzsche-Hofhistoriographen Peter Gast die Sätze: »Er würde, in ein Zeitalter hineingeboren, das wirkliche Herren gehabt hätte, sofort zu dem geworden sein, das er einst werden wollte: ein Mann der Tat, ein Ordensstifter, ein Kolonisator. In die unsrige hineingeboren, mußte er erst zum Lehrer, zum Philosophen werden.« Man muß Nietzsche und seiner Schule gegenüber von der Praxis sprechen: *Tu l'as voulu, vous l'avez voulu*. Aber an das Leben, das heißt an die einzelnen Zufälle und Ereignisse des Lebens gehalten – was sind da seine Maximen? Es ist dies ja nur begreiflich bei einem so persönlichen, so eigenartigen Schriftsteller. Wenn man aber doch einmal ein paar seiner Sätze auf eine zufällige Lage beziehen kann, stellt sich bald ein anderer schwererer Übelstand ein: welcher unter den widersprechenden ist der gerade für mich taugliche? Nietzsche zum Führer wählen, ist ungefähr gleichbedeutend, wie wenn man sein Leben nach dem Sprichwörterschatz des Volkes oder den der jeweiligen Person und Lage angepaßten Maximen eines Shakespeare einrichten wollte.

Was bleibt also von Nietzsche? Wir suchen und suchen überall und finden nichts als den Stil. Der ist allerdings glänzend; diese Sprache klingt wie Musik, ist Musik. Aber zu tief darf man den meisten dieser Aphorismen nicht auf

Gast: Peter G. (d. i. Heinrich Köselitz, 1854–1918), deutscher Schriftsteller und Musiker; verwaltete 1900–08 zusammen mit Nietzsches Schwester Elisabeth Förster-Nietzsche (1846–1935) den Nietzsche-Nachlaß in Weimar.

den Grund gehen. Manches, was in regelrechter Ausführung als unvollständig, sprunghaft erkannt, bloß paradox wirken würde, erscheint in dieser Form geistreich; manches, was bloß geistreich ist, tief.

Und was wir aus Nietzsches Nachfolge besitzen [...] – schon jetzt flößt es nur Unbehagen und Widerwillen ein. Wir besitzen bereits genug, übergenug jener Schriften, deren Urheber nicht etwa Nietzsche nachahmen, Gott bewahre! sondern nur durch ihn sich selbst entdeckt haben. Wer kann dafür, daß heutzutage gar so viele Leute dieselben Ideen und dieselbe Sprache haben wie Nietzsche! Und man kann doch wirklich von den Leuten nicht verlangen, daß sie ihr Licht unter den Scheffel stellen, bloß weil ihnen ein anderer zuvorgekommen ist. Ernst gesprochen: Man sollte einen geistreichen, merkwürdigen Schriftsteller derjenigen Betrachtungsweise zurückgeben, der er von Natur aus angehört, der psychologischen und ästhetischen, und nicht eine unwürdige Propaganda mit seinem Namen treiben, wenn er sie zum größten Teil auch selbst verschuldet hat. Wie die Verhältnisse heutzutage liegen, gehört eine gewisse Selbstüberwindung dazu, sich überhaupt mit Nietzsche zu befassen: er ist durch seine Schüler, und nur durch sie, beinahe unmöglich geworden. Nur keine Religion, ihr Herren, keine Gemeinde! Dann wird es sich ja noch ertragen lassen, daß der eine oder andere junge Mensch mit schwachem Kopf und schwachem Willen, nachdem er »Zarathustra« gelesen, in sich einen Übermenschen wittert und anfängt hart zu werden. Damit schadet er uns nicht, und sich selbst nützt er vielleicht gar, wenn ihm der holde Schleier der Illusion glücklich sein eigenes und eigentliches Bild verhüllt.

SIGMUND FREUD

Selbstanalyse
Brief an Wilhelm Fließ

15. Oktober 1897

IX. Berggasse 19.

Teurer Wilhelm!

Meine Selbstanalyse ist in der Tat das Wesentlichste, was ich jetzt habe, und verspricht, von höchstem Wert für mich zu werden, wenn sie bis zu Ende geht. Mitten drin hat sie drei Tage plötzlich versagt und dabei hatte ich das Gefühl der inneren Bindung, über das die Kranken so klagen und war eigentlich trostlos ...

Meine Praxis läßt mir unheimlicherweise noch immer sehr viel Zeit.

Um so wertvoller ist das Ganze für meine Absichten, als es mir gelungen ist, einige reale Anhaltspunkte für die Geschichte zu finden. Ich fragte meine Mutter, ob sie sich noch der Kinderfrau erinnert. Natürlich sagte sie, eine ältliche Person, sehr gescheit, sie hat Dich in alle Kirchen getragen: wenn Du dann nach Hause gekommen bist, hast Du gepredigt und erzählt, wie der liebe Gott macht. Als ich im Wochenbett mit Anna war (2½ Jahre jünger), kam es heraus, daß sie eine Diebin war, und man hat alle blanken Kreuzer, Zehnerl und alles Spielzeug, das Dir geschenkt worden war, bei ihr gefunden. Dein Bruder Philipp ist selbst um den Polizeimann gegangen, sie hat dann 10 Monate Strafe bekommen. Nun sieh mal, was für Bestätigung dies für die Schlüsse meiner Traumdeutung abgibt. Den einzigen möglichen Irrtum habe ich mir leicht erklären können. Ich habe Dir geschrieben: Sie hat mich verleitet, Zehnerl zu stehlen und ihr zu geben. In Wahrheit bedeutet der Traum, sie hat selbst gestohlen. Denn das Traumbild war eine Erinnerung, daß ich Geld nehme von der Mutter eines Arztes, also unrechtmäßig. Die richtige Deutung ist: Ich =

sie, und Mutter eines Arztes gleich meiner Mutter. Ich habe so wenig gewußt, daß sie eine Diebin war, daß ich die Deutung verfehlt habe. Auch nach dem Arzt, den wir in Freiberg gehabt hatten, erkundigte ich mich, weil ein Traum viel Groll auf ihn häufte. Bei der Analyse der Traumperson, hinter der er steckte, war mir auch ein Prof. v. K. eingefallen, mein Gymnasiallehrer für Geschichte, der mir gar nicht zu passen schien, da ich in indifferentem, eher behaglichem Verhältnis zu ihm gestanden bin. Die Mutter erzählte mir nun, daß der Arzt aus meiner Kindheit einäugig war, und unter all meinen Lehrern war auch Prof. K. der einzige mit demselben Gebrechen!

Die Beweiskraft dieser Übereinstimmungen könnte man durch den Einwand entkräften, ich hätte einmal in späterer Kindheit gehört, daß die Kindsfrau diebisch war und es scheinbar vergessen, bis es im Traum zuletzt aufgetaucht. Ich glaube selbst, es ist so. Aber ich habe einen anderen ganz einwandfreien und amüsanten Beweis. Ich sagte mir, wenn mir die Alte so plötzlich entschwunden ist, so muß sich der Eindruck davon bei mir nachweisen lassen. Wo ist er nun? Da fiel mir eine Szene ein, die seit 29 Jahren gelegentlich in meiner bewußten Erinnerung auftaucht, ohne daß ich sie verstünde. Die Mutter ist nicht zu finden, ich heule wie verzweifelt. Bruder Philipp (20 Jahre älter als ich) sperrt mir einen Kasten auf, und nachdem ich die Mutter auch hierin nicht gefunden, weine ich noch mehr, bis sie schlank und schön zur Türe hereinkommt. Was soll das bedeuten? Wozu sperrt mir der Bruder den Kasten auf, der doch weiß, daß die Mutter nicht drin ist, mich also nicht beruhigen kann? Jetzt verstehe ich's plötzlich. Ich habe es von ihm verlangt. Als ich die Mutter vermißte, habe ich gefürchtet, sie werde mir ebenso verschwunden sein wie kurz vorher die Alte. Ich muß nun gehört haben, die Alte sei eingesperrt und darum geglaubt haben, die Mutter sei es auch, oder besser, sie sei ›eingekastelt‹, denn solche scherzhafte Ausdrucksweise beliebt Bruder Philipp, der jetzt 63 Jahre ist, noch bis auf den heutigen Tag. Daß ich mich gerade an ihn gewendet,

beweist, daß mir sein Anteil am Verschwinden der Kinderfrau wohl bekannt war.
Ich bin seither viel weiter gekommen, aber noch bei keinem rechten Ruhepunkt. Die Mitteilung des Unfertigen ist so weitläufig und mühselig, daß ich hoffe, Du erlassest sie mir und begnügst Dich mit der Kenntnis der sichergestellten Stücke. Wenn die Analyse hält, was ich von ihr erwarte, werde ich sie systematisch bearbeiten und Dir dann vorlegen. Ich habe nichts völlig Neues bis jetzt gefunden, alle Komplikationen, die ich bis jetzt gewohnt bin. Ganz leicht ist es nicht. Ganz ehrlich mit sich sein, ist eine gute Übung. Ein einziger Gedanke von allgemeinem Wert ist mir aufgegangen. Ich habe die Verliebtheit in die Mutter und die Eifersucht gegen den Vater auch bei mir gefunden und halte sie jetzt für ein allgemeines Ereignis früher Kindheit, wenn auch nicht immer so früher wie bei den hysterisch gemachten Kindern. (Ähnlich wie den Abkunftsroman der Paranoia – Heroen, Religionsstifter.) Wenn das so ist, so versteht man die packende Macht des Königs Ödipus trotz aller Einwendungen, die der Verstand gegen die Fatumsvoraussetzung erhebt, und versteht, warum das spätere Schicksalsdrama so elend scheitern mußte. Gegen jeden willkürlichen Einzelzwang wie er in der Ahnfrau etc. Voraussetzung ist, bäumt sich unsere Empfindung, aber die griechische Sage greift einen Zwang auf, den jeder anerkennt, weil er dessen Existenz in sich verspürt hat. Jeder der Hörer war einmal im Keime und in der Phantasie ein solcher Ödipus und vor der hier in die Realität gezogenen Traumerfüllung schaudert jeder zurück mit dem ganzen Betrag der Verdrängung, der seinen infantilen Zustand von seinem heutigen trennt.
Flüchtig ist mir durch den Kopf gegangen, ob dasselbe nicht auch dem Hamlet zugrunde liegen möchte. Ich denke nicht an Shakespeares bewußte Absicht, sondern glaube lieber, daß eine reale Begebenheit den Dichter zur Darstellung reizte, indem das Unbewußte in ihm das Unbewußte im Helden verstand. Wie rechtfertigt der Hysteriker Hamlet sein Wort »So macht Gewissen Feige aus uns allen«, wie

erklärt er sein Zaudern, durch den Mord des Onkels den Vater zu rächen, derselbe, der unbedenklich seine Hofleute in den Tod schickt und geradezu vorschnell den Laertes ermordet? Wie besser, als durch die Qual, welche ihm die dunkle Erinnerung bereitet, er habe sich mit derselben Tat gegen den Vater aus Leidenschaft zur Mutter getragen »und wenn wir nach dem Verdienst behandelt werden, wer würde dann dem Auspeitschen entgehen«. Sein Gewissen ist sein unbewußtes Schuldbewußtsein. Und seine Sexualentfremdung im Gespräch mit Ophelia, ist die nicht typisch hysterisch, seine Verwerfung des Instinkts, der Kinder gebären will, endlich seine Übertragung der Tat von seinem Vater auf Ophelias. Und gelingt es ihm nicht am Ende auf ebenso wunderbare Weise wie meinen Hysterikern, sich seine Bestrafung zu erzwingen, indem er dasselbe Schicksal erfährt wie der Vater, von demselben Nebenbuhler vergiftet wird.

Ich halte mein Interesse so ausschließlich auf die Analyse gerichtet, daß ich noch nicht einmal den Versuch gemacht habe, anstatt meiner Hypothese, die Verdrängung gehe jedesmal vom Weiblichen aus und richte sich gegen das Männliche, die von Dir vorgeschlagene gegensätzliche zu versuchen. Ich werde es aber irgend einmal vornehmen. An Deinen Arbeiten und Fortschritten habe ich leider so geringen Anteil. In der einen Hinsicht bin ich besser daran als Du. Was ich Dir vom Seelenende dieser Welt erzähle, findet in Dir einen verständnisvollen Kritiker, und was Du mir von ihrem Sternenende mitteilst, weckt in mir nur unfruchtbares Staunen.

Mit herzlichstem Gruß für Dich, Deine liebe Frau und meinen neuen Neffen,

Dein Sigm.

SIGMUND FREUD

Der Traum ist eine Wunscherfüllung

Wenn man einen engen Hohlweg passiert hat und plötzlich auf einer Anhöhe angelangt ist, von welcher aus die Wege sich teilen und die reichste Aussicht nach verschiedenen Richtungen sich öffnet, darf man einen Moment lang verweilen und überlegen, wohin man zunächst sich wenden soll. Ähnlich ergeht es uns, nachdem wir diese erste Traumdeutung überwunden haben. Wir stehen in der Klarheit einer plötzlichen Erkenntnis. Der Traum ist nicht vergleichbar dem unregelmäßigen Ertönen eines musikalischen Instruments, das anstatt von der Hand des Spielers, von dem Stoß einer äußeren Gewalt getroffen wird, er ist nicht sinnlos, nicht absurd, setzt nicht voraus, daß ein Teil unseres Vorstellungsschatzes schläft, während ein anderer zu erwachen beginnt. Er ist ein vollgültiges psychisches Phänomen, und zwar eine Wunscherfüllung; er ist einzureihen in den Zusammenhang der uns verständlichen seelischen Aktionen des Wachens; eine hoch komplizierte geistige Tätigkeit hat ihn aufgebaut. Aber eine Fülle von Fragen bestürmt uns im gleichen Moment, da wir uns dieser Erkenntnis freuen wollen. Wenn der Traum laut Angabe der Traumdeutung einen erfüllten Wunsch darstellt, woher rührt die auffällige und befremdende Form, in welcher diese Wunscherfüllung ausgedrückt ist? Welche Veränderung ist mit den Traumgedanken vorgegangen, bis sich aus ihnen der manifeste Traum, wie wir ihn beim Erwachen erinnern, gestaltete? Auf welchem Wege ist diese Veränderung vor sich gegangen? Woher stammt das Material, das zum Traum verarbeitet worden ist? Woher rühren manche der Eigentümlichkeiten, die wir an den Traumgedanken bemerken konnten, wie z. B., daß sie einander widersprechen dürfen? (Die Analogie mit dem Kessel, S. 125 [der Imago-Ausgabe, Bd. 2/3].) Kann der Traum uns etwas Neues über unsere inneren psychischen Vorgänge lehren, kann sein Inhalt Meinungen korrigieren, an die wir tagsüber geglaubt haben? Ich schlage vor, alle diese Fragen einstweilen beiseite zu lassen und einen einzigen Weg weiter zu verfolgen. Wir haben erfahren, daß der Traum einen Wunsch als erfüllt darstellt. Unser nächstes Interesse soll es sein zu erkunden, ob dies ein allgemeiner Charakter des Traumes ist oder nur der zufällige Inhalt jenes Traumes (»von Irmas Injektion«), mit dem unsere Analyse begonnen hat, denn selbst wenn wir uns darauf gefaßt machen, daß jeder Traum einen Sinn und psychischen Wert hat, müssen wir noch die Möglichkeit offen lassen, daß dieser Sinn nicht in jedem Traume der nämliche sei. Unser erster Traum war eine Wunscherfüllung; ein anderer stellt sich vielleicht als eine erfüllte Befürchtung heraus; ein dritter mag eine Reflexion zum Inhalt haben, ein vierter einfach eine Erinnerung reproduzieren. Gibt es also noch andere Wunschträume oder gibt es vielleicht nichts anderes als Wunschträume?

Es ist leicht zu zeigen, daß die Träume häufig den Charakter der Wunscherfüllung unverhüllt erkennen lassen, so daß man sich wundern mag, warum die Sprache der Träume nicht schon längst ein Verständnis gefunden hat. Da ist z. B. ein Traum, den ich mir beliebig oft, gleichsam experimentell, erzeugen kann. Wenn ich am Abend Sardellen, Oliven oder sonst stark gesalzene Speisen nehme, bekomme ich in der Nacht Durst, der mich weckt. Dem Erwachen geht aber ein Traum voraus, der jedesmal den gleichen Inhalt hat, nämlich daß ich trinke. Ich schlürfe Wasser in vollen Zügen, es schmeckt mir so köstlich, wie nur ein kühler Trunk schmecken kann, wenn man verschmachtet ist, und dann erwache ich und muß wirklich trinken. Der Anlaß dieses einfachen Traumes ist der Durst, den ich ja beim Erwachen verspüre. Aus dieser Empfindung geht der Wunsch hervor zu trinken, und diesen Wunsch zeigt mir der Traum erfüllt. Er dient dabei einer Funktion, die ich bald errate. Ich bin ein guter Schläfer, nicht gewöhnt, durch ein Bedürfnis geweckt zu werden. Wenn es mir gelingt, meinen Durst durch den Traum, daß ich trinke, zu beschwichtigen, so brauche ich nicht aufzuwachen, um ihn zu befriedigen. Es ist also ein Bequemlichkeitstraum. Das Träumen setzt sich an Stelle des Handelns wie auch sonst im Leben. Leider ist das Bedürfnis nach Wasser, um den Durst zu löschen, nicht mit einem Traum zu befriedigen, wie mein Rachedurst gegen Freund Otto und Dr. M., aber der gute Wille ist der gleiche. Derselbe Traum hat sich unlängst einigermaßen modifiziert. Da bekam ich schon vor dem Einschlafen Durst und trank das Wasserglas leer, das auf dem Kästchen neben meinem Bett stand. Einige Stunden später kam in der Nacht ein neuer Durstanfall, der seine Unbequemlichkeiten im Gefolge hatte. Um mir Wasser zu verschaffen, hätte ich aufstehen und mir das Glas holen müssen, welches auf dem Nachtkästchen meiner Frau stand. Ich träumte also zweckentsprechend, daß meine Frau mir aus einem Gefäß zu trinken gibt; dies Gefäß war ein etruskischer Aschenkrug, den ich mir von einer italienischen Reise heimgebracht und seither verschenkt hatte. Das Wasser in ihm schmeckte aber so salzig (von der Asche offenbar), daß ich erwachen mußte. Man merkt, wie bequem der Traum es einzurichten versteht; da Wunscherfüllung seine einzige Absicht ist, darf er vollkommen egoistisch sein. Liebe zur Bequemlichkeit ist mit Rücksicht auf andere wirklich nicht vereinbar. Die Einmengung des Aschenkruges ist wahrscheinlich wieder eine Wunscherfüllung; es tut mir leid, daß ich dies Gefäß nicht mehr besitze, wie übrigens auch das Wasserglas auf seiten meiner Frau mir nicht zugänglich ist. Der Aschenkrug paßt sich auch der nun stärker gewordenen Sensation des salzigen Geschmacks an, von der ich weiß, daß sie mich zum Erwachen zwingen wird.*

* Das Tatsächliche der Durstträume war auch *Weygandt* bekannt, der S. 41 darüber äußert: »Gerade die Durstempfindung wird am präzisesten von allen aufgefaßt: sie erzeugt stets eine Vorstellung des Durstlöschens. – Die Art, wie sich der Traum das Durstlöschen vorstellt, ist mannigfaltig und wird nach einer naheliegenden Erinnerung spezialisiert. Eine allgemeine Erscheinung ist auch hier, daß sich sofort nach der Vorstellung des Durstlöschens eine Enttäuschung über die geringe Wirkung der vermeintlichen Erfrischungen einstellt.« Er

Kolo Moser: Schmuckillustration »Vorfrühling«, 1901

Solche Bequemlichkeitsträume waren bei mir in juvenilen Jahren sehr häufig. Von jeher gewöhnt, bis tief in die Nacht zu arbeiten, war mir das zeitige Erwachen immer eine Schwierigkeit. Ich pflegte dann zu träumen, daß ich außer Bett bin und beim Waschtisch stehe. Nach einer Weile konnte ich mich der Einsicht nicht verschließen, daß ich noch nicht aufgestanden war, hatte aber doch dazwischen eine Weile geschlafen. Denselben Trägheitstraum in besonders witziger Form kenne ich von einem jungen Kollegen, der meine Schlafneigung zu teilen scheint. Die Zimmerfrau, bei der er in der Nähe des Spitals wohnte, hatte den strengen Auftrag, ihn jeden Morgen rechtzeitig zu wecken, aber auch ihre liebe Not, wenn sie den Auftrag ausführen wollte. Eines Morgens war der Schlaf besonders süß. Die Frau rief ins Zimmer: Herr Pepi, stehen S' auf, Sie müssen ins Spital. Daraufhin träumte der Schläfer ein Zimmer im Spital, ein Bett, in dem er lag, und eine Kopftafel, auf der zu lesen stand: Pepi H... *cand. med.*, zweiundzwanzig Jahre. Er sagte sich träumend: Wenn ich also schon im Spital bin, brauche ich nicht erst hinzugehen, wendete sich um und schlief weiter. Er hatte sich dabei das Motiv seines Träumens unverhohlen eingestanden.

Ein anderer Traum, dessen Reiz gleichfalls während des Schlafes selbst einwirkte: Eine meiner Patientinnen, die sich einer ungünstig verlaufenen Kieferoperation hatte unterziehen müssen, sollte nach dem Wunsche der Ärzte Tag und Nacht einen Kühlapparat auf der kranken Wange tragen. Sie pflegte ihn aber wegzuschleudern, sobald sie eingeschlafen war. Eines Tages bat man mich, ihr darüber Vorwürfe zu

übersieht aber das Allgemeingültige in der Reaktion des Traumes auf den Reiz. – Wenn andere Personen, die in der Nacht vom Durst befallen werden, erwachen, ohne vorher zu träumen, so bedeutet dies keinen Einwand gegen mein Experiment, sondern charakterisiert diese anderen als schlechtere Schläfer. – Vgl. dazu *Jesaias*, 29,8: »Denn gleich wie einem Hungrigen träumet, daß er esse, wenn er aber aufwacht, so ist seine Seele noch leer; und wie einem Durstigen träumet, daß er trinke, wenn er aber aufwacht, ist er matt und durstig«...

machen; sie hatte den Apparat wiederum auf den Boden geworfen. Die Kranke verantwortete sich: »Diesmal kann ich wirklich nichts dafür; es war die Folge eines Traums, den ich bei Nacht gehabt. Ich war im Traum in einer Loge in der Oper und interessierte mich lebhaft für die Vorstellung. Im Sanatorium aber lag der Herr Karl *Meyer* und jammerte fürchterlich vor Kieferschmerzen. Ich habe gesagt, da ich die Schmerzen nicht habe, brauche ich auch den Apparat nicht; darum habe ich ihn weggeworfen.« Dieser Traum der armen Dulderin klingt wie die Darstellung einer Redensart, die sich einem in unangenehmen Lagen über die Lippen drängt: Ich wüßte mir wirklich ein besseres Vergnügen. Der Traum zeigt dieses bessere Vergnügen. Herr Karl *Meyer*, dem die Träumerin ihre Schmerzen zuschob, war der indifferenteste junge Mann ihrer Bekanntschaft, an den sie sich erinnern konnte.

Nicht schwieriger ist es, die Wunscherfüllung in einigen anderen Träumen aufzudecken, die ich von Gesunden gesammelt habe. Ein Freund, der meine Traumtheorie kennt und sie seiner Frau mitgeteilt hat, sagt mir eines Tages: »Ich soll dir von meiner Frau erzählen, daß sie gestern geträumt hat, sie hätte die Periode bekommen. Du wirst wissen, was das bedeutet.« Freilich weiß ich's; wenn die junge Frau geträumt hat, daß sie die Periode hat, so ist die Periode ausgeblieben. Ich kann mirs denken, daß sie gerne noch einige Zeit ihre Freiheit genossen hätte, ehe die Beschwerden der Mütterlichkeit beginnen. Es war eine geschickte Art, die Anzeige von ihrer ersten Gravidität zu machen. Ein anderer Freund schreibt, seine Frau habe unlängst geträumt, daß sie an ihrer Hemdenbrust Milchflecken bemerke. Dies ist auch eine Graviditätsanzeige, aber nicht mehr vom ersten Mal; die junge Mutter wünscht sich, für das zweite Kind mehr Nahrung zu haben als seinerzeit fürs erste.

Eine junge Frau, die Wochen hindurch bei der Pflege ihres infektiös erkrankten Kindes vom Verkehr abgeschnitten war, träumt nach glücklicher Beendigung der Krankheit von einer Gesellschaft, in der sich A. Daudet, Bourget, M. Prévost u. a. befinden, die sämtlich sehr liebenswürdig gegen sie sind und sie vortrefflich amüsieren. Die betreffenden Autoren tragen auch im Traum die Züge, welche ihnen ihre Bilder geben; M. Prévost, von dem sie ein Bild nicht kennt, sieht dem – Desinfektionsmanne gleich, der am Tag vorher die Krankenzimmer gereinigt und sie als erster Besucher nach langer Zeit betreten hatte. Man meint den Traum lückenlos übersetzen zu können: Jetzt wäre es einmal Zeit für etwas Amüsanteres als diese ewigen Krankenpflegen.

Vielleicht wird diese Auslese genügen, um zu erweisen, daß man sehr häufig und unter den mannigfaltigsten Bedingungen Träume findet, die sich nur als Wunscherfüllungen verstehen lassen, und die ihren Inhalt unverhüllt zur Schau tragen. Es sind dies zumeist kurze und einfache Träume, die von den verworrenen und überreichen Traumkompositionen, die wesentlich die Aufmerksamkeit der Autoren auf sich gezogen haben, wohltuend abstechen. Es verlohnt sich aber, bei diesen einfachen Träumen noch zu verweilen. Die allereinfachsten Formen von Träumen darf man wohl bei Kindern erwarten, deren psychische Leistungen sicherlich minder kompliziert sind als die Erwachsener. Die Kinderpsychologie ist nach meiner Meinung dazu berufen, für die Psychologie der Erwachsenen ähnliche Dienste zu leisten wie die Untersuchung des Baues oder der Entwicklung niederer Tiere für die Erforschung der Struktur der höchsten Tierklassen. Es sind bis jetzt wenig zielbewußte Schritte geschehen, die Psychologie der Kinder zu solchem Zwecke auszunützen.

Die Träume der kleinen Kinder sind häufig simple Wunscherfüllungen und dann im Gegensatz zu den Träumen

Daudet: Alphonse D. (1840–97), französischer Erzähler von heiterer Ironie; einer der wenigen Humoristen Frankreichs im 19. Jh.

Bourget: s. Anm. S. 318.

Prévost: Antoine-François P. d'Exiles (1697–1763), französischer Romancier und Übersetzer; Wegbereiter der Empfindsamkeit.

Erwachsener gar nicht interessant. Sie geben keine Rätsel zu lösen, sind aber natürlich unschätzbar für den Erweis, daß der Traum seinem innersten Wesen nach eine Wunscherfüllung bedeutet. Bei meinem Materiale von eigenen Kindern konnte ich einige Beispiele von solchen Träumen sammeln.

Einem Ausfluge nach dem schönen Hallstatt im Sommer 1896 von Aussee aus verdanke ich zwei Träume, den einen von meiner damals achteinhalbjährigen Tochter, den anderen von einem fünfeinvierteljährigen Knaben. Als Vorbericht muß ich angeben, daß wir in diesem Sommer auf einem Hügel bei Aussee wohnten, von wo aus wir bei schönem Wetter eine herrliche Dachsteinaussicht genossen. Mit dem Fernrohr war die Simony-Hütte gut zu erkennen. Die Kleinen bemühten sich wiederholt, sie durchs Fernrohr zu sehen; ich weiß nicht, mit welchem Erfolg. Vor der Partie hatte ich den Kindern erzählt, Hallstatt läge am Fuße des Dachsteins. Sie freuten sich sehr auf den Tag. Von Hallstatt aus gingen wir ins Escherntal, das mit seinen wechselnden Ansichten die Kinder sehr entzückte. Nur eines, der fünfjährige Knabe, wurde allmählich mißgestimmt. So oft ein neuer Berg in Sicht kam, fragte er: Ist das der Dachstein? worauf ich antworten mußte: Nein, nur ein Vorberg. Nachdem sich diese Frage einige Male wiederholt hatte, verstummte er ganz; den Stufenweg zum Wasserfall wollte er überhaupt nicht mitmachen. Ich hielt ihn für ermüdet. Am nächsten Morgen kam er aber ganz selig auf mich zu und erzählte: Heute Nacht habe ich geträumt, daß wir auf der Simony-Hütte gewesen sind. Ich verstand ihn nun; er hatte erwartet, als ich vom Dachstein sprach, daß er auf dem Ausfluge nach Hallstatt den Berg besteigen und die Hütte zu Gesicht bekommen werde, von der beim Fernrohr so viel die Rede war. Als er dann merkte, daß man ihm zumute, sich mit Vorbergen und einem Wasserfall abspeisen zu lassen, fühlte er sich getäuscht und wurde verstimmt. Der Traum entschädigte ihn dafür. Ich versuchte Details des

Traumes zu erfahren; sie waren ärmlich. »Man geht sechs Stunden lang auf Stufen hinauf«, wie er es gehört hatte. Auch bei dem achteinhalbjährigen Mädchen waren auf diesem Ausflug Wünsche rege geworden, die der Traum befriedigen mußte. Wir hatten den zwölfjährigen Knaben unserer Nachbarn nach Hallstatt mitgenommen, einen vollendeten Ritter, der, wie mir schien, sich bereits aller Sympathien des kleinen Frauenzimmers erfreute. Sie erzählte nun am nächsten Morgen folgenden Traum: Denk' dir, ich hab' geträumt, daß der Emil einer von uns ist, Papa und Mama zu euch sagt und im großen Zimmer mit uns schläft wie unsere Buben. Dann kommt die Mama ins Zimmer und wirft eine Handvoll großer Schokoladestangen in blauem und grünem Papier unter unsere Betten. Die Brüder, die sich also nicht kraft erblicher Übertragung auf Traumdeutung verstehen, erklärten ganz wie unsere Autoren: Dieser Traum ist ein Unsinn. Das Mädchen trat wenigstens für einen Teil des Traumes ein, und es ist wertvoll für die Theorie der Neurosen zu erfahren, für welchen: Daß der Emil ganz bei uns ist, das ist ein Unsinn, aber das mit den Schokoladestangen nicht. Mir war gerade das letztere dunkel. Die Mama lieferte mir hiefür die Erklärung. Auf dem Wege vom Bahnhof nach Hause hatten die Kinder vor dem Automaten Halt gemacht und sich gerade solche Schokoladestangen in metallisch glänzendem Papier gewünscht, die der Automat nach ihrer Erfahrung zu verkaufen hatte. Die Mama hatte mit Recht gemeint, jener Tag habe genug Wunscherfüllungen gebracht und diesen Wunsch für den Traum übrig gelassen. Mir war die kleine Szene entgangen. Den von meiner Tochter proskribierten Teil des Traumes verstand ich ohne weiteres. Ich hatte selbst gehört, wie der artige Gast auf dem Wege die Kinder aufgefordert hatte zu warten, bis der Papa oder die Mama nachkommen. Aus dieser zeitweiligen Zugehörigkeit machte der Traum der Kleinen eine dauernde Adoption. Andere Formen des Beisammenseins als die im Traum erwähnten, die von den Brüdern hergenommen sind, kannte ihre Zärtlichkeit noch nicht. Warum die Schokoladestangen

unter die Betten geworfen wurden, ließ sich ohne Ausfragen des Kindes natürlich nicht aufklären.
Einen ganz ähnlichen Traum wie den meines Knaben habe ich von befreundeter Seite erfahren. Er betraf ein achtjähriges Mädchen. Der Vater hatte mit mehreren Kindern einen Spaziergang nach Dornbach in der Absicht unternommen, die Rohrer-Hütte zu besuchen, kehrte aber um, weil es zu spät geworden war, und versprach den Kindern, sie ein anderes Mal zu entschädigen. Auf dem Rückweg kamen sie an der Tafel vorbei, welche den Weg zum Hameau anzeigt. Die Kinder verlangten nun, auch aufs Hameau geführt zu werden, mußten sich aber aus demselben Grund wiederum auf einen anderen Tag vertrösten lassen. Am nächsten Morgen kam das achtjährige Mädchen dem Papa befriedigt entgegen: Papa, heut' hab ich geträumt, du warst mit uns bei der Rohrer-Hütte und auf dem Hameau. Ihre Ungeduld hatte also die Erfüllung des vom Papa geleisteten Versprechens antizipiert.
Ebenso aufrichtig ist ein anderer Traum, den die landschaftliche Schönheit Aussees bei meinem damals dreieinvierteljährigen Töchterchen erregt hat. Die Kleine war zum erstenmal über den See gefahren, und die Zeit der Seefahrt war ihr zu rasch vergangen. An der Landungsstelle wollte sie das Boot nicht verlassen und weinte bitterlich. Am nächsten Morgen erzählte sie: Heute nacht bin ich auf dem See gefahren. Hoffen wir, daß die Dauer dieser Traumfahrt sie besser befriedigt hat.
Mein ältester, derzeit achtjähriger Knabe träumt bereits die Realisierung seiner Phantasien. Er ist mit dem Achilleus in einem Wagen gefahren und der Diomedes war Wagenlenker. Er hat sich natürlich tags vorher für die Sagen Griechenlands begeistert, die der älteren Schwester geschenkt worden sind.
Wenn man mir zugibt, daß das Sprechen aus dem Schlaf der Kinder gleichfalls dem Kreis des Träumens angehört, so kann ich im folgenden einen der jüngsten Träume meiner Sammlung mitteilen. Mein jüngstes Mädchen, damals neun-

zehn Monate alt, hatte eines Morgens erbrochen und war darum den Tag über nüchtern erhalten worden. In der Nacht, die diesem Hungertag folgte, hörte man sie erregt aus dem Schlaf rufen: *Anna F.eud, Er(d)beer, Hochbeer, Eier(s)peis, Papp.* Ihren Namen gebrauchte sie damals, um die Besitzergreifung auszudrücken; der Speisezettel umfaßte wohl alles, was ihr als begehrenswerte Mahlzeit erscheinen mußte; daß die Erdbeeren darin in zwei Varietäten vorkamen, war eine Demonstration gegen die häusliche Sanitätspolizei und hatte seinen Grund in dem von ihr wohl bemerkten Nebenumstand, daß die Kinderfrau ihre Indisposition auf allzu reichlichen Erdbeergenuß geschoben hatte; für dies ihr unbequeme Gutachten nahm sie also im Traume ihre Revanche.*

Wenn wir die Kindheit glücklich preisen, weil sie die sexuelle Begierde noch nicht kennt, so wollen wir nicht verkennen, eine wie reiche Quelle der Enttäuschung, Entsagung und damit der Traumanregung der andere der großen Lebenstriebe für sie werden kann.** Hier ein zweites Beispiel dafür. Mein zweiundzwanzigmonatiger Neffe hat zu meinem Geburtstage die Aufgabe bekommen, mir zu gratulieren und als Geschenk ein Körbchen mit Kirschen zu überreichen, die um diese Zeit des Jahres noch zu den Primeurs zählen. Es scheint ihm hart anzukommen, denn er wiederholt unaufhörlich: Kirschen sind d(r)in, und ist nicht zu bewegen, das Körbchen aus den Händen zu geben. Aber er

* Dieselbe Leistung wie bei der jüngsten Enkelin vollbringt dann der Traum kurz nachher bei der Großmutter, deren Alter das des Kindes ungefähr zu 70 Jahren ergänzt. Nachdem sie einen Tag lang durch die Unruhe ihrer Wanderniere zum Hungern gezwungen war, träumt sie dann, offenbar mit Versetzung in die glückliche Zeit des blühenden Mädchentums, daß sie für beide Hauptmahlzeiten »ausgebeten«, zu Gast geladen, ist und jedesmal die köstlichsten Bissen vorgesetzt bekommt.

** Eingehendere Beschäftigung mit dem Seelenleben der Kinder belehrt uns freilich, daß sexuelle Triebkräfte in infantiler Gestaltung in der psychischen Tätigkeit des Kindes eine genügend große, nur zu lange übersehene Rolle spielen, und läßt uns an dem Glücke der Kindheit, wie die Erwachsenen es späterhin konstruieren, einigermaßen zweifeln. (Vgl. des Verfassers »Drei Abhandlungen zur Sexualtheorie« 1905 und 6. Aufl. 1926. Ges. Werke, Bd. V.)

weiß sich zu entschädigen. Er pflegte bisher jeden Morgen seiner Mutter zu erzählen, daß er vom »weißen Soldat« geträumt, einem Gardeoffizier im Mantel, den er einst auf der Straße bewunderte. Am Tag nach dem Geburtstagsopfer erwacht er freudig mit der Mitteilung, die nur einem Traum entstammen kann: *He(r)man alle Kirschen aufgessen!**

* Es soll nicht unerwähnt bleiben, daß sich bei kleinen Kindern bald kompliziertere und minder durchsichtige Träume einzustellen pflegen, und daß anderseits Träume von so einfachem infantilen Charakter unter Umständen auch bei Erwachsenen häufig vorkommen. Wie reich an ungeahntem Inhalt Träume von Kindern im Alter von vier bis fünf Jahren bereits sein können, zeigen die Beispiele in meiner »Analyse der Phobie eines fünfjährigen Knaben« (Jahrbuch von *Bleuler-Freud*, I, 1909) und in *Jungs* »Über Konflikte der kindlichen Seele« (ebenda II. Bd., 1910). Analytisch gedeutete Kinderträume siehe noch bei *v. Hug-Hellmuth, Putnam, Raalte, Spielrein, Tausk*; andere bei *Banchieri, Busemann, Doglia* und besonders bei *Wigam*, der die Wunscherfüllungstendenz derselben betont. Anderseits scheinen sich bei Erwachsenen Träume vom infantilen Typus besonders häufig wieder einzustellen, wenn sie unter ungewöhnliche Lebensbedingungen versetzt werden. So berichtet Otto *Nordenskjöld* in seinem Buche »*Antarctic*« 1904 über die mit ihm überwinternde Mannschaft (Bd. I, p. 336): »Sehr bezeichnend für die Richtung unserer innersten Gedanken waren unsere Träume, die nie lebhafter und zahlreicher waren als gerade jetzt. Selbst diejenigen unserer Kameraden, die sonst nur ausnahmsweise träumten, hatten jetzt des Morgens, wenn wir unsere letzten Erfahrungen aus dieser Phantasiewelt miteinander austauschten, lange Geschichten zu erzählen. Alle handelten sie von jener äußeren Welt, die uns jetzt so fern lag, waren aber oft unseren jetzigen Verhältnissen angepaßt. Ein besonders charakteristischer Traum bestand darin, daß sich einer der Kameraden auf die Schulbank zurückversetzt glaubt, wo ihm die Aufgabe zuteil wurde, ganz kleinen Miniaturseehunden, die eigens für Unterrichtszwecke angefertigt waren, die Haut abzuziehen. Essen und Trinken waren übrigens die Mittelpunkte, um die sich unsere Träume am häufigsten drehten. Einer von uns, der nächtlicherweise darin *exzellierte*, auf große Mittagsgesellschaften zu gehen, war seelenfroh, wenn er des Morgens berichten konnte, ›daß er ein Diner von drei Gängen eingenommen habe‹; ein anderer träumte von Tabak, von ganzen Bergen Tabak; wieder andere von dem Schiff, das mit vollen Segeln auf dem offenen Wasser daherkam. Noch ein anderer Traum verdient der Erwähnung: Der Briefträger kommt mit der Post und gibt eine lange Erklärung, warum diese so lange habe auf sich warten lassen, er habe sie verkehrt abgeliefert und erst nach großer Mühe sei es ihm gelungen, sie wieder zu erlangen. Natürlich beschäftigte man sich im Schlaf mit noch unmöglicheren Dingen, aber der Mangel an Phantasie in fast allen Träumen, die ich selbst träumte oder erzählen hörte, war ganz auffallend. Es würde sicher von großem psychologischen Interesse sein, wenn alle diese Träume aufgezeichnet würden.

Wovon die Tiere träumen, weiß ich nicht. Ein Sprichwort, dessen Erwähnung ich einem meiner Hörer danke, behauptet es zu wissen, denn es stellt die Frage auf: *Wovon träumt die Gans?* und beantwortet sie: *Vom Kukuruz* (Mais).* Die ganze Theorie, daß der Traum eine Wunscherfüllung sei, ist in diesen zwei Sätzen enthalten.**

Wir bemerken jetzt, daß wir zu unserer Lehre von dem verborgenen Sinn des Traumes auch auf dem kürzesten Wege gelangt wären, wenn wir nur den Sprachgebrauch befragt hätten. Die Sprachweisheit redet zwar manchmal verächtlich genug vom Traum – man meint, sie wolle der

Man wird aber leicht verstehen können, wie ersehnt der Schlaf war, da er uns alles bieten konnte, was ein jeder von uns am glühendsten begehrte.« Nach *Du Prel* (p. 231) zitiere ich noch: »*Mungo Park*, auf einer Reise in Afrika dem Verschmachten nahe, träumte ohne Aufhören von wasserreichen Tälern und Auen seiner Heimat. So sah sich auch der von Hunger gequälte *Trenck* in der Sternschanze zu Magdeburg von üppigen Mahlzeiten umgeben, und *George Back*, Teilnehmer der ersten Expedition *Franklins*, als er infolge furchtbarer Entbehrungen dem Hungertode nahe war, träumte stets und gleichmäßig von reichen Mahlzeiten.«

* Ein ungarisches, von *Ferenczi* angezogenes Sprichwort behauptet vollständiger, daß »das Schwein von Eicheln, die Gans von Mais träumt«. Ein jüdisches Sprichwort lautet: »Wovon träumt das Huhn? – Von Hirse.« (Sammlung jüd. Sprichw. u. Redensarten, herausg. v. *Bernstein*, 2. Aufl., S. 116.)

** Es liegt mir fern zu behaupten, daß noch niemals ein Autor vor mir daran gedacht habe, einen Traum von einem Wunsch abzuleiten. (Vgl. die ersten Sätze des nächsten Abschnittes.) Wer auf solche Andeutungen Wert legt, könnte schon aus dem Altertum den unter dem ersten *Ptolemäus* lebenden Arzt *Herophilos* anführen, der nach *Büchsenschütz* (p. 33) drei Arten von Träumen unterschied: gottgesandte, natürliche, welche entstehen, indem die Seele sich ein Bild dessen schafft, was ihr zuträglich ist und was eintreten wird, und gemischte, die von selbst durch Annäherung von Bildern entstehen, wenn wir das sehen, was wir wünschen. Aus der Beispielsammlung von *Scherner* weiß *J. Stärcke* einen Traum hervorzuheben, der vom Autor selbst als Wunscherfüllung bezeichnet wird (p. 239). *Scherner* sagt: »Den wachen Wunsch der Träumerin erfüllte die Phantasie sofort einfach darum, weil er im Gemüte derselben lebhaft bestand.« Dieser Traum steht unter den »Stimmungsträumen«; in seiner Nähe befinden sich Träume für »männliches und weibliches Liebessehnen« und für »verdrießliche Stimmung«. Es ist, wie man sieht, keine Rede davon, daß *Scherner* dem Wünschen für den Traum eine andere Bedeutung zuschrieb als irgendeinem sonstigen Seelenzustand des Wachens, geschweige denn, daß er den Wunsch mit dem Wesen des Traumes in Zusammenhang gebracht hätte.

Wissenschaft recht geben, wenn sie urteilt: *Träume sind Schäume* – aber für den Sprachgebrauch ist der Traum doch vorwiegend der holde Wunscherfüller. »Das hätt' ich mir in meinen kühnsten Träumen nicht vorgestellt«, ruft entzückt, wer in der Wirklichkeit seine Erwartungen übertroffen findet.

BERTHA ZUCKERKANDL

Literatur und Philosophie: Hermann Bahr, Ernst Mach und Emil Zuckerkandl im Gespräch, Wien 1908

Mach unterbrach mich.
»Es bleibt einer späteren Epoche überlassen, uns alle einzureihen. Dann erst werden die Zusammenhänge zu erkennen sein. Vielleicht erweist sich das Gerüst, das ich zu errichten versuchte, als untragbar.«
BAHR (mit seinem ironisch-listigen Lächeln): Darf ich mir erlauben, Ihnen Mach zu erklären? Den Denker, der die Formel gefunden hat vom unrettbaren »Ich«, das als unabänderliches, fest verankertes Zentrum nicht existiert.
MACH: Wenn ich sage: »das Ich ist unrettbar«, so meine ich damit, daß es nur in der Einfühlung des Menschen in alle Dinge, in alle Erscheinungen besteht, daß dieses Ich sich auflöst in allem, was fühlbar, hörbar, sichtbar, tastbar ist. Alles ist flüchtig; eine substanzlose Welt, die nur aus Farben, Konturen, Tönen besteht. Ihre Realität ist ewige Bewegung, chamäleonartig schillernd. In diesem Spiel der Phänomene kristallisiert, was wir unser »Ich« nennen. Vom Augenblick der Geburt bis zum Tod wechselt es ohne Ruhe.
BAHR: Hofmannsthals Bekenntnis lautet: Unser Ich ersteht von außen nach innen. Er hat es so gesagt: »Draußen sind

wir zu finden, von draußen weht es uns an.« Er sagt auch: »Dichter sein ist Seismograph sein.« Und: »Das Weltall denkt an den Dichter und liebt ihn.«
MACH: Für einen Philosophen gibt es keine herzlichere Bestätigung seines Glaubensbekenntnisses als diese Gleichzeitigkeit und das Bewußtsein, daß, was bei mir Erkenntnis ist, dem Dichter die Macht der Gestaltung verleiht.
BAHR: Die dramatische und die lyrische Gestaltungskraft der Jung-Wiener Dichter sind der gleichen gesegneten Stunde entsprungen. Hofmannsthal spricht vom »Geheimnis der Kontemporanität«. »Dieses Geheimnis«, sagt er, »hört nie auf, mich zu beschäftigen, im Leben wie in der Arbeit, denn es ist der eigentliche Schlüssel zum Dasein.«
EMIL ZUCKERKANDL: Ich bin Anatom, ich seziere den menschlichen Körper. Glaubt ihr, daß der Tote nichts mehr von seiner Seele aussagt? Ich erhalte Einsicht in Tausende verschiedenartiger Schicksale, wenn ich die Runen entziffere, die in stille Gesichter gekerbt sind. Deshalb kann ich diese Deuter verstehen. Ich zerstückle Leichen, um dem Körper Geheimnisse zu entreißen, die zu Heilmitteln werden können. Der Dichter zerstückelt Seelen, um der Heilung des Geistes willen.
BAHR: Hofmannsthal war sich des Inkommensurablen im Poetendasein wohl bewußt. Ich kenne ein von ihm skizziertes Gespräch, das er zwischen Balzac und einem Freund imaginiert. Darin sucht er das Wesen des Dichters durch ein mächtiges Gleichnis zu erleuchten. Balzac spricht und sagt ungefähr:
»Haben Sie eine größere Reise auf einem Dampfschiff mitgemacht? Entsinnen Sie sich da einer sonderbaren, beinahe mitleiderregenden Gestalt, die gegen Abend aus einer Luke des Maschinenraums auftauchte und sich für eine Viertelstunde oben aufhielt, um Luft zu schöpfen? Der Mann war

ein von ihm skizziertes Gespräch: Gemeint ist: »Über Charaktere im Roman und im Drama« (1902).

halbnackt, er hatte ein geschwärztes Gesicht und rote, entzündete Augen. Man hat Ihnen gesagt, er sei der Heizer der Maschine. Sooft er heraufkam, taumelte er, trank gierig einen Krug Wasser, setzte sich auf einen Haufen Werg und spielte mit dem Schiffshund. Er warf ein paar scheue, beinahe schwachsinnige Blicke auf die schönen und fröhlichen Passagiere der ersten Kajüte, die auf Deck waren, um sich an den Sternen des südlichen Himmels zu entzücken. Er atmete, dieser Mensch, mit Gier, so wie er getrunken hatte, die Luft, die durchfeuchtet war von einer im Tau vergehenden Nachtwolke, und den Duft von unberührten Palmeninseln, der über das Meer heranschwebte, und er verschwand wieder im Bauch des Schiffes, ohne die Sterne und den Duft der geheimnisvollen Inseln auch nur bemerkt zu haben. Das sind die Aufenthalte des Künstlers unter den Menschen, wenn er mit blöden Augen aus dem feurigen Bauch seiner Arbeit hervortaumelt. Aber dieses Geschöpf ist nicht ärmer als die droben auf Deck. Der Künstler ist nicht ärmer als irgendeiner unter den Lebenden. Nicht ärmer als Timur, der Eroberer, nicht ärmer als Lucullus, der Prasser, nicht ärmer als Casanova, der Verführer, nicht ärmer als Mirabeau, der Mann des Schicksals. Aber sein Schicksal ist nirgends als in seiner Arbeit.«

(Ich hatte am Abend zuvor Hofmannsthals »Elektra« gelesen und fühlte mich wie zerschlagen von der nervenaufpeitschenden Spannung dieses Stücks, von dem rasenden Rhythmus der Leidenschaften, von der Wildheit, mit der hier die letzten Seelenschleier zerfetzt werden, und ich sprach nun davon.)

Bahr: Wir gelangen endlich dorthin, wo es uns längst hintreibt. Zu Schnitzlers »Ich«. Er könnte im Gegensatz zu Hofmannsthal sagen: »Drinnen sind wir zu finden, von drinnen weht es uns an.« Denn sein »Ich« ist nach innen konzentriert. Ganz dem Dunkel zugekehrt, den Abgründen, die hinter dem Bewußtsein sich auftun, dort, wo kein Gewissen, keine Verantwortung wohnt und herrscht. Er ist ein Seelentieftaucher, ein Traumverwirrer und -entwirrer... Kennen Sie seinen »Paracelsus«? Dieses kurze Schauspiel in Versen stammt, wenn ich nicht irre, aus dem Jahr 1895. Da ist eine Stelle, auch die kann ich auswendig hersagen, die ein neues Kapitel der Psychologie aufschlägt:

»Es war ein Spiel. Wie sollt es anders sein?
Es fließen ineinander Traum und Wachen,
Wahrheit und Lüge. Sicherheit ist nirgends.
Wir wissen nichts vom andern, nichts von uns.
Wir spielen immer. Wer es weiß, ist klug.«

In diesem und anderen seiner Werke des endenden 19. Jahrhunderts, wie im »Grünen Kakadu«, dem seltsam tragischen Spiel der Seelenenttäuschung, in manchen seiner meisterhaften Novellen, offenbart sich etwas Außerordentliches: Daß es die Dichter sind, die mit ihrem Sehersinn, mit ihren Träumen, mit ihren Gestalten die Realität bauen. So hat Schnitzler offenbart, vorausgebildet, was erst jetzt eine neue erschütternde Erkenntnis der Wissenschaft geworden ist. Die von Wien ausstrahlend die Welt in Erregung und Bestürzung versetzt: die Psychoanalyse!

MACH: Ich dachte im Gegenteil, daß Freud der Literatur einen unübersehbaren Raum eröffnet hat.

BAHR: Gewiß. Und diese vehemente Beeinflussung der Weltliteratur durch Freud steht erst an ihrem Beginn. Man soll nicht vergessen, daß Schnitzler der Vorläufer von Freud ist. Aber, und das ist einzigartig, er vermag es auch, die Kehrseite dieser Unter- und Traumwelt zu erkennen. Denn er ist sinnenfreudig, von hellstem Humor, voll innigster Naturliebe. Kurz, die Polarität seines Wesens erweckt in ihm den starken Dramatiker.

Paracelsus: Schnitzlers »Versspiel in einem Akt« erschien 1898 in der Zeitschrift *Cosmopolis*, als Buch 1899; Uraufführung zusammen mit den Einaktern *Die Gefährtin* (1895) und *Der grüne Kakadu* (Erstdruck in: *Neue Deutsche Rundschau* 1899) in Wien am 1. März 1899 am Burgtheater.

Mach (nachdenklich): Stimmt dieser Relativismus des Empfindens nicht ebenfalls mit einem Credo überein? Taubenschlag der Gefühle, der Eindrücke, des Erlebens. So scheint mir, betrachtet auch Schnitzler menschliche Beziehungen.

Emil Zuckerkandl: Ich kannte Arthur Schnitzler schon, als er ein ganz junger Arzt war. Jedes laute Hervortreten, jede Polemik ist ihm ein Greuel, und doch gibt es kaum einen Künstler, der so verfolgt wird, von dessen Affären soviel die Rede ist. Es scheint, als ob er von Anfang an das Klein- und Großbürgertum besonders gereizt hätte.

Bahr (lachend): Ich fordere diese Abderiten-Welt doch gewiß auf frechste Weise heraus, aber mich läßt man eher in Ruhe. Schnitzler ist das rote Tuch. Seine Verbannung von der Bühne des Burgtheaters, weil er einer Erzherzogin nicht genehm ist, sein Konflikt mit der Militärbehörde, die ihm die Oberstabsarzt-Charge aberkennt, weil er eine meisterhafte Novelle geschrieben hat, in der ein Offizier tragische Gewissensqualen durchlebt... Sie werden sehen – das alles geht ad infinitum fort. Ich halte das für den Anfang eines österreichischen Dichterschicksals.

Emil Zuckerkandl: Schnitzler teilt die Tragik, die uns alle mehr oder weniger betrifft. Er liebt seine Heimat fanatisch und weiß doch, daß sie Gefahr läuft, an ihrer Lässigkeit, Unklarheit und Schwäche zugrunde zu gehen.

Mach (nach einer Pause): Allmählich begreife ich diese neuen Menschen, die vom Gestern noch nicht ganz losgelöst eine Art Übergangsspezies sind. Und wie erkläre ich mir die Jung-Wiener Literaturbewegung? Ich bringe sie in Zusammenhang mit Österreichs Hinauswurf aus Deutschland.

Verbannung von der Bühne des Burgtheaters: Außer in den Jahren 1901 und 1906 wurde Schnitzler jedes Jahr am Burgtheater gespielt.

Konflikt mit der Militärbehörde: Schnitzlers Novelle *Leutnant Gustl* erregte die Entrüstung der antisemitischen und militärischen Kreise. Ein »ehrenrätlicher Ausschuß« erklärte den Autor am 26. April 1901 »seines Offizierscharakters« für verlustig.

1866 war, wie sich jetzt erweist, eine Geburtsstunde vollkommen eigener, von tragischen Wendungen bestimmter österreichischer Erscheinungen, geistiger und künstlerischer. Aus einer historisch gekitteten Gesamtheit verwiesen, flüchten sie in ein Land, das jedem Zugriff unerreichbar bleibt, in die Heimat einer von Realität unberührten Poesie und Kunst.

BAHR: Ja – dem Traum »Österreich« wollen wir Gestalt, Geist, Form, Farbe, Musik geben. Und weil Österreich aus einem unwiederholbaren Völkerkonglomerat besteht, so ist es reicher als irgendein anderes Staatengebilde an einer verwirrenden Vielart von Seelen. Deshalb ist es kein Zufall, sondern Bestimmung, daß österreichische Dichter als erste in die dunklen Gänge hineinleuchten, die Leidenschaft und Atavismus gegraben haben. Daß dann ein wissenschaftlicher Geist dieselben Wege beschreitet und dabei einen neuen Weltteil entdeckt – das Gebiet des Unterbewußtseins –, das ist die Offenbarung schicksalhafter Bestimmung. Jedenfalls ist es Schnitzlers Werk, das Wesen und Sein unserer Zeit, ihre moralischen Probleme mit der gleichen unerbittlichen Schärfe und Einsicht festhält wie das Ibsens. Nur sind es österreichische Menschen, die leben, leiden, lachen, lieben, träumen und sterben.

EMIL ZUCKERKANDL: Der Traum spielt in Schnitzlers Novellen und dramatischen Arbeiten eine große Rolle. Auch hier begegnet er sich mit Freud. Die Träume, die Schnitzler seine Geschöpfe träumen läßt, sind für ihre Seelenart, für ihr Erleben so charakteristisch, daß mir ein großer Psychoanalytiker, der berühmte Traumdeuter Wilhelm Stekel, unlängst gesagt hat: »Die wissenschaftliche

1866: Bismarck veranlaßt 1866 einen erfolgreichen Krieg Preußens (und Italiens) gegen Österreich und den Deutschen Bund. Die Schlacht bei Königgrätz entscheidet den Krieg für Preußen. Im Frieden von Prag erhält Preußen Gebietserweiterungen, verliert Österreich Venedig. Der Krieg bedeutet das Ende des Deutschen Bundes und die Trennung Österreichs von Deutschland.

Stekel: Wilhelm St. (1868–1940), österreichischer Psychoanalytiker; 1911 erschien von ihm *Die Sprache des Traumes.*

Forschung kann diese Schnitzlerschen Seelenanalysen als reale Objekte zu ihren Zwecken benutzen.«

BAHR: Schnitzler kennt die Menschen wie nur wenige. Seine Ironie, seine Skepsis, seine Melancholie führen ihn keineswegs zur Misanthropie, nur zu einem höheren Verständnis. Einer seiner Aussprüche läßt die stille Hoffnungslosigkeit erkennen, mit der Schnitzler die Menschen und auch sich selbst betrachtet. Er sagt mit der ihm eigenen milden Trostlosigkeit: »Wenn wir lange genug existierten, behielte wahrscheinlich jede Lüge recht, die über uns umläuft. Horch auf die Verleumder, so wirst du die Wahrheit erfahren. Das Gerücht weiß selten, was wir tun, aber es weiß, wohin wir treiben.«

BERTHA ZUCKERKANDL

Modernes Kunstgewerbe

Eine moderne Literatur hätten wir; eine moderne Kunst auch; nur eine moderne Kunst-Industrie fehlt ganz. Und doch hängt Kunst und Kunstgewerbe so innig zusammen. So war's wenigstens in allen großen Kunstepochen. Wenn man einen Lionardo betrachtet, und dann eine Fayence des Gubbio, oder eine Goldarbeit des Pollajuolo, so weht ein Geist in diesen verschiedenen Werken, eine Empfindung ist ihnen gemeinsam. Derselbe Impuls ist es, der ein Bild von Watteau,

Fayence des Gubbio: Die Kunst der Fayence wurde Mitte des 19. Jh.s erneuert (Giovanni Spinaccei); Gubbio in Umbrien ist durch seine im 16. Jh. zu großer Vollkommenheit entwickelte Majolika-Kunst bekannt.

Goldarbeit des Pollajuolo: Antonio del Pollaiuolo (1432?–98), bedeutender italienischer Goldschmied, Maler, Bildhauer und Kupferstecher der Frührenaissance.

Watteau: Jean Antoine W. (1684–1721), französischer Maler des Rokoko; schuf u. a. Darstellungen mit Szenen aus der italienischen Komödie, galanten Festen usw.

Kolo Moser: Entwurf für einen Umschlag der Zeitschrift »Die Kunst für Alle«, 1898

Kolo Moser: Entwurf für einen Umschlag der Zeitschrift »Die Kunst für Alle«, 1898

eine Pâte touche aus Sèvres und ein Silberstück des St. Germain entstehen läßt.
Wir aber stecken im Impressionismus, im Naturalismus, im Mystizismus drin – dichten, malen und bildhauern in dieser neuen Tonart – aber unser Kunstgewerbe kopiert noch immer fleißig Renaissancemuster und äfft Rokoko-Vorlagen nach. Und wie wird das jetzt behandelt! Ein Schnörkel links hinauf, ein Schnörkel rechts herunter – das nennt man Rokoko – diesen Ausdruck des heiteren Geistes einer grazienumwehten Zeit! Da haben die Franzosen wieder einmal gezeigt, daß sie künstlerisch fühlen.
Die japanische Kunst wies ihnen den Weg; durch ihren Einfluß lernten sie die Beobachtung der Natur und ihre aphoristische Wiedergabe, lernten sie die Überwindung aller technischen Schwierigkeiten. [...]
Ein Tafelaufsatz von *Charpentier* stellt Wogen dar, auf welchen Nixen schaukeln, untertauchen, hervorlugen. Und dieses Verschwinden und dieses Verhuschen kommt in der fetten molligen Materie zu herrlichem Ausdruck. *Valgrén* macht nicht nur reizende Büsten, er versucht sich auch in anderen Gattungen. So sehen wir von ihm Türklopfer, Klingen und Türbänder. Endlich einmal ein Türklopfer, der nicht einen stylisierten Löwenkopf darstellt, sondern ein frisches Bauernkind, wie es aufs weinumrankte Fenster sich schwingt, zum Liebsten in die Kammer. Weinranken als Beschläge, Weintrauben als Angeln des Tores. Die Färbung des herbstlichen Laubes durch kunstvolle Patina wiedergegeben.

Pâte touche: gemeint ist wohl: Pâte sur Pâte; in der zweiten Hälfte des 19. Jh.s nach chinesischen Vorbildern namentlich in der Porzellanmanufaktur von Sèvres entwickelte Dekorationstechnik.

St. Germain: Jean-Josephe de Saint-G. (1719–nach 1787), schuf vor allem Bronzen; auch Uhrgehäuse.

Charpentier: Alexander Ch. (1856–1909), französischer Bildhauer und Entwerfer von Art-Nouveau-Möbeln.

Valgrén: Ville Vallgren (1855–1940), finnischer Bildhauer; schuf vor allem Kleinarbeiten, Aktstatuetten in Bronze, Silber und Keramik u. ä.

Ein junger Maler stellt eine Reihe von Fayence-Schüsseln aus. Der Mann hat lange Jahre versucht, den Metallglanz der Maurischen Fayencen und den Metallglanz der Gubbios herauszubringen. Versuche verschlangen sein Vermögen, bis endlich die Probe gelang. Die herrlich schillernden Untergründe zieren Motive, welche die Grenzen des herkömmlichen Dekors bedeutend erweitern. Die Zeichnung ist breit und kräftig und gibt Gedanken wieder, erweckt Sensationen, die direkt *Baudelaires* Gedichten entströmen.

Unendliche Himmelsflächen – ein strahlender Sonnenaufgang – nur die rotleuchtende Kugel im schimmernden Grund. Oder in perlmutterleuchtender Kälte ein einsamer Gletscher starr herausragend. Märchenhafte Algen und Muscheln vom Meeresgrund, und besonders jene großen, geheimnisvollen Blumen, die wie wundgeküßte Lippen sinnlich locken, in trauernden und todblassen Farben, die *»Fleurs du mal«*! Dies alles flimmert und schimmert in fluktuierendem Glanz. Alte Kunsttechnik und modernste Empfindung haben der Schönheit neuen Ausdruck verliehen.

Die Flambés von *Chaplet* zeigen eine feine Betätigung der Empfindung für die wechselnde Färbung der Dinge. Die Holz-Möbel von *Carabin* haben den großen Fehler, daß sie ihrem Zwecke nicht entsprechen, unlogisch sind. Sie sind zu bildhauerisch gedacht. Die Fülle der Dekorationsmotive daran ist aber bewundernswert. Halb japanisch, halb gotisch wird die Tierwelt in schärfster Naturbeobachtung und mit feinem Humor zum Schmuck der Möbel verwendet.

Alles in allem finden wir hier die Anfänge einer aus den

Baudelaires: Charles Baudelaire (1821–67); von großem Einfluß auf die Symbolisten; seine Gedichtsammlung *Les Fleurs du mal* (1857) wurde bei Erscheinen wegen »Gefährdung der Sittlichkeit« gerichtlich verboten.

Chaplet: Ernest Ch. (1835–1909), französischer Keramiker; seine Vasen in chinesischer Form hatten eine »Flambé«-Glasur: rot mit blau, in China entwickelt und in Europa vor allem im 19. Jh. benutzt.

Carabin: François Rupert C. (1862–1932), französischer Bildhauer; korrespondierendes Mitglied der »Secession«.

herrschenden Kunst-Anschauungen naturgemäß sich entwickelnden Kunst-Industrie. Es wäre nur zu wünschen, daß der Kunstgegenstand aufhört nur Schaustück zu sein – daß der Gebrauchsgegenstand anfängt, künstlerischen Wert zu haben. Mögen nun die Künstler noch diesen Schritt nach vorwärts machen und Gebrauchsgegenstände schaffen, die allen zugänglich, alle Augen durch künstlerische Eigenart erfreuen, dann hat die Zeit des *Baudelaire* und des *Millet* nicht nur eine aristokratische, wenigen Mitmenschen verständliche Kunst, sie hat auch eine Kunst, die das Gemeingut des ganzen Volkes wird.
Wir aber machen noch immer aus neunundneunzig Renaissancemustern ein – hundertstes.

ARNOLD SCHÖNBERG

Komfort als Weltanschauung

Unsere Zeit sucht vieles. Gefunden aber hat sie vor allem etwas: den Komfort. Der drängt sich in seiner ganzen Breite sogar in die Welt der Ideen und macht es uns so bequem, wie wir es nie haben dürften. Man versteht es heute besser denn je, sich das Leben angenehm zu machen. Man löst Probleme, um eine Unannehmlichkeit aus dem Wege zu räumen. Aber, wie löst man sie? Und daß man überhaupt meint, sie gelöst zu haben! Darin zeigt sich am deutlichsten, was die Voraussetzung der Bequemlichkeit ist: die Oberflächlichkeit. So ist es leicht, eine »Weltanschauung« zu haben, wenn man nur das anschaut, was angenehm ist, und das übrige keines Blickes würdigt. Das übrige, die Hauptsache nämlich. Das, woraus hervorginge, daß diese Weltan-

Millet: Jean-François M. (1814–75), Hauptvertreter der französischen realistischen Malerei des 19. Jh.s; wandte sich später dem »paysage intime« zu, zu dessen Meistern er gehört.

schauungen ihren Trägern zwar wie angemessen sitzen, aber daß die Motive, aus denen sie bestehen, vor allem entspringen dem Bestreben, sich zu exkulpieren. Denn komischerweise: die Menschen unserer Zeit, die neue Moralgesetze aufstellen (oder noch lieber alte umstoßen), können mit der Schuld nicht leben! Aber der Komfort denkt nicht an Selbstzucht, und so wird die Schuld abgewiesen oder zur Tugend erhoben. Worin sich für den, der genau hinsieht, die Anerkennung der Schuld als Schuld ausdrückt. Der Denker, der sucht jedoch, tut das Gegenteil. Er zeigt, daß es Probleme gibt, und daß sie ungelöst sind. Wie Strindberg, daß »das Leben alles häßlich macht«. Oder wie Maeterlinck, daß »drei Viertel unserer Brüder zum Elend verdammt« sind. Oder wie Weininger und alle andern, die ernsthaft gedacht haben.

Der Komfort als Weltanschauung! Möglichst wenig Bewegung, keine Erschütterung. Die den Komfort so lieben, werden nie dort suchen, wo nicht bestimmt etwas zu finden ist.

Maeterlinck: s. Anm. S. 334.

3

Literarische Epoche

Die literarischen Vertreter der Wiener Moderne haben – das ist schon in der Einleitung dieses Bandes im Zusammenhang ausführlicher dargelegt worden – sehr bald versucht, ihre eigene Epochenbezeichnung zu finden, oder besser gesagt: sich gegen Etikettierungen von außen zur Wehr zu setzen. Das ist zwar einerseits von der Diskussion der Schlagworte wie Décadence, Impressionismus, Symbolismus u. a. nicht zu trennen, muß aber andererseits doch deutlich davon unterschieden werden. Hier geht es mit quasi-programmatischen Äußerungen in der Auseinandersetzung um nichts Geringeres als adäquate Zeitgenossenschaft. Zentral darin: der Ausdruck »die Moderne«, den alle im Munde führen. »Heute scheinen zwei Dinge modern zu sein«, schreibt der junge Hofmannsthal 1893 in der *Frankfurter Zeitung*, »die Analyse des Lebens und die Flucht aus dem Leben. Gering ist die Freude an Handlung, am Zusammenspiel der äußeren und inneren Lebensmächte, am Wilhelm-Meisterlichen Lebenlernen und am shakespearischen Weltlauf. Man treibt Anatomie des eigenen Seelenlebens oder man träumt. Reflexion oder Phantasie, Spiegelbild oder Traumbild. Modern sind alte Möbel und junge Nervositäten. Modern ist das psychologische Graswachsenhören und das Plätschern in der reinphantastischen Wunderwelt. Modern ist Paul Bourget und Buddha; das Zerschneiden von Atomen und das Ballspielen mit dem All; modern ist die Zergliederung einer Laune, eines Seufzers, eines Skrupels; und modern ist die instinktmäßige, fast somnambule Hingabe an jede Offenbarung des Schönen, an einen Farbenakkord, eine funkelnde Metapher, eine wundervolle Allegorie.«[1] Heterogenste

1 Hugo von Hofmannsthal, *Reden und Aufsätze* I, hrsg. von Schoeller/Hirsch, S. 176.

Dinge sind hier unter einem Sammelbegriff notdürftig zusammengefaßt. Modern: das ist die Abbreviatur der Epoche für eine Erscheinung von äußerster Komplexität. Entsprechend sind die zahllosen Bemühungen um Eingrenzung und Definition dessen, was man darunter verstehen möchte.
Hermann Bahr ist zwar nicht der Erfinder des Schlagwortes »die Moderne« – es stammt von Eugen Wolff –, wohl aber hat er es durchgesetzt. Er gab seit 1890 seine Aufsätze in mehreren »Reihen« unter dem Sammeltitel einer *Kritik der Moderne* heraus. Der hier in Auszügen abgedruckte Aufsatz stand programmatisch im ersten Heft der Zeitschrift *Moderne Dichtung*. Bahr verfaßte ihn auf einer Spanienreise, bevor er 1891 – um unter anderem an dieser Zeitschrift mitzuarbeiten – für viele Jahre nach Wien zurückkehrte. Der Text trägt die für Bahr typischen Stilmerkmale, die ihn eher zu einer Conférence als zu einem Programmaufsatz machen. – Der Vortrag, den Friedrich Michael Fels unter demselben Titel am 28. Oktober 1891 bei der Eröffnung der »Freien Bühne« in Wien gehalten hat, zeigt deutlich, daß die Wiener Moderne zunächst den Versuch macht, sich am Naturalismus zu orientieren, wenn es heißt: »Naturalist ist schließlich jeder«. Aber gleichzeitig wird die Technik detaillierter Beschreibung äußerer Zustände um die Forderung erweitert, sich der »Innenwelt« in gleicher Weise zuzuwenden; das nimmt Bahrs Forderungen wieder auf. – Richard Kralik, Ritter von Meyrswalden gehörte nach seiner Konversion zur Römischen Kirche zu den profiliertesten Vorkämpfern der katholischen Bewegung in Österreich. Er war Mitbegründer des »Verbandes katholischer Schriftsteller« und Begründer und Leiter des »Gralbundes«, einer literarischen Vereinigung in Wien, die seit 1906 eine Monatsschrift *Der Gral* herausgab; ihrem ersten Jahrgang ist Kraliks Beitrag »Was ist modern?« entnommen. Er belegt, daß es sich nicht um ein isoliertes Problem einer besonderen Gruppe oder der Generation der »Jüngsten« handelte, und ist – für den Katholiken Kralik – auf dem Hintergrund der Modernis-

mus-Diskussion in der Römischen Kirche zu sehen, die unter Pius X. ihren Höhepunkt erreichte und erst seit 1910 mit dem von allen Klerikern geforderten »Antimodernisteneid« langsam verebbte.

Neben dem Begriff der »Moderne«, der die neue Literatur, Kunst, Kultur überhaupt, umfassen sollte, war es insbesondere das Schlagwort von der »Überwindung des Naturalismus«, das Bahr auf seine Fahnen geschrieben hatte und das bis heute mit seinem Namen aufs engste verbunden ist. Die Überschrift dieses Aufsatzes war zugleich der Titel einer ganzen Sammlung von Arbeiten Bahrs, die 1891 erschien und die einzelne Aufsätze aus dem *Berliner Tageblatt*, der *Frankfurter Zeitung*, der *Freien Bühne für modernes Leben*, der *Nation*, dem *Magazin für Literatur*, der *Modernen Dichtung*, dem *Kunstwart* und *Deutschland* vereinigte. – Nun ist die Stoßrichtung deutlich; es geht gegen den Naturalismus.

Bahr suchte die Zeichen der Zeit zu deuten, sie den Wienern zu vermitteln; für ihn handelte es sich dabei insbesondere darum, ausländischen – zumeist französischen – Einflüssen Geltung zu verschaffen. Mit seinem Beitrag »Die Entdekkung der Provinz« gab er seinen Einstand im *Wiener Neuen Tagblatt*, zu dem er am 1. Oktober 1899 von der *Zeit* übergewechselt war. Wieder hatte sein Artikel – wie schon die vorangehenden zur Moderne und zur Überwindung des Naturalismus – programmatischen Charakter und programmatische Absicht. Bereits eineinhalb Jahre zuvor hatte er im Anschluß an eine Besprechung des neuen Romans *Les Déracinés* von Maurice Barrès »gegen die große Stadt« polemisiert und die Frage gestellt, ob man als guter Europäer dem Franzosen nicht in die Provinz, literarisch gesprochen: in die Heimatliteratur folgen solle. Die »Entdeckung der Provinz« ist die Antwort darauf.

Hans Sittenberger, Erzähler und Dramatiker, hatte alte Sprachen und Germanistik studiert; innerhalb seiner *Studien zur Dramaturgie der Gegenwart* widmete er den ersten Band dem »dramatischen Schaffen in Österreich«. Es war beliebt, von »Schulen« zu sprechen. Schon Karl Kraus hatte es 1896 in der *Demolierten Literatur* getan. Was dort aber noch Literatursatire war, erhob hier den Anspruch wissenschaftlich begründeter Rubrizierung: Sittenberger nannte ein Kapitel seiner Abhandlung »Die moderne Wiener Schule«. Dieser Schritt führt deutlich in die Richtung der Literaturgeschichtsschreibung. Als die Frühexpressionisten zu Beginn des zweiten Jahrzehnts des neuen Jahrhunderts zu publizieren begannen, schrieb einer ihrer namhaftesten Vertreter, Ernst Stadler, bereits, daß »die Zeit der geschniegelten Wiener Kulturlyrik [...] endgültig vorbei« sei: »man ist es satt, immer nur Ausklang, Spätling zu sein. Der Wille regt sich, vorwärts zu zeigen, statt zurück, Anfang zu sein, lieber Unbeholfenheiten und Geschmacklosigkeiten zu wagen, als in der Fessel eines immer mehr erstarrten Formalismus zu verkümmern.« Er übersprang, was bei Sittenberger »Schule« hieß, und knüpfte expressis verbis bei den Naturalisten wieder an, wenn er in seiner Rezension der Gedichte von Georg Heym dessen »lyrische Technik« wie einen »ins Groteske gesteigerten Naturalismus« verstand, »der freilich durch die strenge Zucht der neuen lyrischen Verskultur hindurchgeschritten« sei.[2] Das hieß: 1911 war die literarische Wiener Moderne bereits historisch geworden; eine Schule zwar, aber eine, die man ablehnte. Die Epoche war definiert, man konnte sie hinter sich lassen.

2 Ernst Stadler, »Georg Heym: Der ewige Tag. Leipzig 1911«, in: *Cahiers Alsaciens*, Jg. 1 (1912), Nr. 3 (Mai), S. 144–146; zitiert nach: E. St., *Dichtungen*, hrsg. von Karl Ludwig Schneider, Bd. 2, Hamburg o. J., S. 11.

HERMANN BAHR

Die Moderne

Es geht eine wilde Pein durch diese Zeit und der Schmerz ist nicht mehr erträglich. Der Schrei nach dem Heiland ist gemein und Gekreuzigte sind überall. Ist es das große Sterben, das über die Welt gekommen?
Es kann sein, daß wir am Ende sind, am Tode der erschöpften Menschheit, und das sind nur die letzten Krämpfe. Es kann sein, daß wir am Anfange sind, an der Geburt einer neuen Menschheit, und das sind nur die Lawinen des Frühlings. Wir steigen ins Göttliche oder wir stürzen, stürzen in Nacht und Vernichtung – aber Bleiben ist keines.
Daß aus dem Leide das Heil kommen wird und die Gnade aus der Verzweiflung, daß es tagen wird nach dieser entsetzlichen Finsternis und daß die Kunst einkehren wird bei den Menschen – an diese Auferstehung, glorreich und selig, das ist der Glaube der Moderne. [...]
Die Moderne ist nur in unserem Wunsche und sie ist draußen überall, außer uns. Sie ist nicht in unserem Geiste. Sondern das ist die Qual und die Krankheit des Jahrhunderts, die fieberische und schnaubende, daß das Leben dem Geiste entronnen ist. Das Leben hat sich gewandelt, bis in den letzten Grund, und wandelt sich immer noch aufs neue, alle Tage, rastlos und unstät. Aber der Geist blieb alt und starr und regte sich nicht und bewegte sich nicht und nun leidet er hilflos, weil er einsam ist und verlassen vom Leben. [...]
Die Vergangenheit war groß, oft lieblich. Wir wollen ihr feierliche Grabreden halten. Aber wenn der König bestattet ist, dann lebe der andere König!
Wir wollen die Fenster weit öffnen, daß die Sonne zu uns komme, die blühende Sonne des jungen Mai. Wir wollen alle Sinne und Nerven auftun, gierig, und lauschen und lauschen. Und mit Jubel und Ehrfurcht wollen wir das Licht

grüßen, das zur Herrschaft einzieht in die ausgeräumten Hallen.

Es ist nicht wahr, daß es große Taten braucht und einen gewaltigen Messias. Es braucht nur eine schlichte und einfältige Liebe zur Wahrheit. Nur der hochmütige Stolz werde gejätet, der mit Verstand den Sinnen widerstehen will.

Draußen, in dem Gewordenen von heute ist die Erlösung. Innen, in dem Überlieferten von gestern, ist der Fluch. Wir wollen wallfahrten aus der engen, dumpfen Klause nach den hellen, weiten Höhen, wo die Vögel singen, Pilgrime der Sinne.

Ja, nur den Sinnen wollen wir uns vertrauen, was sie verkündigen und befehlen. Sie sind die Boten von draußen, wo in der Wahrheit das Glück ist. Ihnen wollen wir dienen. [...]

Wir haben nichts als das Außen zum Innen zu machen, daß wir nicht länger Fremdlinge sind, sondern Eigentum erwerben, [...] der Segen, der uns erfüllen wird, kommt von außen, ein Geschenk des Lebens. Wir brauchen uns nur zu öffnen. Wenn wir ihm nur unseren Schoß in liebender Hingebung gewähren, dann keimt die Frucht. [...]

Aber dreifach ist die Wahrheit, dreifach das Leben, und dreifach darum ist der Beruf der neuen Kunst. Eine Wahrheit ist der Körper, eine Wahrheit in den Gefühlen, eine Wahrheit in den Gedanken. Die Körper wollen wir schauen, die einzelnen und die ganzen, in denen die Menschheit lebt, wollen forschen, welchen Gesetzen sie gehorchen, welche Schicksale sie erfahren, von welchen Geburten, nach welchen Toden sie wandern, wollen es aufzeichnen, wie es ist. Die Gefühle wollen wir suchen, in unserer Brust und in den fremden, welche nur irgendwo seufzen, träumen oder schnauben, wollen sie in Retorten setzen, in Dampf gehitzt und wieder erkältet, mit anderen gebunden und vermischt, in ihre Gase zerkocht, wollen es anmerken, wie sie sind. Und wenn dann die Zeichen und Marken in den Gehirnen wandeln, sich begegnen und umarmen, zu Reihen gesellen und in Reihen verschlingen, wenn die in die Seelen getretene

Wahrheit sich ins Seelische verwandelt, die seelischen Sprachen annimmt und deutliche Symbole schafft, wenn endlich alles Außen ganz Innen geworden und dieser neue Mensch ein vollkommenes Gleichnis der neuen Natur ist, wieder ein Ebenbild der Gottheit nach so langer Entstellung, diesen neuen Geist wollen wir dann aussagen, was er für Meinungen und Befehle hat. [...]

Wir haben kein anderes Gesetz als die Wahrheit, wie jeder sie empfindet. Der dienen wir. [...]

Dieses wird die neue Kunst sein, welches wir so schaffen. Und es wird die neue Religion sein. Denn Kunst, Wissenschaft und Religion sind dasselbe. Es ist immer nur die Zeit, jedesmal in einen anderen Teig geknetet.

Vielleicht betrügen wir uns. Vielleicht ist es nur Wahn, daß die Zeit sich erneut hat. Vielleicht ist es nur der letzte Krampf, das überall stöhnende, der letzte Krampf vor Erstarrung in das Nichts.

Aber wenigstens wäre es ein frommer Betrug, weil er das Sterben leicht macht.

FRIEDRICH MICHAEL FELS

Die Moderne

Die Vorwürfe, die von den Anhängern der älteren Kunstrichtung gegen uns erhoben werden, laufen im Grunde immer auf den einen hinaus: daß wir keine Achtung haben vor dem Bestehenden, daß wir einreißen und nur einreißen, ohne jemals imstande zu sein, ein neues Festes, ein neues Positives, ein neues Künstlerisches anstelle des verworfenen Alten zu errichten.

Das ist eine Behauptung, über die sich streiten läßt.

Es ist unzweifelhaft richtig, daß etwas vom Geiste Ibsens, der von sich sagen konnte: »Zu fragen ist mein Amt, nicht zu antworten«, in diesem ganzen jüngern Geschlechte lebt,

daß die Probleme, die sich die heutige Literatur stellt, zumeist nur gestellt und nicht gelöst werden, daß schließlich die künstlerischen Formen, sowie sie im Verlaufe der Zeiten sich herausgebildet haben, ihrer mehr oder minder vollständigen Auflösung entgegenzugehen drohen; und ebenso richtig, daß bei diesem jugendlich kräftigen und jugendlich heftigen Ansturme manches mit über den Haufen geworfen wird, was wohl längeren Bestand verdient hätte.
Aber auf der andern Seite darf niemals übersehen werden, von welchem Standpunkte aus und zu welchem Endziele dies alles geschieht.
Es wird keinem, und auch nicht dem überzeugtesten, verbissensten und fanatischesten »Naturalisten« – um doch einmal bei diesem eingebürgerten Ausdrucke zu bleiben –, es wird keinem einfallen, die Erzeugnisse der modernen Literatur irgendwie in Parallele zu setzen mit der Hinterlassenschaft klassischer Perioden, der griechischen oder Weimaraner Zeit. Ich glaube kaum, daß es irgend einen völlig modernen Schriftsteller gibt, in dessen Werken nicht, in dieser oder jener Form, der Gedanke zum Ausdruck käme: Wir stehen an der Grenzscheide zweier Welten; was wir schaffen, ist nur Vorbereitung auf ein künftiges Großes, das wir nicht kennen, kaum ahnen; es wird ein Tag kommen, da wir nicht mehr gelesen werden; freuen wir uns, daß der Tag bald komme!
Das ist das dekadente Bekenntnis eines sinkenden, haltlosen, unsicher treibenden Geschlechtes. Man hat ja immer und stets die Erfahrung gemacht, daß jede neue Generation ihren Vätern dekadent erscheint, erscheinen muß. [...]
Und: je mehr einer sich losreißt vom ursprünglichen Tier in ihm und je mehr er zum eigentlichen Menschen wird, um so mehr wird er auch Dekadent, denn um so mehr verliert er an Ursprünglichkeit des Wollens und Handelns. Die moderne Anschauung deckt sich hier mit der biblischen vom ersten Sündenfall.
In dem Sinne also hat Dekadenz immer und überall existiert. Und der Grund, weshalb uns hauptsächlich die Bezeichnung

zukommt, ist einzig der: daß *wir,* seit den spätrömischen und hellenistischen Zeiten, die ersten sind, die sich vollkommen bewußt geworden über die Tendenz des Jahrhunderts, die ersten sind, die, nicht mit Stolz und nicht mit Bedauern, in dem ruhigen Ton, mit dem man Unabwendbares berichtet, von sich sagen: Wir sind dekadent. [...]
Und wie?! Wenn dies alles von der Formlosigkeit der neuen Kunst falsch, ganz falsch wäre? Wenn diese neue Kunst wirklich eine Form hätte, die wir nur nicht zu erkennen vermögen, weil sie neu ist wie ihr Inhalt und weil wir so in Bewunderung oder Mißachtung des Inhalts vertieft sind, daß wir überhaupt gar nicht dazu kommen, auch jene auf ihre Gesetze hin zu prüfen? Als »Figaros Hochzeit« von Beaumarchais zum erstenmale aufgeführt wurde, da war es nicht das Kunstwerk, nicht die glänzende Form, der das Publikum begeisterten Beifall zujubelte: es war der Inhalt, die Tendenz, die klatschenden Geißelhiebe der Satire, was entzückte. Es ist noch nicht gar lange her, daß Spielhagen erklärt hat, die Ibsenschen Dramen seien gar keine Dramen, es seien dialogisierte letzte Romankapitel. Heute erhebt gegen Ibsen kaum jemand solche Einwürfe, aber gegen Hauptmann erhebt man sie und gegen die »Familie Selicke«. Wer bürgt mir dafür, daß man in einem Dezennium nicht auch Hauptmann, Holz und Schlaf gelten läßt? Aber allerdings wird man dann andere Neuerer haben, und die wird man sicher nicht gelten lassen.

Figaros Hochzeit: Das Drama *La Folle journée ou le mariage de Figaro* des französischen Dramatikers Pierre Augustin Caron de Beaumarchais (1732–99) wurde am 27. September 1783 auf Schloß Vaudreuil in Gennevilliers uraufgeführt. Die öffentliche Aufführung fand am 27. April 1784 in der Comédie Française statt; am Hofe erst am 19. August 1785. Ludwig XVI. hatte die öffentliche Aufführung zunächst mit dem Hinweis, eher solle die Bastille niedergerissen werden, verboten.

Spielhagen: Friedrich Sp. (1829–1911), deutscher Erzähler und Dramatiker; auch Theoretiker des Romans und des Dramas; seine Zeit- und Gesellschaftsromane spiegeln die Entwicklung Deutschlands in der zweiten Hälfte des 19. Jh.s; er wurde von den Naturalisten heftig bekämpft.

Familie Selicke: naturalistisches Drama (1890) von Arno Holz (1863–1929) und Johannes Schlaf (1862–1941).

Es gibt drei Arten von Menschen: solche, die ihrer Zeit vorausgehen, solche, die in ihrer Zeit stehen, und solche, die ihrer Zeit um ein halbes oder ganzes Menschenalter nachhinken. Aber sagen Sie, verehrte Anwesende, wäre dies ganze Leben nicht gräßlich öde, leer und monoton, wenn diese drei Klassen nicht in einem fort gegen einander, das sagt: miteinander arbeiteten!...

Das Schlagwort, unter dem man die künstlerischen Bestrebungen der Gegenwart zusammenzufassen pflegt, heißt Naturalismus. Nun ist es allerdings das entscheidende Kennzeichen der Moderne, daß sie keine einseitige Einzelrichtung ist, daß in ihr die verschiedensten und entgegengesetztesten Anschauungen und Bestrebungen Platz finden; aber die uns getauft, haben glücklicherweise den Begriff so weit gezogen, daß wir mit dem Namen wohl zufrieden sein können. Naturalist ist schließlich jeder. Naturalist ist, wer die Außenwelt mit all ihren Details peinlichst sorgfältig nachzubilden sucht, indem er das ungeordnet Zufällige, Unwichtige und Zusammenhangslose streng beibehält; Naturalist ist, wer sich in die Innenwelt versenkt und mit ängstlichem Bemühen jeder kleinsten Nüanzierung seines Seelenlebens nachspürt; Naturalist ist schließlich jeder Romantiker, insofern er nicht mit Berechnung Romantiker ist, sondern die feste Absicht eines getreuen Lebensbildes hat und nur durch die Eigenart seines Temperaments zur romantischen Umbildung verführt wird. Mir wenigstens ist jene Stelle aus dem Tagebuche der Goncourts immer außerordentlich wichtig und interessant erschienen, wo Théophile Gautier seiner Überzeugung Ausdruck verleiht, er sei ein Naturalist: »Mein einziger Wert besteht darin, daß ich ein

Tagebuche der Goncourts: Die Brüder Edmond-Louis-Antoine Huot de Goncourt (1822–96) und Jules-Alfred Huot de Goncourt (1830–70), Romanciers des französischen Naturalismus, schrieben seit 1851 ein literarhistorisch besonders wichtiges *Journal*, das sie anfangs gemeinsam verfaßten und das von Edmond nach dem Tode seines Bruders weitergeführt wurde. Bis 1911 waren 9 Bände erschienen.

Gautier: Théophile G. (1811–72), französischer Lyriker, Erzähler, Kunst- und Theaterkritiker, der als Romantiker anfing und als »Parnassien« endete.

Moriz Jung: Postkarte. Wiener Werkstätte

Mensch bin, für den die sichtbare Welt vorhanden ist«. Und wer Schiller studiert hat, seine Stoffe und ihre Behandlung ins Auge faßt, wird sich sagen, daß in diesem Urtypus des »Idealisten« ein ganz ansehnliches Stück eines Naturalisten stecke, auch nachdem die »Räuber« längst erschienen waren. Worte, Worte, Worte! Naturalist ist jeder gute Dichter, und mag er sich noch so idealistisch, romantisch, symbolistisch usw. geberden. Und gäbe es lauter Genies, dann brauchte man keine Schule und keine Richtung; dann wäre ein jeder für sich selbst Richtung, ein jeder hätte sich selbst erzogen und steckte sich selbst eigene Ziele; dann gäbe es keine Idealisten und keine Naturalisten, und man brauchte auch keine »Freien Bühnen« – was sehr gut wäre und speziell für uns, die wir die hiesige »Freie Bühne« begründet haben, eine sehr sorgenlose und vergnügliche Art zu leben.
Aber da es nun einmal die Art dieser Ideale ist, Ideale auch zu bleiben, da die Genies nicht wild wachsen wollen und in Schulen die Talente immer noch gezüchtet werden müssen, so »nehmen auch wir unser Kreuz auf uns«. Was die neue Literatur hervorgebracht hat an Beachtenswertem, sei es nun naturalistisch oder neuidealistisch, symbolistisch oder impressionistisch: wir beabsichtigen es Ihnen in sorgfältiger Auswahl vorzuführen, nur von dem einen Bestreben geleitet, Ihnen zu bieten, was wir für gut, für künstlerisch gut finden. Keine andern Absichten, solche die außerhalb der Kunst liegen, werden uns beeinflussen, und mögen Sie vielleicht auch mit manchem, was Sie heute und an künftigen Tagen hier sehen, nicht ganz zufrieden sein, das Zeugnis werden Sie uns nicht versagen können: daß wir uns, indem wir heute Soziales und morgen Individualistisches und übermorgen ein drittes vorführen, wenigstens in dem einen konsequent geblieben sind: in der großen Inkonsequenz. Und wir, gemäß unserem künstlerischen Programm, werden uns schon durch diese Anerkennung beinahe befriedigt fühlen.

RICHARD VON KRALIK

Was ist modern?

Was ist modern? Im guten Sinn heißt modern sein, sich ganz den Anforderungen der Gegenwart hingeben, seiner Zeit das zu geben, was sie braucht, was ihr nottut. In diesem Sinn muß jede Kunstepoche modern sein, wenn sie lebendig sein will. Es gilt nicht abstrakte Beispiele der Ästhetik aufzustellen, sondern die Kunstwerke, die eben heute die notwendige Geistesnahrung der Mitwelt bieten sollen. Das heißt aber nicht, daß man immer mit dem Strom der herrschenden Tagesmeinung zu schwimmen hat, um modern zu sein. Wer sich diesem Strom entgegenstellt und ihn in neue, gedeihlichere Bahnen zu lenken sucht, der wird noch moderner, noch zeitgemäßer wirken.

Nun versteht man aber auch unter »modern« eine gewisse kapriziöse Technik, die mit den achtziger Jahren des 19. Jahrh. aufkam, aber eigentlich schon seit den neunziger Jahren wieder aufgegeben ist. Worin bestand das Charakteristische dieser »modernen« Technik? In einer Verfeinerung, Zuspitzung, Häufung, Drängung der Kunstmittel gegenüber der klassischen und der volkstümlichen Technik. Es ist eine Reaktion gegen das klassische Epigonentum gewesen. Aber es war doch auch zugleich eine Epigonenerscheinung, denn ähnliches hatte das junge Deutschland angestrebt, um die Klassiker und Romantiker zu übertrumpfen.

Die Sache ist eigentlich sehr alt. Es ist die Ziererei und der Schwulst der Lohenstein und Hoffmannswaldau, die auch einmal als modern galt, es ist die Salonziererei der Franzosen, die Molière in den »Précieuses ridicules« geißelt und im »Misanthrop«, ihr die natürliche Klassizität des Volkslieds

Lohenstein: Daniel Casper von L. (d. i. Daniel Casper, 1635–83), bedeutender Dichter des deutschen Spätbarock.

Hoffmannswaldau: Christian Hofmann von Hofmannswaldau (1617–79), Haupt der sog. Zweiten Schlesischen Dichterschule; Lyriker und Epigrammatiker; Wegbereiter des deutschen Marinismus.

entgegensetzend. Es ist der Gongorismus, Marinismus, Euphemismus des 16. Jahrhunderts, der sogar so modern war, daß sich Shakespeare nur mit großer Energie ihm entziehen konnte. Es ist die Gespreiztheit und Häufung der späteren Minnesinger, seit Konrad von Würzburg, Frauenlob usw., die jene einfache klassische Weise des Kürenbergers und Vogelweiders überbieten wollten. Es ist die verschnörkelte, rätselschwelgende Technik der nordischen Skalden gegenüber der Kraft der Eddalieder. Es ist der gezierte Stil der späteren Latinität, das Alexandrinertum gegenüber der Klassik volkstümlicher nationaler Kunst usw. Das alles war einmal vorübergehend »modern«. Wir wissen heute vom ersten bis zum letzten Stadium, daß es Verfallserscheinungen, Überwucherungen, Verderbnisse der Kunst und des Lebens waren. Und darauf sollen wir noch einmal hereinfallen! Nein, wir wollen in höherem, wahrerem Sinn modern sein und für unsere Zeit arbeiten.

Gongorismus: nach dem spanischen Barockdichter Luis de Góngora y Argote (1561–1627) der spanische schwulstige Barockstil.

Marinismus: nach Giambattisto Marini (Marino) (1569–1625) der italienische schwulstige Barockstil.

Euphemismus: gemeint ist wohl: Euphuismus; nach dem Roman *Euphues* (1580) des englischen Dichters John Lyly (um 1554–1606) der englische schwulstige Barockstil.

Konrad von Würzburg: K. v. W. (1220/30–87), mittelhochdeutscher Dichter; Epigone der höfischen Klassik.

Frauenlob: Heinrich von Meißen (genannt F. wegen seines Preisliedes auf Maria, 1250–1318), mittelhochdeutscher Lyriker.

Kürenbergers: der Kürenberger (Mitte des 12. Jh.s), der älteste namentlich bekannte Lyriker deutscher Sprache.

Vogelweiders: Walther von der Vogelweide (um 1170 – um 1230), der bedeutendste Lyriker der mittelhochdeutschen Klassik.

Eddalieder: Die sog. *Ältere Edda* enthält die alten, einfachen altisländischen Götter- und Heldenlieder der Germanen.

Alexandrinertum: nach der Akademie von Alexandria (3. Jh. nach Chr.); hier: Manierismus.

HERMANN BAHR

Die Überwindung des Naturalismus

> »La vie dans l'Esprit, comme dans la Nature, échappe à la definition. Elle est chose sacrée et qui ne relève que de la Cause Inconnue.« *Bourget.*

Die Herrschaft des Naturalismus ist vorüber, seine Rolle ist ausgespielt, sein Zauber ist gebrochen. In den breiten Massen der Unverständigen, welche hinter der Entwickelung einhertrotten und jede Frage überhaupt erst wahrnehmen, wenn sie längst schon wieder erledigt ist, mag noch von ihm die Rede sein. Aber die Vorhut der Bildung, die Wissenden, die Eroberer der neuen Werte wenden sich ab. Neue Schulen erscheinen, welche von den alten Schlagworten nichts mehr wissen wollen. Sie wollen weg vom Naturalismus und über den Naturalismus hinaus.

Es sind nun zwei Fragen, die sich nicht abweisen lassen.

Erstens die Frage, was das Neue sein wird, das den Naturalismus überwinden soll.

Zweitens die Frage nach dem künftigen Schicksal des Naturalismus. Wie dieser sich neben solcher Neuerung ausnehmen, wofür er dem nächsten Geschlecht gelten und was er am Ende in der Summe der Entwickelungen bedeuten wird.

Spuren des Neuen sind manche vorhanden. Sie erlauben viele Vermutungen. Eine Weile war es die Psychologie, welche den Naturalismus ablöste. Die Bilder der äußeren Welt zu verlassen um lieber die Rätsel der einsamen Seele aufzusuchen – dieses wurde die Losung: Man forschte nach den letzten Geheimnissen, welche im Grunde des Menschen schlummern. Aber diese Zustände der Seele zu konstatieren genügte dem unsteten Fieber der Entwickelung bald nicht mehr, sondern sie verlangten lyrischen Ausdruck, durch

Bourget: s. Anm. S. 318.

welchen erst ihr Drang befriedigt werden könnte. So kam man von der Psychologie, zu welcher man durch einen konsequenten Naturalismus gekommen war, weil ihre Wirklichkeit allein von uns erfaßt werden kann – so kam man von der Psychologie, wie ihren Trieben nachgegeben wurde, notwendig am Ende zum Sturze des Naturalismus: Das Eigene aus sich zu gestalten, statt das Fremde nachzubilden, das Geheime aufzusuchen, statt dem Augenschein zu folgen, und gerade dasjenige auszudrücken, worin wir uns anders fühlen und wissen als die Wirklichkeit. Es verbreitete sich am Ende der langen Wanderung nach der ewig flüchtigen Wahrheit wieder das alte Gefühl des petöfischen Liedes: »Die Träume, Mutter, lügen nimmer«; und wieder wurde die Kunst, die eine Weile die Markthalle der Wirklichkeit gewesen, der »Tempel des Traumes«, wie Maurice Maeterlinck sie genannt hat. Die Ästhetik drehte sich um. Die Natur des Künstlers sollte nicht länger ein Werkzeug der Wirklichkeit sein, um ihr Ebenbild zu vollbringen; sondern umgekehrt, die Wirklichkeit wurde jetzt wieder der Stoff des Künstlers, um seine Natur zu verkünden, in deutlichen und wirksamen Symbolen.

Auf den ersten Blick scheint das schlechtweg Reaktion: Rückkehr zum Klassizismus, den wir so böse verlästert, und zur Romantik. Die Gegner des Naturalismus behalten recht. Sein ganzer Aufwand ist nur eine Episode gewesen, eine Episode der Verirrung; und hätte man gleich die ehrlichen Warner gehört, welche nicht müde wurden ihn zu verdächtigen und zu beklagen, man hätte sich die ganze Beschämung und manchen Katzenjammer erspart. Man wäre bei der alten Kunst geblieben und brauchte sie sich nicht erst jetzt als die allerneueste Kunst zu erwerben.

Man könnte freilich auch dann manche Verteidigung für ihn finden, manche Entschuldigung und beinahe etwas wie eine

des petöfischen Liedes: Alexander Petöfi (d. i. Sándor Petöfi, 1823–49), der bedeutendste ungarische Lyriker des 19. Jh.s; gemeint ist die letzte Strophe des Gedichtes »Weissagung« (1843).

Maeterlinck: s. Anm. S. 334.

geschichtliche Rechtfertigung – selbst wenn der Naturalismus wirklich bloß eine Verirrung vom rechten Wege weg gewesen wäre. Man könnte sagen: zugegeben, er war eine Verirrung; aber dann ist er eine von jenen notwendigen, unentbehrlichen und heilsamen Verirrungen gewesen, ohne welche die Kunst nicht weiter, nicht vorwärts kann. Freilich ihr Ziel war immer und immer wird es ihr Ziel sein, eine künstlerische Natur auszudrücken und mit solcher Zwingkraft aus sich heraus zur Wirksamkeit über die anderen zu bringen, daß diese unterjocht und zur Gefolgschaft genötigt werden; aber um dieser Wirksamkeit willen gerade, zur Verbindung mit den anderen bedarf sie des wirklichen Stoffes. Das ist in den alten Zeiten selbstverständlich gewesen; aber die philosophische Verbildung hat es verloren. Der beginnende Mensch, wie er es überhaupt unternahm, sein Inneres auszudrücken, konnte es nicht anders als in den Dingen, die eben sein Inneres formten; sonst hatte er nichts in sich. Er trug die Wirklichkeit, die Urgestalt der Wirklichkeit, so wie er sie empfing, unverwandelt in sich, und wenn er sich nach außen entlud, so konnte es bloß in Wirklichkeit sein; jeder Wunsch, jede Hoffnung, jeder Glaube war Mythologie. Als aber die philosophische Schulung über die Menschheit kam, die Lehre zum Denken, da wurden die gehäuften Erlebnisse der Seele an handsamen Symbolen verkürzt: es lernte der Mensch das Konkrete ins Abstrakte zu verwandeln und als Idee zu bewahren. Und nun hat der nachklassische Idealismus manchmal vergessen, daß, wenn eine Natur nach außen wirken will, sie zuvor den nämlichen Prozeß erst wieder zurückmachen muß, vom Abstrakten wieder zurück zum Konkreten, weil jenes, als Kürzung und Statthalter von diesem, nur auf denjenigen wirkt, der dieses schon lange besitzt. Daran ist der Naturalismus eine nützliche und unvermeidliche Mahnung gewesen. So könnte man ihn schon verteidigen, selbst wenn die neue Kunst wirklich zur alten zurückkehrt.

Aber es ist doch ein Unterschied zwischen der alten Kunst und der neuen – wie man sie nur ein bißchen eindringlicher

prüft. Freilich: die alte Kunst will den Ausdruck des Menschen und die neue Kunst will den Ausdruck des Menschen; darin stimmen sie überein gegen den Naturalismus. Aber wenn der Klassizismus Mensch sagt, so meint er Vernunft und Gefühl; und wenn die Romantik Mensch sagt, so meint sie Leidenschaft und Sinne; und wenn die Moderne Mensch sagt, so meint sie Nerven. Da ist die große Einigkeit schon wieder vorbei.
Ich glaube also, daß der Naturalismus überwunden werden wird durch eine nervöse Romantik; noch lieber möchte ich sagen: durch eine Mystik der Nerven. Dann freilich wäre der Naturalismus nicht bloß ein Korrektiv der philosophischen Verbildung. Er wäre dann geradezu die Entbindung der Moderne: Denn bloß in dieser dreißigjährigen Reibung der Seele am Wirklichen konnte der Virtuose im Nervösen werden.

Man kann den Naturalismus als eine Besinnung des Idealismus auf die verlorenen Mittel betrachten.
Dem Idealismus war das Material der idealen Ausdrücke ausgegangen. Jetzt ist die nötige Sammlung und Zufuhr geschehen; es braucht bloß die alte Tradition wieder aufgenommen und fortgesetzt zu werden.
Oder man kann den Naturalismus als die hohe Schule der Nerven betrachten: In welcher ganz neue Fühlhörner des Künstlers entwickelt und ausgebildet werden, eine Sensibilität der feinsten und leisesten Nüancen, ein Selbstbewußtsein des Unbewußten, welches ohne Beispiel ist.
Der Naturalismus ist entweder eine Pause zur Erholung der alten Kunst; oder er ist eine Pause zur Vorbereitung der neuen: jedenfalls ist er Zwischenakt.

Die Welt hatte sich erneut; es war alles ganz anders geworden, ringsum. Draußen wurde es zuerst gewahrt. Dahin wendete sich die unstete Neugier zuerst. Das Fremde schildern, das Draußen, eben das Neue. Erste Phase.
Aber gerade darum, damit, dadurch hatte sich auch der

Karl Schwetz: Postkarte. Wiener Werkstätte

Mensch erneut. Den gilt es jetzt: sagen, wie er ist – zweite Phase. Und mehr noch, aussagen, was er will: Das Drängende, Ungestüme, Zügellose – das wilde Begehren, die vielen Fieber, die großen Rätsel.
Ja – auch die Psychologie ist wieder nur Auftakt und Vorgesang: Sie ist nur das Erwachen aus dieser langen Selbstentfremdung des Naturalismus, das Wiederfinden der forschenden Freude an sich; das Horchen nach dem eigenen Drang. Aber der wühlt tiefer: sich verkünden, das Selbstische, die seltsame Besonderheit, das wunderliche Neue. Und dieses ist im Nervösen. – Dritte Phase der Moderne.

Der neue Idealismus ist von dem alten zweifach verschieden: sein Mittel ist das Wirkliche, sein Zweck ist der Befehl der Nerven.
Der alte Idealismus ist richtiges Rokoko. Ja, er drückt Naturen aus. Aber Naturen sind damals Vernunft, Gefühl und Schnörkel: Siehe Wilhelm Meister. Der romantische Idealismus wirft die Vernunft hinaus, hängt das Gefühl an die Steigbügel der durchgehenden Sinne und galoppiert gegen die Schnörkel: er ist überall gotisch maskiert. Aber weder der alte noch der romantische Idealismus denken daran, sich erst aus sich heraus ins Wirkliche zu übersetzen: sie fühlen sich ohne das, in der nackten Innerlichkeit, lebendig genug.
Der neue Idealismus drückt die neuen Menschen aus. Sie sind Nerven; das andere ist abgestorben, welk und dürr. Sie erleben nur mehr mit den Nerven, sie reagieren nur mehr von den Nerven aus. Auf den Nerven geschehen ihre Ereignisse und ihre Wirkungen kommen von den Nerven. Aber das Wort ist vernünftig oder sinnlich; darum können sie es bloß als eine Blumensprache gebrauchen: ihre Rede ist immer Gleichnis und Sinnbild. Sie können sie oft wechseln, weil sie bloß ungefähr und ohne Zwang ist; und immer bleibt es am Ende Verkleidung. Der Inhalt des neuen Idealismus ist Nerven, Nerven, Nerven und – Kostüm: Die Dekadence löst das Rokoko und die gotische Maskerade ab.

Die Form ist Wirklichkeit, die tägliche äußere Wirklichkeit von der Straße, die Wirklichkeit des Naturalismus.
Wo ist der neue Idealismus?
Aber seine Verkündigungen sind da: Lange, zuverlässige, ganz deutliche Verkündigungen. Da ist Puvis de Chavanne, da ist Degas, da ist Bizet, da ist Maurice Maeterlinck. Die Hoffnung braucht nicht zu zagen.

Wenn erst das Nervöse völlig entbunden und der Mensch, aber besonders der Künstler, ganz an die Nerven hingegeben sein wird, ohne vernünftige und sinnliche Rücksicht, dann kehrt die verlorene Freude in die Kunst zurück. Die Gefangenschaft im Äußeren und die Knechtschaft unter die Wirklichkeit machten den großen Schmerz. Aber jetzt wird eine jubelnde Befreiung und ein zuversichtlicher, schwingenkühner, junger Stolz sein, wenn sich das Nervöse alleinherrisch und zur tyrannischen Gestaltung seiner eigenen Welt fühlt. Es war ein Wehklagen des Künstlers im Naturalismus, weil er dienen mußte; aber jetzt nimmt er die Tafeln aus dem Wirklichen und schreibt darauf seine Gesetze.
Es wird etwas Lachendes, Eilendes, Leichtfüßiges sein. Die logische Last und der schwere Gram der Sinne sind weg; die schauerliche Schadenfreude der Wirklichkeit versinkt. Es ist ein Rosiges, ein Rascheln wie von grünen Trieben, ein Tanzen wie von Frühlingssonne im ersten Morgenwinde – es ist ein geflügeltes, erdenbefreites Steigen und Schweben in azurne Wollust, wenn die entzügelten Nerven träumen.

Puvis de Chavanne: Pierre P. de Ch. (1824–98), französischer Maler; Hauptvertreter der Monumentalmalerei der zweiten Jahrhunderthälfte; schuf große Wandfresken von zarter Farbgebung.

Degas: Edgar D. (1834–1917), französischer impressionistischer Maler; schuf vor allem Ballettszenen und weibliche Akte in Pastelltechnik.

HERMANN BAHR

Die Entdeckung der Provinz

Es regt sich in unseren Provinzen. Aus Linz, aus Salzburg, aus Innsbruck hören wir von Vereinen, die im Namen des Pan die neue Kunst zu pflegen, nach Kultur zu trachten verlangen, und leidenschaftlich werden Jünglinge laut, die mit großen Worten ungestüm fordern. Was? Das weiß man dort, scheint es, eigentlich selbst noch nicht recht. Es heißt nur, daß endlich gezeigt werden soll, was die Provinz kann. Rosegger hat die Parole ausgegeben: er ist der erste gewesen, der von einer »Entdeckung der Provinz« gesprochen hat. Er zieht für den Künstler, für den Dichter das Leben in der kleinen Stadt oder auf dem Lande vor; nur in der Stille könne der Schaffende gedeihen. »Das geistige Durchschnittsleben großer Städte«, behauptet er, »steht auf einer niedrigeren Stufe, als das kleinerer Kulturzentren der Provinz... Vom armen Großstädter ist es gar nicht zu verlangen, daß er sich sammle, vertiefe und große Werke schaffe. Seine Sache ist es vielmehr, zu karrnen, wenn Könige bauen, nämlich die anderweitig entstandenen Meisterwerke der Literatur und Kunst zu kritisieren und womöglich – zu demolieren. Es wird denn auch nirgends so viel über Schrifttum und Kunst gesprochen, geschrieben, als in großen Städten. Die Ansichten und Meinungen, wie schlecht es die Schaffenden gemacht haben und wie sie es hätten machen sollen, bilden also auch den Hauptgesprächsstoff der geistigen Kreise. Kurz und gut: In der Provinz wird mehr geschaffen, in der Großstadt mehr kritisiert. Und kritisiert vorwaltend auch wieder nur das, was aus Großstädten kommt. Die Provinz wird ignoriert.« Das will und soll sie sich aber nun nicht mehr gefallen lassen. Sie hat dasselbe

Rosegger: Peter R. (1843–1918), österreichischer Dichter; er veröffentlichte 1899 in der *Zeit* den Aufsatz »Die Entdeckung der Provinz. Ein flüchtiges Plaudern« als Eröffnung einer Aufsatzreihe über das Geistesleben in den österreichischen Provinzen.

Recht, das die große Stadt hat; sie muß es sich nur nehmen. Unsere österreichische Literatur kann nicht bloß aus den paar Wiener Literaten bestehen. So Rosegger. Aber jene Jünglinge meinen es noch anders und wollen noch mehr. Sie denken an eine besondere Art von Kunst, die »Provinzkunst« sein soll, nicht nur, indem ihre Künstler in der Provinz leben, sondern indem sie eben das Leben in der Provinz selbst zum Thema nehmen wird. Das ist ihr Programm. Es widert sie an, immer nur die Berliner und die Wiener kopierend, die Epigonen von Mitlebenden zu sein. Warum denn nicht darstellen, was sie selber sehen und wie sie es sehen? Mit ihren eigenen Sinnen wollen sie sich an ihr eigenes Leben machen. Der Linzer zeige die Linzer, der Steierer, wie die Steierer sind, und es reizt sie, die Nuancen ihrer Städte und Gegenden aufzufangen und abzufassen: wie dieselben Dinge in jedem Lande anders werden. Wir wissen freilich, daß es zuletzt immer dieselben Tragödien, ewig dieselben Possen sind, die in der ganzen Welt unter allen Menschen sich abspielen, aber sie haben an jedem Orte, zu jeder Zeit doch eine andere Farbe und einen anderen Ton, ewig gleich und ewig neu. Dasselbe Gefühl, dieselbe Liebe, derselbe Zorn redet in der Stadt anders als auf dem Lande, dasselbe Schicksal nimmt jedes Mal sozusagen einen anderen Dialekt an. Diesen wollen sie erhören und das Besondere ihrer kleinen Kreise, das Spezifische darstellen. Also etwas ganz Feines, sehr Heikles, Leises, das die zartesten Finger verlangt: die Luft einer Gegend und ihrer Leute, den um sie schwebenden Dunst und Schein möchten sie berühren und ergreifen. Wie es einer von ihnen, Hugo Greinz, ausgesprochen hat: »Wir fordern in den Werken unserer Provinz auch das wirkliche Leben derselben, so wie es sich hundert- und tausendfältig unterscheidet von dem der großen Städte. Wir müssen ja zu unserer eigenen Beschämung gestehen, daß wir in Österreich beinahe keinen einzigen neueren, modernen

Greinz: Hugo G. (1873–1946), österreichischer Schriftsteller, besonders Novellist; veröffentlichte in der literarischen Monatsschrift *Der Kyffhäuser*, Jg. 1, 1899, den Programmaufsatz für eine österreichische Provinzliteratur.

Roman haben, der uns das Leben der kleinen Städte auf dem flachen Lande schildert, ihre enge Kultur zeigt, die ihnen eine Ausnahmsstellung anweist, der künstlerischen Darstellung jedenfalls in hohem Maße wert ... Die Provinzliteratur soll uns Charaktere zeichnen, die in den vielen Einflüssen provinzieller Umgebung entstanden und aufgewachsen sind, sie soll uns die Stimmung geben, die an ein bestimmtes Land, an eine bestimmte Stadt gebunden ist – ihre Werke sollen Provinzluft atmen! ... Unsere kleine Kultur, die ruhige Poesie unseres Lebens in einem Milieu, das dem der Großstädte fremd und entlegen ist, verlangt nach einer Darstellung. Dies erkennen am ehesten die sensitiven Künstler und Literaten, die zum Beispiel den kurzen Weg von Wien zu uns nach Linz gehen und auch nur wenige schnelle Stunden in unserer Stadt verbringen. Die Stadt selbst schon verlangt ihren eigenen Styl der Poesie. Die Straßen tragen trotz mancher mit modernem Komfort ausgestatteter Kaufläden, trotz des in gewissen Stunden lauten und regen Lebens ihr eigentümliches, zwischen städtischer und ländlicher Kultur schwankendes Gepräge. Eine Stadt, mitten hineingesetzt in die Gebiete der Bauern – hinter den letzten Häusern, die schon das Strohdach zeigen, schneidet der Pflug in die Erde, ringsum blühen Gärten, und ein guter Teil der Bewohner ist bäuerisch. Bäuerisch im Leben und der Gesinnung. Die Menschen haben einen anderen Schlag, unsere Gewohnheiten auch. Beide einen Stich in das Konservative, dem Neuen und Ungewohnten feindselig und mißtrauisch gesinnt. Und doch kämpfen begreiflicherweise zwei Einflüsse gegeneinander: eben dieser schwerblütige bajuwarische Grundcharakter gegen den leichten Geist der Jahrhundertneige, dessen Träger sich in einer Stadt von sechzigtausend Einwohnern doch finden müssen.«

Dies ist das Programm der jungen Leute, die sich seit ein paar Jahren jetzt in unseren Provinzen mit Ungestüm regen. Wie sollen wir uns nun zu ihren Forderungen verhalten, wir in der großen Stadt? Ich denke, wir werden ihnen zustimmen dürfen. Einmal, weil wir ja in der Tat von einer österreichischen Literatur doch so lange nicht reden können, als immer nur Wiener Gestalten gezeigt, Wiener Fragen gestellt, Wiener Stimmungen gegeben werden. Aber auch, weil es uns selbst, denke ich, gut tun wird, Rivalen auf den Fersen zu spüren; dann blicken wir vielleicht doch einmal von unserer Manier auf, die schon fast zur leeren Routine wird. Und endlich, weil es ja nicht mehr geht, daß wir uns ewig nur im alten Kreise derselben Stoffe, derselben Töne drehen. Muß man sich denn nicht wundern, was die Autoren des »jungen Wien« alles liegenlassen, das doch der größten Wirkungen sicher wäre? Gibt es denn in Österreich wirklich nichts mehr als ewig das süße Mädel von Schnitzler, höchstens einmal in ein anderes Kostüm gesteckt, und jene reizend verruchte Welt des Theaters, von der ich nicht loskommen kann, und die paar sonderbaren Laute einer äußersten, ja sublimen, aber schon fast kaum mehr faßlichen Verfeinerung, die Hofmannsthal hat? Ist das unser ganzes Österreich? Dann heißt es aber, es sei alles schon abgegriffen und verbraucht und kein unbetretener Weg mehr zu finden! Warum macht sich niemand an den galizischen Roman? Diese ritterlich verlumpten Typen eleganter Bettler, die höchste Kultur im tiefsten Elend, Pariser unter Asiaten vermischt, exquisite Abenteurer, mit der alten Trauer der Nation drapiert, neben wüsten, stöhnenden Propheten, Nervöse bis zur Hysterie zwischen vertierten Idioten, alle Extreme der Welt beisammen, ein Ende der Menschheit an das andere gebunden, dazu noch leise die dunklen Zeichen satanistischer Spuren – welche Kontraste, welche Fülle, welche Farben! Oder warum greift niemand in das politische Leben? Wir fühlen alle, vor einer Entscheidung zu sein. Wird niemand sagen, was wir gelitten, wie wir gerungen haben, niemand die Angst der Verzagenden, das Vertrauen der Hoffenden, niemand diesen ungeheuren Kampf um die Form unseres ganzen Daseins schildern, ob das Vaterland zum Alten umgewendet oder neu aufgerichtet werden soll? Unbetretenes überall, man kann nicht über die Gasse, ohne einem Roman zu begegnen, an jeder Ecke packt uns ein

unerlöster Stoff an – und wir? Sind wir taub? Sind wir blind? Soll es von uns einmal heißen, daß wir in unserer großen Stunde klein gewesen sind? Sind wir so träge? Aber vielleicht ist es die Provinz, die uns den Stoß geben wird; vielleicht rüttelt und rafft sie uns doch endlich noch auf.
[...] Es ist unser fester Glaube, daß wir den Zirkel der paar Literaten und Dilettanten verlassen und ins weite Land zum Volke gehen müssen, wenn sich der große Traum einer neuen österreichischen Kunst erfüllen soll.

HANS SITTENBERGER

Die moderne Wiener Schule

Diese literarische Bewegung, die von Frankreich ihren Ausgang nahm und im Norden rasch erfaßt wurde, machte sich verhältnismäßig spät erst in Österreich geltend. Es drangen eigentlich nur die letzten, auslaufenden Wellen hieher, und unter den modernen Dichtern deutscher Zunge sind die Wiener die jüngsten. Vorbildlich wurden für sie der Hauptsache nach die Franzosen, und zwar weniger die Autoren, welche die Revolution ins Leben riefen, als vielmehr jene, welche deren Erbe antraten. Maupassant etwa wies im allgemeinen die Richtung, und Bourget mit seinem psychologischen Spintisieren gab den Einschlag. Dazu gesellte sich der Einfluß des schwachköpfigen Mystikers Maeterlink und der dekadenten Lyrik à la Verlaine. Auch die englischen Prärafaeliten fanden Nachahmung. Ibsen hat mehr formal als

Maupassant: Henri-René-Albert-Guy de M. (1850–93), französischer Schriftsteller des Naturalismus; Verfasser von Romanen und zahlreichen Novellen.

Bourget: s. Anm. S. 318

Maeterlink: s. Anm. S. 334.

Verlaine: s. Anm. S. 328.

die englischen Prärafaeliten: Die »Pre-Raphaelite Brotherhood« war eine

inhaltlich auf die Wiener gewirkt. Von ihm lernten sie jenes seltsam flatternde, scheinbar natürliche Gespräch, das Vollpfropfen des Dialoges mit Gedanken und Anspielungen zur Erläuterung der Personen und der Fabel ohne Rücksicht auf die jeweilige Situation. Von ihm lernten sie die aufdringliche, ganz veraltete Selbstcharakteristik der Personen geschickt hinter einem modern schillernden Mäntelchen verbergen. Ihr Dialog gemahnt, wie derjenige ihres Meisters, an die primitiven Narrenspiele vor Hans Sachs, allwo die Personen mit großer Höflichkeit sich selber vorstellen: Ich bin der und der, und so und so ist meine Art. Hie und da findet man bei den Wienern auch Anklänge an die blutarme, lächerlich aufgedunsene Wissenschaftlichkeit Strindbergscher Schöpfungen. Daß Rußland nicht unbeachtet blieb, versteht sich von selbst. Aber die russische Literatur wird der Hauptsache nach doch nur auf dem weiten Umwege der Übersetzung vermittelt, und der hervorragendste Vertreter der modernen russischen Dichtung, Graf Leo Tolstoj, steht unserer Anschauung doch zu ferne, als daß er tiefer einwirken könnte. Verhältnismäßig gering war der Einfluß Deutschlands. Nietzsches Ideen allerdings fanden Eingang, und die blendenden Schlagworte, die er ausgegeben, wurden auch von den Wienern begierig aufgegriffen. Aber die deutsch schreibenden *Dichter* wirkten nicht allzu merklich ein, und das ist erklärlich. Die Berliner und Münchener sind

Gruppe englischer Künstler und Kritiker, 1849 gegründet. Der Name sollte andeuten, daß man die Kunst seit Raffael als degeneriert betrachtete. Sie standen durch ihre Abkehr von artifizieller Überhöhung der sprachlichen und bildlichen Wirkung in Opposition zur zeitgenössischen Kunst- und Literaturauffassung. Mitglieder und Gründer anfangs: William Holman Hunt (1827–1910), John Everest Millais (1829–96), Dante Gabriel Rossetti (1828–82), William Michael Rossetti (1829–1919), Thomas Woolner (1825–92) u. a.

Narrenspiele vor Hans Sachs: Gemeint sind hier die satirisch-didaktischen Spiele des späten Mittelalters.

Die Berliner und Münchener: die Naturalisten Berlins, besonders um die Zeitschrift *Freie Bühne* (erschien seit 1890), und Münchens, um die seit 1885 erscheinende Zeitschrift *Die Gesellschaft* und deren Herausgeber Michael Georg Conrad.

ja selbst nur Schüler, sie sind gleichsam die älteren Kameraden der modernen Wiener Autoren.
So hat Jung-Wien von da und dort, von überall gelernt. Es wäre jedoch ungerecht, seine Poesie für nichts weiter als Nachhall auszugeben. Eine gewisse Eigenart fehlt ihr nicht und kommt schon in dem besonderen Mischungsverhältnisse zum Ausdruck. Einheitlichkeit, Klarheit, eine bestimmte Richtung ist freilich nicht zu gewahren. Man sucht, man tastet nach allen Seiten. Konsequent bleibt man sich hauptsächlich darin, daß man sich selbst widerspricht. Bei allen Wirrnissen der literarischen Zustände finden sich aber doch gewisse gemeinsame Merkmale, und es geht wohl an, von einer modernen Wiener Schule zu reden.
In der Tat machen unsere heimischen Autoren Schule, wenigstens unter sich. Und das ist eigentlich sehr merkwürdig. Denn die Herren geben sich außerordentlich subjektiv. In dem schrankenlosen Ausleben, in der von Skrupeln unbeirrten Ausbildung des Ichs erblicken sie die Aufgabe des Menschen. Man sollte nun glauben, das würden sie auch für den Dichter gelten lassen. Aber weit gefehlt! Theoretisch mögen sie ja daran festhalten, in der Praxis huldigen sie aber ganz anderen Ansichten. Ein moderner Wiener Dichter sieht dem anderen verzweifelt ähnlich. Sie haben dieselben Gedanken, dieselbe Form, just so wie sie dieselben Krawatten tragen und dieselben Stirnlocken. Die blonde Stirnlocke ist kleiner, die schwarze größer, auch besser geölt und gekräuselt, aber das ist der ganze Unterschied. Eine Zeitlang hatten die Herren auch eine Wappenblume: die Tuberose natürlich. Man denkt fast an den famosen Palmbaum der gottseligen Opitzianer. Es ist, als ob die Herren die Begriffe modisch und modern verwechselten. Jedesfalls ist ihnen das Moderne auch Modesache. Diese Hypersubjektiven empfinden durchaus nicht das Bedürfnis, ihr dichterisches Selbst in

Stirnlocken: bezieht sich auf Hermann Bahr, der eine gerne nachgeahmte Stirnlocke trug.

Tuberose: Anspielung u. a. auf die Lyrik Felix Dörmanns (s. Anm. S. 358).

Einsamkeit reifen zu lassen, im Gegenteile: sie können gar nicht anders als im Ensemble arbeiten, sie kochen ihre Süpplein einträchtiglich mitsammen. Ihre Unselbständigkeit ist rührend. Sie machen's wie die Zimmermaler: sie benützen Patronen; die Figuren bleiben immerzu dieselben, nur die Farbe wechselt. So hat ihre Dichtung etwas von Herdenpoesie an sich. Ihr Subjektivismus ist gleichsam übergeschnappt, er empfindet sich als Typus. Darum wollen sie auch, so widersinnig das ist, in ihren Werken das Subjektive typisch fassen. Natürlich nähern sie sich damit dem weitest vorgeschrittenen Idealismus, von dem sie eigentlich nur der Mangel an Logik trennt.
Was sie für Subjektivismus halten, ist im Grunde nichts weiter als große Impressionibilität. Sie sind immer nur das, was ihre Eindrücke sind, und vermögen diesen kein starkes Ich entgegenzusetzen. Natürlich machen sie aus dem Mangel einen Vorzug, und die Schwäche, womit sie sich willenlos jedem Eindruck überlassen, scheint ihnen eine besondere Gabe, die geheimsten Regungen ihres Ichs zu behorchen und ihnen zu folgen. Daher kommt denn auch das haltlose Schwanken zwischen den extremsten Stilen, das so oft auffällt. Sie möchten am liebsten alles vereinigen, weil sie nicht die sichere Kraft der Wahl besitzen. Seltsame Widersprüche finden sich da. Fast immer in ihren Dramen möchten sie das Interesse des Zuschauers auf einen völlig innerlichen Vorgang lenken, aber dabei wollen sie alles ganz und gar äußerlich – durch die Mienen, Geberden des Schauspielers – dargestellt wissen. Kritisches Erwägen würde sie belehren, daß sie sehr oft Unmögliches verlangen; aber sie haben nur Empfindungen, keine Urteilskraft.
Hand in Hand mit dem angeblichen Subjektivismus geht eine ungemessene Eitelkeit. Die jungen und jüngsten Wiener Autoren sind sich selbst ungeheuer interessant. Sie glauben es der Menschheit schuldig zu sein, die leisesten Schwingungen ihres Nervensystems peinlich sorgsam zu messen und davon Bericht zu geben. Sie sind unermüdlich darin, immer neue psychische und physische Erregungen zu suchen. Sie

schwelgen in diesen Sensationen. Ihre Dichtung ist zum großen Teil Poesie der Nerven oder gibt sich wenigstens dafür aus. Denn selbstverständlich sind die höchst merkwürdigen Entdeckungen, welche die Herren an ihrem lieben Ich machen, durchaus nicht alle ganz ernst zu nehmen. Die Sensitiven sind in Wirklichkeit nicht so furchtbar sensitiv, als sie vielleicht selbst glauben. Aber sie sind Meister in der Pose und haben es darin so weit gebracht, daß sie mit größter Leichtigkeit sich selbst etwas vorposieren. Sie bilden sich Sensationen ein, sie berauschen sich an Illusionen. Erträumtes nehmen sie ohne weiteres für Erlebtes. Sie, die dem Leben bis zu seinen letzten Quellen nachzugehen vermeinen, sind von ihm in Wirklichkeit nur wenig berührt, sie fliehen vor ihm zu ihrem kostbaren Selbst zurück. In dieser Zagheit und weibischen Ichliebe erblicken sie das Kennzeichen des aristokratischen Geistes. Was Wunder, daß sie sich damit in einen schrecklichen Pessimismus hineinduseln? Das Leben tut ihnen weh; denn es kümmert sich so gar nicht um ihre Wichtigkeit. Darum klagen sie es an als ungerecht, als grausam. Es ist ihnen nicht wohl, wenn ihnen nicht weh ist. Das tiefe Elend, das in den Wiener literarischen Cafés herrscht, ist wahrhaft erschütternd. Der Pessimismus, dem es entspringt, ist echt, darum aber nicht minder lächerlich; er wurzelt nicht in einer großen Überzeugung, sondern ist nur der Ausdruck des Mißbehagens einer verlebten, ihrer eigenen Untüchtigkeit sich dunkel bewußten Natur. Man könnte ihn etwas unhöflicher einfach Blasiertheit nennen. Und blasiert sind sie in der Tat, diese Sensitiven; sie kokettieren sogar damit. Ihr Ideal ist der Zustand weichlicher Erschlaffung. Die Schönen in ihren Dichtungen haben alle »müde Züge« und »verträumte Augen«. Ein Mädchen mit rosigen Wangen, frischem Blicke – mein Gott, wie wäre das bäurisch! Es sind seltsame Widersprüche, die da zutage treten: sensitiv und illusionistisch, übererregbar und blasiert. Aber in den müden Seelen der Halbnaturen ziehen sie einander an; sie erzeugen gleichsam eine künstliche Bewegung an Stelle der natürlichen.

4

Merkworte der Epoche

Es ist bezeichnend für die Zeit der Jahrhundertwende, daß sie sich selbst mit immer wieder anderen, stets wechselnden Namen und Bezeichnungen zu belegen sucht. »Merkworte der Epoche« nannte Hugo von Hofmannsthal in einem Aufsatz von 1893 das, was im Folgenden für die Wiener Moderne mit wenigstens je einem Beitrag belegt werden soll. Die Unsicherheit in der Benennung dieses Zeitraums hat sich bis heute erhalten. Die Palette ist vielfältig, die Bedeutungen gehen – das ist nicht unwichtig – ineinander über. Jeder verwendet eine andere Nuancierung desselben Begriffs, mehr oder weniger voraussetzend, daß jedermann ungefähr wisse, worum es sich handelt; aber eben nur ungefähr. Hin und wieder wird versucht, zu so etwas wie einer Definition zu kommen (Stauf von der March, Sittenberger), aber das bleibt doch vereinzelt. Jeder versucht natürlicherweise, die Zeit aus dem Blickwinkel zu sehen, der ihm der vertrauteste ist. Hermann Bahrs erster Décadence-Aufsatz (1891) stellt die »Romantik der Nerven« als Umschreibung dekadenten Verhaltens gegen die Kunst des Naturalismus. Daß die Décadents – wie Bahr sagt – selbst keine »Idee« hätten, wie noch die Naturalisten, begründet am konkreten Beispiel die beschriebene Unsicherheit in der eigenen Namengebung. Das gilt mutatis mutandis auch für alle anderen »Merkworte«. Sie sind von dem, was man eher unter »Epochenbezeichnungen« rubrizieren mag, oft nicht zu trennen. Daß sie hier dennoch in getrennten Abteilungen aufgeführt werden, hat seinen Grund darin, daß sie einerseits zur Würde der Epochenbezeichnung in der Literaturgeschichte trotz allem bisher nicht aufgestiegen sind; andererseits aber als Ansätze zu einer Selbst-Definition so wichtig und von so großer zeitgenössischer Virulenz sind, daß sie eine eigene Gruppierung verdienen.

Mit der »audition colorée«, dem »farbigen Gehör«, nimmt Bahr das Thema der Synästhesie bezeichnenderweise schon hier im Zusammenhang mit den »Neuen Nerven« auf, die für eine sensibilisierte Wahrnehmungsfähigkeit stehen. Sie wird dann unter der Überschrift »Colour Music«, Farbenmusik, einige Jahre später noch einmal abgehandelt werden. Typisch für Bahr, daß er das Problem in einer Mischung von historischer Herleitung und autobiographischer Betrachtung angeht. Die Austauschbarkeit der Töne in Malerei und Musik gehört in den Impressionismus genauso wie in den Symbolismus. Die Synästhesie – von Christian Morgenstern wenige Jahre später mit seiner berühmten »Geruchs-Orgel«, auf der Palmström von Korfs nicht weniger berühmte Nieswurz-Sonate spielt, treffend parodiert – ist hier noch neu und voller Ernst.

Die zahlreichen fremden Namen weisen, wie das Wort »Décadence« selbst, auf die französische Herkunft des neuen Schlagwortes. Es sind zumeist Autoren und Romanhelden aus dem französischsprachigen Bereich, die hier als Kronzeugen genannt werden.

Bahrs zweiter Décadence-Aufsatz von 1894 stellt dann mit dem Satz, der Graf von Montesquiou heiße englisch Oscar Wilde, den Zusammenhang zwischen der französischen und der englischen Décadence her. Was Bahr zunächst »Décadence« genannt habe, nennt er – das stellt bereits ein zeitgenössischer Kritiker fest (Wertheimer) – nun »Dilettantismus«. Das hat seine Berechtigung; denn der »schaffende Künstler«, sagt ein anderer, müsse »sich in gewisser Beziehung sozusagen – immer den Dilettantismus wahren; er darf sich nie eine gewisse Art der Kunstübung eingewöhnen und anlernen, weil er sonst leicht das Wichtigste versäumt: Das Neue, das heraufzieht« (Karl von Levetzow).[1] Mag die von Bahr vorgenommene Verknüpfung von Décadence und Dilettantismus auch trotz allem wenig überzeugend sein: sie

1 Karl von Levetzow, »Die eingeborene Form«, in: *Die Zeit*, Bd. 16, Nr. 196, 2. Juli 1898, S. 9; JW, S. 877.

bestätigt beispielhaft die anfangs getroffene Feststellung, daß die Begriffe ineinander übergehen. Rudolf Lothar wird den Begriff später mit dem Impressionismus zusammenbringen.

Hatte Bahr von der »Romantik der Nerven« gesprochen, so kritisiert Ottokar Stauf von der March die Szene als konservativ und völkisch orientierter Beobachter und bezeichnet die Autoren in seinen *Literarischen Studien und Schattenrissen* von 1903, denen die abgedruckten Passagen entnommen sind, ohne viele Umstände als »Neurotiker«. Mit dem Begriff des Neurotischen, den die Betroffenen allerdings eher als Empfehlung denn als Schimpfwort oder als negative Kategorie aufgefaßt haben, führt die Diskussion aus dem Begriffsarsenal der Naturgeschichte, in das der Décadence-Begriff noch gehört hatte, in den Umkreis der Medizin. Die Epoche schickt sich an – der zeitgenössischen Psychologie folgend –, den Neurotiker zu entdecken und den Künstler nach seinem Modell zu beschreiben. Im Gegensatz zu der etwa von Freud vertretenen Richtung geschieht das hier bei Stauf von der March aber noch deutlich ablehnend. – Auch bei ihm ist wieder von den Dekadenten die Rede. Exponiertes Beispiel ist Felix Dörmann, der mit dem Titel seiner Gedichtsammlung *Neurotica* von 1891 dazu willkommene Veranlassung bietet. Das Vokabular ist entsprechend: verweichlicht, verflacht, »kein spezifisch deutsches Gewächs«, pathologisch, semitisch – damit ist es bestückt. Was bei den inkriminierten Autoren als Selbstporträt zu verstehen ist, als Beschreibung einer unausweichlich gewordenen Lebenshaltung, wird hier unter dem Phänomen des Pathologischen subsumiert und als krank abgelehnt. Damit stehen sich literarische Selbstaussage der Autoren und Interpretation der Kritik unversöhnlich gegenüber.

»Die einen nennen es Décadence«, »die anderen nennen es Symbolismus«, sagt Bahr und rechtfertigt damit eine weitere Bezeichnung. Im Grunde ist es dasselbe, ließe sich hinzufügen. Er setzt einen neuen gegen einen alten Symbolismus. Bezeichnend: der abermalige Rekurs auf Goethe-Zeit, Klassik, Romantik, um deutlich zu machen, was man *nicht* meint. »Die Technik der Symbolisten nimmt einen anderen und entlegenen Gegenstand« – das sei das »ganze Geheimnis« – für »das gleiche Gefühl, die nämliche Stimmung, den gleichen Zustand«. Der Hinweis auf den Traum als den Ursprungsort der Symbole ist entscheidend. Du Prel, dessen *Philosophie der Mystik* Bahr als Beleg in Anspruch nimmt, war – auch das interessant genug – ein von Freud hochgeschätzter und in der *Traumdeutung* häufig zitierter Autor. Didaktisch geschickt, führt der Aufsatz schließlich Verse des jungen, achtzehnjährigen Hugo von Hofmannsthal als Beleg dafür an, was Symbolismus in der Praxis bedeutet. – Wie wenig ausgemacht indessen nicht nur die Frage der Benennung der neuen Literaturströmungen war, sondern wie sehr auch schon ihre Bewertung zur Diskussion stand, belegt eine redaktionelle Notiz, die die Berliner Wochenzeitschrift *Die Nation* dem Aufsatz beifügte, als sie ihn abdruckte. Bahr sei »besonders kompetent«, etwas über die »Künstlergruppe der Symbolisten« zu sagen, weil er »selbst dieser Bewegung sehr nahe« stehe. Im übrigen handle es sich beim Symbolismus um »eine künstlerische Erscheinung, die von symptomatischer Bedeutung« sei und deshalb Beachtung verdiene; »eine erfreuliche Erscheinung ist er nicht«.

»Renaissance« (und »Renaissancismus«) sind weitere Schlüsselbegriffe. Bahr stellt sich mit seiner Aufsatzsammlung von 1897 nicht wie mit jener der *Überwindung des Naturalismus* von 1891 gegen die Zeit, sondern er greift ein Lieblingswort der Epoche auf, indem er das Buch nun *Renaissance* nennt. Wenn es in den Szenenanweisungen zu Hofmannsthals *Gestern,* seinem ersten Drama, 1891, heißt, es spiele »zur Zeit der großen Maler«, so weist das, wie auf seine Weise der Titel *Der Tod des Tizian,* auf die Renaissance als die bevorzugte Epoche; allerdings: es sind Hoch- und Spätrenaissance gemeint. Paul Wertheimer bringt diese Nuancierung richtig mit der zeitgenössischen österreichischen Literatur zusammen, indem er genauer differenziert: »Betrachtet man alle Züge dieser Wiener Kultur, ihren mystisch schwärmerischen

Charakter, die Freude an dem Pomp glänzender Worte und Bilder, die Pflege des ›kultivierten Stils‹, die Nachahmung großer vergangener Muster, endlich die Gebrochenheit des Gefühls, das nur mehr die *Geberden* der Größe hat: dann bietet sich einem für diese ganze ›österreichische Renaissance‹, und für die ganze gegenwärtige, die ›Neu-Renaissance‹ überhaupt, als historisches Analogon nicht die Zeit der hohen, sondern der nieder gehenden, der *sinkenden Renaissance* dar – mit der beginnenden Vorherrschaft des Katholizismus und der spanischen Etikette. Ich habe nicht ohne Schmerz erkannt: Es ist nicht die Zeit der ›großen Maler‹, sondern der eifrigen Schüler: die Zeit der Carracci, welche die bereits verlorene Stileinheit wiederherzustellen suchten, dabei jedoch bereits in das Gezierte verfielen, die Blüte der fruchtbaren Eklektiker, der Albani und Guido Reni. Das ist wohl *künstlerisch* der Schatten in der sonst *persönlich* so hochrenaissancemäßig hellen Erscheinung Bahrs und der Gruppe. Das ist der melancholische Ton in diesem Frühling. Es ist ein bunter, reicher Park, dessen Üppigkeit aber sehr künstlich beschnitten ward. Es ist ein Park aus der *späten Renaissance,* dort wo sie sich bereits zur Barocke neigt ...«[2] Die Genese dieser Vorliebe für Renaissance und alles, was damit zeitgenössisch assoziiert wird, ist auch für die Wiener Moderne im Zusammenhang mit den weit verbreiteten und einflußreichen Büchern des 19. Jahrhunderts zu diesem Thema zu sehen: 1859 erschien Jacob Burckhardts *Kultur der Renaissance in Italien*; 1877 (deutsch 1896) Gobineaus *Renaissance*; Walter Paters *Studies in the History of the Renaissance,* 1873, erschien 1902 u. d. T. *Die Renaissance. Studien in Kunst und Poesie.* – Hans Sittenberger verhandelt in seinem Buch über *Das dramatische Schaffen in Österreich* das, was er die »moderne Wiener Schule« nennt, unter diesem Sammelbegriff. Daß in diesem Zusammenhang Nietzsches »Übermensch« bemüht

2 Paul Wertheimer, »Hermann Bahrs Renaissance«, in: *Die Gesellschaft,* Jg. 13, Oktober 1897, S. 103; JW, S. 790.

wird, ist kein Zufall. In *Menschliches, Allzumenschliches* hatte er von der »großen Hoffnung einer neuen Renaissance« gesprochen.[3]

Schon die Zeitgenossen sahen den Impressionismus der Literatur im Zusammenhang mit dem der bildenden Kunst, insbesondere der Malerei. Die Wiener hatten in der Secession genügend Gelegenheit, das zu verfolgen. Auch Hermann Bahr entfaltet seinen Impressionismus-Begriff 1903 am Beispiel der bildenden Kunst und sucht ihn philosophisch, insbesondere mit Ernst Mach, zu begründen, spricht geradezu von einer »Philosophie des Impressionismus«. Soll der Begriff ins Literarische gewendet werden, dann ist am ehesten auf Peter Altenberg mit seinen kleinen, leichten und fragilen Prosatexten zu verweisen, auf einige frühe Prosa von Loris (Pseudonym für den jungen Hugo von Hofmannsthal) und auf Schnitzlers Erzähltechnik, insbesondere den inneren Monolog in *Leutnant Gustl.* – Rudolf Lothar, der seit 1889 als Feuilletonist an der *Neuen Freien Presse* arbeitete und von 1898 bis 1902 die literarische Zeitschrift *Die Wage* herausgab, versucht den Begriff zu definieren. Er tut es in einem umfangreichen Beitrag für die in München erscheinende *Gesellschaft,* der die Bedeutung Ferdinand Brunetières und Ernest Tissots als Kritiker untersucht. Beide seien Impressionisten. Der Impressionismus – diese »nervöse Erscheinung unserer Zeit« – sei eine »Hauptströmung der Gegenwart«. Die Frage, wie Impressionismus zu definieren sei, beantwortet er folgendermaßen: »Es ist dies die Fähigkeit, das durch die Sinne Empfangene sofort in Gefühle umzusetzen und aus diesen Gefühlen erst die Gedanken erstehen zu lassen. Weil aber die verschiedenen Einzelnheiten, aus denen z. B. ein Bild zusammengesetzt ist, nicht gleich stark auf unsere Sinne wirken, so ist es eine fast regelmäßige Folge impressionistischer Anschauung, daß ein Detail, für das eines unserer Sinne besonders empfäng-

3 Friedrich Nietzsche, *Menschliches, Allzumenschliches* I, Nr. 244; in: *Werke in drei Bänden*, hrsg. von Karl Schlechta, München [8]1977, Bd. 1, S. 597.

lich ist, das stärkste Gefühl auslöst und wie eine Linse alle Gedanken auf sich konzentriert [...]. Es ist selbstverständlich, daß die Gedanken, die eine Anschauung in uns erwekken sollen, auf ihrem Umwege über die Gefühle eine eigentümliche Ablenkung erfahren. Das gibt impressionistischen Kunstwerken, die wirklich Kunstwerke sind, einen eigentümlichen Reiz, der keinem fremd ist, der z. B. Pierre Loti gelesen. Wenn wir nun die anderen Strömungen unserer Zeit: das Weltbürgertum (mit der Fülle immer neuer Anregung zum Schauen und Empfangen), den Feminismus (der die Gefühlsfähigkeit so unendlich verfeinert), die Herrschaft der Form über den Inhalt (als maßgebenden Faktor bei der Wiedergabe des Geschauten), im Begegnen mit diesem Impressionismus betrachten, so ergeben sich als Produkte unsere impressionistischen Künstler, Dichter und Kritiker.«[4]

»Fin de siècle« – Fritz Mauthner hielt den Ausdruck für »das leerste und sinnloseste Wort« und gab einem Beitrag zu diesem Thema den unwilligen Titel »Fin de siècle und kein Ende«. »Die gute Hälfte von uns, die wir heute im Alter zwischen dreißig und siebzig Jahren irgendwo in der geistigen Bewegung stehen«, schrieb der 1849 Geborene 1891, »wird den großen Rausch der Sylvesternacht zwischen dem neunzehnten und zwanzigsten Jahrhundert nicht mehr erleben, und da wir doch nicht ganz leer ausgehen möchten, so fangen wir den Spektakel gleich zehn Jahre vorher an. Erfahrene Schauspieler in ihrer Dekadenz pflegen ihr Jubiläum derart voraus zu feiern. Es ist auch wirklich das Sicherste. So wie etwa wackere Tischlermeister einem Schwerkranken noch bei Lebzeiten das Maß zum Sarge nehmen, so wie in einer tüchtigen Redaktion der Nekrolog für einen berühmten Mann, oder auch für einen bejahrten Fürsten lange vor dem Gebrauch bereitliegt, so sind wir in das letzte Jahrzehnt des neunzehnten Jahrhunderts mit dem

4 Rudolph Lothar, »Zur Geschichte der Kritik in Frankreich«, in: *Die Gesellschaft*, Jg. 7, Mai 1891, S. 666 f.; JW, S. 213.

erlösenden Worte fin de siècle eingetreten und gebrauchen es bald bewundernd, bald entschuldigend, immer aber sinnlos«.[5] Damit hebt Mauthner deutlich auf die pseudo-endzeitliche Erwartungshaltung ab, in der man der Jahrhundertwende entgegenging. – Aber der französische Ausdruck fin de siècle – nach dem Titel eines Lustspiels von de Jouvenot und Micard von 1888 – bezeichnet keineswegs nur das »Ende des Jahrhunderts«. Was für die Zeitgenossen zugleich mitschwingt, geht u. a. daraus hervor, daß der Übersetzer von Paul Bourgets *Physiologie der modernen Liebe* diesen Ausdruck mit »auf der Höhe der Zeit« wiedergibt. – Marie Herzfeld – für die Wiener Szene insbesondere durch ihre Vermittlung skandinavischer Literatur von Wichtigkeit, die sie übersetzt und in ausführlichen Aufsätzen und Rezensionen gewürdigt hat – bringt das Schlagwort hier mit einem anderen – dem des Dilettantismus – zusammen; mit Barrès, Bourget, Maeterlinck und Verlaine. Das beiden Gemeinsame sei die Reaktion auf das Einbekenntnis des »Ignoramus – Ignorabimus« der »exakten Forschung«, die für den einzelnen nicht gehalten habe, was sie als »Lebensbewältigung« versprach.

Wenn Alfred Gold – bis 1901 Redakteur der Wiener Wochenschrift *Die Zeit* – von einer »Ästhetik des Sterbens«[6] spricht, dann beschreibt das einen besonders wichtigen Aspekt, speziell der Wiener Moderne, ziemlich genau: Lebensüberdruß und Todessehnsucht bestimmen, als Stimmung und Pose, ernst gemeint oder kokett, die Haltung der gesamten österreichischen Kunst der Jahrhundertwende. Diejenigen Werke, die das (bereits im Titel) belegen, gehören bezeichnenderweise bis heute zugleich zu den bekanntesten: Hofmannsthals *Tor und Tod* und *Tod des Tizian*, Richard Beer-Hofmanns *Tod Georgs* oder Schnitzlers *Sterben*; auch Maeterlincks *L'Intruse* – das Stück wurde von der

5 Fritz Mauthner, »Fin de siècle und kein Ende«, in: *Das Magazin für Litteratur*, Jg. 60, 1891, H. 1, S. 13–15.

6 Alfred Gold, »Ästhetik des Sterbens«, in: *Die Zeit*, Bd. 22, Nr. 262, 24. Februar 1900, S. 121 f.; JW, S. 1078 ff.

Wiener »Freien Bühne« in einer Übersetzung von Ferry Bératon aufgeführt –: der »Eindringling« ist der Tod. – Clemens Sokal stellt das Problem in den europäischen Zusammenhang von Flaubert und Tolstoi bis zu Maeterlinck und Hauptmann.

Der »Satanismus«, die Bezeichnung für die aus der englischen Romantik stammende, bei Baudelaire und Lautréamont weiter wirkende Darstellung und Verklärung des Bösen, Krankhaften, des Grausamen, sexueller Perversitäten usw., ist für die Zeitgenossen besonders in den Romanen des französisch schreibenden Belgiers Joris-Karl Huysmans verwirklicht. Bahr hält – im Gegensatz zur allgemeinen zeitgenössischen Rezeption – seinen Roman *Là-bas* aber für mißlungen.

»Modern« ist ein echtes »Merkwort der Epoche« im Sinne einer von allen benutzten und von keinem wirklich genau definierbaren Vokabel: »Was von Periode zu Periode in diesem geistigen Sinn ›modern‹ ist, läßt sich leichter fühlen als definieren«, schreibt Hofmannsthal 1893 in der *Frankfurter Zeitung*.[7] Mit »Moderne« die ganze literarische Epoche als mit einem Sammelbegriff zu bezeichnen ist erst der Versuch, dieser weitesten Verbreitung des Wortes auch literaturgeschichtlich Rechnung zu tragen. In Max Burckhards Beitrag bekommt das Allerweltswort eine neue wichtige Nuance, wenn er es als den »Gegensatz von *Zukunft* und *Vergangenheit*« bestimmt, als Ausdruck »für die Empfindung von der Notwendigkeit des entwickelungsgeschichtlichen Fortschrittes«. Damit wird der Begriff aus der Dichotomie von Alt und Neu zugunsten einer Perspektive formuliert, die einem weiteren Lieblingswort – der »Zukunft« – Rechnung trägt.

Ein ähnlich verbreitetes Schlagwort der Zeit ist das »Leben«, den Zeitgenossen besonders durch die Philosophie Friedrich Nietzsches vermittelt. Hofmannsthal greift es in seinem

7 Hugo von Hofmannsthal, »Gabriele d'Annunzio«, in: *Reden und Aufsätze* I, hrsg. von Schoeller/Hirsch, S. 76.

Vortrag 1896 auf und formuliert mit seinem berühmt gewordenen Satz, es führe »von der Poesie kein direkter Weg ins Leben, aus dem Leben keiner in die Poesie«, zugleich sein eigenes Problem und das der Wiener Moderne insgesamt. Es hat sich – mannigfach chiffriert – in den dichterischen Produkten der Wiener niedergeschlagen: in Leopold Andrians *Garten der Erkenntnis* genauso wie in Richard Beer-Hofmanns *Tod Georgs* oder Hofmannsthals *Märchen der 672. Nacht*: »[...] heute scheinen zwei Dinge modern zu sein: die Analyse des Lebens und die Flucht aus dem Leben«, heißt es 1893.[8]

8 Ebd.

HERMANN BAHR

Die Décadence

Es ist heute viel von der Décadence die Rede. Zuerst war das ein Spott des lästerzüngigen, hämischen Boulevards, bald gaben sich die jungen Träumer selber diesen Namen. Heute heißen die Neuen in Frankreich schon allgemein so, die ganze *génération montante,* und auch in Deutschland wächst der Brauch des Wortes. Zwar denkt sich selten einer etwas dabei, aber es ist wenigstens wieder eine Rubrik. Was man nicht versteht, was man sich nicht zu deuten weiß, was unfertig und lange noch nicht ausgemacht ist, alle die Leute von morgen und alle die Werke von morgen werden einfach da hinein getan.

Freilich, es ist nicht leicht, den Begriff der Décadence zu formulieren. Es ist leicht, das Wesen des Naturalismus auszudrücken: denn der Naturalismus ist eine einfache Idee. Er will den Menschen aus seiner Welt erklären, als ein Ergebnis der Verhältnisse, welche ihn umgeben und seine Art bestimmen. Das wird an allen Naturalisten gefunden. Die Décadents haben keine solche Idee. Sie sind keine Schule, sie folgen keinem gemeinsamen Gesetz. Man kann nicht einmal sagen, daß sie eine Gruppe sind; sie schließen sich nicht zusammen und vertragen sich nicht, jeder hat seine eigene Weise, von welcher der andere nichts wissen will. Sie sind nur eine Generation. Das Neue an dieser neuen Generation macht die Décadence aus. Es erscheint an jedem in einer besonderen Form, aber von der alten wird es immer gleich seltsam und unheimlich empfunden. Ich will die Merkmale suchen, welche besonders auffallen.

Eines haben sie alle gemein: den starken Trieb aus dem flachen und rohen Naturalismus weg nach der Tiefe verfeinerter Ideale. Sie suchen die Kunst nicht draußen. Sie wollen keine Abschrift der äußeren Natur. Sie wollen *modeler notre univers intérieur.* Darin sind sie wie neue Romantiker und auch in dem höhnischen Hochmut gegen den gemeinen

Geschmack der lauten Menge, in der ehrlichen Verachtung des »Geschäftes«, in dem zähen Trotze gegen alles *ce qui est demandé*, auch in dieser geraden Ritterlichkeit der reinen Künstlerschaft sind sie Romantiker. Sie haben von der Romantik das ungemessene zügellose Streben in die Wolken: *n'est ce pas dans le chimérique et dans l'impossible que réside toute la realité noble de notre humanité? La satisfaction par le fini est l'incontestable signe de l'impuissance.** Und sie haben auch den nebeligen Dämmerschein, das *vague et obscur*, die Rembrandtstimmung der Romantik. Aber sie sind eine Romantik der Nerven. Das ist das Neue an ihnen. Das ist ihr erstes Merkmal. Nicht Gefühle, nur Stimmungen suchen sie auf. Sie verschmähen nicht bloß die äußere Welt, sondern am inneren Menschen selbst verschmähen sie allen Rest, der nicht Stimmung ist. Das Denken, das Fühlen und das Wollen achten sie gering und nur den Vorrat, welchen sie jeweilig auf ihren Nerven finden, wollen sie ausdrücken und mitteilen. Das ist ihre Neuerung. Sie befremdet die Alten, welche nicht bloß mit den Nerven leben; sie können es nicht begreifen, daß das Nervöse nun auf einmal alle andere Kraft und alle andere Freude aus dem Menschen verdrängt haben soll. Sie können es um so weniger begreifen, weil die Nerven, welche die Jungen ausdrükken, ganz andere sind, als die Nerven, welche die Alten besitzen. Diese neuen Nerven sind feinfühlig, weithörig und vielfältig und teilen sich untereinander alle Schwingungen mit. Die Töne werden gesehen, Farben singen und Stimmen riechen. Die Alten behaupten, daß das keine Errungenschaft, sondern bloß eine Krankheit sei, welche die Ärzte *l'audition colorée* nennen – »das farbige Gehör, sagen die Ärzte, ist eine Erscheinung, die darin besteht, daß auf den Reiz eines einzigen Sinnes hin zwei verschiedene Sinne

* *Charles Morice, La littérature de tout à l'heure. Paris, chez Perrin et Cie.*

Morice: Der Kritiker Charles M. (1860–1919), mit Mallarmé und Gauguin befreundeter Vorkämpfer des Symbolismus, gab in *La Littérature de tout à l'heure* (1889) ein Panorama des Fin de siècle.

zugleich tätig werden oder mit anderen Worten, daß der Ton einer Stimme oder eines Instrumentes sich in eine charakteristische und zwar immer in dieselbe Farbe umsetzt. So geben gewisse Personen eine grüne, rote oder gelbe Farbe jedem Laute, jedem Tone, der an ihr Ohr schlägt.«* Genau ebenso, vollkommen nach der Schilderung der Ärzte, sagt René Ghil**, daß jeder Vokal seine Farbe hat, daß das *a* schwarz, das *e* weiß, das *i* rot, das *u* grün, das *o* blau ist; daß die Harfen weiß, die Geigen blau, die Flöten gelb und die Orgeln schwarz klingen; daß das *o* Leidenschaft, das *a* Größe, das *e* Schmerz, das *i* Feinheit und Schärfe, das *u* Rätsel und Geheimnis und das *r* Wildheit und Sturm mitteilt. Das ist die Poetik der Décadence. Es wird gesagt, daß sie pathologisch sei, eine neue Mode des Wahnsinns. Aber so durchaus neu und ohne Vermittlung, wie man gerne tut, ist sie nicht. Baudelaire singt:

»O métamorphose mystique
De tous mes sens fondus en un!
Son haleine fait la musique,
Comme sa voix fait le parfum.«

[...] Das ist das erste Merkmal der Décadence. Sie sucht wieder den inneren Menschen, wie damals die Romantik. Aber es ist nicht der Geist, nicht das Gefühl, es sind die Nerven, welche sie ausdrücken will. Und sie entdeckt nervöse Künste, welche die Väter nicht kannten.
Ein anderes Merkmal ist der Hang nach dem Künstlichen. In der Entfernung vom Natürlichen sehen sie die eigentliche Würde des Menschen und um jeden Preis wollen sie die

* *J. Baratoux, Le Progrès médical,* 10. Dec. 1887.
** *René Ghil, Traité du verbe avec avant-dire de Stéphane Mallarmé.*

Baratoux: Jean-Marie-Joseph B. (1855–nach 1943), französischer Arzt.

Ghil: René G. (d.i. René Guilbert, 1862–1925), (anfangs) symbolistischer Dichter, mit Mallarmé befreundet; sein *Le Traité du verbe* erschien 1886.

Baudelaire: s. Anm. S. 181.

Natur vermeiden. Der *Roger de Salins* des Maupassant trifft ihre Meinung: »Ich behaupte, daß die Natur unsere Feindin ist und daß wir immer gegen die Natur kämpfen müssen: denn sie bringt uns unaufhörlich zum Tiere zurück. Wo immer auf der Erde irgend etwas Reines, Schönes, Vornehmes und Ideales ist, das hat nicht Gott, das hat der Mensch geschaffen, das menschliche Gehirn.« Und ebenso der *des Esseintes* des Huysmans: »Es kommt vor allem auf das Vermögen an, den Geist auf einen einzigen Punkt zu sammeln, sich selber zu halluzinieren und den Traum an die Stelle der Wirklichkeit zu setzen. Das Künstliche erschien dem *des Esseintes* als das eigentliche auszeichnende Merkmal des menschlichen Genies. Wie er zu sagen pflegte: die Zeit der Natur ist vorbei; die ekelhafte Einförmigkeit ihrer Landschaften und ihrer Himmel hat die aufmerksame Geduld der Raffinierten endlich erschöpft.« Dieser *des Esseintes* ist überhaupt das reichste und deutlichste Beispiel der Décadence. Angewidert von der platten, gemeinen und mißgebornen Welt, jeder Hoffnung entschlagen und krank an der Seele und im Leibe, flieht er in ein durchaus künstliches Leben: *à une thébaïde raffinée, à un désert comfortable, à une arche immobile et tiède où il se refugerait loin de l'incessant déluge de la sottise humaine.* In einem Turm aus Elfenbein vor den Menschen versperrt, schläft er den Tag und wacht er die Nacht. Sein Arbeitszimmer ist in Orange und Indigo. Der Speisesaal gleicht der Kabine eines Schiffes und hinter den Scheiben der Luftporten ist ein kleines Aquarium mit mechanischen Fischen. Das Schlafzimmer stellt aus köstlichen und seltenen Stoffen die kahle Öde einer mönchischen Zelle dar. Hier horcht er einsam nach innen und lauscht allen Launen seiner Träume. Manchmal öffnet er einen Schrank mit Schnäpsen, *son orgue à bouche* wie er ihn heißt; er kostet hier und dort einen Tropfen und spielt

Roger de Salins: Hauptfigur in Maupassants (s. Anm. S. 210) Novelle *L'Inutile beauté* (1890).

des Esseintes: Jean Floressas des E. ist die Hauptgestalt in Huysmans' (s. Anm. S. 336) Roman *À rebours.*

sich aus ihren Reizen innere Symphonien vor. Jeder Schnaps hat für seinen Geschmack den Ton eines Instrumentes: der Curaçao klingt wie die Klarinette, der Kümmel wie die Hoboe, Anisette wie die Flöte, Kirsch wie die Trompete. Dann sinnt er vor seinen Bildern: vor der Salome des Gustav Moreau, vor den Stichen des Luyken, welche schmerzvergrimmte Heilige auf der Folter zeigen, vor den Zeichnungen des Odilon Redon. Oder er liest in den alten Römern; aber er mag nur jene, welche die Humanisten die schlechten Schriftsteller heißen: Petronius, Marius Victor, Orientius; er schwelgt in ihrer *déliquescence, leur faisandage incomplet et alenti, leur style blet et verdi.* Von Rabelais und Molière, von Voltaire und Rousseau, selbst von Balzac will er nichts wissen. Von Flaubert läßt er die *Tentation* gelten, von Goncourt die *Faustin*, von Zola die *Faute de l'abbé Mouret.*

Moreau: Gustave M. (1826–98), Maler; Hauptvertreter des französischen Symbolismus, malte Bilder biblischen und mythologischen Inhaltes. Hier ist wohl das heute in der Musée Gustave Moreau in Paris hängende Bild »Das Haupt Johannis des Täufers erscheint der Salome« gemeint.

Luyken: Jan L. (1649–1712), holländischer Kupferstecher, von dem fast 300 Kupferstiche bekannt sind, die er häufig für seine eigenen Bücher mystischen Inhalts schuf.

Redon: Odilon R. (1840–1916), französischer Maler und Graphiker; Hauptvertreter des Symbolismus, Gestalter von phantastischen Vorstellungen und Visionen; bevorzugte das Pastell; Schöpfer von lithographischen Folgen, so zu Baudelaires *Fleurs du mal.*

Petronius: Gaius P. Arbiter (gest. 66 n. Chr.), berühmt durch sein *Satyricon.*

Marius Victor: Gemeint ist wohl Gaius M. Victorinus, ein grammatischer, rhetorisch-philosophischer und später auch theologischer Schriftsteller des 4. Jh.s n. Chr.

Orientius: christlich-lateinischer Dichter des frühen 5. Jh.s; Verfasser eines christlichen Lehrgedichtes in Distichen: *Commonitorium.*

Rabelais: François R. (1494–1553), einer der bedeutendsten Schriftsteller der französischen Frührenaissance; Verfasser u. a. des zeitkritischen Romans *Vie inestimable du Grand Gargantua, père de Pantagruel* (1534–62).

Tentation: Gustave Flauberts *La Tentation de Saint-Antoine* erschien – 1849 verfaßt – 1856 und 1857 in Teildrucken; die Erstauflage des Buches erst 1874.

Faustin: La Faustin, Roman (1881) von Edmond de Goncourt (s. Anm. S. 194); Vorbild für die Hauptperson, Juliette Faustin, war die berühmte französische Tragödin Rachel (1821–58).

Zola: Emile Z. (1840–1902), als Erzähler und Theoretiker Haupt der französi-

Edgar Poë, Baudelaire, Barbey d'Aurevilly, Villiers de l'Isle Adam, Verlaine, Mallarmé sind seine Leute. Er liebt Schumann und Schubert. Er treibt fleißig Theologie. Einige Zeit will er nur künstliche Blumen; dann entdeckt er natürliche, welche wie künstliche scheinen. Wie der Chassel des Maupassant, dieser *fou honteusement idealiste*, liebt er mit Leidenschaft und Brunst die perversen Blüten der Orchideen. Man muß zu diesem *des Esseintes* noch den freien Mann des Barrès nehmen, der jetzt Philipp getauft worden ist.* Dann hat man die Quintessenz der Décadence. *»Il faut sentir le plus possible en analysant le plus possible.«»Je veux accueillir tous les frissons de l'univers; je m'amuserai de tous mes nerfs.« »Nous anoblissons si bien chacun de nos besoins que le but devient secondaire; c'est dans notre appétit même que nous nous complaisons; et il devient une ardeur sans objet, car rien ne saurait le satisfaire.« »La dignité des hommes de notre race est attachée exclusivement à certains frissons, que le monde ne connaît ni ne peut voir, et qu'il nous faut*

* *Le jardin de Bérénice. Chez Perrin et Cie.*

schen naturalistischen Schule; wendet unter dem Einfluß Hippolyte Taines (1828–93) und Claude Bernards (1813–79) die Naturwissenschaften, vor allem Vererbungslehre und Milieutheorie, auf die Ästhetik des Romans an; sein Roman *La Faute de l'abbé Mouret* erschien 1875.

Poë: s. Anm. S. 271.

Barbey d'Aurevilly: Jules-Amédée B. d'A. (1808–89), französischer Schriftsteller, insbesondere Romancier und Novellist, Journalist und Kritiker; exzentrischer Dandy; seine Erzählungen stehen zwischen Romantik und Realismus, so *Les Diaboliques* (1874).

Villiers de l'Isle Adam: Jean-Marie Mathias Philippe-Auguste, Comte de V. de l'I. A. (1838–89), französischer Schriftsteller, insbesondere Novellist; wie Barbey d'Aurevilly überzeugter Katholik, von großem Einfluß auf die symbolistischen Dichter seiner Zeit.

Verlaine: s. Anm. S. 328.

Mallarmé: Stéphane M. (1842–98), französischer Dichter; bedeutender Vertreter des Symbolismus, von großem Einfluß u. a. auf Stefan George.

Chassel: George. Guy de Ch. ist die Hauptfigur in Maupassants (s. Anm. S. 210) Novelle »Un Cas de divorce« aus der Sammlung *L'Inutile beauté* (1890).

den freien Mann: Un Homme libre (1889), 2. Band von Barrès' (s. Anm. S. 322) Trilogie *Le Culte du moi.*

nultiplier en nous.« »J'ai trempé dans l'humanité vulgaire; 'en ai souffert. Fuyons, rentrons dans l'artificiel.«

\lso erstens die Hingabe an das Nervöse. Zweitens die .iebe des Künstlichen, in welchem alle Spur der Natur 'ertilgt ist. Dazu kommt drittens eine fieberische Sucht nach lem Mystischen. *Exprimer l'inexprimable, saisir l'insaisissa-le* – das ist immer und überall ihre Losung. Sie suchen \llegorien und schwüle, dunkle Bilder. Jedes soll einen ;eheimen zweiten Sinn haben, der sich nur dem Eingeweih-en ergibt. Die Zaubereien des Mittelalters, die Rätsel der Halluzinierten, die wunderlichen alten Lehren aus der ersten Heimat der Menschheit reizen sie unablässig. Sie folgen iner *voix profonde qui conseille au poëte, en ce temps, de se essouvenir des plus anciennes leçons, d'écouter l'enseigne-nent immemorial des mages primitifs, de se pencher au bord les métaphysiques et des religions antiques.** Joséphin 'éladan, der sich selbst einen Magier nennt, den souveränen Herrscher über alle Körper, alle Seelen, alle Geister, hat inen okkultistischen Roman geschrieben. Der junge Adar ınd das herrliche Kind Izel lieben sich. Einsam leben sie in Nürnberg dem Traume. Da, eine Nacht, im Mondenschein, ieht der Doktor Sexthenthal, wie Izel sich schlafen legt, an ler Wand den Schatten ihres Beines. Der Meister Sexthen-hal ist ein mächtiger Magier, der seinen Leib verlassen und n astralischem Zustande durch jede Mauer dringen kann. zel kann sich des unsichtbaren Liebhabers nicht wehren. Wie Adar in den magischen Lehren die Mittel findet, den Astralier zu zwingen, das ist der Vorwurf des Romans.**

Endlich ist an ihnen immer ein unersättlicher Zug ins Unge-ıeure und Schrankenlose. Sie wollen immer gleich den

* *Charles Morice.*

** *La victoire du mari, avec commémoration de Jules Barbey d'Aurevilly. Epopée VI de la décadence latine.)*

Péladan: Joséphin P. (d. i. Joseph P., nannte sich »Sâr«, 1859–1918); Okkul-ist, Großmeister des Ordens der Rosenkreuzer; Verfasser u. a. der Roman-olge *La Décadence latine, éthopée* (1884–1922); Gegner des Egalitätsprinzips ınd der Vermischung der Rassen.

ganzen Menschen ausdrücken: *suggérer tout l'homme par tout l'art.** Sie wollen *une réalisation parfaite de nos rêves de bonheur.** Sie wollen *unir la vérité et la beauté, la foi et la joie, la science et l'art.** Sie sind nicht umsonst Wagnerianer. Alles Gewöhnliche, Häufige, Alltägliche ist ihnen verhaßt. Sie suchen die seltsame Ausnahme mit Fleiß. *Dans l'exception seule, en effet, pourront les nouveaux poëtes réaliser les grands rêves d'aristocratie savante et de pureté belle.***

Das sind die auffälligsten Merkmale der Décadence.

HERMANN BAHR

Colour Music

Man konnte in den Zeitungen neulich Notizen über die Colour Music lesen, eine Erfindung des Engländers Wallace Remington, Töne durch Farben darzustellen, also Musik zu malen. Sie sei, hieß es, gar nicht so neu, wie Laien verwundert meinen möchten. Schon 1740 habe ein Jesuit, Luigi Betramo Castel, ein *Clavicembalo oculare* gebaut, welches Töne optisch zeigen konnte, so daß Musik von Tauben gesehen wurde. Übrigens hätten manche so feine und innig verbundene Nerven, daß sie gar nicht erst derlei Instrumente

* *Charles Morice.*

** *Le jardin de Bérénice. Chez Perrin et Cie.*

Remington: Alexander Wallace Rimington (1854–1918) war der Erfinder einer »Colour Organ«, die zum ersten Male 1895 in London gezeigt wurde. Er entwickelte auch eine Farben-Tonleiter, die am 20. März 1915 in dem Werk *Prométhée* (1911) des russischen Komponisten Alexander Skrjabin (1872–1915) verwendet wurde. Der Versuch fand in New York (Carnegie Hall) statt, mißlang aber.

Luigi Betramo Castel: Louis Bertrand C. (1688–1757), französischer Jesuit, Akustiker, der das Instrument »clavecin oculaire« baute, das Farbenharmonien für das Auge produzierte (1740).

brauchten, sondern nichts hören könnten, ohne von selber jeden Ton immer gleich als Farbe zu schauen. Die Ärzte Nußbaumer und Parville, selber im Besitze dieser Gabe, haben sie beobachtet und geschildert; dieser wußte besonders einen Schweizer Studenten zu rühmen, der sie in ungemeiner Schärfe hatte: Hohe Töne brachten ihm die Empfindung heller Farben, tiefe Töne das Gefühl dunkler Farben, doch wechselte die Farbe mit dem Instrumente; die Töne des Klaviers sah er blau, die der Flöte rot, schlug man mit einer Gabel an ein Glas, so schien ihm dieses sich zu färben. Im Anhange vergaßen die Zeitungen nicht zu bemerken, daß Liszt als Dirigent gern sagte: Diese Stelle, meine Herren, ist mehr bläulich zu spielen, jene mehr rot.

Diese Nachrichten wären leicht zu vermehren. 1887 hat J. Baratoux im *Progrès medical* über die *audition colorée*, wie er es nennt, geschrieben, darstellend, wie da »auf den Reiz eines einzigen Sinnes hin zwei verschiedene Sinne zugleich tätig werden, indem der Ton einer Stimme oder eines Instrumentes sich in eine charakteristische und zwar immer in dieselbe Farbe umsetzt«. Der Aufsatz machte Aufsehen, weil ein Mediziner da bestätigte, was man den Poeten nicht glauben wollte. [...]

Ich habe diese Dinge schon früher einmal notiert; man kann sie im dritten Bande meiner »Kritik der Moderne« nachlesen. Sie interessierten mich, weil ich nicht verstand, daß man sie den Leuten erst beweisen mußte. Mir waren sie selbstverständlich. Schon der Knabe wurde gescholten, wenn er, Skalen zu üben gezwungen, behauptete, sehr bunte Streifen vor sich flimmern zu sehen; aber es geht mir noch heute so. Man lachte den Jüngling aus, der erzählte, Czernowitz sei eine unangenehme, gelb riechende Stadt; ich kann aber auch

Nußbaumer: möglicherweise der Wiener Chirurg Johann Nepomuk von Nußbaum (1829–90).

Parville: Henri de P. (1838–1909), französischer Arzt, der u. a. über Elektrizität schrieb.

Baratoux: s. Anm. S. 227.

Kritik der Moderne: Studien zur Kritik der Moderne (1894).

heute den intensiv widrigen Geruch jener Straßen, der mir noch immer gegenwärtig ist, von dieser Farbe nicht trennen. Als ich irgendwo von einem »braunen Schlafe« schrieb, wollte man es mir lange nicht vergeben; aber ich kann nicht leugnen, daß ich auch heute noch mit dem Geschmacke gewisser Farben erwache und gelb, grün oder blau geträumt zu haben fühle. Auch sind und bleiben mir oft Menschen verhaßt, weil ihre Art zu sprechen in mir häßliche Farben weckt; ich sage dann bei mir: dieser schrecklich gelbe Mensch! Andere, ohne schön zu sein, werden mir doch durch sehr zärtliche, kosende Farben lieb und ehrwürdig, die mich ihre Art zu sprechen sehen läßt. Besonders meine Erinnerungen sind immer optisch: nennt man mir Orte, Leute oder Bücher, so taucht zuerst eine Farbe auf; die zieht dann das andere erst nach. Auch Schmerzen und Freuden sehe ich; wenn ich mich mit einer Nadel steche, blitzt es vor mir himmelblau auf. So werden alle Stimmungen mir zu Farben und ich habe gelbe, braune oder auch, wenn der Mai kommt oder ich sonst selig bin, mauve Tage. Dafür bin ich oft getadelt und verspottet worden. So habe ich ein Recht, mich zu freuen, wenn es die Gelehrten jetzt bestätigen.
Es ist zu hoffen, daß man nun, über diese mystische Union der Sinne belehrt, allmählich wohl auch gegen ihre Künstler gerechter wird.

HERMANN BAHR

Décadence und Dilettantismus

Das Leben fühlen, durch das Gefühl das Wesen aus der Hülle holen, fühlend sich selber in den Dingen und die Dinge in sich selber und seine Einheit mit der Schöpfung finden – das war immer der Sinn der Kunst. Das Leben fliehen, durch Laune, Wahn und Traum verdrängen, in sich vergessen – das ist der Sinn dieser Décadence. Man kann sie

begreifen. Ja, sie mag in der letzten Stunde alter Kulturen unvermeidlich sein. Aber Kunst darf man sie nicht nennen.
Die Décadenten vom Schlage des Grafen Montesquiou sind nicht Künstler, die schaffen, sondern Laien, die genießen wollen. Es handelt sich ihnen nicht um neue Werke, sondern um andere Freuden. Sie geben nichts, sie möchten nur nehmen.

Der Graf von Montesquiou heißt englisch Oscar Wilde.
Auch Oscar Wilde ist mehr durch sein Leben als durch seine Werke berühmt. Diese haben Geist, eine gefällige Gabe, schön zu tapezieren, und den Glanz von Juwelen und Geschmeide. Jetzt schmeicheln sie dem Auge, jetzt dem Ohre, alle Sinne schwelgen; aber es schweigt das Gefühl. Sie sind Dichtungen für Dichter, die immer seine gewählten, ungemeinen Absichten, die seltenen und reichen Mittel bewundern müssen; aber zum Menschen dringen sie mit allen feinen Listen nicht. Sie verschwenden die edelsten Würzen; aber es fehlt der Saft, der den großen Rausch gibt. Doch durch sein jähes, buntes und groteskes Leben von grellen Launen und mit Fleiß phantastischen Begierden, das Abenteuer sucht, dem Banalen feind, nach Chimeren lüstern, und stets den bürgerlichen Sinn beleidigen will, wurde er der Liebling der »Estheten«.
Diese »Estheten«, die Erben der Präraphaelite Brotherhood, die der Punch so unermüdlich verspottet und Sullivan in eine

Montesquiou: Robert, Comte de M.-Fézensac (1855–1921), berühmter französischer Dandy; befreundet mit Mallarmé und Huysmans, auch selbst Lyriker und Essayist.

Wilde: Oscar W. (1856–1900), englischer Dichter; bedeutender Vertreter des L'art pour l'art. Sein Dorian Gray, Hauptperson in dem Roman *The Portrait of Dorian Gray*, ist der Prototyp des Dekadenten. 1893 schrieb er das Drama *Salomé* auf französisch für Sarah Bernhardt, die berühmte französische Schauspielerin der Jahrhundertwende (1844–1923).

Präraphaelite Brotherhood: s. Anm. S. 210.

Punch: Das englische Witzblatt hatte Oscar Wilde bereits 1881, nach dem Erscheinen seiner ersten Gedichte, verspottet.

Sullivan: Der Lustspieldichter William Gilbert (1836–1911) und der Kompo-

muntere Operette gebracht hat, sind eine fanatisch dem Schönen ergebene, in künstlichen Ekstasen selige Gemeinde. *Composer la vie d'impressions d'art et de cela seulement,* hat Bourget als ihre Losung gegeben und die Vernon Lee, die eine Zeit zu ihrer Gruppe gehörte, läßt den Helden der Miß Brown erklären: »Das einzige, was uns zu tun übrig bleibt, uns, die wir zu spät gekommen sind, ist, daß wir die welken Blüten der Vergangenheit suchen und sammeln, wie entfärbt sie auch sein mögen, um mit ihnen unser Leben zu parfumieren. Die äußere Welt wird täglich häßlicher. Wir müssen uns mit den Stoffen von einst und durch unsere Einbildung eine eigene kleine Welt bauen, wo wir in Schönheit leben können.« Was irgend helfen mag, die Gegenwart zu vergessen, die Vergangenheit zu wecken, Traum zu bringen, holen sie mit Eifer: alte, blasse, schwanke Webereien, gotische Möbel und danteske Trachten, Lilien, Wappen und die laute Pracht der Pfauen – so verhängen sie die Täglichkeit der Dinge und mit stillen Gesten feierlicher Demut, in Gewändern von Mantegna, botticellisch ernst und milde lauschen ihre Frauen, wie in weißlich-grüner Seide, unter Kränzen bleicher Rosen, Pagen aus der *Vita Nuova* lesen.

Mehr noch als durch das Märchen, das er lebt, verdient Wilde die Bewunderung und die Liebe der »Estheten« durch den *»decay of lying«*. Das ist ein kurzer Dialog, kaum sechzig Seiten, über die Kunst. Er sagt in ehernen und unver-

nist Arthur S. (1842–1900) karikierten den Dandy Wilde 1882 in ihrer gemeinsamen Oper *Patience*.

Bourget: s. Anm. S. 318.

Lee: Vernon L. (d. i. Violet Page, 1856–1935), englische Essayistin und Romanschriftstellerin; *Miß Brown* ist der Titel einer ihrer Romane (1884).

Mantegna: Andrea M. (1431–1506), italienischer Maler und Kupferstecher; einer der bedeutendsten Meister der oberitalienischen Frührenaissance.

botticellisch: nach Sandro Botticelli (d. i. Alessandro Filipepi, 1444/45–1510), Maler der florentinischen Frührenaissance.

Vita Nuova: Werk von Dante Alighieri (1265–1321); dichterische Schilderung seiner Jugendliebe zu Beatrice (um 1293 verfaßt).

decay of lying: Dialog von Oscar Wilde (1889).

geßlichen Sätzen den Glauben, alle Triebe, den letzten Sinn der Gruppe aus, ein köstliches Dokument ihrer Mode, die in Frankreich Décadence heißt.
»Enjoy Nature! I am glad to say that I have entirely lost that faculty.« Die Natur ist häßlich. Die Kunst ist die Flucht aus der Natur. Die Kunst meide das Leben. Das Leben folgt der Kunst. Die Kunst darf dem Leben nicht folgen. *»Remote from reality and with her eyes turned away from the shadows of the cave, Art reveals her own perfection.«* Das ist das Programm. Der Graf Montesquiou und der Däne Hermann Bang und der Deutsche Stefan George würden nicht zögern, es zu zeichnen.

»Es geschähe den Poeten und Künstlern schon dadurch ein großer Dienst, wenn man nur erst ins Klare gebracht hätte, was die Kunst von der Wirklichkeit wegnehmen oder fallen lassen muß«, schrieb Schiller an Goethe. Der Naturalismus löste die Frage, indem er von der Kunst verlangte, Wirklichkeit, nichts als Wirklichkeit und die ganze Wirklichkeit zu sein. Die Décadence löst die Frage, indem sie von der Kunst verlangt, unwirklich, Traum und nichts als Traum zu sein. Da soll sie nun wählen. Wem wird sie folgen?
Der Naturalismus wirkt heute nicht mehr. Man hält es jetzt wieder mit Goethe, der sagte, als ein Naturalist das Hündchen Bello darstellen wollte: »Lassen Sie auch seine Nachahmung recht gut geraten, so werden wir doch nicht sehr gefördert sein: denn wir haben nun allenfalls zwei Bellos für einen.« Es scheint absurd, daß die Kunst nichts weiter als wieder Natur, und der Wunsch wächst, daß sie anders, nicht »imitativ«, sondern »kreativ« sei. Sie soll nicht äffen. Sie soll schaffen.
So mag man es denn mit der Décadence versuchen, die das Leben flieht und Traum wünscht. Aus der reinen, einsamen, unsinnlichen Seele will sie schöpfen. Aber da wird sie gewahr, daß die Seele, wenn man ihr die sinnliche Welt

Bang: Herman Joachim B. (1857–1912), dänischer impressionistischer Erzähler und einer der bedeutendsten Vertreter der literarischen Décadence.

nimmt, nur noch eitle Schemen, nichtige Schatten ohne Blut hat, wankende Erinnerungen und Zitate aus verstorbenen Künsten. Die Seele ist leer, wenn sie von draußen nicht die Sinne füllen, ist stumm, wenn nicht die Dinge von draußen in ihr reden, und wie sie nur in Worten denken kann, kann sie auch nur an Dingen fühlen. Sonst weiß sie, wie gierig sie sich quäle, nur Echo von einst zu melden, Hall von Dante und Fiesole oder was sonst ihre ersten Erfahrungen waren. Und da gilt doch auch wieder das Wort von den zwei Bellos: denn wenn es absurd ist, eine Kunst neben die Natur zu stellen, die nichts als eine zweite Natur ist, so ist es nicht minder absurd, eine neue Kunst zu schaffen, die nur wieder die alte ist. So fühlen die Décadenten, daß Kunst nicht Natur, aber daß doch ohne Natur erst recht keine Kunst ist. Das ist ihr Dilemma. Es ist das Dilemma aller Dilettanten.

Wenn der Dilettant die Natur wählt, vermag er immer nur eine zweite Natur zu geben; er kann nur äffen. Wenn der Dilettant die Natur meidet, muß er sich ins Leere verlieren; er wird sich höchstens erinnern. Es ist eben die geheime Magie des Künstlers, indem er die Natur nimmt, mehr als Natur zu geben, da er sie als Äußerung seiner Seele deutet. Er kennt die Furcht nicht, das Wirkliche zu äffen: denn, wie Goethe in den Propyläen schrieb, »indem der Künstler irgend einen Gegenstand der Natur ergreift, so gehört dieser schon nicht mehr der Natur an, ja, man kann sagen, daß der Künstler ihn in diesem Augenblicke erschaffe, indem er ihm das Bedeutende, Charakteristische, Interessante abgewinnt oder vielmehr erst den höheren Wert hineinlegt«. Und er kennt auch die Furcht nicht, an Stoff zu darben: denn immer dient ihm die ewige Fülle der Welt, ein unerschöpflicher Atlas seiner Seele.

Die Décadence der Montesquiou und Wilde ist eine Ausflucht von Dilettanten, die ein rechtes Gefühl der Kunst, aber die schöpferische Kraft der Künstler nicht haben.

Fiesole: Fra Giovanni F. (d. i. Guido di Pietro, als Mönch: Fra Angelico, 1387–1455), Hauptvertreter der italienischen Frührenaissance; malte religiöse Bilder und Fresken, besonders im Kloster San Marco in Florenz.

Die Neurotischen

Trotz der weltfernen Kulturperiode ist uns ein Homer, ein Pindar, ein Aeschylos, ja selbst ein Valmiki und Vyasa (Mahabharata und Ramayana) – von Dante, Tasso, Calderon und Shakespeare ganz abgesehen – auch in den subtilsten Stimmungen seiner Seele klar und verständlich; unsere zeitgenössischen Dichter aber werden es dem Enkel nach der verhältnismäßig lächerlichen Zeitspanne eines Säkulums nicht, oder im geringsten Falle doch weit, weit minder, als die genannten mehr oder weniger sagenumwobenen Dichterfürsten sein.

Das Herumtaumeln zwischen der modernen Skylla und Charybdis: Genuß und Ekel, das fieberische Tappen und Tasten, die elementaren Ausbrüche rasendster Leidenschaft und gleich darauf, fast im gleichen Atemzuge: die Auslassungen schlaffster Apathie, die halsbrecherische Equilibristik auf dem zum Zerreißen angestrafften Nervenseil, und – Ende gut, alles gut – das dumpfe, schwere Kolorit, die neurasthenische Atmosphäre – alles in allem: die Décadence (es ist ungemein charakteristisch für den Deutschen, daß er hier eine Anleihe beim französischen Wortschatze machen muß), wie sie leibt und lebt, oder besser gesagt: vegetiert, wird dem Literaturfreunde der Zukunft ein siebenfach gesiegeltes Buch, oder um mich handgreiflicher auszudrücken: ein böhmisches Dorf sein. [...]

Übergangsepochen zeichnen sich immer durch Zerfahrenheit, innere, wie äußere Verbummelung, Begriffsverwirrung,

Valmiki: indischer Dichter (1. Jh. n. Chr.); gilt als der Verfasser des *Rāmāyana*-Epos.

Vyasa: indischer Heiliger, Stammvater des Helden des *Mahābhārata*-Epos; der Sage nach auch Verfasser dieses Epos.

Tasso: Torquato T. (1544–95), einer der bedeutendsten Dichter Italiens; sein Epos *Gerusalemme liberata* (1581) stellt eine Verbindung von Ritterroman und klassischem Epos dar.

nebulose Weltanschauung aus, und unsere Zeit ist eben eine Übergangsepoche par excellence. Wir nähern uns einem neuen Weltteil. Der Tiefgang unseres Fahrzeuges ist sehr bedeutend. Wir haben keine Ahnung von der Beschaffenheit des das Land der Verheißung umgebenden Meerwassers. Um nicht der Gefahr ausgesetzt zu sein, auf irgend eine Untiefe zu laufen, müssen wir den Ballast beseitigen.

Das sind die alten, von den Vätern ererbten Ideen, die indossierten Wechsel der Urahnen. Einem Teile der Schiffsgenossen gilt die Hinterlassenschaft nichts, dem andern hingegen alles. Jene fordern eine Wegschaffung derselben, diese widersprechen. Tumult, Streit, Hin und Her der Ansichten – und, da eine Einigung unmöglich, Kampf auf Leben und Tod zwischen der alten und neuen Zeit, indes unser steuerloses Schiff mit vollen Segeln der neuen Welt zuschießt, ohne Rücksicht auf Untiefen und Wasserwirbel.

Insofern nun die Dichtung nicht etwas Abgeschlossenes, vermittelst starrer Dogmen Verklausuliertes ist, [...] insofern der Dichter endlich und schließlich doch nur ein Produkt seiner Zeit ist und vom *Milieu* derselben die mächtigsten Anregungen erhält, kann es niemand wundernehmen, daß das Spiegelbild ebenso zerfahren, verschwommen aussieht, wie das Original, und die Dichtung einen nicht weniger unbestimmten, unverständlichen Charakter aufweist, als die Zeit. Daß übrigens die Formen des rückgespiegelten Zeitsegments vielfach karikiert erscheinen, liegt lediglich an dem chromatischen Reflektor, der Individualität des Dichters. Man studiere in dieser Beziehung die Sturm und Drangzeit. Mutatis mutandis dieselbe Geschichte. Leidenschaftlichkeit, Sentimentalität, himmelhoch jauchzend, zu Tode betrübt, ganz wie unsere *Décadence*. Freilich die Stürmer und Dränger an der Schwelle des XIX. Jahrhunderts wollten leben und nicht sterben, die Dekadenten an der Pforte des XX. Jahrhunderts aber wollen nicht leben und auch nicht sterben; die wollüstige Selbstmarter ist ihre Lebensparole.

Ich liebe die hektischen, schlanken
Narzissen mit blutrotem Mund,
Ich liebe die Qualengedanken,
Die Herzen zerstochen und wund,

sagt einer von ihren Chorführern (Felix Dörmann) und schließt mit den, für seine Richtung bedeutungsvollen Worten:

Ich liebe, was niemand erlesen,
Was keinem zu lieben gelang,
Mein eigenes, tiefinnerstes Wesen,
Und alles, was seltsam und krank –

In der Tat, sie »lieben alles, was seltsam und krank« ist, Krankheitsstoffe aber flattern zu Millionen in der Luft herum; wir brauchen nur ein paar Tage Großstadtatmosphäre zu atmen, und wir besitzen das zweifelhafte Vergnügen, eine Herde von Bazillen im Leibe zu haben. Um krank zu werden, dazu bedarf es von vornherein einer gewissen, perversen Naturanlage. Wer zum Cholerabazillus nicht inkliniert, dem schadet er nicht viel. Vom Bazillus der Décadence gilt das gleiche. Zum Dekadenten muß man talentiert sein, d. h. man muß seidene Nerven besitzen, die beim geringsten Luftzug ein verwirrendes Stimmungs-Tremolo tanzen, weiters Empfänglichkeit für duftige Farben und farbige Düfte, endlich in den Handgriffen und Kunstpfiffen der Selbstpeinigung Routine haben. Kommt zu dem allen noch eine rationelle oder auch unrationelle Dosis von eleganter Pose, ein Kursus in der Akademie für höhere Schminkkunst – so ist der Dekadent fix und fertig.
Der Entwicklungsgang eines solchen Dichters kann sich naturgemäß niemals in aufsteigender Linie bewegen. Das süße Spiel der Nerven lähmt die Willenskraft, die Stimmungen erdrücken die Empfindung – kurz, das Gangliensystem prävaliert immer und überall. Die Folge ist Effemination, Verweibsung des Geistes, ... und dagegen ist kein Kraut gewachsen – der Zersetzungsprozeß schreitet stetig vor.

Zuletzt schlägt die Nervosität in Tobsucht um, die freigebig verstreuten Farben und Düfte bilden ein schier unabsehbares Tohuwabohu von blühendem Unsinn. [...]
Für die ersten Momente ist der Eindruck, den dekadente Gedichte machen, auch auf den nicht neurotisch-angelegten Menschen nicht ungünstig: das »halbe, heimliche Empfinden« wie der Dekadent Loris-Hofmannsthal im poetischen Vorworte zum »Anatol« seines Freundes und Mitstrebenden Arthur Schnitzler sagt, die seltsame Kouleur, das weiche, einschmeichelnde Milieu reizt und zieht ebensosehr an, als beispielsweise Chopins geisterhafte Musik. Bei schärferem Hinhorchen aber wird einem das Morbide, Entnervende klar, das in diesen Gedichten sein Wesen treibt und das in unbewachten Seelen destruktiv wirkt. Geradeso wie beim Alkohol oder Rouge et noir! Die paar Züge, die paar Spielchen schmecken und die Aufregung während des Spieles, das Räuschchen nach dem Trunke tun ihr übriges [...].
Abgesehen von dieser verderblichen Einwirkung auf die jüngere und jüngste Generation, ist es doch eine Torheit, die Décadence zu bekämpfen, ich meine damit: die brutale Bekämpfung, wie solche Freund Kraus hin und wieder in der »Gesellschaft« betrieben hat; denn die Décadence hat ihre *Existenzberechtigung* im literarischen Leben der Gegenwart. Es ist die Poesie des absterbenden Bourgeoisgeschlechtes, das von der Juli-Revolution ab in der Literatur hoffähig wurde (Spielhagen, Freytag). Es sind nichts mehr, denn die letzten Zuckungen einer dem Untergange geweih-

Loris: eines der zahlreichen Pseudonyme Hugo von Hofmannsthals, zu denen er gezwungen war, da die Gymnasiasten in Österreich nichts veröffentlichen durften. Andere Pseudonyme waren: Loris Melikow, Theophil Morren, Archibald O'Hagan, B. A.

Spielhagen: s. Anm. S. 193.

Freytag: Gustav F. (1816–95), Schriftsteller des bürgerlichen Realismus; schilderte in seinen Romanen den Alltag des begüterten und gebildeten liberalen Mittelstandes.

ten, verweichlichten und verflachten (Marlitt, Bürstenbinder) Generation. Weder diese, noch auch ihre Dichter sind reif für die neue Welt, und das eben ist ihre tragische Schuld. Einer von den begabtesten, weil aufrichtigsten Dekadenten (Arthur Schnitzler), auf den ich im Verlaufe noch zurückkommen werde, gesteht das selbst ein. Die es nicht einbekennen, fühlen es wenigstens; aber die süße Gewohnheit, das wollüstige Milieu vernichtet in ihnen den letzten Funken Willenskraft. Sie sind bankrott, noch ehe sie recht spekuliert haben. Ihre Agonie ist zugleich die Agonie der Kaste, der sie entsprossen sind. Eben darum gebührt ihnen, wie keiner andern Richtung, der Titel: *Dichter der Gegenwart*.
Ein anderes ist es, gegen diese Nervenpoeten mit satirischen Waffen ins Feld zu ziehen. Was dem Ernste mit aller Mühe nicht gelingt, fällt oftmals dem Humor ohne weiteres in den Schoß. Als echte Salonmenschen fürchten die Dekadenten jedenfalls nichts mehr als die Blamage, und Blamage, unsterbliche Blamage kann ihnen ein guter Satiriker in Hülle und Fülle bieten, zumal jeder Dekadent, dank seiner Neigung zur Pose, zur guten Hälfte aus Achillesfersen besteht. [...]
Die Décadence ist, wie sich schon von selbst versteht, kein spezifisch *deutsches* Gewächs, wenn sie auch bei uns ihre größten Triumphe feiert. Das Hirn des Deutschen ist denn doch viel zu schwerfällig, um derlei pikante Nippes zum Gebrauch der vom fin-de-siècle angekränkelten Menschenkinder auszutüfteln. Das muß schon dem literarischen Obersthaushofmeister jenseits des Elsaß überlassen werden, der besorgt es auch in gewohnter, redlicher Weise – ob zu Nutz und Frommen seiner gehorsamen Zöglinge, ist freilich eine andere Frage. Was vom Ausland importiert wird –

Marlitt: Eugenie M. (d. i. Eugenie John, 1825–87) verfaßte sehr erfolgreiche, rührselige Frauen- und Unterhaltungsromane; Erstdruck zumeist in der *Gartenlaube*, so etwa »Goldelse« 1867.

Bürstenbinder: Elisabeth B. (1838–1918) verfaßte unter dem Pseudonym E. Werner zahlreiche Romane, die ebenfalls zunächst in der *Gartenlaube* erschienen.

mögen es nun Hosenstoffe oder Literaturwerke sein, ganz egal! – ist, wie bekannt, aus der Maßen trefflich und wird mit Inbrunst gekauft und getragen, beziehentlich: gelesen und nachgebetet, wahrscheinlich um den unglückseligen Nationalstolz zu sühnen, den wir uns nie ganz abgewöhnen können und der uns von jeher soviel Knüppel in den Weg geworfen hat. In Nord-Deutschland fand das Senfkorn der Décadence allerdings keinen besonders günstigen Boden. Die Luft ist zu scharf, zu brüsk für die zarten Mimosen, deren Wachstum einzig putride Erde und Glashaustemperatur verbürgt. [...]

Die eigentliche Heimat der Ganglien-Korybanten ist Süd-Deutschland, genauer das Land der möglichen Unmöglichkeiten, vulgo *Österreich* geheißen. Der von Rassenhaß und Klassenwut zerfressene Boden und das seit Schiller so berüchtigte Phäakenmilieu des tönernen Polyglotten sind ausgezeichnete Faktoren, um den Samen eines Baudelaire, Verlaine u. a. zum Keimen zu bringen und den resultierenden Embryo in ein stattliches Belladonnengestrüpp zu verwandeln. Neben dem »goldenen« Prag, wo die tschechischen Dekadenten (Machar, Kvapil, Karásek usf.) ihre Residenz aufgeschlagen haben, ist das Capua der Geister, unser

putride: faule.

Ganglien-Korybanten: Ganglien: Nervenknoten; Korybanten: die Priester der phrygischen Göttin Kybele, deren Fest mit lärmender Musik in rasender Begeisterung gefeiert wurde.

Phäakenmilieu: Phäaken: nach Homers *Odyssee* reiche, in Üppigkeit lebende Menschen; oft für die Wiener benutzt.

tönernen Polyglotten: wohl Anspielung auf die vielsprachige (poly-glotte) k. k. Monarchie.

Baudelaire: s. Anm. S. 181.

Verlaine: s. Anm. S. 328.

Belladonnengestrüpp: Belladonna: Tollkirsche; Narkotikum und Gift.

die tschechischen Dekadenten: scharten sich um die Zeitschrift *Moderní,* so die tschechischen Lyriker Josef Svatopluk Machar (1864–1942) und Jaroslav Kvapil (1868–1950) sowie Lvovic Jiří Karásek (1871–1951), Lyriker und Novellist.

Capua der Geister: Gemeint ist Wien (vgl. Franz Grillparzers Gedicht

liebes Wien an der sogenannten schönen blauen Donau das Emporium der hysterischen Richtung. Günstiger könnte wohl auch keine Stadt der Welt sein. Die erwähnten Faktoren treten nirgends verstärkter auf, als in der Metropole, wo alle Venen des geistigen Lebens zusammenmünden. Aber trotz alledem hätte – bei dem im Grunde doch gesunden Vaudeville-Charakter der Wiener – die Décadence keinen so auffallenden Stich ins Pathologische erhalten, wenn nicht eben *semitischer* Einfluß vorgewaltet haben würde. Die meisten Dekadenten sind Semiten, wenigstens der Abstammung nach, und das Judentum befindet sich auf der Etappe der physischen und psychischen Décadence, trotz all seiner politischen und sozialen Erfolge, die es in der letzten Vergangenheit errungen hat und noch erringt. [...]

Der hervorragendste aller Dekadenten ist der schon öfter erwähnte Wiener *Arthur Schnitzler*. Obgleich seine Dichtungen, vornehmlich Szenenbilder (»Anatol« 1893) vom denkbar stärksten Décadence-Kolorit durchsättigt sind und darum den Leser in die unbehaglichste Stimmung von der Welt versetzen, erscheinen sie doch durch ihre Aufrichtigkeit und Selbsterkenntnis geadelt. Mit peinlicher Akkuratesse seziert der Dichter seine Probleme, und erklärt dem staunenden Leser resigniert-lächelnd die angefaulten Körperstellen. An Geist vermag sich mit ihm kein einziger Dekadent zu messen. Schnitzlers Werke sprühen förmlich von feinen, geistreichen Gedanken und Sentenzen. Er ist gewissermaßen der Klassiker der Décadence, aber darum nicht minder krank, als die übrigen. [...]

Der zweite Platz unter den Dekadenzlern gebührte von Rechts wegen dem Viertelfranzösler *Hermann Bahr*, da er aber die Décadence wahrscheinlich schon längst zum zehntenmal überwunden hat, wie alles und jedes, was er auf den

»Abschied von Wien«); Capua war bei den Römern wegen seiner entnervenden Üppigkeit sprichwörtlich.

Emporium: (lat.) zentraler Handelsplatz, Markt.

Vaudeville: (frz.) hier: Gassenhauer, Volkslied.

Schild hebt, und auch der aufmerksamste Beobachter nicht recht klug wird aus diesem Proteus, muß dieser Rang einem andern zugewiesen werden.
Es ist dies *Felix Dörmann* [...]. Über all seinen Dichtungen (Neurotica, Sensationen, Gelächter) lagert eine, mit dem Satiriker zu sprechen: »müde, welke Stille«, ein betäubendes Odeur, eine krankhafte Sinnlichkeit. Hie und da ein Aufschrei wahnsinnig-gestachelter Leidenschaftlichkeit und unheimlicher Geschlechtsgier. Mit dem oben zitierten Verse: »Ich liebe alles, was seltsam und krank«, hat er seine Poesie am besten charakterisiert. Nicht das leiseste Aufdämmern von Selbsterkenntnis, und wenn ja einmal derlei konstatiert werden kann, so ist es, näher besehen: Anempfindelei, selbstgefällige Pose. Dörmann gelangte früh zu literarischen Ehren – seine Gedichte wurden von einem Teile der Wiener Gesellschaft sehr geschätzt – das mag vielleicht die übrigens jedem Menschen angeborene Neigung zum Schminktöpfchen verstärkt haben. Trotzdem ist mir der halbe Dörmann mit all seinen künstlerischen Schrullen sympathischer, als seine Nachbeter und Nachtreter in toto, die von ihm nur die sexuelle Raserei und die Pose gelernt haben, und diese beiden Errungenschaften bis zur Karikatur auszerren.
Dörmanns Poesie ist nicht weniger einseitig als die Schriftstellerei – Poesie kann man das doch wohl nicht gut nennen – des Schnitzler. Auch er kennt und behandelt lediglich sexuelle Stoffe oder genauer: den actus inter vivos, zu deutsch: Die Begattung. Das ist das Um und Auf seiner Kunst. Während aber Schnitzler in die Sache etwas Abwechslung bringt, dadurch daß er seinen Geist spielen läßt, Fragen und Probleme aufwirft, die zwar keiner Beantwortung oder Lösung bedürfen, aber dem abgedroschenen Gegenstande einen gewissen Reiz verleihen, läßt sich's Dörmann mit einem Milieu genügen, das infolge seiner Wiederholung ohne Frage langweilig wird. Wie oft lesen wir, daß seine Geliebtinnen »fahl und bleich« sind, daß sie »bleich, totenbleich« sein müssen, mit »müdem Gesicht«, mit »blas-

sen Händen« und »großen, müden Schwärmeraugen«, wie oft versichert er uns, daß seine Liebe eine »müde Liebe« sei, seine Nerven »wurzwelk und abgestumpft«, seine Seele »krank« und »voller Ekel«, wie oft erzählt er von »blassem Kerzenlichte, mattgelben Floren, geraffter Schillerseide, üppig-weichen Eisbärfellen, buntgefärbten A bas jours«, stets führt er »welke Düfte« im Munde, einmal von »Lorbeer, Veilchen und Lavendel«, ein andermal von »Orangen und Narzissen«, dann wieder von »früherschlossenen Kastanienblüten«, endlich gar von »süßem Moderduft« (faule Eier fehlen leider, sie würden hier offenbar am besten passen!). Ebenso langweilig betätigt sich seine Liebe, immer wieder und immer wieder spricht der Dichter von »verzehrender Sinnenglut, schäumenden Ekstasen, schreiender Lust, blutatmenden Küssen, stöhnender Wonne, seelenheißer Freude, zügellosem Schwelgen, hochgepeitschtem Taumelreigen« u. ä. ungesunden, hyperbolischen Gefühlen. Es gibt kaum eine Seite in seinen Büchern, auf der es nicht stark brünsteln würde. Ich sage: »brünsteln«, dieweil ich solch übertriebenes, aufdringliches Betonen von erotischen Empfindungen durchaus nicht für echte Leidenschaft, übermächtige Brunst halten kann, vielmehr davon überzeugt bin, daß das Ganze bloß eine von jenen Fiktionen ist, welche die dekadenten Hampelmänner so sehr lieben, eine Komödie, weiter nichts! Es läßt sich wohl denken, daß Leute in diesem Alter – Dörmann zählte etwa 20 Jahre, als er auftrat –, zumal so sie Kinder der Großstadt und daneben noch semitischen Ursprunges sind, in eroticis eine maßlose Gier an den Tag legen, die den Stempel der Knabenhaftigkeit auf der Stirn trägt, aber daß diese Gier sich in *solcher* Weise äußern würde, ist fast völlig ausgeschlossen. Der Pubertätskitzel, die Betätigung des Geschlechtstriebes während der ersten Zeit der Mannbarkeit äußert sich bekanntlich in wild-stürmischer, brutaler Weise, von Kraft und Saft strotzend,

A bas jours: frz. abat-jour: Lampenschirm.

überschäumend, was jedoch Dörmann bietet: ist greisenhaft empfunden und greisenhaft wiedergegeben, teils wirklich krank, teils affektiert und mit dem Siechtum kokettierend.

HERMANN BAHR

Symbolisten*

Die Kunst will jetzt aus dem Naturalismus fort und sucht Neues. Niemand weiß noch, was es werden möchte; der Drang ist ungestalt und wirr; er tastet ohne Rat nach vielen Dingen und findet sich nirgends. Nur fort, um jeden Preis fort aus der deutlichen Wirklichkeit, ins Dunkle, Fremde und Versteckte – das ist heute die eingestandene Losung für zahlreiche Künstler.

Man hat manchen Namen. Die einen nennen es *Décadence*, als ob es die letzte Flucht der Wünsche aus einer sterbenden Kultur und das Gefühl des Todes wäre. Die anderen nennen es Symbolismus. Das hat in vielen eine schlimme Verwirrung angerichtet. Sie reden, ohne die Sache zu kennen, aus dem bloßen Worte heraus, das ihnen einen schwanken und falschen Begriff gibt.

Es ist an der Zeit, deutlich und wirksam zu erklären, daß der neue Symbolismus von heute und der überlieferte Symbolismus von einst nichts miteinander zu schaffen haben. Sie brauchen beide Symbole; das ist ihnen gemein. Aber gerade in der Verwendung der Symbole, woher sie sie nehmen und

* Anm. der Redaktion. Dieser Aufsatz wird unseren Lesern einen Einblick in jene Absichten gewähren, welche die Künstlergruppe der Symbolisten verfolgt. Herr Hermann Bahr, der selbst dieser Bewegung sehr nahe steht, ist besonders kompetent, Aufschluß zu geben. Ausschließlich um die Ziele der Symbolisten klarzustellen, veröffentlichen wir diese Darlegungen, nicht aber weil wir glaubten, daß der Symbolismus selbst als eine verheißungsvolle und innerlich gesunde Phase der Kunstentwicklung zu betrachten sei. Er ist eine künstlerische Erscheinung, die von symptomatischer Bedeutung ist, und darum beachtet werden will; eine erfreuliche Erscheinung ist er nicht.

wohin sie mit ihnen trachten, trennen und entfremden sie sich gleich wieder.
Das muß gezeigt werden. Sonst geht der ganze Streit wieder bloß um ein Wort, das jeder anders deutet und meint, und ist nicht zu versöhnen. Es wäre ja nicht das erste Mal.
Der überlieferte Symbolismus des zweiten Faust, des zweiten Wilhelm Meister, der Novelle, des Märchens oder Byrons, Richard Wagners und Victor Hugos, suchte den Ausdruck unsinnlicher Dinge durch sinnliche Zeichen. Das hinter den Erscheinungen Unzugängliche, der den Sinnen entrückte Kern und Ausbund aller Wesen, der nur in unserem Gefühle lebt, die ewige Wahrheit im letzten Grunde der zufälligen Wirklichkeit ist sein Gegenstand. Das will er, wie er es aus heimlichen Ahnungen zuversichtlich erlauscht, gestalten und formen, aus sich und in andere bringen, ausdrücken und mitteilen; er will den inneren Sinn des Lebens sagen, von dem die äußeren Sinne nichts wissen. Aber er muß es, weil alles Denken, alles Reden an die Hilfe der Sinne und ihren Vorrat gebunden und außer den Sinnen kein Verkehr mit Menschen ist, in sinnlichen Zeichen sagen, die freilich an das Unsägliche nicht langen und nur schwank und zage dahin winken. Er muß aus dem Sinnlichen die Gleichnisse des Unsinnlichen nehmen.
Der neue Symbolismus braucht die Symbole ganz anders. Er will auch ins Unsinnliche, aber er will es durch ein anderes Mittel. Er schickt nicht dürftige Boten aus, von seinen unsinnlichen Freuden zu stammeln, bis ihre Ahnungen erwachen. Sondern er will die Nerven in jene Stimmungen zwingen, wo sie von selber nach dem Unsinnlichen greifen, und will das durch sinnliche Mittel. Und er verwendet die Symbole als Stellvertreter und Zeichen nicht des Unsinnlichen, sondern von anderen ebenso sinnlichen Dingen.

Byrons: George Gordon Noël, Baron Byron (1788–1824), Dichter der englischen Romantik; von großem Einfluß auf die Literatur des 19. Jh.s.

Hugos: Victor Hugo (1802–85), Wortführer der französischen romantischen Schule; Erneuerer der französischen Literatur; sein Werk umfaßt alle literarischen Gattungen.

Das Symbol gilt dem neuen Symbolismus sehr viel, aber es gilt ihm nur als eine Bereicherung des Handwerks. Er hat aus den Symbolen eine neue Technik gewonnen, ein vorher unbekanntes, lyrisches Verfahren, eine besondere Methode der Lyrik. Es gab vor ihm das rhetorische und das realistische Verfahren; er hat ein Neues geschaffen.
Die Absicht aller Lyrik ist immer die gleiche: Ein Gefühl, eine Stimmung, ein Zustand des Gemütes soll ausgedrückt und mitgeteilt, soll suggeriert werden. Was kann der Künstler tun? Das nächste ist wohl, es zu verkünden, sein inneres Schicksal zu erzählen, zu beschreiben, was und wie er es empfindet, in recht nahen und ansteckenden Worten. Das ist die rhetorische Technik. Oder der Künstler kann die Ursache, das äußere Ereignis seiner Stimmung, seines Gefühls, seines Zustandes suchen, um, indem er sie mitteilt, auch ihre Folge, seinen Zustand mitzuteilen. Das ist die realistische Technik. Und endlich, was früher noch keiner versucht hat: der Künstler kann eine ganz andere Ursache, ein anderes äußeres Ereignis finden, welche seinem Zustande ganz fremd sind, aber welche das nämliche Gefühl, die nämliche Stimmung erwecken und den nämlichen Erfolg im Gemüte bewirken würden. Das ist die Technik der Symbolisten.
Ein Beispiel wird es gleich noch deutlicher erklären.
Einem Vater stirbt sein Kind. Dieser wilde Schmerz, die ratlose Verzweiflung sei das Thema. Der rhetorische Dichter wird jammern und klagen und stöhnen: »Ach, wie elend und verlassen und ohne Trost ich bin! Nichts kann meinem Leide gleichen. Die Welt ist dunkel und verhüllt für mich« – kurz, einen genauen und deutlichen Bericht seiner inneren Tatsachen. Der realistische Dichter wird einfach erzählen: »Es war ein kalter Morgen, mit Frost und Nebel. Den Pfarrer fror. Wir gingen hinter dem kleinen Sarg, die schluchzende Mutter und ich« – kurz einen genauen und deutlichen Bericht aller äußeren Tatsachen. Aber der symbolische Dichter wird von einer kleinen Tanne erzählen, wie sie gerade und stolz im Walde wuchs, die großen Bäume freuten sich, weil niemals eine den jungen Gipfel verwegener nach dem

Himmel gestreckt: »Da kam ein hagerer, wilder Mann und hatte ein kaltes Beil und schnitt die kleine Tanne fort, weil es Weihnachten war« – er wird ganz andere und entfernte Tatsachen berichten, aber welche fähig sind, das gleiche Gefühl, die nämliche Stimmung, den gleichen Zustand, wie in dem Vater der Tod des Kindes, zu wecken. Das ist der Unterschied, das ist das Neue. Die alte Technik nimmt das Gefühl selbst oder seinen äußeren Grund und Gegenstand zu ihrem Vorwurfe – die Technik der Symbolisten nimmt einen anderen und entlegenen Gegenstand, aber der von dem nämlichen Gefühle begleitet sein müßte. Das ist das ganze Geheimnis, das den Symbolismus freilich der Menge verschlossen und zu einer unverständlichen und wirren *»littérature à rebus«* macht.

Man muß nämlich empfängliche und empfindliche Nerven haben, die leisen Winken gleich gehorchen; sonst kann diese Kunst nicht wirken. Und noch mehr, was seltener und schwieriger ist: Man muß die Gewohnheit der eigenen Analyse haben, welche jeden Vorgang im Verstande auf den Nerven zu verfolgen, wie er dort begleitet wird, und umgekehrt jedes nervöse Ereignis in den Verstand zu übertragen geübt ist. Andere können sonst aus diesen Symbolen die natürlichen Begebenheiten nicht verstehen.

Das ist vielleicht eine Gefahr für den Symbolismus und kann ihm schaden. Die Gegner werden ihn darum eine Spielerei für hysterische Sonderlinge nennen und in die Irrenhäuser verweisen. Nur was auf die breite Masse des Volkes wirkt, lassen sie gelten. Und sie werden es sicherlich auch ein erkünsteltes und gemachtes Verfahren nennen, einen scholastischen Witz der dumpfen Schule, den das helle Leben verachtet. Aber da irren sie: die Natur selber, wo sie unumwunden zu den Menschen redet, braucht gern die symbolistische Technik.

Die Natur verfährt symbolistisch, ganz pünktlich und genau nach dem Rezept der neuen Schule, gerade wo sie sich frei und ungebunden eingestehen darf: Im Traume.

»Jemand, dem man einige Tropfen Wasser auf den Mund

träufelte, träumte so lebhaft zu schwimmen, daß er sogar mit den Händen die üblichen Bewegungen machte ... Man berichtet von einem Träumer, der einst seinen Hemdkragen etwas zu fest geknüpft hatte und einen ängstlichen Traum erfuhr, worin er gehängt wurde. Ein anderer träumte von einer Reise in der amerikanischen Wildnis und einem Überfall der Indianer, die ihn skalpierten; er hatte seine Nachthaube zu fest zusammengezogen. Wieder ein anderer träumte, er sei von Räubern überfallen, welche ihn der Länge nach niederlegten und zwischen seiner großen und der nächsten Zehe einen Pfahl in die Erde trieben; beim Erwachen fand er einen Strohhalm zwischen den Zehen ... Einer nahm eine Wärmflasche ins Bett und träumte, den Ätna zu besteigen, wo er die Hitze des Bodens fast unerträglich fand.«* So spricht der Traum und noch viel mehr der Rausch von Morphium, Chloral und Haschisch immer in Symbolen, und das scheint geradezu, wie der Mensch über das tägliche Gemeine hinausgetrieben und erhöht wird, seine natürliche Wahrheit.

Aber es gibt auch triftige Einwände gegen den Symbolismus, die nicht so leicht abzufertigen sind. Er scheint manches Mal die Form über das Wesen, die Technik über die Kunst zu stellen. Die Mache, die sich doch schließlich jeder anlernen kann, überschätzt er vielleicht. Es ist die Gefahr, daß er den Virtuosen verfällt. Das würde dann bloß ein ausgedachtes, kaltes Nervenzupfen um die Wette werden, das schwächt und lähmt. Und so mächtig und tief seine Weise wirkt, wo sie sich ungesucht dem Künstler bietet, so müßte sie bald ermüden und verdrießen, wenn sie geflissentlich mit Zwang geübt wird. Das wird wohl sein Schicksal entscheiden. Es wird wieder die alte Geschichte sein! Die Großen, in welchen seine Methode ein unwiderstehlicher Drang der Natur

* *Du Prel*, Philosophie der Mystik, Seite 83, Leipzig, Ernst Günther.

Chloral: Ausgangsstoff für das älteste künstlich hergestellte Schlafmittel Chloralhydrat.

ist, werden siegen; aber die Kleinen, die bloß wieder mit der Mode laufen, richten mit aller Mühe und aller Qual nichts aus.

Ich möchte an diese Bemerkungen, welche das Wesentliche der Symbolisten zeigen, zwei Gedichte fügen, gleichsam als handliche Schulbeispiele, an welchen jeder das Gesagte noch einmal prüfen, mit sich überlegen und entscheiden kann. Sie sind von *Loris.* Besonders das zweite scheint mir vortrefflich. Es enthält, rein und deutlich, den ganzen Symbolismus und es enthält nichts, das nicht Symbolismus wäre.

Die Töchter der Gärtnerin.

Die eine füllt die großen Delfter Krüge,
Auf denen blaue Drachen sind und Vögel,
Mit einer lockern Garbe lichter Blüten:
Da ist Jasmin, da quellen reife Rosen
Und Dahlien und Nelken und Narzissen ..
Darüber tanzen hohe Margeriten
Und Fliederdolden wiegen sich und Schneeball
Und Halme nicken, Silberflaum und Rispen ..
Und duftend Bacchanal . . .
Die andre bricht mit blassen feinen Fingern
Langstielige und starre Orchideen,
Zwei oder drei, für eine enge Vase . .
Aufragend, mit den Farben die verklingen,
Mit langen Griffeln, seltsam und gewunden,
Mit Purpurfäden und mit grellen Tupfen
Mit violetten, braunen Pantherflecken
Und lauernden verführerischen Kelchen,
Die töten wollen . .

Loris: s. Anm. S. 242.

Schön ist mein Garten mit den gold'nen Bäumen,
Den Blättern, die mit Silbersäuseln zittern,
Dem Diamantentau, den Wappengittern,
Dem Klang des Gong, bei dem die Löwen träumen,
Die ehernen, und den Topasmäandern
Und der Volière, wo die Reiher blinken,
Die niemals aus den Silberbrunnen trinken...
So schön, ich sehn' mich kaum nach jenem anderen,
Dem andern Garten, wo ich früher war.
Ich weiß nicht wo... Ich rieche nur den Tau,
Den Tau, der früh an meinen Haaren hing,
Den Duft der Erde weiß ich, feucht und lau,
Wenn ich die weichen Beeren suchen ging...
In jenem Garten, wo ich früher war...

HANS SITTENBERGER

Renaissance

Auffallend, aber sehr erklärlich ist die Vorliebe der Wiener Modernen für die Renaissance. Renaissancestoffe und Renaissanceformen werden von ihnen besonders im Drama gerne verwendet. Selbst unfertig in ihrem Wollen und Können, mögen sie wohl beflissen zu einer unfertigen, aber bequemen Form greifen. Zweifellos aber reizt sie auch der geistige Inhalt, die eigentümliche Lebensauffassung einer großen Zeit. Sie wittern bedeutsame Ähnlichkeiten und fühlen sich geschmeichelt durch die Parallele. Trotzdem mischt sich in ihre kongenial tuende Bewunderung ein leises Gefühl des Neides, wie das der Schwäche gegenüber titanischer Kraft ganz natürlich ist. Denn was die Modernen von den Renaissancemenschen vor allem unterscheidet, ist, daß ihnen die Kraft, ja die Fähigkeit wahren Lebensgenusses vollständig mangelt. Dort schrankenloses Begehren und Aneignen, hier Stumpfheit der Seele und des Körpers.

Die modernen Wiener bewundern in den Geschöpfen der Renaissance den Übermenschen, sie möchten es ihm mit allen Mitteln gleichtun. Es fehlt ihnen aber die psychische Energie, sich über das gewöhnliche Niveau zu erheben, und so begnügen sie sich damit, Untermenschen zu sein. Sie gefallen sich darin, ihren oft hochentwickelten Intellekt in den Dienst tierischer Triebe zu stellen. Ihr Geist eignet sich alle die spitzigsten Feinheiten der Kultur an, nur um der Bestie im Menschen das Fell zu streicheln. Mit einer gewissen wollüstigen Begeisterung verkünden sie den Triumph der Immoral. »Ich liebe Schurken, ich kann sie verstehen«, hört man da sagen. Ein anderer erklärt, nur die Sünde »throne in der Seelen Schoß«, und das einzige Glück, das er gelten läßt, ist das »Sündenglück«. Und ein dritter findet die Formel: die halbe Sünde sei verwerflich, der ganzen, vollen aber juble man zu. Merkwürdig nur, daß sie allesamt den Begriff der Sünde nicht loswerden. »Sünde« oder noch lieber »Laster« ist jedes dritte Wort, das sie sagen. Darin prägt sich so recht die Schwächlichkeit ihrer Naturen aus. Lebenskünstler wollen sie sein, wie die Renaissancemenschen. Aber sie kommen damit nicht zustande, denn es mangelt ihnen der Schwung der Seele. Alles, was sie erreichen, ist, Genußmenschen zu sein. Sie tun sich was darauf zugute, als Lästerlinge zu gelten, als Künstler auf dem Gebiete sittlicher Verirrungen. In Wirklichkeit mag die Sache nicht gar so arg sein; aber die Herren brüsten sich wenigstens damit. Sie kokettieren manchmal noch stark mit der Dummen-Jungen-Poesie und halten Cochonnerie für eine Heldentat. Die »Kühnheit«, mit der sie den »wahren« Menschen enthüllen und den Schleier von ihrem angefaulten Selbst abziehen, entspringt zum großen Teil ihrer Eitelkeit. Es ist so unbeschreiblich nett, ein bißchen vermodert zu sein. Man macht großen Eindruck damit bei Cocotten und müßigen Frauen-

Cochonnerie: (frz.) Schweinerei.

zimmern, bei Pflastertretern und Gehirnschwächlingen. Auch hier ist also neben Echtem viel Pose. Die Herren glauben offenbar, es sei eine höchst interessante Beschäftigung, in den Fäkalien der Renaissance zu stöbern; denn weiter sind sie in jene große Zeit nicht eingedrungen.
Ihnen allen gemein ist die große Schwäche des Willens. Natürlich kommt diese auch in ihren Werken zum Ausdrucke. Ihre Personen können sich nie entschließen, sie können höchstens sich selber beschauen, sie kommentieren sich gerne, und zu »empfinden« gilt ihnen als die einzige des Menschen würdige Aufgabe. Bezeichnend ist, daß in den Dichtungen der Modernen der Mann neben dem Weibe fast durchwegs verblaßt. Die »Helden« leiden fast alle an gelindem Masochismus. Den Anforderungen der Gesellschaft haben sie nichts entgegenzusetzen als kindisches Klagen oder müdes Witzeln. Und dieses Witzeln vor allem verletzt. Die stürmische Lebenskraft der Renaissance erzeugte einen quellenden, derben Humor, die Lebensschwäche der Modernen kränkelt auch ihn an; was dort witzig war, wird hier kynisch und widerlich. [. . .]
Es gärt in ihnen das ganze, unbändige Verlangen der Renaissancemenschen, aber sie sind schlaff und verlebt, blutarme Geschöpfe, die es über das bloße Wollen nicht hinausbringen. »Sie möchten gern und können nicht.« Das ist die Mischung. Daher der kindische Weltschmerz, das eitle Kokettieren mit dem tiefen Weh, der im Bordell geborene Pessimismus, den man mit Parfum besprengt, mit Champagner und Absynth traktiert, um ihn zu betäuben.
So wird das Liebäugeln der Modernen mit der Renaissance verständlich. Man könnte sagen: die Dekadence ist der Renaissancetraum der psychisch und physisch Geknickten.

HERMANN BAHR

Impressionismus

Gewiß: der Impressionismus ist zunächst nur eine Technik. Statt unmittelbar die Farbe aufzutragen, welche erblickt werden soll, teilt sie der Impressionist und löst die Erscheinung, die er darstellen will, in viele bunte Flecken oder Punkte auf, die in einer gewissen Entfernung erst auf einmal seltsam zusammenschießen und, eben noch wirr, flackernd, unförmlich, sich nun plötzlich zur schönsten Gestalt gefunden haben. Ist man nahe, so weiß man's nicht zu deuten. Tritt man zurück, ordnet es sich von selbst. Dies hat noch den besonderen Reiz, daß man das Bild, indem man sich ihm nähert oder von ihm entfernt, nach Belieben verwischen und wieder hervorzaubern kann. Es verschwindet, es entsteht, wie ich will, unter meinen Augen. Bin ich da, sehe ich es; bin ich dort, ist es weg. Indem es mich so gleichsam mitzutun, an ihm mitzuarbeiten zwingt, wird es ganz eigen lebendig. Es hängt nicht fertig und starr an der Wand. Es regt sich wunderbar, von meinem Auge berührt... Aber schließlich ist es doch nur jene Technik, die dies alles vermag. [...]
Ich will sagen: die Technik des Impressionismus bringt eine Anschauung der Welt mit oder setzt sie vielleicht sogar voraus, die in den letzten hundert Jahren allmählich erst möglich geworden ist. Menschen, welche glauben, daß wir erfahren können, wie die Welt »wirklich« ist, werden eine Malerei absurd finden müssen, die sich an den unmittelbaren Eindruck, an den Moment, an die Illusion hält. Menschen, denen es nicht geläufig ist, sich vorzustellen, daß was wir sehen oder hören oder fühlen mögen, immer nur Erscheinung ist, hinter welcher vielleicht eine Wahrheit liegt, die wir aber, in unsere Sinne eingeklemmt, niemals erkennen können, daß, was uns davon erscheint, indem es durch unsere Sinne gehen muß, von ihnen verändert wird, und daß also unsere Welt in der Tat, wenn nicht aus uns erschaffen, so doch von uns mitbestimmt wird und darum wirklich, so wie sie uns

erscheint, durch uns erst entsteht und mit uns wieder vergeht – Menschen, welchen der Zweifel an der ewigen Wahrheit ihrer Erscheinungen nicht geläufig geworden ist, werden eine Malerei nicht genießen können, deren stärkster Reiz es ist, das Bild unter unseren Augen erst aufflammen und wieder verrauchen zu lassen. Menschen, welche noch meinen, daß, was wir in Gedanken, um die Welt unserer Erscheinungen zu ordnen, damit wir mit ihr operieren können, abtrennen und abgrenzen, »wirklich« getrennt und begrenzt sei, und welche nicht fühlen, daß alles ewig fließt, eines in das andere verrinnt und in unablässiger Verwandlung nur immer wird, niemals ist, werden eine Malerei verwünschen, die mit einem Behagen, das ihnen teuflisch scheinen muß, alle Grenzen verwischt und alles nur in ein tanzendes Flirren und Flimmern auflöst. Wem es nicht bei sich gewiß geworden ist, daß wir gar kein Recht haben, die Meldungen unserer Sinne in richtige und falsche abzuteilen, daß alles unaufhaltsam fließt, daß es überall nur Bewegung, nur ewige Verwandlung, nirgend eine Grenze gibt, der wird den Impressionismus nicht empfinden können.

Ich meine nun nicht, wie man mir vielleicht nachspotten wird, es sei notwendig, bevor man an das Bild eines Impressionisten tritt, erst einen Kurs bei Heraklit, Kant und Mach durchzumachen. Aber es ist bei mir entschieden, daß der Impressionismus auf uns nicht nur durch seine Technik, sondern noch vielmehr als Ausdruck jener Anschauungen wirkt; und jetzt kann ich mir auch erst den Zorn der frommen Leute erklären, welchen er ihre behagliche feste sichere Welt nimmt, um sie in den Taumel kreisender Verwandlungen hinauszuschleudern. Ich habe in den letzten Monaten viel Mach gelesen. Seine »Analyse der Empfindungen«, die erst fünfzehn Jahre lang unbemerkt gelegen ist, in den letzten zwei Jahren aber plötzlich drei neue Auflagen

Heraklit: vorsokratischer griechischer Philosoph (um 500 v. Chr.); Bahr wendet hier die auf ihn zurückgeführten Worte »alles fließt« erkenntnistheoretisch und stellt sowohl Kants erkenntniskritischen Relativismus als auch Machs »Philosophie des Impressionismus« mit ihm in eine Linie.

erfahren hat, ist wohl das Buch, das unser Gefühl der Welt, die Lebensstimmung der neuen Generation auf das größte ausspricht. Alle Trennungen sind hier aufgehoben, das Physikalische und das Psychologische rinnt zusammen, Element und Empfindung sind eins, das Ich löst sich auf und alles ist nur eine ewige Flut, die hier zu stocken scheint, dort eiliger fließt, alles ist nur Bewegung von Farben, Tönen, Wärmen, Drücken, Räumen und Zeiten, die auf der anderen Seite, bei uns herüben, als Stimmungen, Gefühle und Willen erscheinen. Ich bin nicht fähig, der Darstellung überall ins Detail zu folgen, und ich weiß also nicht, ob sie wohl auch, wie die Gelehrten verlangen, durchaus wissenschaftlich bewiesen ist. Ich habe aber seit Jahren nichts gelesen, dem ich sogleich leidenschaftlicher zugestimmt hätte, wahrhaft aufatmend und mit dem Gefühl, daß hier endlich offenbar wird, was wir alle längst dunkel bei uns geahnt haben. Und ich habe dabei von Kapitel zu Kapitel im Geiste immer Bilder von Manet, Degas, Renoir vor mir gesehen und was ich im Buche nicht gleich auffassen konnte, ist mir durch die Erinnerung an sie klar geworden. Manet hätte wohl gelacht bei der Zumutung, daß er eine Philosophie gemalt haben soll; und es ist sehr leicht möglich, daß sich Mach, ein österreichischer Professor, durch die Beziehung auf den Impressionismus beleidigt fühlt. Ich zweifle aber nicht, daß man schon nach und nach ihre geistige Einheit herausspüren wird, und es dauert vielleicht gar nicht lange und man nennt die Weltanschauung Machs einfach die »Philosophie des Impressionismus«.

Manet: Édouard M. (1832–83), französischer Maler; Hauptvertreter des Impressionismus; vor allem Figurenmaler (»Frühstück im Freien« 1861 usw.).

Degas: s. Anm. S. 205.

Renoir: Auguste R. (1841–1919), französischer Maler; Hauptvertreter des Impressionismus.

MARIE HERZFELD

Fin-de-siècle

Arne Garborg hat in seinem letzten Buch das Decadententum, das er schildert, nicht besser zeichnen können als durch das Stigma des Titelwortes »Müde Seelen«. Alle dichterischen Erzeugnisse der letzten Jahre, insofern sie für die Gemütslage unserer Zeit charakteristisch sind, erscheinen angefüllt vom Pessimismus »müder« Seelen. Und in der Tat, dies Jahrhundert der Revolution, das den Sturz des Absolutismus, den Sieg des Bürgertums und das Heranwachsen der Sozialdemokratie erlebte; dies Jahrhundert der Kritik und Wissenschaft, das unsere Ideen von Gott und Welt über den Haufen warf und uns gebot, von unten anzufangen; dies Jahrhundert der Erfindungen, welches das Tempo unseres Lebens verzehnfachte und unsere Körperkraft wohl kaum verdoppelte; dies Jahrhundert, das die Gewohnheit hat, uns die schmerzliche Überraschung des Besseren an den Kopf zu schleudern, ehe wir die Wohltat des Guten zu genießen vermochten; – es hat uns wirklich oft ein bißchen müde gemacht. Wir sind umgeben von einer Welt absterbender Ideale, die wir von den Vätern ererbt haben und mit unserem besten Lieben geliebt, und es fehlt uns nun die Kraft des Aufschwunges, welcher neue, wertvolle Lebenslockungen schafft. Denn dies ewige Fieber des Geistes hat eine Verarmung des Blutes oder sonstige Ohnmacht im Organismus erzeugt, die es nicht verstattet, daß die potentielle Energie des überfütterten Hirns in machtvoller Schöpfung sich entladen könne. Die Kräfte unserer Seele wirken daher nicht gemeinsam Einem Richtungspunkte zu; sie gehorchen nicht einem zentralen Impulse, sondern kehren sich widereinander; sie lähmen und zerstören sich gegenseitig in fressender

Garborg: Arne Evensen G. (1851–1924), norwegischer Dichter; anfangs krasser Naturalist der Christiania-Boheme, schuf dann aber das für die Décadence typische und vielgelesene Buch *Müde Seelen* (1890, die deutsche Übersetzung erschien 1893).

Skepsis; sie machen uns unfähig zu geduldigem Wollen, zu starkem Fühlen, zu freudigem Dasein und zu mutigem Tod.
Und in diesem müden Gehirn, das sich selbst nicht mehr regieren kann, wachsen Abnormitäten empor; die Persönlichkeit verdoppelt, vervielfacht sich; aus dem Brutherd des Unbewußten brechen Handlungsreize, die wir nicht deuten können und als toll bezeichnen, zwingende Gelüste, unbegreifliche Sympathien und Abneigungen; die überanstrengten Nerven reagieren nur auf die ungewöhnlichen Reize und versagen den normalen jeden Dienst; – sie erzeugen aufgeregte, überlebendige Paradoxie einerseits, apathische Mutlosigkeit und Weltverzweiflung andererseits: das Gefühl des *Fertigseins,* des Zu-Ende-gehens – Fin-de-siècle-Stimmung.
In dieser seelischen und körperlichen Krisis war es dem Decadenten doch gelungen, sich ein paar Türen zurück ins Dasein zu öffnen. Der Hysteriker betrachtet sich selbst und beschreibt sich urbi et orbi; er nimmt wirklich mehr wahr als andere Leute und erzwingt sich Einsichten in den Zusammenhang von Psychischem und Physischem, in die Hintergründe des menschlichen Wesens, die ganz wertvoll sind.
Der Skeptiker, dessen Reflexion sich selber in den Schwanz biß, sucht andere Wege. Er verzichtet darauf, ein Problem zu lösen; er verzichtet darauf, sich für eine Ansicht zu entscheiden; er verzichtet darauf, etwas Äußeres anzustreben. Er gibt es auf, noch ferner ein Kämpfer zu sein; er will sich und die Welt nur mehr als Dilettant genießen. Denn mit der Wirklichkeit wird er nicht fertig. Seinen Gott hat er zertrümmert, die Natur entseelt, jeden Enthusiasmus weggezweifelt, alle Illusionen durchlöchert. Er hat die Sargdeckel des Vergangenen gehoben, der Zukunft alle Schleier weggerissen und doch nichts gefunden; – aus dem Dunkel kommt er, ins Dunkel geht er. Er ist in die Uferlosigkeit der Gegenwart gesetzt – einsam und herzenswund in eine Welt der Tatsachen und der starren Notwendigkeit und weiß nicht, was mit sich beginnen. Der häßliche Alltag um ihn,

die Herrschaft der »Barbaren«, des »Bildungspöbels,« der banalen Mittelmäßigkeit in Kunst und Leben treiben ihn zur Verzweiflung und aus der Verzweiflung in irgend eine Weltflucht. Er sucht fremde Länder auf wie Pierre *Loti*; er vergräbt sich in menschenferner Einsamkeit, geht im Mond spazieren oder ergibt sich in satanische Orgien wie *K. E.* [richtig: *J.-K.*] *Huysmans*; er schafft sich ein künstliches Schönheitsreich und stellt sich mit Sardanapal auf Du und Du wie Verner von *Heidenstam*, oder er isoliert sich in seinem eigenen Ich wie Maurice *Barrès*. Dieses Ich bleibt stets seine letzte Zuflucht. Wenn ihm nichts mehr des Handelns wert scheint, alles eitel und nichtig, das Aufflammen des Moments, der vergeht, ein Lichtphänomen, erzeugt durch die Molekularbewegung, die man Welt und Dasein nennt, ein Schimmer, dem man nachjagt und nie zu fassen kriegt – da wird sein Ich ihm das einzig Reale im All. Er *fühlt*, also *ist* er. Das übrige nur ein Schattenspiel seiner Seele, *er* die Quelle alles Seins, der Schöpfer seiner Welt, sein Gott, sein einziger Gott. Er entwickelt aus sich heraus einen Existenzplan; er studiert seine Triebe, welche die geheimen Herren und Gesetze seines Wesens sind, um sich mit ihnen gütlich einzurichten. Das große Glück, so sagt er, das wandellos Schöne, die ewige Wahrheit, das sind doch nur Kindermärchen, denn alles fließt. So suchen wir denn das Glück des Moments, den Wechsel der Genüsse. Lernen wir die Flüchtigkeit des Schönen als melancholischen Zauber schätzen; erfreuen wir uns der Relativität der Wahrheiten, indem wir

Loti: Pierre L. (d. i. Julien Wiaud, 1850–1923), französischer Schriftsteller; Verfasser von farbenprächtigen exotischen Romanen und Reisebeschreibungen.

Huysmans: s. Anm. S. 336.

Sardanapal: Drama (1822) von Byron (s. Anm. S. 249); Sardanapal war der Sage nach der letzte König des assyrischen Reiches (gest. 883 v. Chr.), durch seine Üppigkeit, Schwelgerei und Weichlichkeit sprichwörtlich geworden.

Heidenstam: Carl Gustav Verner von H. (1859–1940), schwedischer Dichter; Führer der neuromantischen Bewegung der neunziger Jahre, Byron-Verehrer.

viele zugleich begreifen. Leben wir nicht bloß unser Leben, sondern auch der anderen Leben; machen wir aus Büchern und Freunden Werkzeuge, die unser Selbst ergänzen; suchen wir nicht Konsequenz zu erreichen, sondern Beweglichkeit des Geistes – alles, was unserem Wesen Fülle und Jugend gibt. Vervielfältigen wir unser Ich in den anderen, die wir verstehen, seien wir sie und nicht sie, nach Lust und Laune, in der Phantastik des Traums – die Gäste und Hausherren fremder Schlösser, die Zuschauer und Mitspieler fremder Geschicke – Bienen, die aus jeder Blume Honigseim ziehen und dann ruhig nach Hause fliegen. Unsere Heimat nicht die Wirklichkeit, sondern der Traum, der kühle, farbige, luftige Traum, der nicht wehe tut, der nicht enttäuschen kann, weil er bewußtes Spiel und die Welt ihm Stoff ist. So genießen wir denn die Träume der Liebe, die Träume der Macht, die Träume der Kunst, des Gedankens, der Forschung – alle Träume, in welchen die Genien der Menschheit ein Bild der Welt sich schufen und ihr Ich hinaus gestalteten: dann leben wir *ihr* potenziertes Leben; wir empfinden mit ihren subtilen Nerven, denken mit ihren mächtigen Gehirnen; wir sind Könige und Bettler, Hirten und Krieger, Heilige und Verbrecher; wir ziehen das ganze All in unser Ich und erweitern unser Ich zu einem All, in welchem alle Ideen und alle Formen friedlich nebeneinander wohnen – eine Welt, deren Bewegung sich harmonisch ergänzt, die Leben und Ruhe ist – die Seligkeit Nirvanas im Schleier der Maja...

Das ist der moderne Dilettantismus in seiner höchsten Ausbildung, wie ihn Maurice Barrès in »Sous l'œil des barbares«, »L'homme libre« und »Le jardin de Bérénice« formuliert hat – in Werken, welche die Erbauungs- und Bekenntnisbücher der überzeugten »Décadence« in aller Herren Länder sind. Sie enthalten eine Philosophie, die den seltsamen Reiz der Exklusivität besitzt. Sie fordert die raffinierteste »Kultur des Ich«, eine hohe Geistigkeit, die Entfernung

Barrès: s. Anm. S. 322.

von aller Platitüde und eine vornehme, selbstgenügsame Einsamkeit, die der Mehrzahl zu gefallen nicht begehrt. Ihr Zentrum ist das »Ich«, ihre Lehre Egoismus – nicht der gesunde, naive Egoismus des starken Individuums, das stoßkräftig sich selber durchsetzt und die Welt um ein Stück vorwärts schnellt, sondern der Egoismus des Decadenten, ein kranker Egoismus, der in sein Haus zurückkehrt und sich einspinnt. Er spinnt und spinnt, und spinnt eine Welt aus sich, erdferne und ohne Menschlichkeit, aber doch eine Welt. Er knüpft von ihr aus Fäden an und wirft Leitern hinaus ins Reich der Materie und der Wirklichkeit, allein nur um Stoff zu suchen für seine eigene Wirklichkeit, welche die immaterielle Welt des Traumes ist. Er empfindet mit den Menschen, er leidet mit den Menschen; er schlüpft in die Seele der anderen und isoliert sich doch. Denn seine Sympathie ist nicht die Sympathie, die *helfen* will, sie ist die Sympathie, die *holen* kommt – unerlebte Gefühle, Sensationen und Schauer holen, die das eigene beschränkte Ich ihm nicht zu liefern vermag; es ist die Sympathie der Neugier und des Erkenntnistriebs, die einzige aktive Eigenschaft, die dem Decadenten noch übrig blieb. Und so entsteht aus jener Sympathie, deren Motor der virtuose Selbstgenuß ist, eine Art von unbescheidenem, ruchlosem Pantheismus, der sich wohl mit Gott identifiziert, aber nicht das Aufgehen des Ichs im All bedeutet, sondern das Aufgehen des Alls im Ich – kein sehr anmutender, kein sehr zukunftstüchtiger Glaube, aber doch ein Streben, Stil und Einheit in die Existenz zu bringen – die Philosophie des Verfalls, die Philosophie von Menschen, die von heute auf morgen und von den Brosamen des Moments zu leben sich entschließen können. [...]

Ich habe nur von jenen Persönlichkeiten und Richtungen der Decadenz gesprochen, die verführerisch genug sind, um einen großen Anhang zu finden. Ihre Kunst ist Auflehnung gegen den Naturalismus, ihre Philosophie ein Protest gegen die exakte Wissenschaft. Und doch ist das einzig Dauernde in ihrer Kunst die Anwendung der Methode des Naturalismus auf seelische Probleme und die Überführung der Methode exakter Wissenschaft auf eine spiritualistische Weltbetrachtung. Und das fühlt die französische Decadenz selbst; sie kann nicht aufhören, ein Kind unserer Zeit zu sein. Allein zur Bildung eines neuen Ideals fehlt ihr der Mut des Gesunden; so sucht sie denn eine alte Illusion oder einen bunten Schein. Sie lebt von Künstlichkeiten und das gibt ihr den Stempel des Todverfallenen. Wer die Gegenwart überwinden will, der muß durch die Gegenwart durch. Wir müssen kühn die Negation negieren und dem »Ignorabimus« antworten: »Das weißt Du nicht!« Die Forschung mag sich darein ergeben, dem Ozean des Unbekannten im Lauf der Jahrtausende Festland abzuringen, Stück um Stück, bis an die Grenze des Unkennbaren, ohne früher hinüberzugucken. Wie darf sie aber uns tatlos in die Glasglocke sperren, aus der sie für den Moment alle atembare Luft hinausgepumpt hat? Bis sie Fakten gefunden, muß sie uns gestatten, von Hypothesen zu leben, und auf irgend eine Vorläufigkeit hin, die uns fliegende Brücken zu irgend einer Gewißheit baut. Wir brauchen einen Welttraum, für den schon ein paar Punkte abgesteckt sind, ein Ziel, auf das wir lossteuern können. Und haben wir ein solches, stark genug, um einige Generationen lang vorzuhalten, dann haben wir auch den Überschuß an Gesundheit, der zu einer *großen* Kunst führt, und wieder die Empfindung, daß es eine Freude ist, zu leben; denn alle Dissonanz kann doch nur ein Teil sein von jener Harmonie, die man Welt nennen mag oder Gottheit, und in die mit Würde sich einzufügen uns Vernunft und Frommheit ist.

CLEMENS SOKAL

Sterben

In einem früheren Bande der Goncourtschen Tagebücher kann man lesen, wie fünf Freunde eines Abends in einem kleinen Pariser Kaffeehause beisammen sitzen und von höchst trübseligen Dingen plaudern. Es sind lauter Leute von weltberühmtem Namen, die fünf Mitglieder eines heute schon historischen Zirkels: Flaubert, Turgenjew, Zola, Daudet, Goncourt. Sie sind unwillkürlich darauf zu sprechen gekommen, was jeden einzelnen am häufigsten beschäftigt, und haben die Entdeckung gemacht, daß es bei allen dasselbe ist: der Gedanke ans Sterben und die Todesfurcht. Das Thema hält sie fest; sie bleiben dabei und jeder klagt den anderen seine Pein. Zola erzählt, daß ihn die unheimliche Idee manchmal bei Nacht aufwecke und daß er dann stundenlang daliege und ins Dunkel starre, unfähig sich zu sammeln, mit der quälenden Empfindung, daß jeder Schlag seiner hämmernden Pulse ihn dem Tode näher bringe. [. . .] Und der Reihe nach berichten die anderen [. . .] immer dasselbe, bei jedem die gleiche Angst vor dem Unausweichlichen, die fixe Idee, welche niemals zur Ruhe kommen will und in jedem Augenblick an den Nerven zerrt.
In dem Tagebuch wird diese seltsame Übereinstimmung auf eine einfache Weise erklärt. Sie ist – meint Goncourt – eine Folge der Überreizung, welche der Beruf des modernen Schriftstellers mit sich bringt. Eine krankhafte, fast hysterische Schwäche, die sich bei ihm wie bei seinen Freunden gemeinsam herausbilden mußte, weil ihr Geist sich im unna-

Goncourtschen Tagebücher: s. Anm. S. 194.

Turgenjew: Iwan Sergejewitsch T. (1818–83), bedeutender Vertreter des russischen Realismus; von großem Einfluß auf den westlichen melancholischen Impressionismus.

Zola: s. Anm. S. 229.

Daudet: s. Anm. S. 164.

türlichen Zustande unaufhörlicher Überhitzung befindet. Die Jagd nach der Sensation, die Tortur der unablässigen Selbstbeobachtung und nicht zum mindesten der harte Kampf mit dem Wort lassen bei demjenigen, der von seiner Feder lebt und zugleich die höchsten Anforderungen als Künstler an sich selbst stellt, mit der Zeit solche klaffende Risse im Seelenleben entstehen, aus denen dann der kalte Hauch des Trübsinns und der Todesahnung aufsteigt.

Die Erklärung trifft nicht überall zu. Man schlage die Bücher Pierre Lotis auf und man wird bei ihm [...] dasselbe finden. Es ist derselbe Gedanke, der in jedem Augenblick auf sein Fühlen den tiefen Schatten wirft, dieselbe bange Empfindung der Vergänglichkeit, die ihm von einem Ende der Welt zum anderen begleitet. Und Tolstoi [...] hat nie an anderes gedacht, als an den Tod und hat sich in jeder Stunde seines Lebens für den Augenblick des Sterbens vorbereitet.

Es fehlt nicht an anderen geringeren Beispielen, die dartun, daß der Todesgedanke einen der Grundtöne in den literarischen Harmonien des heutigen Tages bildet. Man hört ihn überall herausklingen wie ein wimmerndes Glöckchen von Maeterlinck bis Gerhart Hauptmann. So darf man sich auch nicht wundern, wenn man ihn auf einmal aus nächster Nähe vernimmt, in jungen Büchern und dazu in Büchern, die in Wien geschrieben wurden, wo man sonst nicht einmal das Leben, geschweige denn das Sterben ernst zu nehmen pflegt. Es gehört zur Zeitstimmung, daß unter dem wenigen, was unsere jüngste Produktion zu verzeichnen hat, zwei Werke sich befinden, wie H. v. Hofmannsthals schöne Dichtung »Der Tor und der Tod« und Arthur Schnitzlers letzte Novelle »Sterben«.

Lotis: s. Anm. S. 262.

Maeterlinck: s. Anm. S. 334.

»Sterben«: erschienen 1894, als Buch 1895.

HERMANN BAHR

Satanismus

Satanismus hat es immer gegeben. Das ganze Mittelalter ist überall voll von seinen Beispielen. Viele Heilige wissen von ihm, oft mußte die Kirche ihn richten. Er ist die Lust am Bösen um des Bösen willen, ohne anderen Vorteil und Genuß als die Beleidigung und den Schmerz Gottes. Sein Geist ist Haß und Aufruhr gegen Gott. Schmähung und Schändung Gottes ist seine Begierde. Er setzt notwendig den Glauben voraus. Er fordert das kirchliche Gefühl, um es verhöhnen und mißhandeln zu können; in der Empörung gerade gegen das Gesetz, an dem er nicht zweifelt, schwelgt seine Wonne. Er glaubt an die Lehren der Kirche, aber er beugt seinen Hochmut nicht. Er glaubt an den verheißenen Himmel, aber er verschmäht seine geschenkten Freuden und wählt trotzig die Hölle. Er glaubt an die ewigen Strafen, aber sein einsamer Stolz fürchtet sie nicht. Er versagt nicht den Glauben, er versagt den Gehorsam und die Liebe. Er entscheidet sich für den Satan und erklärt Feindschaft und Krieg wider Gott. Er weiß, daß er darin verderben wird. Er weiß, daß er dem göttlichen Zorne verfallen ist. Er weiß, daß es für ihn kein Erbarmen, keine Gnade gibt. Aber er liebt die unbeugsame Freiheit und die herrenlose Kraft. Es ist der vermessene Frevel der Gottähnlichkeit, die keine Demut hat. Aus Hochmut und trotziger Größe, aus der blutigen Wollust der Reue, aus den seligen Foltern der Furcht ist sein wilder Sinn seltsam vermischt.

Wunderliche Praktiken erzählen die Klostergeschichten und viele Prozesse: es wird von Priestern gemeldet, welche Schweine und Mäuse mit geweihten Hostien füttern, welche den Kelch und das Brot des Herrn besudeln, welche sich ein Kreuz in die Sohle ätzen, um mit jedem Schritte den Gottessohn in den Staub zu treten; es wird von Nonnen gemeldet, welche den Teufel in ihre Arme rufen, unter höhnischen Lästerungen und Verwünschungen der Jungfrau, und mit

Incuben lieben; es wird von schwarzen Messen gemeldet, welche kirchenschänderische Mönche vor nackten Dirnen lesen.

Das ist der alte Satanismus, der Satanismus der Gläubigen. Er muß immer erscheinen, wenn irgendwo die christliche Lehre in ein kraftstrotziges und stolzes Gemüt gerät, das ohne Liebe und Gehorsam ist. Spuren sind auch heute noch unter den Priestern, in den Klöstern.

Aber daneben gibt es heute einen anderen Satanismus, einen Satanismus der Ungläubigen und der Laien. Der ist gesucht, ausgeklügelt und gemacht. Er kommt nicht aus dem Stolze, sondern aus der Lüsternheit. Er ist nicht die jähe Aufwallung unbändiger Kräfte, sondern eine kalte Berechnung künstlicher Genüsse. Es ist ein lebemännischer Satanismus.

Er ist von jenen neugierigen und nüchternen Grüblern der Wollust erfunden, welche nachdenklich alle Grade der Ausschweifung messen, jeden einzelnen Reiz der Krämpfe und Verzückungen aufmerksam notieren und mißtrauisch die Erfüllungen des Genusses mit den Erwartungen der Begierde vergleichen, geduldige und strenge Chemiker der Freuden. Sie versuchen alle Laster und prüfen sie kritisch an ihren Versprechungen und jedesmal stellt es sich wieder heraus, daß es wieder nur Wahn und Betrug ist. Mit den natürlichen sind sie bald fertig. Dann beginnen sie die Probe der künstlichen, die auch nicht mehr taugen. Aber sie lassen nicht ab, weil in allen Enttäuschungen dennoch die Sehnsucht nimmermehr verstummen will, der unausrottbare Hunger des Menschen nach Glück – sie lassen nicht ab, immer aufs neue erbittert und unstet immer neue, fremde, unerhörte Genüsse zusammenzumischen, ob nicht dennoch vielleicht irgendwie durch eine unnachgiebige Zerforschung der Begierde und eine weise Berechnung der dienstbaren Mittel irgend ein Erlöser zu bereiten wäre.

Man nehme eine solche Verfassung des Geistes: einen unermüdlichen, mit allen Wissenschaften gerüsteten Verstand, der von Natur und durch Bildung ungläubig, mißtrauisch, kritisch angelegt ist; dazu die Erbschaft der Romantik, die Erinnerung an die seligen Wünsche der Träume als eine fieberische und unverwindliche Gier nach Genuß; aber den herrischen Trieb der Zeit auf den Stoff, der alles von der Wirklichkeit fordert. Man setze diese Verfassung an das Ende aller Laster, wo alle natürlichen und künstlichen Genüsse erschöpft, der Verstand von allem Rate verlassen, der Leib entkräftet, die Nerven in Wahn verirrt und die Begierde ins Phantastische entlaufen sind. Da klingt dem Verschmachtenden aus verloschenen Zeiten eine fahle gespenstische Botschaft herüber, von *ardentes joies maintenant perdues et des douleurs impossibles à notre temps.**

Es reizt vielleicht zuerst bloß die Neugierde seines Verstandes, die schaurigen Rätsel verknitterter Urkunden und ranziger Pergamente zu vernehmen. Aber bald mischt sich die unersättliche Sehnsucht der müden Nerven ein, die neue, unempfundene Reize wittern, ungekannte Sensationen, mit denen die Begierde sich noch einmal betrügen kann.

Es beginnt das Experiment mit dem alten Satanismus, seine Prüfung auf den Genuß hin. Sie nehmen die Bücher und lernen sein Verfahren, wie es überliefert ist, die ganze Technik der schwarzen Messen. Das alles wird umständlich und sorgsam nachgeahmt, während sie ängstlich auf die Nerven lauschen, welche Erfolge der Satanismus hier verrichtet. Aber sie erkennen bald, warum er auf sie nicht wirken kann. Sie erkennen bald, daß sein üppiger und schwüler Reiz nicht in den Handlungen, sondern in seinem Geiste ist. Sie erkennen bald sein letztes Geheimnis, daß die Lust am Bösen nur in dem Bewußtsein des Bösen ist: jedes Laster hat ein Versprechen von Glück, das von keinem gehalten wird, und sein ganzer Reiz, wenn es der Verstand am Ende prüfend besinnt, wird immer nur aus dem Gefühle, daß es das Laster ist. Es wühlen, unvertreiblich und unwiderstehlich, in allen

* Huysmans.

Huysmans: s. Anm. S. 336.

Menschen giftige und wilde Dränge, gerade das Schändliche und Verderbliche zu tun, bloß weil es schändlich und verderblich ist, ohne irgend einen anderen Reiz als den des Ungehorsams wider das Gesetz. Nicht was irgend eine Sünde gewähren kann, sondern immer nur das Gefühl, daß es Sünde ist, ist ihre Würze. Die Huldigung an diesen tiefsten Trieb der Menschheit, an die Wollust im Bösen, ist der Satanismus.

Die äußeren Handlungen, von welchen die Bücher erzählten, konnten ihnen also nichts helfen. Es fehlte ihnen das Gefühl, Gott zu beleidigen und das Heilige zu besudeln. Es fehlte ihnen der Glaube. Sie brauchten einen künstlichen Glauben, damit sie ihn beleidigen und verhöhnen könnten. Sie brauchten einen neuen Himmel, gegen den sie sich mit Lästerungen empören könnten. Sie brauchten ein lautes und heftiges Gefühl der Sünde.

Künstliche Verbote eines künstlichen Glaubens, um künstliche Sünden, eine künstliche Reue und eine künstliche Höllenangst zu bereiten – das ist die Quintessenz des neuen Satanismus.

Sein Geist ist der Kunst nicht fremd. Der tiefste Psychologe der Deutschen, E. T. A. Hoffmann, der unheimliche Hexenmeister aller Menschenrätsel, hat seine Spur. Baudelaire, Barbey d'Aurevilly, Felicien Rops schwelgen in seinen zermarterten Freuden. Der große Logiker des Unlogischen, Edgar Poë, hat einen umständlichen Steckbrief seines letzten

Baudelaire: Anspielung auf sein Buch *Les Paradis artificiels* (1860), Prosatexte, in denen er die Wirkung von Opium und Haschisch beschreibt; s. auch Anm. S. 181.

Barbey d'Aurevilly: s. Anm. S. 230.

Rops: Felicien R. (1833–98), belgischer Graphiker und Illustrator; schuf dekadent-grausame und erotische Einzelradierungen und Folgen, so »Les sataniques« (1874).

Poë: Edgar Allan Poe (1809–49), amerikanischer Erzähler und Lyriker, perfektionierte die Schreckensgeschichte; er hatte große Wirkung auf die französischen Symbolisten; so übersetzte Baudelaire seine Erzählungen und Mallarmé seine Gedichte; *Le Démon de la perversité* ist die 1845 erschienene Novelle *The Imp of the Perverse.*

Triebes verfaßt.* Es sind gerade jene verwirrenden und ansteckenden Künstler, welche seit zwanzig Jahren über die Bildung der jungen Gehirne herrschen.
Aber der Roman des neuen Satanismus, welcher an einem typischen Beispiele die Geburt satanischer Begierden aus der Verfassung der Zeit, die Wirkungen, welche sie auf Sinnen und Nerven verrichten, und ihren Verlauf zeigen würde, ist noch nicht geschrieben.

Es hieß, Huysmans wolle diesen Vorwurf gestalten.
Ich habe von ihm den Roman des neuen Satanismus erwartet. Erstens, weil er der unvergleichliche Meister moderner Typen ist, die aus vielen Widersprüchen verwickelt und ins Absonderliche entartet sind, an die Grenze der Vernunft, wo schon die irren Seufzer des Wahnes streifen: er brauchte bloß seinen *des Esseintes*, das deutlichste und reichste Beispiel der *Décadence*, am Ende der langen Wanderschaft durch künstliche Sensationen dem Gerüchte verschollener Frevel und einer mystischen Anwandlung begegnen zu lassen und das Modell war fertig, an welchem alle Ein- und Ausfädelungen des neuen Satanismus gezeigt werden konnten. Zweitens weil ich aus seiner Studie über Rops** her weiß, daß er das Thema lange kennt und mit Neigung pflegt. Drittens, weil kein anderer Vorwurf jemals sich seinem mystischen Naturalismus ergiebiger eignete, welcher jede kleinste Erbärmlichkeit der täglichen Not peinlich und unnachgiebig verzeichnen, aber über ihre graue Schmach

* »*Le démon de la perversité.*« Vgl. Th. Gautier in seiner Biographie Baudelaires.
** »*Certains*«, S. 77 ff. *Chez Tresse & Stock.*

Gautier: Gautiers (s. Anm. S. 194) Biographie Baudelaires, die hier erwähnt wird, erschien zunächst als Nekrolog in *Le Moniteur universel* 1867; eine lange Studie erschien 1868 in *L'Univers illustré*, die im selben Jahr als *Notice sur Baudelaire* selbständig erschienen ist.

des Esseintes: s. Anm. S. 228.

Certains: erschienen 1889.

immer den bunten Bogen der Hoffnungen und Träume wölben will.
Ich habe mich getäuscht. Sein Buch* ist nicht der Roman des neuen Satanismus. Es versucht nicht, ein vorbereitetes Gehirn und die Bedingungen zu zeigen, durch welche es unvermeidlich an den Satanismus geraten muß. Es ist die Geschichte eines jungen Gelehrten, dessen Neugier zufällig dem Satanismus begegnet, und ein eifriges Verzeichnis der Dokumente, welche er sammelt. Und darum ist es, an seinen eigenen Grundsätzen gemessen und aus seinen eigenen Absichten gerichtet, mißlungen und verfehlt. [...]
Der Roman ist durchaus Zolaistisch. Dokumente, nichts als überall Dokumente, daß ein Reporter neidisch werden könnte. Jeder von den sammeleifrigen Schülern Zolas mit dem dauerhaften Sitzfleisch hätte ihn schreiben können, wenn nicht die erotische Episode mit Frau Chantelouve wäre.
Diese erotische Episode ist ein echter Huysmans. Nur seine nervöse Empfindsamkeit mit seiner unduldsamen Begierde der makellosen Schönheit konnte ihren schmerzlichen Hohn gestalten. Der ganze Eckel der Moderne vor der unbezwinglichen Gemeinheit der Liebe, welche neben den seraphischen Versprechungen der einsamen Wünsche nur desto schimpflicher grinst, aller ohnmächtige Haß des reinen Mannes gegen den verlockenden Betrug der Frau ist darin. Das tiefe Grauen vor dem Fleische, welches keine Kunst des Lasters tröstet – davon ist dieses zehnte Kapitel ein mitteilsames Meisterstück, an steiler Wildnis und an müder Schönheit unvergleichlich.

* *»Là-Bas.« Chez Tresse & Stock.*

MAX BURCKHARD

Modern

Es ist eines der modernsten Worte, das Wort »modern«. Fast täglich gebraucht es jeder von uns, und wenn wir es anwenden, haben wir die Empfindung, damit etwas ganz Bestimmtes von einer Person, einer Sache, einer Bestrebung ausgesagt zu haben, und der, zu dem wir reden, weiß auch gleich, was wir meinen. Wirklich? *Weiß* er das? *Wissen* wir es selbst? Der Hörer und der Sprecher wissen nur, daß in ihnen beiden *dieselben* oder doch ziemlich ähnliche Vorstellungen und Gedankenreihen berührt und erweckt werden, wenn das Wort »modern« angeschlagen wird: *was* aber das eigentlich ist, das sie meinen, davon haben sie zumeist kaum mehr als eine nebelhafte Vorstellung, geschweige denn einen klaren Begriff.

Was ist also modern? Natürlich denkt man, wenn man einmal mit der Nase darauf gestoßen wird, daß man ein Wort gebraucht, dessen Bedeutung man nicht erklären kann, zunächst an seine etymologische Ableitung. Und da flattert sofort dienstbeflissen ein anderes Wörtlein herbei, und sucht sich uns als Stammvater zu präsentieren, das Wörtlein »Mode«. Aber mit diesem Stammvater würden wir nicht viel anzufangen vermögen und jeder Moderne, der sich als solcher fühlt, wird sich entrüstet dagegen verwahren, daß er etwa einer sei, der einer vorhandenen Mode huldige, und höchstens wohlwollend die Möglichkeit zugeben, daß er im Begriffe sei, eine neue Mode zu begründen. Und so plausibel die Ableitung von modern aus Mode auf den ersten Blick scheint, sie ist nicht wohl möglich, da das Wort modern viel älter ist als das Wort Mode. [. . .]

Das Wort »modern« ist über seinen ursprünglichen Begriff hinausgewachsen, es hat sich auch von dem der Mode, mit dem es verquickt wurde, wieder losgelöst. Es ist uns nicht der Gegensatz von *heute* und *früher*, es ist uns der Gegensatz von *Zukunft* und *Vergangenheit*, es ist uns der Aus-

druck geworden für die Empfindung von der Notwendigkeit des entwickelungsgeschichtlichen Fortschrittes. Nicht alle die Menschen, die heute leben, sind uns »moderne Menschen«, nur einen Bruchteil von ihnen erkennen wir als »Moderne« an, nur ein Bruchteil von ihnen fühlt sich als solche. Nicht an die Mode lehnt sich der Moderne, nicht auf die Vergangenheit blickt er zurück mit ängstlichem Bemühen, möglichst viel aus ihr für die Zukunft zu retten. *Anders* will er alles machen, als es bisher war, das ist der unbewußte Zug in ihm, unter dessen Bann er steht. Er repräsentiert das eine der zwei welterhaltenden Prinzipien: die Bewegungstendenz gegenüber der Beharrungstendenz. Darum ist er ein Revolutionär auf dem Gebiete, auf das er sich wirft, sei dieses nun die Politik, das soziale Leben oder die Kunst. Und wenn auch er sich dessen nicht bewußt ist, wenn auch er glaubt, ihm handle es sich nur um das durch eine konkrete Veränderung des Bestehenden zu erzielende Resultat – der Verfechter des zweiten Prinzipes, der Erhaltende, der Konservative weiß es besser; er verfolgt ihn ganz unabhängig von dem, was der Moderne gerade zufällig anstrebt; er bekämpft ihn, weil er instinktiv empfindet, daß der innere Drang jenen zur Änderung als solcher antreibt, daß es bei ihm kein Rasten und Ruhen gibt und daß, wenn die Modernen von heute eine Änderung durchgeführt haben, die Modernen von morgen das Geänderte sofort wieder zu ändern sich bemühen werden; er haßt ihn, weil jener immer das Rad in kreisende Bewegung setzen will, das er festzuhalten oder nach rückwärts zu schrauben sich bemüht.
Beide Prinzipien sind gut, beide *müssen* gut sein, weil beide *notwendig* sind. Keine der beiden Tendenzen kann die *allein* gute und richtige sein, weil nur aus ihnen beiden *zusammen* sich der Fortschritt als Resultierende ergibt. Nicht so liegt die Sache, daß in einem Lager Recht und Talent, im andern Unrecht und Talentlosigkeit zu finden ist. Beides ist in wechselndem Verhältnis geteilt. Aber mögen die Modernen in dem einen oder andern Fall noch so irren, oder richtiger, mögen die »Alten« noch so überzeugt sein, daß es ein Irrweg

ist, auf den die Modernen drängen, mögen sie auch schließlich durch den Verlauf der Dinge vorläufig Recht erhalten – darum bleibt die »Moderne« doch das treibende Prinzip des Fortschrittes. Sie schafft die neuen Lebenskeime; die entwickelungsgeschichtliche Aufgabe der »Alten« aber ist es, auf das emporwuchernde Neue loszuschlagen, damit nur das innerlich Starke und Gesunde siegreich aus dem Kampf hervorgehe. Die besiegten »Allzumodernen« aber mögen sich dann mit einer naheliegenden Variation des Satzes des alten Kant trösten: »Es ist besser, ein Narr in der Mode, als außer der Mode zu sein.«

HUGO VON HOFMANNSTHAL

Poesie und Leben. Aus einem Vortrag

Ich weiß nicht, ob Ihnen unter all dem ermüdenden Geschwätz von Individualität, Stil, Gesinnung, Stimmung und so fort nicht das Bewußtsein dafür abhanden gekommen ist, daß das Material der Poesie die Worte sind, daß ein Gedicht ein gewichtloses Gewebe aus Worten ist, die durch ihre Anordnung, ihren Klang und ihren Inhalt, indem sie die Erinnerung an Sichtbares und die Erinnerung an Hörbares mit dem Element der Bewegung verbinden, einen genau umschriebenen, traumhaft deutlichen, flüchtigen Seelenzustand hervorrufen, den wir Stimmung nennen. Wenn Sie sich zu dieser Definition der leichtesten der Künste zurückfinden können, werden Sie etwas wie eine verworrene Last des Gewissens von sich abgetan haben. Die Worte sind alles, die Worte, mit denen man Gesehenes und Gehörtes zu einem neuen Dasein hervorrufen und nach inspirierten Gesetzen als ein Bewegtes vorspiegeln kann. Es führt von der Poesie kein direkter Weg ins Leben, aus dem Leben keiner in die Poesie. Das Wort als Träger eines Lebensinhaltes und das traumhafte Bruderwort, welches in einem

Gedicht stehen kann, streben auseinander und schweben fremd aneinander vorüber, wie die beiden Eimer eines Brunnens. Kein äußerliches Gesetz verbannt aus der Kunst alles Vernünfteln, alles Hadern mit dem Leben, jeden unmittelbaren Bezug auf das Leben und jede direkte Nachahmung des Lebens, sondern die einfache Unmöglichkeit: diese schweren Dinge können dort ebensowenig leben als eine Kuh in den Wipfeln der Bäume.

»Den Wert der Dichtung« – ich bediene mich der Worte eines mir unbekannten aber wertvollen Verfassers – »den Wert der Dichtung entscheidet nicht der Sinn (sonst wäre sie etwa Weisheit, Gelahrtheit), sondern die Form, das heißt durchaus nichts Äußerliches, sondern jenes tief Erregende in Maß und Klang, wodurch zu allen Zeiten die Ursprünglichen, die Meister sich von den Nachfahren, den Künstlern zweiter Ordnung unterschieden haben. Der Wert einer Dichtung ist auch nicht bestimmt durch einen einzelnen, wenn auch noch so glücklichen Fund in Zeile, Strophe oder größerem Abschnitt. Die Zusammenstellung, das Verhältnis der einzelnen Teile zueinander, die notwendige Folge des einen aus dem andern kennzeichnet erst die hohe Dichtung.«

5

Zeitgenössische Literatur in der Kritik: Österreich, Deutschland und das fremdsprachige Ausland

Die österreichische und die deutsche Literatur – insbesondere die zeitgenössische, aber auch die vorangehende – sind im Bewußtsein der Mitlebenden kaum voneinander zu trennen. Goethe und Schiller gehören für die Österreicher genauso dazu wie Grillparzer, Hofmannsthal oder Schnitzler für die Deutschen. Die politische Frage, ob großdeutsch oder kleindeutsch, hat die Literaten nicht bewegt. Aber man kann so etwas wie ein sich regendes literarisches und künstlerisches Nationalbewußtsein ausmachen, das freilich mit Politik wenig zu tun hatte. Ein markanter Punkt dieser Entwicklung ist erreicht, als 1897 die deutsch-österreichische Literaturgeschichte von Nagl/Zeidler/Castle zu erscheinen beginnt. Bahr begrüßt sie denn auch unter der bezeichnenden Überschrift »Österreichisch«. Zunächst aber äußert sich dieses Bewußtsein in »Parallelaktionen«: die »Freie Bühne« in Berlin war eine literarische Gesellschaft und eine Zeitschrift. Für beides wurde in Wien ein Pendant geschaffen: eine literarische Vereinigung gleichen Namens, die sich dem Publikum mit Maurice Maeterlincks *L'Intruse* präsentierte; und die Zeitschrift *Moderne Dichtung* (dann *Moderne Rundschau*), die, als sie nach knapp zwei Jahren ihr Erscheinen einstellte, ihren Lesern empfahl, künftig die Berliner *Freie Bühne* zu lesen.

In diesem Kontext ist es zu sehen, daß Bahr dem Jungen und Jüngsten Deutschland der Berliner das Junge Österreich gegenüberstellte. Nicht so sehr freilich als Konkurrenz denn als Betonung eines eigenständigen Versuches; und er hatte recht. Die Autoren, die er zu präsentieren hatte, konnten sich sehen lassen: allen voran Arthur Schnitzler und Hugo von Hofmannsthal. Bezeichnend, daß er das Verhältnis seiner österreichischen Zeitgenossen zu ihrer eigenen literarischen Tradition anders einschätzt als das der Deutschen zu Heyse, Spielhagen, Frenzel usw. Die Österreicher haben kein oppositionelles Verhältnis zu Ferdinand von Saar, Marie von Ebner-Eschenbach. Kurz: »Das Junge Österreich ist nicht revolutionär.« Bahrs Anspruch auf Eigenständigkeit der österreichischen Literatur gegenüber der deutschen gründet sich einmal auf das jeweils unterschiedliche Verhältnis zur eigenen Tradition; dann aber auch auf die unterschiedliche Beziehung zur ausländischen Literatur. Die Deutschen requirierten von den Franzosen so gut wie ausschließlich Zola, von den Skandinaviern Ibsen und Björnson, von den Russen Tolstoi und Dostojewski. Die Österreicher dagegen hielten sich (darüber hinaus) weniger an die realistische Spielart jener Literaturen als an die »dekadente«: an Bourget und Barrès, an Jens Peter Jacobsen, Swinburne, Maeterlinck, Huysmans.

Die Wiener Literaturkritik der Jahrhundertwende hat bevorzugte, nichtspezifische Themenbereiche. Sie überschneiden sich – wie gesagt – mit denen der literarischen Auseinandersetzung in Deutschland; aber nicht durchweg. Die spezifische Leistung dieser österreichischen Literaturkritik liegt folglich nicht, oder nicht ausschließlich, im Thematischen – in Décadence, Impressionismus, »Nervositäten« und Theater; schon für das Thema Naturalismus stimmt es nicht mehr. Sie liegt, symptomatisch genug, in der Technik. Symptomatisch, weil das mit der österreichischen Leistung in der Literatur dieser Zeit korrespondiert, mit dem, was Schnitzler für das Drama und die Prosa,[1] Hofmannsthal für die Lyrik und in weiterem Sinne für die Sprache überhaupt,[2] was besonders Karl Kraus und Peter

1 Das gilt besonders für *Anatol, Der Reigen, Leutnant Gustl* und *Fräulein Else*.

2 Vom »Vorfrühling« über die »Kleinen Dramen« bis zur grundsätzlichen Erörterung der Sprache im Chandos-Brief, in »Poesie und Leben« (auf seine Weise) und in »Der Dichter und diese Zeit«.

Altenberg bedeuten. Ihnen allen haben sich in vermeintlichen Stoffproblemen im wesentlichen solche der Form, des Stils im weiteren Sinne, gestellt. Zu neuen Aussageformen in der Dichtung sind sie aber sämtlich über das konkrete Objekt ihres Stoffes gekommen; nicht über eine Theorie. Wo sie theoretisch Verwertbares erreichten, fiel es gewissermaßen nebenbei mit ab; es war nicht die Hauptsache und sozusagen nicht beabsichtigt. Das unterscheidet sie als Dichter wie als Kritiker von ihren Kollegen in Deutschland; und der Vergleich mit dem Antagonisten Berlin (oder München) drängt sich denn auch hier wieder auf.

In Wien gab es kein »Credo« Conradis, keine »Zehn Thesen« Wolffs, kein »Was wir wollen« der *Freien Bühne* und keine »Zwölf Artikel« Albertis. In Berlin und München vollzog sich der Aufstand gegen die »Alten« in Pamphleten und Kampfschriften, man gefiel sich in literarischer Revolution.[3] In Wien hatte man einmal ein weniger humorloses Verhältnis zu den »Vätern« und rückte deshalb zum anderen stillschweigend neben die Alten (oder – wenn nötig – an ihre Stelle) andere: Bourget, Barrès, Maeterlinck, d'Annunzio, Huysmans oder Jacobsen – das europäische Ausland. Die damals klassische Moderne dagegen, Ferdinand von Saar, die Ebner-Eschenbach, Anzengruber, auch Tolstoi, Dostojewski setzte man voraus; man diskutierte sie nicht mehr.[4]

Man muß allerdings der Klarheit wegen genau unterscheiden: auch wenn einige der Jung-Wiener zum gleichen Jahrgang gehörten wie die Berliner und Münchner Naturalisten, so gehörte die Mehrzahl einer doch wenigstens um einige

3 Vgl. stellvertretend für viele andere: Carl Bleibtreu, *Revolution der Literatur*, Leipzig, 1886 [u. ö.], Neuausg. Tübingen 1973, hrsg. von Johannes J. Braakenburg (Deutsche Texte. 23); Arno Holz, *Revolution der Lyrik*, Berlin 1899.

4 Die Österreicher dieser Generation sahen sich, was die »Alten« betrifft, sozusagen mit einer deutschen und einer österreichischen Linie konfrontiert: auf der einen Seite standen die, deren Ablehnung ihnen nicht schwerfiel: Heyse, Geibel, Freytag, Scheffel usw.; auf der anderen aber solche, mit denen sie sich geradezu verbunden fühlten: Anzengruber, die Ebner-Eschenbach, besonders Ferdinand von Saar.

Jahre jüngeren Generation an. Damit hatten sie sozusagen natürlicherweise andere Probleme als ihre älteren Kollegen in Deutschland. Hinzu kam, daß sie des Literaturbetriebs im Stile der »großen Affenstadt« Berlin[5] auch aus der Ferne weidlich überdrüssig waren. Die Literaturquerelen der neunziger Jahre, die sie in den Literaturzeitschriften genau verfolgen konnten, mußten ihnen übergärig, verspätet, wenn nicht einfach fremd erscheinen: und das wohl nicht nur, weil der mit allen bekannte, aber auch mit allen und allem oft zu sehr vertraute Bahr unablässig zur »Überwindung« blies. Daß die Jung-Wiener mit dem Treiben der Reichsdeutschen wenig verband, daß sie ihre Beweggründe nicht teilten, dafür spricht besser als alles andere das, was sie selbst literarisch versuchten und ausprobierten. Zwar konnten die literarischen Arbeiten Davids, Schnitzlers und letztlich auch die Hofmannsthals, Altenbergs und Beer-Hofmanns die Herkunft aus dem Naturalismus zunächst nicht verleugnen; aber sie verstanden sich doch als etwas anderes. Die Berliner und Münchner schrieben ihre Romane, Dramen, ihre – bis auf Holz – zumeist recht wertlosen Gedichte und setzten daneben ihre theoretischen oder theoretisch intendierten Abhandlungen und Traktate. Für die Wiener gab es eine solche Trennung kaum. Die – wenn man Karl Kraus als »Sonderfall« einmal beiseite läßt – beiden Hauptexponenten der Literaturkritik der neunziger Jahre, Bahr und Hofmannsthal, waren sich bei aller Verschiedenheit in dem sehr ähnlich, worin sie sich von den Berlinern gemeinsam unterschieden.
Sie waren eher räsonierende, nachdenkliche, jedenfalls keine theoretischen Köpfe; das gilt mutatis mutandis ebenso für Marie Herzfeld, Alfred Gold, Anton Lindner, Otto Stoeßl oder Paul Wertheimer. Das belegt einerseits die Negativ-Bilanz ihrer theoretischen Arbeiten und Abhandlungen, andererseits die literaturkritische Technik, die sie verfolgten. Wo die Deutschen definieren, ganze Schlachten um Begriffe

5 Hofmannsthal an Elsa Bruckmann-Cantacuzene, 26. Dezember 1894; in: H. v. H., *Briefe 1890–1901*, Berlin 1935, S. 124.

schlagen und mit Terminologien Revolutionen anzetteln, tut man in Österreich etwas Praktisches: man schreibt; aber eben keine Theorien, sondern (neben Gedichten, Erzählungen, Dramen) Rezensionen, Besprechungen, Räsonnements über Literatur, kurz: Essayistisches; und kommt damit am Ende weiter als die Berliner mit der Theorie. Die Unterschiedlichkeit des Verfahrens läßt sich mit einem Begriffspaar genauer bezeichnen, das für die Berliner so passend zu sein und aus ihrem Arsenal zu stammen, wie es für die Wiener spröde und weit hergeholt zu sein scheint. Aber es ermöglicht immerhin einen Vergleich: die Berliner verfahren deduktiv, die Wiener induktiv.

Die Wiener leiten ihre Maßstäbe von den Gegenständen, Ereignissen und Personen ab, die sie besprechen. Das Theoretische, oder was man so bezeichnen könnte, ist ins Praktische integriert, in den konkreten Anlaß einer Aufführung, eines neuen Buches.

Auch hier ist Bahr – neben dem ungleich viel differenzierteren und komplexeren Hugo von Hofmannsthal – das Paradigma. Nahezu alle seine Äußerungen, die einen literaturkritischen Charakter haben, sind an konkreten Gegenständen, im Anschluß an sie, entwickelt worden. Theateraufführungen, neu erschienene Bücher oder Personen des literarischen Lebens waren für ihn der Anlaß, allgemein zu werden. Viele seiner Aufführungsbesprechungen bieten zu Stück und Vorstellung das wenigste, beschränken sich auf die in einem kurzen Schlußabsatz untergebrachte Aufzählung der Schauspieler. Voraus gehen grundsätzliche Überlegungen zum Fortgang der Literatur überhaupt, der österreichischen speziell. Es mag, wie gesagt, zum Teil auf diese Praxis zurückzuführen sein, daß der Literaturkritiker Bahr bis heute relativ unbekannt geblieben ist: weil man unter Titeln, die Theaterrezensionen versprechen, keine prinzipiellen Auslassungen zur zeitgenössischen Literatur vermutet, gar zu ihren Möglichkeiten und Bedingungen. Er zieht die Autoren nicht als Beispiel für ein mitgebrachtes Theorem heran, um es an ihnen zu demonstrieren; das wäre deduktive Kritik, die aus vorangestellten Postulaten auf die Autoren zu schließen und sie so zu messen hätte. Umgekehrt: er führt die Autoren vor und leitet von ihnen ab, was er vorfindet, oder was er fordern muß, weil er es an ihnen vermißt. Selbst in Arbeiten, wo er auf den ersten Blick extrem anders verfährt, im »Jüngsten Deutschland«[6] und im »Jungen Österreich«,[7] haben seine einleitenden Abschnitte zwar einen einführend-allgemeinen Charakter, postulieren aber nie einen Naturalismus, Realismus, Symbolismus, eine neue Moderne als solche, sondern gehen immer von dem aus, was er vorfindet: hier von der konkreten Situation, die sich »dem ganzen neuen Geschlechte, das seit 1870 auf die Hochschulen gekommen war«, bot: Heyse, Greif, Storm, Raabe, Keller, Meyer, Anzengruber, Fitger, Eschenbach, Saar.[8] Ähnlich verfährt er im »Jungen Österreich«, wo er von der konkreten Situation insofern ausgeht, als er seine Argumentation gegen die überall supponierte Abhängigkeit des jungen Österreich vom jungen Deutschland aufbaut. – Anders, aber nicht unähnlich: Hugo von Hofmannsthal.

Hofmannsthals erste Arbeit dieser Art, die Besprechung von Bourgets *Physiologie der modernen Liebe*,[9] bezeugt, was seine späteren Arbeiten des hier interessierenden Zeitraumes bestätigen: daß auch hier der Gegenstand selbst – vordergründig gesehen – kaum in den Blick kommt. Darin ist er Bahr vergleichbar; schon bei näherem Hinsehen, allerdings, ist das zu differenzieren. Denn anders als bei Bahr kommt bei ihm der Gegenstand indirekt zu seinem Recht. Hofmannsthals assoziativer Stil der frühen Essays, der die entlegensten Partikeln aus Bildung und Tradition zu amalgamieren vermag, läßt zuletzt doch immer wieder den Gegenstand selbst zu Wort kommen. Bei Bahr verschwindet er ganz hinter dem literaturkritischen, feuilletonistischen Duktus

6 Hermann Bahr, »Das Jüngste Deutschland«, in: *Deutsche Zeitung*, Wien, Nr. 7785, 30. August 1893, S. 1; JW, S. 347.
7 Siehe S. 287 ff.
8 Bahr, »Das jüngste Deutschland«, S. 1; JW, S. 347.
9 Siehe S. 318 ff.

seines Stils. Aber beiden, den ungleichen Brüdern der Wiener Literaturkritik, ist doch dieser Ansatz gemeinsam: sie entwickeln am fremden Objekt die eigene Anschauung. Dabei gibt es Unterschiede zwischen ihnen, die man nicht übersehen sollte.

Hofmannsthals spezifische Leistung ist zutreffend als »subjektive Apperzeption objektiver Gegebenheiten« und als »Neustatuierung des Erkenntnisgegenstandes aus dem Nacherleben des betrachtenden Subjekts« beschrieben worden.[10] Was bei Bahr noch weniger deutlich war, ist für Hofmannsthal offensichtlich: die literaturkritischen Arbeiten sind mehr Literatur als Kritik, mehr Neu*konstituierung* als System. Beide entziehen sich durch den Rekurs auf den Gegenstand dem Zwang zum Expositorischen; aber der Annäherungswert hat bei beiden verschiedene Namen: Feuilleton bei Bahr und Dichtung bei Hofmannsthal. Bahr nimmt eine Position genau zwischen dieser und den Berliner Naturalisten ein: Tendenziell ist der Wille zu Theorie, Polemik und Pamphlet noch vorhanden; er erliegt erst im Verlaufe des Ansatzes sozusagen positiv den Gegenständen, von denen der Autor handelt. Hofmannsthal dagegen tendiert nicht einmal mehr zu theoretischen Reflexionen dieser Art, selbst in »Poesie und Leben«[11] oder dem späteren »Der Dichter und diese Zeit«[12] nicht; er greift die Anlässe souverän und selbstverständlich auf, um an ihnen die Partikeln dessen kritallisieren zu lassen, was man nur seine österreichisch katalysierte abendländische Bildung nennen kann. Auf diese Weise stellt er in jeder einzelnen Kritik ein in sich geschlossenes Artefakt her, das das Genus Literatur- und Kunstkritik in das transzendiert, was treffend der »Essay als Kunstform« genannt worden ist.[13]

10 Ernst Otto Gerke, *Der Essay als Kunstform bei Hugo von Hofmannsthal*, Lübeck/Hamburg 1970 (Germanische Studien. 236), S. 95.

11 Siehe S. 276 ff.

12 Hugo von Hofmannsthal, *Reden und Aufsätze* II, hrsg. von Schoeller/Hirsch, S. 54–81.

13 Vgl. Gerke, *Der Essay als Kunstform bei Hugo von Hofmannsthal*, S. 95.

Diese bis an die Substanz reichende Annäherung der Literaturkritik an die Dichtung ist in solchem Ausmaß unter den Wiener Autoren wohl nur bei Hofmannsthal verwirklicht. Bahr hat sie immer angestrebt, aber nie erreicht. Paradigmatisch ist folglich nicht diese Könnerschaft, sondern die Technik des Induktiven selbst, die sie voraussetzt. Hofmannsthals »subjektive Apperzeption« wie Bahrs proteushafte Anverwandlung an seinen Gegenstand, an seine Zeit überhaupt schließlich, machen erst jenes Verfahren induktiver Kritik demonstrabel, von dem die Rede war.
Die literarischen Vertreter dieser Epoche in diesem Wien der Jahrhundertwende, so lautet das Fazit, verstanden sich nach anfänglichem Schwanken deutlich als Antagonisten des Naturalismus überhaupt, der »großen Affenstadt« Berlin speziell, einer in ihrem Sinne zu nichts führenden Theoriegläubigkeit; diese Konfrontation stimulierte sie jedoch zugleich zu einer eigenen literarischen Leistung, deren Promotor wiederum eine Literaturkritik war, die (wie aus den folgenden Texten hervorgeht) auf demselben Antagonismus beruhte, aber gerade deshalb jene alternativ zu verstehende Technik induktiver Kritik auszubilden vermochte.

HERMANN BAHR

Das junge Österreich

I.

Man redet jetzt viel von einem »jungen Österreich«. Es mag etwa drei, vier Jahre sein, daß das Wort erfunden wurde, um eine Gruppe, vielleicht eine Schule von jungen, meist Wiener Literaten zu nennen, die durch auffällige Werke, einige auch schon durch schöne Versprechungen in der Gesellschaft bekannt, ja sie selber meinen wohl sogar: berühmt wurden. Die Menge weiß freilich ihren Namen nicht, weil die Zeitungen von ihnen schweigen: denn die Wiener Presse (ungleich der Berliner, die unermüdlich in den Gymnasien sucht, um den Abonnenten jedes Quartal einen neuen Unsterblichen zu liefern) ist beleidigt, wenn ein Wiener Talent haben will, und scheut kein Mittel, gewaltsam den Störenfried zu vertuschen. Aber die Kenner schätzen sie, und schöne, kluge, empfängliche Frauen lauschen ihren Versen. Da können sie das andere leicht verschmerzen.

In der Gesellschaft der Künste wird viel von ihnen geredet, über sie gestritten, von Café zu Café, von Salon zu Salon. Man vergleicht ihre Kräfte, mißt und wägt, begeistert sich für sie, entrüstet sich gegen sie, lächelt wohl auch bisweilen ein wenig. Und so hat die Gruppe schon ihren Ruf.

Ich möchte untersuchen, ob dieser Ruf, die geläufige Meinung über das »junge Österreich« gerecht ist. Ich möchte dann, wenn vielleicht manches nicht stimmt, eine bessere Formel suchen. Und ich möchte endlich, wenn das Allgemeine gezeigt und die Farbe der Gruppe gegeben ist, noch ein bißchen die einzelnen nehmen, wie jeder für sich ist, und was er etwa, wenn er günstig geführt, weise gefördert und durch Erfahrung erst recht zu sich selber gebracht wird, später noch bedeuten könnte.

Gemeiniglich wird das »junge Österreich« für ein Anhängsel des jüngsten Deutschland gehalten. Es soll aus den gleichen Trieben kommen, aus dem Ekel vor der Tradition. Es soll nach den gleichen Zielen gehen, zur Hoffnung einer Renaissance. Wie das jüngste Deutschland will es die alte Literatur durch eine neue verdrängen. Wie das jüngste Deutschland ist es revolutionär gegen das Herkommen und die Sitte der Kunst, um alle Überlieferung zu brechen, jede anerkannte Schönheit zu verleugnen und fremde Welten aus sich zu schaffen. Wie das jüngste Deutschland ist es Naturalismus, der nur die wirkliche Wahrheit von der lauten Straße holt und alle Dichtung überhaupt an das tägliche Leben liefern will. So ist die Meinung, die vom »jungen Österreich« läuft.

Das klingt auch ganz plausibel. Nichts konnte natürlicher sein, als daß der agitatorische Eifer der Berliner, da sie endlich auch einmal etwas erfunden hatten, an der Grenze nicht hielt und Genossen seiner Taten suchte. Auch förderten die »jungen Österreicher« selber den Verdacht, indem einige mit Leidenschaft in die neuen Kämpfe traten und auch ihre Brünner Revue, die »Moderne Dichtung«, unter der Führung des E. M. Kafka, dieses guten, herzlichen und treuen Jünglings, welchen der Tod den schönsten Hoffnungen geraubt hat, oft geflissentlich die Alluren der Münchener »Gesellschaft« und der »Freien Bühne« nahm.

Aber wenn das »junge Österreich« ein Anhängsel des jüngsten Deutschland war, dann mußte es anders werden. Es mußte schon gleich ganz anders beginnen: kritisch, revolutionär und negativ. Es mußte Empörung und Aufruhr verkünden. Es mußte stürmen und drängen. Es mußte die alten Götter stürzen. Es mußte mit Zorn und Hohn beweisen, daß alle Überlieferung nichts taugt. Doch fehlen in seinen Werken solche Zeichen, und diese ungestüme Erbitterung der jüngsten Deutschen gegen die alte Kunst, als ob diese erst niedergemacht und ausgerottet werden müßte, kennt es nirgends. Man suche nur in seinen Schriften. Oder man mache auch einmal persönlich die Probe. Man frage einen der jungen Berliner nach Spielhagen oder Heyse – besser

Spielhagen: s. Anm. S. 193.
Heyse: s. Anm. S. 88.

Hermann Bahr.

Das ist ein Überwinder
Mit leichtem und keckem Sinn,
Man nennt ihn sogar den Erfinder
Der jungen Schule von Wien.

Die Alten zu Paaren treibt er,
Die Grünen kriegt er nicht satt,
Am besten und glänzendsten schreibt er,
Sobald er Unrecht hat.

Th. Zasche: Karikatur von Hermann Bahr im Ball-Kalender der Concordia

würde man den Henker gleich nach seinem Opfer fragen. Man frage einen der jungen Wiener nach der Eschenbach oder Saar – und der herzlichsten Verehrung, der innigsten Liebe, der zärtlichsten Treue ist kein Maß. Nur gegen den genialen kritischen Tyrannen begehren sie ungeduldig bisweilen auf, und da wird der Ärger dann freilich nicht gespart. Aber es geschieht ganz anders, als etwa in dem Berliner Streite gegen Frenzel. Es geschieht nicht, ihn zu verdrängen; es geschieht nur, neben ihn zu kommen. Die Jugend will nicht auf seinen Platz; sie will nur, wohin sie gehört: an seine Seite.

Das »junge Österreich« ist nicht revolutionär. Aber es ist auch nicht naturalistisch. Zwar in den schlimmen Namen mag mancher sich eitel drapieren, wie man als Bube, wenn gespielt wird, lieber Räuber als Gendarm ist, weil es sich fürchterlicher macht. Doch fehlen alle Versuche, den Schein der Dinge zu gestalten, den die Sinne in den Menschen bringen. Da ist ein Einakter in bunten vollen Versen, der scheue Stimmungen und seltene Launen formt; da ist ein Schauspiel, das eine These der Eifersucht zeigen will; da ist die Lust an der Fabel, an der schönen Lüge, die zu glitzern und zu sprühen weiß, wie damals in der italienischen Novelle; da ist die Trunkenheit von schwülen Worten, üppigen Vergleichen, stolzen Reimen; da ist die Qual um unerlebte Sensationen. Aber die unpersönliche Wahrheit, ohne Wahl und Absicht, strenge wie das Leben an der Fläche scheint, der Enthusiasmus der täglichen Dinge – der naturalistische Drang ist nirgends.

Eschenbach: Marie Frfr. von Ebner-E., geb. Gräfin Dubsky (1830–1916), bedeutende österreichische Erzählerin des 19. Jh.s.

Saar: Ferdinand von S. (1833–1906), realistisch-psychologischer Erzähler, besonders Novellist; Schilderer der österreichischen Gesellschaft des ausgehenden 19. Jh.s.

Frenzel: Karl F. (1827–1914), Essayist und Kritiker; 1861–1908 Feuilletonredakteur und Theaterkritiker der *Nationalzeitung*, Berlin; hier wohl Anspielung auf seinen Streit mit den Berliner Naturalisten, weil er dieser neuen Strömung kaum gerecht wurde.

So hat der Vergleich des »jungen Österreich« mit dem jüngsten Deutschland keine Stütze, keinen Halt, kein Recht. Man könnte höchstens bemerken, daß beide nach dem gleichen Muster streben. Es wird oft gesagt, daß sie die Pariser copieren, und man kann nicht leugnen, daß sie gern an die französischen Meister erinnern. Aber wenn sie so das nämliche tun, geschieht es doch anders. Als die Berliner sich plötzlich entschlossen, aus Nichts eine Literatur zu schaffen, verfuhren sie einfach: sie holten sie aus Paris. Sie nahmen die Romane des Zola, lernten ihre Gesetze, entwikkelten sie, verfolgten sie, und nach ihren Regeln wurde dann künstlich gedichtet, indem sie mit Eifer allen Kniffen der französischen Technik gehorchten. Aber weil diese fremden Mittel doch das Heimische, deutsche Dinge, deutschen Geist, deutsches Gefühl, ihre Zustände gestalten sollten, klaffte immer die Form vom Geiste weg, und in den importierten Künsten störte eine ursprüngliche Art, die sich mit allem Fleiße nicht verleugnen ließ. Man fühlte den Zwang von unverträglichen Teilen. Ganz anders die jungen Wiener. Da ist keine Qual und Gewalt. Man sieht die Lehre nicht. Man sieht keine fertige Technik. Man hat eher das Gefühl, daß sie vielmehr nach Freiheit von den Schablonen streben und jeder seine eigene Art versuchen möchte. Sie lieben das Vaterländische, nicht bloß wienerische Stoffe, sondern die wienerischen Formen, jene weiche, gerne etwas lässige und bequeme Weise, wie man hier ungebunden denkt und redet, mit einer Liebe der kräftigen Wendungen aus dem Volke, die selbst in den strengen Stil der kritischen Studie oft eine wunderliche Plastik drängt. Sie gehen meist überhaupt sehr naiv an ihre Sache, auf gut Glück, ohne Apparat, die geprüften Behelfe einer fertigen Technik zum eigenen Schaden verschmähend, der Sicherheit ihres Dranges vertrauend, der sich schon irgendwie seine Formen bilden wird, und haben so eine technische Unschuld, welche, wenn sie ihnen freilich eine kindliche Anmut und heitere Frische gibt, doch die

Zola: s. Anm. S. 229.

Geduld des Lesers verdrießt und seine Ordnung beleidigt. Sie wollen unbekümmert nur aus sich gestalten. Aber es geschieht ihnen bisweilen zuletzt, gerade wo sie ganz wienerisch tun, daß sie beinahe wie Pariser Originale wirken. Gerade das Umgekehrte wie bei den Berlinern: dort ist die Absicht französisch, hier ist es die Wirkung. Und so sehen wir auch diesen letzten Schein von Gleichheit, wie er nur ernstlich geprüft wird, schon wieder entwichen.

Also: das »junge Österreich« ist nicht nach dem Berliner Muster, und es ist nicht nach der Pariser Schablone; es ist nicht revolutionär, und es ist nicht naturalistisch – ja, was ist es denn eigentlich sonst? Was ist es, da es doch als Neuerung sich selber empfindet und als Neuerung von den anderen empfunden wird, so sehr, daß man ihm sogar einen eigenen Namen und den ganzen Nimbus einer besonderen Schule gab? Was will es?

Die Jünglinge wissen es nicht zu sagen. Sie haben keine Formel. Sie haben kein Programm. Sie haben keine Ästhetik. Sie wiederholen nur immer, daß sie modern sein wollen. Dieses Wort lieben sie sehr, wie eine mystische Kraft, die Wunder wirkt und heilen kann. Es ist ihre Antwort auf jede Frage. Sie vertrauen ihm gläubig, und einer aus ihrer Gruppe war es, der die gefürchtete, verlästerte, aber unwiderstehliche Losung: »Die Moderne« prägte, die dann durch ganz Deutschland gelaufen ist. In allen Dingen um jeden Preis modern zu sein – anders wissen sie ihre Triebe, ihre Wünsche, ihre Hoffnungen nicht zu sagen.

Sie sagen es ohne Dünkel, ohne jenen Haß der jüngsten Deutschen gegen die Vergangenheit. Sie verehren die Tradition. Sie wollen nicht gegen sie treten. Sie wollen nur auf ihr stehen. Sie möchten das alte Werk der Vorfahren für ihre neuen Zeiten richten. Sie möchten es auf die letzte Stunde bringen. Sie wollen, wie jene, österreichisch sein, aber österreichisch von 1890. Das ist der dunkle, weite Drang, der sie

Die Moderne: Nicht Bahr – wie hier suggeriert wird – hat den Terminus geprägt, sondern Eugen Wolff (1863–1929).

über das Herkommen treibt und doch auch wieder vor den französischen, skandinavischen, russischen Mustern warnt, welche das jüngste Deutschland äfft. Sie können sich an der neuen Kunst von heute nicht genügen, weil sie nicht österreichisch ist; und sie können sich an der österreichischen Kunst nicht genügen, weil sie nicht von heute ist. Sie wollen das eine und das andere nicht missen. Sie wollen beides. Sie wollen die österreichische Farbe und den Geruch des Tages.

Die Werke der Ebner und des Saar wirken wunderlich auf sie. Was in diesen Werken ist, ist alles auch in ihren Gefühlen. Sie empfinden es und könnten eine schönere Gestalt dieser Empfindungen nicht träumen, welche hier erst sich reichlich bekennen, innig verklären. Aber nicht alles, was in ihren Gefühlen ist, ist in diesen Werken. Es bleibt ein Rest von Launen, Stimmungen und Wünschen, der doch auch Verkündigung möchte. Wenn es ihnen später einmal gelänge, aus diesem Reste von neuen Trieben ein Werk zu holen, das sich den Taten des Saar, der Ebner nähern dürfte, dann wäre die stolzeste Begierde der ganzen Gruppe erlöst.

Aus der lieben, altväterischen, gemächlichen Stadt ist die sanfte Pracht des neuen Wien gewachsen. Die große Entwicklung der Industrie schwellt auch das Vaterland. Andere Klassen haben politisches Recht, wirtschaftliche Geltung, gesellschaftliche Kraft verdient. Auf den Straßen, in den Gedanken, für die Sitten wechselt die Welt. Alles ist neu und ist es doch wieder in der alten, ewig unveränderlichen Art des Landes. Das möchten sie in die Dichtung bringen: diese liebe wienerische Weise von einst, aber mit den Strophen von heute.

Und es könnte, wenn sie die rechte Gestalt des Österreichischen finden, wie es jetzt ist, mit diesen bunten Spuren aller Völker, mit diesen romanischen, deutschen, slavischen Zeichen, mit dieser biegsamen Versöhnung der fremdesten Kräfte – es könnte schon geschehen, daß sie, in dieser österreichischen gerade, jene europäische Kunst finden würden, die in allen Nationen heute die neuesten, die feinsten Triebe suchen.

II.

Ich habe gezeigt, daß das junge Österreich nichts mit den naturalistischen Experimenten der »jüngsten Deutschen« gemein hat. Es will vielmehr, da nun einmal unser Leben aus der deutschen Entwicklung geschieden und heute der deutschen Kultur nicht näher als irgend einer anderen ist, den Anhang der deutschen Literatur verlassen und nun aus der eigenen Art auch eine eigene Kunst gestalten. Es möchte – sonst hat es keinen vernehmlichen Trieb – es möchte recht österreichisch sein, österreichisch von 1890, was dann freilich jeder wieder auf seine Weise versteht.

Jetzt will ich noch ein bißchen die einzelnen prüfen. Ich muß dabei dem geläufigen Gebrauche folgen, der nicht immer logisch ist: er läßt manche ohne rechten Grund aus der Gruppe, die doch wenigstens als erste Boten und Läufer in sie gehören würden. So darf ich von Siegfried Lipiner, Richard Kralik und der delle Grazie, von den beiden Suttners, der Marriot und der Ossip Schubin, von Gustav

Lipiner: Siegfried L. (d. i. Salomo L., 1856–1911), Bibliothekar des österreichischen Reichsrats seit 1881; seine unter dem Einfluß Richard Wagners stehende Dichtung *Der entfesselte Prometheus* (1876) begeisterte noch Friedrich Nietzsche und Gerhart Hauptmann.

delle Grazie: Marie Eugenie d. G. (1864–1931), anfangs realistische Lyrikerin, dann gesellschaftskritische, für die Frauenemanzipation eintretende naturalistische Erzählerin; später Verfasserin christlicher Bekehrungsromane.

Suttners: Arthur Sundaccar, Frhr. von Suttner (1850–1902), Ingenieur und Schriftsteller, und seine Frau Bertha Frfr. von Suttner, geb. Gräfin Kinsky (1843–1910), vor allem bekannt durch ihre Arbeit für die moderne Friedensbewegung, vgl. ihren Roman *Die Waffen nieder!* (1889).

Marriot: Emil M. (d. i. Emilie Mataja, 1855–1938), verfaßte Schauspiele und pessimistisch gefärbte Romane und Novellen.

Schubin: Ossip Sch. (d. i. Alvinia-Lula Kirchner, 1854–1934) schrieb anfangs an Turgenjew geschulte Gesellschaftsromane und Novellen der zerfallenden Donaumonarchie; später wertlose Vielschreiberin.

Schwarzkopf, C. Karlweis und J. J. David nicht sprechen, die von der Schule verleugnet und es sich wohl auch selber verbitten würden, sondern Karl Baron Torresani, Arthur Schnitzler und Loris, dann die Lyriker Dörmann, Korff, Specht und endlich ein paar Worte über mich müssen genügen.

*Torresani** kann von Glück sagen. Es ist noch nicht fünf Jahre, daß der fröhliche Ulane die erste Geschichte schrieb, und schon heißt er, was einem Künstler nicht leicht passiert, der »beliebte Erzähler«. Das kommt vielleicht daher, weil er eine unbesonnene, saloppe, liederliche Sprache, unpersönliche zufällige Formen, eine wüste Schlamperei hat, welche den üblichen Geschmack mit seinen künstlerischen Werten wieder versöhnen. Die Empfindlichkeit für reine und vollkommene Sätze, die Begeisterung gefeilter Worte, das Gewissen der Mache fehlt ihm. Technisch ist er von der größten Unschuld, welche keine Sorgen, Gefahren,

* »Aus der schönen wilden Lieutenantszeit.« – »Schwarzgelbe Reitergeschichten.« – »Mit tausend Masten.« – »Auf gerettetem Kahn.« – »Die Juckercomtesse.« – »Der beschleunigte Fall.« – »Oberlicht.«

Schwarzkopf: Gustav Sch. (1853–1939), Wiener Kritiker, Erzähler und Dramatiker; zeitweiliger künstlerischer Beirat der Burgtheaterdirektion; verfaßte u. a. *Schlimme Geschichten* (1895).

Karlweis: C. K. (d. i. Karl Weiß, 1850–1901), Beamter der Staatseisenbahn, schrieb für mehrere Wiener Blätter; Erzähler und Dramatiker; verfaßte für das Wiener Volkstheater Schwänke, Komödien und politische Satiren, so etwa zusammen mit Bahr: *Aus der Vorstadt,* Volksstück (1893); *Das grobe Hemd,* Volksstück (1895).

David: Jakob Julius D. (1859–1906), schwermütiger, herber Erzähler in der Nachfolge des Realismus; auch Essayist; schrieb historische Novellen, Erzählungen aus seiner mährischen Heimat, Romane, erfüllt von starkem sozialem Mitleidsethos für das Elend des geistigen Proletariats in den Wiener Mietskasernen; auch pessimistische, trübe Gedichte.

Torresani: Karl Baron T. (d. i. Karl Franz Ferdinand T., Frhr. von Lanzenfeld di Camponero, 1846–1907), Offizier, schrieb vor allem Erzählungen aus dem Leben in der alten k. k. Armee.

Loris: s. Anm. S. 242.

Korff: Heinrich Baron Schmiesing von K. (1868–94), Mitarbeiter mehrerer Zeitschriften; veröffentlichte 1893 seine gesammelten Gedichte *Aus meiner Welt.*

Beschwerden der Form ahnt. Er schreibt, wie es gerade kommt: *au petit hazard de la plume* und Kleckse verstören jede Schönheit. Man mag an Tovote denken, und so hat er auch diesen heiteren und leichten Fluß, den kein Kummer trübt. Alles ist ungesucht, ungekünstelt, ungezwungen. Er schwitzt nicht, würde Nietzsche sagen. Er hat eine solche Fülle von Ereignissen, Gestalten, Welten, die ohne Rast nach Offenbarung drängen, daß er nirgends halten, nicht verweilen, nimmer sich besinnen kann, und während er eine gibt, quellen schon tausend andere dazwischen. Er ist der rechte Fabulant wie damals jene Novellisten der Spanier und Italiener, mit der großen Leidenschaft der Fabel, der nichts als nur erzählen will, nur unerschöpflich immer erzählen. Er sucht nicht »Probleme«; er prüft keine »Fragen«; er will nichts zeigen; er will nichts schildern; er will nichts beweisen – das schöne Lügen ist seine Lust. Er ist weder Naturalist noch Psychologe und ist, wenn man will, doch beides: er ist der Erzähler, der alles tut, was die Erzählung brauchen, und alles läßt, was sie entbehren kann – das Bedürfnis der Erzählung allein ist immer sein einziges Gesetz. Er hat unvergeßliche Profile gezeichnet. Er hat Dokumente des Lebens gegeben. Er hat in der Juckercomtesse eine weibliche Psychologie geschaffen, die ihm Bourget neiden könnte. Aber das läuft so nebenbei mit. Was er will, ist nur die Erzählung, der üppige Reiz von vollen, bunten, wunderbaren Stoffen. Die Erzählung ist ihm Anfang und Ende. So hat er, was ich sonst von keinem in der ganzen breiten Zeit der Literatur weiß: er hat den stillen, guten Zauber der naiven Kunst, wie er an den alten Märchen des Volkes ist. Man kann sagen, daß es niemals ein rechter Roman ist. Man kann zweifeln, ob es nach den Normen der Schulen überhaupt etwas ist. Aber man kann nicht leugnen, daß es sehr schön ist.

Tovote: Heinz T. (1864–1946), Erzähler im Gefolge Maupassants; seinen Roman *Im Liebesrausch* (1890) empfanden die Zeitgenossen als Abwendung von Zola und dem strengen Naturalismus.

Bourget: s. Anm. S. 318.

Arthur *Schnitzler** ist anders. Er ist ein großer Virtuose, aber einer kleinen Note. Torresani streut aus reichen Krügen, ohne die einzelne Gabe zu achten. Schnitzler darf nicht verschwenden. Er muß sparen. Er hat wenig. So will er es denn mit der zärtlichsten Sorge, mit erfinderischer Mühe, mit geduldigem Geize schleifen, bis das Geringe durch seine unermüdlichen Künste Adel und Würde verdient. Was er bringt, ist nichtig. Aber wie er es bringt, darf gelten. Die großen Züge der Zeit, Leidenschaften, Stürme, Erschütterungen der Menschen, die ungestüme Pracht der Welt an Farben und an Klängen ist ihm versagt. Er weiß immer nur einen einzigen Menschen, ja nur ein einziges Gefühl zu gestalten. Aber dieser Gestalt gibt er Vollkommenheit, Vollendung. So ist er recht der *artiste* nach dem Herzen des »Parnasses«, jener Franzosen, welche um den Wert an Gehalt nicht bekümmert, nur in der Fassung Pflicht und Verdienst der Kunst erkennen und als eitel verachten, was nicht seltene Nuance, malendes Adjektiv, gesuchte Metapher ist.

Der Mensch des Schnitzler ist der österreichische Lebemann. Nicht der große Viveur, der international ist und dem Pariser Muster folgt, sondern die wienerisch bürgerliche Ausgabe zu fünfhundert Gulden monatlich, mit dem Gefolge jener gemütlichen und lieben Weiblichkeit, die auf dem Wege von der Grisette zur Cocotte ist, nicht mehr das Erste, und das Zweite noch nicht. Diesen Winkel des Wiener Lebens mit seinen besonderen Sensationen, wo sich wunderlich die feinsten Schrullen einer sehr künstlichen Kultur und die ewigen Instinkte des menschlichen Tieres vermischen, hat er künstlerisch entdeckt und er hat ihn, indem er ihn gleich zur letzten Vollkommenheit des Aus-

* »Alkandis Lied.« – »Reichtum.« – »Episode.« – »Anatol.« – »Das Märchen.«

Parnasses: Der »Parnasse« war eine Gruppe gleichgesinnter französischer Lyriker, die 1860–80 den Stil der französischen Poesie bestimmten; ihr Streben galt einer »objektiven« Poesie von formaler Perfektion, dem »L'art pour l'art«.

drucks brachte, künstlerisch erschöpft. Es ist ihm gelungen, was die Goncourts als Beruf des Künstlers setzten: *apporter du neuf*; und es ist ihm gelungen, die definitive Form seiner Neuerung zu geben. Das ist sehr viel. Gerade heute können es wenige von sich sagen. Nur darf er freilich, weil sein Stoff ein weltlicher, von der Fläche der Zeit ist, Wirkungen in die Tiefe der Gefühle nicht hoffen, und von seinem feinen, aber künstlerischen Geiste mag das Wort des Voltaire von Marivaux gelten: *Il sait tous les sentiers du coeur, il n'en connaît pas le grand chemin.*

Ich verstehe sehr gut, daß manchen das nicht genügt. Ich verstehe nur nicht, daß man es an den Franzosen preist, aber an einem Wiener schmäht. Im »Anatol« sind ein paar Sachen, die den Vergleich mit den besten Meistern der Gattung vertragen und an flüssiger Anmut, herbem Dufte, heiterer Melancholie Aurélien Scholl, Henri Lavedan und diesen vergötterten Courteline nicht zu scheuen haben. So wäre es wohl Pflicht der Direktoren, einmal ihre Kraft auf der Bühne zu prüfen. Es wäre Pflicht der »Burg«, das »Märchen« zu bringen, das ja nun wenigstens am »Volkstheater« endlich kommen soll.

Im »Anatol« sind vorne, als Prolog, ein paar Verse* [...].

* Vgl. in dieser Ausgabe S. 478 ff. [Anm. d. Hrsg.]

Goncourts: s. Anm. S. 194.

Marivaux: Pierre Carlet de Chamblain de M. (1688–1763), vor allem Meister der französischen Prosakomödie, in der Figuren aus der italienischen Stegreifkomödie mit Typen der französischen Tradition (Molière usw.) zusammentreffen.

Scholl: Aurélien Sch. (1833–1902), geistreicher französischer Journalist und Schriftsteller, schrieb für zahlreiche Blätter; gefürchtet wegen seiner persönlichen Ausfälle und literarischen Händelsucht; berühmt wurden seine »Pariser Chroniken«, seit 1883 in *L'Echo de Paris.*

Lavedan: Henri L. (1859–1940), französischer Schriftsteller, dessen Romane und Lustspiele eine genaue Wiedergabe der Mode und Kapricen der Lebewelt und der grotesken Formen der Gesellschaft waren.

Courteline: C. (d. i. Georges Moineaux, 1860–1929), außerordentlich beliebter Bühnenschriftsteller, der zur zweiten Generation der Naturalisten gehörte; große Begabung als Komödienschreiber, vor allem durch seine Wortkomik.

Diese Verse sind sonderbar. Sie könnten von Emanuel Geibel oder Paul Heyse sein: sie haben diese leichte Sicherheit, das mühelose Glück, die reife Anmut der goetheisierenden Epigonen, die in fertigen Formen fertige Gedanken, fertige Gefühle wiegen. Aber sie könnten auch von Maurice Barrès oder Nietzsche sein: so sehr haben sie an ihrer feinen, hochmütigen, empfindlichen Grazie den scheuen Duft der letzten Stunde. Sie sind wie von einem herrisch heiteren Klassiker, der unter die blassen und hilflosen Sucher der Décadence gegangen wäre. Sie sind von Loris.*

Loris, der Hugo von Hofmannsthal heißt, schreibt Prosa und Verse, Kritisches und Lyrisches. An der Prosa merkt man den Lyriker gleich: sie schwillt rhythmisch: schwüle Tropen, dunkle, üppige und schwere Farben, fremde Harmonien drängen, und was doch als Feuilleton gemeint ist, klingt wie ein griechischer Chor. Aber an den Versen wieder merkt man den kritischen Philosophen: sie sind mit quälenden Gedanken, moralischen Fragen und atemlosen Zweifeln der Bildung ängstlich beladen, daß man ihnen lieber die freiere Gelassenheit ungebundener Aphorismen wünschen möchte. So ist in ihm ein unerschöpflicher Gesang, der, wie er geflissentlich auch trockene, nüchterne, steife Themen des Verstandes wähle, nicht verstummen mag, daß ich für ihn immer an das Wort des Anatole France über Banville denken muß, den »der liebe Gott in seiner Güte mit der Seele einer Nachtigall schuf«. Aber es ist auch eine unermüdliche Dia-

* Gedichte in der »Modernen Dichtung« und den »Blättern für die Kunst«. – Feuilletons in der »Modernen Kunst«, »Frankfurter Zeitung« und »Deutschen Zeitung«. – »Gestern«, Studie in einem Akt in Reimen, und »Der Tod des Tizian«.

Geibel ... Heyse: Emanuel G. (1815–85) und H. (s. Anm. S. 88) waren die führenden Köpfe der Münchener Dichterschule.

Barrès: s. Anm. S. 322.

France über Banville: Anatole F. (d. i. Jacques-François-Anatole Thibault, 1844–1921), französischer Romancier und Kritiker; Théodore de B. (1823–91), Lyriker und Kritiker, schrieb nicht-engagierte Poesie mit dem Schönheitsideal formaler Vollendung; war wichtig für die Parnassiens: so schrieb er auch ein *Petit traité de poésie française* (1871).

lektik in ihm, die mit kritischen Reflexionen die schöne Vogelfreude der Reime und Rhythmen immer wieder verstört.

Sein Stil trifft und er trifft ohne Mühe. Das nervöse Suchen, das Tasten mit unzulänglichen Vergleichen, die Qual um das fliehende Wort, das den rechten Gedanken, die letzte Note der Stimmung nicht geben will, sind ihm fremd. Er hat die Gnade der zeichnenden, malenden Form. So möchte man seine fröhliche Gesundheit rühmen, die sonst heute der gepeinigten Jugend fehlt. Aber die lauschende Empfindlichkeit, das helle Gesicht und Gehör seiner Nerven für die leisesten Reize ist von einer unheimlichen Feinheit, und aus seinen seltsam erregten Sätzen kommt es, ohne daß man vor sich diese Empfindung zu rechtfertigen wüßte, immer wie der kranke Hauch aus den fieberschwülen Kissen einer schmerzlichen und blassen Frau.

Das erste, was er schrieb, war eine Studie über die *physiologie de l'amour* des Bourget, dieses müde Testament der erotischen Verzweiflung. Eine Studie über die »Mutter« folgte. Das waren für seine siebzehn Jahre wunderliche Stoffe, und auch in seinen Gedichten sind Züge eines reifen, traurigen Zynismus. So konnte er in den Ruf eines vor der Zeit erfahrenen, ja verdorbenen Jünglings kommen, und ich habe, als ich öffentlich seine Verse las, Hofräte sich schamhaft entrüsten gesehen, die mit Mühe später durch saftige Anekdoten wieder zu versöhnen waren. Aber wenn er bisweilen von unreinen Dingen spricht, geschieht es doch immer in reiner Rede, vielleicht weniger aus Tugend, als aus Erzogenheit, aus Eleganz, aus Geschmack, der denn überhaupt seine vernehmlichste Gabe ist. Er wird nicht kraß, wird nicht brutal, und die Grenzen der guten Gesellschaft sind immer gewahrt. Er brauchte sich nicht erst »auszutoben«; es gab keine Periode der »Räuber«, sondern der Jüngling begann gleich wie ein Mann, der sich gebändigt, geklärt und in der Gewalt hat. So hat er vielleicht die

Studie über die »Mutter«: Rezension von Bahrs Drama *Die Mutter* (1891).

perverseste Natur, aber er hat sicherlich die reinlichsten Werke unter den Genossen.

Schöne Dinge, die funkeln, sind seine Leidenschaft. Schmale weiße Hände, die prunkenden Betten der Borgia und der Vendramin, Sänften, Fächer und Pokale, Reiher, Silberfische, Oleander, die vollen Farben und die breiten Klänge der Renaissance kommen immer wieder. Man möchte ihn unter jene trunkenen Apostel der Schönheit stellen, wie die englischen Präraffaeliten, die französischen Symbolisten, die vor der rauhen und gemeinen Öde des täglichen Lebens in blühende Träume der Vergangenheit entlaufen. Aber er liebt es, mit dem Naturalismus zu kokettieren, und neulich hat er diese naturalistische Formel der Kunst geschrieben: »Denn wie das rebellische Volk der großen Stadt hinausströmte auf den heiligen Berg, so liefen unsere Schönheits- und Glücksgedanken in Scharen fort von uns, fort aus dem Alltag, und schlugen auf dem dämmernden Berg der Vergangenheit ihr prächtiges Lager. Aber der große Dichter, auf den wir alle warten, heißt Menenius Agrippa und ist ein weltkluger, großer Herr: der wird mit wundervollen Rattenfängerfabeln, purpurnen Tragödien, Spiegeln, aus denen der Weltlauf gewaltig, düster und funkelnd zurückstrahlt, die Verlaufenen zurücklocken, daß sie wieder dem atmenden Tage Hofdienst tun, wie es sich ziemt.«

Also: Epigone und Moderner, lyrisch und kritisch, krank und gesund, pervers und rein, Symbolist und Naturalist zugleich – er scheint ein unerschöpfliches Rätsel. Vielleicht ist es diese Fülle unverträglicher Motive gerade, die seinen

Borgia und Vendramin: berühmte italienische Adelsgeschlechter, B. in Rom, V. in Venedig. In dem 1481–1509 erbauten Palazzo Vendramin-Calergi, einem der schönsten Paläste Venedigs, starb am 13. März 1883 Richard Wagner.

Prärafaeliten: s. Anm. S. 210.

Menenius Agrippa: Gemeint ist wohl A. M. Lanatus (gest. 493 v. Chr.), der 503 v. Chr. Consul war und berühmt wurde, weil es ihm gelang, die 494 auf den mons sacer ausgezogene Plebs (sog. 1. Secession) durch die Parabel vom Magen und den Körpergliedern zur Rückkehr nach Rom zu veranlassen (vgl. Livius 2,32,8 ff.).

Reiz, seinen Zauber auf die Kenner gibt. Aber ich glaube: es mag auch noch was anderes sein.

Die Literatur hat allerhand gelernt. Sie ist ohne Zweifel technisch heute über der Vergangenheit. Sie hat bessere Mittel. Das Vermögen wächst. Man kann heute mehr als vor zwanzig Jahren. Es fehlt nur an der Verwendung. Man weiß mit allen reichen Kräften nichts zu schaffen. Zwar sind neue Stoffe gewonnen: alle Winkel des Lebens werden geplündert, und besondere Fälle seltener Seelen werden gezeigt. Aber die heimlichen Fragen der Menschen, die Qualen der Bildung, die tausend Zweifel um den Sinn der Schöpfung fehlen. Das bange Gemüt hat keinen Trost. Das Wilhelm-Meisterliche, die sittliche Erziehung, der Rat in den Ängsten und Nöten der Seele ist dieser neuen Kunst verloren. Das Weltliche, Vergängliche hält sie vom Ewigen weg.

Einige Franzosen, seit Bourget und Barrès, haben das jetzt erkannt. Die Deutschen kümmern sich nicht. Bei uns ist Loris der einzige, der immer von moralischen Fragen handelt. Er sucht die Stellung des Menschen zur Welt, sucht Sinn und Bedeutung der Dinge, sucht Gewißheit für den Gang des Lebens. Er will Erweckung und Erbauung. Er hat das Wilhelm-Meisterliche.

III.

Hinter Torresani, Schnitzler und Loris, die doch schon ihre Gemeinden haben, sind nun noch ein paar ganz geheime Größen. In ihren Verschwörungen und Gelagen der Zukunft werden sie freilich gepriesen, und man hört Wunder, was man schon noch einmal alles von ihnen hören soll. Aber man kennt höchstens Felix *Dörmann** ein bißchen, der eifrig an die Zeitungen Notizen über die Werke verschickt, die er nächstens schreiben wird. Man kennt seine Verse zur »Donaunixe«. Er ist dennoch ein Dichter. Er trifft oft

* »Neurotika«, »Sensationen«.

»Donaunixe«: Felix Dörmann wurde 1892 zum Leiter des Preßbureaus der

Vergleiche, Adjektive und Metaphern, die es unwiderstehlich beweisen. Er hat sicherlich Talent. Nur seine Art bleibt fraglich. Man möchte es erst für ein formales nehmen. Aber wer näher prüft, dürfte wieder meinen, daß es eher durch die Form gedrückt, ja erstickt wird.

Man höre* [...].

Mit diesen Versen ist es wunderlich. Man kann ihre glückliche Form nicht leugnen, und die »hektischen schlanken Narzissen mit blutrotem Mund«, die »herzlosen grünen Smaragde«, die »abgestumpften, wurzelwelken Nerven« reizen. Aber es bleibt eine Lust des Verstandes, ohne an das Gefühl zu gelangen. Sie können nicht wirken. Sie bleiben dekorativ, wie Farben auf einer Palette, welche Glanz, Pracht und Feuer, aber keinen Sinn, keine Zeichnung, keine Sprache zur Seele haben, oder wie eine Wahl von bunten Mustern, welche doch, um zu kleiden, erst in Gewänder zu schneiden wären, oder wie eine Sammlung der besten Zitate aus allen Stilen der Gegenwart. Aber wer so in Zitaten der anderen nur spricht, kann natürlich das Eigene, seine heimliche Art, sich selber nicht sagen. Er hat eine erstaunliche Form, aber sie gerade verschuldet, daß er sich selber nicht hat. Der Apparat, statt zu dienen, tyrannisiert ihn. Er redet mit fremden Worten, und so reden die fremden Worte für ihn. Es ist, wie wenn einer eine Posaune hätte und müßte nun immer Feierliches, Gewaltiges, Erhabenes blasen, während doch seine bescheidene kleine Seele lieber bequem sich in niedlichen und stillen Launen leise wiegen möchte. Durch die Technik der anderen wird er in den Geist, in das Gefühl der anderen gezwungen. Er redet nicht aus dem Leben: er redet immer aus fremden Literaturen. Seine Schmerzen sind

* Bahr zitiert an dieser Stelle die Gedichte »Was ich liebe«, »Sensationen« und »Intérieur«; in dieser Ausgabe S. 357 ff. [Anm. d. Hrsg.]

Wiener »Internationalen Musik- und Theaterausstellung« bestellt. Er versifizierte in dieser Funktion auch die Choreographie des Balletts *Die Donaunixe* von Othon Baron de Bourgoing (um 1841–1908), das während der Ausstellung oft aufgeführt wurde (Uraufführung: 13. Juli 1892).

von Baudelaire, und seine Wünsche sind von Swinburne. Sich verkündet er nirgends. So ist er wie nur je der schlimmste Epigone, nur daß er andere Muster nimmt, welche sich dem neuen Geschmacke nähern. Anfangs durfte man meinen, daß er sich eben erst suchte und im Erwerbe der Mittel noch befangen war. Aber er sucht jetzt schon etwas lange.
Das gilt nicht nur von Dörmann. Es gilt von der ganzen lyrischen Gruppe. Nur Heinrich v. *Korff**, wie unbeholfen, linkisch er zuweilen stolpern mag, scheint eigene Töne zu vermögen. Die anderen, Richard *Specht***, dem zierliche, feine Wendung oft gelingt, Paul *Fischer**** und dieser Troß von sensitiven Versifexen, wirken alle künstlich. Sie können manches. Sie treffen Strophen, die verblenden, Reime, die betören. Sie wissen Verwegenheiten und Listen. Aber mit allen tausend Kniffen und Ränken der Mache vermögen sie nichts. Wie sie sich winden und strecken und quälen – sie zwingen die Seele nicht. Man sagt Bravo und geht. Man glaubt es ihnen nicht. Sie wirken höchstens wie jener musikalische Scherz, der ein Thema in den Weisen aller Komponisten zeigt: man lobt den klugen Fleiß und lächelt, wenn man die Muster erkennt; Gefühl wird nicht geregt. Es bleibt eine scholastische Poesie. Es bleibt papierne Übung. Es bleibt ohne Leben.
Man verstehe das nicht falsch, wenn ich vom Künstler Leben verlange. Nur Erlebtes darf er geben. Nur Erlebtes wirkt. Aber das soll nicht heißen, daß jedes Lied wirklich geschehen muß. Es muß nur in seinem Gefühle geschehen. Es ist nicht das Leben draußen, es ist nur das Leben in der Seele

* »Aus meiner Welt.«
** »Sündentraum.« – »Gedichte.«
*** »Halluzinationen.«

Baudelaire: s. Anm. S. 181.

Swinburne: s. Anm. S. 330.

Fischer: Paul F. (1870–?) veröffentlichte außer den *Halluzinationen* (mit Prolog von Dörmann, 1893) auch einen Band *Tragödien* unter dem Pseudonym O. F. Werner (1894).

gemeint. Die Leute sagen: der Kerl singt immer von seiner tödlichen Kleopatra, während er doch, ich wette, im besten Falle eine fidele Näherin hat – also was heißt diese Dichterei? Das ist eine gerechte Klage und ist doch falsch, je wie man es deutet. Es mag immerhin eine Näherin sein, wenn wir nur fühlen, daß er sie als Kleopatra fühlt. Das Gefühl entscheidet. Die Teufelin des Baudelaire war im Leben ein heiteres, rundes, gelassen bürgerliches Ding. Aber weil seine Sinne, seine Nerven sie als tigerisches Ungetüm empfanden, können, müssen wir ihm glauben. Man kann schon eine Näherin als Kleopatra fühlen. Aber ich fürchte: Dörmann und Gefolge wissen selber sehr genau, daß es eine Näherin ist, und möchten bloß mit Fleiß ein bißchen flunkern. Das läßt man sich nicht gefallen. Das verträgt man nicht. Das fordert Spott und Ärger. Man liebt den Wahn des Dichters, nicht die Lüge. Unehrliche Kunst kann nicht wirken.

Gerechte Besinnung auf sich selber, ohne Dünkel und unverzagt, ist immer schwer. Sie wird es noch mehr, wenn es sich um einen so problematischen Künstler handelt, als ich* bin. Ich bin problematisch, weil man mir eine gewisse Geltung nicht leugnen kann, die doch meinen Werken nicht gebührt, weil ich zwischen Gunst, Haß und Eifersucht schwanke, und weil schließlich nicht meine Arbeit, sondern die Taten von anderen meine Stellung, meinen Ruhm entscheiden werden. Es ist möglich, daß ich ein außerordentliches, aber vorderhand ist es nur gewiß, daß ich ein unordentliches Talent bin. So sieht man keine Gewähr meiner Zukunft, welche vielmehr in fremden Händen scheint.
Man höre einmal, wie von mir gesprochen wird. Es wird sehr viel von mir gesprochen, mehr als sonst von irgend

* »Die neuen Menschen.« – *»La marquesa.«* – »Die große Sünde.« – »Zur Kritik der Moderne.« – »Die gute Schule.« – *»Fin de siècle.«* – »Die Mutter.« – »Die Überwindung des Naturalismus.« – »Russische Reise.« – »Die häusliche Frau.« – »Dora.« – »Neben der Liebe.«

ich: Bahrs Werke in der Fußnote sind hier in chronologischer Reihenfolge aufgezählt; sie erschienen zwischen 1887 und 1893.

einem »Jungen«. Aber es ist seltsam, wie es geschieht. Selbst Feinde rühmen meine Begabung, aber nicht einmal die Freunde rühmen meine Werke. Jeder gesteht, daß ich etwas bin, aber niemand weiß, wie ich das eigentlich verdiene. Keiner zweifelt an mir, aber alle sind durch die übliche Frage verlegen: also was soll man denn von ihm lesen? Und ich bekenne: ich bin es heimlich selber oft. Ich habe ja in der Tat kein Buch, kein Stück, wo die anderen mich fänden, wie ich bin, und ich habe nur eines, wo ich wenigstens mich finde und ich mir wenigstens genüge: Die »Mutter«.

Wie ist dieses Problematische, Fragliche, Zweifelhafte an meiner Kunst zu erklären?

Man könnte meinen, daß es vielleicht Werke von großen und weiten Absichten ohne die erforderlichen Mittel sind, daß die Pläne über meine Kraft entlaufen, und daß ich also unter die unselig vermessenen Wager gehöre, die mit ihrem Vermögen nicht rechnen. Aber ich glaube nicht vom Schlage des Grabbe oder Cornelius zu sein. Ich schweife nicht ins Große. Ich bin kein Stürmer und Dränger zum Himmel. Ich suche geflissentlich vielmehr das Geringe gern: leise, kleine, kaum vernehmliche Gefühle, schwanke Stimmungen der Nerven, die entwischen, feine, flüchtige und rasche Noten, die verhuschen. Ja, man darf eher klagen, daß, gerade je deutlicher ich mich auf mich besinne und zu mir komme, die Fragen der Zeit, ihre heftigen Kämpfe und die Erschütterungen unserer Menschheit von mir rücken, während ich hinter flatternden Reizen müßiger Launen hasche, ob ich nicht einen in helle, glatte und geschmeidige Formen fangen kann. Im Schwunge der Entwürfe ist gewiß nicht meine Bedeutung. Technische Unbeholfenheit ist gewiß nicht mein Fehler. Das lehrt jede Zeile.

Oder man könnte meinen, daß mir das künstlerische Element fehlt. Es geschieht, daß manche alle redliche Begeisterung und Leidenschaft der Gefühle haben, die den Künstler machen. Sie haben auch alle technische Kraft und jenen flinken Gehorsam der Mittel, die der Künstler braucht. Es fehlt nur, bei aller Strenge der Gedanken, aller Würde der

Wünsche, aller Sicherung der Form, es fehlt doch ein letzter und unaussprechlicher Rest, der allein erst die vollkommene Weihe gibt. Lessing ist das große Beispiel. Aber ich glaube, daß meine Sachen auch in diese Gattung nicht gehören. Sie sind ganz anders. Man mag an ihren Gedanken kritteln, die sie selten aus der Tiefe holen, nur um den schönen Schein von seltener und gesuchter Feinheit bekümmert. Man mag an ihren Gefühlen zweifeln, die gerne ironisch selber nicht an sich glauben und immer ein spöttisches Schwänzchen tragen. Man mag auf ihre Wahl der Mittel schmähen, die sich oft geflissentlich für Hindernisse und Gefahren entscheidet. Aber gerade jene letzte und unsägliche Marke der Kunst kann man ihnen nicht leugnen. Sie ist an jedem Satze, in den aus wunderlichen Vergleichen oft geborgten Worten, in der Suche fremder und bizarr gewundener Schnörkel, um den Duft der heimlichsten Nuancen zu gewinnen. Sie ist unverkennbar. Ja, man könnte sie beschuldigen, jede andere Sorge und Rücksicht zu verdrängen und moralische Bedenken gern dem ästhetischen Nutzen zu opfern. Sie denkt nur immer an sich, und Unbill gegen den Stoff, Verletzung der Sitte, ja des Geschmackes sogar, wird ihr leicht, wenn sie sich nur selber glückt.
Man könnte endlich meinen, daß ich vielleicht nicht durch meine Geschöpfe, sondern durch ihre Wirkungen auf die anderen bedeute, als Bote und Werber einer neuen Kunst. Es ist oft das Schicksal der Sucher von besonderen Formen, daß sie den Fund zuletzt selber nicht mehr nützen dürfen, anderen lassen müssen. Ich wäre dann einer von den Propheten und Martyrern, die alle Kraft vergeben, um die alte Regel zu brechen und ein neues Gesetz zu gestalten, aber nun freilich nichts mehr übrig haben, es auch selber zu genießen. Ich hätte aus meinem Gesichte des Schönen neue Formen geschaffen, die erst den anderen später dienen würden. Das ist ungefähr die Meinung, welche die Klugen von mir haben. Sie nehmen mich für den Agenten und Reisenden einer Schule, einer »Richtung«, einer Mode. Erst sollte es, wie ich mich sträuben und wehren mochte, durchaus der

Naturalismus sein, den ich doch nur behaglich mit seinen unverkosteten Gaben auf mich wirken ließ, und da ich dann auch aus dem Symbolismus mit dem gleichen Durste die fremden Reize sog, hieß ich Verräter. Es wurde nicht begriffen, daß man ein Enthusiast und Don Juan aller künstlerischen Formen sein kann, der jede genießen, was sie gewährt, aus ihr ziehen und sie dann wieder verlassen will. Man hat sich eben geirrt: ich agitiere für keine Technik.

Ich glaube: das stimmt alles nicht, und die klugen Formeln, die man an mir versuchte, als: der »Philosoph der Moderne« oder, wie Neumann Hofer gesagt hat, der »Mann von Übermorgen«, welcher, nach Maximilian Harden, »immer in der Zukunft lebt, in der Temperatur des übernächsten Tages«, können mich doch keine treffen. Man sieht das Wesentliche nicht. Man wird durch Posen betrogen, welche ich liebe, um die guten Leute zu verblüffen, *épater les bourgeois*, wie man in meinem Quartier Pigalle sagt, oder wohl auch aus eitler Prahlerei, neugierig, wie viel sie sich denn eigentlich von einem Talente gefallen lassen, und vielleicht auch einfach aus Reklame. Man vergißt, daß ich in einem Punkte anders als die anderen und für mich bin. Die anderen stellen ihre Natur auf eine einzige Note, und auf diese Note allein stellen sie ihr Werk; sie von allen Mischungen zu scheiden, frei und unverhohlen zu gestalten, wirksam zu erschöpfen ist ihr Trieb. Aber mich treibt es, die Fülle der Noten, den Schwall und Strudel ihrer gischenden Flut, ihren bunten Sturm zu formen; nicht eine einzelne reizt mich, sondern das Flirren und Flackern ihrer bewegten Menge nur, wie sie sich berstend streifen, stoßen und reiben; in den Grund will ich keiner dringen, aber die ganze Fläche dieser

Neumann Hofer: Otto N.-H. (1857–nach 1905), seit 1891 Redakteur des *Magazins für Litteratur*; laut Bahrs *Selbstbildnis* (1923) ist es aber Harden gewesen, der Bahr den »Mann von Übermorgen« genannt hat.

Harden: Maximilian H. (d. i. Maximilian Witkowski, 1861–1927), deutscher Publizist; einer der einflußreichsten Journalisten des Zweiten Kaiserreichs, Mitbegründer der »Freien Bühne« und Begründer der Zeitschrift *Die Zukunft*.

breiten Zeit möchte ich fassen, den vollen Taumel aller Wallungen auf den Nerven und Sinnen. Das ist mein Verhängnis. Deswegen werde ich nie ein Gefolge ergebener Bewunderer haben; man bewundert ja schließlich am anderen doch immer nur sich selbst, was man mit ihm gemein hat; aber in mir findet jeder mehr als sich selbst, und es bleibt ein fremder Rest, der die letzte Näherung verwehrt. Doch darf ich mich trösten, weil es immerhin ein hübscher Gedanke und schmeichelhaft ist, daß zwischen Wolga und Loire, von der Themse zum Guadalquivir heute nichts empfunden wird, das ich nicht verstehen, teilen und gestalten könnte, und daß die europäische Seele keine Geheimnisse vor mir hat.

Es sind nicht viele, die das von sich sagen können. Maurice Barrès, mein lieber Meister, leitet sie. Sie hoffen, daß ihre wachsende Gemeinde langsam eine neue Race geben wird, das Volk der Europäer, das die nationale Befangenheit zu einer reinen Menschlichkeit verklärt. Dann würde man erst sehen, wie deutlich schon in meinen Werken die Spuren dieser Zukunft sind, und mein Verdienst der Vorempfindung wäre groß. Aber es ist auch möglich, daß es nur eitle und leere Marotten nervöser Sonderlinge sind, die verschäumen. Dann würde ich später erst recht, wenn man freilich manchen glücklichen Fund meines Stiles immer achten wird, als ein sehr konfuser Kopf erscheinen, dem jede Ordnung fehlte. So baumle ich, zwischen Furcht und Hoffnung, an den Erfolgen der anderen. Aber was kann ich tun, als eben geduldig warten und gelassen mein Schicksal nehmen? Ist mir doch, bei manchen gewinnenden Gaben, leider diese wichtige vieler Kollegen versagt geblieben: anders zu sein, als ich bin.

MARIE HERZFELD

Ein junger Dichter und sein Erstlingsstück

Über Hugo von Hofmannsthal, »Gestern«

Kürzlich erst erschien im Verlag von Julius Klinkhardt in Leipzig ein kurzer Einakter »Gestern« von Theophil *Morren*, eine »Studie in Reimen«, wie der Titel sagt – eine psychologische Studie von seltener Konzentration und frappierender Eigentümlichkeit, in graziös gebauten, eleganten Versen.

Der Inhalt der paar Szenen ist eigentlich unerzählbar, denn es geht nichts vor. Ein junger Mann entdeckt, daß seine Geliebte ihm untreu ward und sagt ihr Adieu – ein nicht ganz neues Thema, und was daran leidenschaftlich erregen, etwa »dramatisch wirken« könnte, ist mit Sorgfalt weggelassen und künstlich abgedämpft. Es ist dies auch gar nicht der Inhalt des kleinen Stückes; sein wahrer Inhalt ist ein Charakterbild, entwickelt in einer Reihe von Gesprächen, welche durch ein paar Menschen und einige Situationen in Fluß gebracht werden. Der *Schauplatz* des Proverbs der Gartensaal im Haus Andreas, welcher Herr scheint in Imola, die *Zeit* jene »der großen Maler«, die überreife Renaissance- und Auflösungszeit, deren geistiger Grundtypus mit dem unserigen manchen Zug gemeinsam hat. [...]

Aus [...] der Welt eines schmerzlich raffinierten Ichkultus, wie Maurice Barrès, der Verfasser des *»Homme libre«*, ihn schuf, aus dieser Welt stammt Morrens Held Andrea. Denn trotz des bunten Wamses ist Andrea modern durch und

Theophil Morren: eines der Pseudonyme Hofmannsthals.

Proverbs: Proverb: Sprichwort; kleines, spritziges Dialoglustspiel um eine Sprichwortweisheit.

Barrès: der »homme libre« (s. Anm. S. 230) Philippe verläßt die Großstadt Paris und zieht sich mit einem Freund nach Jersey zurück, um sich dem Studium der *Exerzitien* des Ignatius von Loyola (1491–1556) zu widmen und so sein bisheriges Leben zu bewältigen.

durch. Reflexionssüchtig, zum Handeln untüchtig. Er kann nicht wollen; die unaufgelösten starken Grundinstinkte seines Wesens sind durch die Retorten seines Hirns gegangen und in ihre Teilchen zerlegt; nun will jedes für sich und hat jedes Gründe für sich, die einander hemmen und gänzlich aufheben. Und dazu dies Wissen um sich, dies Zusehen, Auflösen jedes Willensakts in seine Bewegungsmomente; [...].

Andrea [ist] eine Figur aus der Welt des Maurice Barrès, aus der Welt des dekadenten Egoismus, des *kranken* Egoismus, der nicht stoßkräftig sich selber durchsetzt, sondern in sein Haus zurückgeht und sich einspinnt. Er spinnt und spinnt, und spinnt eine Welt aus sich, erdferne und ohne Menschlichkeit, aber doch eine Welt. Er knüpft Faden an und wirft Leitern hinaus ins Reich der Materie und der rauhen Wirklichkeit, doch nur um Stoff zu suchen für *seine* Wirklichkeit, welche die immaterielle Welt des Traumes ist. Er empfindet mit den Menschen, er leidet mit den Menschen; er schlüpft in die Seelen aller andern und isoliert sich dennoch selbst. Denn seine Sympathie ist nicht die Sympathie, die *helfen* will; sie ist die Sympathie, die *holen* kommt – unerlebte Gefühle, Sensationen und Schauer, die sein eigenes beschränktes Ich ihm nicht zu liefern vermag; es ist eine Sympathie, die stets ihr Selbst reserviert und jeden Moment es sich wieder zurücknehmen kann; – die Sympathie der Neugier und des Erkenntnistriebs, die einzige aktive Eigenschaft und der letzte Lebensanker, welcher dem modernen Dekadenten noch übrigblieb. Und so entsteht aus jener Sympathie, deren Motor der virtuose Weltgenuß eines skeptischen Selbstlings ist, eine Art von Pantheismus, eine Identifikation, welche nicht das Aufgehen des Ichs im All ist, sondern das Aufgehen des Alls im Ich – kein sehr anmutender, kein sehr zukunftstüchtiger Glaube, aber doch ein Streben, Stil und Einheit ins Dasein zu bringen – die Philosophie einer Menschheit, die von heute auf morgen und von den Brosamen des Augenblicks lebt.

MARIE HERZFELD

Hermann Bahr, »Die Überwindung des Naturalismus«

Hermann Bahr bleibt in jeder Verkleidung doch immer der Österreicher. Österreicher in gutem und in schlechtem Sinne. Österreicher in der Beweglichkeit des Geistes, in der widerstandslosen Empfänglichkeit für fremde Eindrücke, in der Gabe, sich allem zu assimilieren, mit der jeweiligen Umgebung zu verschmelzen, deutsch mit den Deutschen zu fühlen, französisch mit den Franzosen, russisch mit den Russen und dann plötzlich sich zurückzunehmen und nichts zu sein als der alte Österreicher, der seinen Wienfluß am Manzanares findet, und überall ein Lerchenfeld – ein Lerchenfeld, um in derbem Gehenlassen von den schweren Mühen des Raffinements sich etwas zu erholen. Denn ist ihm auch nichts fein und subtil genug, ganz unvermutet sitzt diesem Wunschfranzosen der angeborene Linzer denn doch im Nacken und verwandelt, so recht aus Bosheit fast, die »ausgelassene Geistigkeit« in bäuerisches Genieprotzentum und die graziös intendierte Frivolität in geschmacklos plumpe Zote. [...]

Nein, nein, diese aus allen Ecken und Enden der Welt zusammengetrommelte Phraseologie, diese Rumpelkammer von Seltsamkeiten, in welcher der Kenner Waffen- und Rüstungsstücke der Goncourt, der Bourget, Huysmans, Hansson, Barrès, Rosny zu Haufen findet, dieser ausgeke-

Goncourt: s. Anm. S. 194.

Bourget: s. Anm. S. 318.

Huysmans: s. Anm. S. 336.

Hansson: Ola H. (1860–1925), seinerzeit viel gelesener schwedischer Dichter.

Barrès: s. Anm. S. 322.

Rosny: Pseudonym der Brüder Joseph-Henri-Honoré (1856–1940) und Séraphim-Justin-François Boëx (1859–1948), die bis 1909 gemeinsam naturalistische Romane verfaßten, so etwa *Le Bilatéral* (1886).

gelte, mit so vieler Mühe gesuchte Stil ist nicht das ideale Werkzeug, welches sich Bahr zu schmieden hoffte. Es ist galvanisierte Lebendigkeit drin, aber kein wirkliches Leben. Durch lauter Experimentieren hat er seine Sprache verpfuscht; sie ist voll toter Anhängsel, voll abstrakter Schrullen. Wenn »Die Überwindung des Naturalismus« trotzdem ihre »hundert« Leser findet, so mag Hermann Bahr sich bei seinem Geiste bedanken; es ist der Inhalt des Buches, der über das Hindernis der Form triumphiert.

KARL KRAUS

Hermann Bahr und Emanuel Reicher

Wenn ich bisher, bei rückhaltloser Anerkennung der ihm innewohnenden Fähigkeit, sich durchzusetzen, sein literarisches Gehaben einigemale verurteilt habe, so bin ich allenthalben auf Widerspruch gestoßen, indem man mir einwandte, Bahr habe doch Leben in die heimischen Literaturverhältnisse gebracht. Ich habe die diesbezüglichen Verdienste des Herrn Bahr nie unterschätzt und bin es mir wohl bewußt, daß er, während hierzulande alles stagnierte, mehrere junge Leute angeregt hat, undeutsch zu schreiben, und, ein Hecht im Karpfenteich, auch durch die weimarische Ruhe, die er sich seit etlichen Monaten gönnt, Bewegung in das junge Österreich gebracht hat. Gerne sei auch zugegeben, daß er, je weniger er von den Dingen, über die er schreibt, zu verstehen beginnt, desto beliebter wird. Ein gut Teil seiner Popularität verdankt Herr Bahr freilich seiner markanten Persönlichkeit, die er jetzt öfter hervortreten läßt. So las er kürzlich seine Skizze »Die schöne Frau« im

Reicher: Emanuel R. (1849–1924), Berliner Schauspieler, der als einer der Bahnbrecher des naturalistischen Darstellungsstils gilt, Kraus aber nicht gefiel. Vgl. Bahrs Aufsatz »Emanuel Reicher« (1897).

»Die schöne Frau«: Diese »Anekdote« erschien 1897 in der *Zeit.*

Bösendorfer-Saale und wiederholte sie auf allgemeines Verlangen gelegentlich eines Banketts der »Concordia«; er liest sie jederzeit, bei günstiger Witterung auch auf der Terrasse. In den maßgebenden Kreisen, also bei den Leuten, die bei Schauspielerabenden mittun, hat sich nach und nach die Überzeugung bahngebrochen, er sei »ein lieber Kerl«, und die ältesten Reporter beginnen bereits diesem Standpunkte beizupflichten. Ihm, der über das »Grobe Hemd« einen begeisterten Artikel schreibt und bald darauf Strindbergs »Vater« kurzweg »ein sehr dummes und ganz schlechtes Stück« nennt, müssen bald die Sympathien aller zufliegen. Oder sollte er in der Inszenierung des Gegenwartsschauspielers zu weit gegangen sein? »Hat man das Glück, Reicher in dieser Rolle zu sehen«, ruft er aus, »dann ist man bereit, Strindberg für einen Dichter und den ›Vater‹ für ein Trauerspiel zu halten!« Sollten Versicherungen wie diese auch dem wohlwollendsten Leser mit der Zeit lästig werden? Nun, man vergesse nicht, daß Bahr seinem Reicher, dem Reicher seines Ruhms, ein solches Lob, und sei es auch auf Kosten eines Strindberg, schuldig ist. Ihm, der alle Welt entdeckt hat, ist es zugestoßen, selbst einmal entdeckt zu werden; in treuherziger Weise gesteht er es ein, daß Reicher es gewesen, der ihn, als Bahr noch »ein kleiner Skribent war, von dem man nichts wissen wollte, an der Hand genommen und, ein milder Warner, der weiseste Freund, sanft und sicher geleitet hat«, so daß Herr Bahr heute schon ganz allein, ohne Reichers Führung, Reicher loben kann. »Wenn ich doch

Bösendorfer-Saale: Der Klavierfabrikant Ludwig Bösendorfer (1835–1919) eröffnete am 19. November 1872 im Liechtensteinpalais (Wien I., Herrengasse 6) einen Konzertsaal, intim, schlicht und weiß, der bald sehr berühmt wurde; 1913 demoliert.

»Concordia«: Der »Journalisten- und Schriftsteller-Verein ›Concordia‹« wurde 1859 gegründet. Die Banketts waren berühmt.

»Grobe Hemd«: Der Aufsatz von Bahr zu diesem Volksstück von C. Karlweis (s. Anm. S. 295) erschien 1897 in der *Zeit.*

Strindbergs »Vater«: Bahrs Aufsatz erschien 1897 in der *Zeit.*

Gegenwartsschauspielers: Gemeint ist Reicher.

etwas geworden bin«, fügt er hinzu, »so haben *wir* es ihm zu danken, und wenn ich jetzt selbst manchen Jüngling fördern darf, so habe ich das von ihm gelernt. Er ist mein Meister in der guten Kunst des Helfens gewesen. Ich tue nichts, als ihn kopieren.« Der Komödiant könnt' einen Pfarrer lehren, hat es aber vorgezogen, einen kleinen Skribenten in den Gebräuchen des Größenwahns zu unterweisen.

HERMANN BAHR

Österreichisch

Herr Dr. J. W. Nagl, Dozent an unserer Universität, und der Professor Jacob Zeidler lassen jetzt bei Carl Fromme in Wien ein Werk erscheinen, das man sich lange gewünscht hat. Es soll eine »deutsch-österreichische Literaturgeschichte« werden, ein »Handbuch zur Geschichte der deutschen Dichtung in Österreich-Ungarn«, und nimmt sich vor, »nach einheitlichem Plane die deutsche Literatur der österreichisch-ungarischen Monarchie als ein Ganzes zu betrachten und diese ›deutsch-österreichische‹ Literatur in ihrem Verhältnis zur großen gemeindeutschen Literatur in den verschiedenen Perioden ihrer Entwicklung darzustellen«.

[...] Nur ganz leise wollen wir sagen, was uns daran nicht gefällt. Es gefällt uns nicht, daß es von einer »deutsch-österreichischen« Literatur spricht. Deutschösterreichisch, was ist das für ein Ungetüm? Warum diese Mischung? Es gibt Autoren, die in Österreich geboren sind und leben, aber

Nagl: Johann Willibald N. (1856–1918), österreichischer Literarhistoriker; Mitverfasser der beiden ersten Bände der *Deutsch-Österreichischen Literaturgeschichte.*

Zeidler: Jacob Z. (1855–1911), österreichischer Literarhistoriker, Mitverfasser des obenerwähnten Werkes.

deutsch denkend und deutsch fühlend Deutsches schaffen – diese gehören zur deutschen Literatur. Ein deutscher Dichter, in China geboren und in Indien lebend, wird, wenn er nur von deutschem Wesen ist, immer in die Geschichte der deutschen Literatur gehören. Aber wir haben auch andere, die, wenn auch mit deutschen Worten redend, sich doch keineswegs als Deutsche fühlen, indem sie andere Nerven, andere Sinne und einen ganz anderen Geist haben als die Deutschen – diese bilden unsere österreichische Literatur. Warum das Beiwort »deutsch«? Weil sie zufällig deutsch schreiben? Wird man Maeterlinck in die französische Literatur stellen, weil er zufällig französisch schreibt? Er würde es sich sehr verbitten. Ist Oskar Wilde ein Franzose geworden, weil er einmal ein Stück in französischer Sprache geschrieben hat, oder Karl Hillebrand ein Italiener? Werde ich in die englische Literatur kommen, wenn es mir einfällt, für eine englische Zeitung zu korrespondieren? Nein, das alles hat ja keinen Sinn. Die Deutschen unter uns werden nicht österreichisch heißen wollen, die Österreicher nicht deutsch. Diese wollen mit der deutschen Literatur, der sie viel verdanken, gute Freundschaft halten, wie mit der französischen oder der italienischen, aber sie verhehlen nicht, daß sie ihnen eine fremde Literatur ist: das letzte Geheimnis ihres Wesens, das Beste ihrer Art finden sie niemals in ihr. Sie können darum auch nicht begreifen, wie man jetzt von einem »vollständigen Zusammengehen von deutscher und österreichischer Literatur« reden mag, da man nach ihrem Gefühl eher das Fortgehen der österreichischen Literatur aus der deutschen schildern sollte: denn dieses sehen sie als den eigentlichen Sinn ihres Schaffens an.

Ja, aber was ist denn »österreichisch«? Wir fühlen es alle und

Maeterlinck: s. Anm. S. 334.

ein Stück in französischer Sprache: Wilde (s. Anm. S. 235) hat 1893 das Drama *Salomé* auf französisch für die berühmte französische Tragödin Sarah Bernhardt verfaßt.

Hillebrand: Karl H. (1829–84), deutscher Historiker und Essayist; wohnte später als Privatgelehrter in Florenz.

keiner kann es doch sagen. Darüber wäre ein Buch zu schreiben: die Gelehrten sollten uns helfen, zu einem rechten Begriff des Österreichischen zu kommen, von dem wir erst nur die große Empfindung haben. Aber wie? Darüber habe ich oft nachgedacht und ich meine jetzt, man sollte einmal eine umgekehrte Historie versuchen: statt aus der Vergangenheit zu uns gehend, von uns in die Vergangenheit zurück. Man nehme einen der jungen Wiener, der uns recht österreichisch vorkommt, zum Beispiel Andrian oder Altenberg. Diesen zerlege man, sein Wesen Stück für Stück abfragend: woher ist es, wohin gehört es? Man wird Französisches finden, Deutsches, Spuren aller Literaturen, denn mit allen ist unser Geist in Commerz gewesen. Dieses scheide man aus und sehe zu, was bleibt. Nun forsche man: ist dasselbe, was uns zuletzt vom Andrian oder Altenberg bleibt, auch schon in der Generation vor uns gewesen? Man trenne Saar auf, bis man jenes Element auch bei ihm hat. Nun weiter: ist es auch bei Grillparzer, ist es da stärker oder ist es schwächer als heute, welche Mächte können es gehemmt oder gekräftigt haben? Wie sieht es bei Schreyvogl, wie bei Sonnenfels aus? Und so immer weiter zurück, bis es einmal verschwindet. Da halte man an und mache sich ein Zeichen: hier ist das Österreichische entstanden. Was war es, das es geschaffen hat? Wie hat es sich im Anfang geäußert? Wo hat man es zuerst gespürt? Dann würden wir erst wissen, was wir jetzt bloß fühlen dürfen: dann würden wir wissen, was das Österreichische ist, könnten es schildern, betrachten, definieren und wären fähig, es zum Maß unserer Dinge zu nehmen. Dann würden wir auch erst erkennen,

Saar: s. Anm. S. 290.

Schreyvogl: Joseph Schreyvogel (1768–1832), gewandter und formsicherer Dramatiker; vertrat eine klassizistische Kunstauffassung; 1814–32 Dramaturg des Burgtheaters, für das er Shakespeare und spanische Dramen bearbeitete.

Sonnenfels: Joseph von S. (1733–1817), als Aufklärer die beherrschende Gestalt der theresianisch-josefinischen Kultur; liberaler Erneuerer des Strafrechts, Theaterkritiker und -zensor, Rektor der Wiener Universität; Werke u. a.: *Briefe über die Wienerische Schaubühne* (1767), *Über die Liebe des Vaterlandes* (1771).

wann und wo die österreichische Literatur beginnt, was ihr Sinn ist und wie sie sich zu halten hat, um sich in ihrem Geiste zu entwickeln; dann hätten wir erst einen Zeiger des Guten oder Schlechten an unseren Autoren. Und dann könnten wir auch eine Geschichte der österreichischen Literatur versuchen, die Perspektive hätte, indem sie jeden so groß sein ließe, als er österreichisch gewesen ist.

HUGO VON HOFMANNSTHAL

Zur Physiologie der modernen Liebe

Die Seele ist unerschöpflich, weil sie zugleich Beobachter und Objekt ist; das ist ein Thema, das man nicht ausschreiben und nicht aussprechen, weil nicht ausdenken kann.

Die »Physiologie« ist, wie »Werthers Leiden«, eine Auflösungsgeschichte, ihr Held, Claude Larcher aus den »Mensonges«, wie Werther eine Halbnatur mit Dilettantenkräften und überkünstlerischer Sensibilität, die Form die denkbar vernünftigste für den Ichroman, keine Korrespondenz mit dem »Freund« qui tient le crachoir des sentiments, kein Tagebuch in der linken Lade eines kleinen Rokokoschreibtisches, einfach ein Buch für den Druck bestimmt, Todeskampf im Dreiviertelprofil, der stille Lebenswunsch des Hamlet journaliste.

Claude Larcher schreibt mit der Hamletseele, der geistfunkelnden, zynischen, schillernden, sentimentalen, »oberen« Seele; und stirbt an der »unteren«, der Tierseele, dem kranken Willen des Körpers, der seine eigene Angst und Eifersucht, seine eigene Eitelkeit und Erinnerung hat: nur der

Zur Physiologie der modernen Liebe: Werk von Paul Bourget (1852–1935), erschienen 1891; Bourget, französischer Romancier, Essayist und Literaturkritiker, Hauptvertreter des psychologischen Romans in Frankreich, hatte als Anti-Naturalist großen Einfluß auf seine Zeitgenossen.

»Mensonges«: 1887 erschienener Roman von Bourget.

Tod ist beiden gemeinsam. Das ist die grauenhafte Allegorie des Mittelalters von dem Königssohn, der blutleer dahinfriert, bis ihm die Ärzte Blut aus dem Leib eines starken Knechts in die Adern leiten; und wie er dann weiterlebt und das Bauernblut ihm die Königsgedanken mit Tierinstinkten durchtränkt; und wie er endlich stirbt an der Wunde, die zur selben Stunde eine Dirne dem Knecht in den Hals gebissen – – –

Fühlen, wie die eine Hälfte unseres Ich die andere mitleidlos niederzerrt, den ganzen Haß zweier Individuen, die sich nicht verstehen, in sich tragen, das führt bei der krankhaften Hellsichtigkeit des Neuropathen schließlich zur Erkenntnis eines Kampfes aller gegen alle: keine Verständigung möglich zwischen Menschen, kein Gespräch, kein Zusammenhang zwischen heute und gestern: Worte lügen, Gefühle lügen, auch das Selbstbewußtsein lügt. Dieser Kampf des Willens endigt jenseits von Gut und Böse, von Genuß und Qual: denn sind Genuß und Qual nicht sinnlose Worte, wenn das heißeste, wahnsinnige Begehren zugleich wütender Haß, wollüstiger Zerstörungstrieb und die sublimste Pose der Eitelkeit die der ekelhaften Selbstzerfleischung ist? Man erkennt solche Dinge, und man stirbt nicht daran. Die Ärzte beruhigen uns damit, daß wir nur nervenleidend sind, und vergleichen unser Gefühl mit dem Alpdruck, den ja auch eine lächerlich geringfügige Ursache hervorbringt; als ob es besonders angenehm wäre, jahrelang mit der Empfindung spazierenzugehen, daß wir mit dem Kopf nach abwärts aus einem Luftballon hängen, an den uns nur ein dünner Faden bindet. [. . .]

Daß das Leitmotiv in der »Physiologie« so bescheiden auftritt, daß nicht so viel von Kunst gesprochen oder besser über Kunst abgehandelt wird wie in den deutschen Büchern, sondern den meisten Raum psychologische Paradoxe, Theaterklatsch, Analyse des modernsten Gesellschaftstones mit seinen Anglizismen und dekadenten Neubildungen einnehmen, beweist mir, daß der Realismus Bourgets vollständiger sieht.

Man denkt manchmal über allerlei Tiefstes, aber während es einem durch die Seele zuckt, steht man ganz ruhig vor der Affiche eines café chantant oder sieht zu, wie eine hübsche Frau dem Wagen entsteigt, große Gedanken, die eigentlichen Lebensgedanken der »oberen Seele« stimmen die »untere« *nicht* weihevoll, und wir können ganz gut einer abgebrochenen Gedankenreihe Nietzsches nachspüren und zugleich einen blöden crevé um sein englisches smoking beneiden. Darum begegnen uns bei Paul Bourget so viel Teetische von Leuckars, Toiletten von Doucet und Statuetten aus dem allerletzten Salon.

HUGO VON HOFMANNSTHAL

Das Tagebuch eines Willenskranken

Henri-Frédéric Amiel, »Fragments d'un journal intime«

Oh, qu'un peu de bonheur naïf est une douce chose!
Amiels Tagebuch, 16. April 1855

Die einzelnen sind es, welche die Leiden der Zeit leiden und die Gedanken der Zeit denken. Und Bücher, aus denen solch ein Schmerz der Zeit spricht, sind die traurigsten und werden sehr berühmt, weil es die einzigen sind, die wir beinahe ganz verstehen können. Was in uns ist von vagem Schmerz, von verborgener Qual und verwischtem Sehnen,

Affiche: (frz.) Aushang, Plakat.
café chantant: Pariser Café, wo Sängerinnen auftraten, die die damals neue Gattung des Chansons vortrugen.
crevé: (frz.) Schlappschwanz.
Teetische von Leuckars: nicht ermittelt.
Toiletten von Doucet: nicht ermittelt.
Amiel: Henri Frédéric A. (1821–81), schweizerischer Schriftsteller, der besonders durch sein umfangreiches intimes Tagebuch (1883/84) große Berühmtheit als Selbstbeobachter und Selbstanalytiker erlangte.

jedes erstickte Anderswollen und alle Disharmonien, die der Wille zur Erhaltung übertäubt hat, sie erwachen zu einem unbestimmten Leben und leben auf im Mitleid des Tat twam asi. In Qualen wird das »gute Europäertum«, die vaterlandslose Klarheit von morgen errungen; den Geschlechtern von gestern und heute, zwei Generationen von Schwankenden und Halben, war der Weg zu rauh. Nach rückwärts zieht die Verführung, die nervenbezwingende Nostalgie, die Sehnsucht nach der Heimat: sie ist das Nationalitätenfieber, sie Heilsarmee und neues Christentum, sie ringt in Tönen nach dem Gral, zu dem keiner zurückfindet, sie ist das Letzte aller Ermatteten, Wagners letzte Oper, Leo Tolstois letztes Lebenswerk, der deutschen Bismarck-Politik letzter Gedanke, die letzte Zuflucht in Henri-Frédéric Amiels Bekenntnissen. Zurück zur Kindheit, zum Vaterland, zum Glaubenkönnen, zum Liebenkönnen, zur verlorenen Naivetät: Rückkehr zum Unwiederbringlichen. Ich sehe keinen anderen Gedanken in Amiels Tagebuch, diesem großen und schmerzlichen Buch, das ein Mensch geschrieben hat mit der Gabe französischer Selbstbeobachtung und Zerlegungssucht und der Gabe deutscher grenzenloser Aufnahmsfähigkeit, in dem zweierlei Moral, zwei Zivilisationen, zwei Weltanschauungen miteinander ringen, bis seine Willenskraft erloschen ist und über dem Dämmern einer weichen, träumerischen Molluskenseele in ruhelosen Schwingungen ein ererbter Wille schwebt, ein mechanisches qualvolles Wiederholen atavistischer Forderungen, ein sich selbst tote unverständliche Pflichten Aufzwingenwollen, ein Ringen um die verlorene Fähigkeit sich selbst zu begrenzen, einfach zu denken und wollen zu können.

Amiels Leiden sind die ewigen Leiden des enttäuschten

Tat twam asi: (altind.) Das bist du!; aus dem *Chandogya Upanishad* (um 800–500 v. Chr.).

Wagners letzte Oper: Parsifal (1882 vollendet, Uraufführung: Bayreuth, 26. Juli 1882).

Tolstois letztes Lebenswerk: hier wohl gemeint die *Kreutzersonate* (1889, deutsch 1890).

Idealisten, auf einen bestimmten, modernen Fall übertragen. Seine Leiden sind komplizierter als die anderer Denker, die aus den ererbten Formen heraustraten, denn das Feindliche, das für jeden Märtyrer des Gedankens die Erscheinungswelt, die Welt der verdorbenen Ideen, der Konzessionen, der Bourgeoisie und des cant ist, das lag für Amiel in ihm selbst. Er wollte die Traumfreiheit des deutschen Philosophen und will doch auch christliche Askese und pascalische Gewissenspein; es ist die Künstlerseele mit der Gabe der freien hellen Verachtung und ist doch ein Etwas zwischen Monsieur Prudhomme und Middlesex gentleman, ein Etwas mit gentility, Takt und wohlerzogener Mittelmäßigkeit; in ihm ist Stoff für den Märtyrer des geächteten Gedankens und für die sancta simplicitas, die Stroh zum Scheiterhaufen trägt. Er ist eine Antithese, das ist das Französische an ihm; eine Hamletvariation, das ist das Moderne.

HUGO VON HOFMANNSTHAL

Maurice Barrès

Ein Mittelpunkt fehlt, es fehlt die Form, der Stil. Das Leben ist uns ein Gewirre zusammenhangloser Erscheinungen; froh, eine tote Berufspflicht zu erfüllen, fragt keiner weiter. Erstarrte Formeln stehen bereit, durchs ganze Leben trägt uns der Strom des Überlieferten. Zufall nährt uns, Zufall

cant: (engl.) heuchlerische Sprache, Scheinheiligkeit.

Prudhomme: Sully-P. (d. i. René François Armand P., 1839–1907), französischer, von seinen Zeitgenossen hochgeschätzter Lyriker; wurde 1881 Mitglied der Académie Française und erhielt 1901 den Nobel-Preis.

Barrès: Maurice B. (1862–1923), bedeutender Romancier, Journalist, Essayist; anfangs Vertreter eines extremen Ichkultes der Dekadenz als Reaktion auf den Naturalismus; später Fanatiker des Traditionalismus, der für die Heimatkunst eintritt, und Anhänger des konservativen Generals Boulanger; 1889–93 war B. Mitglied des Abgeordnetenhauses für die Boulangisten.

lehrt uns; dankbar genießen wir, was Zufall bietet, entbehren klaglos, was Zufall entzieht. Wir denken die bequemen Gedanken der andern und fühlens nicht, daß unser bestes Selbst allmählich abstirbt. Wir leben ein totes Leben. Wir ersticken unser Ich. Man kann ganz glücklich sein in solchem Leben, aber man ist doch furchtbar elend. Man ist ein Schatten, belebt von fremdem Blut, ein fremder Sklave unter dem Auge der Herren, der Barbaren.

Diesen Zustand nannten die heiligen Väter das Leben ohne Gnade, ein dürres, kahles und taubes Dasein, einen lebendigen Tod. Solches Sein, unser aller Sein, schildert das erste Buch: »Sous l'œil des Barbares«. Es erschien 1888 und ging fast unbeachtet vorüber. Es war nichts als eine Vorbereitung, die erste Stufe eines Lehrgebäudes.

»Un homme libre« enthält die Methode. Es handelt von dem »einen Notwendigen«. Es ist ein regelrechtes Erbauungsbuch. Es ist verwandt mit der »Imitatio« des vierzehnten Jahrhunderts und den »Geistlichen Übungen« des Ignatius von Loyola. Nur, daß es sich nicht an gläubige Christen richtet, sondern an moderne Menschen.

Es ist die Systematik des heutigen Lebens, die Ethik der modernen Nerven. Es lehrt leben. Es hat die Form einer langen Gewissenserforschung, einer psychologischen Beichte. Gebete enthält es und Anrufungen, mit katholischen Formeln sind die Kapitel überschrieben, oratio, meditatio und colloquium gemahnen an eine Klosterregel. Und Klosterleben, das heilige, philosophische, christliche Leben, wonach unklare nostalgie schon lange durch die Bücher fliegt, ist des neuen Lebens, des »freien Menschen«-Lebens Symbol. Es ist die Maske, die Nietzsche rät, auch wohl die Allegorie, wodurch sich Schwerverständliches offenbaren

»Sous l'œil des Barbares«: der 1. Band des Werkes *Le Culte du moi* (1888 erschienen); die Menschen um ihn sind für die Hauptperson Philippe die »Barbaren«.

»Un homme libre«: s. Anm. S. 230.

Ignatius von Loyola: s. Anm. zu *Barrès* S. 310.

und einprägen soll. »Ich habe meine Methode im Rahmen einer Erdichtung entwickelt und gerechtfertigt. Ich hätte sie gern in irgendwelches Symbol geprägt, sie gerne auf ein paar Bogen gelehrten, dunklen und traurigen Inhalts ausgesprochen. Aber ich wollte nichts als nützen, und ich erwählte die kindlich einfachste Form der Bekenntnisse.«

Der einsame Mensch, dessen Monolog wir lesen, schaut in sich selbst und will seine Seele erkennen, ganz erkennen vom kleinsten bis zum größten. Er will sie erkennen, bis er sie besitzt, um sich ein Leben der Herrlichkeit zu gründen, Herr seines Ich und Wissender seines Empfindens. Er prüft, sein eigener Arzt, den Leib in ruhigem Erwägen, zu erfahren, was ihm gut ist. Er prüft seine Seele, sein eigener Beichtiger. 1. Gedankensünden sind die schwersten, denn der Gedanke ist unser wahres Selbst. 2. Gefährlich sind die Sünden des Mundes, denn unsere Rede wirkt verderblich zurück auf unser Denken. Gefährlich ist es, seine Seele zu verleugnen, und verlangt ein unermeßliches Zartgefühl; denn nur, wenn die Seele sich selbst setzt und durchsetzt, bleibt sie rein. 3. Leichte Sünde ist die Sünde in Werken, wofern nur die Gedanken protestieren.

Beichtend und büßend ringt die Seele um die Gnade: die Gnade ist das Ausleben der Eigenart, der Besitz des Ich. Und »Traité de la Culture du Moi« ist des Werkes bester Name. Mittler werden angerufen, erleuchtete Geister, die Teile unseres Wesens ausdrücken, Stimmungen unserer Seele symbolisieren: Benjamin Constant, Fanatiker und Dilettant zugleich, Sainte-Beuve, der junge, hochmütige, empfindungs-

»Traité de la Culture du Moi«: Gemeint ist hier wohl das ganze dreibändige Werk *Le Culte du moi,* dessen 3. Band *Le Jardin de Bérénice* heißt; Barrès stellte dem Roman 1892 ein »Examen des trois volumes« als Einleitung zur Neuauflage des 1. Bandes voran, in dem er seine Absichten genauer erläutert.

Constant: Benjamin C. (d. i. Benjamin de C.-Rebecque, 1767–1830), Verfasser glänzender politischer Schriften sowie des Romans *Adolphe* über seine Liebe zu Mme. de Staël (1766–1817).

Sainte-Beuve: Charles Augustin de S.-B. (1804–69), vor allem bedeutend als französischer Literatur- und Kulturkritiker.

feine der Joseph-Delorme-Zeit; ein anderes Mal etwa Nero, der gekrönte Schutzpatron des Dilettantismus, oder Ignatius von Loyola oder Marie Bashkirtseff. Wertvollere Aufschlüsse gibt dem Ichsuchenden der verwandte Boden, die Geschichte, die Kunst der Heimat. Er durchstreift sein Lothringen und entdeckt unbekannte Gebiete seiner Seele. Was Lothringens mittelalterliche Überreste begonnen, vollendet Venedig, die verwandte Zivilisation. In Statuen und Legenden, Stimmungen und Bildern findet er Licht über sein Selbst, erschließt sich ihm sein inneres Reich. [...]
Wenn Herr Barrès sich nächst einer Prüfung dieses Werkes mit Herausgabe der »Geistlichen Übungen« des Ignatius beschäftigt, wenn Maurice Maeterlinck einen christlichen Mystiker des Mittelalters erweckt, wenn Leo Tolstoi und ein unbefangener deutscher Offizier gleichzeitig auf das »eine Notwendige« hinweisen, so beweist das nicht, daß die Welt christlich werden will, wohl aber, daß sie sich nach dem Erkennen des Zieles sehnt, zu dem der Autor der »Anna Karenina« und der Autor der »Nachfolge Christi«, zu dem Herr Barrès und Herr von Egidy, Clemens Alexandrinus

Joseph-Delorme-Zeit: Sainte-Beuves *Vie, poésies et pensées de Joseph Delorme* (entstanden 1823–29, erschienen 1829); es handelt sich um Dichtungen in Strophenformen des 16. Jh.s.

Nero: galt allgemein als der »gekrönte Schutzpatron des Dilettantismus«.

Bashkirtseff: Marie B. (1860–84), russische Musikerin und Malerin; wurde berühmt durch ihr 1887 erschienenes, impressionistisch und emotional geschriebenes *Journal.*

Maeterlinck: M. (s. Anm. S. 334) übersetzte den flämischen Mystiker Jan van Ruusbroec (1293–1381), von dem 12 Traktate erhalten sind; sein Hauptwerk ist *Die Zierde der geistlichen Hochzeit.*

ein unbefangener deutscher Offizier: Moritz von Egidy (1847–98), preußischer, dann sächsischer Offizier; Ethiker; eiferte gegen Orthodoxie und konfessionelles Christentum, für die Aussöhnung der Christen, mußte deshalb als Offizier den Abschied nehmen (*Ernste Gedanken,* 1890).

Nachfolge Christi: De imitatione Christi, Andachts- und Erbauungsbuch von Thomas a Kempis (d. i. Thomas Hemerken, 1379/80–1471).

Clemens Alexandrinus: Titus Flavius C. (um 150 – um 212), griechischer Kirchenschriftsteller.

und Platon, der Sohn des Ariston, gleichwertige Führer sind.

Denn dieses Wort des Barrès könnte aus jeder Seele gesagt sein: »Je suis perdu dans le vagabondage, ne sachant où retrouver l'unité de ma vie.«

HERMANN BAHR

Maurice Barrès

Ein kleiner schmaler Salon, weiß mit goldenen Leisten, rote Felder, ein paar japanische Motive – Rokoko, aber ins britisch Breite, Lässige, Bequeme übersetzt. Trauer und Eitelkeit wunderlich beisammen. Auf einem coquetten Piano Beethoven; zwischen Parfums eine offene Rolle Strychnin; ich suche, ob nicht irgendwo Manon auf der Nachfolge des Christ liegt. Die große goldene Harfe vor dem Kamin ist ein gutes Symbol der ganzen Stimmung: was Sentimentales, aber in einem stolzen Stoffe. Eine schmerzliche Eleganz verrät den mondänen Anachoreten.

Der Diener bittet mich hinauf in das Arbeitszimmer. Es ist groß, weit, schlicht, ernst und behaglich. Es ist, was ich hier noch nicht gesehen habe: intim, nicht für die fremden Gäste, sondern zur eigenen Freude.

Wir rücken an den Kamin und wärmen uns und möchten plaudern. Es geht nicht gleich. Wir sind beide ein bißchen verlegen. Es ist wunderlich, wenn man einen aus seinen Büchern lange liebt und ihn nun das erstemal leibhaft vor sich hat. Man weiß ganz Heimliches von ihm, das er dem besten Freunde nicht bekennen würde, und fühlt sich dennoch fremd. [...]

Barrès: s. Anm. S. 322.

Manon: Histoire du Chevalier des Grieux et de Manon Lescaut (1731), Roman von Prévost (s. Anm. S. 164).

Nachfolge des Christ: s. Anm. S. 325.

Ich sage ihm, wie die paar Menschen bei uns in Deutschland und in Österreich, die seitwärts vom Pöbel eine feinere Gesinnung pflegen und ihre gut europäische Seele gern mit schönen, feinen und gesuchten Dingen möblieren, wie diese alle längst seine Bücher herzlich verehren.
Er lächelt leise. »Man hört so was immer gern. Aber ich habe noch einen besonderen Grund, mich zu freuen, wenn bei Ihnen meine Sachen gefallen. Ich habe, als ich zu schreiben anfing, gerade im deutschen Geiste manche Anregung gefunden. Anregung ist vielleicht ein bißchen zu viel gesagt. Ich fühlte selber ganz deutlich, was ich wollte: von den derben, rohen, widerlichen Äußerlichkeiten der Naturalisten weg in die Rätsel und Wunder der einsamen Seele, zur Kultur des Ich; und eigentlich war das nichts als eine Besinnung des französischen Geschmackes auf sich selber, der immer psychologisch gewesen ist. Aber ich befestigte und bekräftigte mich damals an den deutschen Philosophen.«
»Fichte und Stirner –?«
»Stirner kenne ich nur nach dem Namen. Aber Fichte. Dem verdanke ich manche Wollust des Geistes. Das heißt: um das, was man bei Ihnen sein System nennt, hab' ich nicht viel gefragt. Ein philosophisches Examen über seine Werke würde ich schlecht bestehen. Aber sie machten mich trunken und heiß. Ich werde schwärmerisch und berauscht, wenn ich sie lese, wie man Verse liest oder den schwülen Märchen von fieberischen Geigen lauscht.«
»Manche wollen auch Spuren von Nietzsche, der jetzt bei uns sehr modern ist, in Ihren Werken finden.«
»Ich kenne von Nietzsche nichts als ein paar Seiten, die neulich in einer von unseren Revuen waren. Die haben nicht besonders auf mich gewirkt. Ich weiß nicht warum, aber sie

Fichte: Johann Gottlieb F. (1762–1814), führender Philosoph des deutschen Idealismus neben Schelling und Hegel.

Stirner: Max St. (d. i. Kaspar Schmidt, 1806–56), deutscher Philosoph, der erkenntnistheoretisch und praktisch den Solipsismus vertrat; Hauptwerk: *Der Einzige und sein Eigentum* (1845).

sagten mir nichts, sie gaben mir nichts, es geschah nichts in mir. Vielleicht wenn ich mehr von ihm lesen würde –«

»Ich glaube nicht. Ich kenne so ziemlich den ganzen Nietzsche, aber ich kann auch die große Bewunderung nicht begreifen und nicht teilen. Man darf das ja jetzt in Deutschland nicht sagen, aber ich halte ihn auch nur für einen recht geschickten und amüsanten Feuilletonisten, der freilich, was bei uns sehr selten und darum wirklich ein Verdienst ist, einen leserlichen Stil schreibt.«

OTTO STOESSL

Paul Verlaine

Im Spital, dem ständigen Ziel seines Lebens, ist Paul Verlaine gestorben. Das Spital war vielleicht noch der erhabenste Ort, den er kannte. Sonst lebte er in der Gegend des Montmartre, in den dunkeln Häusern der Dirnen, zerlumpt, mit seinem großen Schlapphut und seiner Pfeife rastete er an den Tischen kleiner Kaffeehäuser, und wenn er von der letzten Nacht oder vom letzten Hunger müde war, schrieb er seine Verse. Von ekelerregenden Krankheiten wurde sein ungepflegter Körper durchseucht. Es war, als hätte ihn die ganze Niedrigkeit und Gemeinheit des Daseins durchgepflügt. Und er hatte die edelste Schönheit der Sprache und die keuscheste Reinheit der Gedanken. Jeder Vers von ihm war ein Sinnbild der Schönheit. [...] Dem Paul Verlaine und allen, die so sind wie er, ist Kunst und Leben eins. Ihre Kunst ist Sehnsucht. Und dies ist die Kunst des Volksliedes, das in der Gosse wachsen kann, das von den Lippen der Dirnen blüht oder von den heisern Kehlen der Soldaten und Gassenlungerer. In diesen Gesängen erhebt sich eine tiefe

Verlaine: Paul V. (1844–96), einer der bedeutendsten französischen Lyriker; Wegbereiter des Symbolismus.

Sehnsucht. Das ist die Sehnsucht der Erniedrigten nach Hoheit, die Qual der Befleckten nach Reinheit, die Bitte dunkler Stuben um ein wenig Licht, die Klage müder Seelen um die entschwundene Kraft, die Bangheit eines kleinen Schicksals um eine große Tat. Das ist das Lied von Paul Verlaine. Er hat die ganze Schönheit der Sehnsucht; ihre tiefen und dunkeln Farben; er hat das große Leid, das den andern so bald schwindet. Und nichts ist bei ihm Erfüllung. Nie ist sein Magen, nie seine Seele satt. Er kennt auch das Weib nicht und ebenso ist die große Wissenschaft ihm fremd. Darum hat er keinen Zweifel und ist gläubig wie ein Kind. Das ist das Glück des Zigeuners. Er kann noch träumen von einer hohen, königlichen Frau, deren Schultern seiner Küsse warten, deren Mund er erschließt; er hat nicht dessen ewige Gemeinheit erfahren: weil er nicht von den Dirnen wegkam, glaubt er noch an das Weib. Er konnte noch, wie ein Knabe, an den Dirnen diesen oder jenen Zug suchen, der dem Weib seiner Träume eigen sein mußte; vielleicht ist bei ihnen die Sehnsucht nach Reinheit und Güte. Er konnte noch so vieles, noch alles hoffen. Und er blieb der Zigeuner und erfuhr nichts von den quälenden Wissenschaften, darum hat er noch einen Gott, zu dem seine Qual und seine zerrissene Seele betet. Das ist der alte, biblische Gott, der die Lilien auf dem Felde wachsen läßt und die Vögel speist. Er hat die große Gnade des Hungers, der Sehnsucht, der Erwartung, des Glaubens. Und von diesen Quellen wird das Lied genährt und fließt, ein herrlicher Strom, und spült alle Niedrigkeit und Seuche weg und wird ewig, wie jene indische Flut, aus der alle Götter gezeugt werden. Und darum ist dieser Paul Verlaine glücklich zu preisen, daß er in den dunkeln Gassen der Dirnen gelebt, zerlumpt und hungrig in Paris umhergeschleudert wurde von einem Schicksal, das ein launischer Wind schier; ein Glücklicher verschied er im Spital. Ihn hat das Leben nicht enttäuscht, er konnte sich danach sehnen.
Sehnsucht! Das ist das Lied des Paul Verlaine.

Algernon Charles Swinburne

Das moralische England besitzt eine Gruppe von Künstlern, denen der Geschmack für Moral und gesunden Gemeinsinn so sehr abgeht, daß sie für Saft und Sinn aller Poesie eine persönliche, tiefe und erregende Konzeption der Schönheit halten, der Schönheit an sich, der moralfremden, zweckfremden, lebenfremden. [...]

Sie gehen nicht von der Natur zur Kunst, sondern umgekehrt. Sie haben öfter Wachskerzen gesehen, die sich in einem venezianischen Glas spiegeln, als Sterne in einem stillen See. Eine purpurne Blüte auf braunem Moorboden wird sie an ein farbenleuchtendes Bild erinnern, einen Giorgione, der an einer braunen Eichentäfelung hängt. Ihnen wird das Leben erst lebendig, wenn es durch irgendeine Kunst hindurchgegangen ist, Stil und Stimmung empfangen hat. Beim Anblick irgendeines jungen Mädchens werden sie an die schlanken, priesterlichen Gestalten einer griechischen Amphore denken und beim Anblick schönfliegender Störche an irgendein japanisches Zackornament. Das alles ganz natürlich, ohne Zwang und preziöse Affektation, als Menschen, die in einer riesigen Stadt aufgewachsen sind, mit riesigen Schatzhäusern der Kunst und künstlich geschmückten Wohnungen, wo kleine sensitive Kinder die Offenbarung des Lebens durch die Hand der Kunst empfangen, die Offenbarung der Frühlingsnacht aus Bildern mit mageren Bäumen und rotem Mond, die Offenbarung menschlicher Schmerzen aus der wächsernen Agonie eines Kruzifixes, die Offenbarung der koketten und verwirrenden Schönheit aus

Swinburne: Algernon Charles S. (1837–1909), englischer Dichter; durch Keats, die Präraffaeliten und das Elisabethanische Theater angeregt; persönlich mit Baudelaire befreundet.

Giorgione: Giorgio da Castelfranco, auch Giorgio Barbarelli (um 1478–1510), Hauptvertreter der venezianischen Hochrenaissance.

Frauenköpfchen des Greuze auf kleinen Dosen und Bonbonnieren. [...]
Es ist nicht unnatürlich, daß dieser Gruppe von Menschen, die zwischen phantasievollen Künstlern und sensitiven Dilettanten stehen, etwas eigentümlich Zerbrechliches, der Isolierung Bedürftiges anhaftet.
Die Luft ihres Lebens ist die Atmosphäre eines künstlich verdunkelten Zimmers, dessen weiche Dämmerung von den verbebenden Schwingungen Chopinscher Musik und den Reflexen patinierter Bronzen, alter Samte und nachgedunkelter Bilder erfüllt ist.
Die Fenster sind mit Gobelins verhängt, und hinter denen kann man einen Garten des Watteau vermuten, mit Nymphen, Springbrunnen und vergoldeten Schaukeln, oder einen dämmernden Park mit schwarzen Pappelgruppen. In Wirklichkeit aber rollt draußen das rasselnde, gellende, brutale und formlose Leben. An den Scheiben trommelt ein harter Wind, der mit Staub, Rauch und unharmonischem Lärm erfüllt ist, dem aufregenden Geschrei vieler Menschen, die am Leben leiden.
Es herrscht ein gegenseitiges Mißtrauen und ein gewisser Mangel an Verständnis zwischen den Menschen in dem Zimmer und den Menschen auf der Straße.
Diese Künstler kommen, wie gesagt, nicht vom Leben her: was sie schaffen, dringt nicht ins Leben. [...]
Es ist der raffinierte, unvergleichliche Reiz dieser Technik, daß sie uns unaufhörlich die Erinnerung an Kunstwerke weckt und daß ihr rohes Material schon stilisierte, kunstverklärte Schönheit ist: die Geliebte ist gekleidet in den farbigen Prunk des Hohen Liedes Salomonis mit den phantastischen Beiworten, die so geheimnisvoll geistreich das Unheimliche an der Liebe in die Seele werfen: das Unheimliche, wie Kriegespfeifen, das Ängstigende, wie irrer Wind in der

Greuze: Jean-Baptiste G. (1725–1805), französischer Maler; besonders beliebt waren seine anmutigen Mädchenköpfe.

Watteau: s. Anm. S. 177.

Nacht; oder die Geliebte wird gemalt, wie die kindlichen Meister des Quattrocento malen: auf einem schmalen Bettchen sitzend, eine kurzgesaitete Laute in den feinen Fingern oder einen rot und grünen Psalter; oder sie steht im Dunkel, wie die weißen Frauen des Burne-Jones, mit blasser Stirn und opalinen Augen. Und der Hintergrund erinnert an phönikische Gewebe, oder an Miniaturen des Mittelalters: da hat die Göttin Venus eine schöne Kirche, und an den Glasfenstern sind ihre Wunder gemalt...

Oder das ganze Gedicht ist die Beschreibung einer Kamee, die vielleicht gar nicht existiert; oder der psychologische Vorgang ist in eine Allegorie übersetzt, in eine so plastische, so malbare, so stilisierte Allegorie, daß sie aussieht wie ein wirkliches Gemälde des fünfzehnten Jahrhunderts. Man erinnert sich an die Gabe der Renaissancemeister, ihre Träume in lebendige Bilder zu übersetzen und in farbigen Aufzügen verkleideter Menschen zu dichten: so sehr wird alles Person: der bewaffnete Wind und die große Flamme mit riesigen Händen, und der Tag, der seinen Fuß auf den Nacken der Nacht setzt...

Der Inhalt dieser schönen Formen ist eine heiße und tiefe Erotik, ein Dienst der Liebe, so tieftastend, mit solchem Reichtum der Töne, so mystischer Eindringlichkeit, daß er im Bilde der Liebesrätsel die ganzen Rätsel des Lebens anzufassen scheint.

Was hier Liebe heißt, ist eine vielnamige Gottheit, und ihr Dienst kann wohl der Inhalt eines ganzen Lebens sein.

Es ist die allbelebende Venus, die »allnährende, allbeseelende Mutter« des Lucrez, die vergötterte Leidenschaft, die Daseinserhöherin, die durch das Blut die Seele weckt; dem

Quattrocento: das 15. Jh. in der italienischen bildenden Kunst.

Burne-Jones: Edward B.-J. (1833–98), führender Meister der Präraffaeliten (s. Anm. S. 210).

Lucrez: Titus Lucretius Varus (99/96–55 v. Chr.); von ihm erhalten ein Lehrgedicht in Hexametern: *De rerum natura,* in dem er die Römer mit der Epikureischen Philosophie bekannt zu machen suchte; die »allnährende, allbeseelende Mutter«: Venus, Göttin der Liebe.

Gott des Rausches verwandt, verwandt der Musik und der mystischen Begeisterung, die Apollo schenkt; sie ist das Leben und spielt auf einer wunderbaren Laute und durchdringt tote Dinge mit Saft und Sinn und Anmut; sie ist Notre dame des sept douleurs, die Lust der Qual und der Rausch der Schmerzen; sie ist in jeder Farbe und jedem Beben und jeder Glut und jedem Duft des Daseins.

Es hat immer passionate pilgrims gegeben, Pilger und Priester der Leidenschaft: Lobredner des Rausches, Mystiker der Sinne, Sendboten der Schönheit. Es gibt darüber tiefe Worte der orientalischen Religionen, schöne Worte des Apostels Paulus, geistreiche Gedanken der Condillac und der Hegel und verführerische Dithyramben der christlichen Dichter.

Aber niemals sind auf dem Altar der vielnamigen Göttin kostbarere Gewürze in schöneren Schalen verbrannt worden als von dem Mann, dem sie vor ein paar Wochen den goldenen Lorbeerkranz nicht gegeben haben, weil er nichts Heiligeres zu tun weiß, als auf dem reichen blauen Meer mit wachen Augen die unsterbliche Furche zu suchen, aus der die Göttin stieg.

Condillac: Etienne Bonnot de C. (1715–80), französischer Philosoph; versuchte, von Locke ausgehend, einen Sensualismus zu begründen, der alle geistigen Fähigkeiten als Umformung der Sinneswahrnehmungen versteht; Hauptwerk: *Traité des sensations* (1754).

Dithyramben der christlichen Dichter: Dithyramben sind eigentlich alte griechische Chor- und Reigenlieder, die den Gott Bacchus verherrlichten; die Form wurde von den christlichen Dichtern übernommen und christianisiert, so etwa von Ambrosius (333[340?]–397), Aurelius Prudentius Clemens (348–nach 405), Gregor dem Großen (540–604) u. a.

MAX MESSER

Drei Reiche der Kunst

Über Maurice Maeterlinck

Drei Reiche der Kunst überschaut unser Auge am Ende dieses Jahrhunderts. In dem einen wird das Leben selbst geschildert, unser modernes Leben mit den Menschentypen, die es geschaffen, und mit den Schicksalen und Komplikationen, die seine neuen Grundlagen und Ziele erzeugten. Die Schilderung ist die treueste, die je gelungen, weil ihre Künstler sich die minuziöseste Beobachtung der Wirklichkeit und ihre rücksichtslos genaue Wiedergabe zum Gesetz machen. Es sind Photographien des Lebens, gleichsam kinematographische Wandelbilder menschlicher Seelen und Erlebnisse. Diese Künstler sind die *naturalistischen*. Im Prinzip ihrer Stoffe unterscheiden sie sich nicht, denn ihr ewiger Stoff ist die Wirklichkeit. Nur die Grade der Feinheit ihrer Beobachtungen und die literarische Manier, diese zu *einem* Ganzen zu vereinigen, individualisiert die einzelnen naturalistischen Künstler untereinander. Gerhart Hauptmann ist ihr anerkannter Meister. Das zweite Reich der Kunst geht über das reale Leben hinaus. Aus Unzufriedenheit, ungestillter Sehnsucht und aus vielleicht allzu stürmischem Idealismus suchen seine Künstler mit der Phantasie ein Zauberbild der *Zukunft* zu schaffen. Am wirklichen Leben leiden sie, da es ihnen zu eng und zu schal ist; darum entstehen in ihnen Visionen eines zukünftigen, reicheren Lebens. Ebenso leiden sie am wirklichen Menschen, an ihrem Mitmenschen und auch an dem, was in ihnen selbst noch von dieser Realität anhaftet, darum schafft ihre Phantasie das Ideal des

Maeterlinck: Maurice M. (1862–1949), der bedeutendste belgische Dichter der Jahrhundertwende; symbolistischer Lyriker und Dramatiker, Essayist; von großem Einfluß auf das »Junge Wien«, das seine Werke auf Liebhaber-Bühnen aufführte.

Übermenschen. Nicht naturalistisch-nüchtern, sondern dionysisch-lyrisch sind ihre Kunstwerke. Friedrich Nietzsche darf als der Meister dieser Künstler bezeichnet werden, die alle mit den großen Geberden und den tönenden Worten der Propheten auftreten. Während sich die dionysisch-lyrische Kunst gleichsam oberhalb der Kunst der Realität, wie ein phantastischer Wolkenhimmel über die Erde hinzieht, ist das dritte Reich der Kunst, das *mystische*, gleichsam eine Unterwelt. Nicht das wirkliche Leben und nicht die ideale Fortbildung dieses wirklichen Lebens für die Zukunft ist das Thema seiner Künstler, sondern die *Vorstadien* des Lebens, die Entwicklungsanfänge menschlicher Verhältnisse und seelischer Vorgänge. Kühn greifen diese Künstler in das geheimnisvolle Chaos, dem die menschlichen Schicksale und alle Gefühle, Leidenschaften, Wünsche enttauchen. Sie wollen diese nicht als schon Fertiges, Wirkendes, sondern als noch Werdendes, Keimendes belauschen und schildern. Sie schildern also nicht: die Liebe, die Eifersucht, die Angst in jenem Stadium, da sie deutlich in ihrer Äußerung und in ihrer Wirkung im realen Leben erscheinen, sie schildern die dunklen, uns kaum ins Bewußtsein tretenden Wurzeln und Keime dessen, was dem gewöhnlichen Menschen erst bewußt und damit überhaupt existent zu werden scheint, wenn es in vollster Reife sich zu Taten und Gedanken und Leidenschaften kondensiert. Diese »mystischen« Künstler richten ihr Auge nicht nach oben, in die himmelblauen Fernen der Zukunftsideale, sie schauen auch nicht um sich in das tägliche Leben der Realität, sondern sie graben in die Tiefe, sie bohren Schachte in jene dunklen, geheimnisvollen Tiefen, aus denen alles Lebendige entspringt. Wie Maulwürfe graben sie sich Gänge in diesem unbekannten Reich. Ihre unterirdische Arbeit schärft ihre Augen. Sie sehen und hören endlich wirklich mehr als der Mensch des Realen. Darf es uns wundern, wenn diese Künstler auch seltsam-eigene Formen wählen, um die Schätze, die sie fanden, uns, den Erdenkindern, die im hellen Licht der Wirklichkeit leben, überhaupt sichtbar zu machen?

Der Meister dieses dritten Reiches der modernen Kunst, des Reiches der Mystik, ist *Maurice Maeterlinck*, vielgeschmäht und mißverstanden von den einen – und ebenso überschätzt und unsinnig verhimmelt von den anderen. Es ist nicht weniger einseitig, ihn den Shakespeare der modernen Zeit, als einen Betrüger oder Irrsinnigen zu nennen. Bis vor kurzem war er nur ein Streitapfel unter Literaten. Aber in jüngster Zeit beginnt er, nachdem er in Paris, London, Wien eine wirkliche Gemeinde von Verehrern erworben hat, auch in »Europas Flachland« fast populär zu werden. In Berlin wagte es nämlich der Akademisch-literarische Verein im Februar dieses Jahres, eines der charakteristischesten Stücke Maeterlincks zur Aufführung zu bringen. Wie bekannt ist, gelang das Experiment über alles Erwarten.
Dies für Maeterlinck so charakteristische Stück ist »Pelleas und Melisande«.

RUDOLPH LOTHAR

Auch ein Gottsucher

Über Joris-Karl Huysmans

In den versumpften Niederungen der platten Alltäglichkeit spielen die ersten Romane Huysmans'. Die Handlung war dürftig, die Schilderung nahm allen Raum ein. Eine große Beobachtungsgabe bekundete sich. Und ein menschenhas-

Pelleas und Melisande: Pelléas et Mélisande, symbolistisches Drama von Maeterlinck (erschienen 1892, Uraufführung: Bouffes Parisiens, Paris, 10. Mai 1893). Claude Debussy (1862–1918) vollendete 1902 seine Oper, die dieses Drama als Textbuch benutzt.

Huysmans: Joris-Karl H. (1848–1907), französischer Erzähler; anfangs Naturalist, später – gekennzeichnet besonders durch den Roman *À rebours* (1884) – Dekadent und Symbolist; wandte sich in *Là-bas* (1891) der schwarzen Magie zu und huldigte schließlich einem ästhetisierenden Katholizismus (*En route,* 1895; *La Cathédrale,* 1898 u. a.).

sender Pessimismus machte sich breit. Man empfand beim Lesen seiner Bücher nicht das geringste Interesse an ihren Stoffen und Vorgängen, wohl aber ein sehr lebhaftes Mitgefühl für den Verfasser, der sich einem als ganz und gar merkwürdiges Menschenkind zu erkennen gab. Es kam einem vor, als häute sich der Dichter mit jedem Buche, und als sei so eine frische Haut von einer immer neuen, unendlichen Empfindlichkeit und Reizbarkeit. Huysmans ist ein Hyperästhetiker von reinstem Wasser. Er fühlt die Außenwelt, soweit sie mit ihm in Berührung kommt, in hundertfachem Maße. Seine fünf Sinne haben eine staunenswerte Vergrößerungskraft. Das Leben seiner Sinne scheint aber auch sein ganzes Leben zu bedeuten. Aug und Ohr, Geruch und Geschmack tyrannisieren ihn. Seine ganze Seelentätigkeit, seine Willenskraft, sein Denken werden von dem ins Fabelhafte wuchernden Sinnenleben erdrückt, ausgesogen, unterjocht. Die Beschäftigung seiner Helden besteht vornehmlich darin, Sinneseindrücke zu sammeln. Sie können nicht wollen, sie können nicht handeln, sie können nur schauen und hören und schmerzhaft reagieren, wenn Grelles und Rohes sie trifft. [...]

Als ein vollendeter Schilderer der Pariser Straße, der Bohême, des widerwärtigen Einerlei des Alltages, hat Huysmans begonnen. Aber es dauerte nicht lange, so erwachte in ihm ein Heißhunger nach Gerichten, von denen keiner noch gekostet, eine Sehnsucht nach unentdeckten Empfindungen, ein Verlangen nach Reizen, die keiner noch erfahren. Er ist ein Hysteriker und Degenerierter, und Heißhunger, Sehnsucht und Verlangen nehmen krankhafte Formen an, und finden ihre Befriedigung, wo kein Gesunder sie suchen würde. Aus der Sphäre der Kunst heraus strebt Huysmans nach der Künstlichkeit. Der Naturalist, der er war, wendet sich angeekelt ab von allem, was Natur heißt, und findet sein fieberndes Behagen am Unnatürlichen, an allem, was der Natur zuwiderläuft. Das Buch, in dem Huysmans dieses Bekenntnis ablegte, nannte er: *»à rebours«* – »Gegen den

Strich«. Man denke sich eine Katze, die verlangt, gegen den Strich gestreichelt zu werden, und man wird ein Bild der Seele dieses Buches haben. Gesicht, Geruch, Geschmack feiern hier Orgien der Unnatur, berauschen sich an aberwitzigem Gebräu. Mit einem schmerzenden Kopfe, mit verzerrten mißhandelten Sinnen, mit rauchendem Hirne erwachte Huysmans aus dem Taumel. Nun suchte er Heilung, suchte sie in neuen Ekstasen, in neuen Sensationen. Er verschrieb sich dem Teufel. Das ist buchstäblich zu nehmen. *»Là-bas«* war dem Satanismus geweiht. Es riecht nach Pech und Schwefel, in dieser merkwürdigen Studie, die uns einen Winkel von Paris zeigt, wo Belzebub seinen Altar hat. Aber auch schwarze Messen, teuflische Praktiken, allerlei sakrilegisches Gehaben brachten ihm nicht das gewünschte Labsal. Wieder beschrieb er nach in ihm festwurzelndem Brauch liebevoll alles, was ihn abstieß, anekelte, was er haßte und floh.

Wieder war das Ende vom Liede ein verzweifelnder Aufschrei all seiner Sinne nach Erlösung. [...]

Seine Bekehrung beginnt in kleinen Pariser Kirchen, wo man gut und schön singt. Ein kluger Priester übernimmt das Amt, sein Gemüt mit der Pflugschar des Glaubens zu beakkern und den Samen der Frömmigkeit in die schmerzenden Furchen zu streuen. Mit unglaublicher Schärfe der Selbstbeobachtung schildert Huysmans, wie der Glaube nach und nach Herrschaft gewinnt über ihn, wie sein Wille in krampfhaften Zuckungen sich dagegen aufzubäumen sucht, um endlich in stumpfer Ermattung zu erliegen. In einem Trappistenkloster, wohin der Held des Buches, der übrigens völlig mit dem Verfasser identisch ist, sich für acht Tage zurückzieht, erreicht die Bekehrung ihren höchsten Grad, wird sie zur Konvulsion, zur Krise. Huysmans' Katholizismus ist ein Derwischtum. Er dreht sich in wahnsinnigem Tanze um sich selbst, bis alle Dinge und Gedanken in tollem Schwindel kreisen. Und die Empfindungen, die Eindrücke dieser merkwürdigen religiösen Drehkrankheit gibt er haargenau wieder. Er versenkt sich mit talmudischer Spitzfindigkeit in theologische Probleme. Man sieht ihn förmlich, wie er mit hochgezogenen Brauen darüber brütet und dabei mit erhobenem Zeigefinger durch die Luft fährt. Und dann glaubt man ihn wieder zu sehen, wie er, angetan mit seinem neuen Glauben, wie mit einem neuen Kleide, vor tausend Spiegeln herumstolziert, Farbe und Schnitt bewundert, und immer wieder fragt, ob ihm das herrliche Gewand auch gut sitze und nirgends Falten werfe. Freilich machen ihm manchmal die Wunder, deren Glauben die Kirche verlangt, schwere Sorgen. Aber er hilft sich damit, daß er sich auf den Spiritismus stützt. Auch die redenden und tanzenden Tische sind ihm wunderbar erschienen und er wollte nicht daran glauben, bis ihn endlich eine Séance überzeugte. Und so wie der Spiritismus erscheint ihm endlich auch die neu in ihm aufgegangene Lehre: gleich wunderbar und gleich überzeugend. Der Aufenthalt im Trappistenkloster spielt die Rolle der Séance. Er bringt es schließlich im Glauben zu einer Meisterschaft, die verblüffend wirkt. Aber sie ist in ihrem Kerne doch etwas Künstliches, sie hat nicht die naive Offenheit des wahren Glaubens, der heiligt und der heilig ist. Der echte Glaube ist eine Blume auf dem Felde, von der Sonne aufgeküßt. Huysmans' Glaube ist eine Treibhauspflanze, duftlos, mit überheißen Farben. Es ist der Glaube der Nerven, nicht des Herzens. An die Stelle der göttlichen Naivetät, die den wahren Glauben gebärt, tritt bei ihm eine Autosuggestion, die ihn zum Automaten eingebildeter Kräfte macht. Seine Frömmigkeit ist ein Krampf, seine Verzückungen sind hysterische Anfälle. Hier hört die Kunst auf und die Krankheit beginnt.

Gabriele d'Annunzio

Man hat manchmal die Empfindung, als hätten uns unsere Väter, die Zeitgenossen des jüngeren Offenbach, und unsere Großväter, die Zeitgenossen Leopardis, und alle die unzähligen Generationen vor ihnen, als hätten sie uns, den Spätgeborenen, nur zwei Dinge hinterlassen: hübsche Möbel und überfeine Nerven. Die Poesie dieser Möbel erscheint uns als das Vergangene, das Spiel dieser Nerven als das Gegenwärtige. Von den verblaßten Gobelins nieder winkt es mit schmalen weißen Händen und lächelt mit altklugen Quattrocento-Gesichtchen; aus den weißlackierten Sänften von Marly und Trianon, aus den prunkenden Betten der Borgia und der Vendramin hebt sichs uns entgegen und ruft: »Wir hatten die stolze Liebe, die funkelnde Liebe; wir hatten die wundervolle Schwelgerei und den tiefen Schlaf; wir hatten das heiße Leben; wir hatten die süßen Früchte und die Trunkenheit, die ihr nicht kennt.« Es ist, als hätte die ganze Arbeit dieses feinfühligen, eklektischen Jahrhunderts darin bestanden, den vergangenen Dingen ein unheimliches Eigenleben einzuflößen. Jetzt umflattern sie uns, Vampire, lebendige Leichen, beseelte Besen des unglücklichen Zauberlehrlings! Wir haben aus den Toten unsere Abgötter

d'Annunzio: Gabriele d'A. (1863–1938), italienischer Dichter; Hauptvertreter der symbolistisch-dekadenten Richtung, die den Verismus, den italienischen Naturalismus, ablöste.

Offenbach: Jacques O. (d. i. Jacques Eberst, 1819–90), Schöpfer und Meister der französischen Operette (»opéra comique«).

Leopardis: Giacoma Graf Leopardi (1798–1837), bedeutendster Lyriker Italiens seit Petrarca; Grundthemen: Weltschmerz, Todessehnsucht; Hauptwerke: *Canti* (1831); *Pensieri* (1845).

Quattrocento: s. Anm. S. 332.

Marly: M.-le-Roi, Lustschloß Ludwigs XIV.

Trianon: Name zweier Lustschlösser im Park von Versailles.

Borgia ... Vendramin: s. Anm. S. 301.

gemacht; alles, was sie haben, haben sie von uns; wir haben ihnen unser bestes Blut in die Adern geleitet; wir haben diese Schatten umgürtet mit höherer Schönheit und wundervollerer Kraft als das Leben erträgt; mit der Schönheit unserer Sehnsucht und der Kraft unserer Träume. Ja alle unsere Schönheits- und Glücksgedanken liefen fort von uns, fort aus dem Alltag, und halten Haus mit den schöneren Geschöpfen eines künstlichen Daseins, mit den schlanken Engeln und Pagen des Fiesole, mit den Gassenbuben des Murillo und den mondänen Schäferinnen des Watteau. Bei uns aber ist nichts zurückgeblieben als frierendes Leben, schale, öde Wirklichkeit, flügellahme Entsagung. Wir haben nichts als ein sentimentales Gedächtnis, einen gelähmten Willen und die unheimliche Gabe der Selbstverdoppelung. Wir schauen unserem Leben zu; wir leeren den Pokal vorzeitig und bleiben doch unendlich durstig: denn, wie neulich Bourget schön und traurig gesagt hat, der Becher, den uns das Leben hinhält, hat einen Sprung, und während uns der volle Trunk vielleicht berauscht hätte, muß ewig fehlen, was während des Trinkens unten rieselnd verlorengeht; so empfinden wir im Besitz den Verlust, im Erleben das stete Versäumen. Wir haben gleichsam keine Wurzeln im Leben und streichen, hellsichtige und doch tagblinde Schatten, zwischen den Kindern des Lebens umher.

Wir! Wir! Ich weiß ganz gut, daß ich nicht von der ganzen großen Generation rede. Ich rede von ein paar tausend Menschen, in den großen europäischen Städten verstreut. Ein paar davon sind berühmt; ein paar schreiben seltsam trockene, gewissermaßen grausame und doch eigentümlich rührende und ergreifende Bücher; einige, schüchtern und hochmütig, schreiben wohl nur Briefe, die man fünfzig,

Fiesole: s. Anm. S. 238.

Murillo: Bartolomé Esteban M. (1618–82), spanischer Maler; Hauptvertreter der Schule von Sevilla; vor allem religiöse Darstellungen und Genrebilder.

Watteau: s. Anm. S. 177.

Bourget: s. Anm. S. 318.

sechzig Jahre später zu finden und als moralische und psychologische Dokumente aufzubewahren pflegt; von einigen wird gar keine Spur übrigbleiben, nicht einmal ein traurigboshaftes Aphorisma oder eine individuelle Bleistiftnotiz, an den Rand eines vergilbten Buches gekritzelt.

Trotzdem haben diese zwei- bis dreitausend Menschen eine gewisse Bedeutung: es brauchen keineswegs die Genies, ja nicht einmal die großen Talente der Epoche unter ihnen zu sein; sie sind nicht notwendigerweise der Kopf oder das Herz der Generation: sie sind nur ihr Bewußtsein. Sie fühlen sich mit schmerzlicher Deutlichkeit als Menschen von heute; sie verstehen sich untereinander, und das Privilegium dieser geistigen Freimaurerei ist fast das einzige, was sie im guten Sinne vor den übrigen voraushaben. Aber aus dem Rotwelsch, in dem sie einander ihre Seltsamkeiten, ihre besondere Sehnsucht und ihre besondere Empfindsamkeit erzählen, entnimmt die Geschichte das Merkwort der Epoche.

Was von Periode zu Periode in diesem geistigen Sinn »modern« ist, läßt sich leichter fühlen als definieren; erst aus der Perspektive des Nachlebenden ergibt sich das Grundmotiv der verworrenen Bestrebungen. So war es zu Anfang des Jahrhunderts »modern«, in der Malerei einen falsch verstandenen Nazarenismus zu vergöttern, in der Poesie, Musik nachzuahmen, und im allgemeinen, sich nach dem »Naiven« zu sehnen: Brandes hat diesen Symptomen den Begriff der Romantik abdestilliert. Heute scheinen zwei Dinge modern zu sein: die Analyse des Lebens und die Flucht aus dem Leben. Gering ist die Freude an Handlung, am Zusammenspiel der äußeren und inneren Lebensmächte, am Wilhelm-

Nazarenismus: Nazarener: urspr. Spottname für eine Gruppe von Malern, die sich 1809 in Wien als »Lukasbund« zusammenfand und die eine Erneuerung der Kunst auf religiöser Grundlage nach mittelalterlichem Vorbild anstrebte; zu ihr gehörten u. a. Friedrich Overbeck, Peter Cornelius, Schadow, die Brüder Veit, Schnorr von Carolsfeld. In Rom, wohin die Lukasbrüder 1810 übergesiedelt waren, bewohnten sie das Kloster San Isidoro am Pincio.

Brandes: s. Anm. S. 151; gemeint ist hier wohl sein Werk *Hauptströmungen der europäischen Literatur des 19. Jahrhunderts* (1872–90), Bd. 2: *Die romantische Schule in Deutschland.*

Meisterlichen Lebenlernen und am Shakespearischen Weltlauf. Man treibt Anatomie des eigenen Seelenlebens, oder man träumt. Reflexion oder Phantasie, Spiegelbild oder Traumbild. Modern sind alte Möbel und junge Nervositäten. Modern ist das psychologische Graswachsenhören und das Plätschern in der reinphantastischen Wunderwelt. Modern ist Paul Bourget und Buddha; das Zerschneiden von Atomen und das Ballspielen mit dem All; modern ist die Zergliederung einer Laune, eines Seufzers, eines Skrupels; und modern ist die instinktmäßige, fast somnambule Hingabe an jede Offenbarung des Schönen, an einen Farbenakkord, eine funkelnde Metapher, eine wundervolle Allegorie. Ein geistreicher Franzose schreibt die Monographie eines Mörders, der ein experimentierender Psychologe ist. Ein geistreicher Engländer schreibt die Monographie eines Giftmischers und Urkundenfälschers, der ein feinfühliger Kunstkritiker und leidenschaftlicher Kupferstichsammler war. Die landläufige Moral wird von zwei Trieben verdunkelt: dem Experimentiertrieb und dem Schönheitstrieb, dem Trieb nach Verstehen und dem nach Vergessen.

In den Werken des originellsten Künstlers, den Italien augenblicklich besitzt, des Herrn Gabriele d'Annunzio, kristallisieren sich diese beiden Tendenzen mit einer merkwürdigen Schärfe und Deutlichkeit: seine Novellen sind psychopathische Protokolle, seine Gedichtbücher sind Schmuckkästchen; in den einen waltet die strenge nüchterne Terminologie wissenschaftlicher Dokumente, in den andern eine beinahe fieberhafte Farben- und Stimmungstrunkenheit.

geistreicher Franzose: nicht ermittelt.

geistreicher Engländer: nicht ermittelt.

FRIEDRICH MICHAEL FELS

Jens Peter Jacobsen

In »Niels Lyhne« steht ein Satz, den man ganz gut als Motto vor eine Biographie seines Dichters setzen könnte. »Er sehnte sich nach tausend zitternden Träumen, nach Bildern von kühler Feinheit: – leichte Farben, flüchtiger Duft und feine Musik von ängstlich gespannten, zum Zerspringen gespannten Strömen silberner Saiten; – und dann Schweigen, bis in des Schweigens innerstes Herz, wohin die Wogen der Luft nie die Trümmer eines einzigen Tones getragen, wo alles sich zu Tode ruht in stillem Glühen roter Farben und in der wartenden Wärme feurigen Wohlgeruchs.« In diesem einen Satze ist das Wesen J. P. Jacobsens beschlossen: seine höchst gesteigerte Empfindungs- und Aufnahmsfähigkeit für alles Feine, Zarte, Halbe, für Farben, Düfte und Töne, deren leiseste Nuancen er gewahr wird, die lautlose Melancholie des Einsamen, endlich das Sehnen, das große, qualvolle, bebende, nimmer ersterbende Sehnen. [...]

Aber in diesen Bildern liegt etwas, was ihnen einen Rang für immer sichert und gar zur Zeit ihres Erscheinens sie zu einem absoluten Novum machte. Den Alten war die Natur verschlossen, Goethe begnügt sich bei ihrer Schilderung mit wenigen, gemessenen, konventionellen Worten. Flaubert zuerst steckt sich neue Ziele: *Je cherche des parfums nouveaux, des fleurs plus larges....*; Turgenjew entwickelt ein wunderbares Feingefühl für die Natur, allerdings zumeist nur seines Landes, Rußlands. Jacobsen ist der Naturschilderer *par excellence*. Viel dazu mögen Äußerlichkeiten beigetragen haben. Er ist ein Däne, ein Angehöriger dieses feinsten, schmiegsamsten, wandlungsfähigsten, weiblichsten Volksstammes, der, wie kein anderer, geneigt ist, sich auf-

Jacobsen: Jens Peter J. (1847–85), dänischer Dichter; führender dänischer Naturalist und Vorläufer der Décadence.

»Niels Lyhne«: Jacobsens zweiter Roman (erschienen 1880); die deutsche Übersetzung von Marie Herzfeld erschien 1898/99.

zugeben und in tausend Hüllen zu schlüpfen. Er ist, zweitens, von Beruf Naturforscher, Botaniker, hat Darwin übersetzt und eine preisgekrönte Abhandlung über die Desmidiaceen seines Heimatlandes geschrieben. Aber das erklärt nicht alles. Er ist, von früh auf, schwer krank gewesen, lungenleidend, und das hat ihn von den Menschen fern gehalten, auf sich selbst zurückgewiesen, empfindlich und sensibel gemacht mit dem Stolz und dem Mißtrauen des unheilbar Kranken. Und einmal so, konnte er in seiner Einsamkeit tausend Töne vernehmen, tausend Farben sehen, tausend Düfte fühlen, die ein anderer nicht wahrnimmt. Schließlich ließe sich das ganze Rätsel dieser Natur nur durch das Physiologische lösen, auf das hier einzugehen mir sowohl der Raum, wie meine gewohnte Rücksichtnahme auf das in guter Gesellschaft Auszusprechende verwehrt.

EMIL REICH

Ibsen und das Recht der Frau

Ibsen bekämpft mit rastlosem Eifer die Auffassung der Ehe als einer Versorgungsanstalt, in welcher der Mann als der Brotgeber auch der Herrschende zu sein beanspruchen darf. Er geißelt die Frau, die sich, wie er es immer nennt, ohne Liebe verkauft, auf ihr heiliges Menschenrecht verzichtet, zufrieden ist, Sache zu sein, wo sie Person sein könnte.

Naturforscher: Erst unter Brandes' (s. Anm. S. 151) Einfluß wandte sich Jacobsen der Dichtung zu.

hat Darwin übersetzt: 1872 erschien seine Übersetzung von *On the Origin of Species,* 1875 von *The Descent of Man.*

Desmidiaceen: Jacobsens Dissertation über diese Algengattung wurde 1873 preisgekrönt.

Ibsen: Erwähnt werden hier seine Gesellschaftsdramen, in der die Bewertung der Frau als selbständige Persönlichkeit im Vordergrund steht.

Diese falsche Ehe, die Kaufehe, greift er an in »Nora« sowohl wie in den »Gespenstern«, in der »Frau vom Meere« wie in »Hedda Gabler«, jenen vier Dramen, die für seine Stellung zur Frauenfrage am bezeichnendsten sind, in welchen diese von allen Seiten beleuchtet wird. Krankhaft und unerquicklich, ja abstoßend und ekelerregend hat man Ibsens Dramen gescholten; alle diese Epitheta treffen auch zu, aber nicht bei dem Autor, welcher die Stücke niederschrieb, sondern bei den Zeitverhältnissen, welche sie ihm diktierten. Ein weicher Arzt macht faule Wunden; ein solcher ist Ibsen nicht, mit glühendem Eisen brennt er unbarmherzig die eiternden Schwären aus. Er will nicht neuen Wein in alte Schläuche füllen, er fordert eine vollständige Umwälzung auf allen Gebieten, vor allem aber auf dem der Frauenfrage. Er ist ein Revolutionär, der vor nichts zurückschreckt, kein tendenziöser Dichter zwar (und nur das wäre ein Vorwurf), aber ein Tendenzdichter. Und die Tendenz seiner Zeitdramen ist die Verteidigung des Rechtes der Frau, er tritt ein für ihre geistige Selbständigkeit, er fordert, daß ihr die Möglichkeit geboten werde, auf eigenen Füßen durchs Leben zu gehen, denn er weiß als ein moderner Dichter, daß die sittliche Selbständigkeit auch durch die ökonomische begründet sein muß. Er zeigt uns all die unheilvollen Ergebnisse der unbedingten Herrschaft des Mannes und wenn uns dies schaudernd inne wird, wie bei den »Gespenstern«, so dürfen wir nicht den Dichter anklagen, der sich in heiligem Zorn aufbäumt gegen die Herrschaft der Lüge, sondern die kranke Zeit, welche die Lüge auf den Thron erhob. Daß Ibsen nicht nur zerstören, sondern auch aufbauen kann, zeigt die helle und lichte Gestalt seiner Petra, des Weibes, wie es ihm vorschwebt. Ibsen verficht das Recht der Frau, weil er überzeugt ist, daß erst,

»Nora«: Et dukkehjem (1879, deutsch 1897 als *Nora oder ein Puppenheim*).
»Gespenstern«: Gengangere (1881, deutsch 1881).
»Frau vom Meere«: Fruen fra Havet (1888, deutsch 1889).
»Hedda Gabler«: 1890, deutsch 1891.

wenn dieses allgemein anerkannt wird, jenes dritte Reich kommen kann, dessen Prophet er ist, das Reich, in welchem alle übereinstimmen werden mit Lona Hessel, wo die neue Gesellschaft sich gründen wird auf den Fundamentalsatz, der allen Schriften Ibsens die Signatur gibt: »Der Geist der Wahrheit und der Freiheit – das sind die Stützen der Gesellschaft!«

HERMANN MENKES

Louis Couperus

Zum Leben zurückzukehren, es von seinen Höhen zu betrachten und seine Symbole zu deuten, das ist der Hauptzug der neuen holländischen Dichtung, bei Netscher ebenso wie bei Seipgens, bei Vosmeer de Spie und Emants. Aber der Meister dieser symbolistisch-realistischen Dichtung ist Louis Couperus. Er ist unter diesen Tiefen der Tiefste; er ist

Lona Hessel: eine Gestalt aus dem Drama *Samfundets støtter* (1877, deutsch 1878 als *Stützen der Gesellschaft* – womit die Frauen gemeint sind).

Couperus: Louis Marie Arne C. (1863–1923), niederländischer naturalistischer und psychologischer Erzähler der Décadence, dessen Romane sowohl im Altertum als auch in der Gegenwart spielen; seine berühmtesten Romane: *Eline Vere* (1889) und *De boeken der kleine zielen* (1901–03).

Netscher: Frans N. (1864–1923), holländischer Schriftsteller; führte den Naturalismus in Holland ein, etwa mit *Studies naar het naaktmodel* (1886), *Mensen van ons* (1888), *Egoisme* (1893).

Seipgens: Emile Anton Hubert S. (1837–96), holländischer Schriftsteller; vor allem bekannt durch seine Erzählungen in Limburger Mundart, wie etwa *Schinderhannes* (1864).

Vosmeer de Spie: Pseudonym für Marius Wagenvoort (1859–1944), holländischer Journalist; benutzte das Pseudonym (eigentlich der Name des Verräters in Joost van den Vondels Drama *Gysbrecht van Aemstel,* 1637) für seine Romane, z. B. *Een passie* (1893).

Emants: Marcellus E. (1848–1923), holländischer naturalistischer und pessimistischer Romancier von kühlem Stil (etwa: *Een nagelaten bekentenis,* 1894); epische Gedichte: *Lilith* (1879), *Godenschemering* (1884).

ein Künstler in einer Zeit, wo die Literatur von der Kunst sich immer mehr entfernt. Er hat keine anderen Tendenzen, als Gefühle auszudrücken. Er begann mit der Lyrik, aber sie beengte ihn, weil er vieles zu sagen hatte. Ein Lyriker ist er aber im vollsten Sinne auch in seinen Romanen geblieben, weil er stets die großen Lebensstimmungen ausdrückt. Es ist eine seltsame Poesie, die seine Feder hervorzaubert; zwar ist sie die Poesie dieses Lebens, aber so, wie man sie auf wundersamen Höhen empfindet. Couperus ist gleichsam der Bergsteiger der Literatur; er liebt es, das Leben ganz von gewaltigen Höhen zu betrachten, wo es sich so schaurig schön ansieht und wo reine Lüfte wehen. Er schildert die Menschen, die keinen andern Beruf haben als den Beruf zu leben, Menschen, über die ein Schicksal kommt. Nicht das Schicksal, das aus sozialen Verhältnissen erwächst und das der Zufall beschert, sondern jenes, das in unserer Seele schlummert und unser Leben leitet, jene mystische Macht, welche die alten Poeten besungen und deren Poesie der Naturalismus nicht kennt. Und weil Couperus' Figuren fern den Tageskämpfen stehen, deswegen sind sie auch keine »Männer der Tat«, sondern zumeist weibliche Naturen mit einer feinen Sensibilität, Männer mit weiblichen Seelen, weiblichen Bewegungen und mit den zarten ausdrucksvollen Händen der Leidenden. Gewiß, es sind dies die bekannten Typen der Décadence, wie sie Bourget formuliert hat, die Treibhausgewächse, die an ihrem eigenen Duft sterben, Spätlinge eines todmüden Jahrhunderts, das sich erneuern will und doch von atavistischen Trieben voll ist, so daß er unter diesen Kämpfen zusammenbricht; Reaktionäre mit unersättlichen Begierden nach dem Neuen, die zu krank sind, um zu leben und zu zäh, um zu sterben. Sie werden sagen, daß dieser Typus schon uralt ist und daß er in allen modernen Literaturen schon seine Meister gefunden, wenigstens doch in Bourget und Ibsen. Aber Bourget hat ihn bloß kritisiert, er hat ihn gewissermaßen mathematisch und nicht

Bourget: s. Anm. S. 318.

dichterisch ausgedrückt und Ibsen verquickte ihn mit Zeitfragen und machte aus ihm mehr Zwitterding, als er schon ist. Couperus hat das Verdienst, den Verfallzeitler rein dichterisch fixiert zu haben. Er ist seiner Anschauung und seiner Art nach heidnischer Poet, ein Sänger des Schicksals, für welches er die großen tragischen Töne findet, die an die Antike gemahnen. Aber er ist zugleich modern wie sonst kaum einer mehr: denn er hat auch alle Merkmale des Verfallzeitdichters an sich – jenes große Feingefühl für alles Nervenleben, welches das Besondere an der neuen Kunst ist. Er hat den Tropfen reaktionärer Begierden in sich, die eine decadent gewordene Kunst beschönigend Romantik nennt.
[...]
Ist diese Kunst der Symbolisten etwas Verspätetes, das letzte Aufflammen der Romantik, bevor das Jahrhundert sich neigt, das mit ihr begann und mit ihr schließt? Wird die neue Zeit über sie hinweggehen und der nivellierende Sozialismus? Fast scheint es so – aber wie dem auch sei, sie ist der Aufschrei der Individualität, die sich bedroht sieht. Daher dieser tiefe Haß gegen die Majoritäten in dieser Dichtung. Möge man diese Künstler immerhin Reaktionäre nennen – Reaktionäre waren ja stets alle Herrennaturen – der Kunst haben sie neuen Duft und Glanz gegeben und sie fanden einen neuen Ausdruck für das, was lange undefinierbar gewesen in der menschlichen Seele; über die Wissenschaft hinaus haben sie Neues über den Menschen zu sagen gewußt, weil nie die Künstler so sehr *sich* selbst erforscht hatten wie jetzt. Und nie auch ist das Wesen des Weibes so dargestellt worden, des Weibes, das unter einer schier endlosen Barbarei einerseits und einer Verweichlichung andererseits krank und irre geworden, wie in der Literatur der zweiten Hälfte unseres Jahrhunderts.

6

Lyrik

HUGO VON HOFMANNSTHAL

Vorfrühling

Es läuft der Frühlingswind
Durch kahle Alleen,
Seltsame Dinge sind
In seinem Wehn.

Er hat sich gewiegt,
Wo Weinen war,
Und hat sich geschmiegt
In zerrüttetes Haar.

Er schüttelte nieder
Akazienblüten
Und kühlte die Glieder,
Die atmend glühten.

Lippen im Lachen
Hat er berührt,
Die weichen und wachen
Fluren durchspürt.

Er glitt durch die Flöte
Als schluchzender Schrei,
An dämmernder Röte
Flog er vorbei.

Er flog mit Schweigen
Durch flüsternde Zimmer

Und löschte im Neigen
Der Ampel Schimmer.

Es läuft der Frühlingswind
Durch kahle Alleen,
Seltsame Dinge sind
In seinem Wehn.

Durch die glatten
Kahlen Alleen
Treibt sein Wehn
Blasse Schatten.

Und den Duft,
Den er gebracht,
Von wo er gekommen
Seit gestern Nacht.

Reiselied

Wasser stürzt, uns zu verschlingen,
Rollt der Fels, uns zu erschlagen,
Kommen schon auf starken Schwingen
Vögel her, uns fortzutragen.

Aber unten liegt ein Land,
Früchte spiegelnd ohne Ende
In den alterslosen Seen.

Marmorstirn und Brunnenrand
Steigt aus blumigem Gelände,
Und die leichten Winde wehn.

Lebenslied

Den Erben laß verschwenden
An Adler, Lamm und Pfau
Das Salböl aus den Händen
Der toten alten Frau!
Die Toten, die entgleiten,
Die Wipfel in dem Weiten –
Ihm sind sie wie das Schreiten
Der Tänzerinnen wert!

Er geht wie den kein Walten
Vom Rücken her bedroht.
Er lächelt, wenn die Falten
Des Lebens flüstern: Tod!
Ihm bietet jede Stelle
Geheimnisvoll die Schwelle;
Es gibt sich jeder Welle
Der Heimatlose hin.

Der Schwarm von wilden Bienen
Nimmt seine Seele mit;
Das Singen von Delphinen
Beflügelt seinen Schritt:
Ihn tragen alle Erden
Mit mächtigen Gebärden.
Der Flüsse Dunkelwerden
Begrenzt den Hirtentag!

Das Salböl aus den Händen
Der toten alten Frau
Laß lächelnd ihn verschwenden
An Adler, Lamm und Pfau:
Er lächelt der Gefährten. –
Die schwebend unbeschwerten
Abgründe und die Gärten
Des Lebens tragen ihn.

Terzinen III

Wir sind aus solchem Zeug wie das zu Träumen,
Und Träume schlagen so die Augen auf
Wie kleine Kinder unter Kirschenbäumen,

Aus deren Krone den blaßgoldnen Lauf
Der Vollmond anhebt durch die große Nacht.
... Nicht anders tauchen unsre Träume auf,

Sind da und leben wie ein Kind, das lacht,
Nicht minder groß im Auf- und Niederschweben
Als Vollmond, aus Baumkronen aufgewacht.

Das Innerste ist offen ihrem Weben;
Wie Geisterhände in versperrtem Raum
Sind sie in uns und haben immer Leben.

Und drei sind Eins: ein Mensch, ein Ding, ein Traum.

Wo ich nahe, wo ich lande,
Da im Schatten, dort im Sande
Werden sie sich zu mir setzen,
Und ich werde sie ergetzen,
Binden mit dem Schattenbande!

RICHARD BEER-HOFMANN

Schlaflied für Mirjam

Schlaf mein Kind – schlaf, es ist spät!
Sieh wie die Sonne zur Ruhe dort geht,
Hinter den Bergen stirbt sie im Rot.

Du – du weißt nichts von Sonne und Tod,
Wendest die Augen zum Licht und zum Schein –
Schlaf, es sind soviel Sonnen noch dein,
Schlaf mein Kind – mein Kind, schlaf ein!

Schlaf mein Kind – der Abendwind weht.
Weiß man, woher er kommt, wohin er geht?
Dunkel, verborgen die Wege hier sind,
Dir, und auch mir, und uns allen, mein Kind!
Blinde – so gehn wir und gehen allein,
Keiner kann Keinem Gefährte hier sein –
Schlaf mein Kind – mein Kind, schlaf ein!

Schlaf mein Kind und horch nicht auf mich!
Sinn hats für mich nur, und Schall ists für dich.
Schall nur, wie Windeswehn, Wassergerinn,
Worte – vielleicht eines Lebens Gewinn!
Was ich gewonnen gräbt mit mir man ein,
Keiner kann Keinem ein Erbe hier sein –
Schlaf mein Kind – mein Kind, schlaf ein!

Schläfst du, Mirjam? – Mirjam, mein Kind,
Ufer nur sind wir, und tief in uns rinnt
Blut von Gewesenen – zu Kommenden rollts,
Blut unsrer Väter, voll Unruh und Stolz.
In uns sind *Alle*. Wer fühlt sich allein?
Du bist ihr Leben – ihr Leben ist dein – –
Mirjam, mein Leben, mein Kind – schlaf ein!

FELIX DÖRMANN

Sensationen

Mit blutigen Rosen

Mit blutigen Rosen
Und wachsbleichen Nelken
Durchwinde dein Haar.
Und löse die Flechten...
Düfte veratmende,
Wirre Strähne
Mögen über deine
Üppig-starren,
Bronce-braunen Brüste
Niederhangen, Schleifen
Schwarzblau,
Düster,
Wie blitzgesättigte
Wetterwolken.
Und deine Lippen,
Deine blumenkühlen,
Mögen in ewigen,
Zärtlichen,
Halbgehauchten Küssen
Mein Antlitz streifen.
Dann, nur dann
Wird sie entweichen,
Jene herzumschnürende,
Tödliche Lebensangst,
Und fern und ferner wird
Mit schlürfenden Schritten
Der Wahnsinn schleichen...
Komm zu mir,
Bleibe bei mir,
Immer,
Immer........

Was ich liebe

Ich liebe die hektischen, schlanken
Narzissen mit blutrotem Mund;
Ich liebe die Qualengedanken,
Die Herzen zerstochen und wund;

Ich liebe die Fahlen und Bleichen,
Die Frauen mit müdem Gesicht,
Aus welchen in flammenden Zeichen,
Verzehrende Sinnenglut spricht;

Ich liebe die schillernden Schlangen,
So schmiegsam und biegsam und kühl:
Ich liebe die klagenden, bangen,
Die Lieder von Todesgefühl;

Ich liebe die herzlosen, grünen
Smaragde vor jedem Gestein;
Ich liebe die gelblichen Dünen
Im bläulichen Mondenschein;

Ich liebe die glutendurchtränkten,
Die Düfte, berauschend und schwer;
Die Wolken, die blitzedurchsengten,
Das graue wutschäumende Meer;

Ich liebe, was niemand erlesen,
Was keinem zu lieben gelang:
Mein eigenes, urinnerstes Wesen
Und alles, was seltsam und krank.

Sensationen

1.

Ihr weichen Düfte und Ihr kühlen Farben,
Euch dank' ich meine letzte Seligkeit,
In Eurem wonneschwülen Bannkreis starben
Die roten Qualen, die mich wild umwarben,
Der graue Jammer und das bleiche Leid.

Ein Bettler war ich – martervolles Darben
War meines Lebens traurig-ödes Los.
Nun sprüht mit eins in üppig-reichen Garben,
In weichen Düften und in kühlen Farben
Das große Glück in meiner Seele Schoß.

2.

O Tuberosen, süße, wächsernbleiche,
O heißgeliebte, regungslose Schar!

Daß Euer Anblick nimmer mir entweiche!
Und Euer Hauch, der feuchte, zärtlich-reiche,
Süß-duftig wie die Haarflut einer Leiche,
Er möge mich umzittern immerdar.

O Tuberosen, süße, wächsernbleiche,
O heißgeliebte, regungslose Schar!

3.

In grauer Flut ist mir die Welt versunken,
Ein nebeltrübes, ödes Traumgebild,

Tuberosen: ostindische Herbsthyazinthen mit weißen, sehr wohlriechenden, lilienförmigen Blüten.

Und farbenjauchzend, schwerer Düfte trunken
Die neue Welt aus meiner Seele quillt. –

O Silberlila, Deine weichen Wellen,
Wie Kinderseelen lilienkeusch und klar,
In meine flammenmüde Seele quellen,
Und meine Seele wird zum Hochaltar,

Wo Jubelhymnen Deiner Süße schwellen.

4.

O laßt mich, laßt mich ruhn auf grünem Rasen,
In seinen Farbenzauber mich versenken,
Entfliehen allem qualvoll-heißen Denken
Zu meiner Seele schweigenden Ekstasen.

O lichtes Grün, wie Du die Seele weitest,
Um jede Nervenfaser zärtlich kost,
Ins Unermeßne das Gefühl verbreitest,
O lichtes Wiesengrün – mein treuer Trost.

Wenn meine Seele sich vor Grausen sträubet,
Wenn alles öd und ekel ist geworden,
Wenn Qual und Sehnsucht jedes Glück ermorden,
Dein sanfter Schleier einzig sie betäubet.

Intérieur

Ein Intérieur von lichter Scharlachseide,
Ein wohldurchwärmtes, traulich-enges Heim.
Aus schlankgeformten Ständerlampen quillt,
Von buntgefärbten Abas-jours gedämpft, –

Abas-jours: s. Anm. S. 247.

Ein rosig warmer Lichtstrom zitternd nieder.
Orangen und Narzissen hauchen träumend
Die duftig-schweren Blütenseelen aus –
Und tiefes, tiefes Schweigen. –
Hingelagert
Auf üppig weichen Eisbärfellen, ruht
Ein schlankes Weib, die Lippen halberbrochen,
Mit leicht-umblauten, müden Schwärmeraugen, –
Und träumt und träumt von seelenheißer Freude,
Von zügellosem Schwelgen, trunknem Rasen,
Von einem hochgepeitschten Taumelreigen
Der abgestumpften, wurzelwelken Nerven,
Von einem letzten, niegekannten Glück,
Von einer Wonne, die der Wonnen höchste
Und doch nicht Liebe heißt – und träumt und träumt.

Im Palmenhaus

Es war im Palmenhaus; die feuchte Luft,
Von Blumendünsten schwer, umspielte laulich
In weichen Wellen unser beider Haupt.
In eine tiefgebauchte, kühle Gartenbank
Zurückgelehnt, so saßen wir, ganz still.
Verklungen längst war Wort und Gegenwort,
Wir waren beide müd, und reglos starrten
Wir durch der Wände spiegelklare Scheiben
Tief in des Himmels safrangelben Glanz.
Von Zeit zu Zeit, wenn abendkühl ein Windhauch
Um unsere heißen Schläfen strich, erklang
Gedämpft und mild durch weitgespreizte Fenster
Das Schluchzen der Fontainen aus dem Garten,
Und leise rauschten dann die Fächerpalmen,
Und Asiens wunderliche Riesenblumen,
Von dunkelgrünem, sattem Laub umspielt,
Sie nickten langsam, wie Pagodenhäupter,

Und schwergewürzte Glutarome rannen
In die europamüden Schwärmerseelen . . .
Das Haupt ans Haupt gelehnt und Hand in Hand,
Mit heimwehkranker Seele träumten wir
Von einer fernen Südseeinsel Strand,
Wo reicher die Natur und farbenheißer,
Wo lilasilbern Meereswogen leuchten
In winddurchkoster, schwüler Tropennacht,
Wo still und träumerisch und sinnlich-mild,
Das Leben weiterfließt, wo keine Schranken
Des Herzens träumerisch-bizarre Wünsche
Stumpfsinnig-kühl verneinen und zerstören.
– – – – – – – – – – – – – – –
Wo bist du, meine ferne Südseeinsel?

Gelächter

Verloschene Lampen und Kerzen,
Lautlos starrende Nacht. –
Ich kann nicht schlafen, im Herzen
Ist stachelnde Sehnsucht erwacht.

Ich will zu dir mich schleichen,
Erbrechen dein einsames Haus;
Und ginge mein Weg über Leichen –
Ich hole dich doch heraus.

Noch einmal dich erringen!
Und gehn wir auch beide zu Grund' –
Ich muß dich niederzwingen
Und küssen den zuckenden Mund.

Die herbstlich fahle Welt umloht
Ein heißes, krankes Abendrot.

Um meine Seele werben
Das Leben und der Tod... –

Ich möchte jauchzend sterben....!

Lautlos,
Mit geschlossenen Augen,
Dürstend die Lippen gewölbt,
Harrt meine Seele
Reglos am rauschenden Strome des Lebens.
Aus bangen Träumen
Mondlichttrunkener Sommernächte
Schauert ein Ahnen auf
Selig und scheu....
Herüberwehen
Aus weiter Ferne
Fühlt sie den heißen Duft des Glückes.....
Lautlos betend
Harrt meine Seele
Jener Stunde,
Wo es hereinbricht
In schweren Wellen
Das große Glück,
Das alle Sehnsucht stillt.

Leise zittern ihre silberweißen Schwingen.....

In einen kristallenen Becher
Goß ich die purpurne Flut

Des Herzens, ein trunkener Zecher
Zerschlug den rotleuchtenden Becher
In taumelnder Wut.

Der Becher liegt in Scherben,
Die Menschen lächeln Hohn,
Die Seele muß verderben,
Der rote Quell ist entflohn.

Der Sand hat ihn verschlungen,
Die Sonne fraß ihn auf,
Und geifernde Menschenzungen
Spieen, ja spieen darauf.

ALFRED GOLD

Dörmann und Baudelaire

[Es mag] lehrreich sein, gerade den Geist Baudelaires neben den Geist Dörmanns zu halten, nicht als Maßstab, nur als Gegenbild. Baudelaire ist der Dichter der blassen, gedämpften Gefühle. Er hat die subtilen, manchmal undeutlichen Worte des Gehirnmenschen, der seine Instinkte zersetzt und geschwächt hat. Es ist Überkultur in ihm. Sein Merkmal ist, daß er nicht mehr schreien, nicht weinen, nicht lachen kann; er kann höchstens traurig oder heiter sprechen, mit einer überlegenen Trauer und Heiterkeit, die sich schier unmerkbar in seine klugen Lippen eingräbt, aus seinem geistreichen Blick leuchtet. Dörmann ist anders. Er ist zuviel ungeschwächter Instinktmensch, um geistreich zu sein, um seine Worte zu suchen. Er ist derb und deutlich, überdeutlich. Man kann fast sagen, es ist Unkultur in ihm. Er ist dem Leben immer unterlegen; darum ist er immer pathetisch. Baudelaire ist kaum einmal wirklich pathetisch. Er ironisiert leise, wo Dörmann unter Lachen und Weinen blutig höhnt; er wird innig, wo Dörmann inbrünstig verehrt. Baudelaires Lieblingsworte sind *spleen* und *ennui*, Dörmann würde in seiner

Baudelaire: s. Anm. S. 181.

Sprache dafür Tollheit und Schalheit sagen. Man kann nicht behaupten, daß dieser Unterschied Schuld des deutschen Charakters oder gar nur der deutschen Sprache ist. Nein, das zeichnet einen ganz persönlichen Charakter: Dörmann hat eher etwas vom Südländer an sich, wie anderseits Baudelaire anglikanische Züge aufweist.

LEOPOLD ANDRIAN

Eine Locke

Sie hat die müde süße Farbe
Vom Gold das seinen Glanz verloren,
Das in dem milden Grau der Asche
Zu neuem Leben ward geboren.

Die Farbe die so wunderbar
Im Aug die andern Sinne bindet,
Weil es die Weiche und den Duft
Im abgeblaßten Schimmer findet.

Mir ist als ob ihr ganzer körperloser Reiz
Aus dieser Locke mir entgegenlachte,
Und dann – die unbegrenzte Traurigkeit
Der Nächte, die ich einsam keusch durchwachte.

Sonett

Ich bin ein Königskind, in meinen seidnen Haaren
Weht Duft vom Chrysam, das ich nie empfangen.
Es halten meine bösen Diener mich gefangen
Und auch mein Reiz wich müd den langen Jahren.

Chrysam: nicht ermittelt.

Nicht er allein; ich habe ihre Macht erfahren;
Im Leben das sie mich zu leben zwangen
Ist alle meine Hoheit hingegangen,
Ich ward so niedrig wie sie niedrig waren.

Sie haben mir den Purpur abgenommen.
Starr blickt mein Aug nach totem Glück ins Ferne:
Wo sind mir meine goldnen Locken hingekommen?

Ich kann nicht schlafen. Quälend sind die Sterne.
Oft nahen tückisch mir im Schlaf die Wächter –
Ich kann nicht schlafen und ich schliefe gerne!

Nachlässig starb, zu langsam starb die Nacht,
Indes die Fenster groß und weiß ins Zimmer sangen,
Wir waren Kinder und wir sind zu früh erwacht...
Es war ein Feiertag und alle Glocken klangen.

Und in dem Augenblick, da uns der Traum entwich,
Da fühlten wir durch unsre Seelen beben
Der Freuden Schatten, die das Fest versprach
Und schön und ungewiß, wie eine Frau im Traum: das
Leben.

So sahen es die Götter des Homer,
Wenn auf dem goldnen Lager sie erwachten,
An ihrer Tage schimmernd Perlenband
Und des Genießens Ewigkeiten dachten.

An all die Schlachten, drin ihr Ruf gedröhnt,
An stille Knaben, trunkner Frauen Lieder.
Die Sonne steigt – der bleiche Himmel tönt,
Nach Salbe duften ihre leichten Glieder.

Warum – da unsre Seele lang erkannt.
Daß sie allein dem Dasein Reiz gegeben –
Bei jedem Tag, den einst wir Fest genannt,
Nach unbekanntem sehnsuchtsvoll wir beben?

PAUL WERTHEIMER

Gastmahl

Ich hab' Euch Freunde gebeten zu Gaste
In meinem weiten Prunkpalaste.

Neig' mir den Arm, mein Haus zu durchschreiten.
Da schimmern Säle von allen Zeiten:

Symposion. Decken. Die Schritte verhallen
Fern in marmorprunkenden Hallen.

Mein Atrium. Brunnen auf Rasenplätzen,
Um der Clienten Schar zu ergetzen.

Von hoher Ampel roter Schimmer –
Mein byzantinisch goldenes Zimmer.

Dort Klosterhallen in schweigendem Trauern.
»Ave Maria!« Beten und Schauern.

Die deutsche Stube mit tiefen Erkern,
Burgkmaiers üppigen Fastnachtkerkern.

Niedliche Möbel und luftige Roben
Und Schäferspiele, darein verwoben.

Burgkmaiers: Hans B. d. Ä. (1473–1531), deutscher Maler und Zeichner.

Salon von heute. Büsten, Vasen.
Aus bebenden Pölstern knistert's – Ekstasen!...

In jedem Saale Mädchen schalten,
Die schwere, zierliche Becher halten:

Hetären, rot, mit schlanken Amphoren,
Und dunkle, die Byzanz geboren.

Der Klosterfrauen weiß flatternde Hauben;
Die spenden Wein gesegneter Trauben.

Und deutsche Mädel mit freien Zöpfen,
Die Bier aus steinernen Krügen schöpfen.

Die Schäferin will, mit Knicksen und Tänzen
Lockend, süßesten Wein credenzen.

Im letzten Saal in heimlichen Ecken –
Galantes Flüstern und Spielen und Necken.

Da trinke jeder nach tiefstem Genügen –
In zagen, stillen, lechzenden Zügen.

Du, Freund dem lächelnden Sonnenglanze,
Umwindest den Becher mit griechischem Kranze!

Du wirst im Rausche die Nacht verschlemmern –
Du liebst das weiche mystische Dämmern...

Ich aber möchte das Eine nur dürfen:
Von jeder Stunde den Schaum mir schlürfen!

Hellene, wenn breit die Sonne leuchtet,
Büßer, wenn Nebel die Scheiben feuchtet!

Bierplump, wo Schläger, Gesänge dröhnen,
Weinfroh mit lächelnden, fächelnden Schönen.

Zechend bei Reben, die dunkel bluten,
Nippend von kühlen, leuchtenden Fluten!...

Und dann, berauscht vom Großen, Ganzen,
In Eurem närrischen Reigen tanzen!

Weinlaub ins Haar! Mit den Thyrsosstäben
Geh jeder – nach Laune schlürfen das Leben!

Herbsten

Klagend weint es in den Zweigen.
Grelle Blätter, windgewiegt,
Jäh von tollem Sturm besiegt,
Tanzen müd im Todesreigen.

Und die Wünsche, die aus herben
Wurzeln an das Licht geblüht,
Sinken klagend, sinken müd
In das große, große Sterben.

CAMILL HOFFMANN

Es regnet auf die Stadt

Der Regen rann den ganzen Tag,
Der Regen spann die Mädchen ein
In müden, alten Gram;
Verregnet war das ganze Land,
Kein Weg, der noch zu ihnen fand,
Kein Bräutigam, der kam.

Thyrsosstäben: besonders im Dionysos-Kult verwendete, mit Efeu und Eichenlaub umwundene, von einem Pinienzapfen gekrönte Stäbe.

Und ihren Schmerz die Sehnsucht trug
Mit schwerem düstrem Vogelflug
Ins Wolkengrau empor.
Die Sehnsucht war ein Spinnerlied,
Sehr müd und alt und spät und müd, –
Sie sangen es im Chor.

Die Schwäne

Seitdem die schweigsame Kaiserin starb,
Sagt man, sind die Schwäne krank;
Sie nehmen nicht Speise, noch Trank.
Sie schlummern kauernd am toten Gestad',
Man läßt sie nun still, man weiß nicht Rat.

Doch was ein Diener weiter erzählt:

Um Mitternacht kommt der Mond hervor,
Die Bäume sind blau, der Teich ist blau,
Es scharrt kein Schritt, es knarrt kein Tor...
Da steht am Teich eine hohe Frau.
Die Schwäne schwärmen am Wasserrand,
Sie speist sie alle aus weißer Hand.
Man hat sie nun oft und oft gesehn,
Doch niemand sah sie kommen und gehn.

HERMANN UBELL

Römische Villa

Über schwebenden Pinien
Und steilen Zypressen
Im blaßblauen Himmel hängt
Die weiße Maske des Mondes.

Ja, hier könnte die Seele
Jahrlang wohnen
Und ihr traumumhangenes Antlitz
Spiegeln im goldüberstreuten Teich.

Fernher weht Musik,
Stärker duftet der Lorbeer,
Lauter plaudern die Brunnendelphine,
Und die weißen Göttinnen lächeln...

Aber mein Herz,
Übersättigt von Schönheit,
Stirbt hin in Wehmut.

ANTON LINDNER

Kleine Erkenntnis

Stütz' den Arm aufs Knie,
Leg' das Haupt auf die Hände:
Alles Leid ist am Ende
Nur Melodie...
Was uns wie Kummer geklungen,
Bald ist es ruhig versungen –
Und war nie.

RICHARD VON KRALIK

Der Traum

Ich war im Traum, ich weiß nicht wo;
Bin noch des seligen Traumes froh.

Ich dachte, was ich einst schon sann;
  Doch ach, ich weiß es nicht mehr, wann.
Es leuchtete, weiß nicht, wovon;
  Es war nicht Stern, nicht Mond, nicht Sonn'.
Ein Zauber lenkte meinen Sinn,
  Ich weiß nicht, wohinaus, wohin.
Es wallt' um mich noch immer mehr
  Und heller, ich weiß nicht, woher.
Ich spür' den Duft noch, weiß nicht, welchen,
  Aus wundersüßen Blumenkelchen.
Da tönt' es also süß und leise,
  Ich weiß nicht mehr, auf welche Weise,
So unbestimmt und doch so zart,
  Ich weiß nicht mehr, auf welche Art.
Ich weinte, weiß doch nicht warum;
  Das All umgab mich still und stumm.
Ich fühlte mich in stolzer Ruh'
  Bestimmt, ich weiß nicht mehr, wozu.
Ich sah daselbst, ich weiß nicht, wen;
  So Hehren hab' ich nie gesehn.
Es sprach zu mir, ich weiß nicht, wer,
  Ein Wort so tief, so innig her.
Ich fühlte drob, ich weiß nicht, was;
  War's Furcht, Entzücken, Liebe, Haß?
Ich schlug, ich weiß nicht mehr, womit,
  Ein Ungeheur, das mich bestritt.
Nun aber bin ich wieder hie
  In dieser Welt und weiß nicht, wie.

PAUL WILHELM

Traumgewalt

Nun gehst du oft durch meine Träume
Mit deinem sanften Schwebeschritt

Und bringst in meine stillen Räume
Des Glückes reinste Schauer mit.

Wie nächt'ge Schatten auf mich nieder
Fällt deiner Haare dunkle Flut –
Und stumm umfang' ich deine Glieder
Und trinke ihre keusche Glut...

Und meine tiefsten Wünsche schweigen...
Nur wie aus weiter Ferne her
Hör' ich ihr Lied die Unschuld geigen,
So sterbensbang und wonneschwer...

7

Prosa

LEOPOLD ANDRIAN

Der Garten der Erkenntnis

Ego Narcissus.
Καὶ διὰ τοῦτο δρᾷ, ἵνα
πάθῃ, ὅ πάσχει, ὅτι ἔδρασεν.
(Ein Orphiker.)
Piu ch'un anima e alta e perfetta
Piu senti in ogni cosa il buono
ed il malo. (Dante.)

Ein Fürst, dessen Güter an Deutschland grenzten, heiratete um sein zwanzigstes Jahr herum eine schöne Frau. Er war sehr verschieden von ihr, aber sie liebte seine Verschiedenheit als ein lockendes und verheißungsvolles Geheimnis, von dem sie glaubte, es werde sich eines Tages wundervoll enthüllen. Im zweiten Jahr ihrer Ehe gebar sie ihm einen Sohn, der im Heranwachsen seiner Mutter ähnlich wurde. In der folgenden Zeit ermüdete die Erwartung in ihrer Liebe, denn die Verschiedenheit zwischen ihnen blieb gleich groß. Zehn Jahre später erkrankte der Fürst. In seiner letzten Zeit, als das Armband seinem Gelenk und die Ringe seinen Fingern zu weit wurden und sein Gesicht von Woche zu Woche wechselte, fühlte sie die frühere unruhige Liebe zu ihm, nur ohne die Hoffnung von früher, denn sie wußte, daß er sterben würde. Als er tot war, glaubte sie, nur sein Sterben habe ihr die Enthüllung des Geheimnisses geraubt, und sie trauerte um ihn. Aber der Erwin hatte ihre Hände

Griechisches Motto: »Und deswegen handelt er, damit er erleidet, was er erleidet, weil er gehandelt hat.«

Italienisches Motto: »Je erhabener und vollkommener eine Seele ist, desto mehr fühlt sie in jedem Ding das Gute und das Böse.«

und ihre Stimme; und der Klang dieser Stimme verwirrte und verkleinerte seltsam die Großartigkeit ihres Schmerzes. So kam es, daß sie ihn ins Convict gab.
Damals (er ging ins zwölfte Jahr) war der Erwin so einsam und sich selbst genug, wie niemals später; sein Körper und seine Seele lebten ein fast zweifaches Leben geheimnisvoll ineinander; die Dinge der äußeren Welt hatten ihm den Wert, den sie im Traume haben; sie waren Worte einer Sprache, welche zufällig die seine war, aber erst durch seinen Willen erhielten sie Bedeutung, Stellung und Farbe. [...]
Dann kam die Zeit des ersten Frühlings, die den Erwin immer müde machte und in der er schlecht aussah, aber dieses Jahr schlechter wie sonst. Im zweiten Teil des Frühlings, in dem die Gärten schön sind, ging er nach Schönbrunn oder Laxenburg oder in den Volksgarten, aber immer allein. Dann sprach er Verse, deren Inhalt mit ihm nichts zu schaffen hatte, aber deren Klang ihn bewegte. Und in diesen kraftlosen Versen Bourgets kamen zwei Worte immer wieder und gaben ihm immer wieder einen Schauer, in dem jetzt vereinigt das Versprechen aller Hoheit und aller Niedrigkeit lag, die er früher getrennt gesucht hatte. Das waren die Worte »Die Frau« und »das Leben«. [...]
In die Stadt zurückgekehrt, litt er unter Wien. Denn was immer zu Wien gehörte, empfand er jetzt als bedeutsam; die Wesen und Dinge hatten jedes einen Sinn für sich und eine andere Beziehung zu ihm; er fühlte sie jetzt nur dumpf, aber er wußte, daß sie ihm nach der Erleuchtung klar und kostbar werden würden; und so suchte er mühselig zusammenzuraffen, worauf sein Auge fiel, um es für den großen Augenblick aufzubewahren. Er war wie ein Jüngling in der Höhle, in der sich alle Schätze der Welt zu verschiedenfarbigen Erden verzaubert befinden; das eine Wort, das sie verwandelt, wird ihm ein gottesfürchtiger Greis sagen; aber er darf in der Höhle nur wenige Augenblicke bleiben und weil er das Wort nicht weiß, so weiß er nicht mit welchen Erden er sich

Bourgets: s. Anm. S. 318.

beladen soll, denn alle sind ähnlich, obwohl die einen Bernstein, Corallen, Onyx, Jaspis, Chrysopras geben und andere Metalle und einige Diamanten und manche Agate, Türquise, Saphire, Aquamarine und eine die schwarzen, grünen, blaßgelben, rosigen, milchfarbenen Perlen und wieder eine die Opale, die er so sehr liebt.

Alles hatte seine sinnreiche Schönheit: die Cathedralen des Mittelalters und die großen gelben Barockkirchen, deren Heilige an Sommertagen sich lässig in den blauen Himmel hinaufwinden und die kleinen mittelalterlichen Kirchen im Gewirr der Häuser und die armen Kirchen der zwanziger Jahre in der Vorstadt. Alle Heiligenbilder waren schön, die goldenen geschnitzten Heiligenbilder die niemals leer stehen, und die Heiligen auf den lärmenden Brücken, leuchtend von Blumen, Licht und Farbe und die stillen Heiligenbilder, die in die Häuser eingelassen sind, in welchen die Dirnen wohnen; [...].

Zwischen diesen Stunden des Reichtums kamen andere der Öde die so unerträglich für seine Seele waren, wie es fürs Auge ist, ins Leere zu schauen. Einmal in Schönbrunn überkam ihn diese Öde besonders stark, indem ihm nicht bloß die Dinge nichtssagend erschienen, sondern auch seine Gedanken von sonst an ihm abglitten, auseinanderliefen und ihn allein ließen. Wenige Tage später freilich an einem Januarabend fühlte er dort den unsagbaren Reiz einer Statue, auf der sich zwei Frauen umschlungen hielten; hinter ihnen stieg über wenigen Sternen ein hoher grauer Himmel auf, die Erde war weiß von Schnee, nur etwas Licht von einem verwischten Mond fiel auf sie.

Manchmal konnte der Erwin Tage lang wieder Neigung und Mitleid für Clemens empfinden; einmal versuchte er mit ihm zu reden; aber ihr Gespräch war unheimlich; es ging ohne sie weiter, gleichzeitig mit ihren Gedanken aber einen andern Weg, und ihre Worte klangen anders als sie gesprochen waren.

Ein Jahr später lebte der Erwin mit einer Frau. Sie war schön von der Schönheit der späten Büsten bei denen man einen

Augenblick zweifelt, ob sie uns einen jungen asiatischen König zeigen oder eine alternde römische Kaiserin; und dieser Schönheit hatte sich die Bewunderung der Fürsten der Künstler und der Menge seit zwanzig Jahren aufgedrückt; sie glich einer Triumphsäule ihres eigenen Lebens, der das Unzählige eingeprägt war, was man von ihr erhofft und in ihr gefunden hatte, und darüber in prunkvollen Zügen das große herrliche Schicksal, das ein solches Leben ist. Besonders ihr Lächeln war voll davon, ihr schönes Lächeln, das beständig von ihren leise geöffneten Lippen sickerte und wie ein wundervolles Almosen an die Menge vermengt mit dem Duft ihres grauen Ambras hinter ihr zog, wenn sie über die Straßen ging oder über die Stiegen der großen Theater.

Alle Wunder die der Erwin von der Offenbarung erwartet hatte, waren in ihr, aber er fand keine Offenbarung. Wenn ihm sein früheres Leben eine Ahnung davon zu geben schien, so war sie ihm die Geschichte davon: die Geschichte in der alles was leuchtend war glänzend wird, und auch das Niedrige groß aber vieles von dem was uns Weisheit schien, nur geistreich. [. . .]

Bald darauf wurde der Erwin zwanzig Jahre alt. Um diese Zeit bedrückte es ihn, daß er die Lösung des Geheimnisses vom Leben nicht gefunden hatte, und um sie zu finden, beugte er sich tiefer und ängstlicher über seine Vergangenheit. Da wurde ihm vieles klar. Er bekannte, gefehlt zu haben, indem er das Wunder des Lebens in etwas anderem als wie im ganzen Leben selbst gesucht hatte, im Leben, das immer gleich wundervoll ist, weil es sich selber gleich bleibt, da es morgen sein wird, wie es gestern war, weil es ja heute nicht anders ist. Darum auch, weil jedem sein Leben das einzige Wunder war, konnte keiner dem andern eine Offenbarung darüber geben, noch von einem andern eine Offenbarung darüber erlangen. Er hatte das Geheimnis mit der Gewähr für dessen Lösung verwechselt, als er diese Lösung aus den Menschen erwartete. In ihnen lag das Geheimnis, oder es lag vielmehr darin, daß alle Menschen, unerkannt und andere nicht erkennend, fremd durch die Rüstung ihrer

täglich sterbenden Schönheit vom Leben in den Tod gehn. Jetzt bekamen seine Erinnerungen einen gesteigerten Wert für ihn; sie waren früher rührend gewesen, jetzt wurden sie ihm erhaben und kostbar; sie waren ja sein einziges Erbteil, sie waren sein Leben und dieses Leben war die Quelle der Schönheit; denn die Menschen, deren Erinnerung ihn bewegte, bewegten ihn nur, weil er an ihnen gelebt hatte, und es bewegten ihn ebenso die Häuser, auf die sein Fenster ging, oder die Straßen, durch die er geschritten war.
Trotzdem ergriffen ihn die Lippen, die Augen und die Haare vieler Menschen, denen er begegnete; aber er sprach nicht mit ihnen und war meistens allein.
Denn es schien ihm die königliche Verschwendung des Daseins und die unsagbare Erhabenheit der Seele in solchen Begegnungen zu liegen; es war wunderschön, daß der einsame Tod, welcher das Leben ist, uns nicht verhindern kann, eine fremde Schönheit, die wir nicht verstehn, die sich uns nicht enthüllen und uns nichts geben wird, nur weil sie schön ist, zu bewundern; es war wunderschön, daß wir, obwohl Menschen dennoch Künstler sind, Künstler wiederum darin, daß wir nicht einmal klagen, wenn uns diese Schönheit entgleitet, sondern sie grüßen und über sie jubeln, weil uns ein Schauspiel mehr wie unser Schicksal ist.
»Das Fest des Lebens« sagte er; es war wirklich ein Fest, dessen erlesenste Vornehmheit darin bestand, daß es keinen Zuschauer hatte; jenen Festen des siebzehnten Jahrhunderts glich es, in dunkeln Winternächten zwischen Spiegeln und Lichtern, jenen Festen, die so groß und feierlich waren, daß man darüber die Freude vergaß; jenen Festen, auf denen man sich nur einmal begegnete und mit manieriert verflochtenen Fingerspitzen langsam umeinander drehte und sich lächelnd in die Augen schaute und dann mit einer tiefen bewundernden Verbeugung voneinander glitt. [...]
Er reiste das Meer entlang von Capua bis Venedig. Das Meer war immer anders: manchmal war es schwarz, manchmal golden und lapuslazulifarbig, manchmal wie junger persischer Flieder, manchmal öde und weißlich und abends,

wenn es im Osten lag, war es lichtrosa und lichtgrau, silbern und lila, aber wenn es im Westen lag, dunkel wie die Flammen. Und an jedem Ort durch den er kam, sah er die Sonne auf- und untergehn; immer ergriff ihn die Unbegreiflichkeit ihrer Farbe; sie war in einem golden und safranfarbig und tief rot und tief blau.
In den Städten sah er auch viele Menschen und sprach mit ihnen und liebte sie.
An manchen Tagen fiel ihm sein ganzes bisheriges Leben ein; aber in seiner Rührung dabei war etwas von Mitleid, das man mit einem kranken, süßen häßlichen Kind hat. [...]
In Wien studierte er ein Jahr hindurch die Wissenschaften; seine Sehnsucht nach Erkenntnis war nach der Reise stärker geworden. Er war immer allein. Und dennoch bemerkte er, daß der Wechsel von Morgen und Abend, von Regen und Sonne und der Wechsel der Jahreszeiten die Fülle der Gefühle in ihm zurückließ, die er sich von der Unendlichkeit der Schauspiele gewährt glaubte. Da wurde ihm klar, daß er nicht in der Welt seine Stelle suchen müsse, denn er selber war die Welt, gleich groß und gleich einzig wie sie; aber er studierte weiter, denn er hoffte, daß, wenn er sie erkannt hätte, ihm aus ihrem Bildnis sein Bildnis entgegen schauen würde. Einmal im November regnete es; es war derselbe Regen wie im Frühling und auch die Luft war dieselbe; und wieder wie im Frühling fühlte er Sehnsucht nach den Erlebnissen, deren Möglichkeit in ihm war. Er schritt lange durch die Straßen; erst als er durchnäßt war, ging er wieder seinem Hause zu.
Da stieg vor ihm an der Ecke zweier Gassen der Fremde vom Frühling und vom Sommer auf; sein Gesicht war verändert, es war mager verzerrt und unerbittlich geworden, nur die Bewegungen seines Körpers waren gleich geblieben. Aber jetzt war nicht mehr in ihm die lockende Zweiheit des Lebens, es war nichts mehr in ihm als eine einzige schreckliche Drohung. Und bei seinem Anblick wußte der Erwin auf einmal wer er war: Es war sein Feind, der ihn von seiner Geburt an gesucht und ihn in der Trunkenheit des Frühlings

gefunden hatte und ihn seitdem verfolgte und hinter ihm herging und ihm immer näher kam und ihn endlich einholen und seine Hand auf ihn legen würde...

Er wollte nicht nach Haus, auch dort konnte der Feind ihn finden; er rannte durch die Gassen und kam erst gegen Morgen heim. In den folgenden Tagen verließ ihn die Angst nicht und seine Seele wurde grauenhaft öde und sie sah nichts mehr vom Leben wie einen furchtbaren Zweikampf mit dem Fremden. Aber das war nicht der Kampf des Lebens, den seine Kindheit erwartete, schön durch das Gefühl des Kampfes, da uns ja doch der Kampf nur den schönen Sieg geben kann oder das noch viel schönere Besiegtsein; bei diesem Zweikampf fühlte er nur die häßliche ratlose Furcht vor dem Tod, welcher das Ende des Kampfes ist. Es war die Furcht der Träume, in denen man auf der Straße zwischen vielen Menschen geht, und auf einmal überfällt uns unser Feind, und wir müssen mit ihm ringen; aber auf beiden Seiten gehn die Menschen weiter, und sie helfen uns nicht, denn unsere Luft, weil wir sie atmen, ist eine andere wie die ihre, und sie hören unser Schreien nicht und sehn uns und unsern Feind nicht und wir müssen allein mit ihm kämpfen.

Am dritten Tag wurde der Erwin krank; als er sich zu Bett gelegt hatte, fiel ihm der Fremde nicht mehr ein; auch die Furcht vor dem Tod war aus seiner Seele geschwunden, und statt ihrer war die alte Sehnsucht nach Erkenntnis darin, aber trocken und quälend, denn noch immer war er vom Leben durch eine andere Luft getrennt. [...]

Jeden Tag nahm die Dürre seiner Seele zu und mit ihr wurde die Sehnsucht nach Erkenntnis trockener und quälender; jeden Tag sehnte er sich mehr nach dem Regen, wie er an jenem Abend gewesen war.

Einmal schlief er ein und träumte. [...] Dann war der Erwin in einer Eisenbahnstation und wartete; da kam unter großem Lärm ein Zug in die Halle gefahren aus dessen Fenstern viele Menschen schauten; sie hatten die Gesichter derer die reisen, ihre Farbe war weiß und ihre Augen leuchteten, aber unter

ihren Augen lag Kohlenstaub. Es waren viele, sehr viele und alle waren unter ihnen, die er gekannt hatte, nur die Frauen nicht, und viele andere, die er nicht kannte; dann waren sie einander wieder seltsam ähnlich.
Und mit einem Mal riefen ihn alle bei seinem Namen und er wußte, daß auf diesen Ruf die Erkenntnis folgen müsse, und er wurde sehr froh.
Aber mitten in seiner Freude wachte er auf, denn es kam jemand um zu heizen. Während des Tages hatte er das Bewußtsein auf etwas zu warten, doch weil er starkes Fieber hatte, wußte er nicht genau, ob er auf den Regen wartete, nach dem er sich gesehnt hatte, oder auf den Schlaf, um im Traum zu erkennen.
Aber es regnete nicht, er schlief auch nicht ein.
So starb der Fürst, ohne erkannt zu haben.

JULIUS PAP

Leopold Andrian, »Der Garten der Erkenntnis«

Im vorigen Jahrhundert entstand bekanntlich in Deutschland der sogenannte Bildungsroman, der im Gegensatz zu den Anhäufungen äußerer Abenteuer im früheren Roman, nichts geben will als eine innere Entwicklungsgeschichte des Helden, die großen Wandlungen in seinem Verhältnis zur Welt, seinem Glauben, Denken und Streben; und diese Gattung ist bis zur vorigen Generation in der deutschen Prosa, wenigstens der vornehmen, die herrschende geblieben. Freilich gibt es da viele Abstufungen. Ein Bildungsroman kann genau so viel und so detailliert erzählen, so scharf und liebevoll schildern, wie ein ganz naives Produkt; das Lebensphilosophische kann darin überhaupt nur Vorwand, flüchtig ordnendes und gliederndes Prinzip sein, oder es werden doch immer erst nachträglich alle Ereignisse und Gestalten unter einen höheren Gesichtspunkt gerückt, in ihrer erzieherischen Bedeutung für den Mittelpunkts-Charakter beleuchtet. Die philosophische Auffassung kann aber auch die Schilderung selbst beeinflussen, es kann von vornherein nur das Bedeutsame in den Dingen hervorgehoben werden, was dann zu einem idealisierenden Typenstil der Erfindung führt. Endlich kann alles Konkrete sich zum bloßen Symbol bestimmter Regungen, Bedürfnisse und Reifestadien des Einen verflüchtigen. Eine Frau z. B. kann nichts als Fleisch und Blut sein; sie kann zugleich eine bestimmte Lebensepoche des Mannes sein; sie kann nichts als eine Stimmung, ein Gedanke von ihm sein. – Andrian geht noch weiter. – Sein biographischer Roman enthält gar nichts mehr, was einer Handlung ähnlich sähe. Er gibt nicht die Erlebnisse, sondern nur ihre letzte Abstraktion. »Um diese Zeit«, fährt gelegentlich die Geschichte fort, »bedrückte es ihn, daß er die Lösung des Geheimnisses vom Leben nicht gefunden hatte, und um sie zu finden, beugte er sich tiefer und ängstlicher über seine Vergangenheit. Da wurde ihm vieles klar usw.« Das können unter Umständen ausgezeichnete, vollendende Striche sein an dem Bild von Vorgängen, die wir in ihren Einzelheiten schon kennen und von denen wir eine ganz bestimmte Vorstellung haben, von Personen, die wir schon reden hörten und sich bewegen sahen; ohne diese Folie bleibt dergleichen leere Formel. Übrigens ist selbst das wenige Greifbare, das Andrian erzählt, gleichgiltig und eigentlich überflüssig. Denn wenn manche kleinen Vorkommnisse im Innenleben seines sensitiven Erwin einen ganz unverhältnismäßigen Raum beanspruchen, für ihn mit ganz neuen Empfindungen und Erkenntnissen verknüpft sind, so ist diese Verknüpfung doch nur eine zufällige; die dunklen Umstände solcher sich ruckweise entwickelnden geborenen Mystiker werden durch die kleineren äußeren Anlässe nicht erzeugt, sondern nur durch eine sehr natürliche Selbsttäuschung in sie hineinprojiziert, durch sie ausgedeutet. – Doch das weiß der Autor wohl selbst, und vielleicht will er mit seiner souveränen Verachtung alles äußeren Erlebens gar nichts anderes sagen, als daß wir selbst den Dingen erst ihren Erlebnisgehalt verleihen. Auch bleibt es ja immer sehr individuell, ob man sich bei einer Schilderung etwas denken kann oder nicht. Das Buch wendet sich eben an sehr nahe verwandte Geister, das kündigt schon der äußerst intime, sorglose, um Verständlichkeit für Fremde demonstrativ unbekümmerte Ton des Ganzen an; und nur sehr verwandte Geister werden auch entscheiden können, ob dieser Ton echt ist, d. h. ob ihm überall ein wirklich Empfundenes oder Gedachtes zugrundeliegt. – Der Stil befleißigt sich der chronikalischen Einfachheit klassischer Novellen, einer Einfachheit, die zu dem Inhalt in einem merkwürdigen bewußten Widerspruche steht und stellenweise den Eindruck der künstlerischen Ironie im Sinne der Romantiker macht; besonders an dem wirklich schönen Schlusse, der wie ein tiefsinniges Märchen wirkt. Mit welch raffinierten Kunstmitteln A. arbeitet, zeigt schon die Art, wie von dem Helden konsequent per »der Erwin« die Rede ist. Welche Satire, diese vertrauliche Bezeichnung für einen Menschen, dessen Schicksal es ist, sich und anderen immer fremd zu bleiben; und zugleich welche beständig leise mitklingende Erinnerung an die Mutter, für die er ja vor allem *der* Erwin ist. Oder keines von beiden?

HUGO VON HOFMANNSTHAL

Soldatengeschichte

Auf dem langen Holzbalken, der längs der Hinterwand des Stalles hinläuft, saßen die Dragoner der Schwadron und aßen ihr Mittagbrot. Sie saßen in einem schmalen Streifen Schatten, den das überhängende Stalldach gerade auf ihre gebückten Köpfe hinabließ und auf die zinnernen Eßschalen, die jeder Mann auf seinen Knien stehen hatte. Ein paar Schritte weiter unter einem Nußbaum, der spärliche Flecken schwarzen Schattens auf den ausgetrockneten Boden warf, hatten die Unteroffiziere: 3 Zugsführer, der Eskadronistentrompeter und ein paar Korporäle, eine aus 2 Fässern und einem Brett gebaute Bank. In dem Schattenstreif an der Wand lief eine Art von Gespräch hin und her: es war ein halblautes dumpfes Gespräch, wie es niedere Menschen führen, wenn sie sich beengt und unfrei fühlen. Dann und wann lief ein halblautes Lachen, ein gemurmelter billiger Scherz, den jeder wiederholte, durch die Reihe: aber er lief nicht ungebrochen durch die Reihe, hatte einen toten Punkt, einen traurigen Menschen in der Mitte, an dem sich die von rechts und links kommenden Wellen harmlosen Geschwätzes brachen. Das war ein Mensch, in dessen magerem langen Gesicht mit den großen Ohren nichts besonderes lag als daß die Ohren abstehend waren und rötlich schimmerten und lurch ihren eingelegten wie gefalteten oberen Rand etwas ingstliches hatten. Er hatte wie die andern seine Eßschale uf den Knien; aber während bei den andern schon der innerne Boden durch den Brei aus zerdrückten fetten rdäpfeln blinkte, war seine Schale noch halbvoll. Trotzdem tand er plötzlich auf, stellte die Eßschale auf den Platz, wo r gesessen hatte, und ging mit großen ungelenken Schritten ort. Der Zugsführer Schillerwein hob das sommersprossige aubvogelgesicht und sah dem Mann nach. Schwendar! chrie er hinter ihm her, als der Dragoner um die Ecke ebogen war. Ein kurzhalsiger Korporal neben ihm sah ihn ragend an. »Der Mann gefällt mir schon lang nicht«, sagte ler Zugsführer. »Der Kerl muß krank sein oder was« und aß veiter. Schwendar war um die Ecke gebogen, hatte seinen Jamen hinter sich schreien gehört und war mit gesenktem opf längs der nach erwärmtem Kalk riechenden Mauer veitergegangen, über ihm die wütende Glut der funkelnden onne, vor der die durchsichtige Luft in ungeheuern bläulihen Massen hing, wie Dunst gewordenes dunkles Metall.)er Dragoner überschritt den breiten Hof, der zwischen len Stallungen liegt, und das blendende Licht des weißen odens und der kalkbestrichenen Mauer verwischte alle ntfernten Formen und zehrte den Weg vor seinen Füßen uf, so daß er wie im Leeren dahinging.

lötzlich fielen seine gesenkten Blicke auf ein dunkles tiefes Vasser, und er schrak zusammen bis ins Mark der Knochen, bwohl er sich augenblicklich bewußt wurde, daß es nichts veiter war als das große, halb in den Boden gesenkte Faß, us dem man die Tränkeimer für die Pferde füllte. Aber einer Seele war in der Kinderzeit ein tiefer Schauer vor eisem beschattetem Wasser eingedrückt worden: zuhause in er Ecke des kleinen Gartens zwischen einem hohen Stoß erfaulender dumpfriechender Blätter und einem mit feuchtühlem Schatten erfüllten riesigen Holunderstrauch war das egenwasserfaß gestanden, in dem sich kurz vor seiner eburt seiner Mutter jüngere Schwester, ein alterndes Mädhen, aus Angst vor der ewigen Verdammnis und dem Feuer

der Hölle ertränkt hatte, indem sie mit der geheimnisvollen eisernen Willenskraft der Schwachsinnigen den Kopf hinein tauchte, bis sie tot über dem Rand hing. Dem Knaben schien in dämmernden Abendstunden der unheimliche Winkel den schlaff überhängenden Leib der Toten zu zeigen, aber fürchterlich vermengte sich dieses Bild mit seinem eignen tiefsten Leben, wenn er an heißen Mittagsstunden sich über den dunklen feuchten Spiegel bog und ihm aus der Tiefe, die ihm grün schien, sein eigenes Gesicht entgegenschwebte, dann aber wieder sonderbar zerrann, von schwarzen und blinkenden Kreisen verschluckt, und ein gestaltloser Schatten sich nach aufwärts zu drängen schien, daß er schreiend entlief, und doch immer wieder zurückkam und hineinstarrte. Daß ihn aber die Erinnerung daran in diesem Augenblick mit solcher Heftigkeit anfiel, war nur ein Teil des sonderbaren Zustandes, der sich des Soldaten seit Wochen immer mehr bemächtigt hatte, einer schwermütigen Nachdenklichkeit, die ihn in eine immer tiefere Traurigkeit hineintrieb, ihm im Bett die Augen aufriß und den Druck seines schweren Blutes fühlen ließ, ihm beim Essen die Kehle zuschnürte und sein Gemüt für alles Beängstigende und Traurige empfänglich machte. Nun wußte er, er würde sich umsonst aufs Bett legen: die glühende Sonne machte ihn nur müde nicht schläfrig und von innen war er unerklärlich aufgeregt:
Die Erinnerungen der Kindheit lagen entblößt in seinem erschütterten Gemüt, wie Leichen, die ein Erdbeben emporgeschüttelt hat: die Schauer der ersten Beicht, des ersten Gewitters, die grellen und dumpfen Erinnerungen der Schultage, drängten ihm ein Kind entgegen, zu dem er mehr als Du, zu dem er Ich sagen sollte, und doch war in ihm ein solches Stocken der Liebe, daß er nicht wußte, was er mit dieser Gestalt anfangen sollte, die ihm fremd war wie ein fremdes Kind, ja unverständlich wie ein Hund. Diese traurige Trunkenheit, dieser unerklärliche innere Sturm war ihm lästiger als die frühere Niedergeschlagenheit; er wollte lieber versuchen, sich zu zerstreuen und ging in den Marodenstall um nachzusehen, ob neue kranke Pferde dazugekommen

wären. Er fand aber in dem großen dunstig dämmernden Raum nur die drei, die er schon kannte: Der alte blinde Schimmel, dessen Farbe an den Flanken ins gelbliche ging, trat webend in seinem Stand nach rechts und nach links und ohne Unterlaß wieder nach rechts und nach links.

Im benachbarten Stand lag das dämpfige Pferd: es ruhte nicht mit untergeschlagenen Beinen wie gesunde Pferde tuen, sondern es lag sonderbar mit halbangespannten Gelenken, als wenn es unaufhörlich bereit sein müßte aufzuspringen, und der Kopf mit den großen suchenden Augen war krampfhaft nach oben gerichtet, um mit weitaufgerissenen verzweifelten Nüstern all die Luft einzuziehen, derer seine Brust und die wogenden schlaffen Flanken bedurften. Dies war die einzige Lage, welche es ertrug, ohne das Ersticken befürchten zu müssen. Das röchelnde Atmen dieses Pferdes und das dumpfe taktmäßige Hin- und Hertreten des webenden Schimmels gaben zusammen den Ton, der das Leben dieses Raumes ausmachte: von der Ecke, wo das dritte Pferd stand, ging nichts aus als Totenstille. Es war ein großes Tier und stand mit gesenktem Kopf auf seinen vier Füßen, als ob es schliefe. Aber es schlief nicht: unterm Fressen hatte es sich vergessen, wie es sich unterm Gehen vergessen konnte und geradeaus in eine Mauer oder in ein Wasser laufen wie in leere Luft. Es lebte, aber das Leben war ihm so völlig verloren wie einem Stein, der in einen Teich gesunken ist: in seinem dumpfen Wahnsinn stand es nicht schlafend und nicht wach, vom Leben und vom Tod, ja selbst von der Möglichkeit des Sterbens durch eine unsichtbare undurchdringliche Wand abgeschlossen: seine Augen waren offen, aber sie sahen nicht, er wußte unter dem Fressen in Bewußtlosigkeit, auf seinen großen herabhängenden Lefzen klebten viele Haferkörner und zwischen ihnen hing eine winzige hellgelbe Made, die sich voll Leben wand und krümmte.

Als der Dragoner wieder über den Hof zurückging, hörte er aus einer Stalltür lautes wieherndes Lachen. Zwei Korporäle standen unter der Tür und unterhielten sich damit, den Dragoner Moses Last um die Namen des Herrn Brigadiers und des Herrn Korpskommandanten zu fragen. Dieser Mensch war schwachsinnig; seine Ausbildung im Reiten hatte man nach kurzer Zeit wegen unüberwindlicher Feigheit aufgegeben, und da er von Haus aus Schneider war, so steckte man ihn ins sogenannte Professionistenzimmer; außerdem wurde er aber zur Pferdewartung verwendet, und stundenlang konnte man ihn unter dem Leib der ihm anvertrauten Pferde knien sehen mit lautloser Emsigkeit darin verloren, ihre Hufe mit einem kleinen fetten Lappen so heftig zu reiben, bis sie glänzten wie poliertes Horn. Aber es war unmöglich, ihm sonst die geringste militärische Ausbildung zu geben. Wenn der Rittmeister, dem er in hündischer Art anhänglich war, vor der Stalltür vom Pferd stieg, lief er hinaus, nahm die Kappe ab, und sagte, indem er das Gesicht vor Freude verzog, »Guten Tag, Herr Rittmeister«. Davon war er weder durch Krummschließen noch durch Dunkelarrest abzubringen, ebensowenig aber durch irgendein Mittel dahinzubringen, daß er sich den Namen des Rittmeisters oder denjenigen eines anderen Vorgesetzten gemerkt hätte.

Schwendar machte die Kopfwendung, um die beiden Unteroffiziere zu grüßen und indessen seine Augen während dreier Doppelschritte auf ihnen hafteten, prägte sich der Anblick des Schwachsinnigen ihm heftig ein: er stand zitternd, in krampfhaft steifer Haltung, mit vorgestrecktem Kinn und Hals: in seinem aufgedunsenen Gesicht ging ein schiefer, gleichsam gesträubter Blick auf seine Quäler; hinter seinen dicken Lippen arbeitete es mühsam. Endlich flog ein schwacher Lichtschein über sein Gesicht; er quetschte Worte hervor, und im Eifer schob er sich dem einen Korporal auf den Leib, und er faßte ihn mit einer beweglichen Gebärde bei den Knöpfen der Uniform. Dann brüllte der Korporal irgendein Kommando, und Schwendar sah noch das aufgedunsene Gesicht vor einer geballten zum Schlag ausholenden Faust zurückfahren. Er ging mit schnellen Schritten weiter, hinauf ins Mannschaftszimmer, und weil doch Sonntag war, so zog er die Ausgehmontur an und nahm Helm und Säbel, um in die Stadt zu gehen. Als er fertig war, griff er aus Gewohnheit nach seiner alten silbernen Taschenuhr und erinnerte sich sogleich, daß er sie nicht mehr besaß und daß er seit 2 Monaten täglich danach griff und sich täglich mit dem gleichen Gefühl von Demütigung und dumpfem Schmerz auf die Umstände ihres Verlustes besann. Der Dieb war sein einziger Freund. Es war der Eskadronsriemer Thoma, der jetzt im Spielberg saß.

Immer tiefer trieb es ihn in den Wald hinein. Mit nachschleppendem Säbel und in den Nacken zurückgeschobenem Helm, stampfte er zwischen den Birken hin wie ein Betrunkener. Die niedrigen Zweige schlugen in sein erhitztes Gesicht, seine Füße ließen in dem moorigen Boden tiefe Spuren zurück, die sich gurgelnd mit schwarzbraunem Wasser füllten. Dieses Geräusch brachte ihm den Gedanken an den Tod so nah wie am Vormittag der Anblick des Wassereimers, und um es nicht länger zu hören, veränderte er seine Richtung und lief mehr als er ging einen Durchhau entlang, der festeren Boden hatte. Vor ihm schien der Wald sich zu lichten. Etwas Rötliches schwebte vor seinen Augen, ein rötlichblauer Schimmer zog sich quer über den Weg. Als er näher kam, waren es viele Salbeiblüten zwischen den dämmernden Büschen. Er sah sie aufmerksam an, aber wie er die Augen hob und weiterging, flog das Rötliche wieder vor ihm wie ein schwebender Schleier. Dann lag es auf dem Stamm einer vorgeneigten Birke, die halbversteckt lauernd seitwärts, wie ein roter Fleck. Dann kam es von allen Seiten ein ganzer blutroter Schleier, warf blutige große Flecken auf das kugelige Grün der dichten Büsche, auf die weißen Stämme. Lachen von Blut standen da, dort über dem dunkelnden Erdboden. Zehn Sprünge, zu deren jedem sein klopfendes Herz die Kraft verweigern zu wollen schien, brachten ihn an den Rand des Waldes. Blutend, von einem übermäßig angespannten Glanz, wie mit dem letzten Blick eines brechenden Auges starr und regungslos angeglüht lag die endlose wellenförmige Ebene vor ihm. Hinter dem großen Eisenbahndamm, bis zu welchem es 2 Stunden zu reiten war, sank die Sonne. Nur mehr der oberste Rand der nackten glühenden Scheibe blinkte über den Damm, wie das oberste eines vom Lid entblößten Auges: dann fiel auch dieses letzte funkelnde hinab, und allmählich sank der Glanz des Landes in seinen Abgrund, aus dem roter Rauch emporwehte, ins Tote. Erschöpft von Angst und Laufen hatte sich Schwendar am Rand des Waldes niedergesetzt. Als er den schweren Helm abnahm und ihn neben sich ins Gras stellte, war ihm, als träfe ihn aus dem Gebüsch von der Seite her ein kalter, aufmerksamer und doch teilnahmsloser Blick, und er fühlte seine Brust von einem Gefühl zusammengeschnürt, das mit einer fernen ganz fernen Erinnerung verknüpft sein mußte. Es war die Erinnerung an jenen Tag, an welchem seine Mutter gestorben war, eine dumpfe Erinnerung des Körpers mehr als der Seele. Er fühlte das Stocken seines Atems und das Frieren im Rücken, als die Kranke sich plötzlich aufrichtete und mit einer fremden, harten und starken Stimme sagte: Es ist die heilige Jungfrau Maria, sie winkt mir mit einem Licht, und dann noch einmal, sie winkt mir mit einem Licht. Dann gingen die Blicke der Sterbenden langsam, mit einem Ausdruck von Strenge und ohne alle Teilnahme über den Knaben hin, über ihn und über alles was noch im Zimmer war, zuletzt über die Erhöhung der Bettdecke, dort wo die eigenen mageren Füße waren, und blieben endlich stehen, starr und voll gespannter mühsamer Aufmerksamkeit wie nach innen gerichtet, während in die Seele des Knaben sich lautlos das Grauen hineinschraubte über dieses Entsetzliche, daß eine Gestalt, die er nicht sehen konnte, winkte und die Mutter ihr nachgehen mußte und dieser Fremden so verfallen war, daß ihre offenen Augen nichts mehr sahen, ihn nicht und nichts in der Welt. Alle diese Dinge stiegen in ihm empor und brachten eine Bitterkeit mit sich, gegen die es keine Rettung gab. Von neuem durchfühlte er das innere Erstarren des Kindes bei der Einsicht, daß so etwas geschehen *konnte*; jetzt aber, da es schon so lange geschehen war, sah er es in einem neuen fürchterlichen

Lichte: er haßte seine Mutter dafür, daß sie sich so aus dem Leben fortgestohlen hatte mit einem kalten, leeren Blick auf ihn und alles, was sie in dieser Hölle zurückließ. Den Rasen, auf dem er saß, fühlte er als einen Teil der großen undurchdringlichen Decke, unter der die Toten sich verkrochen, um nicht mehr dabei zu sein. Wie Schläfer, die sich in den Dunst ihrer Betten einbohren und ihr Gesicht in den Polster graben, lagen sie unter ihm, und ihre Ohren waren voll Erde, daß sie sein Stöhnen nicht hören konnten und nicht achten auf seine Verlassenheit. Er sprang auf und schlug mit den Füßen gegen den Boden, daß die Sporen tiefe Risse in der Erde ließen und die streifigen Fetzen des Rasens gegen den Himmel flogen. Dann zog er den Säbel und fing an, auf die Büsche und kleinen Bäume einzuhauen vor Wut sinnlos und berauscht vom Gefühl des Zerstörers. Er glaubte einen schwachen Widerstand und den empörten Atem der Wesen zu spüren, die ihm unterlagen. Zerfetzte Blätter erfüllten die Luft und der Saft der verwundeten Zweige sprühte dem Soldaten auf Gesicht und Hände. Der Säbel schlug klaffende Streifen in das kühle Dunkel, das ihm wie aus Kellerlöchern entgegenquoll. Er fuhr zurück, denn diesmal berührte ihn ein starrer totenhafter Blick aus deutlicher Nähe, zu seinen Füßen schien ein elendes Wesen im Dunkel zusammengekauert, sein Säbel sauste auf einen weichen Körper nieder, und als er es herausschleuderte, war es die klägliche kleine Leiche eines verendeten Hasen, deren starre Augen jetzt mit leblosem Glotzen in das Weite des hohen kühlen Himmels schauten. Dieser erbärmliche Anblick erhöhte die dumpfe Wut des Elenden; von neuem stürzte er auf das tote Tier und schleuderte es in einem starken Bogen seitwärts, daß es klatschend gegen einen harten Stamm schlug und in der Höhe ein Schwarm erschreckter Dohlen sich jäh mit widerlichem Rufen und knarrenden Flügeln flüchtend in die stille Luft warf. Ihr Schreien zog den Blick des Soldaten aufwärts. Aus dem Gewipfel einer ungeheuren Ulme schwang der häßliche Schwarm sich weg, die auf uralten Wurzeln ruhend mit der Last einer grünen auf jähem Abhang aufgetürmten

Bergstadt spielend schien. Zur Seite der Ulme aber stiegen 2 riesige Pappeln auf und drängten mit strebenden Kronen hoch ins Dämmernde empor. Die 3 Bäume waren nicht ineinander verwachsen, aber ihr grenzenlos starkes Streben schien sich aufeinander zu beziehen: Die dreifach ansetzende Wipfelmacht der Ulme nahm den kletternden Blick wie mit gewaltigen hebenden Armen mit, eine lebendige schattenerfüllte Wölbung reichte ihn der andern empor, bis ihn die letzte an die Pappeln abgab, die wie von inneren Flammen lautlosen Wettkampfes ergriffen still nebeneinander in den Raum hinaufwuchsen. Der Anblick der drei Bäume, die in der dunkelnden Stunde immer mehr ins riesenhafte wuchsen, legte sich wie ein Alp auf Schwendar: der Gedanke, mit seinem Säbel gegen diese unerschütterlichen Stämme zu schlagen, machte seinen Arm schwer, wie ein lahmes Glied. Die Macht dieser verhaltenen Riesenkräfte raubte seinem sinnlosen Spiel den trunkenen Schein von Überlegenheit, der ihn für Augenblicke über das Gefühl seiner Schwäche und Angst hinweggebracht hatte, unterband sein Blut und wies ihn ins Leere zurück. Er nahm seinen Helm mit abgewendeten Augen vom Boden auf und lief fort, quer über die offene Hutweide der Kaserne zu, den bloßen Säbel in der einen, den Helm in der andern Hand. Er hatte keinen anderen Gedanken als den, nicht länger allein zu sein: seine Angst hatte Bestimmtheit gewonnen, ihm war, als würfe sich nun bald die Last, mit der diese riesigen Bäume spielten, auf seine Seele. Schon war er ein weites Stück gelaufen, als er zwischen dem Klopfen seiner Adern die wütend schnellen Hufschläge eines Pferdes wahrnahm, das hinter ihm herjagen mußte und mit jedem dumpfen Dröhnen ein Stück des trennenden Bodens hinter sich warf. Ohne Überlegung warf er sich seitwärts wie ein gehetzter Hase und stürmte in weiten Sätzen dem Walde zu. Wo die Schleuse des herrschaftlichen Karpfenteiches an den Waldrand tritt, sprang er über den trockenen Ablaßgraben und lief am Teich weiter mit dem wilden Schatten seiner tollgewordenen Messnergestalt die großen dunklen Fische erschreckend, daß sie wie von einem Steinwurf getroffen im Kreis auseinanderschossen und in die grünschwarze, feuchte, dunkle Tiefe verschwanden. Der junge Offizier, der ihm aus Neugierde nachgaloppiert war, parierte am Rand des Teiches den großen heftig atmenden Fuchsen und sah der unbegreiflichen Gestalt nach, die mit den Sprüngen eines Wilden, Helm und Säbel in langen Armen krampfhaft schwingend, zwischen den Bäumen herflüchtete.

Er richtete sich auf. Helles Mondlicht lag über den 2 langen Reihen gleichförmiger Betten, und dunkle starke Schatten trennten wie Abgründe die Leiber der Schlafenden. Ihren Gesichtern gaben die dunklen Stellen, die unter den Augen und Lippen lagen, etwas Fremdes, Vergrößertes. Schwendar hatte sich aufgesetzt. Die Hände, deren Schwere er fühlte, als wenn sie tot wären, hatte er vor sich auf der Decke liegen. Seine Augen liefen mit einem unruhigen und leeren Ausdruck über die Schlafenden hin. Das Wachsein war nicht besser als der Halbschlaf mit geschlossenen Augen. Es war als schwebe der schwere Stein, der auf seiner Brust gelegen war, in einiger Entfernung vor ihm, rechts in der Gegend der halbdunkeln Ecke, wo die Zugtrompete hing, als schwebe er dort regungslos in der Dämmerung und beängstige von dort her seine Brust mit derselben lähmenden Last wie früher. Er wandte den Kopf nach der Seite, um ihn nicht zu sehen, und spannte seine ganze Kraft an, um sein Denken auf das zu drängen, was er vor Augen hatte. Es war ihm, als müsse es möglich sein, mit einer übermenschlichen Anstrengung die Gedanken nach außen zu drücken, so daß sie dem, was ihn im Innern ängstigte, den Rücken wenden mußten. Der Mann, welcher ihm zunächst lag, war der Korporal Taborsky. Er war im Zivil ein Schuster. Er lag kerzengerade auf dem Rücken. Die Arme hatte er auch gerade ausgestreckt, einen rechts einen links. Er war ein gutmütiger Mensch, der etwas auf Manieren hielt. Aus dem zufrieden aussehenden Gesicht stand das strohgelbe Schnurrbärtchen unter der Stumpfnase freundlich empor und bewegte sich bei den ruhigen Atemzügen. In der gewissermaßen wohlwollenden Regelmäßigkeit der Atemzüge lag das ausgedrückt, was ihn auch beim Dienst auszeichnete. Niemand sah mit soviel Wohlwollen einem Pferd fressen zu, niemand hörte mit einem so freundlichen überlegenen Gesicht Schimpfen und Klagen an. Er konnte stundenlang im Stall auf- und abgehen, jedesmal in jede der Spiegelscherben, die, zum Richten der Halsstreifen an den Holzpfeilern angebracht, einen freundlichen Blick werfen, gleichmütig aber nicht ohne Ironie nicken und wieder weitergehen. Unter seinem Kopfkissen lag ein zusammengefaltetes Taschentuch, das er nie benützte, und einige Blätter eines Kolportageromans. In diesen liebte er gern und mit einer gewissen Ostentation zu lesen, noch mehr liebte er es aber, gefragt zu werden, warum er denn gar so gern lese, und darüber Auskunft zu geben und im allgemeinen über den Unterschied von gebildeten Menschen und solchen, die sind wie das liebe Vieh, zu reden. Auf einmal, und mit einem Schlag, wußte Schwendar, daß nun alles zu Ende gedacht war, was er im Stande wäre, über diesen Mann zu denken und daß ihn länger anzuschauen ebenso nutzlos wäre wie für einen Durstenden einen Krug zu haben, der keinen Tropfen Wasser mehr in sich hält. Und schon spürte er im Innern, wie aus großer Entfernung unaufhaltsam näherkommend das Wiederkehren der Angst, welche diesen elenden aus Sand aufgeführten Damm, dieses Denken an den Mann, der neben ihm lag, unaufhaltsam fortspülen würde, wenn er ihn nicht schnell schnell verstärkte. Aber er hatte kaum den Mut, seinen Blick von dem Korporal weg und nach dem nächsten Bett hin zu drehn, denn dabei mußte er den dunkeln Raum zwischen diesen beiden Betten streifen, und in diesem mit Schatten gefüllten Abgrund schien ihm die Bestätigung des Entsetzlichen zu liegen, die Unabwendbarkeit des Wirklichen und die lächerliche Nichtigkeit der scheinbaren Rettungen. Wie ein feiger Dieb zwischen zwei Atemzügen über den Schlafenden den Fuß hebt, vom eignen Herzklopfen so umgeben, daß ihm der Boden weit weit weg vorkommt und die

Möglichkeit seine Füße zu beherrschen unendlich gering. Er hob verstohlen und bebend den Blick über den dunklen Streifen und ließ ihn wie liebkosend mit aller Kraft über das Gesicht des nächsten Mannes gleiten, der beide Arme unter dem Kopf hatte, und mit offenem Mund schlief, daß man die starken hübschen Zähne seines Mundes sehen konnte und die Nüstern seiner aufgeworfenen Nase. Es war der Dragoner Cypris, ein kindischer Mensch, in dessen braunen Wangen Grübchen erschienen, wenn er lachte. Und er lachte überaus gerne. Schwendar versuchte, sich den Klang seines leisen und unerschöpflichen Lachens ins Gedächtnis zu rufen: es war wie das silberhelle Glucksen im Hals einer Glasflasche. Dieser Cypris war in seine Decke eingerollt wie ein Kind. Ihm gegenüber in der anderen Bettreihe lag der starke Nekolar. Er war zwanzigjährig, aber riesengroß und der stärkste Mann im Zug. Sein Haar war fein kurz und dicht wie das Fell eines Otters und von der Farbe wie glänzendes Strahlen. Er lag, das Gesicht in dem Kopfpolster eingegraben, und seine großen Glieder waren über das Bett geworfen, als wäre es ein großes, mißfärbiges Tier, mit dem er ränge und das er mit der Spannkraft seines jungen riesigen Körpers gegen den Boden drückte. Mit düsterer Verwunderung wandte Schwendar den Blick von ihm ab und sah seinen Nachbar an. Der Mann hieß Karasek. Häßlich und gemein war sein Gesicht und häßlich lag er im Bett, die Decke unter sein fettes Kinn hinaufgerissen, die Knie in die Höh gezogen, gleichzeitig feig und unverschämt. Von ihm zogen sich Schwendars Blicke traurig und mit Ekel zurück und blieben auf der leeren Schlafstelle liegen, die unmittelbar neben seiner eigenen war, der Schlafstelle seines Freundes, des Riemers Thoma, der im Stockhaus saß. Da kam das Gefühl seiner Verlassenheit unendlich stark über ihn: verraten und verkauft hatte ihn sein Freund, seine Mutter war unter die Erde gegangen, seine Kehle verschnürte sich gegen das Essen, seine Glieder wollten ihn nicht mehr tragen und der Schlaf warf ihn aus. Stumpfsinnig stützte er sich erst auf einen Arm dann auf den andern. Dann mehr in einem

Fieberdrang die Stellung zu verändern, als mit einer inneren Absicht, warf er die Decke ab und kniete in seinem Bette nieder. Mein Gott mein Gott mein Gott stöhnte er halblaut vor sich hin und drehte die Augen in den Höhlen wie ein leidendes Tier. Immer heller wurde das Zimmer, immer mehr beklemmte ihn die Nähe dieser Menschen, die eingehüllt in ihren schlafenden Leib dalagen und seiner Qualen nicht achteten. Eine dunkle Erinnerung gab ihm die Worte in den Mund. Mein Gott, mein Herr, laß du diesen Kelch an mir vorübergehn! Er wiederholte sie 3 oder 4mal, bis sich plötzlich etwas Unbegreifliches ereignete. In dem Licht, das das ganze Zimmer mit stiller Helle erfüllte, ging eine Veränderung vor sich. Es währte nur einen Augenblick lang: es schien von innen, es mochte von außen gekommen sein. Es war nichts als ein Aufzucken, wie das Winken eines fernen Lichtes. Dann sank das stille Licht wieder in sich zusammen, und alles war wie früher. Aber seiner Seele bemächtigte sich mit übernatürlicher Schnelligkeit die Ahnung, die Gewißheit, daß es ein Zeichen gewesen war, ein Zeichen für ihn, der Widerschein des geöffneten Himmels, der Abglanz eines durch das Haus gleitenden Engels. Mit offenem Mund und gelösten Gliedern drehte er sich auf den Knien dem Fenster zu.

Der schwarzblaue in ungeheurem Schweigen leuchtende Himmel trat vor seinen Blicken zurück und schien von nichts zu wissen. Auf der Erde aber lag das weiche Licht des tiefstehenden Mondes, umgab die Schmiede und das rotgedeckte Haus, in welchem Unteroffiziere wohnten, mit einem fremdartigen Schein, ließ die Barrieren der offenen Reitschulen schlanker erscheinen, rundete die Kanten der frisch aufgeworfenen Gräben ab und machte aus den Äckern und dem großen Exerzierplatz ein einziges mit schwimmendem Glanz bedecktes weites Gefilde, um dessen fernen Rand der große finstere Damm den Blick aufnahm, um ihn mit sich fortzureißen wie ein erhöhter riesiger pfeilgerader Weg ins Unbekannte. Schwendars Augen aber, die ein feuchter Glanz zu erfüllen anfing, suchten in dem ganzen großen Raum ein Etwas, das kleiner sein mochte, wie der aufblitzende Blick eines Menschenauges und doch so groß, daß es durch den Zwischenraum des Himmels und der Erde hinwehte und alle menschlichen Maße zunichte machte. Seine Augen suchten den Ort, von dem das Zeichen ausgegangen war, denn er wußte, daß es ein Zeichen gewesen war und daß es ihm gegolten. Mit einem gewaltigen lautlosen Schwung war in seine leere Seele der Glaube zurückgesprungen und durchdrang ihn wie eine weiche stille von geheimnisvoller Lauheit getragene Flut. Schon nicht mehr wie das Nichts, dessen Inneres ausgehöhlt war von Leere und Kummer, von unfruchtbarem Stöhnen, schon verwandelt, eines unverlierbaren Glückes dumpf bewußt, kniete er in seinem weißen Hemd mit seinen schweren Augen, seinen sehnsuchtoffenen Lippen über den Leibern dieser Schlafenden, die sich in den Dunst ihrer Betten hineinbohrten, und mit den Zähnen gegen das Dunkel knirschten. Aber noch einmal wollte er das unsägliche Glück dieses Anfangs genießen, das ihm schon begehrenswerter schien als die Minuten, die seitdem verflossen waren, noch einmal den Anhauch fühlen, das lautlose Aufleuchten, mit dem etwas Ungeheures, unter dessen Vorüberwehen die Helle des Mondes lautlos anschwoll und wieder in sich zusammensank, durch die schweigende Nacht hin sich ihm zugeneigt hatte. Daß aber die Wiederholung des Zeichens ausbleiben und damit alles in Nichts zusammensinken könnte, dem vorzubauen, formte er den Gedanken des Wunsches mit einem kaum ihm selber deutlichen inneren Vorbehalt, er erlaubte dem Herrn im Voraus, sein zweites Zeichen zurückzubehalten, und auch das sollte nichts Böses bedeuten. Sein Gesicht nahm einen schlauen und furchtsamen Ausdruck an: er wurde sich des Geräusches bewußt, das sein Atmen machte, und hielt ein. In diesem Augenblick durchdrang ihn die Überzeugung, daß sich an einem Teil des Himmels, den seine Blicke nicht bedeckten, etwas ereignet hatte. Er wußte nicht, was es war, aber Es war eingetroffen. Eine innere Gewalt bog ihn näher gegen das Fenster und heftete seinen Blick auf das

Stück des seitlichen Horizontes, das sich nun hervorschob. Dort war es: dort wo zwischen 2 riesigen Pappeln eingeklemmt eine Ulme den Bau von Ästen geisterhaft gegen den dunkel undurchdringlichen Himmel hob, dort war Es, halb Bewegung halb Leuchten, lag es zwischen den Wipfeln, als hätte die Ferse eines Engels im Hinunterfahren den schaukelnden schwarzen Baldachin gestreift, unmerklich wie das Flügelheben eines kleinen Vogels in hoher heller Luft, und doch Bewegung ungeheuerer Art, wie wenn auf den großen Hutweiden hinter fernen kleinen Staubwolken sich viele Schwadronen ordneten, deren Näherkommen den Boden in fühlbaren Wellen erdröhnen ließ wie unterirdischer Donner.

Nach der Wiederholung des Zeichens ließ sich Schwendar leise niedergleiten und drückte die Stirn mit dem Gefühl innigen Glückes auf das Fußende des Bettes. Ihm war leicht wie einem neugebornen Kind: alle Schwere, alle Qualen schienen in der Ferne abschwellend hinzusinken, wie das Rauschen der Bäche aus tiefsten Tälern für den, der auf den Gipfel des ungeheuren Berges emporgehoben ist.

Er zog die Stallschuhe und die Zwilchmontur an, dann setzte er sich auf sein Bett und wartete leichten Herzens, bis er auf der Treppe die schweren Tritte des Tageskorporals hörte, der die Stallwarten ablösen ging. Da stand er auf und ging in den Stall. Auf der Stiege begegneten ihm die 3 oder 4 Abgelösten, die schlafen gingen. Ihre stumpfen mürrischen Gesichter und ihre Hast, ins Bett zu kriechen, erregte in ihm eine behagliche Verwunderung, wie das Treiben kleiner Kinder in einem Erwachsenen. An der Stalltür, wo es dunkel war, stieß ein betrunkener Wachtmeister, der sich einbildete, er sei der Inspektionsoffizier und müßte Ordnung schaffen, so heftig an ihn, daß er in den kleinen Graben, der um jeden Stall läuft, hineintaumelte: aber das innerliche Glücksgefühl, das ihn erfüllte, wurde unter jeder Berührung nur immer stärker, und unwiderstehlich quoll aus seinem tiefsten Herzen eine Freudigkeit, die auf seinem Gesicht zu einem Lächeln wurde, wie bei einem stark Verliebten. Zu einem Lächeln, das immer neu aufstieg wie leichte Luftblasen am Ende eines Wasserrohres. Alles nährte seine Heiterkeit: das hastige Herumlaufen zwischen den Ställen, wie es immer zur Zeit der Ablösung, das Fluchen des betrunkenen Wachtmeisters, das sich in der Ferne verlor. Als ein Dragoner, der zu einem andern Zug gehörte, aus Irrtum barfuß in seinen Stall gelaufen kam, um seine vergessenen Stallschuhe zu holen, mußte er laut lachen und sagte innerlich zu sich selber: »da gehts zu wie bei einer Hochzeit.« Behaglich ging er in dem halbdunklen Stall zwischen den stillen Pferden, die liegend oder stehend schliefen, auf und nieder, mit behaglichen wiegenden Schritten wie ein reicher Bauer, nur daß er die Hände nicht am Rücken hielt, sondern vor dem Leib gefaltet.

HUGO VON HOFMANNSTHAL

Die Rose und der Schreibtisch

Ich weiß, daß Blumen nie von selbst aus offnen Fenstern fallen. Namentlich nicht bei Nacht. Aber darum handelt es sich nicht. Kurz, die rote Rose lag plötzlich vor meinen schwarzen Lackschuhen auf dem weißen Schnee der Straße. Sie war sehr dunkel, wie Samt, noch schlank, nicht aufgeblättert, und vor Kälte ganz ohne Duft. Ich nahm sie mit, stellte sie in eine ganz kleine japanische Vase auf meinem Schreibtisch und legte mich schlafen.

Nach kurzer Zeit muß ich aufgewacht sein. Im Zimmer lag dämmernde Helle, nicht vom Mond aber vom Sternlicht. Ich fühlte beim Atmen den Duft der erwärmten Rose herschweben und hörte leises Reden. Es war die Porzellanrose des alt-wiener Tintenzeuges, die über irgend etwas Bemerkungen machte. »Er hat absolut kein Stilgefühl mehr«, sagte sie, »keine Spur von Geschmack«. Damit meinte sie mich. »Sonst hätte er unmöglich so etwas neben mich stellen können.« Damit meinte sie die lebendige Rose.

HUGO VON HOFMANNSTHAL

Traumtod

23 November 1892, ½ 12 Uhr nachts.

Kerze ausgeblasen; Zimmer sinkt in Nacht. Draußen blinkt weißes beschneites Gartenhausdach, auf dem sich Fensterkreuz abzeichnet.
Traum: Augen aufschlagen; liege auf dem selben Bett. Fenster erinnern an Schiffsluken. Draußen Bäume scheinen zu versinken. Zimmer steigt lautlos langsam auf, auf. Traumfähigkeit, gleichzeitig im Zimmer zu sein und durch den Fußboden durchzuschauen. Unten schlafende Stadt. Unendlich bedeutungsvolle Punkte, ganz anders wie die Wirklichkeit; Gegenden die ich nie gesehen habe, von denen ich aber weiß, sie sind dies und das. Park auf Terrasse. (Modenapark), kleine Vorstadtgasse – Vaterhaus;

laufen ans Fenster, sehnsüchtig: Überbeugen, Sturz.

RICHARD BEER-HOFMANN

Der Tod Georgs

Kapitel II

Tiefes veilchenfarbenes Dunkel war im Innersten des Tempels.
Umstanden von goldenen Götterbildern, saß auf löwenbespanntem Wagen die große Göttin, behängt mit edeln Steinen, die Mauerkrone auf dem Haupt. Wenn nachts der Glanz der wasserblauen und feuerfarbenen Juwelen ihres

Modenapark: kleiner Park im III. Bezirk Wiens (Landstraße).

Schmucks schlummernd erlosch, gab ein nichtgekannter Stein ihrer Krone dem Tempel Helle. Die offenen Augen der Göttin sahen in die Augen dessen, der ihr nahen durfte, und folgten ihm unverwandt durch den Raum, wohin er sich auch wandte.
Roterglühende Räucherbecken, auf der Schwelle zum Allerheiligsten in gedoppelte Reihe gedrängt, schieden die Göttin von der Menge der Betenden. Wie Schlangen aus den Körben der Gaukler hob sich ringelnd graublauer Weihrauch mit leisem Zischen aus dem Becken, flachte sich zu breiten Bändern und wand sich, wiegend wie verschleierte Hüften gaditanischer Tänzerinnen, nach oben. Betäubend und süß war der Duft. Wer nur durch den Tempel geschritten, nahm ihn in seinen Feierkleidern mit in die Heimat. Aus selten geöffneten Laden stieg dann an Festtagen sein Hauch, und die Leichname armer abgemühter Menschen hüllte man in Sterbekleider, die noch erfüllt waren von der duftenden Weihe des einzigen großen Festes. Die das Räucherwerk tags vorher an die Priester verhandelt – die Kaufleute – erkannten es nicht wieder. Sie wußten: Was sich dort auf der Glut knisternd verzehrte – noch vor Stunden hatten sie es anpreisend durch ihre Finger gleiten lassen: Narden aus Gedrosien und kostbares grünliches Harz den Stämmen sabäischer Myrrhen freiwillig entquollen; aber fremd und ihrer Macht entwachsen kam es ihnen zurück. Ein Rauchopfer den Göttern, war es in der Flamme gestorben und schwamm nun in bläulich sich lösender Wolke über den Betern; es mischte sich mit ihrem Atem und schwebte goldbewegte Wände entlang, die so oft von heiligen Rufen und leisen bittenden Worten erklungen, bis ihr Widerhall das Murmeln der Gebete weihevoller wiedergab, als er es

gaditanischer: Gadir (römisch: Urbs Gaditana): antike Hafenstadt in Südspanien (heute: Cadiz), berühmt für seine Tänzerinnen.

Gedrosien: antike Landschaft in Asien, großenteils Wüste; durch Gedrosien führte der verlustreiche Rückzug Alexanders des Großen aus Indien.

sabäischer: Saba (Sabäa): reiches antikes Land in Südarabien, das besonders Weihrauch exportierte.

empfangen. So sank über sie der Duft des Weihrauchs, beladen mit der Andacht vieler, und gebietend die zur Andacht rufend, deren Ware er gewesen.
Mit mächtigen lautlos gleitenden Flügeln öffneten sich Tore in den Vorhof. Ein See lag darin. Mit grünlichem Marmor war sein Becken ausgeschlagen, so weit man in die Tiefe sah, und um ihn herum zwischen steinernen Säulengängen und den gemauerten Zellen der Priester lebten heilige Tiere, von denen alle Wildheit gewichen.
Löwen, die man aus den Höhlen des Hermon geraubt, lagen träge sich sonnend, mit lässig gekrümmten Pranken am Rande des Sees, rastlos wandernde Bären strichen im Schatten der Gänge, und weit weg an der äußersten Tempelmauer, die das dunkel glänzende Laub roterblühter Lorbeerrosen überhing, weideten medische Pferde, die man aus der Ebene Nesaion hieher gebracht. Klirrend schleiften auf dem grünlichen Marmorrande die goldenen Ketten der Adler – viel mehr ein Schmuck, den Schrittkettchen chaldäischer Frauen gleichend, als Fesseln. Manchmal breiteten sie, wie prüfend, das unverschnittene Gefieder ihrer goldbraunen und rostroten Schwingen – dann standen sie wieder still; und über den entschlossenen hakig überkrümmten Schnäbeln leuchteten honigfarben ihre Augen, ernster und bewußter als die der anderen Tiere.
Mit trägfächelnden Flossen glitten große Goldschleie durch das Wasser. Den größten hatte man, vor urdenklichen Zeiten, Zierate durch die Flossen des Rückens gebohrt. Weißgewandete Priester warfen ihnen des Morgens ihr Futter und riefen sie mit fremdklingenden Worten einer Sprache, die lange gestorben war. Nichts war von ihr geblieben als die lockenden Worte, die, unverstanden, Priester einander überliefert – die letzten, die darauf hörten, waren rotglän-

Hermon: Berg, südlicher Ausläufer des Antilibanon, bereits im Alten Testament genannt; bis heute Schlupfwinkel für wilde Tiere.

medische Pferde … Nesaion: Medien: im Altertum das Hochland von Nordwest-Iran; berühmt die Gestüte der persischen Könige auf den »nisäischen Gefilden« (nach Herodot).

zende Fische, die mit feisten Rücken, die aus dem Wasser ragten, und schnappenden, rosenrot bebarteten Lippen sich ans Ufer drängten, und dann satt sich sinken ließen, bis sie nur mehr wie große Blutstropfen aus der dunklen Tiefe schimmerten.

Inmitten des Sees ragte ein steinerner Altar aus dem Wasser, nicht auf einem Sockel ruhend und von keinen Stufen umgeben. Zu ihm hin schwammen freiwillig morgens und abends Andächtige, ihn zu bekränzen. Üppige Gewinde weißer Levkojen lagen für sie bereitet auf den Fliesen, und daneben harrten am Abend des Festes Priester, die alle einander glichen. Blaupurpurne Binden, die ihre Stirne zweifach umgürteten, hielten Locken von blondem Frauenhaar fest, die dichtgewickelt und überreich auf Brust und Nacken fielen; schwarzgemalte Brauen und Wimpern umrahmten die glanzlosen Augen, und in dem bartlosen weißen Gesicht klafften, wie eine blutige Wunde, geschminkte Lippen, zu immerwährendem Lächeln geschürzt.

Anderer Menschen Haar durfte sich lichten und verbleichen; ihre Augen, müde des vielen Gesehenen, durften wünscheleer blicken, und ihre Lippen, welk von unnützen Worten, mutlos sich sinken lassen. Aber, die der Göttin dienten, durften nicht altern. Von der Nacht an, da sie als Jünglinge blutig der Göttin sich geweiht, bis zu dem fröstelnden Morgendämmern, an dem man sie – die Füße voran – hinaustrug aus dem Tempelbezirk, blieb ihr Antlitz das gleiche. Wenn sie betend ihre Hände breiteten, fielen die weiten Ärmel zurück; über die rundlichen weißen Arme war blau ein Netz von Adern gemalt und an den unberingten schlaffen Fingern glänzten Nägel wie matter Onyx. Wenn sie stillstanden, schienen ihre großen Gestalten voll ruhender männlicher Kraft; aber wenn sie lässig sich wiegend schritten, ahnte man unter den Falten ihrer Gewänder einen Körper, biegsam und gefügig wie der eines Weibes. Fremd war ihnen der starke Drang geworden, der Männer und Frauen zueinander trieb, paarte, und der, sich erfüllend, in ihnen starb. Unerfüllbar und unersättlich rann heiß in ihnen ein träges Schmachten. Ganz war ihr Leib der Göttin und ihrem Dienst geweiht, mit allem Lust zu geben und Lust zu empfangen, hatte man sie gelehrt; und daß dann noch ihre untätigen Hände auch hielten und trugen, ihre Füße schritten, über ihre Lippen auch Speise und Trank glitt, schien ihnen fast Frevel. Um den Sockel der inneren Tempelmauer lief, in Stein gehauen, ein Fries; Männer und Frauen und Tiere gatteten sich in unerhörten Verschlingungen; Giganten, in Schlangenleiber endend, ringelten sich um Kentaurinnen; von einem Lust empfangend, einem anderen sie gebend, wand sich der Kreis von Gestalten, in sich zurückkehrend, einem Kranz gleich, um den Tempel. Jenen Bildern nacheifernd, quälten die Priester in schmerzenden Übungen ihren Leib, bis er allen Launen sich zu schmiegen verstand. Geschickt wie Hände wußten ihre Füße zu halten und zu greifen, mit feinem Bimsstein war die Haut ihrer Fingerspitzen dünn gerieben, daß sie alles stärker empfänden: Den pfirsichgleichen Flaum an Frauenhüften und die hart sich ballenden Muskeln der Männer; in ihren Lippen war Kraft, unentrinnbar festzuhalten, was sie saugend erfaßt, und flüchtig wie ein lauer Wind vermochten die langen Wimpern ihrer Lider über weiße erschauernde Schultern zu streicheln.

Mit leichten kaum fühlbaren Fingern lösten sie denen, die gekommen waren, den Altar zu bekränzen, die Binden und Spangen ihrer Gewänder, bis sie nackt dastanden. Um die Leiber der Jungfrauen legten sie die Gewinde weißer Levkojen, und auf den Häuptern der Jünglinge ruhten, mit Riemen festgeschnallt, silberne Becken, gefüllt mit Kassia und Bedellion. Von dem steilen Marmorrande ließen sich die in die Flut gleiten und schwammen dem Altar zu; keine Stelle war um ihn, auf der sie fußen konnten. Langsam umschwammen ihn die Jungfrauen; die Kränze von ihrem

Kassia: Kassiaöl: ätherisches Öl des chinesischen Zimtbaums.

Bedellion: (hebr.) Bedolach-Harz, ein wohlriechendes durchsichtiges Harz; vgl. 1. Mose 2,12 und 4. Mose 11,7.

Leib abspinnend, umwanden sie den Altar; die Jünglinge, mit halbem Leib aus dem Wasser sich hebend, griffen nach dem Räucherwerk in den Becken und warfen es mit vollen Händen über den Altar hin, auf dem die Flamme, fast unsichtbar im Tageslicht, blaß züngelte.

An den mattglänzenden Leibern der Jünglinge, die Salbemeister künstlich gebräunt, haftete kein Wasser. In großen Tropfen rollte es an ihnen herab, wenn sie, mit gefleckten Fellen sich trocknend, am Ufer standen. Umringt von den Priestern, schritten sie dann dem rückwärtigen Tore zu, um auf der Wiese außerhalb der Mauern die Scheiterhaufen für das Fest zu schichten.

Draußen, zu jeder Seite des Tores, war ein Phallus aus rötlichem Sandstein errichtet. Drei Männer vermochten sie nicht an der Wurzel zu umspannen, und die zinnobergemalten Kuppen überragten das Tempeldach. Reichgewässert breitete sich die Wiese bis an die dampfende Kluft. Hochwucherndes Gras verbarg fast die tiefblauen Trauben wildwachsender Hyazinthen, und nur gelbe rotgeflammte Tulpen mit zerfetzten Rändern loderten auf hohen Stielen aus dem dunklen Grün. Die Sonne stand tief, und lang sich streckend fielen die Schatten der Schreitenden über die Wiese den Abhang hinab. Über harzigen Scheitern und ganzen noch nicht entasteten Bäumen schichteten sie die Geschenke. Schilde mit silbernen Buckeln lehnten an rotbauchigen Mischkrügen; kupferne Schalen waren mit Getreide gefüllt, und grüne weidengeflochtene Körbe, in denen man Früchte von weither gebracht, gossen stürzend ihren Inhalt aus. Ziegen mit überreich geschwellten Eutern, Hirschkälber mit vergoldetem Geweih, hatte man lebend an die Äste gebunden; ihre scharrenden Füße verfingen sich in durchsichtigen Gewändern, so reich mit goldenen Zieraten bestickt, daß die Schultern der Frauen unter der Last der dünnen Schleier ermattet gesunken waren.

Mit dem farblosen Himmel, an dem wie ein blasses Wölkchen die Mondsichel hing, verschwammen fast in eins die weißen Hüllen der Priester; den Götterbildern, die auf steinernen Sockeln den Tempel umstanden, glichen die Jünglinge. Wenn sie, mit aufrechtem Nacken Schweres tragend, rastend standen, oder, über die Geschenke sich neigend, mit hocherhobenem Arm Öl aus einhenkligen Kannen gossen, schienen ihre mattglänzenden Leiber *selbst* Weihgeschenke aus dunklerem delischem Erz.

Gedämpft drang ein Ruf von Stierhörnern aus dem Tempel; wie man die Tore aufstieß, ward er lauter, schwoll zitternd an, und brach ab. Das Brüllen der Tiere im Vorhof antwortete. Dann quoll die Menge der Betenden aus dem Tempel, preßte sich stauend durch die enge Pforte der Mauer und überwogte die Wiese, daß unter den Tritten die safttrunkenen Stengel der Blumen knirschend brachen. Langgezogen hallte ein neuer Ruf von Stierhörnern aus dem Tale. Die steile Straße zum Tempel herauf wand sich der Zug, der das Wunderbild, von der Wallfahrt ans Meer, zum Heiligtum zurücktrug. Voran Knaben mit blühenden Zweigen und entzündeten Fackeln, dann keuchend mit schweißbedeckten Stirnen in schwerem Schritt die Träger; auf ihren wundgedrückten Schultern unter krokusfarbenem Baldachin schwankte das Wunderbild, verhüllt bis an den Scheitel, über dem eine goldene Taube die Flügel schlug. Der Zug erklomm den Wiesenhang und wühlte sich durch die lautlose Menge bis zu den Priestern, die in weitem Kreis den Scheiterhaufen vor den Phallen umstanden. Dort setzten sie das Bild zu Boden. Die Knaben löschten die Fackeln; ihre Blütenzweige warfen sie über die Scheiter, banden an ihrem Haupt die Doppelflöten fest, und standen still. Die Kuppen der Phallen hatten Priester erklommen; regungslos schauten sie gegen Untergang und erwarteten den Abendstern. Und zum drittenmal aus gekrümmten Hörnern ein lautstöhnender Ruf; er kam von der Höhe der Phallen, wuchs schwellend an bis zum Zerspringen, und verklang in den Wirbeln der Pauken. Brausend rauschte eine Wolke weißer heiliger Tauben auf, und, geschleudert von den Priestern auf den Phallen, flog zischend in weitem Bogen eine entzündete Fackel in die ölgetränkten Scheiter – der Abend war da.

ALFRED GOLD

Ästhetik des Sterbens

Über Richard Beer-Hofmann, »Der Tod Georgs«

Beer-Hofmann [...] ist von Haus aus ein raffinierter, empfindlicher Kunstsucher und Kunstgenießer. Obwohl er selber bisher nur mit einem feinen Novellenbändchen hervortrat, ward er doch eigentlich in gewissem Sinn der Mittelpunkt jener Gruppe, die man jetzt schon allenthalben nennt, aber ohne ihn gar nicht richtig beurteilen kann; Schnitzler gehört ihr als Erzähler, Hofmannsthal als Dramatiker an. Selber so wenig fruchtbar, ward er ihr beratendes Gewissen, der verkörperte Maßstab ihrer Kunstabsichten. Seine Freunde greifen doch immer wieder mit leicht verleiteten Händen nach fremden Formen und Vorbildern: er bleibt mit unverrückbarem Gleichmut einem Kunstideal treu, das man nach ungefähr aufgespürter Richtung als modern wienerisch bezeichnen, aber nicht leicht charakterisieren wird. Nach diesem Kunstideal hat er auch sein neues Buch geschrieben, diese seltsame lyrisch-symphonische Dichtung vom Sterben und vom Tode. Folgendes erzählt er darin:

Es ist Sommer, und Paul wohnt in Ischl am Ufer der rauschenden Traun. Da besucht ihn Georg, ein junger Gelehrter der Medizin, der nach Heidelberg als neu ernannter Professor geht. An einem lauen, regenfeuchten Nachmittag kam er an, abends um zehn schläft er den festen Schlaf der Müdigkeit. Paul geht noch aus, bummelt durch dunkle Gassen, in denen der Regen auf allen Bäumen und Bänken liegt: er sieht ein bekanntes junges Mädchen vorübergehen, das er niemals ohne eine unverstanden zärtliche Regung vorübergehen sah; endlich kommt er schlaftrunken nach Hause und begibt sich zu Bett. Am nächsten Morgen ist sein Gast tot. Georg, der Glückliche, der am Anfang einer großen Laufbahn stand, ist tot; ein Herzschlag hat ihn vernichtet. Und dem Freund bleibt nichts von ihm, als daß er die eingesargte Leiche in langer beschwerlicher Reise nach Wien zum Begräbnis bringt. Aber noch viele Wochen später, in einer herbstlichen Abendstunde, irrt er träumerisch durch den Schönbrunner Park und kann den Gedanken nicht wehren über Leben, Sterben und Glücklichsein.

Das ist die Handlung, das Gerüst. Ein Netz von Stimmungen, Beobachtungen und Vergleichen ist darüber gebreitet. Der Leser wird sich's nach dem ersten flüchtigen Eindruck vielleicht nicht

nehmen lassen, eine Affektiertheit darin zu finden, jene künstliche lyrische Mache, für die man eben das Schlagwort des Ästheten erfand. Aber nur zum geringsten Teil behält er damit Recht. Gekünstelt ist an dem Buch die Schmucküberladenheit im Detail. Jeder Satz ist auf das Umständlichste aus kleinen Teilen aufgebaut, jeder Teil ist zugeschliffen, abgewogen und getönt, als sollte er leuchtend für sich selber wirken. Beer-Hofmann arbeitet so unendlich musivisch – nicht anders als in seinen Zimmern, wo uns jede Ecke stets zu schwer gedrückt erschien von allzu gediegener, allzu selbständiger Dekoration, umgibt er sich in seiner Arbeit mit endlos vervielfältigtem Bilderschmuck. Und gekünstelt ist vielleicht noch etwas: der sentimentale Ton, der – fast ähnlich wie bei Salten – infolge der merkbar verstandesgeborenen Mache doch nicht erwärmt und auch nicht Wärme verrät.
Aber gerade darin liegt anderseits wieder echteste Eigenart, gerade darin ist Beer-Hofmann der moderne Wiener Typus, der Ästhetiker seiner Gruppe! Denn sie alle werden, wie er, von einem scharfen, zersetzenden Verstand, einem jüdischen Verstand, beherrscht, und erst durch diese Gehirnsphäre hindurch nähern sie sich durch starke Arbeit und Zucht der Freiheit künstlerischen Schaffens. Eigentliche Phantasie, Empfindung ist ihnen allen ja nicht die Hauptsache. Aber die Sentimentalität, die ihnen im Blute liegt, wissen sie zu verwerten, die ziehen sie durch tausend Filter klugen Mißtrauens und technischer Überlegung, bis daraus eine sublimierte Kunstform wird. In Beer-Hofmann steckt – zum Unterschied von den wirklichen Kunstgecken aller Länder – ein ungeheuerer Schatz lebendiger Beobachtung und starker unmittelbarer Auffassung der Wirklichkeit: eine ganze Schule von Naturalisten könnte er damit versorgen. Nur gibt er, was er davon aufgespeichert hat, niemals als Beobachtung und Wirklichkeit wieder. Durch sentimentale Empfindungsreste muß sich alles erst zur *Stimmung* ausgären, und selbst die Stimmung kommt nicht einfach zu Worte, sondern wird noch zum verdämmernden Eindruck abgetönt. So ist alles vom Dichter glänzend geschaut, glänzend gesagt und zum Schlusse wieder glänzend verwischt. Selbstverständlich mit ästhetischer Absicht. Denn, um das passende Gleichnis aus der Musik zu nehmen: die Motive müssen verklingen, die angeschlagen wurden, müssen sich verlieren und in einer nicht anders als kontrapunktisch zu nennenden Verarbeitung wieder finden. Wo es nur irgend geht, wird bezeichnender Weise die Form der Traumerinnerung verwendet, und ein Kapitel des Buches, das mehr als ein Viertel seines ganzen Umfanges ein-

nimmt, ist überhaupt nur einem Traumbild Pauls gewidmet, das in Georgs Todesnacht fällt. Geträumt wird auch hier wieder – vom Sterben! Wir verstehen jetzt diesen Tic. An den Tod denken, das erlaubt dem Verstande, sentimental zu werden und doch Verstand zu bleiben, das erlaubt Visionen ohne Gestaltung und Poesie ohne Wärme. Das erlaubt also den jungen Wienern, Dichter zu sein. Denn Dichter sind sie bei aller Bewußtheit, und Beer-Hofmann mit seinem so prachtvoll aus Worten instrumentierten Todes-Choral ist in diesem Augenblick vielleicht ihr Interessantester.

ARTHUR SCHNITZLER

Leutnant Gustl

Wie lange wird denn das noch dauern? Ich muß auf die Uhr schauen ... schickt sich wahrscheinlich nicht in einem so ernsten Konzert. Aber wer sieht's denn? Wenn's einer sieht, so paßt er gerade so wenig auf, wie ich, und vor dem brauch' ich mich nicht zu genieren ... Erst viertel auf zehn? ... Mir kommt vor, ich sitz' schon drei Stunden in dem Konzert. Ich bin's halt nicht gewohnt ... Was ist es denn eigentlich? Ich muß das Programm anschauen ... Ja, richtig: Oratorium? Ich hab' gemeint: Messe. Solche Sachen gehören doch nur in die Kirche. Die Kirche hat auch das Gute, daß man jeden Augenblick fortgehen kann. – Wenn ich wenigstens einen Ecksitz hätt'! – Also Geduld, Geduld! Auch Oratorien nehmen ein End'! Vielleicht ist es sehr schön, und ich bin nur nicht in der Laune. Woher sollt' mir auch die Laune kommen? Wenn ich denke, daß ich hergekommen bin, um mich zu zerstreuen ... [...] ... Bravo, bravo! Ah, aus! ... So, das tut wohl, aufsteh'n können, sich rühren ... Na, vielleicht! Wie lang' wird der da noch brauchen, um sein Glas ins Futteral zu stecken?
»Pardon, pardon, wollen mich nicht hinauslassen?«
Ist das ein Gedränge! Lassen wir die Leut' lieber vorbeipas-

sieren ... Elegante Person ... ob das echte Brillanten sind? ... Die da ist nett ... Wie sie mich anschaut! ... O ja, mein Fräulein, ich möcht' schon! ... O, die Nase! – Jüdin ... Noch eine ... Es ist doch fabelhaft, da sind auch die Hälfte Juden ... nicht einmal ein Oratorium kann man mehr in Ruhe genießen ... So, jetzt schließen wir uns an ... Warum drängt denn der Idiot hinter mir? Das werd' ich ihm abgewöhnen ... Ah, ein älterer Herr! ... Wer grüßt mich denn dort von drüben? ... Habe die Ehre, habe die Ehre! Keine Ahnung hab' ich, wer das ist ... das Einfachste wär', ich ging gleich zum Leidinger hinüber nachtmahlen ... oder soll ich in die Gartenbaugesellschaft? Am End' ist die Steffi auch dort? Warum hat sie mir eigentlich nicht geschrieben, wohin sie mit ihm geht? Sie wird's selber noch nicht gewußt haben. Eigentlich schrecklich, so eine abhängige Existenz ... Armes Ding! – So, das ist der Ausgang ... Ah, die ist aber bildschön! Ganz allein? Wie sie mich anlacht. Das wär' eine Idee, der geh' ich nach! ... So, jetzt die Treppen hinunter ... Oh, ein Major von Fünfundneunzig ... Sehr liebenswürdig hat er gedankt ... Bin doch nicht der einzige Offizier hier gewesen ... Wo ist denn das hübsche Mädel? Ah, dort ... am Geländer steht sie ... So, jetzt heißt's noch zur Garderobe ... Daß mir die Kleine nicht auskommt ... Hat ihm schon! So ein elender Fratz! Laßt sich da von einem Herrn abholen, und jetzt lacht sie noch auf mich herüber! – Es ist doch keine was wert ... Herrgott, ist das ein Gedränge bei der Garderobe! ... Warten wir lieber noch ein bissel ... So! Ob der Blödist meine Nummer nehmen möcht'? ...
»Sie, zweihundertvierundzwanzig! Da hängt er! Na, hab'n Sie keine Augen? Da hängt er! Na, Gott sei Dank! ... Also bitte!« ... Der Dicke da verstellt einem schier die ganze Garderobe ... »Bitte sehr!« ...
»Geduld, Geduld!«
Was sagt der Kerl?

Gartenbaugesellschaft: Nobelrestaurant am Wiener Parkring.

»Nur ein bissel Geduld!«
Dem muß ich doch antworten ... »Machen Sie doch Platz!«
»Na, Sie werden's auch nicht versäumen!«
Was sagt er da? Sagt er das zu mir? Das ist doch stark! Das darf ich mir nicht gefallen lassen! »Ruhig!«
»Was meinen Sie?«
Ah, so ein Ton? Da hört sich doch alles auf!
»Stoßen Sie nicht!«
»Sie, halten Sie das Maul!« Das hätt' ich nicht sagen sollen, ich war zu grob ... Na, jetzt ist's schon g'scheh'n!
»Wie meinen?«
Jetzt dreht er sich um ... Den kenn' ich ja! – Donnerwetter, das ist ja der Bäckermeister, der immer ins Kaffeehaus kommt ... Was macht denn der da? Hat sicher auch eine Tochter oder so was bei der Singakademie ... Ja, was ist denn das? Ja, was macht er denn? Mir scheint gar ... ja, meiner Seel', er hat den Griff von meinem Säbel in der Hand ... Ja, ist der Kerl verrückt? ... »Sie Herr ...«
»Sie, Herr Leutnant, sein S' jetzt ganz stad.«
Was sagt er da? Um Gottes willen, es hat's doch keiner gehört? Nein, er red't ganz leise ... Ja, warum laßt er denn meinen Säbel net aus? ... Herrgott noch einmal ... Ah, da heißt's rabiat sein ... ich bring' seine Hand vom Griff nicht weg ... nur keinen Skandal jetzt! ... Ist nicht am End' der Major hinter mir? ... Bemerkt's nur niemand, daß er den Griff von meinem Säbel hält? Er red't ja zu mir! Was red't er denn?
»Herr Leutnant, wenn Sie das geringste Aufsehen machen, so zieh' ich den Säbel aus der Scheide, zerbrech' ihn und schick' die Stück' an Ihr Regimentskommando. Versteh'n Sie mich, Sie dummer Bub?«
Was hat er g'sagt? Mir scheint, ich träum'! Red't er wirklich zu mir? Ich sollt' was antworten ... Aber der Kerl macht ja Ernst – der zieht wirklich den Säbel heraus. Herrgott – er tut's! ... Ich spür's, er reißt schon dran. Was red't er denn?

... Um Gottes willen, nur kein' Skandal – – Was red't er denn noch immer?
»Aber ich will Ihnen die Karriere nicht verderben ... Also, schön brav sein! ... So, hab'n S' keine Angst, 's hat niemand was gehört ... es ist schon alles gut ... so! Und damit keiner glaubt, daß wir uns gestritten haben, werd' ich jetzt sehr freundlich mit Ihnen sein! – Habe die Ehre, Herr Leutnant, hat mich sehr gefreut – habe die Ehre.«
Um Gottes willen, hab' ich geträumt? ... Hat er das wirklich gesagt? ... Wo ist er denn? ... Da geht er ... Ich müßt' ja den Säbel ziehen und ihn zusammen hauen – – Um Gottes willen, es hat's doch niemand gehört? ... Nein, er hat ja nur ganz leise geredet, mir ins Ohr ... Warum geh' ich denn nicht hin und hau' ihm den Schädel auseinander? ... Nein, es geht ja nicht, es geht ja nicht ... gleich hätt' ich's tun müssen ... Warum hab' ich's denn nicht gleich getan? ... Ich hab's ja nicht können ... er hat ja den Griff nicht auslassen, und er ist zehnmal stärker als ich ... Wenn ich noch ein Wort gesagt hätt', hätt' er mir wirklich den Säbel zerbrochen ... Ich muß ja noch froh sein, daß er nicht laut geredet hat! Wenn's ein Mensch gehört hätt', so müßt' ich mich ja *stante pede* erschießen ... Vielleicht ist es doch ein Traum gewesen ... Warum schaut mich denn der Herr dort an der Säule so an? – hat der am End' was gehört? ... Ich werd' ihn fragen ... Fragen? – Ich bin ja verrückt! – Wie schau' ich denn aus? – Merkt man mir was an? – Ich muß ganz blaß sein. – Wo ist der Hund? ... Ich muß ihn umbringen! ... Fort ist er ... Überhaupt schon ganz leer ... Wo ist denn mein Mantel? ... Ich hab' ihn ja schon angezogen ... Ich hab's gar nicht gemerkt ... Wer hat mir denn geholfen? ... Ah, der da ... dem muß ich ein Sechserl geben ... So! ... Aber was ist denn das? Ist es denn wirklich gescheh'n? Hat wirklich einer so zu mir geredet? Hat mir wirklich einer »dummer Bub« gesagt? Und ich hab' ihn nicht auf der Stelle zusammengehauen? ... Aber ich hab' ja nicht können ... er hat ja eine Faust gehabt wie Eisen ... ich bin ja dagestanden wie angenagelt ... Nein, ich muß den

Verstand verloren gehabt haben, sonst hätt' ich mit der anderen Hand ... Aber da hätt' er ja meinen Säbel herausgezogen und zerbrochen, und aus wär's gewesen – alles wär' aus gewesen! Und nachher, wie er fortgegangen ist, war's zu spät ... ich hab' ihm doch nicht den Säbel von hinten in den Leib rennen können.

Was, ich bin schon auf der Straße? Wie bin ich denn da herausgekommen? – So kühl ist es ... ah, der Wind, der ist gut ... Wer ist denn das da drüben? Warum schau'n denn die zu mir herüber? Am Ende haben die was gehört ... Nein, es kann niemand was gehört haben ... ich weiß ja, ich hab' mich gleich nachher umgeschaut! Keiner hat sich um mich gekümmert, niemand hat was gehört ... Aber gesagt hat er's, wenn's auch niemand gehört hat; gesagt hat er's doch. Und ich bin dagestanden und hab' mir's gefallen lassen, wie wenn mich einer vor den Kopf geschlagen hätt'! ... Aber ich hab' ja nichts sagen können, nichts tun können; es war ja noch das einzige, was mir übrig geblieben ist: stad sein, stad sein! ... 's ist fürchterlich, es ist nicht zum Aushalten; ich muß ihn totschlagen, wo ich ihn treff'! ... Mir sagt das einer! Mir sagt das so ein Kerl, so ein Hund! Und er kennt mich ... Herrgott noch einmal, er kennt mich, er weiß, wer ich bin! ... Er kann jedem Menschen erzählen, daß er mir das g'sagt hat! ... Nein, nein, das wird er ja nicht tun, sonst hätt' er auch nicht so leise geredet ... er hat auch nur wollen, daß ich es allein hör'! ... Aber wer garantiert mir, daß er's nicht doch erzählt, heut' oder morgen, seiner Frau, seiner Tochter, seinen Bekannten im Kaffeehaus. – – Um Gottes willen, morgen seh' ich ihn ja wieder! Wenn ich morgen ins Kaffeehaus komm', sitzt er wieder dort wie alle Tag' und spielt seinen Tapper mit dem Herrn Schlesinger und mit dem Kunstblumenhändler ... Nein, nein, das geht ja nicht, das geht ja nicht ... Wenn ich ihn seh', so hau' ich ihn zusammen ... Nein, das darf ich ja nicht ... gleich hätt' ich's tun müssen, gleich! ... Wenn's

Tapper: Kartenspiel.

nur gegangen wär'! Ich werd' zum Obersten geh'n und ihm die Sache melden ... ja, zum Obersten ... Der Oberst ist immer sehr freundlich – und ich werd' ihm sagen: Herr Oberst, ich melde gehorsamst, er hat den Griff gehalten, er hat ihn nicht aus'lassen; es war genau so, als wenn ich ohne Waffe gewesen wäre ... – Was wird der Oberst sagen? – Was er sagen wird? – Aber da gibt's ja nur eins: quittieren mit Schimpf und Schand' – quittieren! ... [...] – Was für ein glücklicher Mensch bin ich vor einer Stund' gewesen ... Muß mir der Kopetzky die Karte schenken – und die Steffi muß mir absagen, das Mensch! – Von so was hängt man ab ... Nachmittag war noch alles gut und schön, und jetzt bin ich ein verlorener Mensch und muß mich totschießen ... Warum renn' ich denn so? Es lauft mir ja nichts davon ... Wieviel schlagt's denn? ... 1, 2, 3, 4, 5, 6, 7, 8, 9, 10, 11 ... elf, elf ... ich sollt' doch nachtmahlen geh'n! Irgendwo muß ich doch schließlich hingeh'n ... ich könnt' mich ja in irgendein Beisl setzen, wo mich kein Mensch kennt – schließlich, essen muß der Mensch, auch wenn er sich nachher gleich totschießt ... Haha, der Tod ist ja kein Kinderspiel ... wer hat das nur neulich gesagt? ... Aber das ist ja ganz egal ...

[...] Ringstraße – jetzt bin ich ja bald in meinem Kaffeehaus ... [...] ... Ah, wohin denn noch? Da ist ja schon mein Kaffeehaus ... auskehren tun sie noch ... Na, geh'n wir hinein ...

Da hinten ist der Tisch, wo die immer Tarok spielen ... Merkwürdig, ich kann mir's gar nicht vorstellen, daß der Kerl, der immer da hinten sitzt an der Wand, derselbe sein soll, der mich ... – Kein Mensch ist noch da ... Wo ist denn der Kellner? ... He! Da kommt er aus der Küche ... er schlieft schnell in den Frack hinein ... Ist wirklich nimmer notwendig! ... ah, für ihn schon ... er muß heut' noch andere Leut' bedienen! –

»Habe die Ehre, Herr Leutnant!«

Beisl: (österr.) einfaches Gasthaus.

»Guten Morgen.«
»So früh heute, Herr Leutnant?«
»Ah, lassen S' nur – ich hab' nicht viel Zeit, ich kann mit'm Mantel dasitzen.«
»Was befehlen Herr Leutnant?«
»Eine Melange mit Haut.«
»Bitte gleich, Herr Leutnant!«
Ah, da liegen ja Zeitungen ... schon heutige Zeitungen? ... Ob schon was drinsteht? ... Was denn? – Mir scheint, ich will nachseh'n, ob drinsteht, daß ich mich umgebracht hab'! Haha! – Warum steh' ich denn noch immer? ... Setzen wir uns da zum Fenster ... Er hat mir ja schon die Melange hingestellt ... So, den Vorhang zieh' ich zu; es ist mir zuwider, wenn die Leut' hereingucken ... Es geht zwar noch keiner vorüber ... Ah, gut schmeckt der Kaffee – doch kein leerer Wahn, das Frühstücken! ... Ah, ein ganz anderer Mensch wird man – der ganze Blödsinn ist, daß ich nicht genachtmahlt hab' ... Was steht denn der Kerl schon wieder da? – Ah, die Semmeln hat er mir gebracht ...
»Haben Herr Leutnant schon gehört?« ...
»Was denn?« Ja, um Gotteswillen, weiß der schon was? ... Aber, Unsinn, es ist ja nicht möglich!
»Den Herrn Habetswallner ...«
Was? So heißt ja der Bäckermeister ... was wird der jetzt sagen? ... Ist der am End' schon dagewesen? Ist er am End' gestern schon dagewesen und hat's erzählt? ... Warum red't er denn nicht weiter? ... Aber er red't ja ...
»... hat heut' nacht um zwölf der Schlag getroffen.«
»Was?« ... Ich darf nicht so schreien ... nein, ich darf mir nichts anmerken lassen ... aber vielleicht träum' ich ... ich muß ihn noch einmal fragen ... »Wen hat der Schlag getroffen?« – Famos, famos! – ganz harmlos hab' ich das gesagt! –
»Den Bäckermeister, Herr Leutnant! ... Herr Leutnant werd'n ihn ja kennen ... na, den Dicken, der jeden Nach-

Melange: (österr.) heller Milchkaffee.

mittag neben die Herren Offiziere seine Tarokpartie hat ... mit'n Herrn Schlesinger und 'n Herrn Wasner von der Kunstblumenhandlung vis-a-vis!«
Ich bin ganz wach – stimmt alles – und doch kann ich's noch nicht recht glauben – ich muß ihn noch einmal fragen ... aber ganz harmlos ...
»Der Schlag hat ihn getroffen? ... Ja, wieso denn? Woher wissen S' denn das?«
»Aber Herr Leutnant, wer soll's denn früher wissen, als unsereiner – die Semmel, die der Herr Leutnant da essen, ist ja auch vom Herrn Habetswallner. Der Bub, der uns das Gebäck um halber fünfe in der Früh bringt, hat's uns erzählt.«
Um Himmelswillen, ich darf mich nicht verraten ... ich möcht' ja schreien ... ich möcht' ja lachen ... ich möcht' ja dem Rudolf ein Bussel geben ... Aber ich muß ihn noch was fragen! ... Vom Schlag getroffen werden, heißt noch nicht: tot sein ... ich muß fragen, ob er tot ist ... aber ganz ruhig, denn was geht mich der Bäckermeister an – ich muß in die Zeitung schau'n, während ich den Kellner frag' ...
»Ist er tot?«
»Na, freilich, Herr Leutnant; auf'm Fleck ist er tot geblieben.«
O, herrlich, herrlich! – Am End' ist das alles, weil ich in der Kirchen g'wesen bin ...
»Er ist am Abend im Theater g'wesen; auf der Stiegen ist er umg'fallen – der Hausmeister hat den Krach gehört ... na, und dann haben s' ihn in die Wohnung getragen, und wie der Doktor gekommen ist, war's schon lang' aus.«
»Ist aber traurig. Er war doch noch in den besten Jahren.« – Das hab' ich jetzt famos gesagt – kein Mensch könnt' mir was anmerken ... und ich muß mich wirklich zurückhalten, daß ich nicht schrei' oder aufs Billard spring' ...
»Ja, Herr Leutnant, sehr traurig; war ein so lieber Herr, und zwanzig Jahr' ist er schon zu uns kommen – war ein guter Freund von unserm Herrn. Und die arme Frau ...«
Ich glaub', so froh bin ich in meinem ganzen Leben nicht

gewesen ... Tot ist er – tot ist er! Keiner weiß was, und nichts ist g'scheh'n! – Und das Mordsglück, daß ich in das Kaffeehaus gegangen bin ... sonst hätt' ich mich ja ganz umsonst erschossen – es ist doch wie eine Fügung des Schicksals ... Wo ist denn der Rudolf? – Ah, mit dem Feuerburschen red't er ... – Also, tot ist er – tot ist er – ich kann's noch gar nicht glauben! Am liebsten möcht' ich hingeh'n, um's zu seh'n. – – Am End' hat ihn der Schlag getroffen aus Wut, aus verhaltenem Zorn ... Ah, warum, ist mir ganz egal! Die Hauptsach' ist: er ist tot, und ich darf leben, und alles g'hört wieder mein! ... Komisch, wie ich mir da immerfort die Semmel einbrock', die mir der Herr Habetswallner gebacken hat! Schmeckt mir ganz gut, Herr von Habetswallner! Famos! – So, jetzt möcht' ich noch ein Zigarrl rauchen ...

»Rudolf! Sie, Rudolf! Sie, lassen S' mir den Feuerburschen dort in Ruh'!«

»Bitte, Herr Leutnant!«

»Trabucco« ... – Ich bin so froh, so froh! ... Was mach' ich denn nur? ... Was mach ich denn nur? ... Es muß ja was gescheh'n, sonst trifft mich auch noch der Schlag vor lauter Freud'! ... In einer Viertelstund' geh ich hinüber in die Kasern' und laß mich vom Johann kalt abreiben ... um halb acht sind die Gewehrgriff', und um halb zehn ist Exerzieren. – Und der Steffi schreib' ich, sie muß sich für heut abend frei machen, und wenn's Graz gilt! Und nachmittag um vier ... na wart', mein Lieber, wart', mein Lieber! Ich bin grad' gut aufgelegt ... Dich hau' ich zu Krenfleisch!

Trabucco: ital. trabuco: Zigarrensorte.

Krenfleisch: (österr.) kleingeschnittenes Rindfleisch mit Kren-(Meerrettich-) Soße.

THEODOR HERZL

Naphthalin

Die Winterkleider werden eingestreut ... Das ist eine Elegie! Ja wohl, lächeln Sie nur – ich wiederhole es: eine Elegie! Sie können das freilich nicht wissen, denn Sie waren nicht dabei. Aber Sie dürfen es glauben, da ich's Ihnen sage. Ich lüge ja fast nie, wenn ich mir keinen unmittelbaren Vorteil davon verspreche. Auch entschließe ich mich nur äußerst selten, weich zu werden. Aber wenn man die Winterkleider einstreut – und die Teppiche ebenfalls – dann entsteigt ihnen ein duftender Hauch von Melancholie. Eigentlich ist es der Geruch von Naphthalin. Wenn die Stoffe beispielsweise durch Kampher gegen den Mottenfraß geschützt werden, ehe wir die sommerliche Stadt verlassen, so empfinde ich keine Rührung ... Sie verstehen noch immer nicht? Ja, dann kann ich Ihnen nicht helfen und muß es erzählen ... Aber erst noch einmal mit tiefem Atemzug den schweren Duft eingesogen – den Duft, der mich zurückträgt in die andere Zeit.

Ah ... Ich bin wieder fünfzehn Jahre alt – es ist reizend!

Sommernachmittag. Breit liegt der Sonnenschein auf den Gassen. Ich komme aus der Schule heim. Wir lasen den Horaz, natürlich ohne ihn zu verstehen. Es ist immer so. Erst wenn man zurückblättert ... Sollte übrigens jemand anderer Ansicht sein, so werd' ich mit ihm nicht streiten, heute nicht ... Wir lasen also den Horaz. Vielleicht das wundersüße »Donec gratus«? Ich weiß es wirklich nicht mehr. Heimgekehrt, die Bücher weggeworfen und hinüber in die Nachbarschaft. Denn wir sind Nachbarskinder, wir drei. Das hat der Zufall gut gefügt. Wenn wir nur unser zwei wären, wär' es Pyramus und Thisbe, die alte Geschichte. Aber wir sind unser drei: ich und die zwei Mädchen. Die eine vierzehn, die andere drei Jahre alt. Sie werden mit ihren Eltern morgen verreisen für den ganzen Sommer. Wie ich

hinübergehe, sind alle eben mit den letzten Vorbereitungen beschäftigt. Koffer und Kisten werden gepackt, die Winterkleider eingestreut und die Teppiche ebenfalls. Die Jalousien sind gegen den Sonnenbrand herabgelassen, grüne Dämmerung ist in der ganzen Wohnung, und ein scharfer Geruch liegt in der Luft.
Wir drei werden ersucht, uns ruhig zu verhalten und niemandem im Weg zu stehen. Die ganz Kleine spielt in einer Ecke, der Größeren erzähle ich jugendlicher Othello halblaut meine Heldenstreiche vom Tage. Ich schneide selbstverständlich stark auf – wie wenn ich schon eine Ahnung davon hätte, daß man weibliche Herzen nur durch Blenderei und Übertreibung gewinnt. Zwar kann ich dieser vierzehnjährigen Desdemona zu meinem Bedauern nichts von erlegten Anthropophagen mitteilen, aber schon der Lateinlehrer nimmt in meiner Darstellung abenteuerliche Gestalt an. Und wie freche Antworten ich ihm gegeben habe – gar nicht wahr! – und wie ich mich geschickt durchgeschwindelt habe, ohne vorbereitet gewesen zu sein – auch erlogen. Aber sie traut mir achilleischen Trotz und odysseische Verschlagenheit zu, und das ist die Hauptsache. Denn es kommt in dieser Welt nicht darauf an, daß man wirklich ein Held sei; es genügt, wenn man dafür gehalten wird ... Weiter fließt der Strom meines gymnasialen Heldengedichtes, und ich melde homerisch von Kämpfen mit stärkeren Knaben, die ich angeblich besiegte ...
Dann fängt die Kleinere an, unruhig zu werden. Sie will, daß wir mit ihr spielen. Ja, aber was? Herumlaufen dürfen wir jetzt nicht.
»Versteckens?«
Sehr gut. Für das Spiel schwärme ich. Doch ist es eigentlich nicht mehr meines Alters. Ich lasse mich erst nach längerem Zögern dazu herbei, indem ich meinen Gefährtinnen die Wohltat, die ich ihnen damit erweise, recht deutlich zu fühlen gebe. Wer soll suchen? Das Los fällt auf Desdemona. Sie muß sich entfernen. Dann verberge ich die Kleine hinter

einem Vorhang und suche für mich selber einen Versteck. Etwas Besonderes muß es sein, wo man mich nicht gleich findet. Hinterm Ofen? Zu gewöhnlich. Halt, ich hab's. Da unter das Canapé. Es hat zwar nur kurze Füße, der Raum ist sehr eng, aber gerade darum wird sie mich hier nicht suchen. Und mühsam krieche ich unter das Gestell ... Dann kommt sie und späht umher. Ich liege regungslos, halte den Atem an. Eine eigentümlich süße Angst hat sich meiner bemächtigt, eine angenehme Beklommenheit, die unschuldige Aufregung des Kinderspiels. Das Blut pocht mir in den Schläfen, und der schwere Duft von Naphthalin ist um mich her. Wird sie mich finden? Sie kommt und geht. Ich sehe, wie ich da auf dem Boden liege, nur ihre wohlgeformten kleinen Füße, die in ledernen Knöpfelschuhen stecken. Sie kommt und geht, und ich – und ich weiß plötzlich, daß ich sie liebe. Das ist der unvergeßbare Augenblick, so komisch, so rührend. Ich entdecke mein Herz unter dem Canapé ... Sie sucht, sucht, erfolglos. Die kleine Schwester ist von ihr längst bemerkt worden, denn deren weißes Kleidchen schimmerte durch die Öffnung des Vorhangs. Aber Baby soll die Freude der Unfindbarkeit haben. Baby kehrt nämlich das Gesicht der Wand zu, sieht nichts und meint darum, daß man es auch nicht sehe ... Die Sucherin gibt endlich ihre Bemühungen auf.

»Kommt hervor!« ruft sie lachend und gereizt, »ich kann euch nicht finden!«

Und wir kommen hervor. Baby jubelnd, seelenvergnügt. Ich aber, ich winde mich unter großen Schwierigkeiten hervor, und wie ich wieder aufrecht dastehe, bin ich vor ihr zum ersten Male verlegen, bringe kein Wort hervor, denn die sonderbare süße Angst von vorhin schnürt mir noch immer die Kehle zu. Auch *sie* redet nichts, aber sieht mich lächelnd an, spöttisch lächelnd ...

... Weiter hat sich nichts begeben. Errieten wir einander? Nein! Kinder halten sich für unsichtbar, wenn sie nichts sehen ... Doch wenn das längst, längst vorbei ist, so kommt noch manchmal eine Duftwelle der Erinnerung gezogen, wie aus fernen Gärten. Es ist geradezu bezaubernd. Ich bin wieder fünfzehn Jahre alt ... Das macht das Naphthalin. Ja, wenn die Winterkleider eingestreut werden ...

THEODOR HERZL

Stimmung

Die Gewohnheit, Stimmung so undeutlich und verschwommen darzustellen, um dem Hörer das Ineinanderfließen der Linien, die allgemeine Atmosphäre der Stimmung, begreiflich zu machen, hat bei denjenigen, die für Stimmung empfänglich, den Ausdruck derselben gewohnt sind, die Unfähigkeit erzeugt, sie zu zergliedern, in ihre Elemente aufzulösen. Andererseits scheint Stimmung zu fehlen, wo dies gelingt. Eine einfache, ich möchte sagen, regelrechte Stimmung, nennen wir heute nicht mehr Stimmung, weil wir diese zart, kompliziert, unregelmäßig, unberechenbar wollen.

Die einheitlichen Seelenergüsse der vorsäkularen Lyriker reizen nicht mehr, sie nehmen uns so plump und plebejisch, da sie alles so klar und deutlich sagen, sie erscheinen so starr und steinern, da sie das Gefühl formulieren. Wir verzichten heute auf genaue Auseinandersetzung, wir wünschen einen, wenn auch schleierhaften, Eindruck, wir begnügen uns mit einem Traumbild, weil wir wissen, wie wenig Deutlichkeit das Gefühl wiederzugeben vermag.

Ergreifend, nicht greifbar soll das Bild sein. Darum wirkt nicht das Detail der Empfindung, sondern ihre Vollschwingung. Das Publikum der früheren Lyriker war teilnehmender, ob es sich auch bei dem krankhaften Empfinden der andern – seiner Dichter – gesund fühlte.

Wir aber wollen nicht beobachten, wir wollen mitleben,

denn wir kennen kein Mitempfinden für fremde Personen, wir wollen selbst bewegt werden, selbst Personen sein. Die Dichter machten ihre Seelen zu Schaustücken, sie suchten durch ihre Erregung zu bewegen; nun wird, um zu bewegen, die Ursache der Empfindung unter dem Einfluß der Empfindung geschildert. – Dort suchte man *Mit*empfinden, hier *Nach-* und *An*empfinden. Dort wird das Empfinden für die Person, hier das gleiche *persönliche* Empfinden gewollt.
So wird *nun* in der Darstellung die Person zum Reagens der Stimmung, sie zeigt deren Stimmung auf ein Temperament und ihre Reflexionen sind Reflexe der Stimmung, rückgestrahlt von einem Temperament. So stellt sich Stimmung im Ausdruck dar. Die Stimmung, die den Ausdruck schafft, beruht auf einer Wechselbeziehung – wenn man so Einheitliches und Unteilbares wie Stimmung analysieren darf: Erregbarkeit durch Eindrücke und ein gewisses Festhalten an der Erregung, das zur Prädisposition für weitere Eindrücke wird, geben in ihrem Spiel die Gesamtstimmung. Die Elemente derselben sind also Rezeptions- und Reflexions-Stimmung.
Der Dichter empfängt in Erregbarkeit einen Eindruck, er wird durch eine Stimmung bewegt: Rezeptionsstimmung. Der Dichter ist prädisponiert, er trägt eine Stimmung in sich, die er zu äußerem Ausdruck bringt, deren Schein er willkürlich auf einen Gegenstand fallen läßt, wodurch derselbe eine, ihm nicht eigentümliche, fremde Färbung erhält: Reflexionsstimmung. Er kann auch nach einem Gegenstand greifen, der an und für sich schon das ausdrückt, was er fühlt, es liegt etwas Symbolisches in dieser Art: dies wird im Extrem mystisch-grauenhaft, wie Maeterlincks Stimmungsbild »L'Intruse«, während Jacobsen eine natürliche Reflexionsstimmung anwendet, beinahe naturalistische Romantik.

Maeterlincks: s. Anm. S. 334; der Einakter *L'Intruse* erschien 1890.

An Dieffenbachs Visionsgemälde, das mir als Stimmungsbild erscheint, zeigen sich die Abstufungen von Stimmung. Der links befindliche Wanderer fühlt gleichsam die seinem Innern harmonische Gegend, er scheint durch sie erst erregt zu sein, seine Stimmung scheint Rezeptionsstimmung. Erblickt man aber die Gegend, so sagt man sich, der Mann ist so gekommen, wie er hier brütet, die Gegend ist nicht so, sondern wird nur so von ihm gesehen, sie verdeutlicht seinen Ausdruck, sie ist seine Reflexionsstimmung. Seine Gedanken suchen aber einen extremen Ausdruck seines Gefühls, eine symbolische Bezeichnung hierfür, und ihm erscheint Christus am Kreuz. –

PETER ALTENBERG

Im Volksgarten

»Ich möchte einen blauen Ballon haben! Einen blauen Ballon möchte ich haben!«
»Da hast du einen blauen Ballon, Rosamunde!«
Man erklärte ihr nun, daß darinnen ein Gas sich befände, leichter als die atmosphärische Luft, infolgedessen etc. etc.
»Ich möchte ihn auslassen – – –«, sagte sie einfach.
»Willst du ihn nicht lieber diesem armen Mäderl dort schenken?!?«
»Nein, ich will ihn auslassen – – –!«
Sie läßt den Ballon aus, sieht ihm nach, bis er verschwindet in den blauen Himmel.
»Tut es dir nun nicht leid, daß du ihn nicht dem armen Mäderl geschenkt hast?!?«
»Ja, ich hätte ihn lieber dem armen Mäderl geschenkt!«

Dieffenbachs Visionsgemälde: nicht ermittelt; gemeint ist vielleicht Karl Wilhelm Diefenbach (1851–1913), der zwischen 1892 und 1895 in Wien lebte.

»Da hast du einen andern blauen Ballon, schenke ihr diesen!«
»Nein, ich möchte den auch auslassen in den blauen Himmel!« –
Sie tut es.
Man schenkt ihr einen dritten blauen Ballon.
Sie geht von selbst hin zu dem armen Mäderl, schenkt ihr diesen, sagt: »Du lasse ihn aus!«
»Nein«, sagt das arme Mäderl, blickt den Ballon begeistert an.
Im Zimmer flog er an den Plafond, blieb drei Tage lang picken, wurde dunkler, schrumpfte ein, fiel tot herab als ein schwarzes Säckchen.
Da dachte das arme Mäderl: »Ich hätte ihn im Garten auslassen sollen, in den blauen Himmel, ich hätte ihm nachgeschaut, nachgeschaut – – –!«
Währenddessen erhielt das reiche Mäderl noch zehn Ballons, und einmal kaufte ihr der Onkel Karl sogar alle dreißig Ballons auf einmal. Zwanzig ließ sie in den Himmel fliegen und zehn verschenkte sie an arme Kinder. Von da an hatten Ballons für sie überhaupt kein Interesse mehr.
»Die dummen Ballons – – –«, sagte sie.
Und Tante Ida fand infolgedessen, daß sie für ihr Alter ziemlich vorgeschritten sei!
Das arme Mäderl träumte: »Ich hätte ihn auslassen sollen, in den blauen Himmel, ich hätte ihm nachgeschaut und nachgeschaut – – –!«

PETER ALTENBERG

Der Vogel Pirol

Noch ist es Nacht im Prater. Nun wird es grau. Eindringlich duften die Weiden und Birken, sanft-ölig.
Der Vogel Pirol beginnt Reveille zu blasen, Reveille der

Karl Schwetz: Postkarte. Wiener Werkstätte

Natur! In kurzen Absätzen bläst er Reveille. Gleichsam die Wirkung abwartend auf Schläfer. Alles, alles ist noch still und grau, Birken und Weiden duften eindringlich, und der Vogel Pirol bläst in kurzen Zwischenräumen Reveille. Unablässig.
Die Dame sagte einmal: »Oh, ich möchte das Leben kennenlernen. Ich kann ihm nicht nahekommen, es nicht ergründen – – –«
Da sagte der Herr: »Haben Sie schon den Vogel Pirol in den Praterauen Reveille blasen gehört im Morgendämmern?!?«
»Muß man das tun, um das Leben ergründen zu können?!?«
»Ja, das, das muß man. Von solchen versteckten Winkeln aus, gleichsam aus dem Hinterhalte, kann man dem Leben beikommen! Da, da beginnt die mysteriöse Schönheit und der Wert der Welt!«
»Wie sieht er denn aus, der Vogel Pirol?!«
»Niemand sieht ihn. Irgendwo in alten, alten Birken hockt er und bläst Reveille und weckt zum Tage. Immer lichter und lichter wird es, und die weiten Augen werden ganz sichtbar. Am Ufer sind schwarze riesige Schleppschiffe, Tagestätigkeit erwartend mit ihren geräumigen Kräften.«
»Gehen wir zum Vogel Pirol – – –«, sagte die Dame.

PETER ALTENBERG

Individualität

Als mein Buch herauskam, 1896, entspann sich bei den wenigen, die überhaupt daran Anteil nahmen, oft eine heftige Auseinandersetzung darüber, ob man zu betonen habe, ›Wie *ich* es sehe‹ oder ›Wie ich es *sehe*‹!?
Die letztere Betonung nun ist die einzig richtige:

Denn insofern eine Individualität nach irgend einer Richtung hin eine Berechtigung, ja auch nur den Schein einer Berechtigung hat, darf sie nichts anderes sein als ein Erster, ein Vorläufer in irgend einer organischen Entwicklung des Menschlichen überhaupt, die aber *auf dem naturgemäßen Wege der möglichen Entwicklung für alle Menschen liegt*!
Der *»Einzige«* sein ist wertlos, eine armselige Spielerei des Schicksals mit einem Individuum.
Der *»Erste«* sein ist alles! Denn er hat eine Mission, er ist ein Führer, er weiß, die ganze Menschheit kommt hinter ihm! Er ist nur von Gott vorausgeschickt!
In *allen* Menschen liegt ein zarter, trauriger, Ideale träumender Dichter tief verborgen. *Alle* Menschen werden einst ganz fein, ganz zart, ganz liebevoll sein, und die Natur, die Frau, das Kind, mit allen Zärtlichkeiten lieb haben eines exaltierten Dichterherzens.
Der Dichter ist nie der *»Einzige«*. Dann wäre er wertlos, ein Seelen-Freak! Er ist der *»Erste«*. Er fühlt es, er weiß es, daß die anderen nachkommen, weil sie bereits in sich verborgen die Keime seiner eigenen Seele tragen!
Es darf nicht heißen ›Wie *ich* es sehe‹.
Es muß heißen ›Wie ich es *sehe*‹!
Wahre Individualität ist, das *im voraus* allein zu sein, was später *alle*, *alle* werden müssen! *Falsche* Individualität ist, ein zufälliges Spiel der Natur sein wie ein weißes Reh oder ein Kalb mit zwei Köpfen. Wem nützte es denn?!? Es gehörte in ein *Kuriositäten-Kabinett der Menschheit*!

PETER ALTENBERG

Grammophonplatte

(Deutsche Grammophonaktiengesellschaft.)
C 2-42 531. Die Forelle von Schubert.

In Musik umgesetztes Gebirgswässerlein, kristallklar zwischen Felsen und Fichten murmelnd. Die Forelle, ein entzückendes Raubtier, hellgrau, rot punktiert, auf Beute lauernd, stehend, fließend, vorschießend, hinab, hinauf, verschwindend. Anmutige Mordgier!
Die Begleitung auf dem Klavier ist süßes sanftes eintöniges Wassergurgeln von Berggewässer, tief und dunkelgrün. Das reale Leben ist nicht mehr vorhanden. Man spürt das Märchen der Natur!
In Gmunden wußte ich es, daß täglich in den Nachmittagsstunden eine Dame in dem Laden des Uhrmachers die Grammophonplatte C 2-42 531 zwei- bis dreimal spielen ließ. Sie saß auf einem Taburett, ich stand ganz nahe beim Apparate.
Wir sprachen niemals miteinander.
Sie wartete dann später immer mit dem Konzerte, bis ich erschien.
Eines Tages bezahlte sie das Stück dreimal, wollte sich dann entfernen. Da bezahlte ich es ein viertes Mal. Sie blieb an der Türe stehen, hörte es mit an bis zu Ende.
Grammophonplatte C 2-42 531, Schubert, Die Forelle.
Eines Tages kam sie nicht mehr.
Wie ein Geschenk von ihr blieb mir nun das Lied zurück.
Der Herbst kam, und die Esplanade wurde licht von gelben spärlichen Blättern.
Da wurde denn auch das Grammophon im Uhrmacherladen eingestellt, weil es sich nicht mehr rentierte.

Taburett: niedriger Stuhl ohne Lehne.

PETER ALTENBERG

Brief an Arthur Schnitzler

Juli 1894

Lieber Dr. Arthur Schnitzler.

Ihr wunderschöner Brief hat mich wirklich außerordentlich gefreut. Wie schreibe ich denn?!
Ganz frei, ganz ohne Bedenken. Nie weiß ich mein Thema vorher, nie denke ich nach. Ich nehme Papier und schreibe. Sogar den Titel schreibe ich so hin und hoffe, es wird sich schon etwas machen, was mit dem Titel in Zusammenhang steht.
Man muß sich auf sich verlassen, sich nicht Gewalt antun, sich entsetzlich frei ausleben lassen, hinfliegen –.
Was dabei herauskommt, ist sicher das, was wirklich und tief in mir war. Kommt nichts heraus, so war eben nichts wirklich und tief darin und das macht dann auch nichts.
Ich betrachte schreiben als eine natürliche organische Entlastung eines vollen, eines übervollen Menschen. Daher alle Fehler, Blässen.
Ich hasse die Retouche. Schmeiß es hin und gut –! Oder schlecht! Was macht das?! Wenn nur Du es bist, Du und kein anderer, Dein heiliges Du! Ihr Wort »Selbstsucher« ist wirklich außerordentlich. Wann werden Sie aber schreiben »Selbstfinder«?!
Meine Sachen haben das Malheur, daß sie immer für kleine Proben betrachtet werden, während sie leider bereits das sind, was ich überhaupt zu leisten imstand bin. Aber was macht es?! Ob ich schreibe oder nicht, ist mir gleichgiltig.
Wichtiger ist, daß ich in einem Kreise von feinen gebildeten jungen Leuten zeige, daß in mir das Fünkchen glimmt. Sonst kommt man sich so gedrückt vor, so zudringlich, so schief angeblinzelt. Ich bin so schon genug »Invalide des Lebens«.
Ihr Brief hat mich sehr, sehr gefreut! Sie sind überhaupt Alle so liebenswürdig gegen mich. Jeder ist wohlwollend. *Sie*

haben mir aber wirklich wundervolle Sachen gesagt. Besonders das Wort »Selbstsucher« eben.
Ich bitte Sie, man hat keinen Beruf, kein Geld, keine Position und schon sehr wenig Haare, da ist so eine feine Anerkennung von einem »Wissenden« sehr, sehr angenehm.
Deshalb bin und bleibe ich doch nur ein Schreiber von »Muster ohne Wert« und die Ware kommt alleweil nicht. Ich bin so ein kleiner Handspiegel, Toilettespiegel, kein Welten-Spiegel.

Ihr Peter Altenberg

RUDOLF STRAUSS

Peter Altenberg, »Wie ich es sehe«

Man muß dieses blasse, feine Gesicht mit den mattgrauen Augen und dem blond-rötlichen, herabhängenden Schnurrbart gesehen, man muß diesen müden und unsäglich milden Menschen reden gehört haben, um ihn ganz und genau zu bewerten. Jetzt sitzt er stumpf und teilnahmslos mit resignierter Miene da, die ganze Gestalt sinkt in sich zusammen, jeder Zug weist den Dulder, den Armen – dann plötzlich fällt ein Wort, das ihn packt – und nun reckt sein Kopf sich jäh empor, Leben kommt in diesen regungslosen Organismus, die Hände arbeiten, die Augen blitzen, und aus dem Munde quellen kurze, wilde Sätze voll tiefer, lebendiger Weisheit.
In solchem Zustand sind auch seine Skizzen geschrieben. Nur darum ist sein Stil so kurz und abgebrochen, weil er noch warm ist vom Leben, weil er in brausender Begeisterung das Licht gewann. Es ist der Stil der Ekstase.
Denn wenn Altenberg schreibt, so sinnt er nicht nach. »Die Muse« flüstert ihm alles zu. Diese Muse aber ist das Leben. Alle Tore seiner Seele – weit stehen sie offen, er bangt nicht vor der Außenwelt, sondern dankbar nimmt er auf, was immer sie ihm bietet. Seine Muse ist das Leben...
Sein Leben! Es ist ein trauriges und stilles auf den ersten Blick. Über das kleine Kaffeehaus, in dem er die Nächte verbringt, und über

Gmunden, wo er den Sommer verweilt, ragt es nicht fort. Große Kämpfe und schwere Konflikte haben in dieser kleinen, ruhigen Welt nicht Raum. Man muß schon eine ungeheuer nervöse Natur sein, um auf die kargen Reizungen eines solchen Milieus zu reagieren. Aber für Peter Altenberg, diesen Décadent par excellence, reicht jeder schmalste Anlaß aus. Jeder leiseste Windhauch setzt seine kranke Seele schon in Schwingungen, daß sie leise und zitternd zu tönen beginnt. Was an gesunden und robusten Naturen ganz spurlos noch vorübergeht, wirkt *seinen* Nerven schon ein sicheres Empfinden und einen starken Ausschlag. So ist er der Dichter dieser kranken, bleichen, sehr nervösen Frauen, und dieser jungen, blassen Dichter, die so sind wie sie. [...]

In seiner Güte steckt ein Tropfen von Verachtung, und leise, unmerksam mischt sich die Ironie in seine Farben.

Es ist keine Ironie, die wild verletzt, die blutige Wunden schlägt, sondern eine sehr sanfte, sehr zarte. Es ist auch keine, die von außen gegen das Subjekt geschleudert wird, sondern organisch fast erwächst sie aus dem Innern des Subjektes. Sie besteht darin, daß diese kleinen, lächerlichen Unterstimmungen und Untergefühle, die uns beim Äußern großer Worte oft befangen, mit feiner Sicherheit bedeutet werden. Es ist, wenn ich so sagen darf, eine unterirdische Ironie der ganz dünnen Nuancen, der fast punktierten Andeutungen.

Denn Peter Altenberg ist ein Meister der Andeutung. Was er von den Japanern sagt: »Sie geben einen Blütenzweig – und es ist ein Frühling«, das gilt mit ebensolchem Rechte von ihm selbst. In dieser Hinsicht ist er direkter Sprößling der Japaner und Prärafaeliten. Er gibt ein Wort, und es ist ein Satz. Er gibt einen Satz, und es ist eine Skizze. Er gibt eine kurze, zehn Zeilen lange Skizze, und es ist eine ganze, große, leuchtende Welt.

Dialogue.

Er und Sie sitzen auf der Bank in einer Linden-Allee.
Sie: Möchten Sie mich küssen?!
Er: Ja, Fräulein – – –.
Sie: Auf die Hand – – –?
Er: Nein, Fräulein.
Sie: Auf den Mund – –?!
Er: Nein, Fräulein.

Prärafaeliten: s. Anm. S. 210.

Sie: Oh, Sie sind unanständig.
Er: Ich meinte, auf den Saum »Ihres Kleides!«
Sie erbleicht – – – –.

Diese Probe mag genügen .....

RUDOLF KASSNER

Empedokles

Drittes Gleichnis vom Abenteurer

Als die Ältesten und Priester vernahmen, daß Er, viel wandernd, ihrer Stadt sich nähere, traten sie vor dem großen Tore Ihm entgegen und priesen ihr Glück und salbten Sein Haupt mit Öl und wanden Epheu und weiße Wolle in Sein langes schwarzes Haar, und geweiht und wie einer, der Opfer hinnimmt, schritt Er im Mantel von der Farbe des Purpurs und in goldenen Sandalen durchs große Tor, und staunend drängte in den Straßen sich das Volk und streute Rosen über den Staub und breitete bunte Tücher unter Seine Schritte, und die ganze Stadt schien Sein Tempel und der hohe Himmel des Tempels Dach. Seine Weisheit, hieß es schon lange unter den Menschen, sei so groß wie die Liebe der Götter und das Verderben, das sie senden, Sein Herz, hieß es, sei rein und still wie das Herz des Siegers der Schlacht, Seine Augen, hieß es endlich, blickten weiter als die Sehnsucht. Und das Volk harrte Seiner Worte und war stumm und gleich einem Bilde, da einer aus dem Volke, der arm schien und Lumpen trug, zu dem, der ihm zunächst stand, leise sprach: »Sieh, wahrlich hier geht einer, der den Tod überwunden hat.« Niemand hatte die Worte gehört, denn das Volk und die Ältesten und Priester harrten dessen, was Er ihnen sagen sollte, und waren gleich Bildern. Doch Er hatte die Worte gehört: »Sieh, wahrlich hier geht einer, der den Tod überwunden hat!« Und Ihm war, als hätte durch die vielen Falten Seines Mantels von der Farbe des Purpurs und die nackte Brust eine fremde Hand nach Seinem Herzen gegriffen, und Sein Herz schlug jetzt schnell und laut, und Dunkelheit lag dicht vor Seinen Blicken, und Seine Augen brannten und stachen, und Sein Sinn war verwirrt. Er sah das Volk nicht mehr, und daß es voll stummer Fragen Ihm die Straße ließ, und Er wußte nicht, daß das Tor und die Türme und weißen Mauern der Stadt weit schon hinter Ihm lagen, und Er hörte nicht, wie die goldenen Sandalen hart an die Steine des steilen und leeren Weges schlugen und der kalte Wind des Berges in die vielen Falten Seines Mantels von der Farbe des Purpurs fuhr, Er sah nur tief unten durch die Erde und Felsen hindurch das Feuer und oben den rauchenden Schlund, und Ihm war, als führte Ihn jemand, der stark war und schwieg, und brächte Ihn den Berg hinan bis hin vor das dunkle Tor des großen Feuers! Der heiße Rauch sengte Seine Lider und das lange schwarze Haar, von den Füßen band Er die goldenen Sandalen und strich den Epheu und die weiße Wolle aus dem gesalbten Haar und warf den Mantel von der Farbe des Purpurs ab, und leicht fiel und nackt Sein noch junger Leib in die ewige Glut.

HUGO VON HOFMANNSTHAL

Ein Brief

Dies ist der Brief, den Philipp Lord Chandos, jüngerer Sohn des Earl of Bath, an Francis Bacon, später Lord Verulam und Viscount St. Albans, schrieb, um sich bei diesem Freunde wegen des gänzlichen Verzichtes auf literarische Betätigung zu entschuldigen.

Es ist gütig von Ihnen, mein hochverehrter Freund, mein zweijähriges Stillschweigen zu übersehen und so an mich zu

schreiben. Es ist mehr als gütig, Ihrer Besorgnis um mich, Ihrer Befremdung über die geistige Starrnis, in der ich Ihnen zu versinken scheine, den Ausdruck der Leichtigkeit und des Scherzes zu geben, den nur große Menschen, die von der Gefährlichkeit des Lebens durchdrungen und dennoch nicht entmutigt sind, in ihrer Gewalt haben.
Sie schließen mit dem Aphorisma des Hippokrates: »Qui gravi morbo correpti dolores non sentiunt, iis mens aegrotat« und meinen, ich bedürfe der Medizin nicht nur, um mein Übel zu bändigen, sondern noch mehr, um meinen Sinn für den Zustand meines Innern zu schärfen. Ich möchte Ihnen so antworten, wie Sie es um mich verdienen, möchte mich Ihnen ganz aufschließen und weiß nicht, wie ich mich dazu nehmen soll. Kaum weiß ich, ob ich noch derselbe bin, an den Ihr kostbarer Brief sich wendet; bin denn ichs, der nun Sechsundzwanzigjährige, der mit neunzehn jenen »Neuen Paris«, jenen »Traum der Daphne«, jenes »Epithalamium« hinschrieb, diese unter dem Prunk ihrer Worte hintaumelnden Schäferspiele, deren eine himmlische Königin und einige allzu nachsichtige Lords und Herren sich noch entsinnen gnädig genug sind? Und bin ichs wiederum, der mit dreiundzwanzig unter den steinernen Lauben des großen Platzes von Venedig in sich jenes Gefüge lateinischer Perioden fand, dessen geistiger Grundriß und Aufbau ihn im Innern mehr entzückte als die aus dem Meer auftauchenden Bauten des Palladio und Sansovin? Und konnte ich, wenn ich anders derselbe bin, alle Spuren und Narben dieser Ausgeburt meines angespanntesten Denkens so völlig aus meinem unbegreiflichen Innern verlieren, daß mich in Ihrem Brief, der vor mir liegt, der Titel jenes kleinen Traktates

Qui gravi … aegrotat: »Diejenigen, die von schwerer Krankheit befallen sind und keine Schmerzen empfinden, haben ein krankes Gemüt.«

Palladio: Andrea P. (1508–80), italienischer Baumeister und Theoretiker von maßgebendem Einfluß auf die europäische Architektur des 17. und 18. Jh.s.

Sansovin: Sansovino (d. i. Iacopo Tatti, 1486–1570), italienischer Baumeister und Bildhauer; prägte durch seine Renaissancebauten vor allem das Stadtbild Venedigs.

fremd und kalt anstarrt, ja daß ich ihn nicht als ein geläufiges Bild zusammengefaßter Worte sogleich auffassen, sondern nur Wort für Wort verstehen konnte, als träten mir diese lateinischen Wörter, so verbunden, zum ersten Male vors Auge? Allein ich bin es ja doch und es ist Rhetorik in diesen Fragen, Rhetorik, die gut ist für Frauen oder für das Haus der Gemeinen, deren von unserer Zeit so überschätzte Machtmittel aber nicht hinreichen, ins Innere der Dinge zu dringen. Mein Inneres aber muß ich Ihnen darlegen, eine Sonderbarkeit, eine Unart, wenn Sie wollen eine Krankheit meines Geistes, wenn Sie begreifen sollen, daß mich ein ebensolcher brückenloser Abgrund von den scheinbar vor mir liegenden literarischen Arbeiten trennt als von denen, die hinter mir sind und die ich, so fremd sprechen sie mich an, mein Eigentum zu nennen zögere.

Ich weiß nicht, ob ich mehr die Eindringlichkeit Ihres Wohlwollens oder die unglaubliche Schärfe Ihres Gedächtnisses bewundern soll, wenn Sie mir die verschiedenen kleinen Pläne wieder hervorrufen, mit denen ich mich in den gemeinsamen Tagen schöner Begeisterung trug. Wirklich, ich wollte die ersten Regierungsjahre unseres verstorbenen glorreichen Souveräns, des achten Heinrich, darstellen! Die hinterlassenen Aufzeichnungen meines Großvaters, des Herzogs von Exeter, über seine Negoziationen mit Frankreich und Portugal gaben mir eine Art von Grundlage. Und aus dem Sallust floß in jenen glücklichen, belebten Tagen wie durch nie verstopfte Röhren die Erkenntnis der Form in mich herüber, jener tiefen, wahren, inneren Form, die jenseits des Geheges der rhetorischen Kunststücke erst geahnt werden kann, die, von welcher man nicht mehr sagen kann, daß sie das Stoffliche anordne, denn sie durchdringt es, sie hebt es auf und schafft Dichtung und Wahrheit zugleich, ein Widerspiel ewiger Kräfte, ein Ding, herrlich wie Musik und Algebra. Dies war mein Lieblingsplan.

Negoziationen: Handelsgeschäfte.

Was ist der Mensch, daß er Pläne macht!
Ich spielte auch mit anderen Plänen. Ihr gütiger Brief läßt auch diese heraufschweben. Jedweder vollgesogen mit einem Tropfen meines Blutes, tanzen sie vor mir wie traurige Mücken an einer düsteren Mauer, auf der nicht mehr die helle Sonne der glücklichen Tage liegt.
Ich wollte die Fabeln und mythischen Erzählungen, welche die Alten uns hinterlassen haben, und an denen die Maler und Bildhauer ein endloses und gedankenloses Gefallen finden, aufschließen als die Hieroglyphen einer geheimen, unerschöpflichen Weisheit, deren Anhauch ich manchmal, wie hinter einem Schleier, zu spüren meinte.
Ich entsinne mich dieses Planes. Es lag ihm ich weiß nicht welche sinnliche und geistige Lust zugrunde: Wie der gehetzte Hirsch ins Wasser, sehnte ich mich hinein in diese nackten, glänzenden Leiber, in diese Sirenen und Dryaden, diesen Narcissus und Proteus, Perseus und Aktäon: verschwinden wollte ich in ihnen und aus ihnen heraus mit Zungen reden. Ich wollte. Ich wollte noch vielerlei. Ich gedachte eine Sammlung »Apophthegmata« anzulegen, wie deren eine Julius Cäsar verfaßt hat: Sie erinnern die Erwähnung in einem Briefe des Cicero. Hier gedachte ich die merkwürdigsten Aussprüche nebeneinanderzusetzen, welche mir im Verkehr mit den gelehrten Männern und den geistreichen Frauen unserer Zeit oder mit besonderen Leuten aus dem Volk oder mit gebildeten und ausgezeichneten Personen auf meinen Reisen zu sammeln gelungen wäre; damit wollte ich schöne Sentenzen und Reflexionen aus den Werken der Alten und der Italiener vereinigen, und was mir sonst an geistigen Zieraten in Büchern, Handschriften oder Gesprächen entgegenträte; ferner die Anordnung besonders schöner Feste und Aufzüge, merkwürdige Verbrechen und Fälle von Raserei, die Beschreibung der größten und eigentümlichsten Bauwerke in den Niederlanden, in Frankreich

Apophthegmata: (griech.) Sinnsprüche.

und Italien und noch vieles andere. Das ganze Werk aber sollte den Titel »Nosce te ipsum« führen.

Um mich kurz zu fassen: Mir erschien damals in einer Art von andauernder Trunkenheit das ganze Dasein als eine große Einheit: geistige und körperliche Welt schien mir keinen Gegensatz zu bilden, ebensowenig höfisches und tierisches Wesen, Kunst und Unkunst, Einsamkeit und Gesellschaft; in allem fühlte ich Natur, in den Verirrungen des Wahnsinns ebensowohl wie in den äußersten Verfeinerungen eines spanischen Zeremoniells; in den Tölpelhaftigkeiten junger Bauern nicht minder als in den süßesten Allegorien; und in aller Natur fühlte ich mich selber; wenn ich auf meiner Jagdhütte die schäumende laue Milch in mich hineintrank, die ein struppiges Mensch einer schönen, sanftäugigen Kuh aus dem Euter in einen Holzeimer niedermolk, so war mir das nichts anderes, als wenn ich, in der dem Fenster eingebauten Bank meines studio sitzend, aus einem Folianten süße und schäumende Nahrung des Geistes in mich sog. Das eine war wie das andere; keines gab dem andern weder an traumhafter überirdischer Natur, noch an leiblicher Gewalt nach, und so gings fort durch die ganze Breite des Lebens, rechter und linker Hand; überall war ich mitten drinnen, wurde nie ein Scheinhaftes gewahr: Oder es ahnte mir, alles wäre Gleichnis und jede Kreatur ein Schlüssel der andern, und ich fühlte mich wohl den, der imstande wäre, eine nach der andern bei der Krone zu packen und mit ihr so viele der andern aufzusperren, als sie aufsperren könnte. Soweit erklärt sich der Titel, den ich jenem enzyklopädischen Buche zu geben gedachte.

Es möchte dem, der solchen Gesinnungen zugänglich ist, als der wohlangelegte Plan einer göttlichen Vorsehung erscheinen, daß mein Geist aus einer so aufgeschwollenen Anmaßung in dieses Äußerste von Kleinmut und Kraftlosigkeit zusammensinken mußte, welches nun die bleibende Verfassung meines Innern ist. Aber dergleichen religiöse Auffas-

Nosce te ipsum: (lat.) Kenne dich selbst!

sungen haben keine Kraft über mich; sie gehören zu den Spinnennetzen, durch welche meine Gedanken hindurchschießen, hinaus ins Leere, während so viele ihrer Gefährten dort hangenbleiben und zu einer Ruhe kommen. Mir haben sich die Geheimnisse des Glaubens zu einer erhabenen Allegorie verdichtet, die über den Feldern meines Lebens steht wie ein leuchtender Regenbogen, in einer stetigen Ferne, immer bereit, zurückzuweichen, wenn ich mir einfallen ließe hinzueilen und mich in den Saum seines Mantels hüllen zu wollen.

Aber, mein verehrter Freund, auch die irdischen Begriffe entziehen sich mir in der gleichen Weise. Wie soll ich es versuchen, Ihnen diese seltsamen geistigen Qualen zu schildern, dies Emporschnellen der Fruchtzweige über meinen ausgereckten Händen, dies Zurückweichen des murmelnden Wassers vor meinen dürstenden Lippen?

Mein Fall ist, in Kürze, dieser: Es ist mir völlig die Fähigkeit abhanden gekommen, über irgend etwas zusammenhängend zu denken oder zu sprechen.

Zuerst wurde es mir allmählich unmöglich, ein höheres oder allgemeineres Thema zu besprechen und dabei jene Worte in den Mund zu nehmen, deren sich doch alle Menschen ohne Bedenken geläufig zu bedienen pflegen. Ich empfand ein unerklärliches Unbehagen, die Worte »Geist«, »Seele« oder »Körper« nur auszusprechen. Ich fand es innerlich unmöglich, über die Angelegenheiten des Hofes, die Vorkommnisse im Parlament, oder was Sie sonst wollen, ein Urteil herauszubringen. Und dies nicht etwa aus Rücksichten irgendwelcher Art, denn Sie kennen meinen bis zur Leichtfertigkeit gehenden Freimut: sondern die abstrakten Worte, deren sich doch die Zunge naturgemäß bedienen muß, um irgendwelches Urteil an den Tag zu geben, zerfielen mir im Munde wie modrige Pilze. Es begegnete mir, daß ich meiner vierjährigen Tochter Katharina Pompilia eine kindische Lüge, deren sie sich schuldig gemacht hatte, verweisen und sie auf die Notwendigkeit, immer wahr zu sein, hinführen wollte, und dabei die mir im Munde zuströmenden Begriffe plötzlich eine solche schillernde Färbung annahmen und so ineinander überflossen, daß ich den Satz, so gut es ging, zu Ende haspelnd, so wie wenn mir unwohl geworden wäre und auch tatsächlich bleich im Gesicht und mit einem heftigen Druck auf der Stirn, das Kind allein ließ, die Tür hinter mir zuschlug und mich erst zu Pferde, auf der einsamen Hutweide einen guten Galopp nehmend, wieder einigermaßen herstellte.

Allmählich aber breitete sich diese Anfechtung aus wie ein um sich fressender Rost. Es wurden mir auch im familiären und hausbackenen Gespräch alle die Urteile, die leichthin und mit schlafwandelnder Sicherheit abgegeben zu werden pflegen, so bedenklich, daß ich aufhören mußte, an solchen Gesprächen irgend teilzunehmen. Mit einem unerklärlichen Zorn, den ich nur mit Mühe notdürftig verbarg, erfüllte es mich, dergleichen zu hören, wie: diese Sache ist für den oder jenen gut oder schlecht ausgegangen; Sheriff N. ist ein böser, Prediger T. ein guter Mensch; Pächter M. ist zu bedauern, seine Söhne sind Verschwender; ein anderer ist zu beneiden, weil seine Töchter haushälterisch sind; eine Familie kommt in die Höhe, eine andere ist im Hinabsinken. Dies alles erschien mir so unbeweisbar, so lügenhaft, so löcherig wie nur möglich. Mein Geist zwang mich, alle Dinge, die in einem solchen Gespräch vorkamen, in einer unheimlichen Nähe zu sehen: so wie ich einmal in einem Vergrößerungsglas ein Stück von der Haut meines kleinen Fingers gesehen hatte, das einem Blachfeld mit Furchen und Höhlen glich, so ging es mir nun mit den Menschen und ihren Handlungen. Es gelang mir nicht mehr, sie mit dem vereinfachenden Blick der Gewohnheit zu erfassen. Es zerfiel mir alles in Teile, die Teile wieder in Teile, und nichts mehr ließ sich mit einem Begriff umspannen. Die einzelnen Worte schwammen um mich; sie gerannen zu Augen, die mich anstarrten und in die ich wieder hineinstarren muß: Wirbel sind sie, in die hinab-

Hutweide: durch einen Hirten beaufsichtigte Weidefläche ohne Umzäunung.

zusehen mich schwindelt, die sich unaufhaltsam drehen und durch die hindurch man ins Leere kommt.

Ich machte einen Versuch, mich aus diesem Zustand in die geistige Welt der Alten hinüberzuretten. Platon vermied ich; denn mir graute vor der Gefährlichkeit seines bildlichen Fluges. Am meisten gedachte ich mich an Seneca und Cicero zu halten. An dieser Harmonie begrenzter und geordneter Begriffe hoffte ich zu gesunden. Aber ich konnte nicht zu ihnen hinüber. Diese Begriffe, ich verstand sie wohl: ich sah ihr wundervolles Verhältnisspiel vor mir aufsteigen wie herrliche Wasserkünste, die mit goldenen Bällen spielen. Ich konnte sie umschweben und sehen, wie sie zueinander spielten; aber sie hatten es nur miteinander zu tun, und das Tiefste, das Persönliche meines Denkens, blieb von ihrem Reigen ausgeschlossen. Es überkam mich unter ihnen das Gefühl furchtbarer Einsamkeit; mir war zumut wie einem, der in einem Garten mit lauter augenlosen Statuen eingesperrt wäre; ich flüchtete wieder ins Freie.

Seither führe ich ein Dasein, das Sie, fürchte ich, kaum begreifen können, so geistlos, so gedankenlos fließt es dahin; ein Dasein, das sich freilich von dem meiner Nachbarn, meiner Verwandten und der meisten landbesitzenden Edelleute dieses Königreiches kaum unterscheidet und das nicht ganz ohne freudige und belebende Augenblicke ist. Es wird mir nicht leicht, Ihnen anzudeuten, worin diese guten Augenblicke bestehen; die Worte lassen mich wiederum im Stich. Denn es ist ja etwas völlig Unbenanntes und auch wohl kaum Benennbares, das in solchen Augenblicken, irgendeine Erscheinung meiner alltäglichen Umgebung mit einer überschwellenden Flut höheren Lebens wie ein Gefäß erfüllend, mir sich ankündet. Ich kann nicht erwarten, daß Sie mich ohne Beispiel verstehen, und ich muß Sie um Nachsicht für die Albernheit meiner Beispiele bitten. Eine Gießkanne, eine auf dem Felde verlassene Egge, ein Hund in der Sonne, ein ärmlicher Kirchhof, ein Krüppel, ein kleines Bauernhaus, alles dies kann das Gefäß meiner Offenbarung werden. Jeder dieser Gegenstände und die tausend anderen ähnlichen, über die sonst ein Auge mit selbstverständlicher Gleichgültigkeit hinweggleitet, kann für mich plötzlich in irgend einem Moment, den herbeizuführen auf keine Weise in meiner Gewalt steht, ein erhabenes und rührendes Gepräge annehmen, das auszudrücken mir alle Worte zu arm scheinen. Ja, es kann auch die bestimmte Vorstellung eines abwesenden Gegenstandes sein, dem die unbegreifliche Auserwählung zuteil wird, mit jener sanft und jäh steigenden Flut göttlichen Gefühles bis an den Rand gefüllt zu werden. So hatte ich unlängst den Auftrag gegeben, den Ratten in den Milchkellern eines meiner Meierhöfe ausgiebig Gift zu streuen. Ich ritt gegen Abend aus und dachte, wie Sie vermuten können, nicht weiter an die Sache. Da, wie ich im tiefen, aufgeworfenen Ackerboden Schritt reite, nichts Schlimmeres in meiner Nähe als eine aufgescheuchte Wachtelbrut und in der Ferne über den welligen Feldern die große sinkende Sonne, tut sich mir im Innern plötzlich dieser Keller auf, erfüllt mit dem Todeskampf dieses Volks von Ratten. Alles war in mir: die mit dem süßlich scharfen Geruch des Giftes angefüllte kühldumpfe Kellerluft und das Gellen der Todesschreie, die sich an modrigen Mauern brachen; diese ineinander geknäulten Krämpfe der Ohnmacht, durcheinander hinjagenden Verzweiflungen; das wahnwitzige Suchen der Ausgänge; der kalte Blick der Wut, wenn zwei einander an der verstopften Ritze begegnen. Aber was versuche ich wiederum Worte, die ich verschworen habe! Sie entsinnen sich, mein Freund, der wundervollen Schilderung von den Stunden, die der Zerstörung von Alba Longa vorhergehen, aus dem Livius? Wie sie die Straßen durchirren, die sie nicht mehr sehen sollen ... wie sie von den Steinen des Bodens Abschied nehmen. Ich sage Ihnen, mein Freund, dieses trug ich in mir und das brennende Karthago zugleich; aber es war mehr, es war göttlicher, tierischer; und es war Gegenwart, die vollste erhabenste Gegenwart. Da war eine Mutter, die ihre sterbenden Jungen um sich zucken hatte und nicht auf die Verendenden, nicht auf die unerbittlichen steinernen Mauern, sondern in die leere Luft, oder durch die Luft ins Unendliche hin Blicke schickte und diese Blicke mit einem Knirschen begleitete! – Wenn ein dienender Sklave voll ohnmächtigen Schauders in der Nähe der erstarrenden Niobe stand, er muß das durchgemacht haben, was ich durchmachte, als in mir die Seele dieses Tieres gegen das ungeheure Verhängnis die Zähne bleckte.

Vergeben Sie mir diese Schilderung, denken Sie aber nicht, daß es Mitleid war, was mich erfüllte. Das dürfen Sie ja nicht denken, sonst hätte ich mein Beispiel sehr ungeschickt gewählt. Es war viel mehr und viel weniger als Mitleid: ein ungeheures Anteilnehmen, ein Hinüberfließen in jene Geschöpfe oder ein Fühlen, daß ein Fluidum des Lebens und Todes, des Traumes und Wachens für einen Augenblick in sie hinübergeflossen ist – von woher? Denn was hätte es mit Mitleid zu tun, was mit begreiflicher menschlicher Gedankenverknüpfung, wenn ich an einem anderen Abend unter einem Nußbaum eine halbvolle Gießkanne finde, die ein Gärtnerbursche dort vergessen hat, und wenn mich diese Gießkanne und das Wasser in ihr, das vom Schatten des Baumes finster ist, und ein Schwimmkäfer, der auf dem Spiegel dieses Wassers von einem dunklen Ufer zum andern rudert, wenn diese Zusammensetzung von Nichtigkeiten mich mit einer solchen Gegenwart des Unendlichen durchschauert, von den Wurzeln der Haare bis ins Mark der Fersen mich durchschauert, daß ich in Worte ausbrechen möchte, von denen ich weiß, fände ich sie, so würden sie jene Cherubim, an die ich nicht glaube, niederzwingen, und daß ich dann von jener Stelle schweigend mich wegkehre und nach Wochen, wenn ich dieses Nußbaums ansichtig werde, mit scheuem seitlichen Blick daran vorübergehe, weil ich das Nachgefühl des Wundervollen, das dort um den Stamm weht, nicht verscheuchen will, nicht vertreiben die mehr als irdischen Schauer, die um das Buschwerk in jener Nähe immer noch nachwogen. In diesen Augenblicken wird eine nichtige Kreatur, ein Hund, eine Ratte, ein Käfer, ein verkümmerter Apfelbaum, ein sich über den Hügel schlän-

gelnder Karrenweg, ein moosbewachsener Stein mir mehr, als die schönste, hingebendste Geliebte der glücklichsten Nacht mir je gewesen ist. Diese stummen und manchmal unbelebten Kreaturen heben sich mir mit einer solchen Fülle, einer solchen Gegenwart der Liebe entgegen, daß mein beglücktes Auge auch ringsum auf keinen toten Fleck zu fallen vermag. Es erscheint mir alles, alles, was es gibt, alles, dessen ich mich entsinne, alles, was meine verworrensten Gedanken berühren, etwas zu sein. Auch die eigene Schwere, die sonstige Dumpfheit meines Hirnes erscheint mir als etwas; ich fühle ein entzückendes, schlechthin unendliches Widerspiel in mir und um mich, und es gibt unter den gegeneinanderspielenden Materien keine, in die ich nicht hinüberzufließen vermöchte. Es ist mir dann, als bestünde mein Körper aus lauter Chiffern, die mir alles aufschließen. Oder als könnten wir in ein neues, ahnungsvolles Verhältnis zum ganzen Dasein treten, wenn wir anfingen, mit dem Herzen zu denken. Fällt aber diese sonderbare Bezauberung von mir ab, so weiß ich nichts darüber auszusagen; ich könnte dann ebensowenig in vernünftigen Worten darstellen, worin diese mich und die ganze Welt durchwebende Harmonie bestanden und wie sie sich mir fühlbar gemacht habe, als ich ein Genaueres über die inneren Bewegungen meiner Eingeweide oder die Stauungen meines Blutes anzugeben vermöchte.
Von diesen sonderbaren Zufällen abgesehen, von denen ich übrigens kaum weiß, ob ich sie dem Geist oder dem Körper zurechnen soll, lebe ich ein Leben von kaum glaublicher Leere und habe Mühe, die Starre meines Innern vor meiner Frau und vor meinen Leuten die Gleichgültigkeit zu verbergen, welche mir die Angelegenheiten des Besitzes einflößen. Die gute und strenge Erziehung, welche ich meinem seligen Vater verdanke, und die frühzeitige Gewöhnung, keine Stunde des Tages unausgefüllt zu lassen, sind es, scheint mir, allein, welche meinem Leben nach außen hin einen genügenden Halt und den meinem Stande und meiner Person angemessenen Anschein bewahren.

Ich baue einen Flügel meines Hauses um und bringe es zustande, mich mit dem Architekten hie und da über die Fortschritte seiner Arbeit zu unterhalten; ich bewirtschafte meine Güter, und meine Pächter und Beamten werden mich wohl etwas wortkarger, aber nicht ungütiger als früher finden. Keiner von ihnen, der mit abgezogener Mütze vor seiner Haustür steht, wenn ich abends vorüberreite, wird eine Ahnung haben, daß mein Blick, den er respektvoll aufzufangen gewohnt ist, mit stiller Sehnsucht über die morschen Bretter hinstreicht, unter denen er nach den Regenwürmern zum Angeln zu suchen pflegt, durchs enge, vergitterte Fenster in die dumpfe Stube taucht, wo in der Ecke das niedrige Bett mit bunten Laken immer auf einen zu warten scheint, der sterben will, oder auf einen, der geboren werden soll; daß mein Auge lange an den häßlichen jungen Hunden hängt oder an der Katze, die geschmeidig zwischen Blumenscherben durchkriecht, und daß es unter all den ärmlichen und plumpen Gegenständen einer bäurischen Lebensweise nach jenem einem sucht, dessen unscheinbare Form, dessen von niemand beachtetes Daliegen oder -lehnen, dessen stumme Wesenheit zur Quelle jenes rätselhaften, wortlosen, schrankenlosen Entzückens werden kann. Denn mein unbenanntes seliges Gefühl wird eher aus einem fernen, einsamen Hirtenfeuer mir hervorbrechen als aus dem Anblick des gestirnten Himmels; eher aus dem Zirpen einer letzten, dem Tode nahen Grille, wenn schon der Herbstwind winterliche Wolken über die öden Felder hintreibt, als aus dem majestätischen Dröhnen der Orgel. Und ich vergleiche mich manchmal in Gedanken mit jenem Crassus, dem Redner, von dem berichtet wird, daß er eine zahme Muräne, einen dumpfen, rotäugigen, stummen Fisch seines Zierteiches, so über alle Maßen liebgewann, daß es zum Stadtgespräch wurde; und als ihm einmal im Senat Domitius vorwarf, er habe über den Tod dieses Fisches Tränen vergossen, und ihn dadurch als einen halben Narren hinstellen wollte, gab ihm Crassus zur Antwort: »So habe ich beim Tode meines Fisches getan, was

Ihr weder bei Eurer ersten noch Eurer zweiten Frau Tod getan habt.«

Ich weiß nicht, wie oft mir dieser Crassus mit seiner Muräne als ein Spiegelbild meines Selbst, über den Abgrund der Jahrhunderte hergeworfen, in den Sinn kommt. Nicht aber wegen dieser Antwort, die er dem Domitius gab. Die Antwort brachte die Lacher auf seine Seite, so daß die Sache in einen Witz aufgelöst war. Mir aber geht die Sache nahe, die Sache, welche dieselbe geblieben wäre, auch wenn Domitius um seine Frauen blutige Tränen des aufrichtigsten Schmerzes geweint hätte. Dann stünde ihm noch immer Crassus gegenüber, mit seinen Tränen um seine Muräne. Und über diese Figur, deren Lächerlichkeit und Verächtlichkeit mitten in einem die erhabensten Dinge beratenden, weltbeherrschenden Senat so ganz ins Auge springt, über diese Figur zwingt mich ein unnennbares Etwas in einer Weise zu denken, die mir vollkommen töricht erscheint, im Augenblick, wo ich versuche sie in Worten auszudrücken.

Das Bild dieses Crassus ist zuweilen nachts in meinem Hirn, wie ein Splitter, um den herum alles schwärt, pulst und kocht. Es ist mir dann, als geriete ich selber in Gärung, würfe Blasen auf, wallte und funkelte. Und das Ganze ist eine Art fieberisches Denken, aber Denken in einem Material, das unmittelbarer, flüssiger, glühender ist als Worte. Es sind gleichfalls Wirbel, aber solche, die nicht wie die Wirbel der Sprache ins Bodenlose zu führen scheinen, sondern irgendwie in mich selber und in den tiefsten Schoß des Friedens.

Ich habe Sie, mein verehrter Freund, mit dieser ausgebreiteten Schilderung eines unerklärlichen Zustandes, der gewöhnlich in mir verschlossen bleibt, über Gebühr belästigt.

Sie waren so gütig, Ihre Unzufriedenheit darüber zu äußern, daß kein von mir verfaßtes Buch mehr zu Ihnen kommt, »Sie für das Entbehren meines Umganges zu entschädigen«. Ich fühlte in diesem Augenblick mit einer Bestimmtheit, die nicht ganz ohne ein schmerzliches Beigefühl war, daß ich auch im kommenden und im folgenden und in allen Jahren dieses meines Lebens kein englisches und kein lateinisches Buch schreiben werde: und dies aus dem einen Grund, dessen mir peinliche Seltsamkeit mit ungeblendetem Blick dem vor Ihnen harmonisch ausgebreiteten Reiche der geistigen und leiblichen Erscheinungen an seiner Stelle einzuordnen ich Ihrer unendlichen geistigen Überlegenheit überlasse: nämlich weil die Sprache, in welcher nicht nur zu schreiben, sondern auch zu denken mir vielleicht gegeben wäre, weder die lateinische noch die englische noch die italienische und spanische ist, sondern eine Sprache, von deren Worten mir auch nicht eines bekannt ist, eine Sprache, in welcher die stummen Dinge zu mir sprechen, und in welcher ich vielleicht einst im Grabe vor einem unbekannten Richter mich verantworten werde.

Ich wollte, es wäre mir gegeben, in die letzten Worte dieses voraussichtlich letzten Briefes, den ich an Francis Bacon schreibe, alle die Liebe und Dankbarkeit, alle die ungemessene Bewunderung zusammenzupressen, die ich für den größten Wohltäter meines Geistes, für den ersten Engländer meiner Zeit im Herzen hege und darin hegen werde, bis der Tod es bersten macht.

A. D. 1603, diesen 22. August. Phi. Chandos

8

Drama

HUGO VON HOFMANNSTHAL

Der Tor und der Tod

Personen

DER TOD
CLAUDIO, ein Edelmann
SEIN KAMMERDIENER
CLAUDIOS MUTTER
EINE GELIEBTE DES CLAUDIO } Tote
EIN JUGENDFREUND

Claudios Haus.
Kostüm der zwanziger Jahre des vorigen Jahrhunderts.

Studierzimmer des Claudio, im Empiregeschmack. Im Hintergrund links und rechts große Fenster, in der Mitte eine Glastüre auf den Balkon hinaus, von dem eine hängende Holztreppe in den Garten führt. Links eine weiße Flügeltür, rechts eine gleiche nach dem Schlafzimmer, mit einem grünen Samtvorhang geschlossen. Am Fenster links steht ein Schreibtisch, davor ein Lehnstuhl. An den Pfeilern Glaskasten mit Altertümern. An der Wand rechts eine gotische, dunkle, geschnitzte Truhe; darüber altertümliche Musikinstrumente. Ein fast schwarzgedunkeltes Bild eines italienischen Meisters. Der Grundton der Tapete licht, fast weiß; mit Stukkatur und Gold.

CLAUDIO *allein*
Er sitzt am Fenster. Abendsonne.
Die letzten Berge liegen nun im Glanz,
In feuchten Schmelz durchsonnter Luft gewandet,

Es schwebt ein Alabasterwolkenkranz
Zuhöchst, mit grauen Schatten, goldumrandet:
So malen Meister von den frühen Tagen
Die Wolken, welche die Madonna tragen.
Am Abhang liegen blaue Wolkenschatten,
Der Bergesschatten füllt das weite Tal
Und dämpft zu grauem Grün den Glanz der Matten;
Der Gipfel glänzt im vollen letzten Strahl.
Wie nah sind meiner Sehnsucht die gerückt,
Die dort auf weiten Halden einsam wohnen
Und denen Güter, mit der Hand gepflückt,
Die gute Mattigkeit der Glieder lohnen.
Der wundervolle wilde Morgenwind,
Der nackten Fußes läuft im Heidenduft,
Der weckt sie auf; die wilden Bienen sind
Um sie und Gottes helle, heiße Luft.
Es gab Natur sich ihnen zum Geschäfte,
In allen ihren Wünschen quillt Natur,
Im Wechselspiel der frisch und müden Kräfte
Wird ihnen jedes warmen Glückes Spur.
Jetzt rückt der goldne Ball, und er versinkt
In fernster Meere grünlichem Kristall;
Das letzte Licht durch ferne Bäume blinkt,
Jetzt atmet roter Rauch, ein Glutenwall
Den Strand erfüllend, wo die Städte liegen,
Die mit Najadenarmen, flutenttaucht,
In hohen Schiffen ihre Kinder wiegen,
Ein Volk, verwegen, listig und erlaucht.
Sie gleiten über ferne, wunderschwere,
Verschwiegne Flut, die nie ein Kiel geteilt,
Es regt die Brust der Zorn der wilden Meere,
Da wird sie jedem Wahn und Weh geheilt.
So seh ich Sinn und Segen fern gebreitet
Und starre voller Sehnsucht stets hinüber,
Doch wie mein Blick dem Nahen näher gleitet,
Wird alles öd, verletzender und trüber;
Es scheint mein ganzes so versäumtes Leben,

Der Thor und der Tod.

Von

Hugo von Hofmannsthal.

Als Manuscript gedruckt

Titelblatt von Hugo von Hofmannsthal: Der Tor und der Tod

Verlorne Lust und nie geweinte Tränen,
Um diese Gassen, dieses Haus zu weben
Und ewig sinnlos Suchen, wirres Sehnen.
Am Fenster stehend
Jetzt zünden sie die Lichter an und haben
In engen Wänden eine dumpfe Welt
Mit allen Rausch- und Tränengaben
Und was noch sonst ein Herz gefangenhält.
Sie sind einander herzlich nah
Und härmen sich um einen, der entfernt;
Und wenn wohl einem Leid geschah,
So trösten sie ... ich habe Trösten nie gelernt.
Sie können sich mit einfachen Worten,
Was nötig zum Weinen und Lachen, sagen.
Müssen nicht an sieben vernagelte Pforten
Mit blutigen Fingern schlagen.

Was weiß denn ich vom Menschenleben?
Bin freilich scheinbar drin gestanden,
Aber ich hab es höchstens verstanden,
Konnte mich nie darein verweben.
Hab mich niemals daran verloren.
Wo andre nehmen, andre geben,
Blieb ich beiseit, im Innern stummgeboren.
Ich hab von allen lieben Lippen
Den wahren Trank des Lebens nie gesogen,
Bin nie, von wahrem Schmerz durchschüttert,
Die Straße einsam, schluchzend, nie! gezogen.
Wenn ich von guten Gaben der Natur
Je eine Regung, einen Hauch erfuhr,
So nannte ihn mein überwacher Sinn,
Unfähig des Vergessens, grell beim Namen.
Und wie dann tausende Vergleiche kamen,
War das Vertrauen, war das Glück dahin.
Und auch das Leid! zerfasert und zerfressen
Vom Denken, abgeblaßt und ausgelaugt!
Wie wollte ich an meine Brust es pressen,

Wie hätt ich Wonne aus dem Schmerz gesaugt:
Sein Flügel streifte mich, ich wurde matt,
Und Unbehagen kam an Schmerzes Statt...
Aufschreckend
Es dunkelt schon. Ich fall in Grübelei.
Ja, ja: die Zeit hat Kinder mancherlei.
Doch ich bin müd und soll wohl schlafen gehen.
Der Diener bringt eine Lampe, geht dann wieder.
Jetzt läßt der Lampe Glanz mich wieder sehen
Die Rumpelkammer voller totem Tand,
Wodurch ich doch mich einzuschleichen wähnte,
Wenn ich den graden Weg auch nimmer fand
In jenes Leben, das ich so ersehnte.
Vor dem Kruzifix
Zu deinen wunden, elfenbeinern' Füßen,
Du Herr am Kreuz, sind etliche gelegen,
Die Flammen niederbetend, jene süßen,
Ins eigne Herz, die wundervoll bewegen,
Und wenn statt Gluten öde Kälte kam,
Vergingen sie in Reue, Angst und Scham.
Vor einem alten Bild
Gioconda, du, aus wundervollem Grund
Herleuchtend mit dem Glanz durchseelter Glieder,
Dem rätselhaften, süßen, herben Mund,
Dem Prunk der träumeschweren Augenlider:
Gerad so viel verrietest du mir Leben,
Als fragend ich vermocht dir einzuweben!
Sich abwendend, vor einer Truhe
Ihr Becher, ihr, an deren kühlem Rand
Wohl etlich Lippen selig hingen,
Ihr alten Lauten, ihr, bei deren Klingen
Sich manches Herz die tiefste Rührung fand,
Was gäb ich, könnt mich euer Bann erfassen,
Wie wollt ich mich gefangen finden lassen!
Ihr hölzern, ehern Schilderwerk,

Gioconda: Mona Lisa, Gattin des Francesco del Giocondo; Bildnis von Leonardo da Vinci (1452–1519).

Verwirrend, formenquellend Bilderwerk,
Ihr Kröten, Engel, Greife, Faunen,
Phantastsche Vögel, goldnes Fruchtgeschlinge,
Berauschende und ängstigende Dinge,
Ihr wart doch all einmal gefühlt,
Gezeugt von zuckenden, lebendgen Launen,
Vom großen Meer emporgespült,
Und wie den Fisch das Netz, hat euch die Form gefangen!
Umsonst bin ich, umsonst euch nachgegangen,
Von eurem Reize allzusehr gebunden:
Und wie ich eurer eigensinngen Seelen
Jedwede, wie die Masken, durchempfunden,
War mir verschleiert Leben, Herz und Welt,
Ihr hieltet mich, ein Flatterschwarm, umstellt,
Abweidend, unerbittliche Harpyen,
An frischen Quellen jedes frische Blühen ...
Ich hab mich so an Künstliches verloren,
Daß ich die Sonne sah aus toten Augen
Und nicht mehr hörte als durch tote Ohren:
Stets schleppte ich den rätselhaften Fluch,
Nie ganz bewußt, nie völlig unbewußt,
Mit kleinem Leid und schaler Lust
Mein Leben zu erleben wie ein Buch,
Das man zur Hälft noch nicht und halb nicht mehr begreift,
Und hinter dem der Sinn erst nach Lebendgem schweift –
Und was mich quälte und was mich erfreute,
Mir war, als ob es nie sich selbst bedeute,
Nein, künftgen Lebens vorgeliehnen Schein
Und hohles Bild von einem vollern Sein.
So hab ich mich in Leid und jeder Liebe
Verwirrt mit Schatten nur herumgeschlagen,
Verbraucht, doch nicht genossen alle Triebe,
In dumpfem Traum, es würde endlich tagen.
Ich wandte mich und sah das Leben an:

Darinnen Schnellsein nicht zum Laufen nützt
Und Tapfersein nicht hilft zum Streit; darin
Unheil nicht traurig macht und Glück nicht froh;
Auf Frag ohn Sinn folgt Antwort ohne Sinn;
Verworrner Traum entsteigt der dunklen Schwelle,
Und Glück ist alles, Stunde, Wind und Welle!
So schmerzlich klug und so enttäuschten Sinn
In müdem Hochmut hegend, in Entsagen
Tief eingesponnen, leb ich ohne Klagen
In diesen Stuben, dieser Stadt dahin.
Die Leute haben sich entwöhnt zu fragen
Und finden, daß ich recht gewöhnlich bin.
Der Diener kommt und stellt einen Teller Kirschen auf den Tisch, dann will er die Balkontüre schließen.

CLAUDIO
Laß noch die Türen offen ... Was erschreckt dich?

DIENER
Euer Gnaden glauben mirs wohl nicht.
Halb für sich, mit Angst
Jetzt haben sie im Lusthaus sich versteckt.

CLAUDIO
Wer denn?

DIENER Entschuldigen, ich weiß es nicht.
Ein ganzer Schwarm unheimliches Gesindel.

CLAUDIO
Bettler?

DIENER Ich weiß es nicht.

CLAUDIO So sperr die Tür,
Die von der Gasse in den Garten, zu,
Und leg dich schlafen und laß mich in Ruh.

DIENER
Das eben macht mir solches Graun. Ich hab
Die Gartentür verriegelt. Aber ...

CLAUDIO Nun?

DIENER
Jetzt sitzen sie im Garten. Auf der Bank,
Wo der sandsteinerne Apollo steht,

Ein paar im Schatten dort am Brunnenrand,
Und einer hat sich auf die Sphinx gesetzt.
Man sieht ihn nicht, der Taxus steht davor.

CLAUDIO

Sinds Männer?

DIENER Einige. Allein auch Frauen.
Nicht bettelhaft, altmodisch nur von Tracht,
Wie Kupferstiche angezogen sind.
Mit einer solchen grauenvollen Art,
Still dazusitzen und mit toten Augen
Auf einen wie in leere Luft zu schauen,
Das sind nicht Menschen. Euer Gnaden sein'n
Nicht ungehalten, nur um keinen Preis
Der Welt möcht ich in ihre Nähe gehen.
So Gott will, sind sie morgen früh verschwunden;
Ich will – mit gnädiger Erlaubnis – jetzt
Die Tür vom Haus verriegeln und das Schloß
Einsprengen mit geweihtem Wasser. Denn
Ich habe solche Menschen nie gesehn,
Und solche Augen haben Menschen nicht.

CLAUDIO

Tu, was du willst, und gute Nacht.
Er geht eine Weile nachdenklich auf und nieder. Hinter der Szene erklingt das sehnsüchtige und ergreifende Spiel einer Geige, zuerst ferner, allmählich näher, endlich warm und voll, als wenn es aus dem Nebenzimmer dränge. Musik?
Und seltsam zu der Seele redende!
Hat mich des Menschen Unsinn auch verstört?
Mich dünkt, als hätt ich solche Töne
Von Menschengeigen nie gehört...
Er bleibt horchend gegen die rechte Seite gewandt
In tiefen, scheinbar langersehnten Schauern
Dringts allgewaltig auf mich ein;
Es scheint unendliches Bedauern,
Unendlich Hoffen scheints zu sein,
Als strömte von den alten, stillen Mauern

Mein Leben flutend und verklärt herein.
Wie der Geliebten, wie der Mutter Kommen,
Wie jedes Langverlornen Wiederkehr,
Regt es Gedanken auf, die warmen, frommen,
Und wirft mich in ein jugendliches Meer:
Ein Knabe stand ich so im Frühlingsglänzen
Und meinte aufzuschweben in das All,
Unendlich Sehnen über alle Grenzen
Durchwehte mich in ahnungsvollem Schwall!
Und Wanderzeiten kamen, rauschumfangen,
Da leuchtete manchmal die ganze Welt,
Und Rosen glühten, und die Glocken klangen,
Von fremdem Lichte jubelnd und erhellt:
Wie waren da lebendig alle Dinge,
Dem liebenden Erfassen nahgerückt,
Wie fühlt ich mich beseelt und tief entzückt,
Ein lebend Glied im großen Lebensringe!
Da ahnte ich, durch mein Herz auch geleitet,
Den Liebesstrom, der alle Herzen nährt,
Und ein Genügen hielt mein Ich geweitet,
Das heute kaum mir noch den Traum verklärt.
Tön fort, Musik, noch eine Weile so
Und rühr mein Innres also innig auf:
Leicht wähn ich dann mein Leben warm und froh,
Rücklebend so verzaubert seinen Lauf:
Denn alle süßen Flammen, Loh an Loh
Das Starre schmelzend, schlagen jetzt herauf!
Des allzu alten, allzu wirren Wissens
Auf diesen Nacken vielgehäufte Last
Vergeht, von diesem Laut des Urgewissens,
Den kindisch-tiefen Tönen angefaßt.
Weither mit großem Glockenläuten
Ankündigt sich ein kaum geahntes Leben,
In Formen, die unendlich viel bedeuten,
Gewaltig-schlicht im Nehmen und im Geben.
Die Musik verstummt fast plötzlich.
Da, da verstummt, was mich so tief gerührt,

Worin ich Göttlich-Menschliches gespürt!
Der diese Wunderwelt unwissend hergesandt,
Er hebt wohl jetzt nach Kupfergeld die Kappe,
Ein abendlicher Bettelmusikant.
Am Fenster rechts
Hier unten steht er nicht. Wie sonderbar!
Wo denn? Ich will durchs andre Fenster schaun...
Wie er nach der Türe rechts geht, wird der Vorhang leise zurückgeschlagen, und in der Tür steht der Tod, den Fiedelbogen in der Hand, die Geige am Gürtel hängend. Er sieht Claudio, der entsetzt zurückfährt, ruhig an.
Wie packt mich sinnlos namenloses Grauen!
Wenn deiner Fiedel Klang so lieblich war,
Was bringt es solchen Krampf, dich anzuschauen?
Und schnürt die Kehle so und sträubt das Haar?
Geh weg! Du bist der Tod. Was willst du hier?
Ich fürchte mich. Geh weg! Ich kann nicht schrein.
Sinkend
Der Halt, die Luft des Lebens schwindet mir!
Geh weg! Wer rief dich? Geh! Wer ließ dich ein?

DER TOD

Steh auf! Wirf dies ererbte Graun von dir!
Ich bin nicht schauerlich, bin kein Gerippe!
Aus des Dionysos, der Venus Sippe,
Ein großer Gott der Seele steht vor dir.
Wenn in der lauen Sommerabendfeier
Durch goldne Luft ein Blatt herabgeschwebt,
Hat dich mein Wehen angeschauert,
Das traumhaft um die reifen Dinge webt;
Wenn Überschwellen der Gefühle
Mit warmer Flut die Seele zitternd füllte,
Wenn sich im plötzlichen Durchzucken
Das Ungeheure als verwandt enthüllte,
Und du, hingebend dich im großen Reigen,
Die Welt empfingest als dein eigen:
In jeder wahrhaft großen Stunde,

Die schauern deine Erdenform gemacht,
Hab ich dich angerührt im Seelengrunde
Mit heiliger, geheimnisvoller Macht.

CLAUDIO

Genug. Ich grüße dich, wenngleich beklommen.
Kleine Pause
Doch wozu bist du eigentlich gekommen?

DER TOD

Mein Kommen, Freund, hat stets nur *einen* Sinn!

CLAUDIO

Bei mir hats eine Weile noch *dahin*!
Merk: eh das Blatt zu Boden schwebt,
Hat es zur Neige seinen Saft gesogen!
Dazu fehlt viel: Ich habe nicht gelebt!

DER TOD

Bist doch, wie alle, deinen Weg gezogen!

CLAUDIO

Wie abgerißne Wiesenblumen
Ein dunkles Wasser mit sich reißt,
So glitten mir die jungen Tage,
Und ich hab nie gewußt, daß das schon Leben heißt.
Dann ... stand ich an den Lebensgittern,
Der Wunder bang, von Sehnsucht süß bedrängt,
Daß sie in majestätischen Gewittern
Auffliegen sollten, wundervoll gesprengt.
Es kam nicht so ... und einmal stand ich drinnen,
Der Weihe bar, und konnte mich auf mich
Und alle tiefsten Wünsche nicht besinnen,
Von einem Bann befangen, der nicht wich.
Von Dämmerung verwirrt und wie verschüttet,
Verdrießlich und im Innersten zerrüttet,
Mit halbem Herzen, unterbundnen Sinnen
In jedem Ganzen rätselhaft gehemmt,
Fühlt ich mich niemals recht durchglutet innen,
Von großen Wellen nie so recht geschwemmt,
Bin nie auf meinem Weg dem Gott begegnet,
Mit dem man ringt, bis daß er einen segnet.

DER TOD

Was allen, ward auch dir gegeben,
Ein Erdenleben, irdisch es zu leben.
Im Innern quillt euch allen treu ein Geist,
Der diesem Chaos toter Sachen
Beziehung einzuhauchen heißt
Und euren Garten draus zu machen
Für Wirksamkeit, Beglückung und Verdruß.
Weh dir, wenn ich dir das erst sagen muß!
Man bindet und man wird gebunden,
Entfaltung wirken schwül und wilde Stunden;
In Schlaf geweint und müd geplagt,
Noch wollend, schwer von Sehnsucht, halbverzagt,
Tiefatmend und vom Drang des Lebens warm...
Doch alle *reif*, fallt ihr in meinen Arm.

CLAUDIO

Ich bin aber nicht reif, drum laß mich hier.
Ich will nicht länger töricht jammern,
Ich will mich an die Erdenscholle klammern,
Die tiefste Lebenssehnsucht schreit in mir.
Die höchste Angst zerreißt den alten Bann;
Jetzt fühl ich – laß mich – daß ich leben kann!
Ich fühls an diesem grenzenlosen Drängen:
Ich kann mein Herz an Erdendinge hängen.
Oh, du sollst sehn, nicht mehr wie stumme Tiere,
Nicht Puppen werden mir die andern sein!
Zum Herzen reden soll mir all das Ihre,
Ich dränge mich in jede Lust und Pein.
Ich will die Treue lernen, die der Halt
Von allem Leben ist ... Ich füg mich so,
Daß Gut und Böse über mich Gewalt
Soll haben und mich machen wild und froh.
Dann werden sich die Schemen mir beleben!
Ich werde Menschen auf dem Wege finden,
Nicht länger stumm im Nehmen und im Geben,
Gebunden werden – ja! – und kräftig binden.

Da er die ungerührte Miene des Todes wahrnimmt, mit steigender Angst
Denn schau, glaub mir, das war nicht so bisher:
Du meinst, ich hätte doch geliebt, gehaßt ...
Nein, nie hab ich den Kern davon erfaßt,
Es war ein Tausch von Schein und Worten leer!
Da schau, ich kann dir zeigen: Briefe, sieh,
Er reißt eine Lade auf und entnimmt ihr Pakete geordneter alter Briefe
Mit Schwüren voll und Liebeswort und Klagen;
Meinst du, ich hätte je *gespürt*, was *die* –
Gespürt, was *ich* als Antwort schien zu sagen?!
Er wirft ihm die Pakete vor die Füße, daß die einzelnen Briefe herausfliegen
Da hast du dieses ganze Liebesleben,
Daraus nur ich und ich nur widertönte,
Wie ich, der Stimmung Auf- und Niederbeben
Mitbebend, jeden heilgen Halt verhöhnte!
Da! da! und alles andre ist wie das:
Ohn Sinn, ohn Glück, ohn Schmerz, ohn Lieb, ohn Haß!

DER TOD

Du Tor! Du schlimmer Tor, ich will dich lehren,
Das Leben, eh dus endest, einmal ehren.
Stell dich dorthin und schweig und sieh hierher
Und lern, daß alle andern diesen Schollen
Mit lieberfülltem Erdensinn entquollen,
Und nur du selber schellenlaut und leer.
Der Tod tut ein paar Geigenstriche, gleichsam rufend. Er steht an der Schlafzimmertüre, im Vordergrund rechts, Claudio an der Wand links, im Halbdunkel. Aus der Tür rechts tritt die Mutter. Sie ist nicht sehr alt. Sie trägt ein langes schwarzes Samtkleid, eine schwarze Samthaube mit einer weißen Rüsche, die das Gesicht umrahmt. In den feinen blassen Fingern ein weißes Spitzentaschentuch. Sie tritt leise aus der Tür und geht lautlos im Zimmer umher.

DIE MUTTER

Wie viele süße Schmerzen saug ich ein
Mit dieser Luft. Wie von Lavendelkraut
Ein feiner toter Atem weht die Hälfte
Von meinem Erdendasein hier umher:
Ein Mutterleben, nun, ein Dritteil Schmerzen,
Eins Plage, Sorge eins. Was weiß ein Mann
Davon?
An der Truhe
Die Kante da noch immer scharf?
Da schlug er sich einmal die Schläfe blutig;
Freilich, er war auch klein und heftig, wild
Im Laufen, nicht zu halten. Da, das Fenster!
Da stand ich oft und horchte in die Nacht
Hinaus auf seinen Schritt mit solcher Gier,
Wenn mich die Angst im Bett nicht länger litt,
Wenn er nicht kam, und schlug doch zwei, und schlug
Dann drei und fing schon blaß zu dämmern an...
Wie oft... Doch hat er nie etwas gewußt –
Ich war ja auch bei Tag hübsch viel allein.
Die Hand, die gießt die Blumen, klopft den Staub
Vom Kissen, reibt die Messingklinken blank,
So läuft der Tag: allein der Kopf hat nichts
Zu tun: da geht im Kreis ein dumpfes Rad
Mit Ahnungen und traumbeklommenem,
Geheimnisvollem Schmerzgefühle, das
Wohl mit der Mutterschaft unfaßlichem
Geheimem Heiligtum zusammenhängt
Und allem tiefstem Weben dieser Welt
Verwandt ist. Aber mir ist nicht gegönnt,
Der süß beklemmend, schmerzlich nährenden,
Der Luft vergangnen Lebens mehr zu atmen.
Ich muß ja gehen, gehen...
Sie geht durch die Mitteltüre ab.

CLAUDIO
Mutter!

DER TOD
Schweig!
Du bringst sie nicht zurück.

CLAUDIO Ah! Mutter, komm!
Laß mich dir einmal mit den Lippen hier,
Den zuckenden, die immer schmalgepreßt,
Hochmütig schwiegen, laß mich doch vor dir
So auf den Knieen ... Ruf sie! Halt sie fest!
Sie wollte nicht! Hast du denn nicht gesehn?!
Was zwingst du sie, Entsetzlicher, zu gehn?

DER TOD
Laß mir, was mein. Dein *war* es.

CLAUDIO Ah! und nie
Gefühlt! Dürr, alles dürr! Wann hab ich je
Gespürt, daß alle Wurzeln meines Seins
Nach ihr sich zuckend drängten, ihre Näh
Wie einer Gottheit Nähe wundervoll
Durchschauert mich und quellend füllen soll
Mit Menschensehnsucht, Menschenlust – und -weh?!

Der Tod, um seine Klagen unbekümmert, spielt die Melodie eines alten Volksliedes. Langsam tritt ein junges Mädchen ein; sie trägt ein einfaches großgeblümtes Kleid, Kreuzbandschuhe, um den Hals ein Stückchen Schleier, bloßer Kopf.

DAS JUNGE MÄDCHEN
Es war doch schön ... Denkst du nie mehr daran?
Freilich, du hast mir weh getan, so weh ...
Allein was hört denn nicht in Schmerzen auf?
Ich hab so wenig frohe Tag gesehn,
Und die, die waren schön als wie ein Traum!
Die Blumen vor dem Fenster, meine Blumen,
Das kleine wacklige Spinett, der Schrank,
In den ich deine Briefe legte und
Was du mir etwa schenktest ... alles das
– Lach mich nicht aus – das wurde alles schön
Und redete mit wachen lieben Lippen!
Wenn nach dem schwülen Abend Regen kam
Und wir am Fenster standen – ah, der Duft
Der nassen Bäume! – Alles das ist hin,
Gestorben, was daran lebendig war!

Und liegt in unsrer Liebe kleinem Grab.
Allein es war so schön, und du bist schuld,
Daß es so schön war. Und daß du mich dann
Fortwarfest, achtlos grausam, wie ein Kind,
Des Spielens müd, die Blumen fallen läßt...
Mein Gott, ich hatte nichts, dich festzubinden.
Kleine Pause
Wie dann dein Brief, der letzte, schlimme, kam,
Da wollt ich sterben. Nicht um dich zu quälen,
Sag ich dir das. Ich wollte einen Brief
Zum Abschied an dich schreiben, ohne Klag,
Nicht heftig, ohne wilde Traurigkeit;
Nur so, daß du nach meiner Lieb und mir
Noch einmal solltest Heimweh haben und
Ein wenig weinen, weils dazu zu spät.
Ich hab dir nicht geschrieben. Nein. Wozu?
Was weiß denn ich, wieviel von deinem Herzen
In all dem war, was meinen armen Sinn
Mit Glanz und Fieber so erfüllte, daß
Ich wie im Traum am lichten Tage ging.
Aus Untreu macht kein guter Wille Treu,
Und Tränen machen kein Erstorbnes wach.
Man stirbt auch nicht daran. Viel später erst,
Nach langem, ödem Elend durft ich mich
Hinlegen, um zu sterben. Und ich bat,
In deiner Todesstund bei dir zu sein.
Nicht grauenvoll, um dich zu quälen nicht,
Nur wie wenn einer einen Becher Wein
Austrinkt und flüchtig ihn der Duft gemahnt
An irgendwo vergeßne leise Lust.
Sie geht ab; Claudio birgt sein Gesicht in den Händen. Unmittelbar nach ihrem Abgehen tritt ein Mann ein. Er hat beiläufig Claudios Alter. Er trägt einen unordentlichen, bestaubten Reiseanzug. In seiner linken Brust steckt mit herausragendem Holzgriff ein Messer. Er bleibt in der Mitte der Bühne, Claudio zugewendet, stehen.

DER MANN

Lebst du noch immer, Ewigspielender?
Liest immer noch Horaz und freuest dich
Am spöttisch-klugen, nie bewegten Sinn?
Mit feinen Worten bist du mir genaht,
Scheinbar gepackt von was auch mich bewegte...
Ich hab dich, sagtest du, gemahnt an Dinge,
Die heimlich in dir schliefen, wie der Wind
Der Nacht von fernem Ziel zuweilen redet...
O ja, ein feines Saitenspiel im Wind
Warst du, und der verliebte Wind dafür
Stets eines andern ausgenützter Atem,
Der meine oder sonst. Wir waren ja
Sehr lange Freunde. Freunde? Heißt: gemein
War zwischen uns Gespräch bei Tag und Nacht,
Verkehr mit gleichen Menschen, Tändelei
Mit einer gleichen Frau. Gemein: so wie
Gemeinsam zwischen Herr und Sklave ist
Haus, Sänfte, Hund, und Mittagstisch und Peitsche:
Dem ist das Haus zur Lust, ein Kerker dem,
Den trägt die Sänfte, jenem drückt die Schulter
Ihr Schnitzwerk wund; der läßt den Hund im Garten
Durch Reifen springen, jener wartet ihn!...
Halbfertige Gefühle, meiner Seele
Schmerzlich geborne Perlen, nahmst du mir
Und warfst sie als dein Spielzeug in die Luft,
Du, schnellbefreundet, fertig schnell mit jedem,
Ich mit dem stummen Werben in der Seele
Und Zähne zugepreßt, du ohne Scheu
An allem tastend, während mir das Wort
Mißtrauisch und verschüchtert starb am Weg.
Da kam uns in den Weg ein Weib. Was mich
Ergriff, wie Krankheit über einen kommt,
Wo alle Sinne taumeln, überwach
Von allzu vielem Schaun nach einem Ziel...
Nach einem solchen Ziel, voll süßer Schwermut
Und wildem Glanz und Duft, auf tiefem Dunkel

Wie Wetterleuchten webend ... Alles das,
Du sahst es auch, es reizte dich! ... »Ja, weil
Ich selber ähnlich bin zu mancher Zeit,
So reizte mich des Mädchens müde Art
Und herbe Hoheit, so enttäuschten Sinns
Bei solcher Jugend.« Hast du mirs denn nicht
Dann später so erzählt? Es reizte dich!
Mir war es mehr als dieses Blut und Hirn!
Und sattgespielt warfst du die Puppe mir,
Mir zu, ihr ganzes Bild vom Überdruß
In dir entstellt, so fürchterlich verzerrt,
Des wundervollen Zaubers so entblößt,
Die Züge sinnlos, das lebendge Haar
Tot hängend, warfst mir eine Larve zu,
In schnödes Nichts mit widerlicher Kunst
Zersetzend rätselhaften süßen Reiz.
Für dieses haßte endlich ich dich so,
Wie dich mein dunkles Ahnen stets gehaßt,
Und wich dir aus.
Dann trieb mich mein Geschick,
Das endlich mich Zerbrochnen segnete
Mit einem Ziel und Willen in der Brust –
Die nicht in deiner giftgen Nähe ganz
Für alle Triebe abgestorben war –
Ja, für ein Hohes trieb mich mein Geschick
In dieser Mörderklinge herben Tod,
Der mich in einen Straßengraben warf,
Darin ich liegend langsam moderte
Um Dinge, die du nicht begreifen kannst,
Und dreimal selig dennoch gegen dich,
Der keinem etwas war und keiner ihm.
Er geht ab.

CLAUDIO

Wohl keinem etwas, keiner etwas mir.
Sich langsam aufrichtend
Wie auf der Bühn ein schlechter Komödiant –
Aufs Stichwort kommt er, redt sein Teil und geht,

Gleichgültig gegen alles andre, stumpf,
Vom Klang der eignen Stimme ungerührt
Und hohlen Tones andre rührend nicht:
So über diese Lebensbühne hin
Bin ich gegangen ohne Kraft und Wert.
Warum geschah mir das? Warum, du Tod,
Mußt du mich lehren erst das Leben sehen,
Nicht wie durch einen Schleier, wach und ganz,
Da etwas weckend, so vorübergehen?
Warum bemächtigt sich des Kindersinns
So hohe Ahnung von den Lebensdingen,
Daß dann die Dinge, wenn sie wirklich sind,
Nur schale Schauer des Erinnerns bringen?
Warum erklingt uns nicht dein Geigenspiel,
Aufwühlend die verborgne Geisterwelt,
Die unser Busen heimlich hält,
Verschüttet, dem Bewußtsein so verschwiegen,
Wie Blumen im Geröll verschüttet liegen?
Könnt ich mit dir sein, wo man dich nur hört,
Nicht von verworrner Kleinlichkeit verstört!
Ich kanns! Gewähre, was du mir gedroht:
Da tot mein Leben war, sei du mein Leben, Tod!
Was zwingt mich, der ich beides nicht erkenne,
Daß ich dich Tod und jenes Leben nenne?
In eine Stunde kannst du Leben pressen,
Mehr als das ganze Leben konnte halten,
Das schattenhafte will ich ganz vergessen
Und weih mich deinen Wundern und Gewalten.
Er besinnt sich einen Augenblick
Kann sein, dies ist nur sterbendes Besinnen,
Heraufgespült vom tödlich wachen Blut,
Doch hab ich nie mit allen Lebenssinnen
So viel ergriffen, und so nenn ichs gut!
Wenn ich jetzt ausgelöscht hinsterben soll,
Mein Hirn von dieser Stunde also voll,
Dann schwinde alles blasse Leben hin:
Erst, da ich sterbe, spür ich, daß ich bin.

Wenn einer träumt, so kann ein Übermaß
Geträumten Fühlens ihn erwachen machen,
So wach ich jetzt, im Fühlensübermaß,
Vom Lebenstraum wohl auf im Todeswachen.
Er sinkt tot zu den Füßen des Todes nieder.

DER TOD *indem er kopfschüttelnd langsam abgeht*
Wie wundervoll sind diese Wesen,
Die, was nicht deutbar, dennoch deuten,
Was nie geschrieben wurde, lesen,
Verworrenes beherrschend binden
Und Wege noch im Ewig-Dunkeln finden.
Er verschwindet in der Mitteltür, seine Worte verklingen.

Im Zimmer bleibt es still. Draußen sieht man durchs Fenster den Tod geigenspielend vorübergehen, hinter ihm die Mutter, auch das Mädchen, dicht bei ihnen eine Claudio gleichende Gestalt.

HUGO VON HOFMANNSTHAL

Elektra

Tragödie in einem Aufzug frei nach Sophokles

Dramatis personae

KLYTÄMNESTRA
ELEKTRA } Töchter
CHRYSOTHEMIS } Töchter
ÄGISTH
OREST
Der Pfleger des Orest
Die Vertraute
Die Schleppträgerin

Ein junger Diener
Ein alter Diener
Der Koch
Die Aufseherin
Die Dienerinnen

Der innere Hof, begrenzt von der Rückseite des Palastes und niedrigen Gebäuden, in denen die Diener wohnen. Dienerinnen am Ziehbrunnen, links vorne. Aufseherinnen unter ihnen.

ERSTE *ihr Wassergefäß aufhebend*
Wo bleibt Elektra?
ZWEITE Ist doch ihre Stunde,
die Stunde wo sie um den Vater heult,
daß alle Wände schallen.
Elektra kommt aus der schon dunkelnden Hausflur gelaufen. Alle drehen sich nach ihr um. Elektra springt zurück wie ein Tier in seinen Schlupfwinkel, den einen Arm vor dem Gesicht.
ERSTE
Habt ihr gesehn, wie sie uns ansah?
ZWEITE Giftig
wie eine wilde Katze.
DRITTE Neulich lag sie
und stöhnte –
ERSTE Immer, wenn die Sonne tief steht,
liegt sie und stöhnt.
DRITTE Da gingen wir zuzweit
und kamen ihr zu nah –
ERSTE Sie hälts nicht aus,
wenn man sie ansieht.
[...]
Aus dem Hause tritt Elektra. Sie ist allein mit den Flecken roten Lichtes, die aus den Zweigen des Feigenbaumes schräg über den Boden und auf die Mauern fallen, wie Blutflecke.

ELEKTRA

Allein! Weh, ganz allein. Der Vater fort,
hinabgescheucht in seine kalten Klüfte.
Gegen den Boden
Wo bist du, Vater? hast du nicht die Kraft,
dein Angesicht herauf zu mir zu schleppen?
Es ist die Stunde, unsre Stunde ists!
Die Stunde, wo sie dich geschlachtet haben,
dein Weib und der mit ihr in einem Bette,
in deinem königlichen Bette schläft.
Sie schlugen dich im Bade tot, dein Blut
rann über deine Augen, und das Bad
dampfte von deinem Blut, dann nahm er dich,
der Feige, bei den Schultern, zerrte dich
hinaus aus dem Gemach, den Kopf voraus,
die Beine schleifend hinterher: dein Auge,
das starre, offne, sah herein ins Haus.
So kommst du wieder, setzest Fuß vor Fuß
und stehst auf einmal da, die beiden Augen
weit offen, und ein königlicher Reif
von Purpur ist um deine Stirn, der speist sich
aus deines Hauptes offner Wunde.
Vater!
Ich will dich sehn, laß mich heut nicht allein!
Nur so wie gestern, wie ein Schatten, dort
im Mauerwinkel zeig dich deinem Kind!
Vater! dein Tag wird kommen! Von den Sternen
stürzt alle Zeit herab, so wird das Blut
aus hundert Kehlen stürzen auf dein Grab!
So wie aus umgeworfnen Krügen wirds
aus den gebundnen Mördern fließen, rings
wie Marmorkrüge werden nackte Leiber
von allen ihren Helfern sein, von Männern
und Frauen, und in einem Schwall, in einem
geschwollnen Bach wird ihres Lebens Leben
aus ihnen stürzen — und wir schlachten dir
die Rosse, die im Hause sind, wir treiben

sie vor dem Grab zusammen, und sie ahnen
den Tod und wiehern in die Todesluft
und sterben, und wir schlachten dir die Hunde,
weil sie der Wurf sind und der Wurf des Wurfes
von denen, die mit dir gejagt, von denen,
die dir die Füße leckten, denen du
die Bissen hinwarfst, darum muß ihr Blut
hinab, um dir zu Dienst zu sein, und wir,
dein Blut, dein Sohn Orest und deine Töchter,
wir drei, wenn alles dies vollbracht und Purpur-
gezelte aufgerichtet sind, vom Dunst
des Blutes, den die Sonne an sich zieht,
dann tanzen wir, dein Blut, rings um dein Grab:
und über Leichen hin werd ich das Knie
hochheben Schritt für Schritt, und die mich werden
so tanzen sehen, ja, die meinen Schatten
von weitem nur so werden tanzen sehn,
die werden sagen: einem großen König
wird hier ein großes Prunkfest angestellt
von seinem Fleisch und Blut, und glücklich ist,
wer Kinder hat, die um sein hohes Grab
so königliche Siegestänze tanzen!

CHRYSOTHEMIS *die jüngere Schwester, steht in der Haustür. Sie sieht angstvoll auf Elektra, ruft leise*
Elektra!

Elektra fährt zusammen, wie der Nachtwandler, der seinen Namen rufen hört. Sie taumelt. Ihre Augen sehen um sich, als fänden sie sich nicht gleich zurecht. Ihr Gesicht verzerrt sich, wie sie die ängstliche Miene der Schwester ansieht. Chrysothemis steht an die Türe gedrückt.

ELEKTRA
Ah, das Gesicht!

CHRYSOTHEMIS Ist mein Gesicht dir so verhaßt?

ELEKTRA
Was willst du? Rede, sprich, ergieße dich,
dann geh und laß mich!

Chrysothemis hebt wie abwehrend die Hände.

ELEKTRA

Was hebst *du* die Hände?
So hob der Vater seine beiden Hände,
da fuhr das Beil hinab und spaltete
sein Fleisch. Was willst du, Tochter meiner Mutter?

CHRYSOTHEMIS

Sie haben etwas Fürchterliches vor.

ELEKTRA

Die beiden Weiber?

CHRYSOTHEMIS Wer?

ELEKTRA Nun, meine Mutter
und jenes andre Weib, die Memme, ei
Ägisth, der tapfre Meuchelmörder, er,
der Heldentaten nur im Bett vollführt.
Was haben sie denn vor?

CHRYSOTHEMIS Sie werfen dich
in einen Turm, wo du von Sonn und Mond
das Licht nicht sehen wirst.
Elektra lacht.

CHRYSOTHEMIS Sie tuns, ich weiß es,
ich habs gehört.

ELEKTRA Mir ist, *ich* hätts gehört.
Wars nicht bei Tisch, so bei der letzten Schüssel?
Da hebt er gern die Stimm und prahlt, ich wette,
es nützt seiner Verdauung.

CHRYSOTHEMIS Nicht bei Tisch.
Nicht um zu prahlen. Er und sie, allein
bereden sies.

ELEKTRA

Allein? Wie hast dann du
es hören können?

CHRYSOTHEMIS An der Tür, Elektra.

ELEKTRA

Mach keine Türen auf in diesem Haus!
Gepreßter Atem, pfui! und Röcheln von Erwürgten,

nichts andres gibts in diesen Kammern. Laß
die Tür, dahinter du ein Stöhnen hörst:
sie bringen ja nicht immer einen um,
zuweilen sind sie auch allein zusammen!
Mach keine Türen auf! Schleich nicht herum.
Sitz an der Erd wie ich und wünsch den Tod
und das Gericht herbei auf sie und ihn.

CHRYSOTHEMIS

Ich kann nicht sitzen und ins Dunkel starren
wie du. Ich habs wie Feuer in der Brust,
es treibt mich immerfort herum im Haus,
in keiner Kammer leidets mich, ich muß
von einer Schwelle auf die andre, ach!
treppauf, treppab, mir ist, als rief' es mich,
und komm ich hin, so stiert ein leeres Zimmer
mich an. Ich habe solche Angst, mir zittern
die Knie bei Tag und Nacht, mir ist die Kehle
wie zugeschnürt, ich kann nicht einmal weinen,
wie Stein ist alles! Schwester, hab Erbarmen!

ELEKTRA

Mit wem?

CHRYSOTHEMIS

Du bist es, die mit Eisenklammern
mich an den Boden schmiedet. Wärst nicht du,
sie ließen uns hinaus. Wär nicht dein Haß,
dein schlafloses unbändiges Gemüt,
vor dem sie zittern, ah, so ließen sie
uns ja heraus aus diesem Kerker, Schwester!
Ich will heraus! Ich will nicht jede Nacht
bis an den Tod hier schlafen! Eh ich sterbe,
will ich auch leben! Kinder will ich haben,
bevor mein Leib verwelkt, und wärs ein Bauer,
dem sie mich geben, Kinder will ich ihm
gebären und mit meinem Leib sie wärmen
in kalten Nächten, wenn der Sturm die Hütte
zusammenschüttelt! Aber dies ertrag ich

nicht länger, hier zu lungern bei den Knechten
und doch nicht ihresgleichen, eingesperrt
mit meiner Todesangst bei Tag und Nacht!
Hörst du mich an? Sprich zu mir, Schwester!

ELEKTRA Armes
Geschöpf!

CHRYSOTHEMIS
Hab Mitleid mit dir selber und mit mir.
Wem frommt denn diese Qual? Dem Vater etwa?
Der Vater, der ist tot. Der Bruder kommt nicht heim.
Du siehst ja doch, daß er nicht kommt. Mit Messern
gräbt Tag um Tag in dein und mein Gesicht
sein Mal, und draußen geht die Sonne auf
und ab, und Frauen, die ich schlank gekannt hab,
sind schwer von Segen, mühen sich zum Brunnen
und heben kaum den Eimer, und auf einmal
sind sie entbunden ihrer Last und kommen
zum Brunnen wieder und aus ihnen selber
rinnt süßer Trank, und säugend hängt ein Leben
an ihnen, und die Kinder werden groß –
und immer sitzen wir hier auf der Stange
wie angehängte Vögel, wenden links
und rechts den Kopf, und niemand kommt, kein Bruder,
kein Bote von dem Bruder, nicht der Bote
von einem Boten, nichts! Viel lieber tot,
als leben und nicht leben. Nein, ich bin
ein Weib und will ein Weiberschicksal.

ELEKTRA Pfui,
die's denkt, pfui, die's mit Namen nennt! Die Höhle
zu sein, drin nach dem Mord dem Mörder wohl ist;
das Tier zu spielen, das dem schlimmern Tier
Ergetzung bietet. Ah, mit einem schläft sie,
preßt ihre Brüste ihm auf beide Augen
und winkt dem zweiten, der mit Netz und Beil
hervorkriecht hinterm Bett.

CHRYSOTHEMIS Du bist entsetzlich!

ELEKTRA

Warum entsetzlich? Bist du solch ein Weib?
Du willsts erst werden.

CHRYSOTHEMIS

Kannst du nicht vergessen?
Mein Kopf ist immer wüst. Ich kann von heut
auf morgen nichts behalten. Manchmal lieg ich
so da, dann bin ich was ich früher war,
und kanns nicht fassen, daß ich nicht mehr jung bin.
Wo ist denn alles hingekommen, wo denn?
Es ist ja nicht ein Wasser, das vorbeirinnt,
es ist ja nicht ein Garn, das von der Spule
herunter fliegt und fliegt, ich bins ja, ich!
Ich möchte beten, daß ein Gott ein Licht
mir in der Brust anstecke, daß ich mich
in mir kann wiederfinden! Wär ich fort,
wie schnell vergäß ich alle bösen Träume –

ELEKTRA

Vergessen? Was! bin ich ein Tier? vergessen?
Das Vieh schläft ein, von halbgefreßner Beute
die Lefze noch behängt, das Vieh vergißt sich
und fängt zu käuen an, indes der Tod
schon würgend auf ihm sitzt, daß Vieh vergißt,
was aus dem Leib ihm kroch, und stillt den Hunger
am eignen Kind – ich bin kein Vieh, *ich kann nicht vergessen!*

CHRYSOTHEMIS

Oh, muß meine Seele immer
von dieser Speise essen, die ihr widert,
die ihr so widert! die zu riechen nur
sie schaudert, die sie nie und nimmer hätte
anrühren sollen, nie und nimmer wissen,
daß es so etwas Grauenvolles gibt,
nie wissen! nie mit Augen sehn! nie hören!
Das Fürchterliche ist nicht für das Herz
des Menschen! Wenn es kommt, wenn es sich anzeigt,
so muß man flüchten aus den Häusern, flüchten
in die Weingärten, flüchten auf die Berge!

und steigt es auf die Berge, muß man wieder
herab und sich verkriechen in den Häusern:
nie darf man bei ihm bleiben, nie mit ihm
in einem Hause sein! Ich will hinaus!
Ich will empfangen und gebären Kinder,
die nichts von diesem wissen, meinen Leib
wasch ich in jedem Wasser, tauch mich tief
hinab in jedes Wasser, alles wasch ich
mir ab, das Hohle meiner beiden Augen
wasch ich mir rein – sie sollen sich nicht schrecken,
wenn sie der Mutter in die Augen schaun!

ELEKTRA *höhnisch*
Wenn sie der Mutter in die Augen schaun!
Und wie schaust du dem Vater in die Augen?

CHRYSOTHEMIS
Hör auf!

ELEKTRA Ich wünsch dir, wenn du Kinder hast,
sie mögen an dir tun, wie du am Vater!

Chrysothemis weint auf.

ELEKTRA
Was heulst du? Fort! Hinein! Dort ist dein Platz.
Es geht ein Lärm los. Stellen sie vielleicht
für dich die Hochzeit an? ich hör sie laufen.
Das ganze Haus ist auf. Sie kreißen oder
sie morden. Wenn es an den Leichen mangelt,
darauf zu schlafen, müssen sie doch morden!

CHRYSOTHEMIS
Hör auf. Dies alles ist vorbei. Hör auf!

ELEKTRA
Vorbei? Da drinnen gehts aufs neue los!
Meinst du, ich kenn den Laut nicht, wie sie Leichen
herab die Treppe schleifen, wie sie flüstern
und Tücher voller Blut auswinden.

CHRYSOTHEMIS Schwester!
geh fort von hier.

ELEKTRA Diesmal will ich dabei sein!
Nicht so wie damals. Diesmal bin ich stark.

Ich werfe mich auf sie, ich reiß das Beil
aus ihrer Hand, ich schwing es über ihr –

CHRYSOTHEMIS

Geh fort, verkriech dich! daß sie dich nicht sieht.
Stell dich ihr heut nicht in den Weg: sie schickt
den Tod aus jedem Blick. Sie hat geträumt.
Der Lärm von vielen Kommenden drinnen, näher.
Geh fort von hier. Sie kommen durch die Gänge.
Sie kommen hier vorbei. Sie hat geträumt:
ich weiß nicht, was, ich hab es von den Mägden
gehört, ich weiß nicht, ob es wahr ist, Schwester:
sie sagen, daß sie von Orest geträumt hat,
daß sie geschrieen hat aus ihrem Schlaf,
wie einer schreit, den man erwürgt.

ELEKTRA

Ich! ich!
ich hab ihn ihr geschickt. Aus meiner Brust
hab ich den Traum auf sie geschickt! Ich liege
und hör die Schritte dessen, der sie sucht.
Ich hör ihn durch die Zimmer gehn, ich hör ihn
den Vorhang von dem Bette heben: schreiend
entspringt sie, aber er ist hinterdrein:
hinab die Treppen durch Gewölbe hin,
Gewölbe und Gewölbe geht die Jagd.
Es ist viel finsterer als Nacht, viel stiller
und finstrer als im Grab, sie keucht und taumelt
im Dunkel hin, doch er ist hinterdrein:
die Fackel schwingt er links und rechts das Beil.
Und ich bin wie ein Hund an ihrer Ferse:
will sie in eine Höhle, spring ich sie
von seitwärts an, so treiben wir sie fort,
bis eine Mauer alles sperrt, und dort
im tiefsten Dunkel, doch ich seh ihn wohl,
ein Schatten, und doch Glieder und das Weiße
von einem Auge doch, da sitzt der Vater:
er achtets nicht und doch muß es geschehn:
vor seinen Füßen drücken wir sie hin,
da fällt das Beil!

Fackeln und Gestalten erfüllen den Gang links von der Tür.

CHRYSOTHEMIS

Sie kommen schon. Sie treibt die Mägde alle
mit Fackeln vor sich her. Sie schleppen Tiere
und Opfermesser. Schwester, wenn sie zittert,
ist sie am schrecklichsten, geh ihr nur heut,
nur diese Stunde geh aus ihrem Weg!

ELEKTRA

Ich habe eine Lust, mit meiner Mutter
zu reden wie noch nie!

An den grell erleuchteten Fenstern klirrt und schlürft ein hastiger Zug vorüber: es ist ein Zerren, ein Schleppen von Tieren, ein gedämpftes Keifen, ein schnell ersticktes Aufschreien, das Niedersausen einer Peitsche, ein Aufraffen, ein Weitertaumeln.

[...]

ÄGISTH *geht ins Haus. Eine kleine Stille. Dann Lärm drinnen. Sogleich erscheint Ägisth an einem kleinen Fenster rechts, reißt den Vorhang weg, schreit*

Helft! Mörder! helft dem Herren! Mörder, Mörder!
Sie morden mich!

Er wird weggezerrt

Hört mich denn niemand? hört
denn niemand?

Noch einmal erscheint sein Gesicht am Fenster.

ELEKTRA *reckt sich auf*

Agamemnon hört dich!

ÄGISTH *wird fortgerissen* Weh mir!

Elektra steht, furchtbar atmend, gegen das Haus gekehrt.

Die Frauen kommen wild herausgelaufen, Chrysothemis unter ihnen. Wie besinnungslos laufen sie gegen die Hoftür. Dort machen sie plötzlich halt, wenden sich.

CHRYSOTHEMIS

Elektra! Schwester! komm mit uns! so komm

mit uns! es ist der Bruder drin im Haus!
es ist Orest, der es getan hat!
Stimmengewirr, Getümmel draußen.
Komm!
Er steht im Vorsaal, alle sind um ihn,
sie küssen seine Füße, alle, die
Ägisth im Herzen haßten, haben sich
geworfen auf die andern, überall
in allen Höfen liegen Tote, alle,
die leben, sind mit Blut bespritzt und haben
selbst Wunden, und doch strahlen alle, alle
umarmen sich –
Draußen wachsender Lärm, die Frauen sind hinausgelaufen. Chrysothemis allein, von draußen fällt Licht herein. und jauchzen, tausend Fackeln
sind angezündet. Hörst du nicht, so hörst du
denn nicht?

ELEKTRA *auf der Schwelle kauernd*
Ob ich nicht höre? ob ich die
Musik nicht höre? sie kommt doch aus mir
heraus. Die Tausende, die Fackeln tragen
und deren Tritte, deren uferlose
Myriaden Tritte überall die Erde
dumpf dröhnen machen, alle warten sie
auf mich: ich weiß doch, daß sie alle warten,
weil ich den Reigen führen muß, und ich
kann nicht, der Ozean, der ungeheure,
der zwanzigfache Ozean begräbt
mir jedes Glied mit seiner Wucht, ich kann mich
nicht heben!

CHRYSOTHEMIS *fast schreiend vor Erregung*
Hörst du nicht, sie tragen ihn,
sie tragen ihn auf ihren Händen, allen
sind die Gesichter ganz verwandelt, allen
schimmern die Augen und die alten Wangen
von Tränen! Alle weinen, hörst dus nicht?
Ah!

Sie läuft hinaus.
Elektra hat sich erhoben. Sie schreitet von der Schwelle herunter. Sie hat den Kopf zurückgeworfen wie eine Mänade. Sie wirft die Kniee, sie reckt die Arme aus, es ist ein namenloser Tanz, in welchem sie nach vorwärts schreitet.

CHRYSOTHEMIS *erscheint wieder an der Tür, hinter ihr Fakkeln, Gedräng, Gesichter von Männern und Frauen*
Elektra!

ELEKTRA *bleibt stehen, sieht starr auf sie hin*
Schweig und tanze. Alle müssen
herbei! hier schließt euch an! Ich trag die Last
des Glückes, und ich tanze vor euch her.
Wer glücklich ist wie wir, dem ziemt nur eins:
schweigen und tanzen!
Sie tut noch einige Schritte des angespanntesten Triumphes und stürzt zusammen.

CHRYSOTHEMIS *zu ihr. Elektra liegt starr. Chrysothemis läuft an die Tür des Hauses, schlägt daran*
Orest! Orest!
Stille

Vorhang.

PAUL GOLDMANN

Hofmannsthals »Elektra«: die Verirrung eines Talents

Hugo von Hofmannsthal hat den Sophokles nicht modernisiert, wie seine Anhänger behaupten, sondern pervertiert. Elektra hat sich in eine sadistische Megäre umgewandelt, und Chrysothemis ist ein vor Mannstollheit außer sich geratenes Weibchen geworden, das win-

Sophokles: Auf dem Titelblatt der *Elektra* steht: »Frei nach Sophokles«.

selt, weil es seine Brunst nicht zu befriedigen vermag. Auch gibt es eine Szene zwischen den beiden Schwestern, in der Elektra plötzlich anfängt, die körperlichen Reize der Chrysothemis zu detaillieren. Zwei der edelsten Frauengestalten der altgriechischen Dichtung, Elektra und Chrysothemis, die herrlichen Schwestern, in ein lesbisches Verhältnis zueinander gesetzt – das ist das Resultat der »modernisierenden« Tätigkeit, die Hugo von Hofmannsthal auf den Sophokles verwandt hat! Es ist unter diesen Umständen nur zu begreiflich, daß nach der Münchener Aufführung der Hofmannsthalschen ›Elektra‹ Kurt Aram in der ›Frankfurter Zeitung‹ von einer »Schändung« des Sophokles gesprochen hat.

Zudem muß man bedenken, daß im »Kleinen Theater« die Elektra von der Frau Eysoldt gespielt wird, die sich die Darstellung perverser Frauen zur Spezialität erwählt hat. Frau Eysoldt macht sich aus der Elektra ein Fest. Da gibt es kein Maß, keine Zurückhaltung mehr. Was in der Dichtung bereits schwer zu ertragen ist, übertreibt sie bis zur Unerträglichkeit. Die Schlußszene beispielsweise, wo Elektra, als sei ihr das Blut der Mutter wie Wein zu Kopf gestiegen, auf dem Hofe herumtanzt, gehört zum Abscheulichsten, das man je auf der Bühne gesehen hat.

Hugo v. Hofmannsthals ›Elektra‹ ist die Verirrung eines Talents. Frühere Werke des Autors haben dieses Talent gezeigt; auch in dem neuen Stück beweisen es die formvollendeten Verse, beweist es manche geistreiche Wendung, manches eigenartige Bild im Dialog. Nur ist dieser Dialog ganz und gar nicht dramatisch. Man muß ihn lesen, um seine Feinheiten zu würdigen. Vieles ist so gesucht, so weit hergeholt, daß es unverständlich bleibt in der raschen Aufeinanderfolge der Worte auf der Bühne. Und es ist oft von überall her geholt, nur nicht aus dem Drama selbst. Der Dialog fließt sozusagen nicht aus dem Herzen des Stückes. Darum bleibt er ohne Wirkung. Ein paar Verse des Sophokles in mangelhafter Übersetzung ergreifen

Aram: Kurt A. (d. i. Hans Fischer, 1869–1934), Schriftleiter bei der *Frankfurter Zeitung*; gab 1907–13 die Zeitschrift *März* heraus; auch Dramatiker und Erzähler.

»Kleinen Theater«: in Berlin, Unter den Linden 44; es wurde am 1. Oktober 1901 unter dem Namen »Schall und Rauch« eröffnet und faßte 400 Personen; seit Januar 1902 hieß es »Kleines Theater«.

Eysoldt: Gertrud E. (1870–1955), berühmte Berliner Schauspielerin; spielte die Elektra bereits in der Berliner Uraufführung am 30. Oktober 1903 im Kleinen Theater; sie war Mitglied (1902–33) von Max Reinhardts Ensemble des Deutschen Theaters in der Schumannstraße in Berlin.

mehr als das Brillantfeuerwerk, das Hofmannsthal in seiner Bearbeitung losbrennt.

Die Verirrung eines Talents. Das ganze Unglück kommt offenbar daher, daß Hofmannsthal sich an eine Aufgabe gewagt hat, zu der ihm die Kraft fehlt. Niemand ist so brutal als der Schwache, der sich stark erweisen will. In dem Bestreben, seine Kraft zu forcieren, eine tragische Gewalt zu zeigen, die ihm fehlt, ist Hofmannsthal in die krasse Übertreibung, ist er sogar in die Perversität hineingeraten. Hofmannsthal hat die psychologische Motivierung beseitigt, durch die Sophokles die Vorgänge des Dramas den Herzen der Zuschauer nahebrachte. Vielleicht wollte er das Publikum in einem Sturm der Leidenschaft mit sich reißen. Es geht schrecklich zu auf der Bühne. Die Frauen kreischen und heulen, und während der Hälfte des Dramas ungefähr rutschen sie auf der Erde herum. Das Toben ist so arg, daß das »Triff' noch einmal!« das bei Sophokles den Höhepunkt der Tragödie bildet, bei Hofmannsthal, der es übernommen hat, als eine der schwächsten Stellen, als eine nette kleine Episode erscheint. Das nützt aber alles nichts. Man sieht unbewegt dem tollen Wesen auf der Bühne zu. Und der Sturm der Leidenschaft reißt nicht fort, weil die Leidenschaft gekünstelt ist und weil der Sturm nur so tut, als wenn er stürmte.

HUGO VON HOFMANNSTHAL

Prolog zu dem Buch »Anatol«

Hohe Gitter, Taxushecken,
Wappen nimmermehr vergoldet,
Sphinxe, durch das Dickicht schimmernd ...
... Knarrend öffnen sich die Tore. –
Mit verschlafenen Kaskaden
Und verschlafenen Tritonen,
Rokoko, verstaubt und lieblich,
Seht ... das Wien des Canaletto,
Wien von siebzehnhundertsechzig ...

Canaletto: s. Anm. S. 89.

… Grüne, braune stille Teiche,
Glatt und marmorweiß umrandet,
In dem Spiegelbild der Nixen
Spielen Gold- und Silberfische …
Auf dem glattgeschornen Rasen
Liegen zierlich gleiche Schatten
Schlanker Oleanderstämme;
Zweige wölben sich zur Kuppel,
Zweige neigen sich zur Nische
Für die steifen Liebespaare,
Heroinen und Heroen …
Drei Delphine gießen murmelnd
Fluten in ein Muschelbecken …
Duftige Kastanienblüten
Gleiten, schwirren leuchtend nieder
Und ertrinken in den Becken …
… Hinter einer Taxusmauer
Tönen Geigen, Klarinetten,
Und sie scheinen den graziösen
Amoretten zu entströmen,
Die rings auf der Rampe sitzen,
Fiedelnd oder Blumen windend,
Selbst von Blumen bunt umgeben,
Die aus Marmorvasen strömen:
Goldlack und Jasmin und Flieder …
… Auf der Rampe, zwischen ihnen
Sitzen auch kokette Frauen,
Violette Monsignori …
Und im Gras, zu ihren Füßen
Und auf Polstern, auf den Stufen
Kavaliere und Abbati …
Andre heben andre Frauen
Aus den parfümierten Sänften …
Durch die Zweige brechen Lichter,
Flimmern auf den blonden Köpfchen,

Abbati: (ital.) Äbte.

Scheinen auf den bunten Polstern,
Gleiten über Kies und Rasen,
Gleiten über das Gerüste,
Das wir flüchtig aufgeschlagen.
Wein und Winde klettert aufwärts
Und umhüllt die lichten Balken,
Und dazwischen farbenüppig
Flattert Teppich und Tapete,
Schäferszenen, keck gewoben,
Zierlich von Watteau entworfen ...

Eine Laube statt der Bühne,
Sommersonne statt der Lampen,
Also spielen wir Theater,
Spielen unsre eignen Stücke,
Frühgereift und zart und traurig,
Die Komödie unsrer Seele,
Unsres Fühlens Heut und Gestern,
Böser Dinge hübsche Formel,
Glatte Worte, bunte Bilder,
Halbes, heimliches Empfinden,
Agonien, Episoden ...
Manche hören zu, nicht alle ...
Manche träumen, manche lachen,
Manche essen Eis ... und manche
Sprechen sehr galante Dinge ...
... Nelken wiegen sich im Winde,
Hochgestielte weiße Nelken,
Wie ein Schwarm von weißen Faltern,
Und ein Bologneserhündchen
Bellt verwundert einen Pfau an.

Watteau: s. Anm. S. 177.

ARTHUR SCHNITZLER

Anatol

Die Frage an das Schicksal

ANATOL, MAX, CORA

Anatols Zimmer.

MAX Wahrhaftig, Anatol, ich beneide dich...

ANATOL *lächelt.*

MAX Nun, ich muß dir sagen, ich war erstarrt. Ich habe ja doch bisher das Ganze für ein Märchen gehalten. Wie ich das nun aber sah, ... wie sie vor meinen Augen einschlief ... wie sie tanzte, als du ihr sagtest, sie sei eine Ballerine, und wie sie weinte, als du ihr sagtest, ihr Geliebter sei gestorben, und wie sie einen Verbrecher begnadigte, als du sie zur Königin machtest...

ANATOL Ja, ja.

MAX Ich sehe, es steckt ein Zauberer in dir!

ANATOL In uns allen.

MAX Unheimlich.

ANATOL Das kann ich nicht finden ... Nicht unheimlicher als das Leben selbst. Nicht unheimlicher als vieles, auf das man erst im Laufe der Jahrhunderte gekommen. Wie, glaubst du wohl, war unseren Voreltern zumute, als sie plötzlich hörten, die Erde drehe sich? Sie müssen alle schwindlig geworden sein!

MAX Ja ... aber es bezog sich auf alle!

ANATOL Und wenn man den Frühling neu entdeckte! ... Man würde auch an ihn nicht glauben! Trotz der grünen Bäume, trotz der blühenden Blumen und trotz der Liebe.

MAX Du verirrst dich; all das ist Gefasel. Mit dem Magnetismus...

ANATOL Hypnotismus ...

MAX Nein, mit dem ist's ein ander Ding. Nie und nimmer würde ich mich hypnotisieren lassen.

ANATOL Kindisch! Was ist daran, wenn ich dich einschlafen heiße, und du legst dich ruhig hin.

MAX Ja, und dann sagst du mir: »Sie sind ein Rauchfangkehrer«, und ich steige in den Kamin und werde rußig! ...

ANATOL Nun, das sind ja Scherze ... Das Große an der Sache ist die wissenschaftliche Verwertung. – Aber ach, allzuweit sind wir ja doch nicht.

MAX Wieso ...?

ANATOL Nun, ich, der jenes Mädchen heute in hundert andere Welten versetzen konnte, wie bring' ich mich selbst in eine andere?

MAX Ist das nicht möglich?

ANATOL Ich hab' es schon versucht, um die Wahrheit zu sagen. Ich habe diesen Brillantring minutenlang angestarrt und habe mir selbst die Idee eingegeben: Anatol! schlafe ein! Wenn du aufwachst, wird der Gedanke an jenes Weib, das dich wahnsinnig macht, aus deinem Herzen geschwunden sein.

MAX Nun, als du aufwachtest?

ANATOL O, ich schlief gar nicht ein.

MAX Jenes Weib ... jenes Weib? ... Also noch immer!

ANATOL Ja, mein Freund! ... noch immer! Ich bin unglücklich, bin toll.

MAX Noch immer also ... im Zweifel?

ANATOL Nein ... nicht im Zweifel. Ich weiß, daß sie mich betrügt! Während sie an meinen Lippen hängt, während sie mir die Haare streichelt ... während wir selig sind ... weiß ich, daß sie mich betrügt.

MAX Wahn!

ANATOL Nein!

MAX Und deine Beweise?

ANATOL Ich ahne es ... ich fühle es ... darum weiß ich es!

MAX Sonderbare Logik!

ANATOL Immer sind diese Frauenzimmer uns untreu. Es ist ihnen ganz natürlich ... sie wissen es gar nicht ... So wie ich zwei oder drei Bücher zugleich lesen muß, müssen diese Weiber zwei oder drei Liebschaften haben.

MAX Sie liebt dich doch?

ANATOL Unendlich ... Aber das ist gleichgültig. Sie ist mir untreu.

MAX Und mit wem?

ANATOL Weiß ich's? Vielleicht mit einem Fürsten, der ihr auf der Straße nachgegangen, vielleicht mit einem Poeten aus einem Vorstadthause, der ihr vom Fenster aus zugelächelt hat, als sie in der Früh' vorbeiging!

MAX Du bist ein Narr!

ANATOL Und was für einen Grund hätte sie, mir nicht untreu zu sein? Sie ist wie jede, liebt das Leben, und denkt nicht nach. Wenn ich sie frage: Liebst du mich? – so sagt sie ja – und spricht die Wahrheit; und wenn ich sie frage, bist du mir treu? – so sagt sie wieder ja – und wieder spricht sie die Wahrheit, weil sie sich gar nicht an die andern erinnert – in dem Augenblick wenigstens. Und dann, hat dir je eine geantwortet: Mein lieber Freund, ich bin dir untreu? Woher soll man also die Gewißheit nehmen? Und wenn sie mir treu ist –

MAX Also doch! –

ANATOL So ist es der reine Zufall ... Keineswegs denkt sie: O, ich muß ihm die Treue halten, meinem lieben Anatol ... keineswegs ...

MAX Aber wenn sie dich liebt?

ANATOL O, mein naiver Freund! Wenn das ein Grund wäre!

MAX Nun?

ANATOL Warum bin ich ihr nicht treu? ... Ich liebe sie doch gewiß!

MAX Nun ja! Ein Mann!

ANATOL Die alte dumme Phrase! Immer wollen wir uns einreden, die Weiber seien darin anders als wir! Ja, manche ... die, welche die Mutter einsperrt, oder die, welche kein Temperament haben ... Ganz gleich sind wir. Wenn ich einer sage: Ich liebe dich, nur dich, – so fühle ich nicht, daß ich sie belüge, auch wenn ich in der Nacht vorher am Busen einer andern geruht.

MAX Ja ... du!

ANATOL Ich ... ja! Und du vielleicht nicht? Und sie, meine angebetete Cora vielleicht nicht? Oh! Und es bringt mich zur Raserei. Wenn ich auf den Knieen vor ihr läge und ihr sagte: Mein Schatz, mein Kind – alles ist dir im Vorhin verziehen – aber sag' mir die Wahrheit – was hülfe es mir? Sie würde lügen wie vorher – und ich wäre soweit als vorher. Hat mich noch keine angefleht: »Um Himmels willen! Sag' mir ... bist du mir wirklich treu? Kein Wort des Vorwurfs, wenn du's nicht bist; aber die Wahrheit! Ich muß sie wissen« ... Was hab' ich drauf getan? Gelogen ... ruhig, mit einem seligen Lächeln ... mit dem reinsten Gewissen. Warum soll ich dich betrüben, hab' ich mir gedacht? Und ich sagte: Ja, mein Engel! Treu bis in den Tod. Und sie glaubte mir und war glücklich!

MAX Nun also!

ANATOL Aber ich glaube nicht und bin nicht glücklich! Ich wär' es, wenn es irgend ein untrügliches Mittel gäbe, diese dummen, süßen, hassenswerten Geschöpfe zum Sprechen zu bringen oder auf irgend eine andere Weise die Wahrheit zu erfahren ... Aber es gibt keines außer dem Zufall.

MAX Und die Hypnose?

ANATOL Wie?

MAX Nun ... die Hypnose ... Ich meine das so: Du schläferst sie ein und sprichst: Du mußt mir die Wahrheit sagen.

ANATOL Hm ...

MAX Du mußt ... Hörst du ...

ANATOL Sonderbar! ...

MAX Es müßte doch gehen ... Und nun fragst du sie weiter ... Liebst du mich? ... Einen anderen? ... Woher kommst du? ... Wohin gehst du? ... Wie heißt jener andere? ... Und so weiter.

ANATOL Max! Max!

MAX Nun …

ANATOL Du hast recht! … Man könnte ein Zauberer sein! Man könnte sich ein wahres Wort aus einem Weibermund hervorhexen …

MAX Nun also? Ich sehe dich gerettet! Cora ist ja gewiß ein geeignetes Medium … heute abend noch kannst du wissen, ob du ein Betrogener bist … oder ein …

ANATOL Oder ein Gott! … Max! … Ich umarme dich! … Ich fühle mich wie befreit … ich bin ein ganz anderer. Ich habe sie in meiner Macht …

MAX Ich bin wahrhaftig neugierig …

ANATOL Wieso? Zweifelst du etwa?

MAX Ach so, die andern dürfen nicht zweifeln, nur du …

ANATOL Gewiß! … Wenn ein Ehemann aus dem Hause tritt, wo er eben seine Frau mit ihrem Liebhaber entdeckt hat, und ein Freund tritt ihm entgegen mit den Worten: Ich glaube, deine Gattin betrügt dich, so wird er nicht antworten: Ich habe soeben die Überzeugung gewonnen … sondern: Du bist ein Schurke …

MAX Ja, ich hatte fast vergessen, daß es die erste Freundespflicht ist – dem Freund seine Illusionen zu lassen.

ANATOL Still doch …

MAX Was ist's?

ANATOL Hörst du sie nicht? Ich kenne die Schritte, auch wenn sie noch in der Hausflur hallen.

MAX Ich höre nichts.

ANATOL Wie nahe schon! … Auf dem Gange … *Öffnet die Tür* Cora!

CORA *draußen* Guten Abend! O du bist nicht allein …

ANATOL Freund Max!

CORA *hereintretend* Guten Abend! Ei, im Dunklen? …

ANATOL Ach, es dämmert ja noch. Du weißt, das liebe ich.

CORA *ihm die Haare streichelnd* Mein kleiner Dichter!

ANATOL Meine liebste Cora!

CORA Aber ich werde immerhin Licht machen … Du erlaubst. *Sie zündet die Kerzen in den Leuchtern an.*

ANATOL *zu Max* Ist sie nicht reizend?

MAX Oh!

CORA Nun, wie geht's? Dir Anatol – Ihnen, Max? – Plaudert ihr schon lange?

ANATOL Eine halbe Stunde.

CORA So. *Sie legt Hut und Mantel ab* Und worüber?

ANATOL Über dies und jenes.

MAX Über die Hypnose.

CORA O schon wieder die Hypnose! Man wird ja schon ganz dumm davon.

ANATOL Nun ...

CORA Du, Anatol, ich möchte, daß du einmal mich hypnotisierst.

ANATOL Ich ... Dich ...?

CORA Ja, ich stelle mir das sehr hübsch vor. Das heißt, – von dir.

ANATOL Danke.

CORA Von einem Fremden ... nein, nein, das wollt' ich nicht.

ANATOL Nun, mein Schatz ... wenn du willst, hypnotisiere ich dich.

CORA Wann?

ANATOL Jetzt! Sofort, auf der Stelle.

CORA Ja! Gut! Was muß ich tun?

ANATOL Nichts anderes, mein Kind, als ruhig auf dem Fauteuil sitzen zu bleiben und den guten Willen haben, einzuschlafen.

CORA O ich habe den guten Willen!

ANATOL Ich stelle mich vor dich hin, du siehst mich an ... nun ... sieh mich doch an ... ich streiche dir über Stirne und Augen. So ...

CORA Nun ja, und was dann ...

ANATOL Nichts ... Du mußt nur einschlafen wollen.

CORA Du, wenn du mir so über die Augen streichst, wird mir ganz sonderbar ...

ANATOL Ruhig ... nicht reden ... Schlafen. Du bist schon recht müde.

CORA Nein.

ANATOL Ja! ... ein wenig müde.

CORA Ein wenig, ja ...

ANATOL ... Deine Augenlider werden dir schwer ... sehr schwer, deine Hände kannst du kaum mehr erheben ...

CORA *leise* Wirklich.

ANATOL *ihr weiter über Stirne und Augen streichelnd, eintönig* Müd' ... ganz müd' bist du ... nun schlafe ein, mein Kind ... Schlafe. ... ganz müd' bist du ... nun schlafe ein, mein Kind ... Schlafe. *Er wendet sich zu Max, der bewundernd zusieht, macht eine siegesbewußte Miene* Schlafen ... Nun sind die Augen fest geschlossen ... Du kannst sie nicht mehr öffnen ...

CORA *will die Augen öffnen.*

ANATOL Es geht nicht ... Du schläfst ... Nur ruhig weiter schlafen ... So ...

MAX *will etwas fragen* Du ...

ANATOL Ruhig. *Zu Cora* ... Schlafen ... fest, tief schlafen. *Er steht eine Weile vor Cora, die ruhig atmet und schläft* So ... nun kannst du fragen.

MAX Ich wollte nur fragen, ob sie wirklich schläft.

ANATOL Du siehst doch ... Nun wollen wir ein paar Augenblicke warten. *Er steht vor ihr, sieht sie ruhig an. Große Pause* Cora! ... Du wirst mir nun antworten ... Antworten. Wie heißt du?

CORA Cora.

ANATOL Cora, wir sind im Wald.

CORA O ... im Wald ... wie schön! Die grünen Bäume ... und die Nachtigallen.

ANATOL Cora ... Du wirst mir nun in allem die Wahrheit sagen ... Was wirst du tun, Cora?

CORA Ich werde die Wahrheit sagen.

ANATOL Du wirst mir alle Fragen wahrheitsgetreu beantworten, und wenn du aufwachst, wirst du wieder alles vergessen haben! Hast du mich verstanden?

CORA Ja.

ANATOL Nun schlafe ... ruhig schlafen. *Zu Max* Jetzt also werde ich sie fragen ...

MAX Du, wie alt ist sie denn?

ANATOL Neunzehn ... Cora, wie alt bist du?

CORA Einundzwanzig Jahre.

MAX Haha.

ANATOL Pst ... das ist ja außerordentlich ... Du siehst daraus ...

MAX O, wenn sie gewußt hätte, daß sie ein so gutes Medium ist!

ANATOL Die Suggestion hat gewirkt. Ich werde sie weiter fragen. – Cora, liebst du mich ...? Cora ... liebst du mich?

CORA Ja!

ANATOL *triumphierend* Hörst du's?

MAX Nun also, die Hauptfrage, ob sie treu ist.

ANATOL Cora! *Sich umwendend* Die Frage ist dumm.

MAX Warum?

ANATOL So kann man nicht fragen!

MAX ...?

ANATOL Ich muß die Frage anders fassen.

MAX Ich denke doch, sie ist präzis genug.

ANATOL Nein, das ist eben der Fehler, sie ist nicht präzis genug.

MAX Wieso?

ANATOL Wenn ich sie frage: Bist du treu, so meint sie dies vielleicht im allerweitesten Sinne.

MAX Nun?

ANATOL Sie umfaßt vielleicht die ganze ... Vergangenheit ... Sie denkt möglicherweise an eine Zeit, wo sie einen anderen liebte ... und wird antworten: Nein.

MAX Das wäre ja auch ganz interessant.

ANATOL Ich danke ... Ich weiß, Cora ist andern begegnet vor mir ... Sie hat mir selbst einmal gesagt: Ja, wenn ich gewußt hätte, daß ich dich einmal treffe ... dann ...

MAX Aber sie hat es nicht gewußt.

ANATOL Nein ...

MAX Und was deine Frage anbelangt ...

ANATOL Ja ... Diese Frage ... Ich finde sie plump, in der Fassung wenigstens.

MAX Nun so stelle sie etwa so: Cora, warst du mir treu, seit du mich kennst?

ANATOL Hm ... Das wäre etwas. *Vor Cora* Cora! Warst du ... Auch das ist ein Unsinn!

MAX Ein Unsinn!?

ANATOL Ich bitte ... man muß sich nur vorstellen, wie wir uns kennen lernten. Wir ahnten ja selbst nicht, daß wir uns einmal so wahnsinnig lieben würden. Die ersten Tage betrachteten wir beide die ganze Geschichte als etwas Vorübergehendes. Wer weiß ...

MAX Wer weiß ...?

ANATOL Wer weiß, ob sie nicht mich erst zu lieben anfing, – als sie einen andern zu lieben aufhörte? Was erlebte dieses Mädchen einen Tag, bevor ich sie traf, bevor wir das erste Wort miteinander sprachen? War es ihr möglich, sich da so ohne weiteres loszureißen? Hat sie nicht vielleicht tage- und wochenlang noch eine alte Kette nachschleppen müssen, *müssen*, sag' ich.

MAX Hm.

ANATOL Ich will sogar noch weiter gehen ... Die erste Zeit war es ja nur eine Laune von ihr – wie von mir. Wir haben es beide nicht anders angesehen, wir haben nichts anderes voneinander verlangt, als ein flüchtiges, süßes Glück. Wenn sie zu jener Zeit ein Unrecht begangen hat, was kann ich ihr vorwerfen? Nichts – gar nichts.

MAX Du bist eigentümlich mild.

ANATOL Nein, durchaus nicht, ich finde es nur unedel, die Vorteile einer augenblicklichen Situation in dieser Weise auszunützen.

MAX Nun, das ist sicher vornehm gedacht. Aber ich will dir aus der Verlegenheit helfen.

ANATOL –?

MAX Du fragst sie, wie folgt: Cora, seit du mich liebst ... bist du mir treu?

ANATOL Das klingt zwar sehr klar.

MAX ... Nun?

ANATOL Ist es aber durchaus nicht.

MAX Oh!

ANATOL Treu! Wie heißt das eigentlich: Treu? Denke dir ... sie ist gestern in einem Eisenbahnwaggon gefahren, und ein gegenübersitzender Herr berührte mit seinem Fuße die Spitze des ihren. Jetzt mit diesem eigentümlichen, durch den Schlafzustand ins Unendliche gesteigerten Auffassungsvermögen, in dieser verfeinerten Empfindungsfähigkeit, wie sie ein Medium zweifellos in der Hypnose besitzt, ist es gar nicht ausgeschlossen, daß sie auch *das* schon als einen Treubruch ansieht.

MAX Na höre!

ANATOL Um so mehr, als sie in unseren Gesprächen über dieses Thema, wie wir sie manchmal zu führen pflegten, meine vielleicht etwas übertriebenen Ansichten kennen lernte. Ich selbst habe ihr gesagt: Cora, auch wenn du einen andern Mann einfach anschaust, ist es schon eine Untreue gegen mich!

MAX Und sie?

ANATOL Und sie, sie lachte mich aus und sagte, wie ich nur glauben könne, daß sie einen andern anschaue.

MAX Und doch glaubst du –?

ANATOL Es gibt Zufälle – denke dir, ein Zudringlicher geht ihr abends nach und drückt ihr einen Kuß auf den Hals.

MAX Nun – das ...

ANATOL Nun – das ist doch nicht ganz unmöglich!

MAX Also du willst sie nicht fragen.

ANATOL Oh doch ... aber ...

MAX Alles, was du vorgebracht hast, ist ein Unsinn. Glaube mir, die Weiber mißverstehen uns nicht, wenn wir sie um ihre Treue fragen. Wenn du ihr jetzt zuflüsterst mit zärtlicher, verliebter Stimme: Bist du mir treu ... so wird sie an keines Herrn Fußspitzen und keines Zudringlichen Kuß auf den Nacken denken – sondern nur an das, was wir gemeiniglich unter Untreue verstehen, wobei du noch immer den Vorteil hast, bei ungenügenden Antworten weitere Fragen stellen zu können, die alles aufklären müssen. –

ANATOL Also du willst durchaus, daß ich sie fragen soll ...

MAX Ich? ... Du wolltest doch!

ANATOL Mir ist nämlich soeben noch etwas eingefallen.

MAX Und zwar ...?

ANATOL Das Unbewußte!

MAX Das Unbewußte?

ANATOL Ich glaube nämlich an unbewußte Zustände.

MAX So.

ANATOL Solche Zustände können aus sich selbst heraus entstehen, sie können aber auch erzeugt werden, künstlich, ... durch betäubende, durch berauschende Mittel.

MAX Willst du dich nicht näher erklären ...?

ANATOL Vergegenwärtige dir ein dämmeriges, stimmungsvolles Zimmer.

MAX Dämmerig ... stimmungsvoll ... ich vergegenwärtige mir.

ANATOL In diesem Zimmer sie ... und irgend ein anderer.

MAX Ja, wie sollte sie da hineingekommen sein?

ANATOL Ich will das vorläufig offen lassen. Es gibt ja Vorwände ... Genug! So etwas kann vorkommen. Nun – ein paar Gläser Rheinwein ... eine eigentümlich schwüle Luft, die über dem Ganzen lastet, ein Duft von Zigaretten, parfümierten Tapeten, ein Lichtschein von einem matten Glaslüster und rote Vorhänge – Einsamkeit – Stille – nur Flüstern von süßen Worten ...

MAX ...!

ANATOL Auch andere sind da schon erlegen! Bessere, ruhigere als sie!

MAX Nun ja, nur kann ich es mit dem Begriffe der Treue

noch immer nicht vereinbar finden, daß man sich mit einem andern in solch ein Gemach begibt.

ANATOL Es gibt so rätselhafte Dinge ...

MAX Nun, mein Freund, du hast die Lösung eines jener Rätsel, über das sich die geistreichsten Männer den Kopf zerbrochen, vor dir; du brauchst nur zu sprechen, und du weißt alles, was du wissen willst. Eine Frage – und du erfährst, ob du einer von den wenigen bist, die *allein* geliebt werden, kannst erfahren, wo dein Nebenbuhler ist, erfahren, wodurch ihm der Sieg über dich gelungen – und du sprichst dieses Wort nicht aus! – Du hast eine Frage frei an das Schicksal! Du stellst sie nicht! Tage- und nächtelang quälst du dich, dein halbes Leben gäbst du hin für die Wahrheit, nun liegt sie vor dir, du bückst dich nicht, um sie aufzuheben! Und warum? Weil es sich vielleicht fügen kann, daß eine Frau, die du liebst, wirklich so ist, wie sie *alle* deiner Idee nach sein sollen – und weil dir deine Illusion doch tausendmal lieber ist als die Wahrheit. Genug also des Spiels, wecke dieses Mädchen auf und lasse dir an dem stolzen Bewußtsein genügen, daß du ein Wunder – hättest vollbringen können.

ANATOL Max!

MAX Nun, habe ich vielleicht unrecht? Weißt du nicht selbst, daß alles, was du mir früher sagtest, Ausflüchte waren, leere Phrasen, mit denen du weder mich noch dich täuschen konntest?

ANATOL *rasch* Max ... Laß dir nur sagen, ich will; ja, ich will sie fragen!

MAX Ah!

ANATOL Aber sei mir nicht böse – nicht vor dir!

MAX Nicht vor mir?

ANATOL Wenn ich es hören muß, das Furchtbare, wenn sie mir antwortet: Nein, ich war dir nicht treu – so soll ich allein es sein, der es hört. Unglücklich sein – ist erst das halbe Unglück, bedauert werden: Das ist das ganze! – Das will ich nicht. Du bist ja mein bester Freund, aber darum gerade will ich nicht, daß deine Augen mit jenem Ausdruck von Mitleid auf mir ruhen, der dem Unglücklichen erst sagt, *wie* elend er ist. Vielleicht ist's auch noch etwas anderes – vielleicht schäme ich mich vor dir. Die Wahrheit wirst du ja doch erfahren, du hast dieses Mädchen heute zum letzten Mal bei mir gesehen, wenn sie mich betrogen hat! Aber du sollst es nicht mit mir zugleich hören; das ist's, was ich nicht ertragen könnte. Begreifst du das ...?

MAX Ja, mein Freund, *drückt ihm die Hand* und ich lasse dich auch mit ihr allein.

ANATOL Mein Freund! *Ihn zur Tür begleitend* In weniger als einer Minute ruf' ich dich herein! – *Max ab.*

ANATOL *steht vor Cora ... sieht sie lange an* Cora! ...! *Schüttelt den Kopf, geht herum* Cora! – *Vor Cora auf den Knien* Cora! Meine süße Cora! – Cora! *Steht auf. Entschlossen* Wach' auf ... und küsse mich!

CORA *steht auf, reibt sich die Augen, fällt Anatol um den Hals* Anatol! Hab' ich lang geschlafen? ... Wo ist denn Max?

ANATOL Max!

MAX *kommt aus dem Nebenzimmer* Da bin ich!

ANATOL Ja ... ziemlich lang hast du geschlafen – du hast auch im Schlafe gesprochen.

CORA Um Gottes willen! Doch nichts Unrechtes? –

MAX Sie haben nur auf seine Fragen geantwortet!

CORA Was hat er denn gefragt?

ANATOL Tausenderlei! ...

CORA Und ich habe immer geantwortet? Immer?

ANATOL Immer.

CORA Und was du gefragt hast, das darf man nicht wissen? –

ANATOL Nein, das darf man nicht! Und morgen hypnotisiere ich dich wieder!

CORA O nein! Nie wieder! Das ist ja Hexerei. Da wird man gefragt und weiß nach dem Erwachen nichts davon. – Gewiß hab' ich lauter Unsinn geplauscht.

ANATOL Ja ... zum Beispiel, daß du mich liebst ...
CORA Wirklich.
MAX Sie glaubt es nicht! Das ist sehr gut!
CORA Aber schau ... das hätte ich dir ja auch im Wachen sagen können!
ANATOL Mein Engel! *Umarmung.*
MAX Meine Herrschaften ... adieu! –
ANATOL Du gehst schon?
MAX Ich muß.
ANATOL Sei nicht böse, wenn ich dich nicht begleite. –
CORA Auf Wiedersehen!
MAX Durchaus nicht. *Bei der Tür* Eines ist mir klar: Daß die Weiber auch in der Hypnose lügen ... Aber sie sind glücklich – und das ist die Hauptsache. Adieu, Kinder. *Sie hören ihn nicht, da sie sich in einer leidenschaftlichen Umarmung umschlungen halten.*

Vorhang

SIGMUND FREUD

Hypnose

Wenn man den Hysterischen in *Hypnose* versetzt und seine Gedanken in die Zeit zurückleitet, zu welcher das betreffende Symptom zuerst auftrat, so erwacht in ihm die halluzinatorisch lebhafte Erinnerung an ein psychisches Trauma – oder an eine Reihe von solchen – aus jener Zeit, als dessen Erinnerungssymbol jenes Symptom fortbestanden hat. Die Hysterischen leiden also größtenteils an Reminiszenzen. Durch die lebhafte Reproduktion der so gefundenen traumatischen Szene unter Affektentwickelung schwindet aber auch das bisher hartnäckig festgehaltene Symptom, so daß man annehmen muß, jene vergessene Erinnerung habe wie ein psychischer Fremdkörper gewirkt, mit dessen Entfernung nun die Reizerscheinungen aufhören. Auf diese von *Breuer* zuerst 1881 gemachte

Breuer: Joseph B. (1842–1925), österreichischer Physiologe und Internist;

Erfahrung kann man eine Therapie hysterischer Phänomene gründen, welche den Namen der »kathartischen« verdient.
Die Erinnerungen, welche sich als »pathogene«, als die Wurzeln der hysterischen Symptome erweisen, sind dem Kranken regelmäßig »unbewußt« gewesen. Es scheint, daß sie sich durch dieses Unbewußtbleiben der Usur entzogen haben, welcher der psychische Inhalt sonst verfällt. Eine solche Usur geschieht auf dem Wege des »Abreagierens«. Die pathogenen Erinnerungen entgehen der Erledigung durch das Abreagieren, entweder weil die betreffenden Erlebnisse in besonderen psychischen Zuständen vorfallen, zu denen die Hysterischen an sich geneigt sind, oder weil sie von einem Affekt begleitet sind, welcher beim Hysterischen einen besonderen psychischen Zustand herstellt. Die Neigung zur »Bewußtseinsspaltung« wird somit als das psychische Grundphänomen einer Hysterie hingestellt.

RICHARD SPECHT

Anatol

»Die lustigen Aventuren .... Sind es nicht eigentlich die traurigen? – die, welche mit dem Todeskeim geboren werden – die unter Sang und Klang beginnen und dann so dumm und ekelhaft enden! Zuerst gedankenloses Verzeihen, dann bequeme Verachtung!« Das steht zwar nicht im »Anatol«, sondern in Schnitzlers psychologisch tiefem, wenn auch vielleicht nicht bühnenwirksamen Schauspiel »Das Märchen«, aber sie bezeichnen am prägnantesten die ganze Stimmung, der die vorliegenden feinen und geistreichen Einakter entspringen. Es sind deren im ganzen sieben und sie alle haben den gleichen Helden – an sich eine neue und hübsche Idee – einen schwermütigen, übersensitiven Menschen, der in das Alltägliche seine eigene Empfindung hineinträgt und sich dann von dieser Empfindung tragen läßt, der einen nervösen Widerwillen gegen alles

wandte eine »kathartische« Methode an zur Behandlung neurotischer und hysterischer Störungen, die Freud später zur »Psychoanalyse« ausbaute. Gemeinsam verfaßten sie *Studien über Hysterie* (1895).

Usur: (medizin.) Abnutzung, Schwund.

»Das Märchen«: s. Anm. S. 116.

Niedrige und Banale empfindet und dessen Leiden es ist, immer erkennen zu müssen, daß er zu hoch für all seine Erlebnisse gestimmt war und *daß* sie an sich niedrig und banal *sind*. Das kommt in all diesen dramatischen Skizzen zum Ausdruck und das Merkwürdige an ihnen ist, daß es eigentlich lauter Lustspiele sind, deren Hauptfigur eine tragische Person ist. »Aus dem reichen und schönen Leben deiner Seele hast du deine phantastische Jugend und Glut in ihr nichtiges Herz hineinempfunden und was dir entgegenglänzte, war Licht von *deinem* Licht«, sagt Freund Max zu Anatol, die beste Charakteristik des Menschen, dessen ewige Qual es ist, sich selbst zu täuschen und dann zur Erkenntnis dieser Täuschung zu kommen.

Eine Anzahl gutgeschauter Details, hübscher Pointen und charakteristischer Aperçüs findet sich in diesem Buche, das vielleicht den Moralinsauren an manchen Stellen zu weit geht, für mein Empfinden aber aus rein künstlerischer Stimmung heraus entstanden ist. Viele werden es nach flüchtiger Lektüre französisierend finden, ich glaube mit Unrecht. [...] Das ist mir so ungemein sympathisch im »Anatol«, daß Schnitzler es mit Glück versucht, im Milieu und Dialog ein Stück Wienertum festzuhalten und der typisch gewordenen Pariser Cocotte, dem Pariser Lebemann das Wiener Pendant an die Seite zu stellen, eine dankbare und bisher unversuchte Aufgabe.

9
Bildende Kunst

Rang und internationale Bedeutung der bildenden Kunst und Architektur im Wien der Jahrhundertwende ist von Namen wie Klimt, Loos, Olbrich, Wagner und Hoffmann bestimmt; von Kritikern wie Hermann Bahr und Ludwig Hevesi; von der Zeitschrift *Ver Sacrum* oder der Secession mit ihren Ausstellungen. Schon im Januar 1898 hatten sich die bildenden Künstler Österreichs, d. h. die um Gustav Klimt, im *Ver Sacrum* ein eigenes »Organ« geschaffen. Neben den zahlreichen Beilagen, Abbildungen und Originalgraphiken von Mitgliedern der Gruppe bringt die Zeitschrift auch literarische Beiträge von bedeutendem Niveau. Unter den Autoren befinden sich bekannte Namen: Peter Altenberg, Hermann Bahr, Jakob Julius David, Richard Dehmel, Felix Dörmann, Knut Hamsun, Hugo von Hofmannsthal, Arno Holz, Ricarda Huch, Detlev von Liliencron, Adolf Loos, Maurice Maeterlinck, Rainer Maria Rilke, Ferdinand von Saar, Richard Schaukal, Paul Scheerbart, Algernon Charles Swinburne, Bertha Zuckerkandl.
Ein anonym erschienener Aufsatz im ersten Heft des *Ver Sacrum* antwortete auf die Titelfrage »Weshalb wir eine Zeitschrift herausgeben?« so: »Die beschämende Tatsache, daß Österreich kein einziges, auf weiteste Verbreitung berechnetes, seinen besonderen Bedürfnissen angepaßtes, illustriertes Kunstblatt besitzt, machte es bisher den Künstlern unmöglich, ihre Kunstbestrebungen in weitere Kreise zu tragen. Dem soll durch diese Zeitschrift abgeholfen werden. Sie will zum ersten Male Österreich dem Ausland gegenüber als selbständigen künstlerischen Faktor erscheinen lassen, im Gegensatz zu der bisherigen stiefmütterlichen Behandlung, der es in dieser Hinsicht fast überall begegnete. Diese Zeitschrift soll, als Organ der Vereinigung bildender Künstler Österreichs, ein Aufruf an den Kunstsinn der

Bevölkerung sein, zur Anregung, Förderung und Verbreitung künstlerischen Lebens und künstlerischer Selbständigkeit. Wir wollen dem tatenlosen Schlendrian, dem starren Byzantismus und allem Ungeschmack den Krieg erklären. [...] *Aber jede Zeit hat ihr eigenes Empfinden.* – Das Kunstempfinden *unserer Zeit* zu wecken, anzuregen und zu verbreiten, ist unser Ziel. [...] Wir wollen eine Kunst ohne Fremdendienerei, aber auch ohne Fremdenfurcht und ohne Fremdenhaß. Die ausländische Kunst soll uns anregen, uns auf uns selbst zu besinnen; wir wollen sie anerkennen, bewundern, wenn sie es wert ist; nur nachmachen wollen wir sie nicht. [...] Wir kennen keine Unterscheidung zwischen ›hoher Kunst‹ und ›Kleinkunst‹, zwischen Kunst für die Reichen und Kunst für die Armen. Kunst ist Allgemeingut. [...] In der Hand eines jeden von euch liegt es, in seinem Kreis zu wirken und Freunde zu werben nicht für den persönlichen Vorteil des einzelnen, sondern für das große, herrliche Ziel, das wir nicht allein, das Tausende außer uns ersehnen. [...] An uns soll es sein, euch voranzuschreiten. Auf unsere Fahnentreue möget ihr bauen, haben wir uns doch mit unserer ganzen Kraft und Zukunft, mit allem, was wir sind, geweiht zum ›HEILIGEN FRÜHLING‹.«[1]

Wie weit gesteckt die Ziele waren, wie sehr sie über alle Esoterik hinausgingen, die man den Vertretern gerade dieser Zeitschrift später so oft nachgesagt hat, wie sehr hier an den »Kunstsinn der Bevölkerung« appelliert wurde, geht u. a. besonders deutlich aus dem nachmals berühmten Aufsatz »Die Potemkinsche Stadt« von Adolf Loos hervor, der im Juli 1898 in *Ver Sacrum* erschien.[2] Wenn er den Ring entlang schlendere, schreibt er dort, so sei ihm »immer, als hätte ein

1 *Ver Sacrum*, Jg. 1, H. 1, Januar 1898, S. 5–7. – Vgl. auch: Christian M. Nebehay, *Ver sacrum. 1898–1903*, München 1979, S. 34 f.

2 Bedauerlicherweise konnte mit dem Rechteinhaber über den vorgesehenen Abdruck von »Die Potemkinsche Stadt« und einigen Auszügen aus »Ornament und Verbrechen« von Adolf Loos in dieser Textsammlung kein Einvernehmen erzielt werden.

moderner Potemkin die Aufgabe erfüllen wollen, jemandem den Glauben beizubringen, als würde er in eine Stadt von lauter Nobili versetzt. Was immer auch das renaissierte Italien an Herren-Palästen hervorgebracht hat, wurde geplündert, um Ihrer Majestät der Plebs ein Neu-Wien vorzuzaubern [...].«[3] Der herrschende Geschmack zwinge den Bauherrn geradezu, den Häusern bestimmte – d. h. im Barock-, Renaissancestil usw. gestaltete – Fassaden »anzunageln« (»jawohl, anzunageln!«).[4] Schon hier kündigt sich an, was sich als Schlagwort mit seinem Namen bis heute verbindet: seine Definition des Ornaments als Verbrechen. 1910 maß er die Kultur an ihrem Verhältnis zum Ornament: »evolution der kultur ist gleichbedeutend mit dem entfernen des ornamentes aus dem gebrauchsgegenstande.«[5] Der »ungeheure schaden und die verwüstungen, die die neuerweckung des ornamentes in der ästhetischen entwicklung anrichtet«, könnten noch hingenommen werden; denn die Entwicklung der menschlichen Kultur sei ohnehin nicht aufzuhalten. Aber es sei »ein verbrechen an der volkswirtschaft [!], daß dadurch menschliche arbeit, geld und material zu grunde gerichtet werden«.[6]

Mehr noch als die Zeitschrift *Ver Sacrum* war es die Wiener Secession, die – nicht zuletzt durch ihr aufsehenerregendes neues Gebäude – zum sichtbaren Symbol eines neuen Kunstwillens wurde. Sie hatte – 1897 gegründet – im Frühjahr 1898 ihre erste, überwältigend erfolgreiche, auch von Kaiser Franz Joseph besuchte Ausstellung durchgeführt. 57000 Menschen hatten sich die Werke der neuen Künstler angesehen. Noch im selben Jahr, am 12. November 1898, wurde ihr eigenes, von Joseph Maria Olbrich, dem Schüler Otto Wagners, errichtetes Gebäude eröffnet. Die Inschrift für das »Weiße Haus an der Wien« formulierte der Kunst-

3 »Die Potemkinsche Stadt«, in: *Ver Sacrum*, Jg. 1, H. 7, Juli 1898, S. 15.
4 Ebd., S. 16.
5 »Ornament und Verbrechen«, in: *Sämtliche Schriften*, 2 Bde., hrsg. von Franz Glück, Bd. 1, Wien/München 1962, S. 277.
6 Ebd., S. 280.

kritiker Ludwig Hevesi: »Der Zeit ihre Kunst, der Kunst ihre Freiheit«.

Sezessionen zu gründen war an der Tagesordnung. Mit der Gründung ihrer Secession folgten die Wiener nur einer allgemeinen Entwicklung. Aber sie machten daraus etwas Besonderes.

»Um 1890 formten sich die Jungen allenthalben zu neuen Vereinigungen. Voran ging München, wo 1892 durch Franz von Stuck die Münchener Sezession gegründet wurde. Es war übrigens Georg Hirth, der den Namen ›Sezession‹ vorschlug und durchsetzte. Max Burckhard in Wien fand die motivierende Formulierung dazu: ›Wenn im alten Rom die Spannung, welche wirtschaftliche Gegensätze stets hervorrufen, einen gewissen Höhepunkt erreicht hatte, dann geschah es wiederholt, daß der eine Teil des Volkes hinauszog auf den Mons sacer, auf den Aventin oder das Janiculum, mit der Drohung, er werde dort im Angesichte der alten Mutterstadt und den ehrwürdigen Stadtvätern gerade vor der Nase ein zweites Rom gründen, falls man seine Wünsche nicht erfülle. Das nannte man: Secessio plebis.‹ – Die Geschichte der Gründung der Wiener Secession ist anderen Ortes ausführlich geschildert worden.[7] Es sei hier nur kurz darauf verwiesen, daß Unzufriedenheit mit der Hängekommission des »Künstlerhauses« zum Austritt der Jungen, die sich um Gustav Klimt scharten, geführt hatte. Es war das große künstlerische Ereignis in Wien um die Jahrhundertwende. Rückblickend kann man sagen, daß es im Kunstleben dieser Stadt etwas Ähnliches nie mehr gegeben hat. – [. . .] ›Die neue künstlerische Blüte, die 1897 mit der Gründung der Secession begann, unterschied sich von anderen europäischen Bewegungen artistischer Rebellion. Die meisten folgten dem klassischen Muster des französischen Salon des Refusés. Zuerst kam die artistische Neue-

7 Christian M. Nebehay, *Gustav Klimt*, Dokumentation, Wien 1969, Kap. 9; R. Waissenberger, *Die Wiener Sezession*, Wien/München 1971.

rung, dann ihre Ablehnung durch die traditionellen Entscheidungsinstanzen der Kunstwelt, und zuletzt die Etablierung der neuen Strömung außerhalb des Rahmens akademischer Institutionen. Anders in Wien. Hier ging das ideologische Bedürfnis nach einer neuen Kunst ihrer tatsächlichen Entwicklung voraus. Kritiker und Mäzene, oft mit aktivem Anteil an radikaler, bürgerlich-politischer Reform – spielten bei der Gründung der Secession eine ebenso große Rolle wie die Künstler selbst.‹ – Die erste Ausstellung fand noch im ›Gartenbaugebäude‹ am Parkring in Wien statt. Sie hatte 80 000 Kronen Spesen verursacht. Der Erfolg war so groß, daß die jungen Künstler das aufgenommene Darlehen zurückzahlen konnten und ihr erstes Geschäftsjahr mit einem Reingewinn von 7716 Kronen abschlossen. Von den 410 ausgestellten Objekten wurden 218 verkauft. – [...] Die Stadt Wien stellte der Vereinigung kostenlos einen Baugrund zur Verfügung, zunächst auf 10 Jahre. Zuerst dachte man daran, das neue Gebäude auf dem Luegerplatz im ersten Bezirk zu bauen. Man entschloß sich aber für die Gegend am Karlsplatz, wo das Gebäude heute, Friedrichstraße 12, steht. Allerdings wurden städtebauliche Zusagen, unter anderem freier Blick auf die Karlskirche, nicht eingehalten. Das Haus wurde unter großen technischen Schwierigkeiten errichtet, da es gerade über dem Ottakringerbach steht und acht Meter tiefe Stützmauern – damals bereits in Beton – errichtet werden mußten. Der Architekt war Joseph Maria Olbrich (1867–1908). Gustav Klimt hatte auf die Gestaltung nachhaltigen Einfluß. Der Bau kostete 120 000 Kronen, die sich die Künstler zusammenbettelten. Ob sie den Betrag, wenigstens teilweise, später zurückzahlten, ist nicht bekannt. Da alle am Bau Beteiligten auf ihr Honorar verzichteten, erklärt sich der außerordentlich niedrige Baupreis. Nach neuesten Quellenforschungen beteiligte sich das Land Niederösterreich mit einer Summe von 40 000 Kronen am Bau. Nach einer anderen Quelle heißt es, daß der Wiener Industrielle Karl Wittgenstein mit der ganzen benötigten

Summe in Vorlage getreten sei. Er war der Vater des Philosophen Ludwig Wittgenstein (1889–1951). – [. . .] Bis zum Austritt der Klimtgruppe (1905) fanden im Gebäude der Secession 23 Ausstellungen statt, von denen viele bedeutend und bahnbrechend, einige sensationell waren, kaum eine bedeutungslos war. Erst allmählich beginnt man die Zusammenhänge zu erkennen, den großen Einfluß, den das gleichzeitige europäische Kunstschaffen – vor allem das Kunstgewerbe der Engländer und der Schotten – auf die Wiener hatte. So auf die von Fritz Wärndorfer, Josef Hoffmann und Koloman Moser 1903 gegründete Wiener Werkstätte. Es sei in diesem Zusammenhang auch nicht vergessen, darauf hinzuweisen, daß durch die Ausstellungen der Secession zwei Künstlern der Durchbruch zu europäischer Anerkennung gelang: Ferdinand Hodler (1853–1918) und dem belgischen Bildhauer George Minne (1866–1941). Die große Impressionisten-Ausstellung des Jahres 1903 verdient ebenfalls erwähnt zu werden. Zu einem Skandal kam es bei der 7. Ausstellung, 1900, wegen Klimts ›Philosophie‹ und in der Folge wegen anderer seiner Bilder. Der Höhepunkt aller Ausstellungen war unzweifelhaft die 14., auf der Max Klingers Beethoven-Skulptur gezeigt wurde. Die Secession bereitete ihr, in der sie ein Kunstwerk von säkularer Bedeutung zu erkennen vermeinte, einen großartigen Empfang. – Schon im Vorwort zur ersten Ausstellung (1898) hatten die Künstler klar zum Ausdruck gebracht, was sie anstrebten: vor allem kleine, gewählte Ausstellungen. ›Wir waren gerade bei unserer ersten Ausstellung bestrebt, ein Bild der modernen Kunst des Auslandes zu bieten, damit das Publikum einen neuen und höheren Maßstab für die Bewertung der heimischen Hervorbringungen erhalte . . . Selbstverständlich liegt es uns gänzlich fern, ein umfassendes Gesamtbild der zeitgenössischen ausländischen Kunst zu geben; wir wollen bloß die Offiziere einer Truppe vorführen, welche in der allerersten Gefechtsreihe liegt. Denn wir sind Partei und wollen Partei bleiben, so lange, bis die stagnierenden Kunstverhältnisse Wiens neu belebt sind und österreichische Künstler und österreichisches Publikum ein Bild der modernen Kunstbewegung geschaffen haben. Auch auf dem Gebiet des künstlerischen Arrangements soll unsere Ausstellung für Wien bahnbrechend wirken ...«[8]

8 Zitiert nach: Nebehay, *Ver Sacrum,* S. 21 ff.

PETER ALTENBERG

Kunst

KUNST,

wie ein edles Phantom bist du bisher gewesen, wie ein wundersames Gespenst, das am hellichten Alltage der Straße vor den geschäftigen, allzu geschäftigen Leuten auftaucht! So entfernt von ihrem Alltagdasein, so ohne Beziehung zu ihrem Selbsterhaltungstriebe, der doch immer ist und wirkt! Ein mattes Überflüssiges, geschaffen von überflüssigen Künstlers Gnaden! Eine luxuriöse Tändelei! Wir wollen dich lebendig machen, dich dem Leben des Alltages naherücken, du blut-, du fleischloses Gespenst »Kunst«! In die Stunde wollen wir dich rücken, die erlebt wird, daß du befruchtend und bereichernd wirkest auf Alltagmenschen!

Die größte Künstlerin vor allem ist die Natur und mit einem Kodak in einer wirklich menschlich-zärtlichen Hand erwirbt man mühelos ihre Schätze. Sehet euch die Birken an, die Pappelbäume, zur Winters- und zur Sommerszeit, die Hausgärten voll Schnee und strohumhüllten Rosenstöcken. Sehet euch den rotgrauen Käfer aus Ceylon an oder die drappfarbige Muschel aus dem Ozean – und ihr werdet die Künstlerin »Natur« in euch aufnehmen mit liebevoll bereicherten Augen. Und der blau-braun schillernde Schmetterling aus China, auf weißes Holz gespannt unter Kristallglas, ist schöner als alles, was ihr von Menschenunzulänglichkeit in euren öden Zimmern aufhäuft! Auf euren nippes-verunreinigten Tischen!

Die Kunst ist die Kunst, das Leben ist das Leben, aber das Leben künstlerisch zu leben, ist die Lebenskunst!

Wir wollen die Kunst, dieses Exzeptionelle, dem Alltage vermählen. Die Hand der Dame R. H. ist ein Kunstwerk Gottes. Wir bringen sie photographiert. Oder das im Volksgarten spielende Kind R. O. Oder das Schreiten eines Alt-

drappfarbige: (österr.) sandfarbene.

Aristokraten über die Straße. Der Reichtum des Daseins, nahegerückt für die, deren notwendige Geschäftigkeit sie hindert, ihn zu erleben! In deinen Tätigkeiten eingekapselt, kannst du nicht rechtzeitig Halt machen vor einem regenbeperlten Spinnennetz im abendlichen Walde und kannst nicht schauen, staunen und verharren! Wir wollen dich erziehen, das heißt aufhalten in deinen Rastlosigkeiten, auf daß du verweilest, schauest, staunest! Es gibt soviel zu schauen und zu staunen! Innezuhalten, zu verharren! Stillgestanden, Allzugeschäftiger! Nütze deine Augen, den Rothschildbesitz des Menschen! Wir wollen euch nur zeigen, woran ihr blindlings vorüberraset! Es gibt Menschen, die nichts zu tun haben. Vollkommen Überflüssige des Daseins. Mit weit aufgerissenen Augen schauen sie und schauen. Diese hat das Schicksal bestimmt, die Vielzuvielbeschäftigten zum Verweilen zu bringen vor den Schönheiten der Welt!

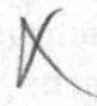

HERMANN BAHR

Schweine

In der Münchener Secession hängt heuer ein Bild, das, vielgepriesen, mehr bestritten, oft gescholten, Achtung verdient. Es ist von Hubert von Heyden, einem durch seine redliche und reine Mache sowie einen innigen, freien, die Gegenstände verklärenden Sinn bemerkenswerten Maler, und stellt eine Gruppe von Schweinen dar, die sich, wollüstig verdauend gelagert, mit Inbrunst dem Genusse des Lebens hingegeben, von Behagen schnaufend, einem meditativen Schlummer überlassen, während ein anderes, einsamer im Gemüte und mehr zum Eremiten angelegt, wie von

Heyden: Hubert von H. (1860–1911), deutscher Maler; einer der Hauptvertreter des deutschen Impressionismus innerhalb der Münchener Secession; lebte seit 1885 in München; das Gemälde »Ruhe im Saugarten« war im Ausstellungsgebäude der Secession am Königsplatz ausgestellt.

inneren Skrupeln getrieben und um die Rätsel der Welt besorgt, von der Herde weg gegen ein glänzendes Feld hin, langsam und in Gedanken versunken, geht. Das Bild heißt »Ruhe im Saugarten«; doch könnte es sich nach der jetzigen Mode mit Recht Harmonie in Rosa oder Symphonie in Rosa nennen, da doch in der Tat diese Bäuche, Brüste und Rüssel nur ein Vorwand und Anlaß sind, alle Nuancen von Rosa zu entfalten und eine wahre Litanei dieser Farbe anzustimmen, jeden Ton, den sie geben kann, aufs zärtlichste hegend und sie vom heimlichen Geflüster zum brausenden Hallelujah geleitend, bis man denn bald die Zunge einer Orchidee, bald eine unsäglich hold glitzernde Robe, bald die milden Fittige kleiner Engel zu sehen glaubt.
Das Bild hat das Glück, der Menge zu mißfallen und sich den Zorn und Haß der Laien zuzuziehen. Diese toben sehr und da sie nicht leugnen können, daß es mit einer unwiderstehlichen Macht gemalt ist, behaupten sie doch, daß man eben gewisse Dinge gar nicht malen darf, und schmähen den exzessiven Naturalisten. [...]
Die Meinung, daß es Dinge gibt, die man nicht malen darf, ist unkünstlerisch. Alle Dinge haben vielmehr ein Recht, durch die Kunst zu sich selber zu kommen, wenn auch manche es ihr schwerer, andere leichter machen. [...]
Darum ist es auch gar so dumm, hier über »Naturalismus« zu jammern. Man sollte nun doch allmählich schon wissen, was naturalistisch ist. Aber die Menge hat immer noch den Wahn, es im Stoffe, statt in der Behandlung zu suchen; wer Arbeiter, Elend und überhaupt unanständige Sachen darzustellen unternimmt, ist ihr ein Naturalist und der Idealist hat sich unter Prinzen, im Fracke zu bewegen. So muß man denn zum soundsovielten Male wiederholen, daß es ganz gleich ist, was einer malt, und nur gilt, wie er es malt: ob er einen Gegenstand in seiner einmaligen Erscheinung oder in seiner ewigen Bedeutung bringt, ob er ihn nach der sinnlichen oder nach der symbolischen Seite nimmt, ob er allein den Schein der Dinge nur oder hinter ihm den Sinn der Dinge will. Und weil diese Schweine nicht als Schweine,

sondern als Repräsentanten beschaulicher Demut, stiller Schönheit und inniger Ergebung gemalt sind, so daß man sie im Gemüte leicht mit Mönchen, Heu und Abendglocken vertauschen kann, darum ist ihr Maler kein Naturalist, sondern ein Künstler.
Er ist es desto mehr, weil er so Geringem seine Schönheit zu entlocken weiß. Die Bedeutung eminenter Dinge, prunkender Frauen, edler Steine, stolzer Pferde, der Blumen und der Sterne fühlen auch die kleinen Menschen; sie brauchen gar nicht erst den Künstler; ohne ihn sprechen sie unmittelbar zu uns und nennen ihr Wesen selbst. Aber wir sehnen uns nach dem großen Zauberer, der auch im Häßlichen, das unsere Sinne betrübt, die strahlende Seele wecken wird, bis nichts mehr leer, nichts mehr stumm, nichts mehr dunkel, rings nur Pracht, Jubel und Licht ist.

HERMANN BAHR

Rote Bäume

Zur Ausstellung der Secessionisten im Künstlerhause

Die Leute sagen mir: »Nein, schau'n Sie, das dürfen Sie nicht. Ludwig von *Hofmann* dürfen Sie nicht loben. Er malt rote Bäume und kein Mensch kennt sich aus. Alles hat doch seine Grenzen. Den reden Sie uns doch nicht ein!« [...]
Warum sollten nun rote Bäume gegen das Wesen der Kunst sein? Welches Gesetz will sie verbieten? Warum sollten sie unkünstlerisch sein? Weil sie unwirklich sind, sagen die Leute; man darf nicht malen, was es nicht gibt. Sie meinen:

Secessionisten: Von der »Genossenschaft« (s. Anm. S. 509) trennte sich 1897 die »Secession« ab, »Vereinigung bildender Künstler Österreichs«, Wien IV., Favoritenstraße 11, Hotel Victoria; Präsident war Gustav Klimt.

Hofmann: Ludwig von H. (1861–1945), deutscher Maler um 1900; Vertreter des Jugendstils; schuf auch dekorative Wandmalereien (Weimar, Jena).

was uns nicht die Sinne geben. Die wirklichen Bäume sind braun – also darf man Bäume anders als braun auch nicht malen. Das Künstlerische muß an das Wirkliche sich binden. Das heißt, man darf nicht malen, was nicht in der Empirie ist: diese wunderlichen Leute wollen der Kunst jetzt plötzlich verordnen, sich auf die Welt der Sinne zu beschränken, nichts aus sich zu schaffen, sondern den Schein der Dinge nur zu äffen und so dem Wirklichen allein in Einfalt zu gehorchen – sie wollen ihr plötzlich Naturalismus verordnen. Das ist komisch von ihnen, die sonst die Naturalisten nicht genug schmähen, verleumden, schelten konnten. Diese, die sich mit Fleiß zu Abschreibern der Natur degradieren, dürfen so reden. Aber Künstler haben sich nie gescheut, den Stoff zu verändern, den die Sinne reichen, bis er ihrem Geist ein Träger und Diener wird; ja, es ist recht ihr Wesen und Amt, aus ihrer Seele die Welt zu vermehren. [...]

Aber auch das ist es nicht, weil doch rote Bäume im Sinnlichen nirgends sind. Sondern, wenn man rote Bäume malt, wird offenbar Seelisches in eine sinnliche Form gebracht, die sich schreiend gleich als unsinnlich und in sich hinfällig ankündigen, gegen die Sinne sträuben und zu Protesten gewaltsam sie reizen will, in eine geflissentlich den Erscheinungen anstößige Form. [...] Die roten Bäume sind Signale von einsamen, mit den Sinnen entzweiten und selbstherrlichen Seelen, die jene Welt von draußen neben dieser ewigen Fülle ihrer inneren elend, arm und dürftig fühlen und möchten, daß sie das beschämt gestehen und ihre Rancune spüren soll. Das ist das Gefühl, das sie gestalten, und weil es ein Gefühl ist, das die Kunst der letzten Stunde eben jetzt bestimmt, sind sie heute nicht nur erlaubt, sondern geboten: [...]. Man denke, wie die Literatur von den Zolaisten weg zu den Psychologen, zum Mystischen, ins Schwärmen geht.

Zolaisten: Anhänger von Zola (s. Anm. S. 229), also die Naturalisten.

HERMANN BAHR

Die Secession

Zur ersten Kunstausstellung der Vereinigung bildender Künstler Österreichs in der Gartenbaugesellschaft am Parkring

So eine Ausstellung haben wir noch nicht gesehen. Eine Ausstellung, in der es kein schlechtes Bild gibt! Eine Ausstellung in Wien, die ein Resumé der ganzen modernen Malerei ist! Eine Ausstellung, die zeigt, daß wir in Österreich Leute haben, die neben die besten Europäer treten und sich mit ihnen messen dürfen! Ein Wunder! Und dabei ein sehr guter Spaß: denn es zeigt sich, daß man mit der Kunst, mit der reinen Kunst in Wien ein Geschäft machen kann. Dies muß den Mercantilisten von der Genossenschaft entsetzlich sein.

HERMANN BAHR

Meister Olbrich

Über das neue Gebäude der Secession 1898

Wenn man jetzt zeitlich in der Früh an die Wien kommt, kann man dort, wo es, hinter der Akademie, aus der Stadt zum Theater geht, jeden Tag eine Menge Leute sich um einen neuen Bau drängen sehen. Es sind Arbeiter, Handwer-

Secession: s. Anm. S. 507.

Mercantilisten: hier: abschätzig für ›Kaufleute‹.

Genossenschaft: die 1861 gegründete »Genossenschaft der bildenden Künstler Wiens«, Wien I., Lothringerstraße 9 im Künstlerhaus; Vorstand: Eugen Felix (1837–1906).

Olbrich: Joseph Maria O. (1867–1908), österreichischer Architekt, Maler, Kunstgewerbler; Schüler u. a. von Otto Wagner; Hauptführer der Wiener »Secession«, baute 1897/98 das Ausstellungsgebäude der »Secession«, Wien I.,

ker und Weiber, die zu ihrer Arbeit sollen, aber hier stehenbleiben, verwundert schauen und sich nicht abwenden können. Sie staunen, sie fragen, sie besprechen das Ding. Es kommt ihnen sonderbar vor, so etwas haben sie noch nicht gesehen; es befremdet sie, sie sind recht betroffen. Ernst und nachdenklich gehen sie dann, kehren sich wieder um, sehen noch einmal zurück, wollen sich nicht trennen und zögern, an ihr Geschäft zu enteilen. Und das hört jetzt dort den ganzen Tag nicht auf.

Der Bau ist das neue Haus der Secession, von dem jungen Architekten Olbrich. Es soll am 4. November der Stadt übergeben werden; am selben Tage wird die erste Ausstellung darin beginnen. Ich glaube, es wird dann ein großes Geheul sein, die dummen Leute werden toben. Ich will also lieber jetzt schon das Nötige sagen. Jetzt kann das noch ruhig und unleidenschaftlich geschehen, später wird gerauft werden.

Treten wir ein. Wir kommen zuerst in einen Raum, der uns feierlich stimmt. Man könnte von Propyläen sprechen. So ist er gedacht: als ein Vorhof, in dem sich der Eintretende vom Täglichen reinigen, zum Ewigen stimmen soll, die Sorgen oder Launen der gemeinen Welt ablege und sich zur Andacht bereite, als eine stille Klausur der Seele sozusagen.

Dann gelangen wir in das Gebäude. Hier ist alles nur vom Zweck allein beherrscht. Es wird hier nicht versucht, auf eine leichtfertige Art zu gefallen, zu prahlen oder zu blenden. Das will kein Tempel und kein Palast sein, sondern ein Raum, der fähig sein soll, Werke der Kunst zu ihren größten Wirkungen kommen zu lassen. Der Künstler hat sich nicht

Friedrichstraße 12; »seit seiner Berufung an die Darmstädter Künstlerkolonie (1899) von maßgebendem Einfluß auf die Erneuerung der deutschen Geschmackskultur, besonders hinsichtlich der dekorativen Ausgestaltung von Innenräumen und des Kunstgewerbes« (Thieme-Becker).

Propyläen: eigtl. Säulenhalle im Vorhof zur Burg im alten Athen; Vorbild u. a. für die Propyläen am Königsplatz in München.

Joseph Maria Olbrich: Die Wiener Secession, 1897/98

gefragt: wie ist das zu machen, damit es am besten aussieht; sondern: wie ist das zu machen, damit es seinem Zwecke, den Anforderungen der neuen Aufgaben, unseren Bedürfnissen am besten dient? Die Sache allein hat hier alles bestimmt: wie es die Sache will, war hier das einzige Gesetz. Es ist geschaffen worden, wie ein gutes Rad geschaffen wird: mit derselben Präzision, die nur an den Zweck denkt, vom Hübschen nichts wissen will, sondern die wahre Schönheit im reinsten Ausdruck des Bedürfnisses sucht. Dem Bedürfnisse: den Anforderungen der Beleuchtung, der Sicherheit gegen Unwetter oder Schnee, der Ruhe des einzelnen Werkes, ist hier mit einer unübertrefflichen Weisheit entsprochen und es ist nicht vergessen worden, daß unsere Kunst unaufhaltsam anders wird, es ist vorbedacht worden, daß immer mehr, wie die Künstler es ausdrücken: die »Flächenkunst« von der »Raumkunst« verdrängt wird, es ist vorgesehen worden, wenn es notwendig wird, sofort das Werk, wie durch einen Zauber, auf einen Schlag verändern und jeder neuen Forderung wieder anpassen zu können. Dies alles ist mit der größten Hingebung an den Zweck geschehen. Nichts kann hier weg oder dazu, nichts auch nur einen Moment anders gedacht werden, hier ist alles notwendig und selbstverständlich. Nehmen wir die Absichten der Secession der Reihe nach her, ziehen wir die Forderungen, die sie ergeben, und setzen sie als bestimmte Größen an, so kommt, wie bei einer Rechnung, ein notwendiges Resultat heraus: dieses hat der Künstler ausgedrückt. Man kann da nicht sagen: es gefällt mir oder es gefällt mir nicht; es handelt sich da nicht mehr um Angenehm oder Unangenehm, es handelt sich da um Wahr oder Falsch. Das Wahre erkannt und seinen Ausdruck, den einzigen und unersetzlichen Ausdruck, den es haben kann, geschaffen zu haben, das ist die Tat unseres jungen Architekten.

Endlich kommen wir in einen Raum derselben ernsten und feierlichen Architektur, die jener Vorhof hat. Will jener vorbereiten, so soll dieser nachstimmen. Bevor wir wieder

ins Leben gehen, mögen wir noch in den Gefühlen der Kunst nachdenklich verweilen, sie betrachten, uns beruhigen. Ihren Nachklang wollen wir hier bei uns aufbewahren. Dann können wir entlassen werden.
Sehen wir uns nun das Haus von außen an. Was soll die Façade? Wir verlangen von ihr, wahr zu sein: sie soll uns das Wesen des Inneren auf eine kurze und faßliche Art, wie durch ein Motto, erkennen lassen. Sie ist gut, wenn wir von ihr sofort vernehmen, was hinter ihr ist. Sie ist schlecht, wenn sie lügt oder verheimlicht. Es genügt aber nicht, daß sie wahr ist. Wir wünschen dann auch noch, daß sie dekorativ sei: sie soll das Einzelne dieses Hauses nun ins Ganze des Platzes oder der Straße fügen. Jedes Werk der Künstler soll ja so sein, wie ein jedes Leben der Menschen ist. Unser Leben hat zwei Bedeutungen: eine für uns selbst, als die Entwickelung unserer Potenzen zum Höchsten, und eine andere im großen Spiel des Schicksals, als eine bloße Rolle in seinem Ensemble. Wie wir die beiden Bedeutungen versöhnen, ist unser Problem. So darf auch das Werk des Künstlers nicht vergessen, indem es seinem eigenen Zwecke auf die größte Weise dient, doch auch im Ganzen der anderen dekorativ zu sein. Also zwei Fragen. Ist das Haus der Secession wahr? Und: ist es dekorativ? Jene bejahen wir sofort: man sieht ihm auf den ersten Blick sein inneres Wesen an. Dies kann gar nichts anderes als ein Aufenthalt von Kunstwerken sein; wir erblicken sogleich die drei Teile: unter dem Lorbeer den Vorhof zur Reinigung der Gemüter, dann den Raum für die Werke, endlich die Architektur zur Besinnung und Andacht, die Kapelle. Das kommt uns nun freilich ganz fremd und seltsam vor, so verdorben sind wir. Bei uns schaut ja ein Haus zum Wohnen wie ein Palast zum Prangen aus, ein der Arbeit gewidmetes wie ein für Feste bestimmtes. Die Häuser verheimlichen ihr Wesen; wir haben ganz verlernt, was eine Façade ist. Wir haben uns angewöhnt, sie als ein bloßes Spiel mit Säulen, Gebälk und Ornamenten hinzunehmen. So werden wir uns erst besinnen

müssen, um die Wahrheit dieses Hauses zu erkennen. Aber ist es auch dekorativ? Dies wird von manchen verneint. Sie beklagen sich, es sei monoton: sie vermissen die Farbe und es heißt, man könne von keiner Stelle zu einem ruhigen Gefühl des Ganzen kommen. Wir wissen nämlich das Dekorative gar nicht mehr vom G'schnas zu trennen; alles soll unruhig, bunt, capriciös sein. Für die edle Wirkung großer Flächen haben wir keinen Sinn, gar keinen Gedanken mehr. Das Bauen ist eine leere Spielerei mit hübschen Formen geworden, die keinen Sinn hat, es ist zum Feuilletonistischen entartet, wir haben uns angewöhnt, daß es Witze machen und Pointen haben soll. Alle Würde, der gebietende Ernst ihres Wesens, die Hoheit ist dieser Kunst, der strengsten von allen, entwendet worden. Und dann wird auch vergessen, daß unser Haus in einer Landschaft stehen soll, die erst werden wird: die Wien wird gedeckt, drüben wird dann ein großer Platz sein, dem Andenken der Kaiserin gewidmet; die Straße links vom Hause verschwindet, ein Garten ist rings, mit schweren dunklen Bäumen. Kommt man dann von der Karlskirche her, tritt auf den Platz und sieht das Haus, wenn seine Krone in der Sonne glänzt, dann wird es mit dem Weiß und Gold im Grünen wie eine leuchtende Insel sein, eine selige Insel im Tumult der Stadt, zur Zuflucht aus der täglichen Not in die ewige Kunst.

G'schnas: (wiener.) unechtes Zeug.

Karlskirche: 1716–37 erbaut nach Plänen des österreichischen Architekten Johann Bernhard Fischer von Erlach (1656–1723), Hauptvertreters des österreichischen Hochbarock.

Die »Philosophie« von Klimt und der Protest der Professoren

»In unserer Kultur ist der Aufnehmende überzeugt, ohne jegliche Vorbereitung so viel begreifen zu können, als das Genie schafft – und eher noch etwas mehr.« Lichtwark.

Die VII. Ausstellung der Vereinigung brachte Klimts »Philosophie«, das erste der drei Deckenbilder, die der Künstler im Staatsauftrag für die Aula der Universität herzustellen hat. Eine Reihe von Universitätsprofessoren nahm dies zum Anlaß, um eine Bewegung gegen die Anbringung des Bildes an seinem Bestimmungsorte zu inszenieren und dem Ministerium einen in diesem Sinne gehaltenen Protest zu überreichen. Infolgedessen entstand eine heftige Zeitungsfehde zwischen Freunden und Gegnern des Bildes, an der sich auch einzelne der protestierenden Professoren im Wege von Interviews und offenen Schreiben – nicht immer in höflichem Tone – beteiligten.

Das Bild ist gegenwärtig in Paris. Diese Zeilen sollen den Standpunkt präzisieren, den die Vereinigung dem Vorfalle gegenüber einnimmt.

Auf die Bemerkung einzelner Professoren, ihre Aktion entbehre jeder Spitze gegen die Vereinigung, ist zu erwidern,

Ver Sacrum: Kunstzeitschrift der Wiener Moderne, die 1898–1903 erschienen ist und prachtvoll ausgestattet war.

Klimt: Gustav K. (1862–1918), österreichischer Maler; Hauptvertreter des spezifisch wienerischen Jugendstils.

Lichtwark: Alfred L. (1852–1914), deutscher Kunsthistoriker; Direktor der Kunsthalle in Hamburg; suchte in seinen Schriften Verständnis im Betrachten von Kunstwerken zu wecken.

VII. Ausstellung der Vereinigung: Die 7. Ausstellung der »Secession« fand vom 8. März bis 6. Juni 1900 statt.

daß die Mitglieder derselben nicht aus freiem Antriebe beitreten, sondern durch die Vollversammlung ernannt werden. Die bloße Mitgliedschaft eines Künstlers sagt also schon, wie die Gesamtheit der Vereinigung über sein Können und Schaffen denke. Ebenso werden die zu einer Ausstellung eingesandten Werke nicht durch eine Jury von fünf bis sechs Mann begutachtet, sondern »die Gesamtheit aller in Wien anwesenden Mitglieder« fungiert als Aufnahmsjury. Die bisherigen Ausstellungen beweisen, daß dabei kein einseitiger Parteistandpunkt vorwaltet, sondern die Bestimmung der Geschäftsordnung:

> »Den Juroren hat bei ihren Entschlüssen über Aufnahme oder Ablehnung eines eingereichten Werkes ausschließlich dessen künstlerischer Wert maßgebend zu sein, so daß Werke aller Arten bildender Kunst, wenn sie obiger Bedingung entsprechen, aufzunehmen sind, ...«

vollste Beachtung findet.

Wird also über einen unserer Künstler oder sein Werk derart der Stab gebrochen, und beides ist hier geschehen, so ist nicht nur er selbst, sondern die Urteilsfähigkeit oder Redlichkeit aller Mitglieder angegriffen, und die Vereinigung als solche ist zur Abwehr berechtigt, ja verpflichtet.

Ein den Protestunterzeichnern gesinnungsverwandter Universitätsprofessor wurde gefragt, wie er sich eigentlich die Philosophie durch die Malerei würdig dargestellt denke. Er antwortete: »Durch Portraits der berühmtesten Philosophen aller Zeiten.« Diese Äußerung ist für uns sehr wertvoll. Stellen wir uns einmal diese »Philosophie« vor. In einer idealen Architektur oder Landschaft gehen, stehen, lehnen, sitzen Herren in altmodischen oder historischen Kostümen herum; manche lesen, manche schreiben oder sprechen miteinander, die meisten sind unbeschäftigt. Das kann realistisch oder stilistisch, kann gut oder schlecht gemalt, das kann Kunst sein. Als Bild hat es mit Philosophie nicht das

Geschäftsordnung: Zitiert wird § 6 der »Geschäftsordnung«, wie sie im Katalog I der »Secession« (1898) abgedruckt ist.

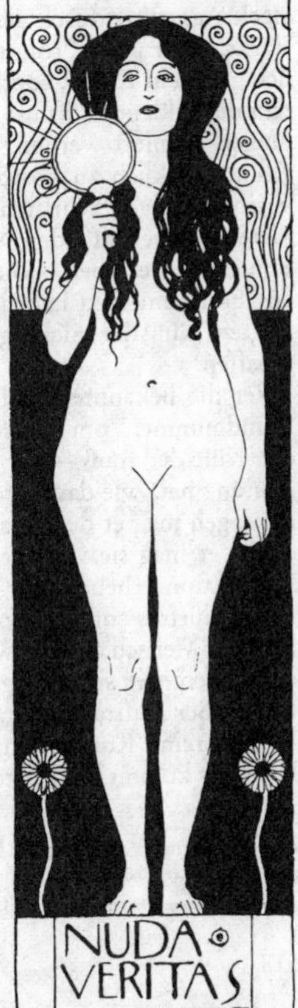

WAHRHEIT
IST FEUER UND
WAHRHEIT
REDEN HEISST
LEUCHTEN UND
BRENNEN
L·SCHEFER·
NUDA
VERITAS
GUSTAV·KLIMT.

Gustav Klimt: Nuda Veritas,
»Ver Sacrum« I, 3, 1898

geringste zu tun. Erst wenn der Betrachter anderswoher weiß, wie Kant ausgesehen hat und ihn in einem der Herren erkennt, oder wenn er etwa auf einer beigegebenen Tafel neben einer Gestalt »Platon« oder »Giordano Bruno« liest, erwachen in ihm die Vorstellungsreihen, die er mit diesen Namen verbindet; dann denkt er wirklich: »Philosophie«, aber dieses Denken hat wieder nicht das geringste mehr mit Kunst zu tun, auch nicht mit jener, die etwa in dem Bilde steckt; es wird durch sie nicht erzeugt, nicht einmal verstärkt. Aber jener Professor ist befriedigt. Er verlangt nämlich gar nicht Kunst, sondern will mit den äußeren Hilfsmitteln der bildenden Kunst an seine rein literarischen Vorstellungen erinnert werden. Dazu aber ist eine Kraft wie die Klimts wirklich zu kostbar, diesen Wunsch kann auch ein leistungsfähiger Schriftenmaler durch einfaches Aufpatronieren der betreffenden Namen erfüllen.
Findet man es aber vornehm, wirkliche Kunst am Plafond des Festraumes zu haben, dann mache man es dem beauftragten Künstler nicht gleichzeitig unmöglich, solche zu schaffen.
»Wer die bekannten und oft gehörten Wendungen in den Mund nimmt: Vom Künstler verlange ich, der Künstler soll, der Künstler muß – der beweist damit nur, daß er keine Ahnung hat, wie das Kunstwerk entsteht. Mit solchen Forderungen mag er dem Handwerk gegenübertreten, das ihm dient, er mag sie vor der breiten Masse der künstlerischen Produktion erheben, der Marktware, die einem vorhandenen Bedürfnis entgegenkommt. Nach der Kunst des Genies hat kein Mensch auf der Welt Bedürfnis, ehe sie da ist, außer dem einen, der sie erzeugt.« (Lichtwark.)
Ein großer Auftrag des Staates ist heute fast der einzige Fall, in dem reine Kunst monumentaler Art geschaffen werden kann. Es kommt ja so selten vor. Daß es noch Künstler gibt,

Kant ... »Platon« ... »Giordano Bruno«: Klimts Gemälde stellt keine physiognomisch erkennbaren Philosophen dar.

Aufpatronieren: (österr.) mit Hilfe einer Schablone bemalen.

die genug naive Kraft für solche Aufgaben haben, muß fast Verwunderung erregen. Aber auch Freude. Soll man sie da durch Separatwünsche plagen, deren Erfüllung oder Nichterfüllung mit der Lösung der Hauptaufgabe: reine Kunst zu schaffen, nicht das mindeste zu tun hat?
Denn: »Die Sprache ist ein Mittel zur Verständigung mit anderen. Diese Funktion streben die Künste als Ausdrucksmittel im letzten Grunde überhaupt nicht an. Sobald der schaffende Künstler an Mitteilung denkt, an die Wirkung, die er erzielen will, ist seine beste Kraft gelähmt. Wie schafft das Kind, das seine ersten Eindrücke von der Welt auf die Schiefertafel bringt? Es zeichnet den Mann, das Haus – nicht, damit Vater und Mutter es loben, oder damit es seinen Geschwistern oder Kameraden imponiert, sondern um einem inneren Drange Luft zu machen. Es ist Künstler. Der große Maler vor seiner Staffelei, der Dichter im Ringen mit Rhythmus und Wort, der Musiker, dessen Seele sich in der Linie einer aufquellenden Melodie bewegt, der Architekt, in dessen Phantasie sich aus dem Chaos der Möglichkeiten das neue Monument krystallisiert, sie sind mit sich allein. Einsam und ganz ohne Gedanken daran, ob andere später auch folgen werden, ob andere auch nachempfinden können, was sie selber vorher empfunden haben, genießen sie die höchste Wonne, die der Seele beschieden ist, die Wehen des Schaffens. Gedanken an die Mitteilung, an die Wirkung auf andere gehören dem Vorgange des Schaffens nicht mehr an. Der göttliche Augenblick ist vorüber, sobald sie sich einstellen, UND WER VON IHNEN AUSGEHT, DEM KOMMT ER NIE.« (Lichtwark.)
Also »Vorhergehende Beratungen mit den Vertretern der Wissenschaft« wären auch in diesem Falle nicht nur überflüssig, sondern geradezu verderblich gewesen. Denn Kunst zu schaffen kann dem Künstler niemand helfen; KUNST entstehen zu lassen ist aber eben die vorwiegende, die Hauptabsicht des Bestellers, des Staates.
Was soll man aber erst sagen, wenn die Angreifer sich nicht darauf beschränken, dem Künstler das Werk »erfinden«

helfen zu wollen, sondern ihm auch darüber Lehren geben, wie es zu machen sei? Wie klar oder unklar, wie blau oder rot! Wäre es nicht besser, darüber nachzudenken, »Was man den Künstlern ablernen soll? – Welche Mittel haben wir, uns die Dinge schön, angenehm, begehrenswert zu machen, wenn sie es nicht sind? – Und ich meine, sie sind es an sich niemals! Hier haben wir ... von den Künstlern zu lernen, welche eigentlich fortwährend darauf aus sind, solche Erfindungen und Kunststücke zu machen. Sich von den Dingen entfernen, bis man vieles von ihnen nicht mehr sieht und vieles hinzusehen muß, um sie noch zu sehen – oder die Dinge um die Ecke und wie in einem Ausschnitte sehen – oder sie so stellen, daß sie sich teilweise verstellen und nur perspektivische Durchblicke gestatten – oder sie durch gefärbtes Glas oder im Lichte der Abendröte anschauen – oder ihnen eine Oberfläche und Haut geben, welche keine volle Transparenz hat ...« (Nietzsche.)

Man bedenke doch einmal folgendes: Der Ausstellungsbesucher steht 10, 15 Minuten, wenn es gut geht, vor einem Werke und geht wieder seiner gewohnten Beschäftigung nach. Der Künstler, der es schuf, hat 10, 15 Wochen oder Monate davor gestanden, hat jede Gestalt, jeden Ton tausend- und abertausendmal gleichzeitig mit der Natur, neben der Natur gesehen, hat außerdem sein ganzes Leben lang auf eine möglichste Sicherheit und Richtigkeit des Sehens hingearbeitet. Was sagt der Beschauer eigentlich damit, wenn er nach kurzer Betrachtung Verzeichnungen und unmögliche Farben »konstatiert«? Entweder er spricht damit dem Künstler jede Begabung, ja selbst die normale menschliche Beobachtungsfähigkeit und Vernunft ab, oder er bezeichnet ihn damit als frechen Hochstapler, welcher durch frivole Lügen Reklame für seine Person machen will. Ist es wirklich erlaubt, derartigen Verdächtigungen so überaus häufig Raum zu geben, als es heute noch immer selbst in unseren zivilisierteren Kreisen geschieht? –

Den ganzen Vorfall überblickend müssen wir feststellen, daß derselbe für uns wertvoll war. Das peinliche Gefühl, das der Anblick der protestierenden Professoren für uns als ihre Zeitgenossen haben mußte, wurde durch den Gegenprotest ihrer Kollegen beseitigt.

Wertvoll war der Vorfall deshalb für uns, weil er eine Wahrheit glänzend beleuchtete, auf die immer und immer wieder hingewiesen werden muß: DASS BLOSSE INTELLIGENZ KEIN WEG ZUR KUNST IST. Die Wissenschaft kann verstandesmäßig BEGRIFFEN, das Kunstwerk nur NACHEMPFUNDEN, das heißt NACHGESCHAFFEN und so erfaßt werden. Diese Fähigkeit des Nachempfindens, das heißt Nachschaffens ist manchmal, aber selten als Talent von Natur aus vorhanden, in allen übrigen Fällen muß sie erworben, mühsam anerzogen werden. Aber »der Bildungsgang, den unsere moderne Gesellschaft zurücklegt, führt nirgends über die Flur der bildenden Kunst, höchstens eine Strecke durch das Gestrüpp des kunstgeschichtlichen Unterrichts«. (Lichtwark.)

Vergessen wir doch nicht, woher wir kommen! Zu Beginn des Jahrhunderts »stiegen überall die unteren Schichten empor. Das Mittel zu ihrer Erhebung war die Intelligenz, der Verstand; und oft genug – wenn nicht in der Regel – eine starke, aber einseitige und beschränkte Intelligenz. Kultur brachten sie nicht mit und konnten sie so schnell nicht erwerben wie ihr Wissen ... Der bloßen Intelligenz steht vom weiten Reich der Kunst nur eine enge Vorhalle offen«. (Lichtwark.) Je klarer dieser Sachverhalt erkannt werden wird, desto allgemeiner wird man darauf verzichten, Kunstwerke mit dem bloßen Verstande aufnehmen zu wollen.

Dann wird sich auch mühelos die Frage der Urteilsberechtigung lösen. Vorläufig pflegt man noch zu meinen, »das Urteil bestehe in der Anwendung von Erfahrungen und Regeln, die aus den schon vorhandenen Kunstwerken gewonnen sind, auf die werdende oder eben neu gewordene Kunst. In der Tat lassen sich die allermeisten fehlerhaften Urteile darauf zurückführen, daß vom Neuen eine Wiederholung des Alten erwartet wird«. (Lichtwark.) Das erzeugt natürlich Verbitterung und erschwert die Verständigung.

Wir Künstler sollten aber lieber »mit einem inneren Lächeln durch diese Welt gehen, in der jedermann ein so überraschendes Quantum von Urteilen hervorbringt«, und sollten uns bemühen, »in der heranwachsenden Jugend die Seelen zu finden, die uns ein Echo zurückwerfen«.
Es wurde in diesen Tagen spöttisch gefragt, ob denn der Künstler nur für Künstler schaffe. Wir antworten ruhig »Ja!«, nennen aber mit dem Ehrentitel Künstler nicht nur jene Menschen, die mit Palette, Meißel oder Zirkel hantieren, sondern jeden, der Kunst »nachzuempfinden, das heißt nachzuschaffen« vermag, und von dem Glauben, daß deren Zahl wächst, leben wir ja. V. S.

LUDWIG HEVESI

Zur Klimt-Ausstellung

Ich habe die »Jurisprudenz« zum erstenmal in den Hundstagen gesehen. Im größeren Atelier des Meisters, ganz draußen in der Josefstadt, im allerobersten Bodenstockwerke der Schmidtschen Möbelfabrik. Eine eiserne »Bodentüre«, darauf mit Kreide die Buchstaben G. K. und die Notiz: »Stark klopfen!« Ich klopfte mit den Fäusten, um etwaige Tote zu erwecken, aber der Meister ist sehr lebendig und sofort an der Pforte. Es ist Nachmittag, 35 Grad Celsius. Er hat nur seine gewohnte dunkle Arbeitskutte an und nichts darunter. Er lebt vor seiner großen Leinwand, die Leiter hinan- und

V. S.: Ver Sacrum-Redaktion; verantwortlicher Redakteur war damals Ferdinand Andri (1871–1956).

»Jurisprudenz«: gehörte mit der »Medizin« und der »Philosophie« zu den drei Deckengemälden, die Klimt für die Wiener Universität geschaffen hat; sie wurden 1945 zerstört. Die »Jurisprudenz« ist abgebildet in: Christian M. Nebehay, *Gustav Klimt,* München 1976, S. 160. Die Zeitschrift *Ver Sacrum,* Jg. 3, S. 150, und Jg. 4, S. 104, brachte Abbildungen der »Philosophie« und der »Medizin«.

Gustav Klimt: Fischblut, »Ver Sacrum« I, 3, 1898

herabsteigend, ab und zu wandernd, schauend, brütend, aus Nichts schaffend, das Gewagte wagend. Ein Nebel scheint ihn zu umwogen und er kämpft mit diesem Element des Unbestimmten, er wühlt darin knetend mit beiden Armen bis an die Schulter. Am Boden verstreut Studienblätter, mehrere für jede Figur, Varianten von Stellungen, Haltungen, Bewegungen. Nie war ein Maler phantastischer und naturgetreuer zugleich. Wie oft hat er den armen Sünder gezeichnet, der in der »Jurisprudenz« als Angeklagter erscheint. Diesen ausgemergelten, nackenden Alten mit dem tiefgesenkten Kopf und niedergekrümmten Rücken, den krampfhaft geschlängelten Muskelbündeln. Im verlorensten der verlorenen Profile steht er da, schon dadurch als unrettbar Verurteilter gekennzeichnet. Ob ein Profil schon so in doppelter oder dreifacher Schiefheit der Perspektive gezeichnet worden? Es sieht aus, wie von einem Verkehrtschreiber in Spiegelschrift gegeben. Auf der Leinwand sah er damals noch aus wie ein Schatten, von drei körperlosen Gespenstern gequält. Diese drei Quälweiber, als Erscheinungsformen der rächenden Sittlichkeit, kommen aus der so und so vielten Dimension. Lemuren des zwanzigsten Jahrhunderts, von Klimt mit Toorops-Töchtern gezeugt, aber doch die Züge ihres Vaters nicht verleugnend. Ganz und gar gliedmaßenhaft, mit eckigen Scharnierbewegungen und metallisch spröden Kurven. Und dazu diese rotfahlen Schöpfe, diese unheimlichen Kometenschweife ums Haupt, diese Haarsternhaare, in deren Nebel es überall von gelbem Gold blitzt, von goldenen Schlangen mit glühendem Gebiß. Warum soll einer nicht mit goldenem Beil enthauptet werden können? An juwelenbesetztem Stiel. Mit Saphiren oder Brillanten, je nach dem Urteilspruch. Goldene Gewissensbisse! Das ist wohl das Äußerste an dekorativer Möglichkeit in strafrechtlicher Sphäre.

Toorops-Töchtern: die Frauengestalten des holländischen Malers und Graphikers Jan Theodorus Toorop (1858–1928); vgl. etwa sein Bild »Die drei Bräute« (1893): »stilisierte zärtliche Mädchenformen mit Haartrachten in welliger, rollender Bewegung« (Toorop).

Doch nein, das Gewissen stellt eigentlich der mächtige Polyp dar, in dessen Fangarmen sich der arme Sünder windet. Ein Riesenpolyp, der Leib an Leib aufgerichtet mit dem Manne ringt. Ein Riese aus Schleim und Leder, unzerbrechlich, unzerreißbar. Hat etwas von lebendiger Seemine, von giftigem Farben-Torpedo. Ein Prachtpolyp übrigens. Hat ein fleckig gemustertes Fell wie ein Tiger. Ein Unterseetiger neuester Konstruktion, mit automatisch wirkender Schröpfsymbolik. Es ist wirklich ein schauerlicher Humor in der Sache. Aus einer Phantasie voll Ernst und Düster bricht er unvermerkt, wie das Gold der Schlangen aus den Haaren der Schlangenhaarigen.

Von diesem Golde sah ich damals, im Juli, noch nichts. Wohl aber von dem der höheren Region, wo die Gerechtigkeit steht, zwischen Gesetz und Wahrheit, jener wundervollen Wahrheit, die eben ihren goldgestickten Purpurmantel abzuwerfen beginnt, um in Amtsuniform, d. h. nackt dazustehen. Diese drei Huldgestalten in ihrer mit Gold festlich illuminierten Photosphäre waren bereits angedeutet. Hauptsächlich aber blitzte das Gold jenes kleinen Empyreums, als solle ein Mosaikgemälde entstehen, wie die Byzantiner sie gemacht in der sogenannten Nacht des Mittelalters. Doch von diesem Golde später.

Klimt wollte dann die »Jurisprudenz« einstweilen liegenlassen und verreisen, um neue Landschaften für die jetzige Ausstellung zu malen. Und neue Porträts. Hohe, schmale, weibliche. Duft in Duft. Und das und jenes, man weiß das vorher nicht genau. Bei ihm hat alles seine Plötzlichkeit. Nach längerem Liegen in der Luft und allerlei Hin und Her und schleichendem Fieber des Werdenwollens. Plötzlich ist es geworden.

Das alles wollte er noch bis zum Herbst malen, und die große »Jurisprudenz« dazu. Es konnte aber auch etwas

Empyreums: Lichtgebiets; Himmel in der antiken Philosophie.

anderes daraus werden. Die »schwangere Frau« konnte er doch nicht ausstellen. Sollte er die der Sezession zumuten und alle Geschmackvollen Wiens in die offene Rebellion treiben? Eine Frau in diesem Zustande als Naturstudie! Nicht wie Tizian seine Geliebte gemalt hat, und sich mit ihr, die Hand an den gesegneten Leib gelegt. Oder die schöne Herzogin Eleonora auf ihrem weißen Lager, im so oder so vielten Monat. Sondern so wie man das heute natürlich empfindet. Wie vorgestern Rodin seine nackte Greisin formte, Runzel für Runzel, die belle Heaulmière des dichtenden Galgenvogels François Villon. Die Vogelscheuche, die das Klagelied singt von ihren Reizen, die gewesen. Ich fragte einst Rodin, wieso er auf das Thema verfallen? »Ach«, sagte er, »ich hatte gerade so eine alte Frau zur Hand und die Form war mir merkwürdig.« Also nicht vom Buche Villons ging er aus, sondern ihn trieb der lebendige Reiz einer lebendigen Form, die der Alltag noch nicht abgedroschen hat. Ein Lied, das noch nicht im Leierkasten herumgeorgelt wird.

Ich sah die »Jurisprudenz« erst vorgestern wieder. Es war, wie ein Freund mir bemerkte, Freitag, der 13. November, und ein »solches« Wetter. Ein Stimmungstag ersten Grades. Der düstere Nebelregen ging langsam und systematisch auf die triefende Stadt nieder. In allen Stuben lag tiefe Dämmerung. Und ich kam erst um drei Uhr nachmittags zu Klimt in die Sezession. Er malte noch. Auf das Fertigwerden war

»schwangere Frau«: wohl Klimts Bild »Die Hoffnung« I: D. 129 in Fritz Novotny / Johannes Dobai, *Gustav Klimt*, Salzburg 1967.

Rodin: s. Anm. S. 565.

die belle Heaulmière: um 1885 entstandene Bildhauerarbeit Rodins, inspiriert durch Villons Gedicht »Les Regrets de la Belle Heaulmière ja parvenue à vieillesse«.

Villon: François V. (d. i. François de Montcorbier oder des Loges, 1431/32 bis nach 1462), Dichter-Vagabund; der erste große französische Lyriker der Neuzeit; sein Werk ist Ausklang und zugleich Höhepunkt der mittelalterlichen Vagantendichtung.

überhaupt schon verzichtet. Ich warf einen Blick auf sein Bild, in dieser kirchenchormäßigen Dämmerung, aus der mich die goldenen Dinge unheimlich reizend anfunkelten. Noch waren alle Farben farbig zu sehen, jede einzeln, und auch die Sachen und ihre Teile zu unterscheiden. Aber ein Schleier von Abendluft lag darüber, und nur um so goldener gleißte das Gold. Und da ging mir, mit Klimtscher Plötzlichkeit, etwas auf.

Ich war nämlich erst seit vier Tagen aus Sizilien zurück. Ich hatte noch den ganzen Mosaikenrausch im Leibe, den man aus der Cappella Palatina und dem Gemach des Königs Roger, aus Monreale und Cefalu mitnimmt. Ich sah noch alle die eckigen Heiligen vor mir und die langen Stiele ihrer Gliedmaßen mit den hingezirkelten Scharniergelenken. Und die langen gespannten Falten ihrer Brokate und das Schwerwiegen ihrer goldenen Fransen. Und ihre runden Gesichter, die eigentlich polygonal sind, und ihre runden Augen, die eigentlich viereckig sind. Und wenn ich die Augen schließe, sehe ich noch deutlich die betenden Hände und zum Segnen gepaarten Finger und allerlei gebundene Gebärden, wie man sie dazumal hatte. Vor allem aber goldene Heiligenscheine, große und kleine Glorien, glatt im Metall gearbeitet oder durchbrochen und mit Edelgestein besetzt. Man besetzte damals das Abendrot mit Diamanten und nähte Eiderdaunen um die Ränder der Morgenröte. Und mitten in dieser Welt, die so kristallisiert aussieht, sitzt auf Ehrenthronen die große Jungfrau mit dem kleinen Kinde, oder der große Heiland mit dem großen Wink des rechten Armes. Alle mit den nämlichen weißen Gesichtern und schwarz eingezeichneten Zügen, ganz wenigen nur, aber vielsagenden, und die Namen stehen daneben in griechischen Schriftzügen. Das ist die alte Goldgrundwelt des Mittelalters, die gleißende und

Sizilien: Im folgenden wird eine Reihe von normannischen Bauten mit oft byzantinisch beeinflußten Mosaikarbeiten genannt, die vor allem unter König Roger II., dem vom Papst gekrönten »König von Neapel und Sizilien« (1101–54, regierte 1130–54), errichtet wurden.

glimmernde, und über sie ausgegossen das goldgewordene Lächeln der mystischen Rose. Wenn ich unter den schimmernden Gewölben der Palatina wandelte, fühlte ich den alteingedickten Goldglanz aus allen den arabischen Honigwabenzellen der Wölbung auf mein Haupt niederträufeln wie »chlorfarbenen« Honig oder duftiges Salböl. Unter diesen edelsteinernen Baldachinen wohnt die Benebelung eines Traumes von märchenhafter Juwelenwelt, wo kostbar und heilig das nämliche bedeuten ...

Das fiel mir nun plötzlich ein, als ich in halber Dämmerung vor dem Bilde Klimts stand. Das leuchtete mich aus seinem Golde an, das raunte mir aus seinen gebundenen Gebärden zu, in denen leidenschaftliche Kräfte schwellen oder schlummern. Das liegt, ihm unbewußt, in dieser ganzen »Jurisprudenz«. Neu errungener Stil, nach allen malerischen Orgien der letzten Jahrzehnte. Eine feierlichere, religiösere Form und Farbe, eine liturgischere Kunst, als hätte abermals ein reinerer Glaube ein lebensbuntes Heidentum überwunden. Man blicke auf die beiden Seitenstücke: »Philosophie« und »Medizin«. Eine mystische Symphonie in Grün und eine rauschende Ouverture in Rot, rein dekorative Farbenspiele beide. In der »Jurisprudenz« herrscht Schwarz und Gold, also keine eigentlichen Farben, dafür aber erhebt sich die Linie zu einer Bedeutsamkeit, die Form zu einer Charakteristik, die man monumental nennen muß. Mit diesem Bilde wird der Meister wohl sein letztes Wort in dieser Richtung gesagt haben.

Und nun warte ich auf einen hellen Tag, um mir dieses Bild eigentlich anzusehen.

Ver Sacrum

Mit dem jungen Jahre ist auch die erste Nummer von »Ver Sacrum«, dem Organ der »Vereinigung bildender Künstler Österreichs«, erschienen. Sie hat lange Zeit das Tagesgespräch gebildet, vielen Freude, anderen Verdruß bereitet. Das eine geht eben nicht ohne das andere. Die Kunst erneuert sich immer wieder unter Frühlingskämpfen, die eine periodisch wiederkehrende Erscheinung sind. In einer Zeit solcher Verjüngungswehen mitzuleben ist vielleicht noch schöner, als in einer mit sich fertigen Epoche ruhig dahinzutreiben. Man lauscht und späht und sucht zu erraten, was das werden will. Ob es überhaupt etwas werden wird. Nun, im letzten Jahrzehnt ist die Entscheidung gefallen, überall, ganz zuletzt in Österreich. Heute ist kein Zweifel mehr möglich, daß es eine neue Kunst gibt. Sie hat ihre Erstlinge gezeitigt, seltsame und herbe Früchte mitunter, aber von eigenem Reiz der Süße und Bitterkeit. Schlimmstenfalls sichere Anweisungen auf den nahenden Sommer. Auf alle Fälle – der Feind kann es nicht leugnen – Früchte dieser Zeit und dieses Bodens, keine Allerwelts-Südfrüchte, wie sie noch kürzlich als welscher Massenimport die Welt überschwemmten. Ein Blick auf dieses Erstlingsheft der neuen Kunstzeitschrift – und ehe man noch darin geblättert, hat man gemerkt, daß hier der Künstler weiß, was er will. Schon dem Format sieht man es an; diese Leute wollen nicht, daß man wegen eines gelegentlichen Breitbildes das Blatt stürzen müsse. Das leinwandartige Papier des Umschlages, der lichte Ockerton des Grundes mit seinem kräftigen und doch tonigen Rotdruck, die starke und eigentümliche Wirkung, die mit diesen beiden Tönen allein erreicht wird, dazu die Meisterschaft, mit der Bild und

Ver Sacrum: s. Anm. S. 515.

»Vereinigung bildender Künstler Österreichs«: s. Anm. S. 507.

Schrift, leere und volle Flächen kombiniert sind – der Leser mag uns glauben, daß ein solcher Umschlag allein ein Kunstwerk ist, das nicht jedem jeden Tag einfällt. Was immer weiterhin zu sagen bleibe, den Sieg auf den ersten Blick hat sich diese Zeitschrift gesichert. Alfred *Roller*, der diesen Umschlag erfunden, hat sich damit um seine Kameraden verdient gemacht. Ganz vortrefflich ist auch sein symbolisches Umschlagbild: dieser kräftige Fruchtbaum, dessen Wurzeln die Dauben des Kübels sprengen und zwischen ihnen durch dem freien Erdreich des lieben Herrgotts zustreben.

Das hat auch der Pariser »Chronique des Arts«, der Wochenbeilage der »Gazette des Beaux-Arts«, dieser ersten Kunstzeitschrift Frankreichs, eingeleuchtet, die kürzlich schrieb:

»›Ver Sacrum‹, das ist der hoffnungsvolle Titel einer neuen deutschen Zeitschrift, die bei Gerlach und Schenk in Wien veröffentlicht ist und monatlich erscheinen wird. Auch Wien hat endlich seine ›Sezession‹ und diese Publikation ist deren Organ. Der größere Teil dieser ersten Nummer (die eine Studie des Herrn L. Hevesi über den ehrwürdigen Wiener Aquarellmaler Rudolf Alt, mit dessen Bildnis von Herrn R. Bacher und der Wiedergabe einer seiner Zeichnungen: ›Der Stephansplatz‹ enthält) ist bestimmt, das Pro-

Roller: Alfred R. (1864–1935), Maler, Kunstgewerbler, Graphiker und Bühnenbildner; seit 1899 Professor an der Wiener Kunstgewerbeschule; als bedeutender Bühnenbildner unter der Direktion von Gustav Mahler an der Wiener Staatsoper, Ausstattungen der Erstaufführungen der Opern von Richard Strauss; auch für Max Reinhardt in Berlin tätig. Er entwarf den Umschlag zur ersten Nummer der Zeitschrift *Ver Sacrum.*

»Chronique des Arts«: erschien in Paris als Wochenbeilage zur täglich erscheinenden *Gazette des Beaux-Arts.*

Alt: s. Anm. S. 89. Das Bildnis, in *Ver Sacrum,* Jg. 1, H. 1, S. 14: »Unser Ehrenpräsident bei der Arbeit«, zeigt v. A. am Arbeitstisch.

Bacher: Rudolf B. (1862–1945), österreichischer Maler und Bildhauer; bevorzugte religiöse Themen; Mitbegründer der »Secession«; steuerte zahlreiche Beiträge zum *Ver Sacrum* bei; seit 1903 Professor an der Wiener Akademie.

›Der Stephansplatz‹: abgebildet in *Ver Sacrum,* Jg. 1, H. 1, S. 16.

Kolo Moser: Zeitschriftenumschlag »Ver Sacrum« II, 4, 1899

gramm und den Zweck der neuen Vereinigung auseinanderzusetzen; diese von Max Burckhard und Hermann Bahr unterzeichneten Blätter sind sehr vibrierend und jugendlich feurig, auch mit interessanten dekorativen Erfindungen, mit Zeichnungen und verschiedenartigen Studien der Herren (folgen die Namen) belebt, die teils im Texte, teils außerhalb auf die verführerischste Weise angeordnet sind. Das Gesamtbild ist das einer höchst künstlerischen Zeitschrift. Sie ist, wie wir hoffen wollen, ein Zeichen, daß auch in Österreich eine wirklich lebendige, wirklich nationale Kunst erwacht, die, wie das symbolische Bäumchen auf dem Umschlage dieses Heftes, die schlecht gefügten Bretter der alten Konventionen, welche sie zusammenpreßten, sprengen wird, um ihre Wurzeln in freies, fruchtbares Erdreich zu tauchen, und wir senden unseren Kollegen die aufrichtigsten Wünsche, daß alle Hoffnungen und Versprechungen ihres ›Frühlings‹ sich bald in saftige Früchte verwandeln mögen.«
Der Titel »Ver Sacrum« geht übrigens wahrscheinlich auf Uhlands gleichnamiges Gedicht zurück, das den römischen »Weihefrühling« schildert. Es endet mit der Strophe:

»Ihr habt vernommen, was dem Gott gefällt.
Geht hin, bereitet euch, gehorchet still!
Ihr seid das Saatkorn einer neuen Welt,
Das ist der Weihefrühling, den er will.«

Weihe! Ein Wort, das unsere Kunstwelt, bei den bekannten engen Erwerbsverhältnissen, sich längst abgewöhnt hat. Man hat gar keine Zeit zur Weihe, wenn man das tägliche Brot, das sich nicht einmal täglich findet, dem Genossen abjagen muß. Der Wettbewerb aller gegen alle ist in Wien, seitdem die monumentale Bauperiode vorüber, wieder bedeutend verschärft. Das Publikum ist auch nicht auf

Max Burckhard und Hermann Bahr: Burckhards Beitrag »Ver Sacrum«, Bahrs Beitrag »Vereinigung bildender Künstler Österreichs. Secession« erschienen im 1. Heft.

Rosen gebettet, wo sollte es also Stimmung hernehmen für brotlose Künste, für die man es kirren will? Aber diese jungen Leute sind Idealisten und geben es nicht auf, der Menge zu beweisen, daß sie sich im Mitgenuß dieser Künste besser befinden wird, als ohne solche erquickende Ausspannung der Geschäftsnerven. Sie arbeiten nicht etwa für Lohn, sondern bauen aus ihren freiwilligen Spenden vor allem diese so neu geartete Zeitschrift auf. Sie wollen den an Schablonenkunst Übersättigten einstweilen auf dem Papiere zeigen, daß es auch da Neues zu sehen gibt, was eben erst nachgewachsen ist. Sie wollen die Leute gewöhnen, auch da, wie auf sämtlichen anderen Gebieten des Lebens, zu fragen: »Was gibt es heute Neues?« Die ältere Kunst hat ihnen die Neugierde systematisch abgewöhnt; nun soll auch der Gebildete wieder neugierig sein dürfen, weil ja doch nicht ausgeschlossen ist, daß es das eine- oder anderemal der Mühe wert sein möchte.

Natürlich ist auch »Ver Sacrum« nur ein Anfang. Aber ein guter. Unser Publikum, das in dieser Art moderner Literatur noch wenig bewandert ist, kann mancherlei daraus lernen. Vor allem, wie eine künstlerisch illustrierte Textseite aussieht, wie sie sich aus Bild und Schrift zu einem bewegten, wenn auch streng in der Fläche lebenden Organismus aufbaut. Selbst in den sogenannten Prachtwerken unseres Weihnachtsmarktes war ja in dieser Hinsicht bis vor ganz kurzem eitel Barbarei zu finden. Moderner Buchschmuck tritt damit in Wien zum ersten Male auch in einer Zeitschrift mit dem Bewußtsein auf, eine der Hauptsachen zu sein. Und da finden sich mehrere Seiten, die von dem kunstreichen Kolo *Moser*, den begabten Architekten Josef *Hoffmann* und

Moser: Koloman (Kolo) M. (1868–1918), österreichischer Graphiker und Kunstgewerbler (besonders Buch- und Plakatkunst); 1899 Lehrer, ab 1900 Professor an der Kunstgewerbeschule in Wien; Mitbegründer der »Secession« und der »Wiener Werkstätten«; künstlerische Beiträge zum 1. Heft von *Ver Sacrum*: S. 1, 3, 5, 11, 23, 26.

Hoffmann: Ver Sacrum, S. 1–3, 8, 13, 18f., 24, 28, 30.

M. *Olbrich*, dann Alfred *Roller*, M. *Kainradl*, dem Landschafter Ad. *Böhm*, dem als Humorist ganz neuen Rudolf *Bacher* u. a. musterhaft ausgestattet sind. Höchstens, daß sie noch etwas verschwenderisch vorgehen und daß einige reizend entworfene Füllbildchen zu stark verkleinert worden. Da es heute wieder erlaubt ist, von den ererbten Schulvorlagen abzugehen und Einfälle zu haben, werden diese Dinge nicht leicht langweilig. Früher begegnete man in ganz verschiedenen illustrierten Werken des nämlichen Verlegers immer denselben altbewährten Zierleisten und Zierbuchstaben, so daß man diese alten Bekannten keines Blickes mehr würdigte. Jetzt ist jedes Bildchen eine neue Bekanntschaft. Und alles darf Bild sein, sogar die reizenden »drei Töpfe für Blumen«, die man den braven Japanern ablernt. In diesem Sinne künstlerisch illustriert wird in Wien überhaupt erst seit zwei Jahren. [...]

Alles in allem halten wir den künstlerischen Erfolg von »Ver Sacrum« für unbestreitbar. Es ist ein Anfang gemacht und ein Beweis erbracht. Mehr läßt sich von einer ersten Nummer, die meist eher Versuchs- als Probenummer ist, nicht erwarten. Aber »Ver Sacrum« hat in vielen Stücken die Erwartungen sogar übertroffen. Ähnliches war in Wien noch nicht versucht, und nun ist eine Wolke von Mißtrauen zerstreut.

Olbrich: s. Anm. S. 509; *Ver Sacrum,* S. 2, 10, 20, 25.

Roller: s. Anm. S. 530; *Ver Sacrum,* S. 8 und Umschlag.

Kainradl: Leo [sic!] K. (1872–1943), österreichischer Maler; Mitglied der »Secession«; *Ver Sacrum,* S. 26.

Böhm: Adolf Boehm (1861–1927), österreichischer Maler und Kunstgewerbler; Mitglied der »Secession«; seit 1900 Lehrer an der Kunstschule für Frauen und Mädchen in Wien; *Ver Sacrum,* S. 5, 9, 13, 23, 29.

Bacher: s. Anm. S. 530; *Ver Sacrum,* S. 10, 24.

Nachruf auf Joseph M. Olbrich

Nach den Aufzeichnungen der k. k. Akademie der bildenden Künste ist *Joseph Olbrich* am 22. November 1867 in Troppau geboren, absolvierte das Untergymnasium und die Staatsgewerbeschule in Wien und war Schüler der Akademie vom Oktober 1890 bis Juli 1893. Als solcher erhielt er alle Preise, über die die Spezialschule verfügte. Zu den alljährlichen Besuchen, die ich in den Schulausstellungen der Akademie abstattete und die ihren Grund in Neugierde und Feststellung des Niveaus der Leistungen hatten, gesellte sich im Jahre 1893 noch der Umstand, daß ich anläßlich der Durchführung des baukünstlerischen Teiles der Stadtbahn Hilfskräfte suchte. Olbrich hatte unter Hasenauer gerade ein Theaterprojekt für die Schulausstellung ausgearbeitet (noch völlig Tradition und echt Hasenauer), aber das Projekt überragte schon damals durch seine zeichnerische Fertigkeit alles andere. Ich erkundigte mich um diesen Schüler und erfuhr, daß er im Hause sei. Im Vestibül traf ich ihn, und er ging auf meinen Engagementantrag sofort mit Freuden ein.

Da er auch das Staatsreisestipendium erhalten hatte und im Herbst sich zur Reise rüsten mußte, waren ihm die drei bis vier Monate Betätigung in meinem Atelier mehr als erwünscht. Mit einer Unterbrechung (Romreise) sind aus dieser Zeit allerdings fünf Jahre geworden.

Dieser Umstand ermöglicht mir, Olbrichs künstlerische Laufbahn genau zu kennen, sie richtig zu beurteilen, und veranlaßt mich heute, ihn zu würdigen. Unter den Talenten, über die Olbrich verfügte und die sich schon damals ziemlich eruptiv Luft machten, seien besonders erwähnt seine rege Phantasie, eine starke poetische Ader, ein feuriges,

Olbrich: s. Anm. S. 509.

Hasenauer: s. Anm. S. 104.

musikalisches Empfinden, zu dem sich ein ziemliches musikalisches Können gesellte, ein außergewöhnlicher Geschmack und eine seltene zeichnerische Handfertigkeit. In konstruktiver Beziehung und Erfahrung war er damals ein Neuling. Wenige Jahre genügten, diese Eigenschaften zu vervollkommnen, alle anderen aber zu einer Höhe zu erheben, wie ich sie sonst nie bei jemandem beobachten konnte und auch kaum künftig zu beobachten Gelegenheit haben werde.

Was hauptsächlich seine Mache, Art der Darstellung anlangt, so kann ich ihm nur einen, aber kaum als gleichwertig, an die Seite stellen, nämlich meinen Lehrer van der Nüll.

Zu all seinen Eigenschaften gesellte sich ein bedeutender Ehrgeiz, der ihn, unterstützt von seinem Können, unbarmherzig auf die engeren Kollegen herabblicken ließ. Eine Eigenschaft, die ich, wenn auch in größerer Stärke, nur bei Gottfried Semper beobachtete, dessen Verkehr mit der Kunstwelt, leider mit ziemlichem Rechte, darin kulminierte, daß er mit niemandem mehr sprechen wollte, »weil ihm die Menge zu dumm sei«.

Einer kleinen Anzahl von Künstlern schloß sich Olbrich damals an. Sie gründeten den »Siebenerklub«. Hoffmann, Moser, Kurzweil, Kainradel, Kempf gehörten ihm an.

Die Gründung der Sezession und die damit verbundene Ausstellung im Gebäude der Gartenbaugesellschaft, der Bau des Sezessionsgebäudes und einige folgende Ausstellungen gaben Olbrich die ersten Gelegenheiten, sich erfolgreich zu betätigen. In dieser Zeit bemühte ich mich, leider vergebens, Olbrich eine Professur an der Kunstgewerbeschule zu ver-

Nüll: s. Anm. S. 109.

Semper: s. Anm. S. 104.

»Siebenerklub«: 1895 gegründeter Künstlerverein (Wien VI., Magdalenenstraße 32 in Lehmayer's Restauration), gegründet von Josef Hoffmann, Olbrich u. a. Daraus entstand 1897 die »Secession«. Mitglieder des Klubs waren auch Kolo Moser, Max Kurzweil (1867–1916, Graphiker und Maler), Leo Kainradl, Theodor von Kempf-Hartenkampf (1871–?) und andere Künstler.

schaffen. Die gewöhnliche, sagen wir »Kurzsichtigkeit« der maßgebenden Faktoren ließ es nicht dazu kommen, und man ließ Olbrich, der unterdessen die schmeichelhaftesten Anträge erhalten, zum großen Nachteil der Kunst und zu Österreichs bedeutendem wirtschaftlichen Nachteil ziehen, wie man es später leider mit Czeschka und Luksch u. a. wieder getan hat. Der enormen Schaffenskraft des Künstlers gelang es, in Darmstadt, wohin er berufen wurde, unterstützt durch den wirklich kunstsinnigen Großherzog von Hessen, unter Mithilfe anderer Künstler innerhalb zweier Jahre ein epochales Werk, die Künstlerkolonie, zu schaffen. Eine Studienreise, die ich mit vierzehn von meinen Schülern nach Darmstadt, Berlin usw. in dieser Zeit unternahm, veranlaßte mich damals, Olbrich in Anerkennung seiner Leistung durch meine Schüler einen Lorbeerkranz zu überreichen, welche Ehrung ihm große Freude bereitete.
Nach dieser Zeit, 1903, tritt Olbrich, ich möchte sagen, in seine zweite Periode. Er vermählt sich im April dieses Jahres. Sturm und Drang sind allerdings nicht vorüber, aber der Ernst tritt dem heiteren Spiel schon ziemlich entgegen. Seine Findigkeit veranlaßt ihn, auf Zweck, Konstruktion und Wahl des Ausführungsmaterials mehr Wert zu legen, die Erfahrung fängt an, eine Rolle zu spielen. In diese Zeit fällt eine Anzahl Bauten und Projekte, von denen die Bahnhofsanlage in Basel besonders hervorgehoben zu werden verdient. Ein ziemlich reger Briefwechsel, stets von gleichem künstlerischen Enthusiasmus und gleicher Heimatliebe durchdrungen, verbindet Olbrich mit seinen engeren

Czeschka: Carl Otto Cz. (1878–1960), österreichischer Architekt; Mitbegründer der »Wiener Werkstätten«, seit 1908 Professor in Hamburg.

Luksch: Richard L. (1872–1936), Kunstgewerbler, Bildhauer; arbeitete mit Josef Hoffmann zusammen; führte die Turmbekrönungen (zwei Landespatrone) bei der Kirche am Steinhof (1905–07) aus.

Großherzog von Hessen: Ernst Ludwig Großherzog von Hessen und bei Rhein (1868–1937, regierte seit 1894), Förderer der Künste in seinem Lande; schuf in Darmstadt auf der Mathildenhöhe eine Künstlerkolonie, wohin viele bekannte Künstler der Zeit zogen.

Wiener Kollegen. So kommt das Jahr 1904 heran und durch den Tod Prof. Luntz' auch die Wiederbesetzung von dessen Lehrstelle. Da die Akademie respektive das Kollegium schon seit früherer Zeit dem Grundsatz huldigt, daß es bei Neubesetzungen keine Spezialfächer in der Kunst, sondern nur künstlerische Qualitäten gibt, wird kein sogenannter Gotiker für die Besetzung in Aussicht genommen respektive vorgeschlagen. Ich trat deshalb für die Berufung Olbrichs auf das wärmste ein. Auch diese meine Bemühungen blieben erfolglos. Daß er mit Freuden wieder nach Wien gekommen wäre, beweist mir ein Brief vom 20. August 1904, in dem er sich unter anderem über die Angelegenheit in seiner drastischen Art vernehmen läßt: »In Wien ist man noch nicht so weit, zwei Treiber auf dem Felde der Kunst zu vertragen.«

Die Ausstellungen in Köln und in Mannheim, endlich das Warenhaus Tietz in Düsseldorf und vieles andere füllten seine letzten Lebensjahre ganz aus.

Das Ende dieses stolzen und lebensfrohen Künstlers wirkt um so tragischer, als sein letzter verhältnismäßig kurzer Aufenthalt in Düsseldorf ihm all das brachte, was er zeitlebens ersehnte: den stürmischen Enthusiasmus und die Begeisterung selbst recht kühl denkender Männer für seine Werke und seine Person. Man hatte Gelegenheit, das Modell des Bauwerkes »Tietz' Warenhaus« anläßlich der Baukunstausstellung in Wien zu sehen und Olbrich versicherte uns, bestimmt zum Kongreß am 18. Mai 1908 zu erscheinen. War es nun sein unbezähmbarer Arbeitseifer, oder seine künstlerische und ökonomische Gewissenhaftigkeit, oder die befürchtete schwere Entbindung seiner Frau, oder gar eine leise Mahnung seines beginnenden Leidens, Olbrich ist zum

Luntz': Victor Luntz (1840–1904), österreichischer Architekt; schuf monumentale Bauten wie die Herz-Jesu-Basilika in Wien (1887–1903).

Gotiker: ein Architekt, der die neugotischen Bauformen verwendet, wie etwa Friedrich Schmidt, der Dombaumeister (s. Anm. S. 104).

Warenhaus Tietz: 1907/08 von Olbrich in Düsseldorf erbaut.

Kongreß nicht erschienen. Maler Clarenbach, so schreibt mir mein ehemaliger Schüler Roßmann, traf Olbrich Montag morgens den 3. August als gealterten Mann, der eben dabei war, sich mit Aufbietung aller Kräfte mühselig anzukleiden, und auf alle Fragen nur leise Antworten lispelte, eins aber noch durchaus wollte: arbeiten.
Jetzt wo der Tod diese Riesenkraft gebrochen, kann die Welt erfahren, daß sein Ehrgeiz und sein Arbeitseifer maßlos waren und daß er kurz vor seiner Erkrankung zu einer bekannten Dame sagte, daß all seine Arbeit bis jetzt nur ein winziger Bruchteil von dem sei, was er leisten werde, leisten müsse.
Der Künstler starb Sonnabend, den 8. August 1908, nachmittags ½2 Uhr.

JOSEF HOFFMANN

Rede über Otto Wagner

Die erste Tat des neugegründeten Parlamentes im Jahre 1848 war die Auflösung der berühmten kaiserlichen Wiener Porzellanfabrik. Man hatte keinen Sinn und keine Zeit für die Künste. Die Baukunst war auf das äußerste Minimum herabgesunken, die anderen Künste fast verschwunden, kein Mensch kümmerte sich um Waldmüller, Pettenkofen, Alt und die übrigen wenigen, die trotzdem nicht aufhören konnten zu schaffen. Die Politik beherrscht die Öffentlich-

Clarenbach: Max C. (1880–1952), deutscher Landschafts-, Blumen- und Stillebenmaler.

Wagner: Die hier erwähnten Bauten sind sämtlich verzeichnet bei Geretsegger/Peintner (vgl. S. 720).

Waldmüller: Ferdinand Georg W. (1793–1865), österreichischer Maler, vor allem des Wienerwaldes und des vormärzlichen Bürgertums.

Pettenkofen: s. Anm. S. 89.

Alt: s. Anm. S. 89.

keit, vielleicht des Vergnügens halber noch das Theater. Langsam hebt sich der Wohlstand, und nach dem Fall der engen Grenzen kommt der große Aufschwung für die Stadt Wien. Merkwürdigerweise entstehen uns gleich zwei Baukünstler, Van der Nüll und Sicardsburg. Sie bauen die Oper, noch heute der schönste Theaterbau der Welt, und trotzdem werden sie verfolgt, gequält und in den Tod gejagt.

Es müssen Ausländer, Hansen und Schmidt, berufen werden, das architektonische Bild Wiens zu bestimmen.

Die Zeit ist romantisch geworden. Das Studium verschiedener Stile, die Sehnsucht nach der Größe vergangener Kunstepochen, der momentan große Bedarf zwingt die Künstler, alte Bauwerke zu kopieren, in der trügerischen Hoffnung, hiedurch die verschwundene Zeit heraufzubeschwören.

Amerika entwickelt sich frei, da gibt es keine Bauvorschriften. Es entsteht eine imposante Architektur. Kolossale Turmbauten werden errichtet, die eine Anzahl äußerst verwendbarer Räume fassen, die eine Reihe von Amtsgebäuden ersetzen könnten, während unser Rathausturm nur den Zweck hat, den eisernen Mann zu tragen. Es ist eine Zeit des unklaren Ringens und Kämpfens, in welcher das Publikum teilnahmslos danebensteht. Es gilt andere wirtschaftliche Errungenschaften zu verwerten. Die Dampfmaschine, die Elektrizität und tausend andere Erfindungen bewegen alle Gemüter, die unerhörtesten geistigen und technischen Umwälzungen gehen vor sich, und die Menschheit hat keine Zeit, die Kunst zu beachten. Träumer, Sammler, Sonderlinge bemächtigen sich ihrer.

Die Kunstwissenschaft beginnt zu entstehen und hat bald die naive Zeit in ihren Bann gezogen.

Sie irrt. Denn obwohl sie mit Recht auf die Schönheit vergangener Kunstepochen aufmerksam macht, ihre Quellen aufdeckt und ihnen aufrichtige Bewunderung zollt, ver-

Nüll … Sicardsburg: s. Anm. S. 109.

Hansen: s. Anm. S. 104.

Schmidt: Sch. (s. Anm. S. 104) stammte aus Württemberg.

Otto Wagner: Haltestelle Karlsplatz der Stadtbahn, 1898/99

sucht sie plötzlich die lebendige Kunst zu beeinflussen, ihr Vorschriften zu machen, Rezepte zu geben und für die Werke Stilreinheit zu predigen. Die Folgen sind verheerend. Der bessere Wisser siegt über den besseren Könner, d. h. die Wissenschaft vergangener Kunstepochen siegt über die naive, gefühlsweise Ausdrucksart eines wirklichen Künstlers.

Es ist klar, eine Zeit, die sich selbst verloren hat, die an sich selbst nicht glaubt, die sich in Utopien und Fälschungen gefällt, die heute griechisch, morgen gotisch, übermorgen romanisch, vielleicht alles gleichzeitig zu fühlen glaubt, kann nichts Harmonisches, nichts Echtes leisten. Es muß gesagt werden, daß diese ganze Zeit trotz des kolossalen, vorher noch nie dagewesenen Studiums nichts hervorgebracht hat, das den bestrickenden Reiz vergangener Epochen aufweisen könnte. . . . Ein Bild, ein Möbel läßt sich zur Not kopieren. Ein Bauwerk aber dient einem bestimmten Zweck. Die geringste Änderung kann die Kopie verschiedener Teile notwendig und daher das Ganze lächerlich machen.

Aber die Zeit verbietet das eigene Erfinden, ja sie leugnet sogar diese Möglichkeit. Denken Sie, man hätte der Wissenschaft, der Technik – vor Jahrhunderten ist auch das schon dagewesen – verboten zu erfinden, zu entdecken und schöpferisch zu arbeiten. Es wäre entsetzlich, die Scheiterhaufen würden nie aufhören zu brennen. Der Kunst aber hat man unter allgemeinem Jubel gewagt, Schranken zu setzen.

Wagner ist bei uns nun einer der wenigen und ersten, der daran ging, die Schranken zu brechen und an sich selbst zu glauben. Es ist dies sein großes Verdienst, seine erste Tat.

Anfangs ging alles ganz gut, denn die äußere Zutat seiner Bauten entsprach, wenn auch nicht blindlings, dem Geschmack vergangener Epochen. Ja er konnte sogar von Erfolg träumen. Die alte Künstlergenossenschaft zählte ihn zu ihren besten Männern.

Künstlergenossenschaft: s. Anm. S. 509.

Der architektonische Rahmen des Makartfestzuges wurde von ihm geschaffen. – Heute, da wir unparteiisch jene Zeit überblicken, müssen wir sagen, daß dieses Werk ebenso wie die Stadtdekoration für den Einzug der Kronprinzessin Stefanie, die er ebenfalls geschaffen hat, alle späteren Festdekorationen weit übertroffen haben. Es war wenigstens in der Initiative die einzig künstlerische, die Wien seither gesehen hat.
Natürlich ließen diese Erfolge als auch die allgemeine Achtung und Aufmerksamkeit, die Wagner in dieser Zeit genoß, seine Feinde nicht ruhen. Mit den neunziger Jahren beginnt eine förmliche Campagne gegen Wagner. Alle seine künstlerischen Unternehmungen werden konterkariert und sein Einfluß überall untergraben. Sein Anschluß an die damals neu gegründete, damals noch stark angefeindete Sezession erscheint als der äußere Anlaß.
Seine besten Freunde wandeln sich in seine erbittertsten Gegner, und alle, die ihn noch vor kurzem als etwas Hervorragendes priesen, scheuten sich nicht, nunmehr sein Werk in den Kot zu zerren. – Er wird förmlich boykottiert und von allen maßgebenden Stellen isoliert.
Michel Angelo sagt in einem seiner schönsten Sonette: »Ich wandle einsam unbetretene Pfade.« Es ist dies offenbar das Los aller Neuerer und Pfadfinder.
Aber den Kampf lustig und froh aufzunehmen, das ist Wagners Art. Ein entzückender Optimismus, seine echt wienerische, heitere Veranlagung, ebenso wie seine unabhängige Stellung halten ihn aufrecht.
Wagner gibt den puren Formalismus auf, d. h. er denkt seine Bauten nicht als Zusammensetzung von hergebrachten Formen, sondern versucht, vorerst die Konstruktion und den Zweck des Bauwerkes durch die üblichen Ausdrucksmittel

Makartfestzuges: s. Anm. S. 89.

Einzug der Kronprinzessin Stefanie: St., Prinzessin von Belgien (1864–1945), heiratete am 10. Mai 1881 den Kronprinzen Rudolf (s. Anm. zu *Tag von Mayerling* S. 98). Die Stadtdekoration bei ihrem Einzug 1881 in Wien ist von Otto Wagner entworfen worden.

Otto Wagner: Nußdorfer Wehr, 1894–98

Otto Wagner: Schützenhaus der Staustufe Kaiserbad am Donaukanal, 1906/07

zu erklären, d. h. zu kristallisieren. Bis dahin werden fast immer die Fensterlöcher umrahmt, mit Architektur versehen. Bei ihm ist der Pfeiler zwischen den Fenstern als der eigentlich tragende Teil, ebenso wie die Wandflächen das Wichtige und Betonende.

Und doch hat seine Entwicklung nichts Sprunghaftes, vielmehr etwas Folgerichtiges. Sein Interesse für die Bauten der italienischen Hochrenaissance und ihrer Ausklänge ist ein bis heute Bleibendes, keine Seitensprünge in uns fremden Stilepochen sind zu finden. Trotzdem fühlt er instinktiv, daß nicht die Verwendung der alten traditionellen Formensprache den Wert eines Bauwerkes bestimmt, sondern einzig und allein der eigentümliche, d. h. originelle Charakter, der ihm innewohnt. An Stelle des Stiles, der allein das Bauwerk nicht erkenntlich machen kann, tritt der Charakter. Tatsächlich zeigen Wagners Bauten stets ein ausgesprochenes Gepräge, sie bleiben unbedingt im Gedächtnis haften.

Bald genügen Wagner die alten Formen zum Ausdruck seiner baukünstlerischen Ideen nicht mehr.

Der moderne Betonbau, die Eisenkonstruktion, die unzähligen modernen Techniken verlangen gebieterisch nach neuen Ausdrucksmitteln. Es beginnt die Phase des großen Ringens mit der neuen Art, von Leistungen für neue Aufgaben, wie die Eisenbrückenbauten, die Nadelwehr Nußdorf, die Stadtbahnstation Währingerstraße und der Hofpavillon der Stadtbahn in Hietzing.

Wagner ist vor allem ein organisatorisches, aufs Große hinzielendes Talent. Es erfaßt mit sicherem Blick und seltener Schärfe seine Aufgabe, die ihm vollkommen ernst ist und für die er sich voll und ganz einsetzt. Er hat eine ungemein starke Gabe, den Bedürfnissen nachzuspüren, die Notwendigkeiten zu erkennen, nichts der Form zu opfern, die Gabe, zu ordnen und dennoch das architektonische Bild nicht außer acht zu lassen. Hierin zählt er sicher zu den ersten Baukünstlern der Welt. ... Seine unzähligen, leider

Nadelwehr Nußdorf: gehört zu den Bauten der Donauregulierung, die für den Hochwasserschutz der niedrig gelegenen Stadtteile sorgen sollten.

Otto Wagner: Postsparkassenamt, 1904–06; perspektivischer Schnitt des Mittelrisalits, Wettbewerbsprojekt 1903

nicht ausgeführten Projekte werden uns einmal mit Schmerz erzählen, was wir durch die Tücke seiner Feinde verloren haben. Was haben wir z. B. dadurch verloren, daß die weiße Stadt am Steinhof nicht ganz nach seinen Plänen errichtet wurde. Was nützt es uns, daß man seine Bauweise imitiert, nicht aber das Ganze von ihm durchführen ließ.
Gar wenige Bauwerke konnte er nach mühseligen, ekelhaften Kämpfen wirklich vollenden. Hierher gehören die Bauten für die Stadtbahn, die einzige ihrer Art, die eine Stadt nicht verunstaltet, sondern eine Reihe der reizendsten Stadtbilder geschaffen hat, die Bauten für die Donauregulierung, die Nußdorfer Nadelwehr mit den Amtsgebäuden, die Kirche am Steinhof (1906) und die Postsparkassa, das erste wirkliche Amtsgebäude.
Während das alte Wien, dessen liebes Bild wir alle mit der größten Pietät im Auge haben, weil es uns Echtes birgt, von den Stilnachahmern und Pseudokunstverständigen verdorben und demoliert wurde, während ungezählte Millionen dafür ausgegeben wurden, unsere natürliche Anlage und Schönheit zu planieren und zu verwischen, hat Wagner durch die Schaffung eigener und echter Werke unseren künstlerischen Wohlstand vermehrt.
Ich frage Sie daher zum Schluß, was müßten wir von einer Stadt, die wir über alles geliebt haben, noch erhoffen, wenn es möglich sein sollte, daß ein fast siebzigjähriger Künstler trotz Erringung aller äußeren Würden, die ihm nicht vorenthalten werden konnten, geehrt und anerkannt von den ersten Architekten-Korporationen der ganzen Welt, deren Ehrenmitglied er ist, nach all den lebendigen Beweisen seines Genies und der rücksichtslosen Lauterkeit seiner künstlerischen Absichten, nach dem Vertrauen, das ihm die ganze jüngere künstlerische Generation, die wahrlich ein strenger Richter ist, entgegenbringt, sich nicht durchsetzen könnte?

Kirche am Steinhof: 1905–07 erbaut.

Postsparkassa: 1904–06 erbaut.

Es kann und darf nicht der Fall sein, zum mindesten nicht ohne die äußerste Gegenwehr von uns allen.
Wagner soll das Museum am Karlskirchenplatz bauen, es ist eine Ehrenpflicht Wiens, dem greisen Künstler diesen Lieblingswunsch zu erfüllen, um so mehr als es auch die letzte Rettung für den sonst verunglückten Platz bedeutet.
Wenn wir unterliegen, unterliegen wir dem Ränkespiel maßgebender Beeinflusser, die sich heute zu Schützern alter Kunst aufspielen, obwohl sie durch ihre Haltung der lebenden Kunst gegenüber ihre vollkommene und desolate Unfähigkeit beweisen. Der wahre Förderer fördert die lebende Kunst, die alte Kunst ist auch nur so entstanden und kann Gott sei Dank nicht mehr umgebracht und korrigiert werden.

BERTHA ZUCKERKANDL

Kunstindustrie

Unmerklich vollzieht sich ein Umschwung im Stil unserer Wohnungseinrichtungen. Man kann da ruhig von einem Gesamtstil sprechen, denn individualisierte Moden gibt es nur wenige. Die gleichartige Banalität der Zinshausfaçade setzt sich auch in den Innenräumen fort; dem Tapezierer wird überlassen, einen Rahmen für unsere Gefühle, Stimmungen und Nerven zu schaffen. Der kann natürlich nicht psychologische Studien machen, und die Folge dieser Geschmacksstumpfheit des Publikums ist ein ödes, uniformes Normal-Ameublement. Jetzt beginnt es modern zu werden, sich englisch zu möblieren. Man ist sich zwar nicht klar darüber, woraus der englische Stil sich zusammensetzt, und weshalb das bis jetzt herrschende Rokoko langsam

Museum am Karlskirchenplatz: Wagner machte zwar Entwürfe, das Historische Museum der Stadt Wien am Karlsplatz wurde aber erst 1954–58 erbaut.

Zinshaus: (österr.) Mietshaus.

abkommt – aber man folgt der Mode. Wer sich für die Evolutionen des Kunstgewerbes interessiert, wird diesen Umschwung angenehm empfinden. Man hat seit zwanzig Jahren arg gesündigt in widersinnigen Geschmacklosigkeiten. Da waren zuerst die Makart-Ameublements. Ein Charivari protziger Plüschverschwendung, getrockneter Palmendekorationen, vergoldeter Gipsumrahmungen und falscher Renaissancegefäße sollte die herrlich-üppigen, kunstberauschten Prunkgelage eines Veronese imitieren. Eine traurig-lächerliche Parodie. Der Makartsche Farbenrausch verflog (nebenbei haben die Japaner und die Primitiven gezeigt, wie grell und blechern diese Farbentöne waren), und das Bedürfnis nach einer neuen Szenerie machte sich fühlbar. Da hatte die immer wachsende Zahl der Gewerbemuseen und der Fachschulen mit gründlich pädagogischer Steifheit vorgearbeitet. Sie kopierten, fleißig, geistlos und ohne die geringste Anpassung Nürnberger und Augsburger Modelle – und es entstand der altdeutsche Wohnungsstil. Die lichten, luftigen Zimmer der Neubauten eigneten sich natürlich gar nicht zu einer Art der Ausschmückung, die durch die engen Raumverhältnisse bedingt wurde, die zur Zeit der Renaissance den deutschen Städten eigen waren. Ein Erker, der ins Gäßchen hervorsprang, war angebracht, um wenigstens einige Sonnenstrahlen aufzufangen, und im Zimmer selbst bedingte dieser Erker allerlei Erhöhungen, Ecken, Stufen und Geländer. Das alles nun, ins Freilicht der Moderne gerückt, erwies sich als unzweckmäßig, den baulichen und charakterlichen Eigenschaften unserer Stadt nicht entsprechend. Zugige Erker, eckig-steife Sitzmöbel, schlecht gearbeitete, billige Holzverkleidungen und ewiges Hans-Sachs-Gereime!! Ein unbehagliches Milieu und bodenlos langweilig. Doch dauerte diese Verirrung nicht lange – es war dem gerne lässig lehnenden Wiener zu unbequem; und da man in Frankreich gerade das 18. Jahrhundert wieder aufleben ließ,

Makart-Ameublements: im überladenen Neubarockstil, nach Hans Makart (s. Anm. S. 89).

Charivari: Katzenmusik, buntes Durcheinander, Wirrwarr.

Otto Wagner: Miethaus, Linke Wienzeile 38a, 1898

so folgte die Kunstindustrie diesem Impuls. Es kam das Rokoko.
Diesmal konnte man Gutes schaffen. Die Richtung war uns kongenial. Die Österreicher hatten ja ein originelles, ganz apartes Rokoko gehabt. Nicht so kunstvollendet, so graziös und geistreich wie das französische, aber herzlich und sinnlich heiter. Daran hätte man anknüpfen müssen und ein Kunstgewerbe mit stark nationalem Einschlag schaffen. Unzählige Motive hätten die schön geschweiften Kommoden, Sekretäre, Canapées und Lehnstühle aus der Maria-Theresia-Zeit gegeben. Es wären Interieurs entstanden mit wohlig gewellten Linien und krausen Verzierungen. Im Anschluß daran konnte man den Wiener Stil aus der Kongreßzeit pflegen, weiterentwickeln. Diese so lieblich stillen Zimmer mit den dünnen, gradbeinigen Möbeln, den traulichen Arbeitstischchen und dem feierlich saubern Glaskasten. Darin all die reizenden Alt-Wiener Porzellane mit Blümchen und sinnigen Freundschaftsbildern. An den Wänden Miniaturen in schwarzen Rähmchen und Silhouetten. Doch niemand dachte daran, und die Kunstgewerbler arbeiteten ein schematisches Rokoko-Ameublement heraus, das je nach den Preisen aus Gold und Brokat oder aus Nußholz oder aus Lack ausgeführt wurde, immer aber die gleichen Formen hatte, enge, unfreie, gequetschte Formen, mit gezwungenen Schnörkeln und nichtempfundenen Linien. Es gehörte eine Fülle von Talentlosigkeit dazu, die so individuell lebendigen Motive des 18. Jahrhunderts in verknöcherte Stilvorlagen umzuwandeln. Wir sehen ja übrigens das gleiche tiefe Unverständnis in den höheren Kunstkreisen. Die Architekten ignorieren ganz einfach, daß Wien einst eine Märchenstadt der blühendsten Barocke gewesen. Das Belvedere, all die Prachtbauten Hildebrandts und viele andere

Maria-Theresia-Zeit: s. Anm. zu *Habsburg* S. 92.

Belvedere: vom Prinzen Eugen von Savoyen (1663–1736) erbaute Sommerresidenz, das »Untere Belvedere« 1714–26, das »Obere Belvedere« 1721/22.

Hildebrandts: Johann Lukas von Hildebrandt (1668–1745) war der Baumeister des Belvedere.

Gebäude, die Wien zieren, verhindern nicht, daß man beim Umbau der Stadt barbarisch vorgeht. Man sehe sich nur den Mehlmarkt an. Statt des vornehm ruhigen Schwarzenbergpalais entstand eine gläserne Warenhalle; das Hotel Munsch, eine Schöpfung Fischer von Erlachs, wird demoliert und dem Donnerschen Brunnen stellt man Häuser gegenüber im Augsburger Rathauskellerstil. Die Leute wissen eben den inneren Zusammenhang der Dinge nicht mehr. Sie glauben, ein Gebäude, welches in Augsburg oder in Nürnberg schön wirkt, muß auch in Wien wirken. Sie verstehen die edle Patina nicht, die eine alte Stadt ansetzt und ihr einen individuellen Gesamtton gibt. Das scheuern sie weg mit groben Händen. [...]

In den Fünfzigerjahren, als die Malkunst energisch Front machte gegen den hohlen Klassizismus, der so lange jede gesunde Regung niederhielt, da suchten die Franzosen die Rückkehr zur Natur im Realismus. Sie malten, was sie sahen. Bei den Engländern führten dieselben Zustände damals zum Prä-Raphaelismus. Sie dachten, die großen Meister der Früh-Renaissance hätten die Natur am Wahrsten erkannt. [...] Den Fehler, welchem die Prä-Raphaelitische Malerei verfallen war, keine zeitgenössische Kunst zu sein, sondern eine solche, die, wie Théophile Gautier sagt, sich ihr Milieu, ihr Jahrhundert und ihren Glauben eigenmächtig gewählt hatte – diesen Fehler vermied das Kunstgewerbe.

Durchaus originell hat es die empfangene Anregung im

Schwarzenbergpalais: erbaut zwischen 1697 und 1715 von Johann Bernhard Fischer von Erlach (1656–1723); das Winterpalais stand Wien I., Kärntner Straße 26 / Neuer Markt 8; dort sind nach der Niederreißung drei Mietshäuser erbaut worden.

Hotel Munsch: entstanden 1698 ff.; es lag Wien I., Mehlgrube (Neuer Markt 5 / Kärntner Straße 22); 1897 niedergerissen.

Donnerschen Brunnen: Wien I., Neuer Markt; der Bildhauer Georg Raphael Donner (1693–1741) hat die berühmten, dort 1739 aufgestellten Figuren geschaffen; am 4. November 1739 enthüllt.

Prä-Raphaelismus: s. Anm. S. 210.

Gautier: s. Anm. S. 194.

modernen Sinne weitergebildet. Man sehe die Wandtapeten und Friese. Sie zeigen krauses Blumengewirr, das wild ineinander verhängt und verschlungen ist. Oder schlanke, stille Lilien, die auf blassem Grund vereinzelt schimmern. Oder lieblich sprossende Blümchen, wie auf einem Wiesenplan. Das ist freilich darin der Urton, die blätterverwobenen Verduren der Früh-Renaissance. Aber weit stärker klingt der müde Symbolismus durch, das perverse Sehnen nach unnennbarer Gestaltung, das unserer Zeit eigen ist. Auch die ganze Naturanschauung der Japaner wirkt mit.

JOSEF HOFFMANN

Das Arbeitsprogramm der Wiener Werkstätte

Das grenzenlose Unheil, welches die schlechte Massenproduktion einerseits, die gedankenlose Nachahmung alter Stile anderseits auf kunstgewerblichem Gebiete verursacht hat, durchdringt als Riesenstrom die ganze Welt. Wir haben den Anschluß an die Kultur unserer Vorfahren verloren und werden von tausend Wünschen und Erwägungen hin und her geworfen. An Stelle der Hand ist meist die Maschine, an Stelle des Handwerkers der Geschäftsmann getreten. Diesem Strome entgegen zu schwimmen wäre Wahnsinn.
Dennoch haben wir unsere Werkstätte gegründet. Sie soll uns auf heimischem Boden, mitten im frohen Lärm des Handwerks einen Ruhepunkt schaffen und dem willkommen sein, der sich zu Ruskin und Morris bekennt. Wir

Wiener Werkstätte: Produktiv-Gemeinschaft von Wiener Kunsthandwerkern, 1903 von Hoffmann bergründet; von bestimmendem Einfluß auf den Wiener Jugendstil.

Ruskin: John R. (1819–1900), englischer Schriftsteller, Kunstkritiker und Sozialpolitiker; trat für die präraffaelitische Malerei ein.

Morris: William M. (1834–96), englischer Dichter und Kunstgewerbler; begründete 1861, unterstützt von Rossetti und Burne-Jones, die Firma Morris,

Joseph Hoffmann: Kasten für Nippes, »Ver Sacrum« III, 5, 1900

appellieren an alle, denen eine Kultur in diesem Sinne wertvoll erscheint, und hoffen, daß auch unvermeidliche Fehler unsere Freunde nicht beirren werden, unsere Absichten zu fördern.
Wir wollen einen innigen Kontakt zwischen Publikum, Entwerfer und Handwerker herstellen und gutes, einfaches Hausgerät schaffen. Wir gehen vom Zweck aus, die Gebrauchsfähigkeit ist unsere erste Bedingung, unsere Stärke soll in guten Verhältnissen und in guter Materialbehandlung bestehen. Wo es angeht, werden wir zu schmükken suchen, doch ohne Zwang und nicht um jeden Preis. Wir benützen viel Halbedelsteine; besonders bei unserem Geschmeide. Sie ersetzen uns durch ihre Farbenschönheit und unendliche, fast nie wiederkehrende Mannigfaltigkeit den Wert der Brillanten. Wir lieben das Silber des Silber-, das Gold des Goldglanzes wegen; uns ist das Kupfer in künstlerischer Beziehung ebenso wertvoll wie die edlen Metalle. Wir müssen gestehen, daß ein Schmuck aus Silber an sich ebenso wertvoll sein kann wie ein solcher aus Gold und Edelsteinen. Der Wert der künstlerischen Arbeit und die Idee sollen wieder erkannt und geschätzt werden. Es soll die Arbeit des Kunsthandwerkers mit demselben Maß gemessen werden wie die des Malers und Bildhauers. Wir können und wollen nicht mit der Billigkeit wetteifern; dieselbe geht vor allem auf Kosten des Arbeiters, und diesem wieder eine Freude am Schaffen und eine menschenwürdige Existenz zu erringen, halten wir für unsere vornehmste Pflicht. Alles dieses ist nur schrittweise zu erreichen.
Bei unseren Lederarbeiten und Bucheinbänden wird, ebenso wie bei allen anderen, auf ein gutes Material und technisch vollkommene Durchführung gesehen. Es ist natürlich, daß unser Dekor nur dort auftritt, wo die Struktur des Materials nicht dagegen spricht. Alle Arten der Ledereinlegekunst, des

Marshall, Faulkner & Co., für Dekoration und Innenarchitektur, wegweisend für das Kunsthandwerk und den Jugendstil, eine Wiederbelebung des mittelalterlichen Werkgedankens gegen die Industrialisierung.

Blinddruckes und der Handvergoldung, des Lederflechtens und des Tunkverfahrens werden abwechselnd ausgeübt.

Der gute Einband ist vollkommen ausgestorben. Der hohle Rücken, das Heften mit Draht, der unschöne Schnitt, die schlecht gehefteten Blätter und das schlechte Leder sind unausrottbar. Der sogenannte Originalband, d. h. der fabriksmäßig hergestellte, mit Klischees reich bedruckte Umschlag ist alles, was wir besitzen. Die Maschine arbeitet emsig und füllt unsere Bücherkästen mit mangelhaft gedruckten Werken; ihr Rekord ist die Billigkeit. Doch sollte jeder Kulturmensch sich dieser Materialfülle schämen, denn einesteils bringt die leichte Herstellbarkeit eine geringere Verantwortlichkeit mit sich, während andernteils die Fülle zur Oberflächlichkeit führt. Wie viele Bücher sind wirklich die unseren? Und sollte man diese nicht in den besten Hüllen, auf bestem Papier, in herrlichem Leder gebunden besitzen? Sollten wir vergessen haben, daß die Liebe, mit der ein Buch gedruckt, ausgestattet und gebunden wurde, uns in ein ganz anderes Verhältnis zu demselben bringt, daß der Umgang mit schönen Dingen uns selbst verschönt? Ein Buch soll als Ganzes ein Kunstwerk sein und muß dessen Wert als solches bemessen werden.

In unseren Tischlerwerkstätten ist stets die exakteste und solideste Ausführung bedingt. Leider hat die heutige Zeit sich an solche Schleuderwaren gewöhnt, daß uns ein halbwegs sorgfältig gearbeitetes Möbel unerschwinglich erscheint. Es muß einmal daran erinnert werden, daß wir leider gezwungen sind, um den Betrag, um den ein Waggonlit gebaut wird, ein reichlich großes Haus mit allem, was darinnen ist, zu errichten. Man möge daran die Unmöglichkeit einer soliden Basis erkennen. Während noch vor hundert Jahren für manches Kabinett in Schlössern selbst damals schon Hunderttausende gezahlt wurden, ist man heute geneigt, der Moderne Uneleganz und Ärmlichkeit vorzuwerfen, wo sie vielleicht die ungeahntesten Wirkungen erreichen würde, wenn der nötige Auftrag da wäre. Die Surrogate der stilvollen Imitation können nur dem Parvenü genügen. Der Bürger von heute, ebenso wie der Arbeiter, müssen den Stolz besitzen, ihres Wertes voll bewußt zu sein, und dürfen nicht mit anderen Ständen wetteifern wollen, deren Kulturaufgaben erfüllt sind und die mit Recht auf eine herrliche Vergangenheit in künstlerischer Beziehung zurückblicken. Unser Bürgerstand hat seine künstlerische Aufgabe noch lange nicht erfüllt. An ihm ist jetzt die Reihe, der Entwicklung voll und ganz gerecht zu werden. Es kann unmöglich genügen, wenn wir Bilder, und wären sie auch noch so herrlich, erwerben. Solange nicht unsere Städte, unsere Häuser, unsere Räume, unsere Schränke, unsere Geräte, unsere Kleider und unser Schmuck, solange nicht unsere Sprache und unsere Gefühle in schlichter, einfacher und schöner Art den Geist unserer eigenen Zeit versinnbildlichen, sind wir unendlich weit gegen unsere Vorfahren zurück und keine Lüge kann uns über alle diese Schwächen täuschen. Es sei noch gestattet, darauf aufmerksam zu machen, daß auch wir uns bewußt sind, daß unter gewissen Umständen mit Hilfe von Maschinen ein erträglicher Massenartikel geschaffen werden kann; derselbe muß dann aber unbedingt das Gepräge der Fabrikation tragen. Wir halten es nicht für unsere Aufgabe, jetzt schon dieses Gebiet zu betreten. Was wir wollen, ist das, was der Japaner immer getan hat. Wer würde sich irgendein Werk japanischen Kunstgewerbes maschinell hergestellt vorstellen können? Was in unseren Kräften liegt, werden wir zu erfüllen trachten, wir können aber nur durch die Mitarbeit aller unserer Freunde einen Schritt weiterkommen. Es ist uns nicht gestattet, Phantasien nachzugehen. Wir stehen mit beiden Füßen in der Wirklichkeit und bedürfen der Aufgaben.

LUDWIG HEVESI

Fernand Khnopff

Ausstellung der Sezession

Niemand hätte gedacht, daß der Obermystiker von Brüssel in Wien einen so großen Erfolg haben würde. Daß man ihn hier sogar in der praktischen Form von reihenweisen Ankäufen feiern würde. Khnopff, den Dunklen, in Wien, dem hellen. Es ist merkwürdig, die Wiener zu sehen, wie sie an jener Wand voll Rätsel, voll anmutiger Unlösbarkeiten, angestrengt herumdeuten. Die ganze Luft schwirrt dort von Fragen. Auf manche findet sich eine Antwort, auf andere nicht. Aber diese Sachen sind vor allem auch so »hübsch«, daß die Leute sich mit ihnen lange beschäftigen, ein wenig wie mit jenen eleganten puzzles, die die Engländer zu erfinden pflegen, mechanischen Rätselspielzeugen, deren geheimer Handgriff erraten werden muß. Nun, Fernand Khnopff war kürzlich in Wien. Die Jungen haben ihn auf Händen getragen und bei herzlichem Gelage gefeiert. Man konnte ihn da fragen, was er sich bei diesem und jenem Werke gedacht; was das symbolische Dritte daran sei; wo die Allegorie hinaus wolle oder wo das suchende Experiment einzudringen trachte. Der hübsche, schlanke, blondbärtige Mann sagte einem alles. Das heißt alles, was er selber weiß. Denn es ist ja klar, daß er so manches dunkle Empfinden selbst nicht in Worte zu kleiden wüßte, das er in Formen gefaßt hat. Diese malerischen Rebusse gleichen den lyrischen Logogriphen in Maeterlincks »Serres chaudes«. Wüßte Maeterlinck zu sagen, warum ihm in einer gewissen Stimmung eine alte Frau einfällt, die auf der Schwelle eines Krankenhauses sitzend Erbsen schält? Und warum er zwei

Khnopff: Fernand K. (1858–1921), belgischer Maler des Symbolismus.

Sezession: s. Anm. S. 507.

Maeterlincks: s. Anm. S. 334; die Gedichtsammlung *Les Serres chaudes* erschien 1889.

Dutzend solcher Einfälle, die für den Leser keinen Zusammenhang haben, zu einem Gedicht zusammenreiht? So manchesmal erinnert Khnopff an ihn durch Zusammenstellungen, die sich nicht ausdrücklich erklären wollen. Der Zufall des Ateliers spielt gewiß oft mit. Der gewöhnliche Menschenverstand ist wie eine gemütliche Stubenlampe, in deren Licht sich alles so schön handgreiflich ausnimmt; aber verhängen Sie die Lampe und da werden Sie einmal sehen, welchen fremdartigen Tanz alle die vertrauten Dinge aufführen.

Machen wir einen Versuch. Etwa mit dem Bilde: »Venus« (Nr. 215). Eine Venusstatue steht auf einem viereckigen Sockel, und dieser augenscheinlich auf einem Pfeiler, einem stählernen sogar, der aus einem unabsehbar tiefen Abgrund emporragt. Die Seiten des Sockels sind mit lugubren Figuren verziert; eine verwitterte Tafel mit kaum lesbaren Schriftzügen lehnt daran; auch an den Wänden des Abgrundes sieht man da und dort Buchstaben, die man nicht deuten kann, dazwischen ein verblichenes Bild, das ein byzantinischer Heiliger gewesen sein kann. Dicht neben der Statue steht eine blaue Säule, die vielbesprochene lapisblaue Säule Khnopffs, die auf noch etlichen Bildern vorkommt, und die er sogar in natura hiehergeschickt hat. Hinter der Venus aber liegt am Rande des Abgrundes eine Löwensphinx mit katzenhaft samtigem Fell. Die Venus hebt sich marmorweiß von ihr ab. Eine hochbusige Sphinx mit einem starren Totenkopf, den eine Tiara krönt; einem Totenkopf, der gleich den Köpfen der hauptumlockten assyrischen Stiermänner arrangiert ist. Und Frau Venus hat auch keinen Kopf, wie die auf dem Kapitol oder in der Tribuna, sondern etwas wie das rundliche Köpfchen einer modernen Gamine, mit dichtem, schwarzem Haar, mit knabenhaft kurzem, das über den Augen waagerecht abgeschnitten ist. Man wird gestehen, daß da Sachen beisammen sind, die in der lieben

»Venus«: 1884; Katalog I, Nr. 215, S. 36; das Bild ist verschollen.

Gamine: (frz.) (schelmisches) Mädchen.

Natur nicht miteinander wachsen. Ob nicht auch im Atelier? Wenn die obenerwähnte Lampe nicht verhängt ist, erscheint diese scheinbar hochmystische Szene als ein einfaches Stilleben in der Künstlerwerkstatt. Vielleicht hängt über der Venusstatuette just die Photographie eines halbwüchsigen Knaben und auf dem Löwenfell dahinter liegt ein Totenkopf, dem sich ja eine Tiara aufsetzen läßt. Die angelehnte Tafel mit den geheimnisvollen Runen ist vielleicht nur ein Reißbrett oder hat einen anderen harmlosen Ursprung; wenigstens lautet eines der Rätselworte darauf einfach: »étude.« Was kann nicht alles vorkommen in einem Atelier, dessen Besitzer der Landsmann eines Wiertz ist, des Mystifikators nach der romantischeren Manier der Dumas-Zeit, wo Blut und Flammen in Strömen flossen. Immer wieder diese blaue Säule! Solche Lieblingsgegenstände Khnopffs nehmen sich aus, wie ein Fetisch seiner abergläubigen Dämmerstunden, oder wie ein Amulet, das ihn beim Schaffen anregt. Da stehen denn diese Dinge, halb zufällig, halb absichtlich zusammengeschoben – und nun verhängt Khnopff jene Lampe, und die toten Dinge fangen ihren lebendigen Spuk an, und Vénus gamine bekommt einen großen Heiligenschein, wie auch noch keiner gemalt worden, ein blendendweißes elektrisches Phänomen, in das sogar eine Art Glühlicht eingeschaltet ist. Denn Heiligenscheine eines elektrischen Jahrhundertendes sehen auch anders aus, als die einer Zeit, die ihr Öl aus Sonnenblumenkernen preßte. Der Beschauer aber mag sich an dem puzzle toll deuten; Stoff genug ist da für ein ganzes isiakisch-orphisch-maurerisches Sanhedrin . . . .

Wiertz: Antoine W. (1806–65), belgischer Maler; Vertreter des romantischen Historismus des 19. Jh.s.

Dumas-Zeit: die Zeit der französischen Schriftsteller Vater und Sohn Dumas: Alexandre Dumas d. Ä. (1802–70), Verfasser historischer Abenteuerromane, und Alexandre Dumas d. J. (1824–95), Schöpfer des modernen Gesellschaftsdramas.

isiakisch-orphisch-maurerisches Sanhedrin: isiakisch: von Isis, der ägyptischen Göttin?; orphisch: von ›Orphik‹, aus Thrakien stammende religiös-philosophi-

So, nun hätten wir uns an diesem Blatte müde gedeutet. Khnopff ist vermutlich sehr befriedigt davon, er hat uns, so scharfsinnig wir sind, aufs Eis geführt. Bei ihm gibt es nämlich oft auch eine ganz einfache Formel für eine solche Szene. Gleich das soeben besprochene Blatt ist nichts anderes als ein Titelbild, eines der so beliebten frontispices, die man im nächsten Jahrhundert wütend sammeln wird, die von Rops voran. Es wurde für ein Buch des »Sâr« Joséphin Péladan gemacht; »le vice suprême« heißt es. Der Sinn ist: allem beschränkenden Dogma zum Trotz (das ist die Sphinx mit der Tiara) wächst doch immer wieder im Vordergrunde aller Dinge die Liebe in die Höhe. Das ist alles. Die farbige Zeichnung konnte indes durch keine Methode befriedigend vervielfältigt werden. Also nahm sie der Künstler wieder an sich ... Überhaupt illustriert er häufig; auch eine Stelle aus einem Dichter, oder ein Endchen Romanstoff, an dem dann der Beschauer seine Zähne üben kann. Das gehört mit zum Wesen seiner Kunst; man soll fühlen, daß es bedeutet, aber nicht wissen: was. Es ist, als hätte das Fragezeichen für ihn einen eigenen Formenreiz, so daß »sinnig« und »sinnlich« sich ihm fortwährend durchdringen, sich gegenseitig symbolisieren. Ist es nicht, als wäre es gar kein reiner Zufall, daß das Fragezeichen und Hogarths Schönheitslinie einander so ähnlich sind?

Er ist ein moderner Romantiker eigener Art. So sehen sie im Zeitalter der Hypnosen aus. Ist es auch Zufall, daß der geflügelte Kopf, den er so oft gebildet hat, ein antiker

sche Geheimlehre einer Sekte im alten Griechenland; maurerisch: wohl ›maurisch‹, veraltete Sammelbezeichnung für die Bewohner der westlichen Mittelmeerhäfen Nordafrikas; Sanhedrin: der ehemalige jüdische Gerichtshof in Jerusalem, der Hohe Rat, aus 72 Mitgliedern bestehend.

Rops: s. Anm. S. 271.

Péladan: s. Anm. S. 231; *Le Vice suprême* ist ein Teil des Werkes *La Décadence latine* (1884–1922), einer »Ethopée« (›Sittengemälde‹).

Hogarths: William Hogarth (1697–1764), englischer Maler und Kupferstecher; seine satirischen Sittenbilder (»Moral Subjects«) fanden als Kupferstiche weite Verbreitung.

Hypnos (Schlafgott) aus praxitelischer Zeit ist? Mancher erinnert sich vielleicht, ihn schon früher auf Khnopffschen Bildern gesehen zu haben. Einmal wirklich als einflügeligen Kopf, wie er im British Museum steht. Und der reizende kleine Fittich an der marmornen Schläfe war blau. Blau ist offenbar seine Lieblingsfarbe. Als er in Wien war, brachte er die meiste Zeit in den Museen zu; zwei Vormittage in der Albertina allein. Einen der beiden widmete er ganz und gar den Zeichnungen Dürers, den anderen denen Rembrandts. Der Zeichner Khnopff konnte sich kaum von ihnen trennen. Im übrigen aber suchte er hauptsächlich blaue Dinge. A la recherche du bleu geriet er im kaiserlichen Kunstmuseum auf die herrliche Sammlung von Kunstwerken aus Lapis Lazuli. Dann im naturhistorischen Museum auf ganze Sammlungen von blauen Schmetterlingen, blauen Schlangen, blauen Vögeln. »Des bleus magnifiques!« schwelgte er noch in der Erinnerung. »Und merkwürdig, all das kommt aus Brasilien!« fügte er hinzu ... So geht immer noch auch der modernste Romantiker der unvermeidlichen blauen Blume nach, auf seine Art.

Man kann sagen, Blau ist das Lieblingsgewürz in der Farbe Khnopffs.

aus praxitelischer Zeit: Praxiteles: griechischer Bildhauer (kurz vor 400–um 330 v. Chr.); Hauptvertreter des klassischen Stiles der Mitte des 4. Jh.s.

Albertina: Wien I., Augustinerstr. 4, vermutlich 1781 als Palais Taroucca erbaut; enthält jetzt die weltberühmte graphische Sammlung Albertina und andere Sammlungen.

RUDOLPH LOTHAR

Christus im Olymp

Über Max Klinger

Nun stehen die Menschen vor Klingers Kolossalgemälde in der Ausstellung der Secession und schauen und staunen. Gewaltig greift das Bild in eines jeden Seele, die Gedanken aufwühlend mit heißen Worten. [...]
Seltsam ist seine Technik. Malerei und Plastik ergänzen sich hier. Das Werk ist ein Tryptichon, dessen Seitenteile sehr schmal sind. Palmenbäume, aus Nußbaumholz geschnitzt, trennen die Flügel vom Mittelbilde. Das Tryptichon steht auf einer von schwarzweißem Marmor umrahmten Predella. Zu beiden Seiten dieser Predella treten zwei in weißem Marmor gearbeitete, wundervolle, weibliche Akte hervor. Das eine Weib, das schmerzerfüllt sein Haupt verbirgt, ist das Symbol der sinkenden Macht, das andere, das die Hände wie anbetend verschränkt, das Sinnbild der aufsteigenden Macht. Und in diesen beiden Figuren zeigt es sich, wie Klingers plastische Kraft all sein anderes Können überragt. Keiner besitzt heute, wie er, die Kraft, im Körper des Menschen das Gefäß der Seele zu zeigen. Denn darauf ist seine Kunst gerichtet: ein Abbild der Seele zu geben. Seine Kunst ist eine Seelenkunst wie alle moderne Kunst es sein will. Man darf es sagen: der größte Psychologe unter den bildenden Künstlern aller Zeiten ist Max Klinger. Und das ist das Neue, das verblüffend Neue dessen, was er schafft: der Leib, den er malt, den er formt, redet von der Seele, die in dem Körper wohnt. Er hat den menschlichen Körper individualisiert, wie keiner vor ihm. Die akademische Schönheit ging freilich dabei verloren. Aber eine andere,

Klinger: Max K. (1857–1920), deutscher Maler, Radierer und Bildhauer.

Kolossalgemälde: 5,50 × 9 m, 1897 entstanden, auf der 3. Ausstellung der Wiener »Secession« ausgestellt; es zeigt, wie Christus auf dem Olymp nach seinem Tode von den griechischen Göttern empfangen wird.

höhere ward gewonnen, eine Schönheit, die aus dem Innern dringend, in der Form sich gleichsam materialisiert. Und das Ebenmaß der Kräfte in der Persönlichkeit ist das sittliche Ideal des Künstlers, das ihm zum ästhetischen wird.

RUDOLF KASSNER

Noten zu den Skulpturen Rodins

Es ist [...] eine Ausstellung, und doch glaubt man, in eine Werkstätte zu treten. Es sind Werke, die keinen andern Raum akzeptieren, als den, welchen sie um sich selbst bilden. Sie sind so lebendig, daß sie überall zu sein scheinen, und dann doch wieder so einsam, daß sie überall deplaciert wirken. Sie stellen eigentlich nichts vor, sie präsentieren sich nicht; man ist sofort allein mit ihnen; wenn man eines kennt, kennt man alle, und wer sie lange ansieht, dem wird es bald, als schaue er in sich selbst. Und doch ist man wie in einer Werkstätte und vergißt nicht, daß hier am Steine jemand gearbeitet hat, daß am Steine hier etwas geschah, aus Steinen etwas wurde.

Es sind nackte Leiber, die man sieht, wenige Büsten, und wenn jene bekleidet sind, so ist es, als gingen sie schnell nur auf die Straße, auf eine Bühne, auf die Maskerade. Nichts ist entbehrlicher, als der Katalog. Die Titel kann man in den meisten Fällen vertauschen, ändern oder überhaupt weglassen. Wie fast alle Namen großer Kunstwerke und die philosophischen Aphorismen Victor Hugos, sind es Gemeinplätze.

Nackte Leiber sind es also, sagte ich, einzeln, zu zweien oder in Gruppen. Leiber, die sich umarmen, fliehend sich halten, miteinander ringen, aus Liebe oder aus Haß, vorein-

Rodins: Auguste Rodin (1840–1917), französischer impressionistischer Bildhauer; gilt als Schöpfer der modernen Plastik.

ander knien, schweben oder fallen. Ich will keine Beschreibung geben. Es wäre zu töricht, mit Worten da etwas erreichen zu wollen, wo die Musik allein den Ausdruck umzuwerten vermöchte. Die Glieder sind hier nur Möglichkeiten zu Gesten, sind tatsächlich nur Saiten auf einem Instrumente.

Diese Menschen handeln unter dem Eindruck von etwas, das stärker ist als sie selbst. Man weiß oft nicht, sterben sie oder erwachen sie. Mit der Brunst von Tieren schlingen sie sich ineinander, und wenn sie ihre Leiber voneinander trennen, so ist es, als hätten sie in den Augen und um den Mund die Scham derer, die bei sich nicht verweilen dürfen.

Gruppen, sagte ich, sind es oder Einzelfiguren. Und merkwürdig, Rodins Einzelfiguren sind fast alle Torsos. Man merkt das gar nicht, so natürlich scheint es einem. Als müßte es so sein! Als müßte ihnen etwas fehlen! Sie sind wie herausgerissen aus einer Gruppe, einer Harmonie, und haben etwas verloren, etwas zurückgelassen. Sehr allgemein gesprochen: was Rodin geschaffen hat, sind Liebende oder Torsos.

Die Körper sind nicht frei, oder wenigstens ein großer Teil von ihnen ist es nicht. Etwas an ihnen ist noch unbehauener Stein, der Unterkörper oder die Arme. Seine Reliefs haben eine ähnliche innere Bedeutung wie seine Torsos. Es sind natürliche Reliefs, die Menschen bleiben immer im Relief des Stoffes, aus dem sie werden sollen. Novalis würde sagen: Ein Relief ist ein positiver Torso. Man weiß da oft nicht, brechen diese Körper aus dem Steine hervor oder falten sie sich wieder in ihn ein. Als wären sie doch noch Gesten, trotz Liebe und Tod, und Illusionen trotz des Schicksals. Und wenn sie frei sind, so haben sie etwas Zitterndes, Fieberhaftes, Geblendetes, als wollten sie wieder zurück in das Schweigen, aus dem man sie zwang. Wie Fische, die man ans Ufer geworfen hat! Sie suchen dann nach etwas, finden den Leib eines andern, umschlingen ihn, als wollten sie sich in ihn eindrücken, in ihm vergraben, und der Künstler schreibt unter die Gruppe: Die Liebe. Ich möchte Rodin zuliebe Platos Phädrus umschreiben.

Man sucht nicht nach den Augen dieser Menschen. Sie sind blind wie der Stein, aus dem sie wurden, und blind wie die Musik, in die sie sich gleichsam lösen. Nur die Torsos haben Augen und die Büsten. Rodins Büsten sind notwendig Torsos und nicht eine Konvenienz, wie gewöhnlich. Aber diese Augen sehen uns nicht an, sie fixieren nichts, sie schauen aus, ihr ganzer Körper ist dann gleichsam nur Auge und schaut aus nach dem Leben, nach der Vollendung, nach der Liebe, nach dem Unmöglichen. Nie vor Rodin haben die bloßen Augenhöhlen solches Leben gehabt. Sie sind gleichsam nur da, damit wir mit unseren eigenen Augen durch sie schauen, und unser Wissen ihr Sehnen ergänze. [...]

Rodin ist wie Wagner, Whistler und Swinburne ein Dialektiker und ein Musiker; sein Intellekt ist gleich seiner Schöpferkraft. Er ist müde und Revolutionär, pervers und natürlich, der letzte einer langen Vergangenheit und der erste einer kommenden Kunst. Er ist Dichter, Maler, Radierer, wenn man will, in seinen Effekten und treu bis zur Ausschließlichkeit dem Material, das er zwingt. Sein ganzes, immer neues, immer überraschendes Werk ist nur eine unendliche Variation des ewigen Themas, man nenne es nun: Natur und Geist, Leben und Dichter, Liebe und Tod. Rodin ist nie konkreter, sinnlicher, als wo er seinem Werke einen ganz abstrakten Titel gibt. Evokationen könnte er es nennen oder Illusionen, und er würde das Wort haben, welches das Wesen seines Werkes am natürlichsten beschreibt. Er ist ein Zauberer und ein Weiser zugleich, und darum sind seine Werke ebenso Evokationen wie Illusionen, und seine Porträts haben etwas von Larven, und die Kleider sind geworfen, als ginge es auf eine Maskerade.

Man sagt auch, Rodin sei ein Symbolist. Gewiß, er ist es

Whistler: James Abbott McNeill Wh. (1834–1903), amerikanisch-englischer Maler und Graphiker; vom Impressionismus beeinflußt; auch geistreicher Kritiker.

Swinburne: s. Anm. S. 330.

dort, wo er am sinnlichsten ist. Symbole sind nur intensive Natur, und niemand neben Rodin weiß die Natur gerade dort zu fixieren, wo sie unwillkürlich von selbst zum Symbol wird. Und ebenso wie man sein Werk Evokationen oder Illusionen nennen kann, so darf man es auch »Erfüllungen« heißen, weil er ebenso wie Zauberer und Weiser auch nur Künstler ist.

Von allen lebenden Bildhauern ist Rodin der modernste, neben ihm kommen nur noch Meunier und Klinger in Betracht. Er ist der ausschließlichste und vom Standpunkte der Geschichte aus der notwendigste. Es ist keine Phrase, wenn ich sage, die Reihe, die für uns mit den Griechen beginnt und in Michel-Angelo ihre Mitte hat, wäre nicht geschlossen, wenn Rodin nicht da wäre. Rodin macht buchstäblich Epoche, man kann das weder von Meunier noch von Klinger sagen. Neben ihm scheint alles andere nur Epigonentum der Griechen oder der Renaissance zu sein. Rodin ist notwendig. In ihm ist das, was für Michel-Angelo noch Bild, noch Romantik war, wirklich geworden, in ihm haben die Griechen einen Gegensatz, der gleich wiegt, gefunden. Wie bei den Griechen alles durch die Kunst zum Leben ging, so scheint hier alles Leben aufgebraucht, um ein paar Kunstwerke zu erzeugen. Ich kann mir ganz gut einen Menschen denken, der die Griechen erst liebt, nachdem er Rodin gesehen und verstanden hat, der den Apollo und die Venus von Milo für ewig schön laut und mit Wissen erklärt, nachdem er die Wahrheit von Rodins *Le Sculpteur et sa Muse* und *L'éternelle Idole* begriffen hat. Ich kenne kein geniales Werk, das so wenig heiter wäre wie das Rodins. Ja,

Meunier: Constantin M. (1831–1905), belgischer Bildhauer und Maler; Hauptmeister der belgischen Bildhauerei des 19. Jh.s, vor allem als Darsteller des Arbeitertums.

Klinger: s. Anm. S. 564.

Le Sculpteur et sa Muse: Diese Marmorbildgruppe Rodins ist 1903 entstanden.

L'éternelle Idole: wohl um 1889 entstandene Bildhauerarbeit, 1896 im »Salon« ausgestellt.

die Heiterkeit der Griechen hört auf, Gemeinplatz zu sein, wenn man Rodin sieht, oder mit anderen Worten, niemand darf von der Heiterkeit der Griechen sprechen, der Rodin nicht kennt, es sei denn, er fühle unser Leben so wie er. [...] Die Menschen Rodins sehen nichts neben sich, nichts unter sich und wissen nichts von dem, was nach ihnen kommt. Sie sind furchtbar einsam in den Armen ihrer Geliebten und vor den Strahlen ihres Ideals.

10
Musik

Die relative Einheitlichkeit, die man für die Literatur der Wiener Moderne feststellen kann, läßt sich für die Musik dieser Zeit nicht behaupten. Sie wird von heterogenen Namen bestimmt: Johann Strauß (Sohn), Bruckner, Brahms, Wolf, Mahler, Schönberg. – Strauß (1825–99) ist mit seinen Operetten und Walzern – besonders *Fledermaus* und *An der schönen blauen Donau* – zum Inbegriff der Wiener Musik geworden; für viele mehr als Mozart, Beethoven oder Schubert. Die *Neue Freie Presse* schrieb nach der Uraufführung der *Fledermaus* im Theater an der Wien: »Wollen wir auch nur die verflossene Woche überblicken, so haben wir eine solche Fülle von Konzert- und Opernaufführungen zu verzeichnen, daß London und Paris einen vollen Monat lang ihr musikalisches Leben davon fristen könnten. Da begegnen wir zwei Händelschen Oratorien, dem ›Messias‹ und dem ›Salomo‹; Opernfragmenten von Mozart, Cherubini und Spontini; Pianisten-Konzerten im Übermaß; Produktionen der Sing-Akademie und der Horakschen Klavierschule; nebenher liefen die Alltagsleistungen zweier Opernhäuser und dazwischen klangen, gleich goldenen Leuchtkugeln über das Tongetriebe sich emporhebend, die Triller und Läufe der göttlichen Patti ... Am Ostersonntag ist im Theater an der Wien eine neue Operette von Johann Strauß in Szene gegangen – am Ostermontag hat Franz Liszt im fürstlich Auerspergschen Palais ›zu wohltätigen Zwekken‹ Klavier gespielt.
›Die Fledermaus‹ gibt uns zunächst eine Klage in den Mund, welche, zum Ekel wiederholt, nachgerade eine banale, in allen Opern-Rezensionen stereotypierte Phrase geworden ist. Was nur gegen die jämmerlichen Libretti unserer Zeit gesagt und geschrieben wurde, ist vollgiltig für Johann Strauß' neuestes Bühnenwerk. ... Der Musiker warf duf-

tende Blumen auf die Sünden der Librettisten. ... Wo anders pulsiert denn zur Stunde Gemüt und Gemütlichkeit des Wieners, weht jene laue Wiener Luft, die ehedem so viel schöne Lieder zum Blühen brachte, wo anders als in einem Straußschen Walzer? ... leichtes Blut, das verschriene Wiener Blut, quirlt in seinen Weisen, ganz gewiß; wie oft aber trifft er den Ton wärmster Empfindung. – ... Erwähnenswert scheint uns noch ein ... Trinkduett ... wegen seines übermäßig populären Rundreims: ›Glücklich ist, wer vergißt, was nicht mehr zu ändern ist.‹ Man bewundere im Vorübergehen die üppigen Reime! ... Der Kuß- oder Schmolliswalzer ... bietet auch szenisch ein anziehendes Bild; es ist gar lieblich anzuschauen, wie die reich kostümierten Paare hin- und herschweben, von kosenden Melodien gewiegt, vom Hauche warmer Sinnlichkeit belebt. Daß ein Wiener in solchen Momenten nicht zu zähmen ist, sondern in lärmvollen Beifall ausbricht, versteht sich von selbst.«[1]

Eine Aufführung von Anton Bruckners (1824–96) Dritter, Richard Wagner gewidmeter Symphonie (d-Moll, 1873) ist für den Brahmsverehrer und Wagnergegner Eduard Hanslick willkommener Anlaß, sich ein weiteres Mal kritisch zu Bruckner zu äußern. »Krankhaft, unnatürlich, aufgeblasen, verderblich« – sind seine Worte. Bruckner soll den Kaiser – so will es eine Anekdote – bei einer Audienz auf die Frage, ob er einen Wunsch habe, gebeten haben: »Majestät, wenn S' halt dem Hanslick verbieten täten, daß er so schlecht über mich schreibt.«[2]

Als 1898 in Wien das Bruckner-Denkmal enthüllt wurde, schrieb Max Graf in der *Wiener Rundschau*: »Es war das tragische Schicksal im Leben Bruckners, daß er nach Wien geriet. Nicht etwa, weil er hier Jahre der inneren Einsamkeit und der furchtbarsten künstlerischen Martern erlebte, sondern vor allem, weil er zu jenen echten und ursprünglichen

1 *Neue Freie Presse*, 8. April 1874; zitiert nach: Marbach, S. 34 f.
2 Fred Hennings, *Ringstraßen-Symphonie*, Bd. 3: 3. Satz, Wien/München 1964, S. 13 f.; zitiert nach: Marbach, S. 289.

Naturen gehörte, die, einmal von ihrem heimischen Boden losgelöst, schutz- und hilflos den Halt verlieren, der im Boden und im Lande ihrer Heimat liegt. Wir wissen ja, wie dieser Mann in der Großstadt herumging; friedlos, kindlich, verwirrt; von seiner inneren Welt hypnotisiert, ohne Organe für das äußere Leben; dem Spotte und der Roheit der Welt preisgegeben. Für die einen einer von den närrischen Leuten, wie man sie hie und da auf den Dörfern findet, für die andern ein Curiosum, für jene ein kindischer Alter. Und der Künstler selbst, diese große und naive Seele, ging in dieser Menge staunend herum, küßte seinem mächtigsten kritischen Gegner die Hand, zog tief vor jedem Spötter den Hut, d. h. er suchte überall irgendeinen Anschluß an die fremde Umgebung, ein Wort des Verständnisses, einen treuen Blick, und konnte nicht begreifen, daß Welten zwischen seiner Natur und der großen Stadt lagen.«[3]

Hanslick war Partei: wie er Bruckner befehdete, in dem er das Grundübel Wagner sich fortsetzen sah, so stützte und verteidigte er Brahms (1833–97). Er schrieb nach dessen Tode: »So haben wir ihn denn auch verloren, den echten, großen Meister und treuen Freund! [...]

Das letzte von Brahms besuchte Konzert war das ›Philharmonische‹ vom 7. März 1897. Die Erinnerung daran wird sich jedem Anwesenden tief eingeprägt haben. Man begann mit Brahms' 4. Symphonie in E-moll. Gleich nach dem ersten Satz erhob sich ein Beifallssturm, so anhaltend, daß Brahms endlich aus dem Hintergrund der Direktions-Loge vortreten und sich dankend verneigen mußte. Diese Ovation wiederholte sich nach jedem der vier Sätze und wollte nach dem Finale gar kein Ende nehmen. Es ging ein Schauer von Ehrfurcht und schmerzlichem Mitleid durch die ganze Versammlung; eine deutliche Ahnung, daß man die Leidensgestalt des geliebten, kranken Meisters in diesem Saale zum letzten Mal begrüße. Diese ganz außergewöhnliche Huldigung wirkte um so stärker, als gerade seine E-moll Sympho-

3 *Wiener Rundschau,* Jg. 3, 1898/99, S. 581; zitiert nach: Marbach, S. 289.

nie niemals populär gewesen ist. Wir Freunde, die wir an der ersten kalten Aufnahme dieses Werkes im Jahre 1886 nun diesen glänzenden Erfolg messen konnten, freuten uns für Brahms unsäglich über diesen Triumph. Aber die rechte innere Fröhlichkeit wollte sich doch nicht einstellen; das Weh der Sorge, des Mitleidens ließ sich nicht wegmusizieren.«[4]

Hugo Wolf (1860–1903) war enthusiastischer Anhänger Wagners und Liszts. Er lebte – zeitweilig auch als Musikkritiker – in Wien und war von den Literaten – neben Rosa Mayreder, nach deren Libretto er seine Oper *Der Corregidor* komponierte – besonders mit Hermann Bahr befreundet. Seine Liedkompositionen, namentlich die Mörike-Lieder, das Spanische und das Italienische Liederbuch, gehören zu den bedeutendsten Schöpfungen dieser musikalischen Form zwischen Brahms und Schönberg. »Bei der Durchsicht der Wolfschen Kompositionen«, schreibt Karl Hallwachs 1894 in der *Allgemeinen Kunstchronik*, »– er hat 53 Lieder von Mörike, 51 von Goethe, 20 von Eichendorff, 54 aus dem spanischen und italienischen Liederbuche von Geibel, Heyse und noch 18 verschiedener Dichter herausgegeben – muß man zunächst erstaunt sein über die Vielseitigkeit der Begabung, die den Komponisten befähigt, alle Seiten dichterischen Empfindens in gleich meisterhafter Weise zum Ausdruck zu bringen. Er ist eine Proteusnatur von staunenswerter Wandlungsfähigkeit. Stets nur Interpret des dichterischen Gehaltes, vermag er in diesem so aufzugehen und musikalisch so nachzuempfinden, daß es ihm möglich ist, alle Phasen vom ausgelassensten Humor bis zum tiefsten Mystizismus, von der zartesten Innigkeit bis zur glühendsten Sinnlichkeit mit genialer Sicherheit in die Sprache der Musik zu übersetzen.«[5]

4 Eduard Hanslick: »Johannes Brahms (Wien, 3. April 1897)«, in: E. H., *Am Ende des Jahrhunderts (1895–1899)*, (Der »Modernen Oper« VIII. Theil), Musikalische Kritiken und Schilderungen, Berlin [2]1899, S. 365–372.

5 Karl Hallwachs, »Hugo Wolf«, in: *Allgemeine Kunstchronik*, 1894, H. 23; zitiert nach: *Gesammelte Aufsätze über Hugo Wolf*, mit einem Vorw. von Hermann Bahr, hrsg. vom Hugo Wolf-Verein in Wien, Berlin 1898, S. 47 f.

Die Bedeutung Gustav Mahlers (1860–1911) für Wien ist sowohl in den fünf großen, in dieser Zeit entstandenen Symphonien (Vierte bis Achte) zu sehen als auch insbesondere in seiner Tätigkeit als Direktor der Hofoper. Am 11. Mai 1897 dirigiert Mahler dort zum erstenmal: Wagners *Lohengrin*; und wird im selben Jahr Direktor. 1907 läßt ihn eine Pressekampagne, der Tod einer Tochter und die Konstatierung einer schweren Herzkrankheit den Abschied nehmen. Max Graf skizziert 1900 nach der Aufführung der Ersten Symphonie – bezeichnenderweise ist zu Lebzeiten Mahlers nicht eine einzige seiner Symphonien in Wien uraufgeführt worden – die Bedeutung dieser Musik für die junge Generation: »Gustav Mahlers Erste Symphonie (in D-dur), welche das Publikum der Philharmonischen Konzerte zu Taktlosigkeiten ärgster Art aufgereizt hat, ist – gleich der Symphonie phantastique aus Stürmen, Krisen und seelischen Katastrophen der Jugend heraus geschrieben und darf darauf rechnen, von der jungen Generation unserer Zeit empfunden und verstanden zu werden. Nur von dieser darf der Komponist verlangen, daß sie die krassen Stimmungswechsel zwischen Lyrik, Parodie und Pathos – dank ihrer eigenen inneren Bewegtheit und Beweglichkeit – zusammenfasse und das Werk trotz aller Kontraste einheitlich empfinde. Nur von dieser darf er es verlangen, daß sie die starke Stimmungschwelgerei, das Behagen am intensiv gefärbten Klang, die Ekstase in der Leidenschaft nachfühle. Nur von ihr darf er eine Freude an der Parodie der Gefühle, am Verzerren heiliger Empfindungen verlangen.«[6]
Die nach Mahler wohl bedeutendste Gestalt im Musikleben der Wiener Moderne ist Arnold Schönberg (1874–1951). Die Aufführung seines zweiten Streichquartetts hatte am 21. Dezember 1908 einen Skandal hervorgerufen, mit dem sich die Tagespresse ausführlich beschäftigte. Das Wiener *Fremden-Blatt* schrieb am 22. Dezember 1908 unter der Überschrift »Tagesneuigkeiten. Lärmszenen im Konzert-

6 Max Graf in: *Wiener Rundschau*, Jg. 4, 1900, S. 415 f.; zitiert nach: Marbach, S. 291.

saal«: »Der *Bösendorfer Saal* war gestern der Schauplatz sehr unerquicklicher Lärmszenen, welche sich anläßlich der Uraufführung von *Schoenbergs* zweitem Streichquartett durch die Kammermusikvereinigung *Rosé* abspielten. Schon nach dem ersten, für eine Schoenberg-Komposition ziemlich zahm klingenden Satz wurde der Beifall, der erscholl, mit *energischen Zischlauten* beantwortet; als aber während des zweiten bei einer sehr schrill klingenden Stelle lebhaftes Niesen eines Konzertbesuchers hineintönte, brach allgemeines *Gelächter* aus und von da ab war das Schicksal der Novität besiegelt. Dem Kampf der Applaudierenden und Zischenden machte schließlich das Erscheinen der Kammersängerin Frau Marie *Gutheil-Schoder* ein Ende; die als dritten und vierten Satz zwei Gedichte von Stephan George mit Quartettbegleitung zu singen hat. Aber auch diese so hochgeschätzte Künstlerin war nicht imstande, die Wogen des Unmuts gegen die Schoenbergsche Komposition zu besänftigen, und nach dem ersten Gedicht wurde die Opposition so turbulent, daß die Aufführung des zweiten Gedichtes geradezu in Frage stand und erst nach längeren Hostilitäten ermöglicht war.«

Im *Neuen Wiener Journal* vom 25. Dezember 1908 widmete dann Elsa Bienenfeld dem Vorfall die unten abgedruckte grundsätzliche Erörterung, die die Verkennung Schönbergs in eine Reihe mit Beethoven, Brahms und Wagner stellt.

Die Skandale, die die ersten beiden Streichquartette Schönbergs beim Publikum hervorriefen, sind nur dem Unverständnis vergleichbar, dem der andere große Außenseiter der Wiener Moderne, Adolf Loos, mit seinen Vorschlägen begegnete. Daß gerade Adolf Loos einer der wenigen der Wiener Avantgarde war, mit denen Schönberg sich auch persönlich anfreundete, ist nicht verwunderlich. Beide verband – worauf Eberhard Freitag aufmerksam gemacht hat – die Kritik am Historismus und Jugendstil, der Kampf gegen das Ornament: »Eine vergleichende Analyse von Loos' Aufsatz ›ornament und verbrechen‹ (1908) und den kunsttheoretischen Passagen der Harmonielehre [Schönbergs] (1911) ist noch Desiderat der Forschung; sie könnte die Einwirkungen dieser grandiosen Polemik auf Schoenbergs Ästhetik zeigen und aufdecken, wie eng beide Denker die Frage nach der künstlerischen Form mit Vorstellungen von Wahrheit und Moral verknüpfen. Das Postulat Schoenbergs, Musik soll nicht schmücken, soll wahr sein, reflektiert die von Loos vertretene Erkenntnis, daß ›ornamentlosigkeit ein zeichen geistiger kraft‹ bedeute.«[7]

7 Eberhard Freitag, *Arnold Schönberg in Selbstzeugnissen und Bilddokumenten,* Reinbek bei Hamburg 1973, S. 24 f.

EDUARD HANSLICK

Johann Strauß († 1899)

Als wir vor fünfzig Jahren den älteren Johann Strauß begruben, schloß ich einen Nachruf mit der Klage, Wien habe seinen talentvollsten Komponisten verloren. Das Wort verdroß allerlei Musiker und Laien, die nicht begreifen wollten, daß ein schulgerechtes, physiognomieloses Kirchen- oder Konzertstück weniger Talent, das heißt geringere Naturkraft offenbare, als ein melodienreicher, origineller Walzer. In diesem Sinne müssen wir auch heute, am Grabe des jüngeren Johann Strauß, die Klage wiederholen, es sei mit ihm das ursprünglichste Musiktalent in Wien hinübergegangen. Seine melodische Erfindung quoll so köstlich wie unerschöpflich; seine Rhythmik pulsierte in lebendigem Wechsel; Harmonie und Form standen rein und aufrecht. »Liebeslieder« nannte er eine seiner schönsten Walzerpartien. Sie alle hätten so heißen dürfen: kleine Herzensgeschichten von schüchternem Werben, schwärmerischer Neigung, jubelndem Glücksgefühl, dazwischen auch ein Hauch leichtgetrösteter Wehmut. Wer könnte auch nur die reizendsten von Strauß' zahlreichen Tanzstücken aufzählen! Schade nur, daß jede Ballsaison schonungslos wie Kronos ihre eigenen Kinder aufzehrt, um nachfolgenden Platz zu machen. So kennen wir tatsächlich die frühesten, besten Walzer von Strauß heute so wenig, als stammten sie aus der Zeit Maria Theresias. Sie sind nicht veraltet, nur verdrängt und vernachlässigt. Eine Walzerpartie aus Hunderten will aber gerade heute ausdrücklich genannt und gerühmt sein, weil sie etwas

Strauß: Johann St. Sohn (1825–99).

vor fünfzig Jahren: 1849 starb Johann Strauß Vater (geb. 1804).

»Liebeslieder«: das »Walzer-Juwel« seiner ersten Schaffensperiode: op. 114, um 1852 entstanden.

Maria Theresias: s. Anm. zu *Habsburg* S. 92.

wie monumentale Bedeutung erlangt hat: »An der schönen blauen Donau«. Es braucht nur – so schrieb ich davon vor Jahren – irgendwo das Anfangsmotiv auf den drei Staffeln des D-dur-Dreiklanges emporzusteigen, so färbt Begeisterung alle Wangen. Nicht bloß eine beispiellose Popularität, der Donauwalzer hat auch eine ganz einzige Bedeutung erlangt; die Bedeutung eines Zitates, eines Schlagwortes für alles, was es Schönes, Liebes und Lustiges in Wien gibt. Ein patriotisches Volkslied ohne Worte. Neben Haydns Volkshymne, welche den Kaiser und das Herrscherhaus feiert, besitzen wir in Strauß' »Blauer Donau« eine andere Volkshymne, welche unser Land und Volk besingt. Wo immer in weiter Ferne Österreicher sich zusammenfinden, da ist diese wortlose Friedens-Marseillaise ihr Bundeslied und Erkennungszeichen. Wo immer bei einem Festmahle ein Toast auf Wien, auf Österreich ausgebracht wird, fällt das Orchester sofort mit der »Schönen blauen Donau« ein. Und das ist die denkwürdige Bedeutung, welche diese Komposition, jedem Volkslied zum Trotze, allmählich erlangt hat: ihre Melodie wirkt wie ein Zitat.

Unser Johann Strauß hat den von seinem Vater geschaffenen Wiener Walzer erweitert, bereichert, modernisiert. Strauß hat Schule gemacht, und sie ist fast zum unwiderstehlichen Zwang geworden. Was heute in Walzerform erklingt, ist meist nur durchtönender Strauß. Unsere Operetten-Komponisten mögen sich noch so sehr zusammennehmen, nach ein paar Takten im Walzertempo haben sie unwillkürlich Strauß kopiert. Das heutige Wien ist der Tanzmusik abgünstig. Bis vor wenigen Tagen stand sie noch auf zwei Augen; seitdem diese sich geschlossen, haben wir nicht nur unseren

»An der schönen blauen Donau«: Walzer, op. 314, 1867 entstanden, urspr. bearbeitet für Männerchor; Text von Josef Weyl (1821–95); Titel aus einem schwermütigen Gedicht aus Karl Becks (1817–79) *Stillen Liedern* (1840).

Haydns Volkshymne: Franz Joseph Haydn (1732–1809) komponierte 1797 die österreichische Nationalhymne »Gott erhalte Franz den Kaiser« (gemeint ist Franz II. [I.] 1768–1835); Text von Leopold Lorenz Haschka (1749–1827).

besten, wir haben unseren einzigen Walzerkomponisten verloren.

Nachdem Strauß durch volle 25 Jahre seine Melodienfülle verschwenderisch als Tanzkomponist ausgeströmt, fühlte er sich doch etwas ermüdet und unbefriedigt von so enger Form. Er versuchte es mit dem Theater und schrieb 1871 seine erste Operette *»Indigo«*. Der Übergang zur dramatischen Komposition fiel ihm nicht leicht. Der regelmäßige Walzer- und Polka-Rhythmus steckte ihm noch zu fest im Blute. »Indigo« strotzte von Melodien, aber man merkte ihnen an, daß sie nicht aus dem Text heraus geboren waren. Strauß selber hat mir gestanden, daß meine Vermutung richtig gewesen und daß sein Textdichter zu meist fertigen Musikstücken nachträglich die Worte gut oder übel unterlegen mußte. Von dieser dilettantischen Methode hat Strauß in seinen späteren Operetten sich größtenteils befreit – nicht ohne einige Anstrengung. Er blieb doch jederzeit mehr der rein musikalisch erfindende, als der dramatisch schaffende Opernkomponist. Ein Unglück für »Indigo« war das unglaublich alberne, ordinäre Textbuch, ein Unglück, das in Strauß' Bühnenlaufbahn leider nicht allein geblieben ist. Strauß verfuhr in der Auswahl seiner Librettos zu nachsichtig und zu unselbständig, hörte willig auf verschiedene Ratgeber, deren letzter dann meistens recht behielt. Von seinen fünfzehn Operetten sind manche ihrem schlechten Textbuche zum Opfer gefallen und trotz zahlreicher musikalischer Schönheiten rasch von den Bühnen verschwunden. Wie wenig beachteten diese Textdichter die spezifische Natur von Strauß' Talent, das durchaus heitere, lebensvolle Stoffe brauchte und am freiesten atmete in heimatlicher Luft. Statt dessen drängten sie ihn in exotische Abenteuer, auf italienischen, spanischen, französischen Boden. Strauß'

»Indigo«: Indigo und die vierzig Räuber (entstanden 1871, Uraufführung: Theater an der Wien, 10. Februar 1871).

alberne, ordinäre Textbuch: vom damaligen Direktor des Theaters an der Wien, Maximilian Steiner (1830–80).

Meisterwerk *»Die Fledermaus«* verdankt ihren anhaltenden, außerordentlichen Erfolg gewiß zumeist der reizvollen Musik, aber diese war nicht denkbar ohne die durchaus lustige, auf Wiener Boden übertragene Handlung. Die Flut der Straußschen Melodie strömt da in einem engen Bette, aber sie füllt es bis an den Rand. Wo, wie in der »Fledermaus«, Scherz und Frohsinn den ganzen Stoff durchdringt und Tanzrhythmen emporwachsen läßt, da spendet Strauß sein Bestes und Echtestes. In sentimentalen oder gar tragischen Szenen stockt sein Puls, und er wird leicht gezwungen, uninteressant, banal. Das beweist manches Stück im »Zigeunerbaron«, nächst der »Fledermaus« wohl seiner beliebtesten Operette. Das Textbuch bringt einige neue charakteristische Figuren und interessante Situationen; die Musik ist vortrefflich, solange sie nicht in Sentimentalität oder gar in tragischer Leidenschaft sich ergeht, wie im zweiten Finale. Von den früheren Operetten scheinen mir »Das Spitzentuch« und »Der lustige Krieg« doch gar zu schnell aus dem Repertoire beseitigt, von den späteren der »Waldmeister«. Der Text des letzteren ist, bei aller Dürftigkeit der Handlung, durchweg heiter und harmlos, also gerade recht für Strauß, der eine sehr anmutige, wenngleich nicht überall auf früherer Höhe stehende Musik dazu gespendet hat. Was selbst in seinen weniger erfindungsreichen Operetten den musikalischen Hörer fesselt und erfreut,

»Die Fledermaus«: Textbuch von Carl Haffner (d. i. Karl Wilhelm Schlachter, 1804–76) und Richard Genée (1823–95); Uraufführung: Theater an der Wien, 5. April 1874.

»Zigeunerbaron«: Textbuch von Ignaz Schnitzer (1830–1921) nach einer Erzählung von Maurus Jókai (1825–94); Uraufführung: Theater an der Wien, 24. Oktober 1885.

»Das Spitzentuch«: Das Spitzentuch der Königin, Textbuch von Heinrich Bohrmann-Riegen (1838–1908) und Richard Genée; Uraufführung: Theater an der Wien, 1. Oktober 1880.

»Der lustige Krieg«: Textbuch von F. Zell (d. i. Camillo Walzel, 1829–95) und Richard Genée; Uraufführung: Theater an der Wien, 25. November 1881.

»Waldmeister«: Textbuch von Gustav Davis (1856–1951); Uraufführung: Theater an der Wien, 4. Dezember 1895.

ist die echt musikalische Empfindung, der natürliche Fluß des Gesanges, endlich der herrliche Orchesterklang. In der Première des »Waldmeister« äußerte *Brahms* zu mir, das Straußsche Orchester erinnere ihn an Mozart.
Gegen Ende seiner Laufbahn fühlte sich Strauß von dem sehr begreiflichen, aber unheilvollen Ehrgeize gestachelt, ein größeres Werk für die Wiener Hofoper zu schaffen. Er nahm einen gewaltsamen Anschwung und komponierte den dreiaktigen *»Ritter Pazman«*. Des Wiener Publikums war er sicher und auf die lustigsten seiner Operetten durfte er stolz sein. Aber jede Macht ist an eine Ohnmacht gebunden. Seine Macht lag in den kleinen Formen, den Tanzrhythmen, dem Frohsinn; seine Ohnmacht in den breiten Ensembles, der dramatischen Charakteristik, dem leidenschaftlichen Gefühlsausdruck. Merklich reagierte seine Natur gegen die matte, konventionelle Handlung, die lauter ernsthafte Personen in sentimentalen, oft ans Tragische streifenden Situationen zueinander führt. Unser Johann Strauß mußte sich verleugnen, sich umzwingen – und das führt selten zu gutem Ende. Mit einer wirklich komischen Oper älterer Form, wie etwa »Czar und Zimmermann«, würde Strauß auch im Hofoperntheater durchgedrungen sein. Aber die langgestreckten, durch keine Rezitative oder Prosastellen unterbrochenen, durchaus gesungenen Verse zwangen den Komponisten zu einem fortlaufenden Arioso, aus dem abgerundete Musikstücke sich nur selten scharf herausheben. Man bewunderte die Geschicklichkeit, womit Strauß in diesen ihm bisher ganz fremden Stil und fremden Ton sich hineingearbeitet hatte. Aber das ist nicht unser Strauß! hörte man während der zwei ersten Akte im Publikum murmeln. Da kam gegen Ende des dritten Aktes etwas Unerwartetes: eine prächtige Ballettmusik, die weithin glänzende Perle des Ganzen! Mit den ersten Takten des Balletts scheinen Strauß

»Ritter Pazman«: Textbuch von Ludwig Doczy (1845–1919); Uraufführung: Hofoper, Wien, 1. Januar 1892.

»Czar und Zimmermann«: Oper von Albert Lortzing (1801–51), der auch das Textbuch verfaßt hat; Uraufführung: Leipzig, 22. Dezember 1837.

plötzlich die Flügel zu wachsen; mit jugendlicher Kraft und Freudigkeit schwingt er sich in die Lüfte; Textbuch und Dichter verschwinden vor seinen Augen – »jetzt bin ich allein Herr!« Diese köstliche Ballettmusik erneuerte in mir einen alten, wiederholt öffentlich ausgesprochenen Wunsch: Strauß möchte ein vollständiges Ballett für die Hofoper schreiben, er, der einzige deutsche Komponist, der dies mit starker Wirkung und spielender Leichtigkeit vermochte: Lange wollte er nichts davon hören. Da, wenige Monate vor seinem Tode, schien er sich plötzlich mit dem Gedanken zu befreunden. Fast als wolle er sich selbst jede Umkehr abschneiden, schrieb er einen bedeutenden Preis aus für das beste Libretto zu einem heiteren Ballett. Ich hege ein durch Erfahrungen vollauf begründetes Mißtrauen gegen Preisausschreibungen. Sie kosten viel Geld, machen unsägliche Mühe und bringen selten den gehofften Schatz zutage. Eine Sintflut von sieben- bis achthundert Ballettentwürfen ergoß sich verheerend in die Igelgasse. Aus den relativ besten wählte Strauß ein ins Moderne übertragenes »Aschenbrödel«, das wenigstens im letzten Akt (einem Ballfest) seiner glänzenden Spezialität entgegenkam. Hier, glaubte ich, hätte Strauß den Anlaß und das Recht gehabt, eine Anzahl seiner halbvergessenen schönsten Tänze zu neuem, erhöhtem Leben zu erwecken. Verdankt doch das überaus siegreiche Ballett »Wiener Walzer« seinen Erfolg zumeist den eingeflochtenen alten Walzern von Lanner und den beiden Strauß. Warum sollte er, der Erfinder, nicht selber tun, was ein fremder Bearbeiter tun durfte? Ich denke, daß Strauß,

Igelgasse: Gasse im IV. Bezirk Wiens, die nach dem Tode von Strauß in »Johann-Strauß-Gasse« umbenannt wurde.

»Aschenbrödel«: das letzte Werk, das Strauß komponiert hat: ein Ballett, vollendet von Josef Bayer (1852–1913); Uraufführung: Königliches Opernhaus, Berlin, 3. Mai 1901; in Wien (Hofoper) erst am 4. Oktober 1908.

»Wiener Walzer«: von Josef Bayer zusammengestelltes Ballett mit Musik von Strauß und alten Walzern der beiden großen Walzerkomponisten des Vormärz, Josef Lanner (1801–43), Schöpfer des »Schönbrunner Walzer«, und Strauß Vater.

mit dem ich in Ischl und zuletzt in Wien eingehend über das neue Ballett sprach, schließlich seine Skrupel wegen solcher Auffrischungen überwunden hätte. Fröhlich machte er sich an den Anfang seines letzten, lustigsten Werkes – da klopfte ihm, wie man auf alten Bildern sieht, der Tod mit dem Fiedelbogen auf die Schulter. Das Leben ein Tanz – das Leben ein Traum.*

Mit Johann Strauß ist nicht bloß ein glänzendes Talent, ein Herold des Wiener musikalischen Ruhmes von uns geschieden, sondern auch ein überaus liebenswerter, wahrhafter und wohlwollender Mensch. Es ist nicht möglich, bescheidener von sich selbst zu sprechen und zu denken, als Strauß es tat. Seine von den Jahren ungebeugte, elastische Gestalt mit dem vollen Haarbusch und den blitzenden Augen, sie wird in Wien schmerzlich vermißt werden. Ein letztes Wahrzeichen aus fröhlichen, gemütlichen Tagen, das herüberleuchtete in unsere unfrohe, zerklüftete Gegenwart.

Wir lesen eben von dem Projekt eines Doppeldenkmales für Lanner und Alt-Strauß. *Unser* Johann Strauß darf darauf nicht fehlen; er erst wird den hellen Dreiklang vollständig machen. Lange Zeit war in Wien ein Gesamtdenkmal für Haydn, Mozart und Beethoven geplant; es scheiterte, wenn

* Die von J. Strauß veröffentlichten Kompositionen erreichen (seine 16 Bühnenwerke nicht mit gezählt) die Zahl 477. Eine fast unglaubliche Fruchtbarkeit! Seine Bühnenwerke sind, chronologisch gereiht, die folgenden: Indigo, Der Karneval von Rom, Die Fledermaus, Cagliostro, Methusalem, Blindekuh, Das Spitzentuch der Königin, Der lustige Krieg, Eine Nacht in Venedig, Der Zigeunerbaron, Simplicius, Ritter Pazmann, Ninetta, Das Apfelfest, Waldmeister, Die Göttin der Vernunft.

Ischl: Bad Ischl war damals der modische Kurort für die vornehmen Wiener, auch Johann Strauß und der Kaiser hatten dort eine Villa.

letzten, lustigsten Werkes: Gemeint ist hier wohl *Wiener Blut*: Aus früheren Kompositionen von Strauß schuf der Kapellmeister Adolf Müller jun. (1839–1901) eine Operette, deren Uraufführung im Carl-Theater am 26. Oktober 1899 stattfand.

Doppeldenkmales: Die Stadt Wien errichtete 1905 den Komponisten Johann Strauß Vater und Josef Lanner ein von Seifert modelliertes Doppeldenkmal im Rathauspark. Ein Denkmal für Johann Strauß Sohn von Eduard Hellmer wurde 1921 im Wiener Stadtpark enthüllt.

ich nicht irre, an der technischen Schwierigkeit, zu den dreien später auch noch Schubert zu gesellen. Wäre ähnliche Besorgnis denkbar für ein Monument Lanners mit den beiden Strauß? Keine Angst; es wird kein vierter kommen!

EDUARD HANSLICK

Dritte Symphonie (D-moll) von Bruckner

Es ist dieselbe, die 1877 unter der Leitung des Komponisten gespielt worden ist. Bruckner unterzog das Werk später einer Umarbeitung, in welcher es jetzt in Partitur und Stimmen bei Th. *Rättig* in Wien erschienen und von den Philharmonikern gespielt worden ist. Diese Neubearbeitung unterscheidet sich nicht wesentlich von der ersten Fassung. Sie weist einzelne kleine Striche auf und an manchen Stellen Änderungen in den verbrämenden Violinpassagen. Einen einzigen ausgiebigen Strich bemerken wir im Finale; derselbe war aber schon in der ersten Ausgabe durch ein »Vide« dem einsichtsvollen Dirigenten nahegelegt worden. Nur die Schlußpartie des letzten Satzes hat der Komponist gründlich geändert. Der beste Satz ist jedenfalls das Scherzo, ein rasch fortströmender Dreivierteltakt, von einer bei Bruckner seltenen Konsistenz der Form. Auch dem gesangvollen Adagio in Es-dur können wir eine geraume Zeit mit Vergnügen folgen, solange es sich klar und ohne unmotivierte grelle Absprünge entwickelt. Diese bleiben später nicht aus und trüben, zusammen mit der unleidlichen Ausdehnung des

Dritte Symphonie: 1873, 2. Fassung 1876/77, 3. Fassung 1889; Uraufführung: Wien, 10. Dezember 1877.

Th. Rättig: Musikverlag in Wien, druckte 1878–90 unter großen persönlichen Verlusten die 3. Symphonie von Bruckner.

Vide: (lat.) Siehe!; in der Musik Zeichen, wenn in einem Stück eine Auslassung gemacht werden kann.

Satzes, den guten Eindruck der ersten Hälfte. Der erste Satz, in welchem sich Nachklänge aus der Neunten Symphonie mit etlichen Venusbergmotiven kreuzen, dann das lärmende Finale sind Stücke, die sich in lauter falschen Kontrasten bewegen und zersplittern. Sie haben mir denselben unkünstlerischen Eindruck gemacht, wie die übrigen in Wien gehörten Kompositionen von Bruckner, in welchen geistreiche, kühne und originelle Einzelheiten mit schwer begreiflichen Gemeinplätzen, leeren, trockenen, auch brutalen Stellen, oft ohne erkennbaren Zusammenhang wechseln. Wie helle Blitze leuchten hier vier, dort acht Takte in eigenartiger Schönheit auf; dazwischen liegt wieder verwirrendes Dunkel, müde Abspannung und fieberhafte Überreizung. Und alles zu einer Länge ausgedehnt, welche dem geduldigsten Gemüt zur Qual wird. In Bruckners Kompositionen vermissen wir das logische Denken, den geläuterten Schönheitssinn, den sichtenden und überschauenden Kunstverstand. Daß die D-moll-Symphonie lebhaften Beifall fand, wäre viel zu wenig gesagt. Es wurde gestampft, getobt, geschrien; nach jedem Satze mußte der Komponist wieder und wieder dankend vortreten.

Auch ein Streichquartett von Bruckner (F-dur) wird von der Wagnergemeinde grenzenlos bewundert und als Meisterwerk gepriesen. Bruckner ist neuestens Mode geworden, was ich dem jahrelang unbeachtet gebliebenen bescheidenen Künstler herzlich gönne, wenn ich auch die Mode nicht selbst mitmachen kann. Es bleibt ein psychologisches Rätsel, wie dieser sanfteste und friedfertigste aller Menschen – zu den jüngsten gehört er auch nicht mehr – im Moment

Neunten Symphonie: Gemeint ist op. 125 von Ludwig van Beethoven (1770–1827), die am 7. Mai 1824 in Wien uraufgeführt wurde.

Venusbergmotiven: Richard Wagner (1813–83) verwendet in seinen Opern sog. Leitmotive; so stammt das Venusbergmotiv aus *Tannhäuser und der Sängerkrieg auf der Wartburg*, Uraufführung: Dresden, 19. Oktober 1845.

Streichquartett: wohl das Streichquintett F-Dur, entstanden 1879, das 1884 durch das Hellmesberger-Quartett uraufgeführt wurde.

des Komponierens zum Anarchisten wird, der unbarmherzig alles opfert, was Logik und Klarheit der Entwicklung, Einheit der Form und der Tonalität heißt. Wie eine unförmliche glühende Rauchsäule steigt seine Musik auf, bald diese, bald jene groteske Gestalt annehmend. An genialen Funken fehlt es nicht, selbst nicht an längeren schönen Stellen. Aber man reiße aus dem Hamlet und König Lear die tiefsinnigsten Gedanken heraus, meinetwegen noch einige aus Faust dazu und bringe sie in den willkürlichsten Zusammenhang mit allerlei platten, konfusen, endlos langen Reden, und frage sich dann, ob das ein Kunstwerk gibt. Fast gleichzeitig mit dem bei Helmesberger enthusiastisch applaudierten F-dur-Quintett von Bruckner ist ein neues Buch von Ludwig *Nohl*: »Die geschichtliche Entwicklung der *Kammermusik*«, erschienen, das sehr merkwürdig ist. Nicht etwa durch irgend eine neue Forschung oder Idee – keineswegs – wohl aber durch die tragikomische Stellung, in welche der Autor hier zu seinem Gegenstande gerät. Nohls Spezialität ist bekanntlich die Wagneromanie; er kann über keinen noch so entlegenen Stoff schreiben, ohne plötzlich in ein Hallelujah auf Wagner (und Liszt) auszubrechen, worauf er erleichtert wieder in sein Häuschen zurückkehrt. Nun soll der Ärmste über Kammermusik schreiben! Wagner und Liszt haben keine Quartette komponiert, somit kann selbst Nohl nicht ausrufen, ihre Quartette seien die schönsten. Vergebens warteten wir beim Durchblättern seines neuen Buches auf den Augenblick, wo er den üblichen Wagner-Blutsturz bekommen werde. Nohl muß sich damit begnügen, allerlei Aussprüche von Wagner über Beethoven in entzücktem

Helmesberger: Josef Hellmesberger (1828–93) war Dirigent der Gesellschaftskonzerte und Direktor des Konservatoriums der Gesellschaft der Musikfreunde; leitete auch ein von ihm selbst gegründetes Streichquartett.

Nohl: Ludwig N. (1831–85), deutscher Musikschriftsteller; das Werk *Die geschichtliche Entwicklung der Kammermusik* erschien 1885.

Wagner … Liszt: von Hanslick verabscheute Komponisten; ihm galt Johannes Brahms als der größte Komponist seiner Zeit.

Tone zu zitieren. Nachdem er in seinen früheren Schriften den allmächtigen Einfluß Wagners auf alle Gebiete der Kunst, auf die Politik, die Philosophie, die Religion nachgewiesen – vor der Kammermusik stockt diese Beweisführung; bisher war die Kammermusik von Wagner unberührt geblieben. Wir können Herrn Nohl helfen: er sehe sich *Bruckners* Quintett an. Da findet er den reinen Wagner-Stil auf fünf Streichinstrumente abgezogen, die unendliche Melodie, die Emanzipation von allen natürlichen Modulationsgesetzen, das Pathos Wotans, den irrlichterierenden Humor Mimes und die in unersättlichen Steigerungen sich verzehrende Ekstase Isoldens. Was Herrn Nohl so schmerzlich gefehlt, es ist gefunden, und eine zweite Auflage seiner »Entwicklung der Kammermusik« kann das Schlußkapitel in jener Verklärung erglänzen lassen, ohne welche ja doch Entwicklung und Kammermusik nur »Wahn« bleiben würden.

Eine andre Symphonie von Bruckner (in E-dur) hat im Jahre 1886 denselben tumultuarischen Erfolg errungen. Für die Wagnerianer ist Bruckner einfach »der zweite Beethoven«. Mir erscheint diese Musik krankhaft, unnatürlich aufgeblasen, verderblich. Wie jedes größere Werk Bruckners, enthält auch die E-dur-Symphonie geniale Einfälle, interessante, ja schöne Stellen – hier sechs, dort acht Takte – zwischen diesen Blitzen dehnt sich aber unabsehbares Dunkel, bleierne Langeweile und fieberhafte Überreizung. Einer der geachtetsten Musiker Deutschlands bezeichnet (in einem

Wotans ... Mimes: Gestalten aus Wagners *Ring des Nibelungen*. Den Text hat Wagner, wie bei seinen anderen Opern, selbst verfaßt. Der *Ring* ist eine Trilogie mit einem Vorspiel und wurde zwischen 1869 und 1876 uraufgeführt: München, 22. September 1869: *Das Rheingold*; München, 26. Juni 1870: *Die Walküre*; Bayreuth, 16. August 1876: *Siegfried*; Bayreuth, 17. August 1876: *Die Götterdämmerung*. Der ganze Zyklus wurde in Bayreuth am 13., 14., 16. und 17. August 1876 unter Hans Richter (1843–1916) aufgeführt.

Isoldens: Isolde ist die weibliche Hauptgestalt in Wagners Oper *Tristan und Isolde*; Text vom Komponisten; Uraufführung: München, 10. Juni 1865.

andre Symphonie: Bruckners 7. Symphonie, entstanden 1881–83, Uraufführung: Leipzig, 30. Dezember 1884.

Einer der geachtetsten Musiker: nicht ermittelt.

Briefe an mich) Bruckners Symphonie als »den wüsten Traum eines durch zwanzig ›Tristan‹-Proben überreizten Orchestermusikers«. Das scheint mir bündig und treffend.

EDUARD HANSLICK

Vierte Symphonie in E-moll von Brahms

Die Symphonie verlangt vollendete Meisterschaft; sie ist der unerbittlichste Prüfstein und die höchste Weihe des Instrumental-Komponisten. In der Energie echt symphonischer Erfindung, in der souveränen Beherrschung aller Geheimnisse der Kontrapunktik, der Harmonie und Instrumentation, in der Logik der Entwicklung bei schönster Freiheit der Phantasie steht Brahms ganz einzig da. Diese Vorzüge finden wir in seiner vierten Symphonie vollständig wieder; ja sie scheinen – zwar nicht in der melodischen Erfindung, doch jedenfalls in der Kunst der Ausführung – noch höher emporgewachsen. Individuelle Vorliebe mag sich mehr der einen oder andern von Brahms' Symphonien zuwenden; unser spezieller Liebling ist die dritte. Aber wir möchten nicht verschwören, daß sie es noch bleiben wird, wenn uns einmal ihre jüngere Schwester ebenso bekannt und vertraut geworden. Auf den ersten Blick wird sie keinem ihren reichen Gedankenschatz erschließen, ihre keusche Schönheit enthüllen; ihre Reize sind nicht demokratischer Natur. Männliche Kraft, unbeugsame Konsequenz, ein ans Herbe streifender Ernst – diese Grundzüge aller größeren Werke von Brahms – treten auch in seiner neuen Symphonie bestimmend auf. Sie schaffen sich hier ihre eigene Form, ihre eigene Sprache. Unabhängig von jedem direkten Vorbild, verleugnen sie doch nirgends ihren idealen Zusammenhang mit Beethoven; ein Moment, das bei Brahms ungleich stär-

Vierte Symphonie: op. 98; Uraufführung: Meiningen, 25. Oktober 1885.

ker hervortritt als bei Mendelssohn und Schumann. Sollen wir nun die neue Symphonie schildern? Der Leser wird wissen wollen, wie der illustre, noch von keinem Verleger photographierte Gast ungefähr aussieht. Aber selbst einen anständigen Steckbrief wird unsere Wortbeschreibung nicht erreichen, denn wer vermag die »besonderen Kennzeichen« einer Komposition aufzuzählen, in der jeder Takt ein solches ist? Die E-moll-Symphonie – doch halt! schon die Wahl der Tonart gehört hier zu den besonderen Kennzeichen; denn seltsamerweise haben weder Mozart, Beethoven und Schubert, noch Mendelssohn oder Schumann je eine Symphonie in E-moll geschrieben. Also die E-moll-Symphonie beginnt ohne jede Einleitung mit einem sehr einfachen, etwas nachdenklich idyllischen Thema, das sich allmählich steigert, entfaltet und in einem strammen, trotzigen Motiv seinen Gegensatz findet. Der Satz (Alla breve, Allegro non assai) schließt stark und stürmisch. Bei aller Fülle kunstreicher Verschlingungen bleibt das Stück durchwegs klar und übersichtlich; der Hörer, fortwährend lebhaft angeregt, merkt gar nicht und braucht nicht zu merken, daß gleich das Thema mit seinen sanft schluchzenden Noten sich kanonisch im Basse wiederholt. Noch tiefer und unmittelbarer wirkt das Adagio (E-dur, Sechsachtel-Takt), der köstlichste Satz des ganzen Werkes und eine der schönsten Elegieen, die Brahms je geschrieben. Es herrscht darin eine ganz eigene, süße, warme Stimmung, ein schwärmender Zauber, der in immer neuen Klangfarben wunderbar aufblüht, bis schließlich alles in sanftem Dämmerlichte leise verhallt. Das Thema des Scherzo (Allegro giocoso, C-dur, Zweiviertel-Takt) tritt sehr derb auf – »hahnebüchen« würde Schumann sagen – bis sein verwegener Humor durch eine zweite, etwas alltäglich klingende Melodie gezähmt wird. Eine lebensvolle Sechszehntel-Figur der Violinen durchschlängelt reizend den Dialog dieser beiden Themen. Zu den früheren Instrumenten treten im Scherzo Piccolo und Triangel mit dem Effekte fein aufgesparter Lichter hinzu. Das Finale (E-dur, Dreiviertel-Takt) »Allegro energico e passionato« hebt zwar sehr »energisch« an, scheint uns jedoch in seinem geistreich kombinierenden Wesen mehr einen sinnenden als einen »leidenschaftlichen« Zug zu haben. Zum ersten Male in der ganzen Symphonie treten hier Posaunen auf, gleich anfangs mit einer Reihe mächtiger, kurz abbrechender Akkorde. Sie leiten unmittelbar in das Thema, das, achttaktig, ganz nach Art der alten Chaconne oder Passacaglia, fortwährend variiert wird. Es geschieht dies hier mit unerschöpflichem Gestaltungsreichtum, mit einer staunenswerten harmonischen und kontrapunktischen Kunst, welche sich doch nirgends als trockene Gelehrsamkeit vordrängt. Ganz neu ist diese Form für ein großes Symphonie-Finale und ganz neu jedes Detail darin. Der kunstreichste Satz von allen ist dieser letzte, doch der wenigst populäre, wozu auch seine breitere – im Verhältnis zu dem melodischen Grundstoffe wohl zu breite – Ausdehnung beiträgt. Für den Musiker wüßten wir kein zweites modernes Stück, das ihm einen so ergiebigen Schatz fruchtbaren Studiums erschlösse. Wie ein dunkler Brunnen ist dieses Finale; je länger man hineinschaut, desto mehr und hellere Sterne glänzen uns entgegen.

JOSEPH SCHALK

Hugo Wolf

Die fast beispiellosen Erfolge, welche Hugo Wolf mit seinen Mörike-Liedern in Wien erzielte, ohne je vorher in den maßgebenden musikalischen Kreisen der Hauptstadt irgend Gönner gefunden zu haben, sind eine auffallende Erscheinung. Eben dieselbe Kraft der Individualität, die ihm den Weg des praktischen Lebens schwer, ja kaum überwindlich

Wolf: Hugo W. (1860–1903), einer der bedeutendsten deutschen Liedkomponisten; vertonte etwa 300 Lieder, darunter 52 Mörike-Lieder (1888), 17 Eichendorff-Lieder (1886–88) und Goethe-Lieder (1890).

gemacht und zahlreiche persönliche Gegner geschaffen hatte, offenbarte sich in seinen Gesängen als der beglükkende Zauber wahrhafter Kunst. Denn hier war wieder einmal seit langem Ursprünglichkeit zutage getreten, die selbst den Widerstrebenden überwand, Erfindungskraft, deren Reichtum zur Bewunderung, Volkstümlichkeit, die zum Entzücken hinriß.

Die neuen Lieder Hugo Wolfs (es sind nicht weniger als zweiundfünfzig Gedichte von Mörike, deren Erscheinen vor kurzem zwanzig Lieder von Eichendorff gefolgt sind, fünfzig von Goethe werden noch erscheinen) – sind in rascher Aufeinanderfolge in dem kurzen Zeitraum von kaum zwei Jahren entstanden. Wie Wolf es versteht, sie mit unfehlbarer Sicherheit, meist in einem Zuge aufs Papier zu werfen (die erste sehr zierlich saubere Niederschrift zeigt nur ganz ausnahmsweise irgend eine Korrektur), so gelingt es ihm auch, die lyrische Stimmung des Gedichtes, die dramatische der Ballade sofort musikalisch gleich wiederzugeben. In den einfachen Gefühlstönen mit einer den besten Meistern nicht nachstehenden Innigkeit und Sangbarkeit, in den charakteristischen Zügen mit oft überraschender Deutlichkeit und Schärfe, so daß man Gestalten und Vorgänge greifbar vor sich zu sehen glaubt. Zu ganz besonders hoher Meinung aber berechtigt die Vielseitigkeit seines Ausdruckes, welcher sich im zart Innigen, wie im dämonisch Wilden, im erhaben Weihevollen, wie im Humoristischen und derb Komischen auf gleicher Höhe hält, und uns nur schwer dem einen oder anderen den Vorzug geben, keinesfalls aber gegenwärtig schon die Grenzen seiner Begabung ziehen läßt.

Mörike, dessen edle Dichterseele den Musiker zu so feurigem Dankesopfer entflammte, wird uns in diesen Liedern erst nach seiner vollen, noch viel zu wenig geschätzten Bedeutung nahegeführt. Man glaubt in einen Krystallspiegel zu blicken, in dem alle edlen und heiligen Eigenschaften des deutschen Gemütes wiederleuchten. In seiner ganzen Unergründlichkeit offenbart sich dieser Zauber keiner flüchtigen Lesung. Weniger volle Sammlung, als reine Empfänglichkeit ist es, was er voraussetzt. Dem modernen Kunstverstande, der immer mit voller Ladung segelt, wird diese Läuterung schwer. Aufs herrlichste vollzieht sie die Musik Wolfs, die in ihrer frischen Natürlichkeit auf uns eindringt, wie der belebende Odem des Waldes, der uns gestärkt uns selbst zurückgibt.

Nicht ohne tieferen Grund nennen wir Hugo Wolf einen deutschen Sänger. In diesem Namen liegt das Merkmal, das ihn von den meisten modernen Liederkomponisten unterscheidet. Es ist ein anderes, musikalische Tonreihen zu erfinden, die ebensogut von Geige wie Klarinette vorgetragen werden, oder aber Melodien, welche, aus dem Wesen der menschlichen Singstimme entsprungen, auch gar nicht anders als gesungen gedacht werden können. Die verwaschene Schreibweise (der »Stil der Melange«), welche in den musikalischen Kompositionen der Gegenwart an der Tagesordnung ist, macht hierin kaum mehr einen merklichen Unterschied. Sie beweist, wie wenig den meisten um das »Singen« eigentlich zu tun ist. Wären nicht die Berufssänger, als Sterne der musikalischen Gesellschaften, so überaus bequeme Träger des Ruhmes, so fiele es kaum je einem all der aus dem Klaviere herausgewachsenen Tonsetzer ein, auch Lieder zu schreiben. Wolfs Lieder strömen echten, unvermischten Gesang aus; er ist sein eigener Sänger, und nur wenn sich einer findet, der, wie der unvergleichliche Siegfried-Darsteller Ferdinand Jäger, Mut und Begeisterung genug hat, sich ihm zu gesellen, dringt auch weitere Kunde davon in die Welt hinaus.

Die orchestrale Behandlung der Klavierbegleitung finden wir keineswegs tadelnswert, da sie durch die neuere musikalische Ausdrucksweise bedingt ist. Doch sind unter den Liedern auch solche, und es sind keineswegs die schwächeren, die im einfachsten Stile gehalten sind. Der Einfluß Wagners auf die höchst feinsinnige Deklamation, die harmo-

Jäger: Ferdinand J. (1838–1902), seit 1865 Opernsänger, seit 1876 als bedeutender Wagner-Sänger berühmt; gab, von Wagner empfohlen, den Siegfried (s. Anm. zu *Wotans* S. 588) in der Wiener Hofoper am 9. November 1878.

nische und melodische Kühnheit des Aufbaus zeigt sich hier, wo die eigentliche Erfindung durchaus selbständig bleibt, ebenso segensreich, wie er sich bei Tonsetzern schwächerer Individualität verderblich erwiesen hat. Aufs neue bekräftigen diese Gesänge die zu wunderbarer Höhe gesteigerte Ausdrucksfähigkeit der neueren Musik. Als unmittelbare Sprache des reinen Gefühles hat sich die Tonkunst von je bewährt. Wie sie sich aber in ihrer vorschreitenden Entwikkelung zu einer immer helleren Spiegelung der gesamten inneren wie äußeren Welt erwachend emporhob, und gerade hierdurch in den Elementen ihres Seins, in Rhythmus, Melodie und Harmonie, zu ungeahnter Kraft und Bedeutung erstarkte – weist sie uns ein eigentliches Wunder des Jahrhunderts auf, dem gegenüber wir ohne mögliche Erläuterungen des Verstandes in staunender Bewunderung seiner Erhabenheit verharren. Die Erfindungskraft Hugo Wolfs bewährt sich dieser hohen Stufe ebenbürtig. Sie führt uns hinaus in die Frische der Morgenluft, in das flimmernde Sonnenlicht des Weinberges, in die summende Schwüle des Mittags, wie in das schattige Waldesdunkel, in den Zauber seiner Einsamkeit oder in das Brausen des Sturmes, des strömenden Regens, dann wieder in die Ruhe des ländlichen Abends, vor die Glut der untergehenden Sonne oder in den milden Schimmer des Mondlichtes – unmittelbarer, als es Dichtersprache vermag. Was bei kühler, kunstverständiger Betrachtung als logische Entwicklung musikalischer Formen, als ein einheitlich geistvolles Gewebe der Durchführung erscheint, wird belebt im Anhauch schöpferischer Wiedergabe zur ergreifenden Gewalt einer höheren Natur, deren Wahrheit uns tief erschüttert.

Gleich als Tondichter, wie als darstellender Künstler fesselt Hugo Wolf den Hörer. Die Energie und Präzision, die Feinheit der seelischen Durchdringung des Ganzen, wie die zündende Unmittelbarkeit belehrt besser als jeder Vortrag akademisch gebildeter Berufsvirtuosen.

Mehr als alle Worte aber würden Beispiele, die wir hier nicht bieten können, überzeugen. Eine allgemeine Betrachtung möge noch zugunsten unseres Urteils sprechen. Der Ernst des Lebens wird von dem zunehmenden Alter der Menschheit immer mehr erkannt. Selbst in kürzeren Geschichtsepochen läßt sich die Wahrheit dieses Satzes historisch nachweisen, und so gewinnen auch Sage, Religion und Kunst fortgesetzt tiefere Bedeutung. Ist nun allerdings ideale Heiterkeit das Gebiet der Kunst, so geht daraus hervor, daß sie in dem Kindheits- wie Jünglingsalter der Menschheit am besten zu natürlicher Blüte gelangen konnte. Ihre größte Erniedrigung war es, wenn sie sich anschickte, diese Heiterkeit zu erheucheln, wogegen ihre eigentliche Würde darin besteht, dem Ernste des Zeitalters eine entsprechend hohe Sphäre der Heiterkeit (des freien Spieles der Kräfte) entgegenzusetzen, welche jenem gesteigerten Ernste ein Gleichgewicht zu halten vermag. Dies bewahrheitet sich auch an der Person des modernen Künstlers. Hat er Anspruch darauf als solcher zu gelten, so ist in ihm ein Stück jenes furchtbaren Dämons des Ernstes verkörpert, der mit eiserner Faust die alternde Welt umspannt. Sein Ernst aber ist die Kunst, sie ist sein einziger, todbringender Lebenszweck. Das Wirken der übrigen im Banne des Stoffes befangenen Menschheit gibt zusammengenommen gleichsam erst die Summe der ihn erfüllenden Energie und Intensität. Nur so wird er noch Herr des idealen Bereiches, nur so vermag er sich aufzuschwingen zu den immer ferner hinschwindenden Gefilden des Paradieses.

Seit der unvergleichlichen Erscheinung Richard Wagners, die diesen Typus in höchster Vollendung darstellt, haben nur ganz wenige Menschen uns einen in diesem Sinne so überzeugenden Eindruck hervorgerufen, wie der junge Tondichter Hugo Wolf.

ARNOLD SCHÖNBERG

Gustav Mahler

Gustav Mahler war ein Heiliger.

Jeder der ihn nur einigermaßen kannte, muß das gefühlt haben. Verstanden haben es vielleicht nur wenige. Und auch von den wenigen haben ihn nur die verehrt, die den Willen zum Guten haben. Die anderen reagierten auf den Heiligen so, wie die ganz Bösen immer auf das vollkommen Gute und Große reagierten: sie machten ihn zum Märtyrer. Sie brachten es dahin, daß dieser Große an seinem Werk zweifelte. Keinen Kelch durfte er an sich vorübergehen lassen. Auch diesen bittersten mußte er schlürfen: selbst, wenn auch vorübergehend, den Glauben an sein Werk zu verlieren.

Wie wollen sie es verantworten, daß Mahler sagen mußte: »Es scheint, daß ich mich geirrt habe«; wie wollen sie sich rechtfertigen, wenn man sie anklagt, einen der größten Tondichter aller Zeiten dahin gebracht zu haben, daß er um jenen einzigen und höchsten Lohn kam, den das Schaffen findet, um die Belohnung, die der Glaube an sich selbst erteilt, indem er dem Künstler gestattet, sich zu sagen: »Ich habe mich *nicht* geirrt.« Man bedenke, der Schaffensdrang geht weiter, die größten Werke werden empfangen, ausgetragen und geboren, aber der Schöpfer, der das hervorbringt, fühlt nicht die Wonnen der Zeugung, fühlt sich nur als Sklave eines höheren Auftrages, unter dessen Zwang er rastlos seine Arbeit tut. »Als ob es mir diktiert worden wäre«, sagte Mahler einmal, um die Schnelligkeit und halbe Unbewußtheit, mit der er seine achte Symphonie in zwei Monaten schuf, zu kennzeichnen.

Das, woran später einmal alle glauben werden, er glaubte nicht mehr daran. Er hatte resigniert.

Selten hat einem die Mitwelt so arg mitgespielt; keinem

achte Symphonie: Sinfonie der Tausend, Es-Dur, entstanden 1906–10; Uraufführung: München, 12. September 1910.

vielleicht ärger. So hoch stand er, daß oft selbst die Besten an ihm versagten. Weil selbst die Besten nicht an seine Höhe heranreichen. Weil selbst in den Besten noch so unendlich viel Unreines ist, daß sie in dieser höchsten Region der Reinheit, die schon Mahlers Erdenaufenthalt war, nicht atmen konnten. Was soll man dann von den weniger Guten und von den ganz Unreinen erwarten? Nekrologe! Mit ihren Nekrologen verpesten sie die Luft, wollen wenigstens noch einen Augenblick jenes Dünkels genießen, in dem der Schmutz sich wohlfühlt.

Und, je genauer so einer weiß, wie sehr er selbst verachtet werden wird und wie recht ihm damit geschieht, desto »geachtetere« Schriftsteller zitiert er, die sich an Mahler vergangen haben. Als ob das nicht immer so gewesen wäre, daß diejenigen, die ohne Achtung für das Werk des Großen waren, dafür die Achtung ihrer Zeitgenossen erhielten. Aber was hat die Nachwelt dazu gesagt?

Freilich, um diese Nachwelt kümmern solche sich nicht, sonst müßten sie sich umbringen. Ich glaube nicht, daß es einen Menschen gäbe, der leben wollte, wenn er die Schmach erkennen könnte, die er auf sich geladen, indem er sich an dem Höchsten verging, was es unter Menschen gibt. Es müßte schrecklich sein, wenn in einem solchen, der in den Tag hineinlebt ohne zu denken, plötzlich das Bewußtsein seiner Schuld im ganzen Umfange auftauchte.

Weg von ihnen!

Zum Werk Gustav Mahlers!

In dessen reine Luft!

Hier ist dieser Glaube, der uns hochbringt. Hier glaubt einer in seinen unsterblichen Werken an eine ewige Seele. Ich weiß nicht, ob unsere Seele unsterblich ist, aber ich glaube es. Aber ich weiß: die Menschen, die höchsten Menschen, die wie Beethoven und Mahler, werden solange an eine unsterbliche Seele glauben, bis die Kraft dieses Glaubens dem Menschen sie verschafft haben wird.

Einstweilen haben wir unsterbliche Werke. Und wir werden sie zu hüten wissen.

GUSTAV MAHLER

Die Nacht blickt mild aus stummen ewigen Fernen
Mit ihren tausend goldenen Augen nieder.
Und müde Menschen schließen ihre Lider
Im Schlaf, aufs neu vergeßnes Glück zu lernen.
Siehst du den stummen, fahrenden Gesellen?
Gar einsam und verloren ist sein Pfad,
Wohl Weg und Weiser der verloren hat
Und ach, kein Stern will seinen Pfad erhellen.
Der Weg ist lang und Gottes Engel weit
Und falsche Stimmen tönen lockend, leise –
»Ach, wann soll enden meine Reise,
Wann ruht der Wanderer von des Weges Leid?
Es starrt die Sphynx und droht mit Rätselqualen
Und ihre grauen Augen schweigen – schweigen.
Kein rettend Wort, kein Lichtstrahl will sich zeigen –
Und lös' ich's nicht – – muß es mein Leben zahlen«.

Kassel, Dezember 1884.

Die Nacht ...: Das Gedicht druckte *Der Merker* im Anschluß an Schönbergs Beitrag unter der Überschrift »Ein Jugendgedicht Gustav Mahlers« und fügte die Bemerkung hinzu: »Dieses Gedicht Mahlers, das er im Alter von 24 Jahren schrieb, ist doppelt merkwürdig: nicht nur, weil es ihn schon damals als den ganz Einsamen zeigt, der er trotz allem Jubel und Zuruf auch späterhin geblieben ist, sondern weil zwei Zeilen dieses Gedichtes (dritte und vierte Zeile) wörtlich in das vierundzwanzig Jahre später geschaffene Lied an die Erde [sic!], sei es als bewußte oder unbewußte Reminiszenz, von Mahler aufgenommen worden sind.

Und müde Menschen ... lernen: Vgl. das Gedicht »Abschied« aus dem *Lied von der Erde,* V. 12f.: »Die müden Menschen gehen heimwärts, um im Schlaf / Vergeßnes Glück und Jugend neu zu lernen.«

Lied an die Erde: Lied von der Erde, Uraufführung am 20. November 1911 unter Bruno Walter (d. i. Bruno W. Schlesinger, 1876–1962) in München.

Siegfried im Opernhaus: über Gustav Mahler

Mit Siegfriedsallüren ist in das Opernhaus dieser Tage ein neuer Dirigent eingezogen, dem man es vom Gesicht ablesen kann, daß er mit der alten Mißwirtschaft energisch aufräumen wird. Herr *Mahler* dirigierte zum ersten Male »Lohengrin« und hatte einen von allen Blättern einstimmig anerkannten Erfolg. Es geht ein Gerücht, daß man ihn bald auf den Direktionsstuhl setzen wird. Dann wird das Repertoire unserer Hofoper wohl nicht mehr ausschließlich aus »Cavalleria rusticana« bestehen, heimische Komponisten werden ihre Manuskripte nicht mehr ungelesen zurückbekommen (sondern gelesen), und verdiente Sängerinnen nicht mehr grundlos vor die Türe gesetzt werden. Der neue Dirigent soll bereits so effektive Proben seiner Tatkraft abgelegt haben, daß schon fleißig gegen ihn intriguiert wird. Mahler im Kampfe mit unbotmäßigen Theaterungeheuern –: Auf dem Michaelerplatz, an der Hofburg-Façade, ist jetzt ein plastisches Riesenwerk enthüllt worden, welches ein ähnliches Motiv verwertet. Die »Macht zur See«, deren Schöpfer Bildhauer Weyr gewesen, hat endlich ihr Pendant erhalten, die *»Macht zu Lande«*, die man unserm *Hellmer* zur Entschädigung dafür übertragen hatte, daß er seinem Rivalen Tilgner in dem Wettbewerbe um das Mozart-Monument

Siegfried: s. Anm. zu *Wotans* S. 588.

»Lohengrin«: Oper von Richard Wagner; Uraufführung: Weimar, 28. August 1850; in Wien: 19. August 1858 in der Hofoper.

»Cavalleria rusticana«: Oper von Pietro Mascagni (1863–1945); Uraufführung: Teatro Costanti Rom, 17. Mai 1890; in Wien: 20. März 1891 in der Hofoper, mit ungeheurem Erfolg.

»Macht zur See«: Monumentalbrunnen an der Fassade des Michaelertrakts der Hofburg, geschaffen von dem Bildhauer Rudolf Weyr (1847–1914), als Pendant zum Brunnen »Macht zu Lande« von Edmund Hellmer (1850–1935) an der gleichen Fassade.

Tilgner: Viktor T. (1844–96) hatte beim Wettbewerb um das Mozart-Denkmal

weichen mußte. So ist denn Wien um ein sehenswürdiges Verkehrshindernis reicher. Die energische Jünglingsgestalt, die hier Professor Hellmer geschaffen hat, ist das Beste an dem Werke – eine seltsame Mischung von klassischem Glanze und militärischer Strammheit ist in dieser Figur verkörpert. Der bedeutungsvolle Gestus hält die Titanen im Zaume, die da unten gegen die Herrschaft römisch-deutscher Kultur toben. So lebendig in manchen Zügen diese Wesen aufgefaßt sind, ihre Ungeberdigkeit ist doch etwas akademisch, und der sonnige Jüngling da oben wird mit den k. k. *Dämonen* wohl bald fertig werden.

ELSA BIENENFELD

Zur Aufführung des Quartetts von Arnold Schoenberg

Über reichliche Aufführungen ihrer neuen Werke haben sich die jungen Komponisten, die man zu den »Modernen« zählt, nicht zu freuen. Die Orchesterkonzerte und Kammermusikvereinigungen führen im besten Falle neue Werke bereits anerkannter Komponisten oder höchstens als Novitäten Epigonenmusik auf, bei der die Mühe des Einstudierens ebenso gering ist wie die Mühe des Hörens. Einzig und allein *Rosé* ist sich der Rechte und Pflichten seiner künstlerischen Stellung bewußt. So wie sein Quartett heute das Erste

nur den 2. Preis bekommen, Edmund Hellmer den 1. Preis; trotzdem erhielt Tilgner den Auftrag.

Quartetts: Streichquartett Nr. 2, fis-Moll, op. 10, 1907/08; Uraufführung: 21. Dezember 1908 in einem Abonnements-Konzert des Quartetts Rosé.

Rosé: Arnold R. (1863–1946), seit 1881 Konzertmeister des Hofopernorchesters, leitete auch ein berühmtes Quartett, das jahrzehntelang bestand; um 1900 waren die Mitglieder: Arnold R., 1. Violine; August Siebert, 2. Violine; Hugo von Steiner, Viola; Reinhold Hummel, Cello.

unter allen ist, so ist es auch eines der sehr wenigen, das Kunst vom Standpunkt der Kunst und nicht dem des Philisters oder gar des Geschäftes betreibt. Er ist der einzige, der Interesse für die künstlerische Arbeit unserer Zeit hat. Er erwirbt sich damit den Dank aller billig denkenden Kunstfreunde, und den um so mehr, als er dabei mit mutigem Sinn einer aus Vorurteilen, Parteilichkeit und Spektakelsucht genährten Opposition entgegentritt.

Rosé hat einen der Begabtesten, *Arnold Schoenberg*, vor Jahren in Wien eingeführt; zunächst durch ein Streichsextett, das, bei der ersten Aufführung zurückgewiesen, einige Jahre später im Tonkünstlerverein so beifälliges Aufsehen erregte, daß es in kurzer Folge und vor einem größeren Publikum wiederholt wurde, dann durch ein Streichquartett und die darauf folgende Aufführung einer Kammersymphonie. Bei jeder Aufführung wurde der Widerstreit der Aufnahme heftiger, immer überzeugter die Begeisterung auf der einen Seite, die Entrüstung auf der anderen. Zu betonen ist, daß *Arnold Schoenberg* weder durch frivole Kunstmittel seichte Effekte erzielen, noch durch sensationslüsterne Willkürlichkeiten der Komposition verblüffen will, daß er weder die Gunst einflußreicher Kreise sucht, um lanciert zu werden, noch sich durch die Macht des Goldes bestechen läßt, von den Forderungen der künstlerischen Gesinnung abzubiegen, daß seine Arbeit als schaffender Musiker mit unerbittlicher Strenge auf die Erfüllung hoher Ideen gerichtet ist.

Wer als ruhiger Konzertbesucher im letzten Abonnementkonzert Rosés anwesend war, hat zu seinem Erstaunen den Konzertsaal in einen Schauplatz wütendster Parteikämpfe verwandelt gesehen. *Während* der Aufführung des neuen Schoenbergschen Quartetts wurde gelacht, gestampft,

Streichsextett: Verklärte Nacht, op. 4, 1899; Uraufführung 1902.

Streichquartett: Streichquartett Nr. 1, d-Moll, op. 7, 1905.

Kammersymphonie: Kammersymphonie Nr. 1, E-Dur, op. 9, 1906; Uraufführung 1907.

gejohlt, geschrien, gezischt; es fiel in peinlicher Weise auf, daß selbst Leute, die ihr Urteil an anderer Stelle auszusprechen haben und die dieses Urteils wegen vor allem in Ruhe hätten hören müssen, sich im Konzertsaal selbst zu Anwälten und Führern der abscheulichen Szenen aufwarfen. Paris hat vor fünfzig Jahren einen ähnlichen, seinen »Tannhäuser«-Skandal, gehabt. Aber dort waren es die Herren vom Jockeiklub. Daß irgend jemand, und sei er musikalisch noch so geschult, ein Werk, an dem ein Künstler monatelang gearbeitet hat, in dem er eigenen, nicht Allerweltsgedanken Ausdruck gibt, das Probleme bietet, an deren Lösung er sein ganzes Können einsetzt, beim erstmaligen Hören und ohne die Partitur zu kennen, so völlig verstehen könnte, um darüber im guten oder schlechten Sinne erschöpfend aburteilen zu können, ist unmöglich. Das wütende Zischen war in diesem Falle ebenso unbegreiflich, wie der stürmische Applaus; ganz eigenartigen Geistes sind aber diejenigen, die ein neues Werk schon zu beurteilen imstande sind, bevor es fertig gespielt wurde. Hundert gegen eins ist zu wetten, daß jene, die am heftigsten bei dieser und ähnlichen Gelegenheiten mit den großen sittlichen Entrüstungen über vergewaltigte Ideale, Form, Norm um sich schlagen, nicht einmal wissen, wie eine Partitur angelegt wird und in die größte Verlegenheit kämen, wenn man sie fragen würde, was eine Sonatenform ist.
Indessen wird man mit Recht einwerfen, Musik sei nicht mit dem Verstand abzumessen und müßte nicht erst analysiert werden, sondern appelliere an das Gefühl. Auffallend erscheint, daß ein Musikstück so intensiv ist, um die Gemüter in dieser Weise zu erhitzen. An völlig bedeutungslosen Werken geht man mit Gleichgültigkeit vorüber. Ich nehme

»Tannhäuser«-Skandal: Auf Anordnung des Kaisers, Napoleons III., wurde Wagners Oper am 13. März 1861 in Paris aufgeführt; wegen politischer Spannungen mit dem Hof entsteht der vom Jockey-Club inszenierte berühmte Skandal. Nach der dritten Aufführung wurde die Oper vom Repertoire abgesetzt. Erst 1885 wurde sie in Paris erneut gegeben.

gern an, daß nicht Böswilligkeit und roher Sinn einer großen Koterie sich bei diesem Anlaß Luft machen wollte. Daß ein Werk abgelehnt wird, ist zwar eine Präsumtion, aber noch lange kein Beweis für eine gute Qualität. Immerhin merkwürdig ist aber die lichterloh brennende Aufregung bei einem Werk, das weder politische, noch religiöse, noch moralische Tendenzen verfolgt, das nicht in der reizbaren Atmosphäre des Theaters in Erscheinung tritt, sondern ausschließlich ästhetischer Natur ist, bei einem Stück der Kammermusik, also der intimsten und zartesten aller musikalischen Gebilde.

In der Kunst gibt es keinen Stillstand ebensowenig wie es Revolutionen gibt. Diejenigen, die an der Hand konventioneller Redensarten die Meisterwerke der Vergangenheit zu hören gewohnt sind, sind die ersten, die bei der geringsten Änderung Todesgefahren wittern. Es sind noch jedesmal, sobald eine neue Erscheinung auftrat, die Genies vergangener Zeiten als beleidigte Götter aufgerufen worden. Beethoven wurde getadelt, weil er kein Mozart war; über die letzten Werke des »tauben« Komponisten hat man jahrzehntelang nur mitleidig die Achseln gezuckt; Brahms wurde mißachtet, weil er Beethoven »nachahmte«, Wagner verlästert, weil er über ihn »hinauswollte«. Aber wenn Beethoven kein Mozart, Brahms und Wagner keine Beethoven waren, so war jeder glücklicherweise er selbst. Es ist ein lächerlicher Einfall, daß man neu hervortretende selbständige Komponisten stets an bereits anerkannten Tonheroen abmessen will. Die Begabungen sind verschiedenartig und in ihrer Art verschieden stark. Ob einer in ehrlicher künstlerischer Absicht schafft, ob er eine eigene Physiognomie hat, danach richtet sich die Wertung. Die Frucht des Schaffens mag persönlichem Geschmack entsprechen oder nicht: eine unwürdige Methode aber ist es, einen ernststrebenden Künstler, und wäre sein Werk noch so verfehlt, mit Aus-

Koterie: Kaste, Sippschaft, Klüngel.

drücken zu belegen, die in der Gerichtssaalreportage gebräuchlich sind; wer in dieser Tonart angeblasen würde, hätte wohl Grund, dem Aeropag zu mißtrauen.

Es war unmöglich, von dem jüngst aufgeführten Streichquartett Arnold Schoenbergs irgendeinen Eindruck zu gewinnen, da die bübischen Störungen eine zitternde Erregung im ganzen Saal verbreitet hatten, so daß von einem Deutlichwerden und Ausklingen der Stimmungen nicht die Rede sein konnte; von einem Zusammenhang vollends nicht. Wer die Partitur kennt, konnte sich überzeugen, daß ihre vier Sätze, an deren beiden letzten eine Singstimme beteiligt ist, mit der größten Sauberkeit, der größten Beherrschung der Technik geschrieben, daß die musikalischen Formen hier, wohl nicht in einer schablonenhaften Weise, aber mit strengster Logik durchgebildet sind (der dritte ist zum Beispiel aus knappen Variationen über ein achttaktiges Thema gebaut, die jedesmal zur Grundtonart Es-moll zurückführen), daß die thematische Erfindung kraftvoll und reich ist, daß in ihrer Verarbeitung nichts willkürlich, sondern im Gegenteil mit der größten Konsequenz, mit der äußersten Planmäßigkeit durchgeführt ist. Daß die harmonischen Verbindungen, die im Manuskript geistvoll und originell erscheinen, die reichen polyphonen Verschränkungen, die merkwürdigen, teils düsteren, teils bizarren, teils geheimnisvollen Stimmungen, zum Tönen gebracht, klingen, gut klingen, ist durch diese Aufführung nicht bewiesen worden. Vielleicht beweist eine andere Aufführung mehr. Sie wäre im Interesse des Komponisten zu wünschen, der dabei sich zu überzeugen hätte, ob seine theoretischen Voraussetzungen zutreffen und der Weg, den seine Entwicklung genommen hat, urbar zu machen ist. Sollte es, wie gerüchtweise verlautet, zu einer zweiten Aufführung kommen, so würden wir wünschen, daß nicht nur die Zischorgien, sondern vor allem die provokanten Beifallsbezeigungen unterblieben. Sie kompromittieren den Komponisten. Denn mit Gewalt werden höchstens Parteifragen entschieden, nicht künstlerische.

ARNOLD SCHÖNBERG

Über Musikkritik

Die Musik unserer Zeit bietet viele Probleme; unzählig viele. Aber wer sieht, wer beachtet sie? Schließlich muß zugestanden werden, daß die früheren konservativen Kritiker sich immerhin noch mit der Frage auseinandersetzen konnten, ob es wirksam oder zulässig sei, wenn das Scherzo vor dem Adagio steht; ob der zweite Satz in Fis gehen darf, wenn das Werk in F ist. Das ist ja alles heute Kram, aber man muß wissen, was dabei in Betracht kommt. Dann ginge man nicht achtlos an den Problemen vorbei. Dann wäre es nicht möglich, daß Charpentier, Strauß, Debussy, Dukas Prosa komponieren, ohne daß ein Wort darüber verloren wird. Gewiß, die älteren Kritiker hätten sich dagegen gesträubt, hätten die ästhetischen Gründe für und wider angeführt und hätten bewiesen, daß es unmöglich ist, obwohl die Meister ihnen gezeigt haben, daß es möglich ist. Es wäre viel Unsinn geschrieben worden, aber jener Widerstand wäre dagewesen, der einem Sieg erst Wert erteilt. Unsere Musikkritiker taugen eben nicht einmal zum Kanonenfutter im Kunstkampf. Sie haben über Dissonnanzen gejammert, als das Problem der Einsätzigkeit der Symphonie vorüberzog, haben über Dissonnanzen gejammert, als sich neue Möglich-

Charpentier: Gustave Ch. (1860–1956) wurde berühmt durch seine Oper *Louise* (Uraufführung: Opéra Comique, Paris, 2. Februar 1900), deren Textbuch – im Geiste des Naturalismus – sogar die Rufe der Pariser Straßenhändler enthielt. Das Textbuch verfaßte der Komponist.

Strauß: Der Text der Oper *Salome* (1905) von Richard Strauss (1864–1949) stammte von Oscar Wilde (s. Anm. S. 235).

Debussy: Claude D. (1862–1918), führender Musiker des französischen Impressionismus; seine Oper *Pelléas et Mélisande* (Uraufführung: Opéra Comique, Paris, 30. April 1902) benutzt Maeterlincks Drama als Textbuch (s. Anm. S. 334).

Dukas: Paul D. (1865–1935), französischer Komponist; seiner Oper *Ariane et Barbe-Bleu* (Uraufführung: Opéra Comique, Paris, 10. Mai 1907) liegt ebenfalls ein Drama Maeterlincks zugrunde.

keiten zur Melodie-Entwicklung zeigten. Und sie haben auch über Dissonnanzen gejammert, wenn keine da waren. Wie gelegentlich eines Konzertes meiner Schüler ein besonders Feinhöriger einen Streichquartettsatz, dessen Harmonik nachweisbar nur wenig über Schubert hinausgeht, für ein markantes Produkt meines schädigenden Einflusses erklärte.

Um einen Kunsteindruck empfangen zu können, muß die eigene Phantasie schöpferisch mitwirken (diesen mir längst vertrauten Gedanken las ich neulich in der »Fackel« in Briefen Wildes). Nur die Wärme, die man selbst abzugeben imstande ist, gibt das Kunstwerk, und schließlich ist eigentlich fast jeder Kunsteindruck ein von der Phantasie des Zuhörers Geschaffenes. Allerdings ausgelöst durch das Kunstwerk; aber nur dann, wenn man über einen dem Absendeapparat gleichgestimmten Empfangsapparat verfügt. Um einen Kunsteindruck in ein Kunsturteil umzuschaffen, muß man geübt sein, seine eigenen unbewußten Empfindungen zu deuten, man muß seine eigenen Neigungen und die Art, wie man auf Eindrücke reagiert, kennen. Um nun gar ein Werturteil abzugeben, muß man Kunsteindrücke miteinander vergleichen können; muß, entweder aus seiner Natur, der Eigentümlichkeit nicht fehlen darf, oder doch wenigstens aus seiner Bildung (= Durchbildung) einen Gesichtspunkt finden, von dem aus man dem Wesen des Werkes näherkommen kann. Man muß Sinn für die Vergangenheit und Ahnungen für die Zukunft haben. Und schließlich, man darf wohl irren; aber dann muß man wenigstens wer sein!

Wie weit sind unsere Kritiker davon entfernt! Die eigentliche Ursache ist wohl die Unfähigkeit, denn die Böswilligkeit kann nie so schädlich sein, wie die Dummheit. Eine geistige Potenz, die etwa aus Rache einen Künstler verfolgt, wird

in der »Fackel« in Briefen Wildes: wohl gemeint: »Kunst und Moral«, Briefe von Oskar Wilde, übersetzt von Leo Ronig, erschienen in der *Fackel* (1909).

alles aufzufinden wissen, wogegen es sich lohnt, zu streiten. Der Dumme hingegen ist selbst dann schädlich, wenn er unehrlich ist.

PAUL WILHELM

Bei Arnold Schönberg

Er zählt zu den umstrittensten Persönlichkeiten der Wiener Musikwelt. Die einen schätzen ihn als ernsten, gediegenen Musiker von Bedeutung, die anderen begegnen ihm mit brüsker Ablehnung, zuweilen selbst mit Spott und Hohn. So hat erst vor kurzem die Aufführung eines Schönbergschen Kammermusikstückes im Quartett Rosé einen im Konzertsaal wohl seltenen Skandal hervorgerufen. Zu kritischer Stellungnahme für oder gegen das Werk selbst ist hier nicht der Platz, sie sei gern berufeneren Federn überlassen. Die eigenartige und interessante Persönlichkeit des Komponisten aber wird vielleicht manches zum Verständnis seines künstlerischen Wesens und seiner Art beitragen.

Schönberg ist immer in gewissem Sinne ein Einsamer, abseits vom breiten Wege Schreitender gewesen. Er war immer ein Suchender, neuen Werten Nachspürender. Ich erinnere mich mancher Gespräche, die ich mit Arnold Schönberg führte – vor langer Zeit –, es mögen an siebzehn Jahre sein, da wir beide einem kleinen Freundeskreis von strebenden, jungen Leuten angehörten, die ihre ersten künstlerischen Versuche anstellten. Auch Leo *Fall* und Edmund *Eysler* zählten zu diesem Kreise. Beide haben sich der heiteren Muse zugewendet und große, auch materielle

Quartett Rosé: s. Anm. S. 600; die Aufführung des 2. Streichquartetts von Schönberg fand am 21. Dezember 1908 im Bösendorfer-Saal statt.

Fall: Leo F. (1873–1925), österreichischer Operettenkomponist; bekannt etwa durch die Operette *Der fidele Bauer* (Uraufführung: Mannheim, 27. Juli 1907; in Wien: 1. Juni 1908 im Theater an der Wien).

Eysler: Edmund E. (1874–1949), Jugendfreund Schönbergs, später Operetten-

Erfolge erzielt. Schönberg, schon damals zum Grübeln neigend, hat sich immer tiefer in den Ernst der Kunst eingegraben, der materiell freilich nicht auf Rosen bettet, und heute trennen die einstigen Jugendfreunde Abgründe der künstlerischen Anschauungen.

Ich suche Schönberg in seinem Heim in der Liechtensteinstraße auf. Freundliche Räume, von schlichter, durch Geschmack verschönter Einfachheit. Ein paar Bilder, die die Wände zieren, verraten mir, daß der Künstler auch den Pinsel führt. Und zwar mit einer merkwürdigen Begabung, in einer breiten, impressionistischen Manier, mit starker Wirkung der Fläche. Ein kleiner Kopf, der interessante Versuch eines Selbstporträts fällt mir auf durch die Kunst, mit der Schönberg den eigentümlich milden und doch zuweilen flackernden Blick seines Auges festzuhalten vermochte. In einer Ecke ist eine charakteristisch erfaßte Büste Schönbergs von der Meisterhand Josef Heus. Über seinem Schreibtisch hängen zwei Bilder mit herzlichen Widmungen Gustav Mahlers, und ein Porträt Zemlinskys grüßt von der Wand des Mittelpfeilers. Das ist der schlichte, unaufdringliche Schmuck seiner Räume, seiner kleinen, aber mit seiner Empfindung tief erfaßten Welt. Seine Art ist schlicht und anspruchslos, aber voll Nachdruck und Energie in jeder künstlerischen Äußerung. Er geht während des Gesprächs nervös im Zimmer auf und ab. In dem rundlichen, bartlosen Gesicht, das sonst einen merkwürdig stillen, fast pastorenhaften Ausdruck hat, beginnt es zu arbeiten. Ein leichtes Stirnrunzeln, ein Aufflackern des Auges verrät die Tätigkeit seiner Gedanken. Er strebt mit redlichem Bewußtsein. Erfolg und Mißerfolg beirren ihn nicht. Er stellt keine

komponist, so etwa *Bruder Straubinger* (Uraufführung: 20. Februar 1903 im Theater an der Wien).

Heus: Josef Heu (1876–?), österreichischer Bildhauer; schuf zahlreiche Porträtbüsten.

Zemlinskys: Alexander von Zemlinsky (1871–1942), österreichischer Komponist, Dirigent und Musiklehrer; Lehrer Schönbergs, der am 18. Oktober 1901 dessen Schwester Mathilde (1877–1923) heiratete.

großen Anforderungen an das Leben. Das macht ihn innerlich unabhängig, macht ihn mutig. Er kennt keine Konzessionen an den Geschmack der Menge. Er geht seinen Weg, wie seine innere Entwicklung ihm denselben vorschreibt, unbekümmert, ob ihm die Sonne des Erfolges lacht, oder ihn die Stürme des Widerspruchs umbrausen. Er blickt aus seiner künstlerischen Innenwelt, wie durch Fensterscheiben geschützt, hinaus auf das Getriebe. Die Zeit beirrt ihn nicht, aber – man merkt es an der Entschiedenheit, mit der er seine Urteile prägt – sie läßt ihn doch nicht ohne Bitterkeit. Aber er trägt sie mit völliger Resignation, wie eine unausweichliche Selbstverständlichkeit. Mag er irren oder nicht, in der Festigkeit seiner künstlerischen Zuversicht liegt etwas Rührendes und Achtunggebietendes.

Ich frage nach den entscheidenden Faktoren seiner künstlerischen Entwicklung, und Schönberg meint: »Der bestimmendste Faktor sind wohl die inneren Notwendigkeiten der eigenen Entwicklung. Man entwickelt sich nicht absichtlich und bewußt. Die musikalische Umwelt übt zweifellos gewisse Einflüsse aus. Erst wurde ich Wagnerianer – dann kam die weitere Entwicklung ziemlich rasch. Es gehen heute alle künstlerischen Evolutionen in sehr rascher Folge vor sich. Ich könnte meine Entwicklung sehr genau analysieren, nicht theoretisch, aber retrospektiv. Es ist eine interessante Beobachtung, daß dasjenige, das den Anstoß zur Entwicklung gegeben hat, meist sein eigenes Gegenteil hervorruft, daß es, sobald man es verdaut hat, auch das erste ist, das uns wieder abstößt, so daß die Entwicklung immer eine Reaktion gegen das bedeutet, was sie hervorgerufen hat ... Und ich glaube, wenn ich meine Entwicklung ins Auge fasse, daß ich eigentlich damit die Entwicklung der letzten zehn bis zwölf Jahre Musik beschreibe – es fällt da in mir vieles zusammen mit Reger, Strauß, Mahler, Debussy und andern.«

Reger: Max R. (1873–1916), deutscher spätromantischer Komponist.

Debussy: s. Anm. S. 605.

Ich spreche von dem Einfluß Wagners auf die Entwicklung der modernen Musik, und Schönberg antwortet:
»Wagner hat uns drei Sachen – der Hauptsache nach, soweit er für die moderne Entwicklung in Betracht kommt – hinterlassen: Erstens die reiche Harmonik, zweitens die kurzen Motive, mit ihrer Möglichkeit, den Satz so rasch und so oft zu wenden, als es das kleinste Stimmungsdetail erfordert, und drittens gleichzeitig die Kunst, großangelegte Sätze zu bauen, und die Perspektive, diese Kunst weiter zu entwikkeln – alles das scheint sich der Reihe nach entwickelt zu haben, um dann in das Gegenteil umzuschlagen. Das erste, das zu gären angefangen hat, scheint die Harmonie des Ausdrucks gewesen zu sein. Dabei haben die kurzen Motive wohl zunächst zu einer Versinnbildlichung der Technik geführt. Die meist sequenzierende Fortführung hat einen Ausfall an Formfeinheiten zur Folge gehabt. Die erste Reaktion darauf ist das Überwuchern der Formen und das Suchen nach den langen Melodien, wie beispielsweise bei Richard Strauß im ›Heldenleben‹ ...«
Ich frage Schönberg: »Halten Sie die Melodie, in dem Sinne, wie sie gewöhnlich verstanden wird, für überwunden?«
»Wenn man meine letzten Sachen ansieht, könnte man die Antwort finden. Sie sind noch durchaus melodisch. Ich glaube nur, daß die Melodie andere Formen annimmt. Überdies glaube ich, daß man sich über den Begriff Melodie nicht im klaren ist. Gewöhnlich versteht man unter Melodie – das, was man nachpfeifen kann. Aber was ein Musiker und was ein Nichtmusiker nachpfeifen kann, ist schon sehr verschieden. Im allgemeinen scheint man unter Melodie eine möglichst prägnante Formung eines musikalischen Gedankens von lyrischem Charakter, mit möglichst übersichtlicher Anordnung zu verstehen. Bei der Einfachheit aber, die an der Melodie besticht, ist die Kehrseite der Medaille: die Primitivität. Es ergibt sich von selbst, daß unsere Einfach-

›Heldenleben‹: Ein Heldenleben, Symphonische Dichtung, op. 40; Uraufführung: Frankfurt a. M., 1899.

heit eben anderer Art ist, als die unserer Vorgänger, daß sie komplizierter ist und daß eben diese Kompliziertheit eines Tages wieder als primitiv empfunden werden wird.«

»Glauben Sie, daß die Menge diesen Formen der Entwicklung Verständnis entgegenbringt?«

»Es ist nicht verwunderlich, daß eine Zeit gerade die vorhergehende Entwicklungsstufe nicht begreift oder goutiert, da sie die Reaktion ist. So war es gewiß kein Zufall, daß vor zehn Jahren die Wagnerianer begonnen haben, Mozart und Beethoven zu entdecken. Aber nicht diese haben sie entdeckt, sondern den Wagner haben sie verloren. Es findet eben nach meinem Gefühl in der Entwicklung eine ähnliche Erscheinung statt, wie in der Medizin, bei der Vererbung. Nur im umgekehrten Sinne. Die Reaktion pflegt beim Zurückgreifen auch gewöhnlich das nächstliegende Glied der Entwicklungskette zu überspringen.«

»Glauben Sie, daß das Publikum dieser Entwicklung zu folgen vermag? Ich denke, daß die breite Menge doch immer bei gewissen musikalischen Formen verharren wird.«

»Ich glaube, daß das Niveau der Durchschnittsbildung sich wird wesentlich heben müssen, oder daß die Kunst wieder das werden wird, was sie früher einmal war, eine Angelegenheit einer Auslese der kultiviertesten Menschen einer Zeit. Ich erhoffe aber, aufrichtig gestanden, das Gegenteil.«

Meine Frage geht nun dahin, ob der Geschmack des Publikums den Künstler beeinflusse, und Schönberg entgegnet: »Nein! den *wirklichen* Künstler niemals, denn dieser ist nicht in der Lage, etwas anderes zu schaffen, als das, wozu ihn seine Natur und Entwicklung drängen. Leider glaubt mancher hie und da sich nach dem Publikum richten zu können, und der momentane Erfolg lohnt es auch, aber der Verrat rächt sich unbedingt später. Denn wer nicht auf irgend eine Art die Natur des Publikums in sich trägt, der wird es nicht treffen, ihm so ganz zu gefallen. Man merkt bald das Unechte, und der Verrat ist meistens zwecklos.«

Wir kommen auf die Stellung des Künstlers zum Publikum zu sprechen, und ich frage Schönberg, ob der Erfolg oder

Mißerfolg sein Selbstgefühl hebe oder seine Zweifel vertiefe, und er antwortet mir mit einem ironischen Lächeln: »Publikum und Kritik sind heutzutage so sehr von allen guten Geistern der Kunst verlassen, daß sie in keiner Hinsicht mehr einen Maßstab abgeben können. Man kann heute nicht einmal mehr durch einen Mißerfolg Selbstvertrauen zu sich bekommen. Das Publikum und die Kritik erkennen nicht einmal mehr ihren eigenen Geschmack in der künstlerischen Einkleidung, so daß sie zuweilen selbst Werken Mißerfolge bereiten, die ihnen eigentlich zusagen müßten. Sie erkennen ihres eigenen Geistes Kinder nicht mehr.«
Über die Wiener Kritik speziell äußert sich Schönberg mit herber Ablehnung, aus der man den starken Grad seiner Verbitterung, aber auch seiner tiefen inneren Vereinsamung heraushört. Und er schlägt dabei wohl leidenschaftlich übers Ziel. Aber der redliche Mut, mit dem er seine Überzeugung ausspricht, hat etwas Sympathisches an sich. Auf meine Frage: »Glauben Sie, daß sich in unserer Zeit ein Künstler auch *gegen* die Meinung der Kritik und des Publikums durchzusetzen vermag?« erwidert er: »Das werde ich erst am Ende meiner Tage zu beurteilen vermögen.«

ALBAN BERG

Schönberg als Lehrer

Das Genie wirkt von vornherein belehrend. Seine Rede ist Unterricht, sein Tun ist vorbildlich, seine Werke sind Offenbarungen. In ihm steckt der Lehrer, der Prophet, der Messias; und der Geist der Sprache, der besser als der Geist derer, die sie mißhandeln, das Wesen des Genies erfaßt, gibt dem schaffenden Künstler den Namen »Meister« und sagt von ihm, daß er »Schule macht«. Diese Erkenntnis allein könnte eine Zeit von der Prädestination Arnold Schönbergs zum Lehramt überzeugen, wenn sie eine Ahnung von der Bedeutung dieses Künstlers und Menschen hätte. Daß sie davon keine Ahnung hat, ist natürlich, denn hätte sie überhaupt die Fähigkeit, zu ahnen, Sinn für etwas zu haben, was ihrem Wesen so widerspricht wie alles Unzeitliche: sie wäre nicht das Gegenteil der Ewigkeit. Und doch kann man nur, in Voraussetzung jener Erkenntnis von der Berufung des Künstlers zum Lehramt im allgemeinen, Schönbergs Art zu unterrichten im besonderen richtig beurteilen. Untrennbar von seinem Künstlertum und seiner bedeutenden Menschlichkeit, wird diese einzig berechtigte Art zu lehren noch durch den ausgesprochenen Willen zu diesem Beruf gefördert, der, wie jeder große künstlerische Wille – wende er sich dem eigenen Schaffen, der Reproduktion, der Kritik oder schließlich dem Lehrfache zu – das Höchste hervorbringen muß. Dieses aus solchen Voraussetzungen und Bedingungen entstandene Wunderwerk erschöpfend zu würdigen, hieße das Rätsel der Genialität lösen und die Geheimnisse der Gottheit ergründen wollen, was an der Unmöglichkeit, das Maßlose zu messen, Grenzenloses zu begrenzen, scheitern muß. Immer nur kann es ein Versuch bleiben, ein Versuch, der dem gleicht, Schönheit, Reichtum und Erhabenheit der Wellen des Meeres schildern zu wollen. Hingegeben seinen unendlichen Strömungen, wird der glückliche Schwimmer auf ihren höchsten Wogen hinausgetragen, der Ewigkeit zu, leicht und stolz jene verlassend, die an den Klippen ihrer geistig-seelischen Unfruchtbarkeit zerschellen oder im sichern Hafen ihrer Zeitlichkeit zurückbleiben.

11
Theater, Schauspieler

Neben den beiden k. k. Theatern, der Hofoper und dem Hofburgtheater – »Trauer-, Schau- und Lustspiele, viel klassische Sachen«, vermerkt Baedeker 1892 lakonisch[1] – gab es in Wien zahlreiche, zum Teil heute noch existierende Privattheater. Sie ergänzten das Programm der Hofbühnen im Hinblick auf Operette, Volksstück oder Lokalposse: das Deutsche Volkstheater, das Theater an der Wien, das Carl-Theater in der Leopoldstadt und das Josephstädter Theater. – Am 14. Oktober 1888 war das neue Hofburgtheater am Franzensring mit Beethovens *Weihe des Hauses*, einem *Szenischen Prolog* von Josef Weilen, dem Dramenfragment *Esther* von Grillparzer und *Wallensteins Lager* von Schiller eröffnet worden. Charlotte Wolter, Adolf Sonnental, Josef Lewinsky und viele andere berühmte Namen der Zeit standen auf dem Programmzettel.

Im neuen Hause waren es besonders zwei Wiener Schauspieler, die das Publikum über Jahre hin faszinierten: Friedrich Mitterwurzer und Josef Kainz. Mitterwurzer (1844–97) war seit 1871 mit kurzer Unterbrechung bis 1880 am Burgtheater gewesen, seit 1894 dann wieder – nach ausgedehnten Gastspielreisen – bis zu seinem plötzlichen Tode. Kainz (1858–1910), der über Meiningen und Berlin und ebenfalls nach vielen internationalen Tourneen erst 1899 endgültig nach Wien kam, vereinigte in sich in besonderer Weise die naturalistische Technik und Charakterrollenspiel.

Theodor Herzl schrieb 1897 über Mitterwurzer einen Tag nach seinem Tode in der *Neuen Freien Presse*: »Er glänzte in seinen letzten Tagen in Stücken, die jetzt modern sind, und daraus will man mit Unrecht folgern, daß er der schauspiele-

1 *Österreich-Ungarn,* Handbuch für Reisende von K. Baedeker, Leipzig [23]1892, S. 7.

rische Vertreter irgendeiner neuen Richtung gewesen sei oder habe sein wollen. Wie falsch eine solche Behauptung ist, lehrt ein Blick auf sein Repertoire, das vom Klassischen zum Plattesten, von Shakespeare bis zu Benedix über alle literarischen Abgeschmacktheiten hinwegreicht. Er hatte zur Literatur das Verhältnis jedes richtigen Schauspielers, der nicht heuchelt: sie war ihm ein Vorwand für die Vorführung seiner Persönlichkeit. Es ist ein ganz gesunder, ganz gerechtfertigter Standpunkt, mit dem die Literatur nicht unzufrieden zu sein braucht, wenn die Persönlichkeit des Schauspielers danach ist. Die Darstellung auf der Bühne ist eine oder die andere Möglichkeit der Erfüllung dichterischer Gesichte. Jede vorgebrachte Möglichkeit, die interessant ist, weil sie vom Menschen erzählt, kann uns willkommen sein.«[2] Mitterwurzers Deklamationstechnik beschreibt sein Biograph Eugen Guglia folgendermaßen: »Sein Organ ist ziemlich kräftig, es wird auch durch sehr anstrengende Rollen selten erschöpft; es ist von dem einförmigen Grabeston mancher moderner Charakterspieler ebenso weit entfernt, wie von dem heiseren Krächzen, das die Sprache Ludwig Devrients entstellt haben soll. Es bleibt so ziemlich in allen Lagen verständlich; nur wenn es überlaut wird – etwa im Befehl des Feldherrn an seine Krieger im Getümmel der Schlacht –, läßt es die einzelnen Worte nicht mehr deutlich vernehmen, die Konsonanten gehen dann gleichsam in einem wüsten Gewoge von Vokalen unter. Für scharfe Auseinandersetzung, eindringliche Rede, Spott und Sarkasmus ist dieses Organ vorzüglich geeignet; es kann durch Dehnen und Zerren der Worte, durch plötzlichen Übergang aus einer Höhenlage in die andere komische Effekte hervorbringen, wobei es durch eine ungemeine Zungenfertigkeit unterstützt wird. Aber nicht minder vermag es große Leidenschaften auszudrücken, besonders eine starke innerliche, halb unterdrückte Bewegung: Stammeln und Lallen,

2 Theodor Herzl, in: *Neue Freie Presse,* 14. Februar 1897; zitiert nach: Marbach, S. 342 f.

unheimliches Flüstern, ein zitterndes Hervorpressen, ja Herauswürgen der Worte deutet sie überzeugend und ergreifend an. Zuletzt wohnt ihm auch die Kraft inne, für einen Augenblick wenigstens auch das Furchtbarste und Äußerste zu bezeichnen; die Stimme vermag zum Donner anzuschwellen, das Wort sich wie ein Blitz in einem wilden Aufschrei zu entladen. Nur für lyrische Deklamation sind ihm die Töne versagt. Die poetische Rede gliedert er nie nach ästhetischen, immer nach psychologischen Motiven, jeder Satz, jedes Wort erscheint als der Ausdruck eines innerlichen Prozesses. Seine Aussprache ist die auf deutschen Bühnen allgemein übliche, etwas norddeutsch gefärbt. Sein engeres Vaterland, Sachsen, verrät er nur bisweilen im vertraulichen Verkehr.«[3]

Hermann Bahr schrieb 1897 anläßlich eines Gastspieles von Kainz, der bei Otto Brahm am Deutschen Theater in Berlin spielte, daß nur er in der Lage sei, Mitterwurzer zu ersetzen, und begründete seine Meinung folgendermaßen: »Was man über Kainz sagen kann, ist alles nicht das Wesentliche. An einem anderen Schauspieler loben wir die Technik, die er hat, die Beredsamkeit des Körpers und wie er in jedem Moment mit Geist, Geschmack oder Takt, je nach den Forderungen der Rolle, über seine Mittel zu gebieten weiß. Dies wäre bei Kainz, wie einen Helden loben, weil er gehen gelernt hat. Mit einem Blitz seiner bald zärtlichen, bald zornigen Augen, die man im Leben nicht mehr vergessen kann, mit einer seiner ungeduldigen und heroischen Gebärden, mit einem leisen Ruck seiner zarten und wie eine edle Klinge nervösen Gestalt spricht er die tiefsten Empfindungen aus. Einen solchen Redner hat man auf der deutschen Bühne noch nicht gehört: in seinem Munde wird unsere schwere Sprache graziös, fängt zu singen an und scheint zu fliegen. Aber man fühlt: das alles muß bei ihm sein; man achtet es kaum, mit einer solchen Natur und Unschuld ist es da. Von einem Adler kann man eben nur sagen, daß es ein

3 Eugen Guglia, *Friedrich Mitterwurzer*, Wien 1896, S. 4.

Adler ist. Ein anderes Wort drückt aus, was wir ihm verdanken.«[4]

Von besonderer Bedeutung war für die Wiener Zeitgenossen ein Gastspiel, das die italienische Schauspielerin Eleonora Duse (1859–1924) im Frühjahr 1892 gab. Hermann Bahr hatte sie in St. Petersburg erlebt und am 9. Mai 1891 in der *Frankfurter Zeitung* über sie geschrieben. Ihr Auftritt im Wiener Carl-Theater als Kameliendame war triumphal. Aber sie spielte auch Ibsens Nora. Ihr Geheimnis sei, so schreibt der gerade achtzehnjährige Hugo von Hofmannsthal, daß sie »nicht bloß die realistische Wirklichkeit« spielt, »sondern sie spielt auch die Philosophie ihrer Rolle«: »Sie ist imstande, ihre Persönlichkeit scheinbar zu verwischen: aber die Natur läßt sich nicht verbergen. Die Duse wäre eine naturalistische Schauspielerin, denn ihre Individualität nimmt jede Form an; aber die Individualität, als Form unterdrückt, kehrt als Geist wieder.«

4 Hermann Bahr, »Joseph Kainz«, in: *Die Zeit*, Bd. 13, Nr. 158, 9. Oktober 1897, S. 26; JW, S. 791 f.

LUDWIG SPEIDEL

Charlotte Wolter. 1834–1897

Heinrich Laube stand vor Charlotte Wolter stets wie vor einem halb unbegriffenen Wundertier, und wenn er bei ihr einseitig auf sprachliche Kultur drang, so verkannte er ihre Begabung und wo sie hinauswollte. Daß sie der höchsten Sprechaufgabe gewachsen und die höchste Höhe des Burgtheaters zu erfliegen imstande sei, hat sie mit ihrer Iphigenie bewiesen. Aber ihre Natur war ursprünglich nach einer anderen Seite hingewendet, sie wollte nicht bloß sprechen, sie wollte spielen im vollsten Sinne des Wortes. Echte Spielnationen, Franzosen und Italiener, weckten, was in ihr träumte und schlummerte. Sie wollte malen, nicht nur zeichnen, nicht bloß die sprachlichen Umrisse, sondern die volle dramatische Erscheinung bis auf ihren letzten bunten Faden wiedergeben. Ohne viel zu grübeln über eine neue Kunst, wie sie ja zumeist vom Instinkt lebte und eine Aufgabe mit einem Schlage entweder verfehlte oder traf, hörte sie mit feinem Gehör ein unterirdisches Rauschen der Zeit, das Kunde brachte von einer lebendigeren Kunst, als die auf der Bühne bisher geübte. Es erging ein Ruf nach Farbe, auf der Bühne wie in der Malerei. Die Dekorationsperiode des Burgtheaters unter Dingelstedt hatte sie mitgemacht und

Wolter: Charlotte W. (1834–97) galt als führende Tragödin ihrer Zeit. Sie brach mit der starren Sprechtheatertradition des Burgtheaters, an dem sie seit 1861 tätig war, und zeichnete sich in ihrer Darstellung durch besondere Leidenschaftlichkeit aus. Ihre bedeutendsten Rollen waren Lady Macbeth, Iphigenie, Sappho, Kriemhild.

Laube: Heinrich L. (1806–84), anfangs jungdeutscher Dramatiker, Erzähler und Journalist; vom 26. Dezember 1849 bis 30. September 1867 Direktor des Burgtheaters.

Iphigenie: Die Neueinstudierung von Goethes *Iphigenie auf Tauris* mit der Wolter wurde am 12. Juni 1862 zum ersten Male aufgeführt: es war ihre vielbewunderte Glanzrolle.

Dingelstedt: Franz Frhr. von D. (1814–81), Schriftsteller, Journalist und Theaterleiter; 1867 Direktor der Wiener Oper, 1870 des Burgtheaters.

K. K. Hof-Burgtheater.

Mittwoch den 9. Oktober 1895.

206. Vorstellung im Jahres-Abonnement.

Zum ersten Mal:

Rechte der Seele.

Schauspiel in einem Akt von Giuseppe Giacosa. Deutsch von Otto Eisenschitz.

Paul	Hr. Hartmann.
Anna, seine Frau	Fr. Hohenfels.
Marius, sein Bruder	Hr. Krastel.
Johanna, Magd	Fr. Kratz.

Ort der Handlung: Eine Villa auf dem Lande. — Zeit: Die Gegenwart.

Zum ersten Mal:

Liebelei.

Schauspiel in drei Akten von Arthur Schnitzler.

Hans Weiring, Violinspieler an einem Vorstadttheater	Hr. Sonnenthal.
Christine, seine Tochter	Frl. Adele Sandrock.
Mizi Schlager, Modistin	Frl. Kallina.
Katharina Binder, Frau eines Strumpfwirkers	Frl. Walbeck.
Line, ihre 9jährige Tochter	Camilla Gerzhofer.
Fritz Lobheimer } junge Leute	Hr. Kutschera.
Theodor Kaiser } junge Leute	Hr. Zeska.
Ein Herr	Hr. Mitterwurzer.
Ein Diener	Hr. Slanar.

Ort der Handlung: Wien. — Zeit: Die Gegenwart.

Zwischen dem ersten und zweiten Stück größere Pause.

Der freie Eintritt ist heute ohne Ausnahme aufgehoben.

Kassa-Eröffnung 6 Uhr. Anfang 7 Uhr. Ende vor halb 10 Uhr.

Unpäßlich: Fr. Mitterwurzer. Fr. Wolter. Hr. Gabillon. Hr. Robert. Hr. Stätter.

Donnerstag	den 10.	Rechte der Seele. Liebelei.
Freitag	den 11.	Don Carlos.
Samstag	den 12.	Rechte der Seele. Liebelei.
Sonntag	den 13.	Mittags halb 2 Uhr: König Richard II. Abends: Die Karlsschüler.
Montag	den 14.	Schach dem König.
Dinstag	den 15.	Rechte der Seele. Liebelei.

Preise der Plätze:

Eine Loge Parterre oder 1. Galerie	fl. 25.—
Eine Loge 2. Galerie, u. z.	
Nr. 1, 2 und 7 bis 12	fl. 18.—
Nr. 3 4, 5 und 6	fl. 12.—
Eine Loge 3. Galerie, u. z.	
Nr. 1, 2 und 7 bis 10	fl. 12.—
Nr. 3, 4, 5 und 6	fl. 8.—
Ein Logensitz Parterre oder 1. Galerie	fl. 6.—
Ein Logensitz 2. Galerie, u. z.	
Nr. 1, 2 und 7 bis 12	fl. 4.50
Nr. 3, 4. 5 und 6	fl. 3.50
Ein Logensitz 3. Galerie, u. z	
Nr. 1, 2 und 7 bis 10	fl. 3.—
Nr. 3. 4. 5 und 6	fl. 2.50
Ein Parquetsitz 1. Reihe	fl. 6. -

Ein Parquetsitz 2. bis 5. Reihe	fl. 4.50
" " 6. bis 10. Reihe	fl. 4.—
" " 11. bis 14. Reihe	fl. 3.50
Ein Parterresitz 1. Reihe	fl. 3.50
" " 2. bis 5. Reihe	fl. 3.—
Ein Sitz 3. Galerie 1. Reihe	fl. 2.75
" " 3. " 2. bis 4. Reihe	fl. 2.25
" " 3. " 5. bis 7. Reihe	fl. 1.25
Ein Sitz 4. Galerie 1. Reihe, Mitte	fl. 2—
" " 4. " 1. " Seite	fl. 1.50
" " 4. " 2. bis 5. Reihe	fl. 1.25
" " 4. " 6. bis 9. Reihe	fl. 1.—
Eintritt in das Stehparterre (nur Herren gestattet)	fl. 1.—
Eintritt in die 4. Galerie (Stehplatz)	fl. —.10

Zu jeder im Repertoire angekündigten Vorstellung erfolgt **Tags vorher** bis 1 Uhr Nachmittags die Ausgabe der Stammsitze; um halb 2 Uhr Nachmittags **(Tags vorher)** beginnt der allgemeine Verkauf von Logen und Sitzen.

K. k. Hoftheater-Druckerei, Wien, I., Wollzeile 17.

Theaterzettel des K.K.Hof-Burgtheaters vom 9. Oktober 1895

Das Burgtheater

mitbestimmt. Hans Makart ist erst durch sie und an ihr ganz lebendig geworden, weil sie zum Kleiderschmuck und zu der Farbe erst den atmenden bewegten Leib und die Seele hinzufügte. Ihre Messaline, in den leidenschaftlichsten Farben aufbrennend, war ein Makart, den es nicht mehr zwischen den Rahmen duldete. Und als Makart längst tot war, setzte sie seine Malerei genialer, als er es selbst gekonnt hatte, fort. Man kennt ja die von ihr gemalte Galerie dramatischer Gestalten, gemalt mit Leib und Seele, schimmernd und leuchtend.

HUGO VON HOFMANNSTHAL

Eleonora Duse

Die Legende einer Wiener Woche

Diese Woche haben wir in Wien, ein paar tausend geweihte Menschen, das Leben gelebt, das sie in Athen in der Woche der großen Dionysien lebten.

Da lebten sie in Schönheit, mit bebenden Nerven: Künstlernamen waren in ihrem Mund mit dem ehernen Ton der großen Berühmtheit, bei dem die Menge der Unberühmten bebt, wie die phrygischen Tänzer beim Klirren blanker Klingen.

In ihnen zitterten die Rhythmen der neuen Dithyramben; davon war in ihren Herzen allen ein ruheloser Rausch und unbestimmte süße Sehnsucht.

So saßen sie im Theater und sogen, wie Saft der Weinbeere, die Seele eines großen Künstlers aus funkelnden Schalen, das

Messaline: Hauptrolle aus Adolf Wilbrandts Drama *Arria und Messalina* (Uraufführung: 24. Dezember 1874); in dieser Rolle wurde sie auch von Hans Makart (s. Anm. S. 89) gemalt. Wilbrandt (1837–1911) war ein fruchtbarer Dramatiker und Lyriker, 1881–87 auch Direktor des Burgtheaters.

Diese Woche: Eleonora Duse gastierte vom 20. bis 27. Februar 1892 im Carl-Theater als Nora, Fedora und Kameliendame.

waren die funkelnden Verse; und sie verstanden die Schönheit weicher Körper, die sich wiegten, und die königliche Kunst der großen Gebärden hatte ihnen einen Sinn.
Nachts aber konnten sie nicht schlafen und wandelten in Scharen auf wachen, weichen Fluren und redeten im Rausch von der neuen Tragödie.
Dieses Leben haben wir gelebt, ein paar tausend geweihte Menschen, in der ganzen großen, lauten Stadt.
Und dionysischer Festzug, Dithyrambos und Mysterium war uns die Gegenwart einer einzigen Frau, einer italienischen Komödiantin.
Sie reist durch Europa; sie ist sehr berühmt. In Deutschland kaum gekannt. Sie heißt also Eleonora Duse.
Wir haben sie dreimal gesehen; ihr Bild ist seither unaufhörlich um uns, wie der Zwang einer Suggestion; aber wir wissen nicht, wie sie aussieht.
Wir sahen einmal eine Fürstin Fedora: eine große Dame, mit blassen, nervösen, energischen Zügen; ihre Lippen waren hochmütig, und in dem Stil, wie sie die Handschuhe auszog, war die aristokratische Grazie einer Sacré-cœur-Erziehung.
Dann sahen wir eine kleine Frau, die hieß Nora; sie war kleiner, viel kleiner als die Fürstin und hatte ganz andere, lachende Augen; sie trippelte im Gehen, wo die andere schwebte, und schwatzte, wo die andere eine Konversation führte; sie hatte im Lachen und Weinen den Ton eines kleinen Kindes und kniete auf den Stühlen und schaukelte und kauerte mit der herzigen Grazie der Frauen aus der kleinen Bourgeoisie, wenn sie sehr jung sind.
Zum dritten Male sahen wir die mit den Kamelien und der

Fedora: Hauptfigur in Victorien Sardous (1831–1908) *Fedora* (1884).

Sacré-cœur-Erziehung: sehr strenge Erziehung, wie im Orden der Gesellschaft vom heiligen Herzen Jesu.

Nora: s. Anm. S. 346.

die mit den Kamelien: Marguerite, Hauptfigur in dem Drama *Die Kameliendame* (*La Dame aux camélias*) von Dumas d. J. (s. Anm. S. 561), 1848 als Roman veröffentlicht, 1852 von ihm selbst dramatisiert.

sehnsüchtigen Sentimentalität. Da war in weichen Linien, in schwimmenden Blicken, in naiven Geständnissen und Lokkungen der Glieder die ganze Grazie der Kokotte in Moll.
So sehr hat die Duse die eine große Schauspielergabe: die der Gestaltung. Sie schafft aus den Intentionen des Dichters heraus mit einem Scharfsinn, dessen Resultat wie Naturnotwendigkeit aussieht. Ihre Schauspielerei ist wie die Historik der Goncourts: wie diese aus einem Kleiderfetzen, einem Menü und einem Sonett eine Gesellschaft rekonstruieren, so konstruiert die Duse aus einem hingeworfenen Wort, einer Gebärde, einer Anspielung den lebendigen Menschen, den der Dichter gesehen hat. So wäre sie die vollendete Schauspielerin des Naturalismus. Sie könnte tote Schlagworte beleben und die kühnsten Hoffnungen derer wahr machen, die an die Nachahmung der Natur glauben.
Aber sie steht über dem Naturalismus, wie Balzac, Shakespeare und Stendhal über den Goncourts und Daudet und Dickens stehen.
Sie ist imstande, ihre Persönlichkeit scheinbar zu verwischen: aber die Natur läßt sich nicht verbergen. Die Duse wäre eine naturalistische Schauspielerin, denn ihre Individualität nimmt jede Form an; aber die Individualität, als Form unterdrückt, kehrt als Geist wieder, und so spielt die Duse nicht bloß die realistische Wirklichkeit, sondern sie spielt auch die Philosophie ihrer Rolle. Sie ist ganz Marguerite, ganz Fedora, ganz Nora, aber sie weiß mehr von Nora, als Nora von sich selbst weiß. Genau so wie Julien Sorel oder Hamlet. An diesen ist nirgends Unwahrheit als in dem Übermaß von Klarheit. Darin liegt der ganze Unterschied zwischen dem schaffenden Dichter und dem Naturalisten, der Wissenschaft von der menschlichen Seele treibt, als wie sie sich dem gemeinen Auge offenbart.
Wenn Nora Helmer an den Tod dachte, flog vielleicht kein

Goncourts: s. Anm. S. 194.
Daudet: s. Anm. S. 164.
Julien Sorel: Hauptfigur in Stendhals Roman *Le Rouge et le noir* (1831).

redender Schatten über ihre Stirn; wenn Nora Helmer schwere Dinge dachte und tiefe, waren ihre Augen vielleicht nicht heilig, sondern stumm und leer. Wenn man Nora Helmer naturalistisch darstellen wollte, müßte man sich vielleicht in die Absurditäten der Wirklichkeit hüllen und in einen Leib, der nichts verrät: der Leib der Duse aber schmiegt sich an ihre Seele, wie die weichen, feuchten Gewänder, mit denen die Griechen die redende Schönheit ihrer Statuen umhüllten, sich um die Glieder schmiegten.

Ihre Finger erzählen das Zagen eines Entschlusses, Verlegenheit, Unruhe, Gereiztheit, Haß, Verachtung.

Auf ihrer Stirn spiegeln sich die Stimmungen, die kommen und gehen. [...]

Und die halbunbewußten Regungen, die sich verbergen, die seltsamen Verkettungen von Psyche und Physis, die sich nicht malen und nicht sagen lassen, wurden hier für uns durch eine große künstlerische Offenbarung lebendig.

Darum lebten wir diese Woche wie im Fieber. Frühmorgens lasen wir das Stück von gestern und schlürften die Schauer noch einmal und suchten uns die verschwebten Schwingungen ihrer gestrigen Seele hervorzurufen.

Und wir blätterten in allen Büchern und verstanden jedes trunkene Lob großer Komödianten, das wir früher nie verstanden hatten: Sheridan über Garrick und Musset über die Rachel und Börne über die Sontag, und freuten uns an Verwandtem.

Und gegen Abend kam immer mehr Unruhe über uns,

Sheridan über Garrick: Robert Bronsley Sh. (1751–1816), irischer Dramatiker und Politiker; David Garrick: einer der größten englischen Schauspieler (1717–79). Sheridan über ihn: *Verses to the Memory of Garrick, Spoken as a Monody, at the Theatre Royal in Drury Lane* (1779).

Musset über die Rachel: Alfred de M. (1810–57), französischer romantischer Dichter; R. (d. i. Elisa[beth] Félix, 1821–58), die größte französische Tragödin des 19. Jh.s; de M. über sie: »De la tragédie. A propos des débuts de mademoiselle Rachel«, in der *Revue des deux mondes* (1838).

Börne über die Sontag: Ludwig B. (d. i. Löb Baruch, 1786–1837) schrieb über die weltberühmte Sängerin Henriette S. (1806–54): »Dramaturgische Blätter Nr. 60. Henriette Sontag in Frankfurt«.

Stimmungen mit neuen Farben jagten einander, und solange wir sie hörten, klangen die Saiten in uns mit, an denen selten ein Künstler rührt und nur einer, der sich selber tief aufreißt und die unnachahmlichen Töne der Nerven hat.
Und vieles gewann für uns einen neuen Sinn und das künstliche Leben unseres Innern einen großen Reiz mehr.

ALFRED GOLD

Gedanken über die Duse

Groß über alle Grenzen ist die Schönheit ihrer Kunst; aber ebenso groß auch die Liebe, die sie gefunden hat. Wie seltsam vor allem diese Tatsache: diese voll erschallende Harmonie der Zustimmung mitten in der Urteilszerrissenheit unserer Tage. Wenn nichts anderes an der Duse auffallend wäre, so wäre es zumindest die unerhörte Art ihrer Wirkung.
[...] der tiefste Sinn der Schauspielkunst war niemals ein anderer, als durch Illusion zu fesseln, durch Phantasie zu beflügeln. Was verlangen wir von einem Schauspieler, um völlig befriedigt zu sein? Die Fähigkeit, uns unmerklich, unbewußt alles vergessen zu machen, was der Illusion entgegenwirken könnte, und jene Stimmung dafür zu geben, in welcher das Spiel der Einbildungskraft sich mit der größten Leichtigkeit vollzieht. Das verlangen wir von ihm und wir verlangen eben deshalb fernerhin, daß er uns in seiner Macht habe und Herr sei über unsere Neigungen. Über seine Rolle hinweg müssen ihm gleichsam unsere Herzen zufliegen, und erst die Einschaltung einer Art Sympathie macht aus der schauspielerischen Arbeit ein lebendiges Ding. Dafür aber gibt es kein größeres Beispiel als eben die Duse: diese Sympathie macht sie zum Hauptnerv ihrer Darstellung! Bevor wir ihre Rolle sehen, verlieben wir uns schon in sie,

und wir folgen ihr, weil wir ihr folgen wollen. Das könnte dahin mißverstanden werden, als ob es nun doch rein persönliche Eigenschaften an ihr seien, die wirken. Aber davon ist keine Rede; ihre Augen allein und ihre weißen, dünnen Handgelenke und ihre ganze geheimnisvoll graziöse Gestalt, so sehr sie uns auf Bildern bezaubern, wären im Licht der Bühne zu wenig, wenn sie allein blieben. Nun kommt erst das Eigentliche hinzu: die Kunst, diese menschliche Schönheit in einer schauspielerischen Schönheit voll zum Ausdruck zu bringen und auszunützen für das, was ich oben die Sympathie der Bühnenwirkung nannte. Und das ist ihre eigentliche Kunst – sie tritt auf und hat sonst nichts als das. Sie bringt keine anderen Hilfsmittel auf die Bühne: kein Kleid, das ihre Rollen besonders kennzeichnen könnte, kein vermummtes Gesicht, keine Perücke, keine künstliche Haltung und – um die treffende Beobachtung der Marholm wiederzugeben – nicht einmal eine »Extravaganz«, an die sich sonst gerade die Schauspieler zu klammern lieben. Sie tritt auf und hat nichts zu bieten als sich. Sie wendet sich unseren Augen voll zu und spielt bezeichnenderweise auch die meisten Szenen in dieser Stellung. Und wir wissen sehr bald, daß sie nichts anderes darstellen wird als das Verhältnis ihrer eigenen Empfindungs- und Ausdrucksart zu jeder der nun folgenden Situationen. Und wir richten uns darauf ein, und nun läßt sie mit der ihr eigenen stillen, liebenswürdigen Passivität das Stück an sich herankommen und hüllt uns in eine gläubige Sehnsuchtsstimmung, und wir sitzen da und verschlingen jeden Ton und suchen jede Geberde zu ergründen. Das Stück schreitet fort, und wir fangen an, mit dem Verstand die Einzelheiten ihres Spiels zu genießen. Die Töne werden schärfer, zugespitzter, zum Schlusse farbig bis zur volkstümlichen Dialektwirkung. Der Gesichtsausdruck beginnt, mit entschlossen vorgestrecktem Kinn – die Duse

Marholm: Laura M. (d. i. Laura Hansson, 1854–1905), Gattin des schwedischen Schriftstellers Ola Hansson, Schriftstellerin; Verfasserin von Dramen und Novellen, besonders aber von frauenemanzipatorischen und frauenpsychologischen Schriften.

liebt das – und mit einer unaussprechlichen Klugheit in den ernsten Augen jedem Momente sich anzupassen. Und die flügelhaft leichten, emporstrebenden Bewegungen endlich der Arme und der Hände werden nuanciert: von der herrischen Geberde, den Geliebten mit ausgestreckten Armen an den Schultern zu fassen, gleiten sie bis zum hilflosen Sichergeben oder bis zu einer seltsam kindlichen, japanisch tippenden Manier, die Finger der unbeschäftigten Hand spielen zu lassen. Dann kommen die Szenen, wo sie den Ausdruck nicht bloß in seiner ganzen Stärke gibt, sondern noch verstärkt: die Höhepunkte. Sie wiederholt im Humor oder im Schmerz einen Namen, ein Wort, öfter als vorgeschrieben, mit einer Schärfe der Artikulierung, als ob sie die Laute auf der vordersten Zungenspitze bildete, und wo sonst nichts weiter zu vermerken wäre, als daß das Stück an irgend einem Punkt seines Weges angelangt ist, klingt mit einemmale eine Wirkung durch wie ein Alarmton. Oder sie greift unbesorgt zu dem allerprimitivsten Mittel: sie streckt den Zeigefinger der rechten Hand empor – attendez! Nicht anders sieht es sich an, aber der Effekt ist, daß man sich wirklich getroffen fühlt ...

HERMANN BAHR

Mitterwurzer

[...] es sei sein Fluch gewesen, niemals reif zu werden. Wie oft haben wir das in allen Variationen lesen müssen! Man zweifelte an seiner Größe nicht mehr, man konnte nicht mehr leugnen, daß dieser Gewaltige neben Salvini, neben der Bernhardt, neben Kainz stand. Aber es hieß noch immer, daß er unfähig sei, jemals eine reine Gestalt zu

Salvini: Tommaso S. (1829–1915), italienischer Schauspieler, besonders Shakespeare-Darsteller.
Bernhardt: s. Anm. zu *Wilde* S. 235.

schaffen. Er könne sich nicht vergessen, durch alle Figuren lasse er plötzlich seine Person ironisch blicken, statt ihre Rolle zu spielen, spiele er nur mit ihr. Wie oft haben wir das hören müssen! »Er ist ja gewiß ein außerordentliches Talent«, pflegten seine Kollegen gütig zu sagen; »schade, daß er nicht der unsere werden will!« In der Tat ist er bis an sein Ende niemals der Ihre geworden: an der gewissen »Würde« des Burgtheaters hat es ihm immer noch gefehlt, jenen »heiligen Ernst« hat er sich nicht aneignen wollen. Diese »Würde« scheint darin zu bestehen, daß es keinem Schauspieler genügt, bloß ein Schauspieler zu sein, jeder will noch mehr. Der ist ein Sprecher und hat das Gefühl, der verantwortliche Hüter der deutschen Sprache zu sein, jener geht als das Modell unserer Eleganz und der guten Manieren herum, ein anderer will den Idealismus hochhalten. Das Theaterspielen kommt bei ihnen immer erst zuletzt, es ist ihnen nur ein Mittel: um das Volk zu bilden oder die Ideale zu hegen usw. Nun, davon hat Mitterwurzer nichts wissen wollen: ihm ist das Theaterspielen ein Zweck gewesen, der einzige Zweck seines ganzen Lebens. Er hat Theater gespielt, um Theater zu spielen, wie der Vogel singt, weil er singen muß und weil es ihn freut. So hat er Theater gespielt, weil es ihn gefreut hat, und niemals hat er uns dabei vergessen lassen, daß es ein Spiel ist, daß es seine Passion ist und daß es eben Theater ist.

Das ist das Besondere an seiner ganzen Art gewesen. Das ist es, was ihm die Pedanten nicht vergeben konnten, und das ist es nach meinem Gefühl, was ihn zum größten Schauspieler unserer Zeit gemacht hat. In der wildesten Leidenschaft hat er uns durch einen klugen Blick, durch eine rasche Wendung seiner so energischen und jedem Wink des Gedankens nachgiebigen Miene immer noch erinnert, daß es ja doch nur ein Spiel ist, was wir schauen. Dies scheint mir aber die tiefste Absicht der tragischen Kunst zu sein, daß sie uns mit dem Ernst des Lebens spielen lassen will. Indem sie uns Bilder zeigt, die wir als unser Schicksal erkennen, aber dabei eben das, was uns sonst ächzen und stöhnen macht, als

schönen Schein behandelt, dadurch löst sie den schweren Wahn des Daseins von uns ab, nun atmen wir auf. Es ist ihr letzter Sinn, daß wir uns an den Schrecken des Lebens erfreuen lernen: so kann sie uns getrost zurück in unser tägliches Leid entlassen, wir nehmen ein stilles Lächeln des Unglaubens mit, es kann uns ja jetzt nichts mehr antun. Der tragischen Kunst gelingt es, uns mit dem Jammer des Daseins Vergnügen zu machen. Nehmt alle Schrecken auf eurer Wanderung hin und lernt mit ihnen spielen – das ist ihr letztes Wort. Sie will »heiter« sein und uns vom »Ernst« des Lebens befreien, indem sie uns dasselbe, was wir sonst als Leid und Last erleben, nun als Schein und Spiel erleben läßt. Das meinen wir, wenn wir die »Heiterkeit« der Griechen loben, dieser doch tragischesten Menschen. Das ist Shakespeare, das ist Mozart. Das haben die Romantiker mit ihrer Ironie wollen. Die Kunst soll uns fühlen machen, was das Leben ist und daß es aber doch nur ein Spiel ist; dann sind wir durch sie frei geworden. [...]
Unser Mitterwurzer ist – sagen wir es mit einem Wort, das ihn gefreut hätte – er ist nichts als ein großer »Spieler« gewesen.

RUDOLPH LOTHAR

Josef Kainz

Kainz ist [...] eine Erscheinung für sich. Weder die junge Schule noch die alte kann ihn völlig für sich reklamieren. Eine seltsame Faszination geht von diesem Schauspieler aus. Ist der Vorhang gefallen und der Bann gelöst, so kommen einem freilich der Skrupel und Zweifel mancherlei. Seine Auffassung ist eine souveräne Macht, der das Dichterwort, ja selbst manchmal die Natur sich fügen muß. Aber auch die Unnatürlichkeit wirkt bei ihm natürlich und selbstverständlich. Kainz transponiert oft die Rolle in andere Tonlagen.

Etwas ganz Neues entsteht vor uns. Seine Figuren sind seine eigenste Schöpfung. Sie haben keine Vorbilder und keine Vorläufer, keinerlei Tradition besteht für Kainz. Aber er scheint selbst der Schöpfer einer neuen Tradition zu sein. Als solcher ist er ein wahrhafter Klassiker der modernen Schauspielkunst. Seine Auffassung, die ihm in jeder Rolle Weg und Richtung weist, ist die eines durchaus modernen Menschen, der alles gelesen hat, was es in der Literatur Neues gibt, der alles gesehen hat, was man heute malt und meißelt, der sich gleicherweise für Technik und Politik interessiert. Aber dieser ganz und gar Moderne liebt schwärmerisch die Werke der Alten, ihre Bücher und Kultur, ihre Welt- und Lebensauffassung. Und so genießt er das Heute und vergißt niemals das Gestern. Aus dem Geist und dem Gefühl eines solchen Menschen heraus sind seine Figuren geschaffen. Und darum sind sie weit lebendiger, als sie oftmals der Dichter schuf. Weil Kainz solch ein moderner Mensch ist, spielt er Ibsenrollen so unübertrefflich. Darum ergreifen uns alle seine Figuren in ihrer Modernität so unwiderstehlich. Mit dem Ungestüm des Temperaments wendet sich sein Gefühl an unser Gefühl. Seine Kunst geht auf im Impulse – und bei aller Impulsivität welch weise Ökonomie der Kunstmittel! Bei allem Sturm und Drang der Rede welch klare Artikulation, welcher Wohllaut der Sprache! Unvergeßlich wird die Sonnenhymne im dritten Akt der »Versunkenen Glocke« jedem sein, der sie von Kainz gehört hat. Kainzens Interjektionen sind ganz und gar sein Eigentum. Er kennt die Dynamik der kleinsten Mittel, weiß mit seiner Rhetorik zu untermalen und zu lasieren; er hat in der Rede das Geheimnis der alten Maltechnik angewendet, die ihre größte Wirkung dadurch erreichte, daß sie ihre Farben durch ein trübes Medium leuchten ließ. Solch ein Medium ist die scheinbar graue Alltagssprache, mit der Kainz seine Rollen anlegt. Sein Körper ist biegsam wie ein

»Versunkenen Glocke«: Drama von Gerhart Hauptmann (1896).

Botticellischer Mädchenleib, seine Gliedmaßen sind in fortwährender Bewegung. Kainz erfindet eine ganz neue Gebärdensprache, die weit, weit entfernt ist von allen traditionellen Gesten. Sie ist eindringlich, überzeugend; sie ist seltsam und manchmal beinahe grotesk – aber sie überschreitet nie die Linie des künstlerisch Erlaubten. Kainz hat den Mut des Humors, einen noch nie dagewesenen Mut, der einer tragischen Figur neue Lichter aufsetzt, aber Lichter, die ihr Menschliches erleuchten. Manchmal ist die Einfachheit seiner Technik etwas gesucht. Es ist, als wollte ein Maler eine Feuersbrunst grau in grau malen. Aber sein psychologischer Instinkt ist stets bewunderungswürdig. Seine Menschen sind nicht immer die Menschen des Dichters, aber es sind immer Menschen.

Ist es nun nicht merkwürdig, daß dieser Individuellste aller Individuellen im Rahmen des Deutschen Theaters stand, daß Kainz, der heute der größte Romantiker unter den Schauspielern ist, vom Haupt des Deutschen Theaters, von Otto Brahm, als Meister gekrönt wurde? Auch in der Schauspielkunst sehen wir die Wandlung von innen heraus sich vollziehen. Auf die nüchterne Schule folgt auch da die romantische Schule.

HUGO VON HOFMANNSTHAL

Verse zum Gedächtnis des Schauspielers Josef Kainz

O hätt ich seine Stimme, hier um ihn
Zu klagen! Seinen königlichen Anstand,
Mit meiner Klage dazustehn vor euch!
Dann wahrlich wäre diese Stunde groß

Botticellischer: s. Anm. S. 236.

Brahm: Otto B. (d.i. Otto Abraham, 1856–1912), großer Berliner Kritiker und Theaterleiter.

Und Glanz und Königtum auf mir, und mehr
Als Trauer: denn dem Tun der Könige
Ist Herrlichkeit und Jubel beigemengt,
Auch wo sie klagen und ein Totenfest begehn.

O seine Stimme, daß sie unter uns
Die Flügel schlüge! – Woher tönte sie?
Woher drang dies an unser Ohr? Wer sprach
Mit solcher Zunge? Welcher Fürst und Dämon
Sprach da zu uns? Wer sprach von diesen Brettern
Herab? Wer redete da aus dem Leib
Des Jünglings Romeo, wer aus dem Leib
Des unglückseligen Richard Plantagenet
Oder des Tasso? Wer?
Ein Unverwandelter in viel Verwandlungen,
Ein niebezauberter Bezauberer,
Ein Ungerührter, der uns rührte, einer,
Der fern war, da wir meinten, er sei nah,
Ein Fremdling über allen Fremdlingen,
Einsamer über allen Einsamen,
Der Bote aller Boten, namenlos
Und Bote eines namenlosen Herrn.

Er ist an uns vorüber. Seine Seele
War eine allzu schnelle Seele, und
Sein Aug glich allzusehr dem Aug des Vogels.
Dies Haus hat ihn gehabt – doch hielt es ihn?
Wir haben ihn gehabt – er fiel dahin,
Wie unsre eigne Jugend uns entfällt,
Grausam und prangend gleich dem Wassersturz.

O Unrast! O Geheimnis, offenkundiges
Geheimnis menschlicher Natur! O Wesen,
Wer warest du? O Schweifender! O Fremdling!
O nächtlicher Gespräche Einsamkeit

Romeo: Hauptfigur in Shakespeares *Romeo und Julia.*
Richard Plantagenet: Richard II. in Shakespeares gleichnamigem Drama.
Tasso: Hauptfigur in Goethes *Torquato Tasso.*

Mit deinen höchst zufälligen Genossen!
O starrend tiefe Herzenseinsamkeit!
O ruheloser Geist! Geist ohne Schlaf!
O Geist! O Stimme! Wundervolles Licht!
Wie du hinliefest, weißes Licht, und rings
Ins Dunkel aus den Worten dir Paläste
Hinbautest, drin für eines Herzschlags Frist
Wir mit dir wohnten – Stimme, die wir nie
Vergessen werden – o Geschick – o Ende –
Geheimnisvolles Leben! Dunkler Tod!
O wie das Leben um ihn rang und niemals
Ihn ganz verstricken konnte ins Geheimnis
Wollüstiger Verwandlung! Wie er *blieb*!
Wie königlich er standhielt! Wie er schmal,
Gleich einem Knaben, *stand*! O kleine Hand
Voll Kraft, o kleines Haupt auf feinen Schultern,
O vogelhaftes Auge, das verschmähte,
Jung oder alt zu sein, schlafloses Aug,
O Aug des Sperbers, der auch vor der Sonne
Den Blick nicht niederschlägt, o kühnes Aug,
Das beiderlei Abgrund gemessen hat,
Des Lebens wie des Todes – Aug des *Boten*!
O Bote aller Boten, Geist! Du Geist!
Dein Bleiben unter uns war ein Verschmähen,
Fortwollender! Enteilter! Aufgeflogener!

Ich klage nicht um dich. Ich weiß jetzt, wer du warst,
Schauspieler ohne Maske du, Vergeistiger,
Du bist empor, und wo mein Auge dich
Nicht sieht, dort kreisest du, dem Sperber gleich,
Dem Unzerstörbaren, und hältst in Fängen
Den Spiegel, der ein weißes Licht herabwirft,
Weißer als Licht der Sterne: dieses Lichtes
Bote und Träger bist du immerdar,
Und als des Schwebend-Unzerstörbaren
Gedenken wir des Geistes, der du bist.

O Stimme! Seele! aufgeflogene!

KARL KRAUS

Der Gegenwartsschauspieler

Über Emanuel Reicher

Der Mann, der den Naturalismus erfunden hat, eröffnete sein Gastspiel im Carltheater. [...]
Das Auftreten dieses Schauspielers, an dessen Namen sich die Erwartung kühnster Modernität knüpfte, hat viele unter uns stutzig gemacht, die wir den bedeutungsvollen jungberlinerischen Umwälzungen im Gegensatze zu dem jungwienerischen Getue mit aufrichtiger Anteilnahme gefolgt sind. Der Naturalismus des Herrn Reicher beschränkt sich auf kleine technische Neuerungen, die eine durchschnittsmäßige Intelligenz leitet. Zum unnatürlichen Schauspieler fehlt ihm das Talent. Herr Reicher, dem ein um das Jahr 1890 glücklich aufgefangenes Schlagwort über alle seine inneren und äußeren Mängel hinweghilft, sündigt auf die Suggestionsfähigkeit und Tragkraft der Parole »Naturalismus«. Ein konfuser Brief, den er an Herrn *Bahr* gerichtet hat, wird heute von verschiedenen Blättern als das Bekenntnis des naturalistischen Dogmatikers abgedruckt. [...]
Eine Clique, deren Dreistheit nur von der Aussichtslosigkeit ihrer Bemühungen übertroffen wird, ist unermüdlich am Werke, ihn uns als den Modernen kat' exochen aufzuoktroyieren und für den effektiven Durchfall des Berliner Schauspielers alle erdenklichen Ausreden herbeizuschleppen. Man geht so weit, die Schuld an der Minderwertigkeit der Reicherschen Darbietungen einer Geschmacksverschiedenheit des Berliner und des Wiener Publikums zuzuschrei-

Reicher: s. Anm. S. 313.

Carltheater: Wien II., Praterstr. 31, ursprünglich als Leopoldstädter Theater 1781 eröffnet; war vor allem Theater des Volksstücks (Raimund, Nestroy), 1847 abgerissen, dann von van der Nüll und von Sicardsburg neu erbaut und am 10. Dezember 1847 als »Carl-Theater« neu eröffnet. Es heißt seither nach dem damaligen Direktor Karl Carl (1787–1854), Pseudonym für Carl Ferdinand Bernbrunn.

ben; aber jeder nur halbwegs geübte Theatergänger könnte es bezeugen, daß in Reicher nicht der spezifisch norddeutsche Schauspieler refusiert worden ist und daß überdies die Mundart, die er beherrscht, weit eher nach Kolomea als nach Berlin weist.

Kolomea: Kreisstadt in Ostgalizien.

12
Literarisches Leben

Ein Spezifikum des Wiener literarischen Lebens ist das Kaffeehaus. Seine Bedeutung und sein Stellenwert sind allerdings zum Teil auch überschätzt worden. Man hat demgegenüber mit Recht darauf hingewiesen, daß die privaten Zusammenkünfte in den Wohnungen der Dichter Ort und Anlaß waren, wo man sich seine Werke vorlas, sie diskutierte. Trotzdem ist das Zusammentreffen im Kaffeehaus, in dem nicht nur alle Zeitungen und literarischen Zeitschriften auslagen, sondern etwa auch Konversationslexika standen, nicht zu unterschätzen. Zum Kaffeehaus als konstituierendem Element der Wiener Literatur ist in der Einleitung bereits einiges gesagt worden, auf das hier verwiesen werden kann. Die hier in Auszügen abgedruckte Satire von Karl Kraus bezieht sich auf diese beiden Aspekte und spiegelt so minuziös, was dort vor sich ging.
Aber zum literarischen Leben im Wien der Jahrhundertwende gehören auch andere Phänomene: so die Beziehung zwischen Freud und Schnitzler, die konkret nicht bestand und die doch beide, wie die Briefe belegen, in einem anderen Sinne konstatieren können; oder die Gestalt Stefan Georges, der 1892 zum erstenmal nach Wien kam, und seine *Blätter für die Kunst*, in denen Hofmannsthal und Andrian veröffentlichten. – Schließlich spielt auch der Vergleich mit Berlin eine Rolle; ein Vergleich, den die Wiener nicht zu scheuen brauchten und der doch immer wieder wie eine Selbstprüfung von ihnen veranstaltet wurde. Dazu trug nicht wenig die Tatsache bei, daß ihr Verleger zumeist Samuel Fischer in Berlin war und daß auch Berliner (nicht Wiener) Bühnen es waren – namentlich das Deutsche Theater von Otto Brahm –, die ihre Stücke zuerst brachten.

EDMUND WENGRAF

Kaffeehaus und Literatur

Im französischen Literaturleben haben die »Salons« des XVII. und XVIII. Jahrhunderts eine bedeutende Rolle gespielt. In Deutschland haben in den ersten Dezennien unseres Jahrhunderts die »ästhetischen Tees« ähnlich, wenn auch bescheidener gewirkt. Im Hotel Rambouillet und gesinnungsverwandten Kreisen wurden zwar von den »preziösen« Damen und ihren Rittern viele geschmacklose Torheiten getrieben, und in Norddeutschland ward von überbildeten Frauenzimmern eine wässerige Teeromantik großgezogen. Und doch hat hier wie dort die Durchdringung des Gesellschaftslebens mit literarischen Einflüssen heilsame Folgen gehabt, die bis auf unsere Tage nachwirken. Dies gilt insbesondere von Frankreich, dessen reiche Literaturblüte unseren Ahnen vor der klassischen Periode kaum beneidenswerter zu dünken brauchte, als heute ihren Enkeln, den nachklassischen Epigonen.

In Wien, das so lange die Hauptstadt des größten europäischen Kulturstaates gewesen und heute noch die eines Zwanzigmillionenreiches ist, hat es niemals etwas gegeben, was einem »literarischen Salon« oder einem »ästhetischen Tee« ähnlich sah. Hingegen hat sich hier eine andere Einrichtung eingebürgert, die einzig in ihrer Art ist und auch dem gesellschaftlichen und literarischen Leben ein Gepräge von einziger Art gibt: das *Kaffeehaus*. Man würde sehr oberflächlich urteilen, wollte man im Wiener Kaffeehaus nur eine Anstalt zur Verabreichung eines populären Genußmittels erblicken, »schwarz«, »sehr braun« oder »licht«. Der

Hotel Rambouillet: Name eines Pariser literarischen Salons, der vor allem aus Damen der höheren Gesellschaft (»Les Précieuses«) bestand; benannt nach dem Versammlungsort, dem Palais seiner Gründerin, der Marquise de Rambouillet (1588–1665), war er im Frankreich der ersten Hälfte des 17. Jh.s in literarischen Angelegenheiten tonangebend; von Molière in den *Précieuses ridicules* (1659) verspottet.

Kaffee ist das Unwesentlichste von allen Dingen, die zu einem richtigen Kaffeehause gehören. Man kann getrost behaupten, daß unter hundert Besuchern dieser Bildungsanstalten kaum zehn sind, die von dem Drange nach dem unentbehrlichen Schälchen hingeführt werden. Die übrigen neunzig gehen hinein, weil – weil – ja, warum denn? Warum?!

Nun, wohin soll man denn sonst gehn? Wo soll man sein »Lesebedürfnis« befriedigen? Wo soll man die »wichtigsten« Neuigkeiten erfahren? Wo soll man seine Bekannten treffen? Wo soll man Billard oder Tarok spielen? Wo soll man seine Zeit totschlagen? Und schlägt man sie nicht tot, ja, um Himmelswillen, was soll man mit diesem lästigen Überfluß an Zeit denn anfangen?

In Wien hat man nämlich ganz unglaublich viel Zeit. Und das ist der Grund, weshalb unsere geschätzten Mitbürger zu nichts Zeit finden. Man frage hier einen gebildeten Durchschnittsmenschen, ob er dies oder jenes Buch, das allenthalben das größte Aufsehen erregt hat und bereits in dreiundzwanzigster Auflage erschienen ist, schon gelesen habe. Er wird antworten, daß es ihm leider an Zeit »zu solchen Dingen« fehle. Man frage ihn, ob er schon in der Gemäldeausstellung gewesen. Leider, leider hat er noch keine Zeit dazu gefunden. Man frage ihn, ob er die wichtigsten Kunstschätze der Vaterstadt, die jeder Fremde gleich nach seiner Ankunft aufsucht, bereits gesehen habe. O Gott, er »schämt sich« es zu gestehen, daß er »noch nicht dort war« – aber (mit einem tiefen Stoßseufzer): »was soll man machen, wenn man keine Zeit hat?« Hingegen fehlt es ihm durchaus nicht an Zeit, wenn es gilt, täglich zwei bis drei Stunden im Kaffeehause zuzubringen, dort zu gaffen, zu schwatzen, zu gähnen, kurz sich so zu gehaben, als ob für ihn der Tag um hundert Stunden mehr als die üblichen vierundzwanzig zählte.

Das Kaffeehaus bedeutet den geistigen Ruin der Wiener Gesellschaft. Der Mann, der dort seine Mußestunden verbringt, entwöhnt sich so jedes ernsten Meinungsaustausches

mit seiner Gattin wie mit der Frauenwelt überhaupt. Die Frauen, die noch am ehesten geneigt wären, die Literatur ein wenig ernst zu nehmen, bleiben sich selbst überlassen und schlagen den bequemen Promenadeweg der seichten Unterhaltungslektüre ein. Die Männer aber hören überhaupt auf, sich mit den »zeitraubenden« Büchern zu befassen und verlegen sich ausschließlich auf Zeitungslektüre. Der Kaffeehausmensch liest nur mehr die Tagesblätter und allenfalls – wenn er besonders »gebildet« ist – auch illustrierte Zeitschriften. Aber auch diesen nicht allzu anstrengenden Lesestoff vermag er bald nicht mehr gründlich zu bewältigen. Ernst und Gründlichkeit gedeihen nicht in der Atmosphäre des Kaffeehauses. Diese rauchgeschwängerte, durch Gasflammen verdorbene, durch das Beisammensitzen vieler Menschen verpestete Luft, dieses Durcheinanderschwirren von Kommenden und Gehenden, gesprächigen Gästen und geschäftigen Kellnern, dieses Gewirr schattenhafter Erscheinungen und unbestimmbarer Geräusche macht jedes ruhige Nachdenken, jede gesammelte Betrachtung unmöglich. Die Nerven werden überreizt, Gedächtniskraft, Aufmerksamkeit und Fassungsvermögen werden geschwächt. Der Kaffeehausleser gelangt dahin, jeden Artikel, jedes Feuilleton, alles, was mehr als hundert Zeilen lang ist, ungenießbar zu finden. Er hört überhaupt auf zu lesen, er »blättert« nur mehr. Zerstreuten Blickes durchfliegt er die Zeitungen – ein Dutzend in einer Viertelstunde – und nur das Unterstrichene, das »Großgedruckte«, nur gesperrte Lettern vermögen sein Auge noch ein Weilchen zu fesseln. Er wird unausstehlich blasiert. Er braucht, um aus seiner öden Gedankenlosigkeit aufgerüttelt zu werden, etwas »Sensationelles«, wie der verlebte Wüstling raffinierter Ausschweifungen bedarf, um noch eine Reizung zu empfinden.
Das Kaffeehaus macht unser männliches Lesepublikum denkträge, oberflächlich und wählerisch im schlechtesten Sinne. Es erzeugt nicht den überfeinerten Geschmack, der nur am Auserlesensten Gefallen findet, sondern den abgestumpften Gaumen, dem nur mehr die gepfeffertste Kost ein

schwächliches Behagen bereitet. Es vernichtet das frische Verständnis, die gesunde Empfänglichkeit. Es erzeugt die gähnende Schlaffheit, die stumpfe Zerstreutheit.
Menschen, die in dieser Schule der geistigen Verderbnis großgezogen wurden, sind für die Literatur, für das, was so genannt zu werden verdient – verloren. Es gibt kein Buch, das ihnen nicht »zu dick« wäre, als daß sie ihre Geduld daran erproben möchten. Das Bücherlesen gehört eben nicht zur Kaffeehausbildung, natürlich noch viel weniger das Bücher*kaufen*. Der deutschen Belletristik aber, wenn sie geistig und sozial gehoben werden soll, tut nichts so sehr not, als ein vergrößerter Absatz ihrer Produkte. Die wirtschaftliche Entwicklung der Gegenwart ist nun gerade für die bürgerlichen Mittelklassen, die wichtigsten literarischen Konsumenten, eine sehr ungünstige. Unter solchen Verhältnissen bedeutet es einen ernsten Schaden für die Literatur, wenn das männliche Publikum einer Großstadt nicht aus ökonomischen Gründen, sondern unter dem Einflusse einer traditionellen Unsitte aller Bücherlektüre entsagt. Dieser Schaden ist freilich von mittelbarer Natur und mag daher vielen unerkenntlich bleiben. Im *Theater* hingegen treten die Wirkungen der Kaffeehauspest unmittelbar und augenfällig ans Licht. Das Wiener Theaterpublikum gehört zu den gefürchtesten der Welt, nicht wegen seiner kritischen Schulung, sondern wegen seiner Blasiertheit, wegen der anspruchsvollen Lässigkeit, mit der es dasitzt und unterhalten sein will, ohne seinerseits hierzu mit der allermindesten Anstrengung beizutragen. Man sitzt im Theater wie im Kaffeehause. Hier will man nicht lesen, sondern nur »blättern«, dort will man nicht nachdenken, sondern nur »amüsiert sein«. Man ist nämlich ungeheuer »nervös« und verträgt daher nur leichte, prickelnde, pikante, rasch verdauliche Kost. Nur nichts Ernstes und Schweres; Barmherzigkeit, meine Herren Dichter! Nur keine großen Gedanken!
Das Wiener Kaffeehaus verschlingt unsere Intelligenz und unsere Bildung. In diesem dunstigen, rauchigen Schlunde liegt unser literarisches Leben begraben. Der Mann verlernt

im Kaffeehause den geistigen Verkehr mit seiner Familie, er gewöhnt sich an eine oberflächliche Lektüre, an ein inhaltsleeres Geplauder, er verliert die Spannkraft, die zu tiefer anregenden Gesprächen, zu fruchtbarer Überlegung, zu ernster literarischer Geschmacksbildung nötig wäre. Er hört überhaupt auf, über »solche Dinge« mit ehrlicher Teilnahme zu denken und zu sprechen. Er bringt ein abgespanntes Hirn, eine geistige Appetitlosigkeit nach Hause mit. Und wenn man in einem solchen Hause Gäste empfängt, dann ist es der Ton des Kaffeehauses, der die gesellige Unterhaltung beherrscht, und dann kann man den Augenblick nicht erwarten, wo nach dem Souper eine Trennung der Geschlechter eintritt, wo die Damen zu einem »gemütlichen Plausch« in den Salon hinübergehen, während die Herren sich ins Rauchzimmer zurückziehen, in das – Privatkaffeehaus!

Es ist selbstverständlich, daß der Mangel literarischen Lebens, an welchem unsere Wiener Gesellschaft vielbeklagtermaßen leidet, nicht auf das Kaffeehaus als *letzte* Ursache zurückzuführen sein kann. Nein, die letzte Ursache, warum wir es zu keinen »Salons« und »ästhetischen Tees« gebracht haben und auch heute nichts dem Ähnliches besitzen, ist viel tiefer zu suchen: in unserer ökonomischen, sozialen und politischen Vergangenheit, die in Wien weder eine auf der Höhe ihrer kulturellen Aufgabe stehende Aristokratie noch auch ein freies, starkes, selbstbewußtes Bürgertum erstehen ließ. Es würde uns zu weit führen, dies historisch zu entwikkeln. Für die Gegenwart aber kann man sagen, daß im Wiener Kaffeehause alle Quellen unseres literarischen Unglückes zusammenlaufen. Hier sitzt nicht der verborgene Keim, wohl aber der sichtbare Ursprung des Übels. Aus der harmlos scheinenden braunen Mischung steigen die Dünste auf, die unsern Blick umnebeln und uns blind und stumpf machen für einen der edelsten und lautersten Genüsse des Daseins.

Das zum Umbaue bestimmte Palais Herberstein

Wie unsere Leser wissen, hat der Eigentümer des im vorstehenden Bilde gezeigten Eckhauses – Schauflergasse und Herrengasse – den Umbau seiner Realität beschlossen und beim Gemeinderate um die Baulinien-Bestimmung für das neue Palais Herberstein angesucht. Nach den Entwürfen des Professors König soll es erstehen und mit ihm dieser Teil der Inneren Stadt eine wesentliche Umgestaltung erfahren, der dann mit der Zeit die Regulierung des Michaelerplatzes folgen soll. Es ist ziemlich rasch gegangen mit der Schauflergasse, die bis Ende der 80er Jahre einen Engpaß bildete. Wo heute sich der neue Hofburgtrakt dehnt und, wie auf unserem Bilde ersichtlich, mit dem großstylisierten Eckpavillon gegen die Schauflergasse abschwenkt, erhoben sich hohe, altertümliche Baulichkeiten, in deren einer die General-Intendanz der Hoftheater und die Direktion des Burgtheaters sich befanden. [...] Die linksseitige Häuserflucht, die mit einem Schwibbogen malerisch abschloß, fiel, der neue Hofburgtrakt wuchs aus dem Boden und nun hat auch für das Palais Herberstein die Demolierungsstunde geschlagen. Das neue Haus wird eine abgekappte Ecke erhalten und sich als ein in vornehmen Style gehaltenes Zinshaus präsentieren. Durch die Baulinie rückt das Haus beträchtlich zurück. Mit dem Palais Herberstein ist die Erinnerung an ein sehr berühmtes Wiener Kaffeehaus innig verknüpft. Das Café Griensteidl spielt in der Geschichte des geistigen Wien eine Rolle, in den kleinen, aber behaglichen Gelassen versammel-

Palais Herberstein: Wien I., Herrengasse 1–3 / Schauflergasse 2.

König: Karl K. (1841–1915), österreichischer Architekt; das Palais Herberstein war 1815 errichtet worden und wurde 1897 abgerissen; in dem von König neu errichteten Gebäude befindet sich heute eine Bank.

Zinshaus: (österr.) Mietshaus.

Café Griensteidl: Wien I., Schauflergasse 2; es wurde 1844 von Heinrich Griensteidl in der Bibergasse gegründet, befand sich seit 1847 in dem Herber-

ten sich viele Persönlichkeiten, die mit der Politik und Literatur in innigen Beziehungen standen. Hier war auch der Sammelpunkt von »Jung-Wien«, das im Schrifttum eine neue Zeit heraufführen wollte, hier wurden alle interessanten Fragen besprochen, die Akteure in Stadt- und Weltchronik kritisiert und auch scharfgeschliffene Pfeile flogen von hier hinaus in die Welt, in der man sich nicht langweilt. Rückwärts in einem Zimmerchen etablierten sich die notablen Tarockpartien, bei denen es ebenfalls hoch herging.

KARL KRAUS

Die demolierte Literatur

Wien wird jetzt zur Großstadt demoliert. Mit den alten Häusern fallen die letzten Pfeiler unserer Erinnerungen, und bald wird ein respektloser Spaten auch das ehrwürdige Café Griensteidl dem Boden gleichgemacht haben. Ein hausherrlicher Entschluß, dessen Folgen gar nicht abzusehen sind. Unsere Literatur sieht einer Periode der Obdachlosigkeit entgegen, der Faden der dichterischen Produktion wird grausam abgeschnitten. Zu Hause mögen sich Literaten auch fernerhin froher Geselligkeit hingeben; das Berufsleben, die Arbeit mit ihren vielfachen Nervositäten und Aufregungen, spielte sich in jenem Kaffeehause ab, welches wie kein zweites geeignet schien, das literarische Verkehrszentrum zu präsentieren. Mehr als ein Vorzug hat dem alten Lokale

steinschen Palais; beliebter Literatentreffpunkt, wo besonders viele Zeitungen und Zeitschriften auflagen. Seit 1890 war es der Treffpunkt der literarischen »Jung-Wiener« um Hermann Bahr. Geschlossen wurde es in der Nacht vom 20. auf den 21. Januar 1897. (Vgl. S. 16 ff.)

zur Großstadt demoliert: Herbst 1896 gab es Umbaupläne für den Michaelerplatz, um der nahen Hofburg eine würdigere Umgebung zu schaffen; demoliert (österr.): abgerissen.

Café Griensteidl: s. Anm. S. 643.

Café Griensteidl. Aquarell von Rudolf Völkel

seinen Ehrenplatz in der Literaturgeschichte gesichert. Wer gedenkt nicht der schier erdrückenden Fülle von Zeitungen und Zeitschriften, die den Besuch unseres Kaffeehauses gerade für diejenigen Schriftsteller, welche nach keinem Kaffee verlangten, zu einem wahren Bedürfnis gemacht hatte? Braucht es den Hinweis auf sämtliche Bände von Meyer's Conversations-Lexikon, die, an leicht zugänglicher Stelle angebracht, es jedem Literaten ermöglichten, sich Bildung anzueignen? Auf das reiche Schreibmaterial, das für unvorhergesehene Einfälle stets zur Hand war? Namentlich die jüngeren Dichter werden das intime, altwienerische Interieur schmerzlich entbehren, welches, was ihm an Bequemlichkeit gefehlt, jederzeit durch Stimmung zu ersetzen vermocht hat. Nur der große Zug, der hin und wieder durch diese Kaffeehaus-Idylle ging, wurde von den sensiblen Stammgästen als Stylwidrigkeit empfunden, und in der letzten Zeit häuften sich die Fälle, daß junge Schriftsteller angestrengte Produktivität mit einem Rheumatismus bezahlten. Daß in einem so exzeptionellen Café auch die Kellnernatur einen Stich ins Literarische aufweisen mußte, leuchtet ein. Hier haben sich die Marqueure in ihrer Entwicklung dem Milieu angepaßt. Schon in ihrer Physiognomie drückte sich eine gewisse Zugehörigkeit zu den künstlerischen Bestrebungen der Gäste, ja das stolze Bewußtsein aus, an einer literarischen Bewegung nach Kräften mitzuarbeiten. Das Vermögen, in der Individualität eines jeden Gastes aufzugehen, ohne die eigene Individualität preiszugeben, hat diese Marqueure hoch über alle ihre Berufskollegen emporgehoben, und man mochte nicht an eine Kaffeesiedergenossenschaft glauben, die ihnen die Posten vermittle, sondern stellte sich vor, die deutsche Schriftstellergenossenschaft habe sie berufen. Eine Reihe bedeutender Kellner, welche in

Meyer's Conversations-Lexikon: die 4., gänzlich umgearbeitete Auflage erschien 1885–90 in 16 Bänden, 1890–92 erschienen noch 3 Nachtragsbände, die 5., gänzlich neubearbeitete Auflage erschien 1893–97 in 17 Bänden, bis 1901 erschienen 4 Nachtragsbände.

Marqueure: Zahlkellner.

diesem Kaffeehause gewirkt haben, bezeichnet die Entwicklung des heimischen Geisteslebens. Eine überholte Dichtergeneration sah Franz, den Würdigen, dessen Andenken noch in zahlreichen Anekdoten festgehalten wird. Es lag Styl und Größe darin, wenn er einem Passanten, der nach zwanzig Jahren wieder einmal auftauchte, dieselbe Zeitung unaufgefordert in die Hand gab, die jener als Jüngling begehrt hatte. Franz, der k. k. Hof-Marqueur, hat eine Tradition geschaffen, welche heute von den Jungen über den Haufen geworfen ist. Mit dem Tode des alten Kellners, dessen hofrätliche Würde schlecht zu dem Sturm und Drang der Neunzigerjahre gepaßt hätte, begann eine neue Aera. Franz, der mit Grillparzer und Bauernfeld verkehrt hatte, erlebte es noch, wie der Naturalismus seinen Siegeslauf von Berlin in das Café Griensteidl nahm und als kräftige Reaktion gegen ein schöngeisterndes Epigonentum von einigen Stammgästen mit Jubel aufgenommen ward. Seit damals gehört das Café Griensteidl der modernen Kunst. Eine neue Kellnergeneration stand bereit, sich mit dem komplizierten Apparat von Richtungen, die in der Folge einander ablösten, vertraut zu machen; die bis dahin einer veralteten Literatur als Zuträger gedient hatten, waren nun als Zahlmarqueure einer modernen Bewegung mit der Umwertung aller Werte beschäftigt – sie verstanden es, mit der Zeit zu gehen, und genügten bald den Anforderungen einer gesteigerten Sensitivität. Die Stimmungsmenschen, die jetzt wie die Pilze aus dem Erdboden schossen, wünschten seltsame Farbenkompositionen für Gefrorenes und Melange, es machte sich das Verlangen nach inneren Erlebnissen geltend, so daß die Einführung des Absynths als eines auf die Nerven wirkenden Getränkes notwendig wurde. Sollte die heimische Lite-

Bauernfeld: Eduard von B. (1802–90), fruchtbarer und außerordentlich erfolgreicher Lustspieldichter des österreichischen Biedermeier mit Salonkomödien nach französischem Muster, so etwa das Lustspiel *Bürgerlich und romantisch* (1835).

Absynths: Anspielung auf das in französischen Literatenkreisen (z. B. bei Verlaine) beliebte Getränk.

ratur aus Paris und Deutschland ihre Anregungen erhalten, so mußte das Kaffeehaus sich die Einrichtungen von Tortoni und Kaiserhof zum Muster nehmen.

Bald war man mit dem konsequenten Realismus fertig, und Griensteidl stand im Zeichen des Symbolismus. »Heimliche Nerven!« lautete jetzt die Parole, man fing an, »Seelenstände« zu beobachten und wollte der gemeinen Deutlichkeit der Dinge entfliehen. Eines der wichtigsten Schlagworte aber war »Das Leben«, und allnächtlich kam man zusammen, sich mit dem Leben auseinanderzusetzen oder, wenn's hoch ging, das Leben zu deuten.

Die ganze Literaturbewegung einzuleiten, die zahlreichen schwierigen Überwindungen vorzunehmen, nicht zuletzt, dem Kaffeehausleben den Stempel einer Persönlichkeit aufzudrücken, war ein Herr aus Linz berufen worden, dem es in der Tat bald gelang, einen entscheidenden Einfluß auf die Jugend zu gewinnen und eine dichte Schar von Anhängern um sich zu versammeln. Eine Linzer Gewohnheit, Genialität durch eine in die Stirne baumelnde Haarlocke anzudeuten, fand sogleich begeisterte Nachahmer – die Modernen wollten es betont wissen, daß ihnen der Zopf nicht hinten hing. Alsbald verbot der verwegene Sucher neuer Sensationen aus Linz seinen Jüngern, von dem »Kaiserfleisch des Naturalismus« zu essen, empfahl ihnen dafür die »gebackenen Dukaten des Symbolismus« und wußte sich durch derlei zweckmäßige Einführungen in seiner Position als erster Stammgast zu behaupten. Seine Schreibweise wurde von der literarischen Jugend spielend erlernt. Den jüngsten Kritikern

Tortoni: Café Glacier in Paris, Boulevard des Italiens 22, unweit von der Place de l'Opéra.

Kaiserhof: Das Café Kaiserhof gehörte als »Wiener Café« mit anderen Etablissements zum Hotel Kaiserhof am Zietenplatz in Berlin und war ein Berliner Literatentreffpunkt.

»Seelenstände«: Vgl. den Titel von Hermann Bahrs Roman *Die Gute Schule. Seelenstände* (1890).

Herr aus Linz: Hermann Bahr, der in Linz-Urfahr geboren wurde.

öffnete er die Spalten seines neugegründeten Blattes, welches allwöchentlich den Bahnbrecher und seine Epigonen in engster Nachbarschaft sehen ließ und noch heute eine nur durch die Verschiedenartigkeit der Chiffren gestörte Styleinheit aufweist. Damals, als er noch nicht die abgeklärte Ruhe des weimarischen Goethe besaß, war es für die Anfänger noch schwer, ihm durch das Gestrüpp seines seltsam verschnörkelten und kunstvoll verzweigten Undeutsch zu folgen. Heute, wo er Goethe kopiert, findet er die meisten Nachahmer, und kaum einen seiner Schüler gibt es, der um den Unterschied zwischen einem »Kenner« und einer »Menge« verlegen wäre. [...]

Die Tatsache, daß Einer noch ins Gymnasium ging, begeisterte den Entdecker zu dem Ausrufe: »Goethe auf der Schulbank!« Man beeilte sich, den Jüngling für das Kaffeehaus zu gewinnen, und seine Eltern selbst führten ihn ein: sollte doch gezeigt werden, daß er vom Vater die Statur, des Lebens ernstes Führen, vom Mütterchen die Frohnatur, die Lust zum Fabulieren habe. Seine Bewegungen nahmen bald den Charakter des Ewigen, seine Korrespondenzen den des »Briefwechsels« an. Er ging daran, ein Fragment zu schreiben, und war es seiner Abgeklärtheit schuldig, seine Manuskripte für den Nachlaß vorzubereiten. In hoheitsvollen Versen ließ er noch den Erben an Adler, Lamm und Pfau das Salböl aus den Händen der toten alten Frau verschwenden – dann studierte er sich seine »Letzten Worte« ein.

Eine der zartesten Blüten der Decadence sproß dem Café Griensteidl in einem jungen Freiherrn, der, wie man

neugegründeten Blattes: Gemeint ist die Oktober 1894 gegründete Wochenschrift *Die Zeit,* eine »Wiener Wochenschrift für Politik, Volkswirtschaft und Kunst«, herausgegeben von Bahr zusammen mit dem österreichischen Journalisten Isidor Singer (1857–1927) und Heinrich Kanner (1864–1930), österreichischer Publizist und Zeitungsherausgeber.

Einer: Hugo von Hofmannsthal, der als Gymnasiast unter verschiedenen Pseudonymen veröffentlichte: Loris, Loris Melikow, Theophil Morren u. a. Der ganze Abschnitt, erst in der Buchausgabe 1897 erschienen, stilisiert Hofmannsthal auf Goethe hin.

Freiherrn: Leopold Andrian.

erzählte, seine Manieriertheit bis auf die Kreuzzüge zurückleitet. Die Art des jungen Mannes, der sich einst zufällig in das Kaffeehaus verirrte, gefiel dem Herrn aus Linz. Als jener sich vollends zu der enthusiastischen Bemerkung hinreißen ließ: »Der Goethe is ganz g'scheit«, da fühlte dieser: hier lag eine Fülle von Affektation, die der Literatur nicht verlorengehen durfte. So ward in dem Jüngling das Bewußtsein seiner Sensitivität geweckt, welches ausgereicht hätte, ihn zu produktivem Schaffen anzuregen. Dazu kam eine mit Kalksburg übertünchte Phantasie, und als das Produkt jener geistigen Beschränktheit, welche, von den sich an das Wort »wienerisch« knüpfenden Vorstellungen ausgefüllt, unter dem Namen »reines Künstlertum« geläufig ist, entstand eine Novelle, »Der Kindergarten der Unkenntnis«. [...]
Der am tiefsten in diese Seichtigkeit taucht und am vollsten in dieser Leere aufgeht, der Dichter, der das Vorstadtmädel burgtheaterfähig machte, hat sich in überlauter Umgebung eine ruhige Bescheidenheit des Größenwahns zu bewahren gewußt. Zu gutmütig, um einem Problem nahetreten zu können, hat er sich ein für allemal eine kleine Welt von Lebemännern und Grisetten zurechtgezimmert, um nur zuweilen aus diesen Niederungen zu falscher Tragik emporzusteigen. Wenn dann so etwas wie Tod vorkommt – bitte nicht zu erschrecken, die Pistolen sind mit Temperamentlosigkeit geladen: *Sterben* ist nichts, aber leben und nichts sehen! ... [...]
Wohin steuert nun unsere junge Literatur? Und welches ist ihr künftiges Griensteidl?

Kalksburg: Dorf in Nieder-Österreich, das ein Jesuitenkloster mit Gymnasium hat; Andrian hatte dort einen Teil seiner Jugend verbracht.

Dichter: Arthur Schnitzler.

Grisetten: Künstlerliebchen.

SIGMUND FREUD

Brief an Arthur Schnitzler

8. Mai 1906

Wien IX, Berggasse 19

Verehrter Herr Doktor

Seit vielen Jahren bin ich mir der weitreichenden Übereinstimmung bewußt, die zwischen Ihren und meinen Auffassungen mancher psychologischer und erotischer Probleme besteht, und kürzlich habe ich ja den Mut gefunden, eine solche ausdrücklich hervorzuheben (Bruchstück einer Hysterieanalyse, 1905). Ich habe mich oft verwundert gefragt, woher Sie diese oder jene geheime Kenntnis nehmen konnten, die ich mir durch mühselige Erforschung des Objektes erworben, und endlich kam ich dazu, den Dichter zu beneiden, den ich sonst bewundert.

Nun mögen Sie erraten, wie sehr mich die Zeilen erfreut und erhoben, in denen Sie mir sagen, daß auch Sie aus meinen Schriften Anregung geschöpft haben. Es kränkt mich fast, daß ich fünfzig Jahre alt werden mußte, um etwas so Ehrenvolles zu erfahren.

Ihr in Verehrung ergebener

Dr. Freud

SIGMUND FREUD

Brief an Arthur Schnitzler

14. Mai 1922

Wien IX, Berggasse 19

Verehrter Herr Doktor

Nun sind Sie auch beim sechzigsten Jahrestag angekommen, während ich, um sechs Jahre älter, der Lebensgrenze nahe gerückt bin und erwarten darf, bald das Ende vom fünften Akt dieser ziemlich unverständlichen und nicht immer amüsanten Komödie zu sehen.

Wenn ich noch einen Rest von Glauben an die ›Allmacht der Gedanken‹ bewahrt hätte, würde ich jetzt nicht versäumen, Ihnen die stärksten und herzlichsten Glückwünsche für die zu erwartende Folge von Jahren zuzuschicken. Ich überlasse dies törichte Tun der unübersehbaren Schar von Zeitgenossen, die am 15. Mai Ihrer gedenken werden.

Ich will Ihnen aber ein Geständnis ablegen, welches Sie gütigst aus Rücksicht für mich für sich behalten [und] mit keinem Freunde oder Fremden teilen wollen. Ich habe mich mit der Frage gequält, warum ich eigentlich in all diesen Jahren nie den Versuch gemacht habe, Ihren Verkehr aufzusuchen und ein Gespräch mit Ihnen zu führen (wobei natürlich nicht in Betracht gezogen wird, ob Sie selbst eine solche Annäherung von mir gerne gesehen hätten).

Die Antwort auf diese Frage enthält das mir zu intim erscheinende Geständnis. Ich meine, ich habe Sie gemieden aus einer Art von Doppelgängerscheu. Nicht etwa, daß ich sonst so leicht geneigt wäre, mich mit einem anderen zu identifizieren oder daß ich mich über die Differenz der Begabung hinwegsetzen wollte, die mich von Ihnen trennt, sondern ich habe immer wieder, wenn ich mich in Ihre schönen Schöpfungen vertiefe, hinter deren poetischem Schein die nämlichen Voraussetzungen, Interessen und Ergebnisse zu finden geglaubt, die mir als die eigenen bekannt waren. Ihr Determinismus wie Ihre Skepsis – was die Leute Pessimismus heißen – Ihr Ergriffensein von den Wahrheiten des Unbewußten, von der Triebnatur des Menschen, Ihre Zersetzung der kulturell-konventionellen Sicherheiten, das Haften Ihrer Gedanken an der Polarität von Lieben und Sterben, das alles berührte mich mit einer unheimlichen Vertrautheit. (In einer kleinen Schrift vom Jahr 1920 ›Jenseits des Lustprinzips‹ habe ich versucht, den Eros und den Todestrieb als die Urkräfte aufzuzeigen, deren

Gegenspiel alle Rätsel des Lebens beherrscht.) So habe ich den Eindruck gewonnen, daß Sie durch Intuition – eigentlich aber infolge feiner Selbstwahrnehmung – alles das wissen, was ich in mühseliger Arbeit an anderen Menschen aufgedeckt habe. Ja ich glaube, im Grunde Ihres Wesens sind Sie ein psychologischer Tiefenforscher, so ehrlich unparteiisch und unerschrocken wie nur je einer war, und wenn Sie das nicht wären, hätten Ihre künstlerischen Fähigkeiten, Ihre Sprachkunst und Gestaltungskraft freies Spiel gehabt und Sie zu einem Dichter weit mehr nach dem Wunsch der Menge gemacht. Mir liegt es nahe, dem Forscher den Vorzug zu geben. Aber verzeihen Sie, daß ich in die Analyse geraten bin, ich kann eben nichts anderes. Nur weiß ich, daß die Analyse kein Mittel ist, sich beliebt zu machen.

In herzlichster Ergebenheit

Ihr Freud

HERMANN UBELL

Die Blätter für die Kunst

Ich weiß nicht, ob es schon je gesagt worden ist, daß die naturalistischen Absichten moderner literarischer Schöpfungen viel eher mit dem überstarken wissenschaftlichen Trieb unserer Gehirne in Zusammenhang zu setzen sind, als mit irgend einem dichterischen oder künstlerischen Hang. Die Aufgabe des reisenden Ethnologen, des Betrachters mikro-

Blätter für die Kunst: Die *Blätter für die Kunst,* »begründet von Stefan George, herausgegeben von Carl August Klein«, erschienen 1892–1919. Sie waren zunächst nicht käuflich: »Die zeitschrift im verlag des herausgebers hat einen geschlossenen von den mitgliedern geladenen leserkreis.« Sie brachte fast ausschließlich literarische Originalbeiträge, darunter solche der Wiener Andrian und Hofmannsthal; Organ des »George-Kreises«.

skopischer Präparate, des Sternguckers und des Verfassers zolaistischer Romane war in wechselnder Erscheinung dieselbe und in der *einen* Formel ausgesprochen: Gut Beobachtetes in suggestiver Rede niederlegen.

Eine Art von Verdienst dieser neuen Literatur bestand ohne Zweifel darin, daß sie das literarische Interesse auch in solchen Kreisen anpflanzte, die gegenüber Werken schöngeistiger Art immer eine gewisse Feindseligkeit oder Gleichgiltigkeit bewahrt hatten; aber diese Eroberung einer großen neuen Schicht des Publikums durch die naturalistische Literatur ist zugleich *für* diese Literatur in ausgezeichneter Weise charakterisierend.

Leute, die geschmackvoll genug waren, um sich bei Eckstein und Lindau zu langweilen, die aber anderseits niemals jene langwierige ästhetische Zucht genossen hatten, die die Seele in den Stand setzt, die langsam einsickernde und widerstrebende Schönheit etwa eines Gedichtes von Swinburne in sich aufzunehmen, sie mußten jene Bücher begrüßen, deren beherrschende Idee ihnen von vornherein vertraut und wertvoll war.

Daß diese Idee, die dem überfütterten Erkenntnisdrang des wissenschaftlichen und schönheitfeindlichen Menschen des neunzehnten Jahrhunderts entsprang und von der allzu ausschließlichen Freude am Suchen und Auffinden der Wahrheit gespeist wurde – daß diese Idee mit den großen Lebensbedingungen *wirklicher* Poesie gar nichts, aber schon gar nichts zu tun hat, verlohnt sich noch immer der Aussprache und nachdrücklichen Hervorhebung.

Sie ist nicht gestorben, wie es für den kurzsichtigen Beobachter wohl den Anschein haben möchte, sie taucht in neuen Verkleidungen immer wieder empor. Hat man doch vor

Eckstein: Ernst E. (1845–1900), vielseitiger, jedoch oberflächlicher Erzähler.

Lindau: Paul L. (1839–1919), fruchtbarer Erzähler von Berliner Zeit- und Gesellschaftsromanen; Dramatiker in der Nachfolge von Dumas und Sardou; auch Kritiker und Essayist.

Swinburne: s. Anm. S. 330.

nicht gar zu langer Zeit an die schreibenden jungen Leute in Österreich die Forderung des »Provinzromanes« ausgegeben, der uns zu einer verläßlichen Kenntnis des Antlitzes unserer so wundervoll verschiedenen Kronländer verhelfen soll. Ob sich Hermann Bahr, als er jene Einladung an uns ergehen ließ, auch wohl bewußt war, daß sie ganz und gar im Sinne jenes »theoretischen Menschen« ersonnen war, den zu bekämpfen er selber nicht müde wird? Denn das Bedürfnis, das er so einleuchtend formuliert und dem er durch solche beschreibende Erzählungen abgeholfen wissen möchte, ist gewiß nicht ästhetischer, sondern wissenschaftlicher Natur, und naturalistische Romane jener Art wären mit den Werken etwa unserer bedeutenden Statistiker genauer verwandt als mit irgend einem wesensechten Werke der redenden Kunst.

Ein anderes Beispiel. Eine Erneuerung der deutschen Lyrik, wie sie in der Absicht von Arno Holz liegt, bedeutet im Wesentlichen nichts anderes als die entweihende und absurde Übertragung wissenschaftlicher Prinzipien auf das Gebiet der Kunst. Wenn sich trotzdem unter den »Gedichten« des Berliners, der grundsätzlich die innere und äußere Form des Gedichtes seiner Gegenständlichkeit und Deutlichkeit opfert, eine ganze Reihe wunderhübscher Sachen vorfindet, so erreicht er diese Wirkung stets mit den alten, von ihm so energisch verredeten Kunstmitteln. (Wenn sich ihm zum Beispiel – unbewußt, wie es scheint – die Worte unter dem Zwang einer starken Stimmung zu rhythmischen Folgen ordnen.)

So mag es noch immer nützlich sein, daran zu erinnern, daß der naturalistische Gedanke eine jener »moderner Ideen« ist, über die der Mann, der unter den Zeitgenossen die tiefste Einsicht in das Wesen der dichtenden Kunst besaß, Fried-

Forderung des »Provinzromanes«: Anspielung auf Bahrs Aufsatz »Die Entdekkung der Provinz« (1899).

Holz: Vgl. zu seinem Erneuerungsversuch der deutschen Lyrik sein Buch *Revolution der Lyrik* (1899).

rich Nietzsche, das fressende Wasser seines bösesten Spottes auszugießen liebte, und daß die Brücke von der »Nana« zur »Ägyptischen Königstochter« viel kürzer ist als zu einem Gedicht Stefan Georges oder zu einem der kleinen Dramen in Versen von Hugo von Hofmannsthal.

Hiemit habe ich die Namen der beiden jungen Dichter genannt, die seit ein paar Jahren die Gegenbewegung gegen den deutschen Naturalismus redend und dichtend erfolgreich eingeleitet und angeführt haben. Als hervorragende lyrische Begabungen, die sie sind, verschafften sie ihren neuen Anschauungen zunächst im Kreise des deutschen Gedichtes Geltung, wo der lyrische Realismus Liliencrons und seiner Schüler alleinherrschend schaltete. Doch wer wollte den umgestaltenden und auffrischenden Einfluß verkennen, den auch *die* Grundsätze der beiden auszuüben beginnen, die sie ihrem Schaffen in ungebundener Rede und ihren dramatischen Gedichten unterzulegen pflegen?
Ihre ersten zartgliedrigen Versuche scheuten die rauhe Luft der Öffentlichkeit und konnten der schützenden warmen Atmosphäre eines verständnisvollen Kreises nicht entbehren, der sich nur langsam erweiterte. Für diesen Kreis geladener Mitglieder waren die »Blätter für die Kunst« bestimmt, die, seit dem Jahre 1892 in unregelmäßigen Zwischenräumen erscheinend und aufs vornehmste ausgestattet, die Dichtungen Georges, Hofmannsthals und ähnlich

»Nana«: Roman (1880) von Zola (s. Anm. S. 229), Teil des großen Romanzyklus *Les Rougon-Macquart.*

»Ägyptischen Königstochter«: erschien 1864 als Erstlingsroman des Ägyptologen Georg Ebers (1837–1898), der ein typischer Vertreter des sog. archäologischen oder Professorenromans war.

Georges: George stand, namentlich durch Hugo von Hofmannsthal und Leopold von Andrian, in mannigfachen Beziehungen zur Wiener Literatur dieser Zeit.

Liliencrons: Detlev von Liliencron (1844–1909), in Lyrik und Prosa der konsequenteste Vertreter des deutschen Impressionismus; von der jüngeren Generation aller literarischen Richtungen, auch von den Wienern, hochgeschätzt.

Gesinnter überlieferten. Den programmatischen Teil der Zeitschrift besorgte ihr Herausgeber, Herr Karl August Klein, in einer so ruhigen und gediegenen Weise, wie sie bisher unter den Deutschen noch nicht dagewesen war.

Heute steht der Ruhm dieser Bestrebungen so sicher gegründet da, daß kein stichhältiger Grund mehr ersichtlich war, die »Blätter für die Kunst« der Öffentlichkeit vorzuenthalten. Es wurde die Herausgabe eines Sammelbandes beschlossen, der eine bezeichnende Auswahl aus den Beiträgen der Zeitschrift einem breiteren Publikum darbieten soll. In würdigem Gewand, mit einer Titelzeichnung von Melchior Lechter, ist dieser Band soeben bei Georg Bondi in Berlin herausgekommen. Ich glaube, er wird in der Geschichte unseres österreichischen Schrifttums Epoche machen; begegnen doch die Gesinnungen, die er ausspricht und dokumentiert, einigen unserer geheimsten Neigungen, die sich zum Beispiel bezeichnenderweise gegenüber den Forderungen des naturalistischen Bekenntnisses stets spröd und ablehnend verhalten haben.

Der Eindruck dieser Veröffentlichung wird noch verstärkt durch die erste allgemein zugängliche Ausgabe der drei Gedichtsammlungen Stefan Georges. Sie lädt zur Beschreibung der dichterischen Besonderheit des großen Reformators unserer Lyrik ein; vorläufig aber soll nur einiges zur Bezeichnung der Leistung und Stimmung des Kreises im *allgemeinen* gesagt werden.

Wenn immer häufiger die Klage laut wird, daß die Entwikkelung des neueren Schrifttums in Deutschland mit der

Klein: Karl August K. (1867–1952), der erste »Jünger« Georges; er fungierte als der Herausgeber der *Blätter für die Kunst.*

Sammelbandes: »Blätter für die Kunst«. Eine Auslese aus den Jahren 1892–1898 (1899).

Lechter: Melchior L. (1865–1937), ursprünglich Glasmaler; er gehörte dem George-Kreis an und gestaltete einige Bücher Georges.

erste … Ausgabe der drei Gedichtsammlungen: Stefan Georges *Hymnen* (1890); *Pilgerfahrten* (1891); *Algabal* (1892).

wunderbaren gegenwärtigen Erhebung der bildenden Künste nicht Schritt gehalten hätte, so wird die Nichtigkeit dieser Beschwerde sofort einleuchtend, wenn man die Taten und Anregungen des Georgischen Kreises und ihren Wert für unsere innere Kultur einzuschätzen beginnt. Seit George und Hofmannsthal dichten, darf sich das moderne deutsche Gedicht neben den Radierungen Klingers und neben den Gemälden Ludwig von Hofmanns sehen lassen. Dies wäre längst allgemein anerkannt, wenn die poetische Kultur des Deutschen nicht um so sehr viel dürftiger und unzulänglicher wäre, als seine malerische oder gar musikalische Kultur. Es zeigt sich von Tag zu Tag überraschender, wie gerne das Publikum bereit ist, noch mit der äußersten Sezession der bildenden Künstler mitzugehen; von den Sezessionisten der Dichtung will es noch immer nichts wissen.

Und doch bieten sich schon dem oberflächlichen Nachdenken eine ganze Reihe von Berührungspunkten der modernen Malerei mit der modernen Poesie dar. Beide suchen sich dem *Wesen* der Künste zu nähern; man bevorzugt zum Beispiel die derbe Art des altdeutschen Holzschnitts gegenüber der unendlich ausgebildeten und verfeinerten Weise der neuamerikanischen Xylographie, weil *jene* dem *Wesen* des Holzschnitts unvergleichlich gemäßer ist, als diese; und es ist kein Gebiet der bildenden Kunst, das nicht durch diese herrliche, starke Strömung von Grund aus gegenwärtig umgestaltet würde. Von demselben redlichen Streben erscheinen jene jungen Künstler der Rede erfüllt. Sie haben den uralten Zusammenhang des Gedichtes mit der Musik wieder aufgedeckt, der in wirklich *schöpferischen* Epochen der Lyrik – von der Antike bis herauf zu den Tagen der Troubadoure und Minnesänger – nie außer Acht gelassen worden war; und infolge dieser Einsicht in das ursprüngliche Lebenselement des Lyrischen haben sie gelernt und

Klingers: Klinger (s. Anm. S. 564) schuf als Graphiker große Zyklen, Radierungen, so etwa die »Brahmsphantasie« 1892–94.

Hofmanns: s. Anm. S. 507.

gelehrt, in *erster* Linie den musikalischen und den Stimmungswerten des Gedichtes Beachtung zu schenken. Eine der vornehmsten Errungenschaften unserer Malerei ist die Wirkung innerhalb des Materials und durch das Material, der Gegenstand der Darstellung kommt erst in zweiter Linie, oft aber nur als nebensächlicher Anlaß zu einer angenehmen Vereinigung von Farben in Betracht. So bemühen sich jene Künstler in Worten um die *reine*, bisher so schändlich vernachlässigte Wirkung des sprachlichen Materials; Wirkungen, die von den Romantikern bereits vorausgesehen waren, wie jeden die berüchtigte Uhu-Ballade Tiecks lehren kann, gegenüber welchen aber die sogenannte Lautmalerei der Epigonen plump und kindisch erscheint.

Welcher köstlichen Wirkungen begibt sich Arno Holz, der die Strophe und den Reim verschmäht, und so den farbigen, goldenen Dämmer, der nach Goethe das Wesen aller Poesie ausmacht, einer naturalistischen Deutlichkeit der Begriffe zum Opfer bringt! Wie sehr bedürfen gerade die unvergleichlichen Stimmungsmotoren, die im Rhythmus und im Klang der Reime liegen, unter den gegenwärtigen Verhältnissen in Deutschland der emsigsten Pflege! Wenn für das Ohr des Verfassers des »Phantasus« unsere regulären strengen Strophen leierkastenmäßigen Klang haben, so möge er aus der Betrachtung irgend einer Strophe von George lernen, mit welcher Fülle individuellen Lebens ein großer lyrischer Dichter auch die abgebrauchtesten Formen zu bereichern weiß; ganz abgesehen davon, daß er niemals um die Bildung eines *neuen* rhythmischen Gefäßes für einen neuen Stimmungsinhalt verlegen ist. Durch die sorgsamste Beachtung aller in Betracht kommenden Kunstmittel bringt George Gedichte zustande, die schon vermöge ihrer phonetischen und rhythmischen Eigenschaften *allein* gewisse prägnante Stimmungen erzeugen und festhalten, Stolz oder Trauer, Klarheit oder Dunkel in der Seele verbreiten.

»Phantasus«: Arno Holz veröffentlichte 1898/99 zwei Lyrik-Bände unter diesem Titel.

Wir verdanken ihm die Wiedergeburt einer lyrischen Kunst, die über die deutschen Vorbilder der unmittelbaren Vergangenheit – Goethe, Platen, Novalis, Hölderlin, Mörike und Conrad Ferdinand Meyer – hinaus auf die komplizierte Technik der griechischen, römischen und mittelalterlichen Lyriker zurückgreift.
Unter den deutschen Zeitgenossen ist vor George und Hofmannsthal *Friedrich Nietzsche* bereits in den Besitz einer ähnlichen reinen lyrischen Kultur gelangt; im Ausland scheint sie zum Teile schon allgemeines Gut geworden zu sein. Dort haben Swinburne und Rossetti, Baudelaire, Verlaine und ihre Nachfolger, Gabriele d'Annunzio und andere die Reinigung durchgeführt. Ohne diese erlauchten Beispiele täglich vor Augen zu haben, wären unsere jungen Lyriker schwerlich in so kurzer Zeit so rasch vorwärts gelangt. Stefan George scheint sogar den Stil seiner ersten Periode geradezu in der Nachbildung jungfranzösischer Muster geformt zu haben. Übrigens geben ihn seine Übertragungen aus der französischen, englischen, italienischen, holländischen und polnischen Lyrik als den genialsten Übersetzer zu erkennen, den wir auf diesem Felde besitzen.
Dieselbe Feinhörigkeit und Empfindlichkeit, die diese Dichter gegenüber dem musikalischen Element des Gedichtes an den Tag legen, erstrecken sie auch auf das epitheton ornans, auf die Phrase und das einzelne Wort überhaupt und auf ihre syntaktische Verbindung; überall vermeiden sie aufs behutsamste das »Cliché«.
Das fremdartige Gepräge, das infolge dieser Bemühungen manche Strophen oder ganze Gedichte annehmen, erleichtert freilich dem Durchschnittsleser ihren Genuß nicht; aber ist der deutsche Durchschnittsleser von heute überhaupt

Rossetti: s. Anm. zu *die englischen Prärafaeliten* S. 210.
Baudelaire: s. Anm. S. 181.
Verlaine: s. Anm. S. 328.
d'Annunzio: s. Anm. S. 340.
epitheton ornans: (griech./lat.) schmückendes Beiwort.

geneigt oder auch nur befähigt, wirkliche Gedichte, die sich über das Niveau Uhlandscher Balladen und Heinescher Banalitäten erheben, zu »genießen«? Er begnügt sich mit einem mühelosen »zur Kenntnis nehmen«.
Aber diese Gedichte sind schwer, sie geben sich nicht ohne weiteres her, sondern sie wollen umworben und erobert werden; welche Zumutung an uns, die wir viel eher gewillt sind, an eine Schachpartie oder interessante Charade ernstliches Nachdenken zu wenden als an ein Werk der lyrischen Kunst.
Die Vorliebe dieser Dichter für die sparsame Andeutung an Stelle der breiten Ausführung, für das Ahnenlassen und Halbverbergen, die sie mit den japanischen Künstlern und einigen unserer merkwürdigsten Maler teilen, macht ihre Werke auch nicht zugänglicher. Sie wendet sich an unsere Phantasie, und fordert sie zur Mittätigkeit auf, um die Lücken zu füllen, das Dunkle zu erhellen, die Rätsel auszudeuten; sie wendet sich an den Dichter *in uns*. Aber eine solche Hingebung und Vertiefung ist nicht jedermanns Sache, obwohl sie zum Beispiel musikalischen Kunstwerken gegenüber bei uns als selbstverständlich erachtet wird. *Daß* es aber so bei uns steht, ist ein trauriges Zeichen der gegenwärtigen deutschen Kultur ...

Welche Haltung nehmen diese Gedichte in anderer Beziehung ein? Was ist von ihrem jeweiligen »Inhalt« zu sagen? (Nehmen wir an, es sei erlaubt, Form und Inhalt eines Gedichtes in dieser Weise zu trennen.) Nun, sie haben sich auch hier von der Tradition der Epigonen losgesagt – von der die meisten unserer »renommiertesten modernen Lyriker«, wie Hartleben, Falke, Salus, und andere sich noch immer nicht entfernt haben – und greifen auch hier wieder

Hartleben: Otto Erich H. (1864–1905), naturalistischer Dichter; geistreich-witziger Verspotter der Philistermoral.

Falke: Gustav F. (1853–1916), impressionistischer Lyriker; stark von Liliencron beeinflußt.

Salus: Hugo S. (1866–1929), seinerzeit hochgeschätzter Lyriker und Erzähler;

die immanenten Prinzipien auf, die aller bedeutenden Lyrik der Vergangenheit innewohnen. Sie predigen nicht und sie erzählen nicht, sondern sie rufen durch rein bildliche und musikalische Mittel Stimmungen hervor, die dem modernen Leser teuer sind. Gedankenlyrik ist diesen Dichtern ein Abscheu, sofern das Gedankenhafte darin nicht im bildlichen und musikalischen Element völlig aufgeschmolzen werden kann. Tatsächlich durfte man sich bei der Gedankenlyrik der Epigonen jederzeit die Frage vorlegen, ob der Inhalt des Gedichtes in guter Prosa nicht viel reiner, ungewundener und also wirkungsvoller hätte ausgesprochen werden können; man hatte es in den meisten Fällen mit mehr oder weniger geschickt *versifizierter Prosa* zu tun. Hofmannsthal ist unser mächtigster »Gedankenlyriker«, weil er nie den abstrakten Gedanken, sondern immer den *Stimmungskreis* festhält, der jenen umlagert und erzeugt. Sein hochtönender Chor »Manche freilich müssen unten sterben«, seine »Terzinen«, sein »Traum von großer Magie« (alle in dem Sammelband abgedruckt) – Gedichte, die durch die Jahrhunderte gehen werden – rühren an die tiefsten Dinge, aber immer durch ihre bildlich-musikalischen Symbole, ohne jede prosaische Direktität, die zum Beispiel die Gedichte Richard Dehmels oftmals entstellt.

»Bilde, Künstler, rede nicht!« Wie oft bleibt der Stimmungslyriker der Epigonenzeit wirkungslos, weil er *über seine Stimmung declamiert, statt uns durch bildliche und musikalische Suggestion in die nämliche Stimmung zu versetzen.* Hier mit Energie Wandel geschaffen zu haben, bleibt das außerordentliche Verdienst dieses Dichterkreises.

Auch von hier aus wird es sichtbar, daß sich unsere deutsche Romantik auf ähnlichen Wegen ähnlichen Zielen zu nähern versuchte; wie denn überhaupt diese ganze schöne Bewegung geradezu als die endliche glänzende Erfüllung jener

verfaßte satirische und sentimentale Gedichte in gefälliger Form sowie formvollendete Novellen.

Dehmels: *Richard Dehmel (1863–1920), bedeutender Lyriker zwischen Naturalismus und Expressionismus.*

keimreichen, noch immer nicht nach Gebühr bewerteten Epoche der deutschen Dichtungsgeschichte sich darstellt. In den Reden der Schlegel, in den Notizen des Novalis, in den Kritiken Tiecks drängen sich Meinungen und Gesinnungen, die sich heute wie Prophezeiungen der Taten der Gegenwärtigen ausnehmen. So ist eines der allerschönsten Bücher der deutschen Literatur, die »Hirten- und Preisgedichte«, »Sagen und Sänge« und »Hängenden Gärten« von Stefan George, auch in seiner Flucht in Vergangenheiten und ins Exotische aus dem schönheitlosen Stil der Gegenwart, ein echtes und rechtes Enkelkind der älteren deutschen Romantik. Nicht anders verhält sich Hofmannsthal, und so wird es immer deutlicher, daß wir in jener an sich so unfruchtbaren älteren Bewegung trotzdem die stärkste Strömung zu verehren haben, die unsere Dichtung jemals bestimmt und erregt hat.

Jener Trieb hat in dem genannten Buche Georges seine wundervollste Frucht gezeitigt; es schenkt uns eine Renaissance der Antike, des deutschen Mittelalters und des Orients, die den ähnlichen Taten Böcklins und Klingers, Wagners und Goethes (»Westöstlicher Divan«) ebenbürtig zur Seite tritt. Und immer schimmert durch die herrliche Maske das vertraute und verwandte Antlitz eines Mitlebenden hindurch. Leider ist in der in Rede stehenden Auswahl gerade dieses Werk Georges nicht vollgiltig vertreten.

Es könnte nun vieles über das unleugbar starke decadente Element in diesen Dichtungen gesagt werden. Zum Beispiel über die mannigfache Anlehnung an die Werke der verwandten Künste, vor allem der modernen Malerei. Wie viele

»Hirten- und Preisgedichte«: Die Bücher der Hirten- und Preisgedichte, der Sagen und Sänge und der hängenden Gärten (1895).

Böcklins: Arnold Böcklin (1827–1901), schweizerischer Maler; seine Bilder stellen zumeist südliche Landschaften dar, bevölkert von mythischen Götter- und Fabelwesen. Für die Kunstauffassung der Jahrhundertwende – insbesondere die Diskussion um den malerischen und literarischen Realismus – war er von entscheidender Bedeutung.

Seiten im Werke Georges und Hofmannsthals verdanken solchen Anregungen ihren Ursprung; einer solchen Neigung, die bereits künstlerisch präparierte Natur zu betrachten und nachzubilden, statt die unkomponierte und unstilisierte lebendige Wirklichkeit nachzuahmen; gewiß ist diese Neigung, wenn sie vorwaltet, eine Schwäche, die nicht verdeckt werden soll. Sie ist ein rechtes Charakteristikon der Decadence, wie ein Blick auf die hochentwickelte griechische Decadence (die »zweite Sophistik«) ohne weiteres lehrt. Wurde doch damals die Kunst der Gemäldebeschreibung (die beiden Philostratos!) zu einer eigenen angesehenen Gattung ausgebildet.

Im engsten Zusammenhang mit dieser Neigung ist die zumal bei Hofmannsthal bis zum Raffinement entwickelte Fähigkeit, die Natur und das Leben durch die Augen eines großen Malers anzusehen und in dessen Stile zu gestalten; eine Fähigkeit, die auch der junge Goethe, wie das achte Buch von »Dichtung und Wahrheit« erzählt, mit Freuden in sich entdeckt und ausgebildet hat. Wie manches Bild von Böcklin, wie manches Klingerblatt läßt sich aus der Dichtung Hofmannsthals loslösen!

Als decadent dürfen wir gewiß auch die Vorliebe dieser Dichter für die kleine Form ansprechen, eine Vorliebe, die sie wieder mit ihren spätgriechischen Vorläufern teilen. Dergleichen ließe sich noch vieles sagen, doch scheint es mir wichtiger, zum Schlusse noch auf eine der vornehmsten Auszeichnungen der dichterischen Praxis dieser Gruppe aufmerksam zu machen.

Alle bildende und redende Kunst beruht mit in erster Linie auf der *Auswahl*, die aus den Dingen der Wirklichkeit

»zweite Sophistik«: Damit bezeichnet man im Gegensatz zur sog. älteren Sophistik eine Strömung des 2. nachchristlichen Jh.s, zu der u. a. Herodes Atticus, der Lehrer des Kaisers Marc Aurel, und Flavius Philostratos gehörten.

die beiden Philostratos: Die Identität der verschiedenen Autoren, die unter dem Namen Ph. bekannt sind, ist bis heute ungeklärt; einer von ihnen ist der Autor der *Eikones,* »Feuilletons« über die Bilder aus einer Galerie im antiken Neapel.

getroffen wird. Der Mangel dieser wichtigsten Erkenntnis hat den Naturalismus ad absurdum geführt. Liliencron hat in der deutschen Lyrik viel Unheil angerichtet, als er in seine Gedichte, denen die Fülle guten Beobachtungsmaterials nicht abgeleugnet werden soll, einen solchen trüben und breiten Schwall der Realität einströmen ließ, wie ihn das zarte lyrische Gefäß nie fassen kann. Alle echte *Stimmungskunst* beruht auf der geschmackvollen Auswahl des für den beabsichtigten Eindruck Wesentlichen, unter Unterdrükkung alles Unwesentlichen. Unser herrliches deutsches Wort »Dichten«, Verdichten, besagt alles, was in dieser Richtung gesagt werden könnte. Versteht man das Wort nach diesem seinen wurzelhaften Sinn, so gibt es keine geschmackvolleren »Dichter« als George und Hofmannsthal, die schlanken und sparsamen Linien ihrer Poesien können nicht übertroffen werden.

Sie sind Künstler, wie wir es alle sind, wenn wir uns erinnern, und wenn wir träumen. Diese elementarste dichterische Kunstübung ist jedem von uns eingeboren; auf einer unendlich tieferen Stufe des Bewußtseins verfahren wir alle künstlerisch. Auch unsere Träume und Erinnerungen aber geben uns nur den vielbedeutenden *Umriß* und die *wesentlichen* Farben; und weil sie so unsäglich *wesentlicher* sind als die Wirklichkeit, sind sie auch um so viel wahrer und im höchsten Sinne poetischer als die trügerische und verwirrende Wirklichkeit ...

Ich wiederhole es: diese beiden jungen Dichter führen uns der Erkenntnis des großen und geheimen *Wesens* aller Dichtkunst wieder zu. Sie beschreiten die Wege, auf denen unsere moderne Malerei zu vollen Kränzen und Triumphpforten gelangt ist; die Wege, die die moderne Musik seit Wagners Tode zu ihrem tiefsten Schaden zu verlassen begann. An uns aber ist es, jener Neuerungen und jener Dichter würdig zu sein.

HERMANN BAHR

Zehn Jahre

Es ist jetzt [August 1899] gerade zehn Jahre her, daß ein junger Mann, wunderlich aufgeregten und heftigen Wesens, durch die Straßen von Paris lief und sich nicht fassen, nicht beschwichtigen konnte. Von einer großen, nicht ablassenden Unruhe aus der alten Heimat vertrieben, war er suchend durch die Welt einem Sterne nachgezogen, den er niemals erblickt hatte, aber doch finden zu müssen bei sich im innersten Gemüt gewiß war. Er hatte nicht gerastet, nach dem Höchsten zu streben, immer zwischen Hoffnung und Angst hin und her von tausend Gefühlen, tausend Wünschen, tausend Begierden im Kreise gerissen und gedreht. Aber hier, in der wilden und gewaltsamen Stadt Paris, war es ihm aufgegangen. Jetzt wußte er erst, was sein unstetes Verlangen gewesen war, jetzt fing er sich erst selbst zu verstehen an. Und da begab es sich, es ist gerade zehn Jahre her, in jenem heitersten Sommer, während die ungeheure Stadt von Gästen, die die Ausstellung zu sehen kamen, noch lauter und bunter war, da begab sich, daß er eines Tages von einem unbekannten Menschen, dessen Namen er niemals vernommen hatte, in einem stürmischen und aggressiven Brief aufgefordert wurde, sie sollten zusammen eine Literatur in Österreich begründen.

Wer der junge Mann unruhigen und dubiosen Wesens war, der in solchem Taumel, durch die Straßen wankend, törichter und tapferer Hoffnungen sich vermaß, wird man ungefähr erraten haben. Er ist seitdem stiller geworden, zehn Jahre kühlen und blasen manche Leidenschaften ab und aus. Aber der Unbekannte, der ihm jenen tollen und maßlos verlangenden Brief schrieb, ist ein junger Mensch in Brünn gewesen, Herr E. M. Kafka, nun schon verstorben. Der

die Ausstellung: die Pariser Weltausstellung 1889.

Kafka: s. S. 19 ff.

hatte sich, von derselben Hast, die an unserem Pariser riß, und derselben Hitze, für das Vaterland zu wirken, demselben Drang nach noch verborgenen, aber groß gemeinten Taten bestürmt, in Brünn eine Revue der österreichischen Literatur herauszugeben entschlossen: die »Moderne Dichtung«. Und über diesen Plan flogen nun zwischen den beiden jungen Leuten, die einer den andern niemals gesehen hatten, aber durch ihre Sehnsucht wie Brüder geworden waren, Briefe wie schreiende Sturmvögel hin und her, fünf Monate lang, bis denn dann endlich im Jänner das erste Heft der neuen Zeitung erschien, die Ankündigung einer neuen Literatur in unserem Lande.

Heute, nach zehn Jahren, da sich manches entfaltet hat und alles ein bißchen anders geworden ist, in diesen Briefen, deren vehemente und flackernde Schrift jetzt noch zu dampfen und zu glühen scheint, mit stillem Behagen lesend und mich erinnernd, muß ich manchmal lächeln. Wie heiß und lärmend sind wir damals gewesen! Erst zehn Jahre ist das her? Es klingt so gar nicht wie aus unserer Zeit, mit seinen großen Worten, mit seiner alles wagenden, alles herausfordernden Vermessenheit, mit seinem Trotz und Zorn junger Eroberer. Wie stark hat doch damals in der Jugend noch das Romantische gebrannt, die Begierde wilder Abenteuer und eine dunkle Lust, sich mit großen Hüten und in schwarzen Mänteln, wie Räuber und Zigeuner, drapiert zu sehen! Wie schwer und wie feierlich, wie furchtbar ernst, wie tragisch haben wir damals alles genommen, immer gleich bereit, gegen Feinde, die wir rings auf uns lauern sahen, den Dolch zu ziehen, oder am liebsten auf die Straße zu rennen, um mit einer verwegenen Schar uns offen zu empören! Während doch eigentlich in diesen Briefen nichts als die Vereinigung einiger Schriftsteller, die dasselbe wollen oder zu wollen glauben, die Bildung einer für ihre Gedanken mit Worten wirkenden Gruppe verhandelt und beschlossen wird, glaubt man eher einer Verschwörung beizuwohnen, die keine Gewalt scheuen, vor keinem Heiligtum Halt machen wird. Gegen wen freilich so verschworen wird und wer denn eigentlich die finsteren Tyrannen sind, die man bedrohen will, ist nirgends gesagt. Wir müssen damals mit unserem vehementen Tun einem Verständigen recht komisch gewesen sein. Und doch, über den falschen Ton lächelnd und mich unserer Grimassen fast schämend, wundere ich mich heute doch, wie klar diesen zwei unerfahrenen und närrischen Burschen sofort das Notwendige gewesen ist und wie sie sofort den Sinn der ganzen Bewegung, die nachmals entstanden ist, besser begriffen oder empfunden haben, als später die Nachstrebenden, die sich oft an Phrasen verloren, nur noch sich selber gelten lassen wollten und im einzelnen steckengeblieben sind.

In unseren Briefen wird kein Programm aufgemacht. Alle die Parolen und Signale fehlen, mit denen dann getrommelt und geblasen worden ist. Es ist nicht von Naturalismus, nicht von der Decadence und nicht vom Symbolismus die Rede; nichts deutet an, daß eine Schule oder eine Partei gestiftet werden soll. Bald wird dieser, bald jener unter den Genossen genannt, Leute, die dann später weit auseinander gekommen sind, und jeder wird mit der gleichen Liebe angeworben, mit der gleichen Freude aufgenommen. Jeder, der dichtet, soll dabei sein – das ist das einzige Programm. Eine Literatur – endlich eine Literatur in Österreich! das ist der ewige Refrain. Jeder, der schaffen kann, schaffe mit, in seiner Art, nach seiner Kraft, wie es ihm gemäß ist. Keine Schule, keine Partei – über allen Schulen, über allen Parteien das Gemeinsame, das Ganze: die Literatur! Und sie fühlen ganz genau, daß in dem großen Sinn, den sie dem alten Worte geben, es etwas Neues, etwas anderes wird, als man bisher in unserem Lande verstanden hat, etwas, das uns gefehlt hat und das wir brauchen. Das wollen die zwei Burschen schaffen, dazu haben sie sich verbunden.

Was ist das? Was war also der Sinn ihres dunklen und so leidenschaftlichen Strebens? Was heißt das, daß sie eine Literatur in Österreich zu schaffen verlangten? Hat diese auf sie gewartet? Hat man dazu sie erst gebraucht? Haben wir nicht eine österreichische Literatur, von den Nibelungen bis auf Ferdinand von Saar, so groß, so voll, so reich, daß der Lärm jener paar jungen Leute daneben nur wie ein törichtes Spiel scheinen mußte? Haben wir nicht Grillparzer, Stifter und Stelzhamer? Haben wir nicht Hamerling und Anzengruber? Haben wir nicht die Ebner-Eschenbach und Saar und Rosegger? So konnte man den jungen Leuten entgegnen und so hat man ihnen ärgerlich entgegnet und sie halb spöttisch, halb zornig gefragt, wer denn unter den Neuen irgend würdig sei, neben den Kleinsten, neben den Letzten in der alten Reihe zu treten?

Worauf zu antworten war und noch zu antworten ist: daß zu dem Begriffe einer Literatur mehr gehört, als der Besitz von Dichtern, wie groß und rein sie auch seien, sondern daß die Literatur etwas über den einzelnen Dichtern Schwebendes, in sich selbst und aus sich selbst Fortwirkendes, eine für sich lebende Macht ist, von der der einzelne Dichter nur ein Teil, ein anderer Teil viele ungerühmt sich Mühende und wieder ein anderer Teil die aufnehmenden und genießenden und durch den Genuß das Kunstwerk erst vollziehenden Menschen im Volke sind. Das haben wir aber in Österreich noch niemals, sondern wir haben immer nur einsam wirkende Dichter gehabt. Jeder hat von sich wieder aufs neue anfangen müssen, vor ihm ist nichts gewesen und wieder ist es nach ihm abgerissen. Der einzelne Dichter ist allein gestanden und vielleicht hat er irgend einmal einen einzelnen

Saar: s. Anm. S. 290.

Stelzhamer: Franz St. (1802–74), österreichischer bäuerlich-volkstümlicher Mundartdichter; die Gedichte, die er schrieb, rezitierte er selbst (so die *Lieder in obderennischer Mundart* 1837), als »Piesenhamer Franz«; daneben war er Wanderschauspieler; verfaßte auch Novellen und Skizzen.

Hamerling: Robert H. (d. i. Rupert Johann Hammerling, 1830–89), klassizistischer österreichischer Dichter; Epigone.

Anzengruber: Ludwig A. (1839–89), österreichischer Heimatdichter naturalistischer Färbung; bedeutender Dramatiker des ausgehenden Naturalismus und letzter Klassiker des Wiener Volksstücks.

Ebner-Eschenbach: s. Anm. S. 290.

Rosegger: s. Anm. S. 206.

Menschen gefunden, der mit ihm empfunden hat. Der einsame Dichter, höchstens mit einer Gemeinde von wenigen Verständigen, das ist die typische Erscheinung der alten Literatur in Österreich gewesen. Aber dem haben wir den Begriff einer lebendigen und vollen Literatur entgegengestellt, wie wir ihn von guten Zeiten abgenommen haben, nach dem Beispiele glücklicherer Völker: der lebendigen Literatur als einer Kette, wo viele Kleine sich durch verschlungene Hände stärker fühlen und aus Freundschaft und Verbindung ein höherer Geist entsteht, oder als lebendiger Leiter, wo jeder, der ein neues Werk beginnt, es gleich auf der Höhe der früheren ansetzen darf, oder als einer unendlichen, reichen, wogenden Gemeinschaft, wo einer dem andern den Eimer reicht, jeder gebend nimmt und nehmend gibt, tausend Hände am selben Werke sich mühen, so daß der Kleinste im Ganzen groß wird, der Größte aber sich nun erst, von allen gefördert, durch alle gereizt, um das Höchste wettend, völlig zu entfalten, ganz zu bewähren erkühnt. Und einer Literatur, die nicht bloß für die Schaffenden da ist, sondern von tausend behenden und freudigen Boten zu den Genießenden ins Volk getragen wird, das allein durch seine Teilnahme, durch seine Aufnahme das Werk der Künstler mitfühlend, mitlebend erst vollenden kann. Diese Forderung haben wir damals aufgestellt.

Ich will das noch näher erklären. Man erinnere sich, wie von den großen alten Meistern, in der Antike, geschaffen worden ist. Wir können verfolgen, daß damals jedes Problem der Kunst gemeinsam empfunden, gemeinsam versucht, gemeinsam gelöst worden ist. Man nehme zum Beispiel das Problem der Gewandung: wie zuerst gelernt werden muß, die Falten des Gewandes darzustellen, dann gelernt werden muß, unter ihnen das Leben des Körpers ahnen und fühlen zu lassen, endlich gelernt werden muß, die Schönheit des Kleides mit der Anmut des Leibes zu verbinden – niemals von einem einzelnen allein, sondern immer von allen zusammen, indem der Gedanke eines Kopfes, die Laune einer Hand immer sogleich von vielen Köpfen, von allen Händen aufgenommen, entwickelt und vollendet wird, wie es denn das ewige Wesen der Alten geblieben ist, daß keiner jemals für sich allein, losgerissen, verstreut, abgetrennt, sondern jeder durch das Mitgefühl mit allen, im Ganzen ein lebendiger Teil, gefühlt, gestrebt und gewirkt hat. Dasselbe sehen wir in der schönsten Zeit der lyrischen Dichtung, in jenem ungeheuren Singen von der Provence durch ganz Deutschland, dasselbe im gotischen Bauwesen wieder. Niemals ist die Kunst eines einzelnen Werk gewesen, immer steht sie als ein reiches Blühen vieler Menschen, ganzer Völker da, in dem der einzelne Name nicht mehr als auf einer weiten Wiese das einzelne Gras, die einzelne Blume ist.

Dies haben jene Leute im Sinne gehabt, welche begründeten, was nachher das »junge Wien« oder gar das »junge Österreich« genannt worden ist. Nicht eine Schule, nicht eine Partei, nicht eine Gruppe wollten sie bilden, sondern sie waren einer tiefen Sehnsucht nach neuem Blühen voll. Sie meinten, daß der einzelne nichts taugt, wenn er nicht im Kreise seines mächtig aufgeregten und nach Schönheit verlangenden Volkes steht. Aufwecken, zusammenführen, vereinigen wollten sie, die Kunst sollte nicht mehr von einsamen Sonderlingen, sondern als das gemeinsame Werk des ganzen Volkes betrieben werden. Nun darf man ja nicht meinen, daß dies auf einen Schlag zu vollbringen möglich gewesen wäre. Sie haben einen harten Weg gehen müssen, ein paar Tapfere voran, immer rufend, um niemanden zu verlieren, immer nach allen Seiten ausspähend, immer vorwärts, bis hier ein Schwarm zu ihnen gestoßen, dort ein Einsamer aufgelesen, mancher fast mit Gewalt mitgezogen worden ist, immer vorwärts. Sie haben es doch erreicht, daß heute schon, wenn irgendwo von Wien die Rede ist, nicht mehr bloß an diesen oder jenen, der zufällig in Wien schreibt, sondern an eine ganz bestimmte Wiener Art des Schreibens gedacht wird. Sie haben es erreicht, daß man heute das »Wiener Stück« kennt, eine Form, die keinem einzelnen gehört, sondern der Ausdruck eines allgemeinen Wesens, einer Stadt ist. Es ist ihnen zuteil geworden, daß die jungen Maler dasselbe versucht haben: auf unsere Weise, unserem Wesen gemäß, zu schaffen, und daß es wieder eine österreichische Malerei gibt. Es ist ihnen zuteil geworden, daß endlich auch in unseren Provinzen die jungen Leute rege geworden sind, aus dumpfem Schweigen aufstehen und ihr Leben singend, schildernd oder malend verkünden wollen. Es ist ihnen zuteil geworden, daß viele Menschen, die lange ohne Kunst gewesen sind, nun wieder ihren Geist und ihr Gemüt zum Schönen hinzuwenden froh sind.

Es ist manches nicht recht gewesen, Torheiten sind geschehen, an Streit, Haß und Neid hat es nicht gefehlt. Aber der Gedanke, der damals vor zehn Jahren unter den Jünglingen lebendig geworden ist, wird es bleiben, weil unser Vaterland ihn braucht: der Gedanke, daß auch in der Kunst der einzelne nichts ist, daß nur das Werk gilt, das als ein reiner Ausdruck aus der Tiefe eines bewegten gemeinsamen Lebens kommt. Ihm haben wir als Jünglinge zugeschworen, ihm wollen wir die Treue als Männer bewahren.

HUGO OEHLER

Wiener Schriftsteller

Nirgends auf dieser Welt ist es leichter, sich als Schriftsteller einen Namen zu machen, als in Wien. Man braucht nämlich nur in einem der besseren Literatencafés öfters seine Zeche schuldig zu bleiben und man ist der Herr Doktor, der Herr Redakteur ....

Ein Gymnasiast, der in der sechsten Klasse in Deutsch eine ungenügende Note erhalten hatte und sich durch dieses Zeugnis berufen fühlte Schriftsteller zu werden, sagte einmal allen Ernstes zu mir: »Was, Sie zahlen sich Ihren Kaffee? Sie sind ja kein Dichter!«

Man irrt aber, wenn man ganz Jung-Wien, die ganze künstlerische neue Bewegung von dieser dumpfigen Kaffeehausatmosphäre aus betrachtet. Es gibt unter dieser großen Schar von Literaturgigerln, Schmöcken, Taugenichtsen, Tagedieben und Lokalreportern auch Menschen, deren tiefer Geist, ernstes Wissen, schöne Sprache und edles Denken sie berechtigen, Schriftsteller zu sein, ja deren Werke zu den bedeutendsten gehören, die seit den letzten drei Dezennien geschaffen worden sind.

Der größte Österreicher, der Besten einer überhaupt, ist der Wiener *Arthur Schnitzler*. Seine Schauspiele haben sich die Bühnen der ganzen Welt erobert. Seine Novellen kennt und liebt heutzutage wohl jeder gebildete Deutsche. Gemütstiefe, sprudelnder Witz, ein Gemisch echt französischen Esprits mit alter Wiener Gemütlichkeit, geistvoller, pikanter, geradezu klassisch moderner Dialog, seltene Menschenkenntnis, wunderbares Auffassen der wirksamen, bühnensicheren Effekte, das sind Arthur Schnitzlers wesentliche Vorzüge, die ihn weit über seine anderen Wiener Kollegen stellen. Er bildet eine Größe, einen leuchtenden Stern für sich, und seine Schreibweise, die Schilderung seiner, wenn auch engen, so doch schönen, gemütlichen, reizenden Welt hat nicht nur in Österreich Schule gemacht. Die »süßen Vorstadtmädeln« überfluten die Bühnen, und es gibt in den Theaterschulen Schauspielerinnen, die sich direkt für das Fach der »Wiener Schnitzlermädeln« ausbilden. Doch nicht nur als Dramatiker hat Schnitzler die größten Erfolge aufzuweisen, es sind nicht nur seine Stücke »Liebelei«, »Freiwild«, »Das Märchen«, »Der grüne Kakadu«, »Paracelsus«,

Literaturgigerln: Gigerl (wiener.): Geck, Modegeck; Gestalt aus *Jung-Wien* (1885) von Eduard Pötzl (s. Anm. S. 676).

Schmöcken: Schmock: gesinnungsloser Journalist (nach einer Gestalt aus Gustav Freytags *Journalisten*).

seine Stücke: Liebelei (1894, erschienen 1896, Uraufführung: Burgtheater, 9. Oktober 1895); *Freiwild* (1896, erschienen 1898, Uraufführung: Deutsches Theater, Berlin, 3. November 1896); *Das Märchen:* s. Anm. S. 116; *Der grüne Kakadu, Paracelus, Die Gefährtin:* s. Anm. S. 174; *Das Vermächtnis* (1897, erschienen 1899, Uraufführung: Deutsches Theater, Berlin, 8. Oktober 1898).

»Die Gefährtin«, »Das Vermächtnis«, die ihm seinen großen Namen gemacht haben, auch seine Novellen gehören zu den besten ihrer Zeit. Sein dramatischer Novellenzyklus »Anatol« ist ein Wunderwerk geistreicher Einfälle, eine geradezu verblüffende Menschenkenntnis, ein tiefer Born, eine unversiegliche Quelle goldenen Humors zeigt sich darin den Lesern. Tragisch endet seine beste Novelle »Sterben«, wohl Schnitzlers Meisterwerk. Mit großartiger Fachkenntnis, mit einer Wahrheitsliebe, einer Präzision, die an Zola gemahnt, einer Kraft und einer Fülle von Geist, die wir bei deutschen Dichtern fast gar nicht gewohnt sind, schildert er das Ende eines Lungenkranken, dessen Liebes- und Leidensgeschichte. Auf Arthur Schnitzler kann Österreich stolz sein, er ist sein größter, vielleicht einziger lebender *Dichter*.

Nach ihm, eigentlich weit hinter ihm, folgt eine große Menge Schriftsteller, die sich bereits einen Namen gemacht haben, die aber zum größten Teil viel dazutun, um sich ihn wieder zu verscherzen.

C. Karlweis, unser »Volksdichter«, ein sehr begabter, etwas spießerhafter Herr mit kaustischem Witz, der aber niemanden wehtun will, und der in seiner Güte immer die Welt um Entschuldigung bittet, wenn er ein gutes, treffendes satirisches Zeitbild verfaßt hat. Seine Komödien »Der kleine Mann«, »Goldene Herzen« und vor allem seine letzte, »Onkel Toni«, sind wirklich recht gute, volkstümliche Stücke.

Der Bühnenfabrikant *Viktor Léon* hat unter seinen zahlrei-

»Sterben«: s. Anm. S. 267.

Karlweis: s. Anm. S. 295; die hier erwähnten Stücke wurden alle im Deutschen Volkstheater, Wien, uraufgeführt: *Der kleine Mann,* Volksstück (1894, Uraufführung 30. September 1899); *Goldene Herzen,* Volksstück (1895, Uraufführung 9. November 1895); *Onkel Toni,* Lustspiel (1900, Uraufführung 16. Dezember 1899).

Léon: Viktor L. (d. i. Viktor Hirschfeld, 1859–1940), verfaßte Volksstücke, Textbücher zu Operetten, oft in Zusammenarbeit mit anderen, z. B. *Gebildete Menschen,* Volksstück (1898, Uraufführung: Deutsches Volkstheater, Wien, 12. Oktober 1902).

chen Volksstücken und seinen zahllosen Operetten nur ein gutes Werk geschrieben, das ihn meiner Ansicht nach überdauern dürfte, und dieses Stückes halber wollen wir ihm alle anderen verzeihen. Es heißt »Gebildete Menschen«.

Hermann Bahr ist auch ein Schriftsteller. Er ist, wie die amerikanischen Excentricklowns, eine »gute Nummer« im Schriftstellervarieté. Er ist immer eigenartig, immer verrückt. Aber verrückt – mit Geist! Ein Mensch, den man am liebsten einsperren möchte, weil er – zuviel Verstand hat, d. h. weil er ihn immer an unrichtiger Stelle gebraucht. Da er jetzt Redakteur beim »Neuen Wiener Tagblatt« geworden, so ist er hoffentlich für die Literatur ziemlich unschädlich gemacht.

Felix Dörmann, *Leo Ebermann* haben sich trotz ihrer Jugend bereits überlebt. Ersterer fällt nur noch durch, letzterer schreibt gar nichts mehr.

Den immer geistreichen, ungemein begabten *Georg Hirschfeld* können wir jetzt den unseren nennen. Seit vorigem Jahre wohnt er mit seiner jungen Gattin in Hietzing.

Beer-Hofmann und *Hugo v. Hofmannsthal* werden nach wie vor überschätzt, besonders von sich selbst.

Sehr begabt ist die Romanschriftstellerin *Emil Marriot*. Nach der *Ebner-Eschenbach* wohl die talentierteste österreichische Frau.

Dörmann: Aufgeführt wurden von ihm, immer mit geringem Erfolg, im Deutschen Volkstheater: *Die Krannerbuben,* 23. März 1901; *Die Liebesmüden,* Lustspiel, 31. August 1907; *Der lyrische Tenor,* 31. August 1907; im Carl-Theater: *Ledige Leute,* 3. November 1897; im Raimundtheater: *Sein Sohn,* 16. Oktober 1896.

Ebermann: Leo E. (1863–1914), Wiener Redakteur und Dramatiker; wurde nur kurzfristig bekannt durch die Aufführung seines Dramas *Die Athenerin* im Burgtheater am 19. September 1896 (19mal gespielt bis 12. Januar 1898); hat sonst nichts mehr veröffentlicht.

Hirschfeld: Georg H. (1873–1942), naturalistischer Dramatiker und Erzähler in der Nachfolge Hauptmanns; so erschienen etwa folgende Dramen: *Die Mutter* (1896), *Agnes Jordan* (1897), sowie Novellen.

Marriot: s. Anm. S. 294.

Ebner-Eschenbach: s. Anm. S. 290.

Von den Lyrikern kann man *Paul Wertheimer* und den alternden *Ferdinand v. Saar* hinnehmen.
J.J. David ist ein sehr begabter Romancier, ein recht empfindender Lyriker. Auch *Stefan Zweig*, der jüngste unter allen, zeigt recht schöne Anlagen.
Mit der von den mißlichen politischen Zuständen zurückgedrängten berühmten »Wiener Gemütlichkeit« ist es fast ebenso vorüber, wie mit dem »Wiener Humor«. *Vincenz Chiavacci* und *Eduard Pötzl*, die bekanntesten Hauptträger desselben, haben sehr nachgelassen; ihr Humor ist erzwungen und nicht so naturfrisch wie ehemals. Ein neuer Satiriker aber ist aufgetaucht, ein Talent, das in seinem Fache seinesgleichen nicht hat in Österreich, *Karl Kraus*! Seine berühmte, berüchtigte, beliebte und gehaßte Zeitschrift »Die Fackel« hat seinen Namen in alle Windrichtungen getragen, und sein hoher Geist, sein treffender Witz, seine wunderbare, durchgeistigte Schreibweise verschaffen ihm täglich neue Bewunderer und Feinde. Man sieht, man braucht noch nicht ganz zu verzweifeln. »Jung-Wien« hat doch einige schöne Talente aufzuweisen.

Saar: s. Anm. S. 290; war auch elegischer Lyriker der Dekadenz, so mit seinen *Wiener Elegien* (1893).

David: s. Anm. S. 295.

Zweig: Stefan Z. (1881–1942), vielseitiger österreichischer Erzähler, Essayist, Biograph, Lyriker und Dramatiker; anfangs vom Wiener Impressionismus beeinflußt: *Silberne Saiten,* Gedichte (1901); *Die frühen Kränze,* Gedichte (1906) u. a.

Chiavacci: Vincenz Ch. (1847–1916), Wiener Humorist; schrieb jahrelang seine humoristischen Glossen im *Neuen Wiener Tageblatt,* die er der »Frau Sopherl vom Naschmarkt« in den Mund legte; 1890 ließ er eine Posse mit diesem Titel erscheinen.

Pötzl: Eduard P. (1851–1914), seit 1874 Schriftleiter des *Neuen Wiener Tageblatts,* Wiener Humorist; schrieb vor allem zahlreiche Skizzen, die das Wien seiner Tage zum Thema hatten, so *Jung-Wien* (1885) u. a.; er schuf die typisch Wiener Gestalt des »Herrn von Nigerl« (1892).

HANS NATONEK

Wien – Berlin

Die folgenden Zeilen wurden, bis auf den letzten Absatz, geschrieben, als noch nicht Krieg war, haben also den Vorzug der Unbefangenheit vor all dem Geschreibsel, das in Hinblick und unter der geistigen Einstellung auf die kriegerischen Ereignisse abgefaßt wird. Es ist fast immer das gleiche, was man jetzt in den Aufsätzen liest: Seit dem Kriege ist alles ganz anders, alles viel besser geworden. Stefan Zweig behauptet, im Literarischen Echo, es gebe keine geistige Grenzscheide zwischen Österreich und Deutschland, zwischen Wien und Berlin. Es gebe keinen österreichischen Dichtertypus, keinen »österreichischen« Schriftsteller. Das heißt: es gibt keine österreichische Landschaft, die ihre eigenen Menschen zeugt, es gibt kein Österreich – ein Land, welches, soweit es deutsch spricht, bis an den peripherischen Umkreis von Prag, Brünn, Budapest und Graz Geist, Leben und Stimmung von der radialen Ausstrahlung Wiens erhält. Meine Ausführungen sollen keine ›Entgegnung‹ auf Stefan Zweigs Aufsatz sein, oder wenn, dann doch eine, die vor seiner Darlegung geschrieben wurde.

Man lebt in halber Poesie,
Gefährlich für die ganze . .
Grillparzer: Abschied von Wien

Um Wien ist viel geredet und gestritten worden; mit und ohne Talent und endlos. Ist schon Österreich ein in vieler Beziehung problematischer Staat, so ist in Wien, dem Kulminations- und Verdichtungspunkt des Österreichertums, auch der Gipfel einer bodenständigen Problematik erreicht. Keine zweite Stadt der Welt, die in dem Maße mit dem Fluch behaftet wäre, die Literatur so intensiv beschäftigt zu haben wie Wien. Andre Städte sind größere Ansammlungen von Menschen, wirtschaftliche und geistige Zentralen, die notwendige und gewöhnliche Voraussetzung für eine gestei-

Zweig ... im Literarischen Echo: Aufsatz von Stefan Zweig (s. Anm. S. 676): »Vom ›österreichischen‹ Dichter. Ein Wort zur Zeit«, in dem er die Existenz einer »österreichischen« Literatur leugnet.

gerte Tätigkeit nach dieser zweifachen Richtung. Anders Wien; diese Stadt ist ein Problem, über das man nicht hinwegkommt; ist eine Sphinx, die die Seelen der besten Dichter und der kleinsten Feuilletonisten nicht zur Ruhe kommen läßt. Es wäre, je nachdem, eine philologische Dissertationsarbeit oder ein feiner Essay, die Literatur und alle bedeutenden Äußerungen über Wien zu untersuchen. Ich will dazu höchstens anregen.

Es gibt Menschen, die nur über sich reden können, es gerne tun und hierin eine große Geschicklichkeit entfalten. Sie liebäugeln mit ihrer eigenen Problematik, die nichts andres ist als Unzulänglichkeit und Mangel an Charakter; im Grunde freuen sie sich ihrer problematischen Natur, wenn sie sie auch kokett schelten oder wehmütig betrachten. Jedenfalls sind sie froh, daß sie problematisch sind, denn wenn sie es nicht wären, wären sie nichts. Wie Hermann Bahr der eigenen, so steht er auch der Problematik des Wienertums gegenüber.

Für Ludwig Speidels Bonhomme-Seele war Wien kein Problem, das sie nachdenklich stimmte. Für ihn war Wien Farbe, Licht, Leben, die er gestaltete. Er liebte Wien, ohne sich viel Skrupel über das Warum zu machen. Er fand hier schöne Frauen, guten Wein und eine vorzügliche Küche; er hat daraus seine Gedichte in bester Prosa gemacht, die bekanntlich in der Neuen Freien Presse unter dem Strich erschienen sind. Er objektivierte Wien, soweit es seinem Wesen glich, und ließ sich von den Elementen nicht beschweren, die in seine Lebensstimmung nicht hineinpaßten. Wo Speidel ganz Liebe, Freude und Bejahung ist, da ist Karl Kraus ganz Haß und Verneinung. Die Liebe dort ist wertvoll wie der Haß hier, weil sie echt sind und schöpferisch wurden. Speidel und Kraus haben aus Wien die Elemente genommen, die sie für ihre Kunst brauchten; beide sind an Wien schöpferisch geworden, ihr künstlerischer

Speidels: Ludwig Sp. (1830–1906), Schriftleiter der *Neuen Freien Presse*; berühmt durch seine Feuilletons und seine Burgtheaterbesprechungen.

WIENER RUNDSCHAU

MAURICE MAETERLINCK . Weltordnung und Sittlichkeit
ALGERNON CHARLES SWINBURNE . . . . Sonett
FRANZ HARTMANN . . . Die Bhagavad Gita der Indier.
MELCHIOR LECHTER . . . Aus: Sieben Nächte am mystischen Quell
HELENE ZILLMANN . . . Ins Innerste der Kunst
RAFAEL . . . . Das weisse Buch

Zeitschrift für Cultur und Kunst herausgegeben von
CONSTANTIN CHRISTOMANOS UND FELIX RAPPAPORT

15. Juni 1899 — Wien I/1 Spiegelgasse 11 — III. Jahrgang Nr. 15

Titelblatt der »Wiener Rundschau« vom 15. Juni 1899

Instinkt hat in Wien den besten Stoff für ihre Kunst erkannt, ihr künstlerisches Erleben hat Wien am besten erlebt, beide haben, was über Wien zu sagen ist, am besten gesagt.
Von Grillparzer gibt es ein schönes Gedicht ›Abschied von Wien‹. Das zwiespältige Wesen des Dichters wird in seinem Verhältnis zu Wien besonders deutlich. Er liebte diese Stadt und fühlte doch den dumpfen Druck, der seine Seele hier umklammert hielt. Er empfand die »halbe Poesie« Wiens, »gefährlich für die ganze«, empfand die weiche Luft, die von Bratendunst erfüllt scheint, die ganze kitschige Poesie, in die alles Leben hier getaucht ist. Er haßt dieses »Capua der Geister«, er frohlockt, wenn er den Staub der Stadt von seinen Schuhen schüttelt, und wird doch plötzlich wieder von sehnsüchtiger Liebe zu Wien erfaßt. Grillparzer litt an Wien; hier lebend, war er nicht glücklich, entfernt, konnt' ers erst recht nicht sein.
Grillparzer, Speidel, Kraus, Bahr: eine Reihe, die die Willkür aufgestellt zu haben scheint, und die doch nicht ganz sinnlos ist, wenn das Wort ›Wien‹ darübersteht. Namen, die von Gegensätzlichkeiten strotzen, aber mit einiger Berechtigung nebeneinanderstehen dürfen, um Österreich zu deuten. Grillparzers bestes, tiefstes Österreichertum, dessen Problematik im Schaffen Befreiung sucht. Speidels Ausgeglichenheit, die österreichisches Wesen in einem milden Spiegel auffängt. Kraus, der es in seinem Hexenkessel unter Zusatz von Gift und Galle aufrührt, das Gebräu in feingeschliffenen Retorten und Phiolen abzieht und so den österreichischen Sud im Extrakt, eben Wien, erhält. Endlich Bahr, der, indem, nein, obgleich, nein – weil er österreichisches Wesen beleuchtet, es noch mehr verwirrt; andrerseits es wieder verdeutlicht, bloß dadurch, daß er da ist. Bahr ist das fleischgewordene österreichische Prinzip, auf das Kraus seine Hölle losläßt. Grillparzer wäre an seiner Künstlerproblematik (der trotz ihrer typischen Allgültigkeit der österreichische Einschlag nicht fehlt) zugrunde gegangen, hätte er

Capua der Geister: s. Anm. S. 244.

nicht die Kraft besessen, zu sagen, was er leidet. Bahr ist der österreichische Problematiker, der davon lebt, daß ers ist, indem er darüber plaudert. Kraus ist das österreichische Gegengift. Bahr ist der Raunzer, ders eigentlich gar nicht so schlimm meint; der zuletzt nie weiß, ob er liebt oder haßt; der Geißler, der die Schläge markiert, ohne sie niederklatschen zu lassen.

Berlin ist seinen Intellektuellen kein Problem. Sie haben keine Zeit, nachdenklich zu sein, weil sie denken. Der Volksschlag ist hier viel zu lebenstüchtig, um mehr zu sein als das. Die Nachdenklichkeit ist eine österreichische Krankheit. Nachdenklichkeit ist ein Diminutiv von Denken, hat aber außerdem noch üble Nebenbedeutungen. Nachdenklich ist einer, der sich beinahe beim Denken ertappt und das so seltsam findet, daß er darüber in Nachdenklichkeit verfällt. Den österreichischen Intellektuellen sehe ich, zum Symbol gesteigert, oft im Geiste so: Ein nachdenklicher Feuilletonist, von dessen Lippen sich die Worte lösen: »'s ist doch was Eigenes um Wien.« Ja, das ist es: Es ist was Eigenes um Wien und um Österreich und um seine Literatur, es ist überhaupt alles ganz eigen und seltsam – aber weiter kommen sie nicht, die Träumer. Nachdenklichkeit ist die Gebärde des Denkens (so wie Raunzen die Gebärde des Negierens und ›Geißelns‹ ist). Welche Rolle der Gestus nicht nur im österreichischen Geistes-, sondern auch im Volks-Leben spielt, weiß, wer Wien kennt. Der Gestus gilt mehr als die Tat, für die er steht. Man tut, als ob man geschäftig wäre, obwohl man nichts zu tun hat. Man legt mit kraftvoller Gebärde Hand an ein Hindernis, um es wegzuräumen, legt sie aber eben nur an, höchstens, daß man noch hineinspuckt.

Ich sage ja nicht, daß mir das Axiom: »In Berlin wird gearbeitet«, das hier mit selbstgefälligem Nachdruck ausgesprochen wird, sympathisch ist. Der Ton gefällt mir nicht. (O ich Österreicher!) In das Berliner Leben, dessen Geschäf-

Raunzer: von wiener. raunzen ›meckern, klagen‹.

tigkeit vergnügt, dessen Vergnügtheit geschäftig ist, immer intelligent, regsam sachlich, kann ich mich nicht finden. Als Österreicher, von der Poesie im Leben abgestoßen, mit der Maschine im Leben noch nicht befreundet, ist man in einer peinvollen Lage, und wird zwischen zwei antagonistischen Lebensformen hin- und hergezerrt. Die Wiener unwirkliche Wirklichkeit, aus der Entfernung gesehen, lockt mit verstärktem Zauber. Es ist österreichische Seelenschlamperei, die der Wirklichkeit der Maschine die Poesie der Wirklichkeit vorzieht. Denn wer die Poesie in sich hat, kann auf die Poesie um sich verzichten und findet sie sogar in der Maschine. Im Lande Österreich geboren zu sein, scheint schon an sich einen rätselhaften seelischen Defekt zu bedingen, und vom Charakter des Wienertums, mehr ein schöner Gallert als etwas von fester Konsistenz, ist Leben und Kunst in diesem Reiche angekränkelt.

Möglich, daß das jetzt anders geworden ist. Viele sagen, es sei anders geworden. Die heimgebliebene Nachdenklichkeit lauscht dem Trommelwirbel und ruft verzückt: Nun muß sich alles, alles wenden! Sie möchten am liebsten ihren Charakter, den sie nicht haben, fortwerfen, um ganz in das Wesen des Bundesbruders aufzugehen. Sie verleugnen sich selbst in ihrer überquellenden Liebe. Stefan Zweig sagt, es gibt keinen »österreichischen« Dichter. Sie fürchten, Gegensätze sind ein Hindernis. Wir sind nicht anders als ihr, nie anders gewesen – an eure Brust! ruft Stefan Zweig. Pankow und Nußdorf, Rummelsburg und Sievering ist dasselbe. Daß ich nicht lach'. Hermann Bahr könnte auch in Cottbus geboren sein und nicht in Linz an der Donau. Wir haben den Strauß, ihr habt den Kollo. Wir haben das gute Feuilleton, ihr habt es uns auch schon abgeguckt. Ihr habt den guten Verkehr, wir werden ihn auch bald haben. Österreichische Schriftsteller? das haben wir uns, das habt ihr uns nur

Kollo: Walter K. (1878–1940), deutscher Operettenkomponist, schrieb auch viele sehr beliebte Lieder.

eingeredet! Und nun wollen sie euch einreden, sie seien gar nicht österreichisch. Man darf diese Selbstverleugnung dem Paroxismus der Nibelungentreue zugute halten. Ich glaube, ich fürchte, daß Stefan Zweig nicht die letzte Stimme der österreichischen Selbstentäußerung ist. Sie werden jetzt ihre Adern öffnen, und es werden viele Worte fließen. Sie opfern in ihrer Art der Bundesbruderschaft; und vergessen in ihrem hingegebenen Eifer, daß sie grade das beweisen, was sie verleugnen möchten.

Anhang

Editorische Nachbemerkung

Textüberschriften, bei denen es sich nicht um Originaltitel handelt, sind im »Verzeichnis der Autoren, Texte und Quellen« in eckige Klammern gesetzt. Auslassungen bzw. Hinzufügungen des Herausgebers stehen ebenfalls in eckigen Klammern. Die Orthographie ist unter Wahrung des Lautstandes modernisiert, die Interpunktion behutsam dem heutigen Gebrauch angeglichen.

Die Sacherläuterungen, die als Verständnishilfe, nicht als Kommentar gedacht sind, hat freundlicherweise Herr drs. J. J. Braakenburg, Heerenveen (Niederlande), beigesteuert; darüber hinaus verdankt der Herausgeber diesem profunden Kenner der Materie manchen Hinweis zur Textauswahl.

G. W.

Literaturhinweise

Experiment Weltuntergang. Wien um 1900. Hrsg. von Werner Hofmann. München: Prestel, 1981.

Fischer, Jens Malte: Fin de siècle. Kommentar zu einer Epoche. München: Winkler, 1978. [Bietet neben einer umfangreichen Einleitung Kommentare zu einzelnen Texten. – Jüngste und instruktivste Einführung in den Problemkomplex der deutschsprachigen Literatur der Jahrhundertwende überhaupt. Beste Bibliographie zum Thema; Problemkreise: Historisch-politisch-sozialgeschichtliche Einordnung; Geistes- und Kulturgeschichte der neunziger Jahre; Autobiographien zum Fin de siècle; Literatur der neunziger Jahre bis zur Jahrhundertwende, speziell des Fin de siècle; literarische Einflüsse aus dem Ausland; Literatur zu den besprochenen Autoren in ihrer Verbindung zum Fin de siècle und zu den besprochenen Werken (von den Österreichern: zu Altenberg, Andrian, Bahr, Beer-Hofmann, Dörmann, Hofmannsthal, Rilke, Schnitzler).]

Giebisch, Hans / Gugitz, Gustav: Bio-Bibliographisches Literaturlexikon Österreichs von den Anfängen bis zur Gegenwart. Wien: Hollinek, 1963. [Einziges Nachschlagewerk seiner Art; Daten und Titel bedürfen häufig der Nachprüfung.]

Goldschmidt, Hans E.: Quer sacrum. Wiener Parodien und Karikaturen der Jahrhundertwende. Wien: Jugend und Volk, 1976.

Johnston, William M.: Österreichische Kultur- und Geistesgeschichte. Gesellschaft und Ideen im Donauraum 1848 bis 1938. Aus dem Amerikanischen übertr. von Otto Grohma. Wien/Köln/Graz: Böhlau, 1972. (Forschungen zur Geschichte des Donauraumes. Bd. 1.) Urspr.: The Austrian Mind – An Intellectual and Social History 1848–1938. Berkeley: University of California Press, 1972. [Umfangreiche Darstellung; bedarf zuweilen der Nachprüfung. Umfangreiche Bibliographie zu folgenden Problemkreisen: Politische und soziale Geschichte Österreichs; politische und soziale Geschichte Ungarns; Memoirenwerke über Österreich-Ungarn; Nachschlagewerke zur Geistesgeschichte; Darstellungen österreichischen Denkens und österreichischer Literatur; Darstellungen ungarischen Denkens und ungarischer Literatur; Darstellungen der Philosophie in Österreich; Darstellungen der Gesellschaftstheorie in Österreich; Darstellungen über die Kunst in Österreich.]

Jugend in Wien. Literatur um 1900. Eine Ausstellung des Deutschen Literaturarchivs im Schiller-Nationalmuseum Marbach a. N. Stuttgart 1974. Ausstellung und Katalog: Ludwig Greve, Werner Volke unter Mitarbeit von Gudrun Gertschat, Birgit Kramer, Margot Pehle und Jutta Salchow. (Sonderausstellungen des Schiller-Nationalmuseums. Katalog Nr. 24.) [Umfangreiches Material, ausführliche Auszüge von z. T. unveröffentlichten Texten. Zitiert als: Marbach.]

Nagl, Johann Willibald / Zeidler, Jakob / Castle, Eduard: Deutsch-Österreichische Literaturgeschichte. Ein Handbuch zur Geschichte der deutschen Dichtung in Österreich-Ungarn. Bd. 3 und 4. Wien: Carl Fromme, [1935–37]. Bes. Bd. 4, hier bes. S. 1558–2282: Die Moderne in Österreich. [Bis heute wichtigste, lediglich in Teilen, nicht aber als Ganzes überholte Gesamtdarstellung der Literatur der Zeit im weitesten Sinne: Literatur, bildende Kunst, Theater, Zeitungswesen, literarische Zirkel usw. Zitiert als: Castle.]

Nebehay, Christian M.: Ver Sacrum. 1898–1903. München: Deutscher Taschenbuch Verlag, 1979. Zuerst: Wien: Buch- und Kunstverlag, 1975. (Edition Tusch.) [Erschöpfende Darstellung mit Aufstellungen sämtlicher in *Ver Sacrum* wiedergegebenen Abbildungen bzw. Beilagen; sämtlicher literarischer Beiträge; der 23 Ausstellungen der Secession 1898–1905; mit einem Verzeichnis aller auf den 23 Ausstellungen der Secession gezeigten Gegenstände; sowie einem Literaturverzeichnis.]

Schorske, C. E.: Fin-de-siècle Vienna. Politics and Culture. London: Weidenfels and Nicolson, 1979. [Aufsätze zu einzelnen Problemkomplexen; reiches Bildmaterial.]

Wien um 1900. Ausstellung. Veranstaltet vom Kulturamt der Stadt Wien. 5. Juni bis 30. August 1964. Wien [1964]. [Bildende Kunst, Architektur, Kunsthandwerk; Literaturverzeichnis.]

Wunberg, Gotthart (Hrsg.): Das Junge Wien. Österreichische Literatur- und Kunstkritik 1887–1902. 2 Bde. Tübingen: Niemeyer, 1976. [Umfangreiche Sammlung weit verstreuter, sonst kaum noch zugänglicher Texte; detailliertes Namen- und Sachregister. Zitiert als: JW.]

Verzeichnis der Autoren, Texte und Quellen

Innerhalb der bio-bibliographischen Angaben zu den Autoren ist in der Regel auf ein vollständiges Werkverzeichnis verzichtet. Hinweise auf Sekundärliteratur sind knapp gehalten.

Abkürzungen

A.	Aufsatz, Aufsätze
Castle	Nagl/Zeidler/Castle, *Deutsch-Österreichische Literaturgeschichte*, Bd. 3 und 4, [1935–37]
Dr.	Drama
E.	Erzählung(en)
Ess.	Essay(s)
G.	Gedichte
K.	Komödie
L	Sekundärliteratur
Marbach	*Jugend in Wien*, 1974
N.	Novelle(n)
NDB	*Neue Deutsche Biographie*, 1953 ff.
NÖB	*Neue Österreichische Biographie*, Bd. 1, 1923; Bd. 9 ff., 1956 ff.
O.	Oper
ÖBL	*Österreichisches Biographisches Lexikon*, 1957 ff.
R.	Roman
Sch.	Schauspiel
W	Werke, Werkausgaben

ANONYM

Die »Philosophie« von Klimt und der Protest der Professoren 515

Ver Sacrum. Jg. 3. H. 10. 1900. S. [151]–166.

ANONYM

Das zum Umbaue bestimmte Palais Herberstein [gekürzt] . . 643

Illustriertes Wiener Extrablatt. Jg. 25. Nr. 182. 4. Juli 1896. S. 1.

PETER ALTENBERG (d. i. Richard Engländer, 9. 3. 1859 Wien – 8. 1. 1919 Wien)

Kaufmannssohn. Studium der Rechte und der Medizin in Wien. Buchhändler, freier Schriftsteller. Durch seine Prosaskizzen einer der wichtigsten Vertreter des Wiener Impressionismus.
W: *Wie ich es sehe*, 1896; *Ashantee*, 1897; *Was der Tag mir zuträgt*, 1901; *Bilderbögen des kleinen Lebens*, 1909; *Neues Altes*, 1911; »*Semmering 1912*«, 1913; *Vita ipsa*, 1918; *Auswahl aus seinen Büchern. Von Karl Kraus*, 1932, Neuausg. Zürich 1963; *Sonnenuntergang im Prater. Fünfundfünfzig Prosastücke*, hrsg. von Hans Dieter Schäfer, Stuttgart 1968 [u. ö.] (Reclams Universal-Bibliothek, Nr. 8560).
L: Egon Friedell, *Ecce poeta*, Berlin 1912; Hans Dieter Schäfer, »P.A. und die Wiener ›Belle Epoque‹«, in: P. A., *Sonnenuntergang im Prater*, S. 78–92; Gisela von Wysocki, *P. A.: Bilder und Geschichten des befreiten Lebens*, München 1979; R. J. Klawiter, »A cursory A. bibliography«, in: *Modern Austrian Literature* 1 (1968) H. 4, S. 30. – NDB I, S. 213 f.

Wie ich es sehe. 4., [verm.] Aufl. Berlin: S. Fischer, 1904. S. 262 f. (1)
Auswahl aus seinen Büchern. Von Karl Kraus. Wien: Schroll, 1932. Neuausg. Zürich: Atlantis, 1963. S. 45. (2) S. 133 f. (3)
Märchen des Lebens. Berlin: S. Fischer, 1908. S. 21 f. (4)
Das Altenbergbuch. Hrsg. von Egon Friedell. Leipzig/Wien/Zürich: Wiener Graphische Werkstätten, 1921. S. 81–83. (5)
Kunst. Monatsschrift für Kunst und alles Andere. H. 1. 1903. S. I f. (6)

LEOPOLD ANDRIAN (d. i. Leopold Reichsfrhr. von Andrian-Werburg, 9. 5. 1875 Wien – 19. 11. 1951 Fribourg, Schweiz)

Lyriker und Erzähler des österreichischen Impressionismus. – Studium der Rechte in Wien (Dr. jur.). Österreichischer Diplomat in Rio de Janeiro, Petersburg, Athen und Warschau. 1918 Gesandter und Generalintendant der Hoftheater in Wien. Gehörte zum Freun-

deskreis um Bahr und Hofmannsthal. Nach dem Umsturz 1919 zurückgezogen. 1938 Emigration in die Schweiz, Nizza und Brasilien.
W: *Der Garten der Erkenntnis*, 1895; Hugo von Hofmannsthal / L. v. A., *Briefwechsel*, hrsg. von Walter H. Perl, Frankfurt a. M. 1968; Walter H. Perl in: *L. A. und die Blätter für die Kunst*, Hamburg 1960.

Leopold Andrian und die Blätter für die Kunst. Hrsg. und eingel. von Walter H. Perl. Hamburg: Dr. Ernst Hauswedell & Co., 1960. S. 65. (1) S. 69. (2) S. 77. (3)
Der Garten der Erkenntnis. Berlin: S. Fischer, 1895. (4)
Blätter für die Kunst. F. 2. Bd. 3. August 1894. S. 83. (1) F. 4. Bd. 1/2. November 1897. S. 3. (2) F. 5. 1900/01. S. 60. (3)

KARL BAEDEKER

Österreich-Ungarn. Handbuch für Reisende. 23. Aufl. Leipzig: Karl Baedeker, 1892. S. 13–15.

HERMANN BAHR (19. 7. 1863 Linz – 15. 1. 1934 München)

Sohn eines Notars. Studierte zunächst Klassische Philologie, dann Jura und Nationalökonomie in Wien, Graz, Czernowitz und Berlin. Ausgedehnte Reisen nach Paris, Spanien und Marokko. 1890 Redakteur an der Berliner *Freien Bühne*, seit 1891 nach einer Reise nach St. Petersburg dauernd in Wien bis 1912. Gründete 1894 zusammen mit Heinrich Kanner und Isidor Singer die Wiener Wochenschrift *Die Zeit*, deren Feuilleton er redigierte. Zum 1. Oktober 1899 ging er zum *Neuen Wiener Tagblatt*, 1906/07 war er Regisseur bei Max Reinhardt am Deutschen Theater in Berlin. 1909 heiratete er die Wagnersängerin Anna von Mildenburg. Er siedelte 1912 nach Salzburg über, fand 1916 zum römisch-katholischen Glauben zurück, was sich seitdem in seinen Arbeiten stark bemerkbar machte. 1918 war er für kürzere Zeit Erster Dramaturg am Burgtheater in Wien und lebte schließlich seit 1922 bis zu seinem Tode in München. – Zu Bahrs führender Rolle im »Jungen Wien« vgl. die Einführung des Herausgebers.

W: *Die neuen Menschen* (Sch.), 1887; *Die gute Schule. Seelenstände* (R.), 1890; *Die Mutter* (Dr.), 1891; *Zur Kritik der Moderne. Gesammelte Aufsätze*, 1891; *Die Überwindung des Naturalismus*, 1891; *Studien zur Kritik der Moderne*, 1894; *Renaissance. Neue Studien zur Kritik der Moderne*, 1897; *Theater* (R.), 1897; *Das Tschaperl* (Dr.), 1898; *Secession* (A.), 1900; *Bildung* (Ess.), 1900; *Das Konzert* (L.), 1909; *Drut* (R.), 1909; *O Mensch* (R.), 1910; *Inventur* (A.), 1912; *Expressionismus*, 1916; *Himmelfahrt* (R.), 1916; *Die Rotte Korahs* (R.), 1919; *Selbstbildnis* (Lebenserinnerungen), 1923; *Der inwendige Garten* (R.), 1927; *Österreich in Ewigkeit* (R.), 1929; *Das Konzert*, Stuttgart 1961 [u. ö.] (Reclams Universal-Bibliothek, Nr. 8646 [2]); *Kulturprofil der Jahrhundertwende. Essays von H. B.*, hrsg. von Heinz Kindermann, Wien 1962; *Zur Überwindung des Naturalismus. Theoretische Schriften 1887–1904*, hrsg. von Gotthart Wunberg, Stuttgart 1968.

L: Heinz Kindermann, *H. B., ein Leben für das europäische Theater*, Graz/Köln 1954 [mit Werkbibl. von Kurt Thomasberger]. – NÖB X, S. 138–148.

Selbstbildnis. Berlin: S. Fischer, 1923. S. 104–108. (1)
Dialog vom Tragischen. Berlin: S. Fischer, 1904. S. 79–101. (2) S. 102–114. (10)
Die Überwindung des Naturalismus. Als zweite Reihe zur »Kritik der Moderne«. Dresden/Leipzig: E. Pierson, 1891. S. 152–159. [Erstdruck nicht ermittelt.] (4)
Bildung. Essays. Leipzig: Schuster & Loeffler, 1901. S. 184–191. (5)
Studien zur Kritik der Moderne. Frankfurt a. M.: Rütten & Loening, 1894. S. 19–26. (6) S. 26–32. (9) S. 167–173. (14)
Moderne Dichtung. Jg. 1. H. 1. 1. Januar 1890. S. 13–15. (3)
Neues Wiener Tagblatt. Jg. 33. Nr. 270. 1. Oktober 1899. S. [1]–3. (5)
Die Nation. Jg. 8. Nr. 40. 4. Juli 1891. S. 619–621. (6) Jg. 9. Nr. 38. 18. Juni 1892. S. 576 f. (9)
Die Zeit. Bd. 4. Nr. 45. 10. August 1895. S. 91 f. (7) Bd. 1. Nr. 6. 10. November 1894. S. 87–89. (8) Bd. 12. Nr. 147. 24. Juli 1897. S. 59 f. (13) Bd. 4. Nr. 47. 24. August 1895. S. 123 f. (15) Bd. 2. Nr. 14. 5. Januar 1895. S. 12. (16) Bd. 15. Nr. 183. 2. April 1898. S. 11 f. (17) Bd. 17. Nr. 211. 15. Oktober 1898. S. 42 f. (18) Bd. 10. Nr. 125. 20. Februar 1897. S. 122 f. (19) Bd. 20. Nr. 253. 5. August 1899. S. 91 f. (20)
Österreichische Volkszeitung. Jg. 49. Nr. 21. 21. Januar 1903. S. 1. Nr. 23. 23. Januar 1903. S. 1 f. Nr. 59. 1. März 1903. S. 13. (10)
Freie Bühne für den Entwickelungskampf der Zeit. Jg. 3. Nr. 4. April 1892. S. 383–388. (11)
Deutsche Zeitung. Nr. 7806. 20. September 1893. Morgenausg. S. 1 f. Nr. 7813. 27. September 1893. Morgenausg. S. 1–3. Nr. 7823. 7. Oktober 1893. Morgenausg. S. 1–3. (12)

RICHARD BEER-HOFMANN (11. 7. 1866 Rodaun bei Wien – 26. 9. 1945 New York)

Nach Hofmannsthal und Schnitzler bedeutendster Erzähler, Dramatiker und Lyriker des Wiener Spätimpressionismus. – Studium

der Rechte in Wien (Dr. jur.). Lebte materiell unabhängig als freier Schriftsteller. 1939 Emigration in die USA.
W: *Novellen*, 1893; *Der Tod Georgs* (E.), 1900; *Jaákobs Traum* (Dr.), 1918; *Schlaflied für Mirjam* (G.), 1919; *Der junge David* (Dr.), 1933; *Gesammelte Werke*, Frankfurt a. M. 1963; *Der Tod Georgs*, Nachw. von Hartmut Scheible, Stuttgart 1980 (Reclams Universal-Bibliothek, Nr. 9989 [2]).
L: Otto Oberholzer, *R. B.-H. Werk und Weltbild des Dichters*, Bern 1947 [m. Bibl.]. – NDB I, S. 737 f.

Gesammelte Werke. Geleitw. von Martin Buber. Frankfurt a. M.: S. Fischer, 1963. S. 654. (1) S. 542–547. (2)

ALBAN BERG (9. 2. 1885 Wien – 24. 12. 1935 Wien)

Komponist der Neuen Wiener Schule. – 1904–10 Schüler von Arnold Schönberg, mit diesem lebenslang befreundet. Lebte im Winter in Wien als Kompositionslehrer, im Sommer in den österreichischen Alpen. Erste öffentliche Aufführungen 1907/08.
W: *5 Orchesterlieder nach Ansichtskartentexten von Peter Altenberg*, 1912; *Wozzeck* (O.), 1914–21, Uraufführung 1925; *Lulu* (O.), 1928–35, 1937 als Fragment uraufgeführt.
L: Willi Reich, *A. B. Leben und Werk*, Zürich 1963. – NÖB XII, S. 205–212.

Otto Breicha / Gerhard Fritsch (Hrsg.): Finale und Auftakt. Wien 1898–1914. Salzburg: Otto Müller, 1964. S. 280.

ELSA BIENENFELD (1877 Wien – um 1942 im KZ)

Dr. phil. 1904. Erste Musikkritikerin des *Neuen Wiener Journals*.
W.: *Wolfgang Schmeltzl, sein Liederbuch (1544) und das Quodlibet des 16. Jahrhunderts*, 1904; *Brahms und Bruckner als Symphoniker*, 1925.

Neues Wiener Journal. Nr. 5453. 25. Dezember 1908. S. 24 f.

HERMANN BROCH (1. 11. 1886 Wien – 30. 5. 1951 New Haven, Connecticut)

Romancier und Essayist. – Sohn eines Textilfabrikanten. Arbeitete nach dem Studium der Textiltechnologie und Versicherungsmathematik im väterlichen Betrieb und ließ sich später in den Vorstand des Österreichischen Industriellenverbandes verpflichten. 1928–31 studierte er, nach Aufgabe der geschäftlichen Verpflichtungen, Mathematik, Philosophie und Psychologie an der Universität Wien. Lebte zurückgezogen als Schriftsteller. 1938 Emigration nach New York. Zuletzt (1950) Honorary Lecturer für deutsche Literatur in New Haven.
W: *Die Schlafwandler* (R.-Trilogie), 1931/32; *Der Tod des Vergil* (R.), 1945; *Kommentierte Werkausgabe*, hrsg. von Paul Michael Lützeler, Frankfurt a. M. 1975–79.
L: Manfred Durzak, *Hermann Broch*, Stuttgart 1967 (Sammlung Metzler, 58).

Kommentierte Werkausgabe. Hrsg. von Paul Michael Lützeler. Bd. 9/1: Schriften zur Literatur 1: Kritik. Frankfurt a. M.: Suhrkamp, 1975. (suhrkamp taschenbuch. 246.) S. 145–153.

MAX EUGEN BURCKHARD (14. 7. 1854 Korneuburg – 16. 3. 1912 Wien)

Nach dem Studium der Rechte zunächst im Kultus- und Unterrichtsministerium tätig (seit 1886). Wurde am 5. Februar 1890 als Nachfolger Alfred von Bergers zum artistischen Sekretär des Hofburgtheaters, am 12. Mai 1890 als Nachfolger August Försters zum Direktor ernannt. Er brachte Ibsen, Hauptmann, Schnitzler, Sudermann und Anzengruber auf die Bühne des Hofburgtheaters und engagierte die bedeutendsten Schauspieler der Zeit: Mitterwurzer, Kainz, die Sandrock, Medelsky u. a. Nach seiner Pensionierung als Direktor war er am Verwaltungsgericht tätig.
W: *Ästhetik und Sozialwissenschaft* (A.), 1895; *'s Katherl* (Volksstück) 1897 (Raimundpreis 1898); *Die Bürgermeisterwahl* (K.), 1897; *Wahre Geschichten*, 1905.
L: Hermann Bahr, *Erinnerung an B.*, Berlin 1913 [m. Bibl.]. – NÖB XV, S. 151–159.

Die Zeit. Bd. 20. Nr. 185. 16. September 1899. S. 185 f.

FELIX DÖRMANN (d. i. Felix Biedermann, 29. 5. 1870 Wien – 26. 10. 1928 Wien)

»Er war zwanzig Jahre alt, als die Gedichtsammlung ›Neurotica‹ erschien, der er 1892 die ›Sensationen‹, ein Buch der Qualenseligkeiten, folgen ließ: Nachklang von Baudelaires ›Fleurs du Mal‹, aus denen Dörmann übersetzt hatte, vom ermüdenden Duft der Tuberosen durchzogene Decadence. 1892 wurde Dörmann Leiter des Presse-Bureaus der ›Wiener Internationalen Musik- und Theaterausstellung‹. Einmal noch taucht er aus dem Dunkel, in das er gerät, auf. 1902 erhält er für den ›Herrn von Abadessa‹ den Bauernfeld-Preis. Mit wechselndem Erfolg fristet er, Lustspiele und Libretti schreibend (1907 verfaßte er den Text zum ›Walzertraum‹), sein Dasein« (Marbach, S. 123 f.).

W: *Neurotica* (G.), 1891; *Sensationen* (G.), 1892; *Ledige Leute* (Dr.), 1897; *Warum der schöne Fritz verstimmt war* (N.), 1900; *Der Herr von Abadessa* (Dr.), 1902; *Tuberosen* (G.), 1920; *Fritzi Massary* (Operettentext), 1924; *Machen Sie mich zu Ihrer Geliebten!*, 1928.

L: Hilde Vanicek, *Der Einfluß der französischen Lyrik auf Anton Wildgans, Stefan Zweig und F. D.*, Diss. Wien 1952. – Castle IV, S. 1723–26; ÖBL I, S. 82.

Sensationen. Wien: Leopold Weiß, 1892. [2]1897. S. 16 f. (1) S. 22 f. (2) S. 24–26. (3) S. 32. (4) S. 34 f. (5)
Gelächter. Dresden/Leipzig/Wien: E. Pierson, 1895. S. 17. (6) S. 46. (7) S. 47. (8) S. 67. (9)

FRIEDRICH MICHAEL FELS (d. i. Friedrich Michael Mayer, 1864 in Norddeutschland – ?)

Studium der Germanistik und Kunstgeschichte an der Universität Wien, wo er »mit [Eduard Michael] Kafka in Berührung kam« (nach Castle IV, S. 1706).

Neue Revue. Jg. 5. Nr. 21. 9. Mai 1894. S. 650–654. (1)
Moderne Rundschau. Bd. 4. H. 3. 1. November 1891. S. 79–81. (2)
Bd. 3. H. 7. 1. Juli 1891. S. 258 f. (3)

SIGMUND FREUD (6. 5. 1856 Freiberg, Mähren – 23. 9. 1939 London)

Begründer der Psychoanalyse. – Nach dem Medizinstudium Schüler des Physiologen Ernst Brücke und des Hirnpathologen Theodor Meynerth. Seit 1882 Arzt im Allgemeinen Krankenhaus in Wien, später Privatdozent, Schüler des Neurologen und Psychiaters Jean Martin Charcot, 1886 Facharzt für Nervenleiden. Seit 1893 Entwicklung der Psychoanalyse und Psychotherapie unter Einbeziehung des Unbewußten in die Psychologie. Zunächst enger Schülerkreis (darunter Lou Andreas-Salomé); ab 1902 Professor. Nach wachsender, zuletzt weltweiter Anerkennung 1938 Emigration nach London.
W: *Gesammelte Werke. Chronologisch geordnet*, hrsg. von Anna Freud [u. a.], 18 Bde., London 1940–52, Frankfurt a. M. 1961–68.
L: Ernest Jones, *Das Leben und Werk von S. F.*, 3 Bde., Bern/Stuttgart 1960–62. – NÖB XVI, S. 188–193.

Aus den Anfängen der Psychoanalyse 1887–1902. Briefe an Wilhelm Fließ. Frankfurt a. M.: S. Fischer, 1962. S. 191–194. (1)
Die Traumdeutung. Leipzig/Wien: F. Deuticke, 1900. Kap. 3. (2)

Gesammelte Werke. Chronologisch geordnet. Hrsg. von Anna Freud [u. a.] Bd. 2/3. Frankfurt a. M.: S. Fischer, [4]1968. S. 100–138. (2) Bd. 1. Frankfurt a. M.: S. Fischer, [2]1964. S. 475 f. (3) Briefe 1873–1939. Frankfurt a. M.: S. Fischer, 1960. S. 249 f. (4) S. 338–340. (5)

ALFRED GOLD (28. 6. 1874 Wien – ?)

Lebte bis 1901 als Redakteur der *Zeit* in Wien, seit 1907 als Korrespondent der *Frankfurter Zeitung* in Berlin.
W: *Ausklang* (Sch.), 1905; *Das Lied von der Sternenjungfrau* (R.), 1910.

Die Zeit. Bd. 4. Nr. 47. 24. August 1895. S. 125. (1) Bd. 22. Nr. 282. 24. Februar 1900. S. 121 f. (2) Bd. 21. Nr. 271. 9. Dezember 1899. S. 153 f. (3)

PAUL GOLDMANN (31. 1. 1865 Breslau – 25. 9. 1935 Wien)

Journalist, Kritiker, Korrespondent der *Neuen Freien Presse* in Paris und Berlin; Redakteur an der von seinem Onkel Fedor Mamroth in Wien begründeten Zeitschrift *An der schönen blauen Donau*, in der u. a. die frühen Arbeiten Schnitzlers und Hofmannsthals (zu deren engstem Freundeskreis er gehörte) erschienen.
W: *Die ›neue Richtung‹. Aufsätze über Berliner Theater-Aufführungen*, 1903; *Aus dem dramatischen Irrgarten. Polemische Aufsätze über Berliner Theateraufführungen*, 1905; *Vom Rückgang der deutschen Bühne. Polemische Aufsätze über Berliner Theater-Aufführungen*, 1908.
L: ÖBL II, S. 24 f.

Aus dem dramatischen Irrgarten. Polemische Aufsätze über Berliner Theateraufführungen. Frankfurt a. M.: Rütten & Loening, 1905. S. 53–64. [Erstveröffentlichung: Neue Freie Presse.]

EDUARD HANSLICK (11. 9. 1825 Prag – 6. 8. 1904 Wien)

Promovierte 1849 in Wien zum Dr. jur. Seit 1848 Musikreferent, zunächst an der *Wiener Zeitung*, später an der *Neuen Freien Presse*, deren Feuilleton durch ihn führend wurde. 1856 habilitierte er sich für Geschichte der Musik und Ästhetik an der Universität Wien und lehrte dort bis 1895.
W: *Vom Musikalisch-Schönen. Ein Beitrag zur Revision der Ästhetik der Tonkunst*, 1854, Nachdr. Darmstadt 1973; *Geschichte des Concertwesens in Wien*, 2 Bde., 1869–71, Nachdr. Farnborough 1971.
L: Dieter Breitkreuz: *Die musikästhetischen Anschauungen E. H.s und ihre Gültigkeit in der Gegenwart*, Diss. Halle 1970.

Aus neuer und neuester Zeit. (Der »Modernen Oper« IX. Theil.) Musikalische Kritiken und Schilderungen. Berlin: Allgemeiner Verein für deutsche Litteratur, [3]1900. S. 305–312. (1)
Aus dem Tagebuche eines Musikers. (Der »Modernen Oper« VI. Theil.) Kritiken und Schilderungen. Berlin: Allgemeiner Verein für deutsche Litteratur, [3]1892. S. 306–309. (2) S. 203–206. (3)

MARIE HERZFELD (20. 3. 1855 Güns, Ungarn – 22. 9. 1940 Mining, Oberösterreich)

Tochter eines Arztes. Studierte in den achtziger Jahren in Wien skandinavische Sprachen und Literatur. Lebte in Wien und Jena (wo sie im Verlag Eugen Diederichs tätig war), seit 1933 in Aussig in Böhmen. Essayistin, Herausgeberin, Übersetzerin von bedeutendem Einfluß auf die Verbreitung skandinavischer Literatur im deutschsprachigen Raum (besonders Björnson, Hamsun, Jacobsen, Garborg) sowie der Literatur der italienischen Renaissance (u. a. Leonardo da Vinci).
W: *Menschen und Bücher. Literarische Studien*, 1893; *Die skandinavische Literatur und ihre Tendenzen. Nebst anderen Essays*, 1898.

Menschen und Bücher. Literarische Studien. Wien: Leopold Weiß, 1893. S. 161–172. (1)
Allgemeine Theater-Revue für Bühne und Welt. Jg. 1. Nr. 3. 15. Mai 1892. S. 19–22. (2)
Wiener Literatur–Zeitung. Jg. 2. Nr. 10. 15. August 1891. S. 10 f. (3)

THEODOR HERZL (2. 5. 1860 Pest – 3. 7. 1904 Edlach bei Reichenau)

Begründer des Zionismus; Dramatiker und Erzähler. – Kaufmannssohn. Lebte seit 1878 in Wien, wo er die Rechte studierte (Dr. jur. 1884). Wandte sich dem Journalismus zu und war 1891–95 Korrespondent der *Neuen Freien Presse* in Paris, danach Feuilletonredakteur in Wien.
W: *Buch der Narrheit* (Feuilletons), 1888; *Der Judenstaat*, 1896; *Das neue Ghetto* (Dr.), 1898; *Altneuland* (R.), 1902; *Altneuland. Der Judenstaat*, hrsg. von Julius Schoeps, Kronberg 1978.
L: NÖB XVIII, S. 46–62.

Wiener Künstler-Dekamerone. Ein Geschichtenbuch der Wiener Künstler und Schriftsteller. Mit photographischen Porträts. Hrsg. von Rud. Wittmann, redig. von Moriz Brand. Wien [1891]. S. 55–57. (2)
Die Welt. Jg. 1. Nr. 1. 4. Juni 1897. S. 1 (1, u. d. T.: Programm)
Freie Bühne für den Entwickelungskampf der Zeit. Jg. 4. Nr. 11. November 1893. S. 1262 f. (3)

LUDWIG HEVESI (20. 12. 1843 Heves, Ungarn – 27. 2. 1910 Wien)

Schriftsteller und Journalist. – Studium der Philosophie und Medizin in Wien. Seit 1866 Redakteur am Pester *Lloyd*. Kehrte 1885 als

Redakteur des *Fremdenblattes* nach Wien zurück und arbeitete im wesentlichen als Kunstkritiker. Als Chronist der »Wiener Secession« hatte er besondere Verdienste um die Publizität der neuen Richtung in der bildenden Kunst. Verfasser u. a. von Novellen und humoristischen Reisebeschreibungen.
W: *Acht Jahre Sezession*, 1906.

Otto Breicha / Gerhard Fritsch (Hrsg.): Finale und Auftakt. Wien 1898–1914. Salzburg: Otto Müller, 1964. S. 198–200. (1)
Acht Jahre Sezession (März 1897 – Juni 1905). Kritik – Polemik – Chronik. Wien: Carl Konegen, 1906. S. 7–11. (2) S. 30–35. (3)

CAMILL HOFFMANN (31. 10. 1878 Kolin – Oktober 1944 Auschwitz)

Legationsrat. Lyriker, Essayist, Novellist, Übersetzer (Baudelaire, Charles-Louis Philippe, Balzac, Svoboda, Masaryk, Benesch).
W: *Adagio stiller Abende* (G.), 1902; *Die Vase* (G.), 1911; *Deutsche Lyrik aus Österreich*, 1911.
L.: Elias Hurwitz, »Erinnerung an C. H.«, in: *Berliner Hefte* 2, S. 47.

Österreichische Dichter zum 60. Geburtstage Detlev von Liliencrons. Hrsg. von Adolph Donath. Wien: Carl Konegen, 1904. S. 231. (2)
Frühling. Moderne Flugblätter. Hrsg. von Paul Leppin. Prag. [H. 3. November/Dezember 1900.] S. 6. (1)

JOSEF HOFFMANN (15. 12. 1870 Pirnitz, Mähren – 7. 5. 1956 Wien)

Architekt und Entwerfer. – Mitbegründer der »Wiener Secession« 1897, aus der er wie Gustav Klimt und Koloman Moser 1905 austrat. Schüler Otto Wagners. Für die räumliche Gestaltung vieler Secessions-Ausstellungen verantwortlich. Professor an der Kunstgewerbeschule. 1903 Gründung der »Wiener Werkstätten«, künstlerischer Leiter gemeinsam mit Koloman Moser; enge Zusammenarbeit mit

Gustav Klimt. Beeinflußte den Stil des Kunsthandwerks über Jahre hinaus entscheidend. Hauptwerke u. a. das Palais Stoclet in Brüssel (1905–11) und das Theater-Cabaret »Fledermaus« sowie Villen in Wien.
L: NÖB X, S. 171–179.

Otto Breicha / Gerhard Fritsch (Hrsg.): Finale und Auftakt. Wien 1898–1914. Salzburg: Otto Müller, 1964. S. 216–219. (1) S. 209 bis 212. (2)

HUGO VON HOFMANNSTHAL (Pseud. Theophil Morren, Loris, Loris Melikow, 1. 2. 1874 Wien – 15. 7. 1929 Rodaun bei Wien)

Schrieb 16jährig seine ersten Gedichte. Studierte Jura und Romanistik in Wien (Dr. phil.). Lebte seit 1901 zurückgezogen als freier Schriftsteller in Rodaun. Zahlreiche Auslandsreisen. Zeitweilig Mitherausgeber der Zeitschrift *Der Morgen*. Begründer und Herausgeber der »Österreichischen Bibliothek«. Mit Arthur Schnitzler, Richard Beer-Hofmann, Leopold Andrian, mit denen er befreundet war, bedeutendster Vertreter des »Jungen Wien«. Neben seinen frühen Arbeiten wie *Der Tor und der Tod*, *Elektra* und insbesondere seinen frühen Versen machten ihn besonders seine Libretti für Richard Strauss berühmt: *Der Rosenkavalier*, 1911, *Ariadne auf Naxos*, 1912, *Die Frau ohne Schatten*, 1919, u. a.
W: *Gesammelte Werke in zehn Einzelbänden*, hrsg. von Bernd Schoeller in Beratung mit Rudolf Hirsch, Frankfurt a. M. 1979/80.
L: Werner Volke, *H. v. H. in Selbstzeugnissen und Bilddokumenten*, Reinbek b. Hamburg 1967 (rowohlts monographien, 127); Horst Weber, *H. v. H. Bibliographie. Werke – Briefe – Gespräche – Übersetzungen – Vertonungen*, Berlin / New York 1972; Horst Weber, *H. v. H. Bibliographie des Schrifttums 1892–1963*, Berlin 1966. – NÖB X, S. 180–188.

Gesammelte Werke in zehn Einzelbänden. Hrsg. von Bernd Schoeller in Beratung mit Rudolf Hirsch. Frankfurt a. M.: S. Fischer, 1979/1980. Reden und Aufsätze I. 1979. (Fischer Taschenbuch. 2166.) S. 13–19. (1) S. 93–98. (2) S. 106–117. (3) S. 118–126. (4) S. 143–148. (5) S. 174–184. (6) S. 475–478. (19) Gedichte. Dramen I. 1979. (Fischer Taschenbuch. 2159.) S. 17 f. (7) S. 35. (8) S. 28. (9) S. 22. (10) S. 168. (11) S. 279–298. (16) S. 59–61. (18) S. 79–81. (20) Erzählungen. Erfundene Gespräche und Briefe. Reisen. 1979. (Fischer Taschenbuch. 2156.) S. 67–81. (12) S. 442. (13) S. 443. (14) S. 461–472. (15) Dramen II. 1979. (Fischer Taschenbuch. 2160.) S. 185–234. (17)
Gedichte. Frankfurt a. M.: Insel, 1970. (Insel Bücherei. 461.) (7–10, 18, 20)
Die Zeit. Bd. 7. Nr. 85. 16. Mai 1896. S. 104–106. (1)
Die Moderne. Jg. 1. Nr. 2/3. 8. Februar 1891. (2)
Moderne Rundschau. Bd. 3. H. 5/6. 15. Juni 1891. S. 203–208. (3) Bd. 4. H. 1. 1. Oktober 1891. S. 15–18. (4)
Deutsche Zeitung. 5. Januar 1893. S. 1 f. (5)
Frankfurter Zeitung. Jg. 37. Nr. 219. 9. August 1893. 1. Morgenbl. S. 1–3. (6)
Der Tag. Nr. 489. 18. Oktober 1902. Nr. 491. 19. Oktober 1902. (15)

Moderne Kunst. Jg. 6. H. 17. 1892. (19)

RUDOLF KASSNER (11. 9. 1873 Groß-Pawlowitz, Mähren – 1. 4. 1959 Siders, Schweiz)

Bedeutender österreichischer Essayist, Aphoristiker, Kulturphilosoph, auch Erzähler. – Studierte trotz starker Körperbehinderung durch Kinderlähmung Philologie, Geschichte und Philosophie in Wien und Berlin (Dr. phil.) und unternahm ausgedehnte Reisen nach England, Frankreich, Indien, Afrika und Turkestan. Lebte als Privatlehrer in Wien, seit 1946 in der Schweiz. Freund Hofmannsthals, Rilkes, Keyserlings, Valérys u. a.
W: *Die Mystik, die Künstler und das Leben. Über englische Dichter und Maler im 19. Jahrhundert*, 1900; *Der Tod und die Maske. Gleichnisse*, 1902; *Die Grundlagen der Physiognomik*, 1922; *Buch der Erinnerung*, 1938; *Sämtliche Werke*, 5 Bde., hrsg. von Ernst Zinn, Pfullingen 1969–80.
L: Hans Paeschke, *Rudolf Kassner*, Pfullingen 1963.

Der Tod und die Maske. Gleichnisse. Leipzig: Insel, 1902. (1)
Sämtliche Werke. Im Auftrag der Rudolf Kassner Gesellschaft hrsg. von Ernst Zinn. Bd. 1. Pfullingen: Günther Neske, 1969. S. 350 f. (1)
Wiener Rundschau. Bd. 4. Nr. 12. 15. Juni 1900. S. 185–187. (2)

RICHARD VON KRALIK (d. i. Richard Kralik, Ritter von Meyrswalden, 1. 10. 1852 Eleonorenheim, Böhmerwald – 5. 2. 1934 Wien)

Schriftsteller und Essayist. – Studierte Jura, Philologie und Geschichte. Studienreisen nach Griechenland und Italien. Nach seiner Konversion zum römisch-katholischen Glauben Vorkämpfer der katholischen Bewegung und Mitbegründer des »Verbandes katholischer Schriftsteller«.

Österreichische Dichter zum 60. Geburtstage Detlev von Liliencrons. Hrsg. von Adolph Donath. Wien: Carl Konegen, 1904. S. 83. (2)
Der Gral. Jg. 1. H. 5. 15. Februar 1907. S. 223. (1)

KARL KRAUS (28. 4. 1874 Gitschin, Böhmen – 12. 6. 1936 Wien)

Schriftsteller, bedeutender Satiriker und Essayist. – Studierte zunächst Jura, später Philosophie und Germanistik; bereits vor seinem Abitur bespricht er Hauptmanns *Weber* in der *Wiener Literatur-Zeitung*. 1893 schrieb er den scharf-polemischen Angriff *Die Überwindung des Hermann Bahr*; 1896 erschien seine Satire *Die demolierte Literatur* in der *Wiener Rundschau*. Mit Erscheinen des 1. Heftes der *Fackel* (1. April 1899) verwirklichte er seinen Plan einer eigenen satirischen Streit- und Zeitschrift, deren Beiträge er später ausschließlich selbst bestritt. *Die Fackel* diente ihm als Forum für seine Literatur- und Kulturkritik, die vornehmlich der Sprache bzw. Sprachverwilderung galt.
W: *Werke*, 14 Bde. und 3 Suppl.-Bde., hrsg. von Heinrich Fischer, München 1952 ff.
L: Otto Kerry, *K.-K.-Bibliographie. Mit einem Register der Aphorismen, Gedichte, Glossen und Satiren*, München 1970; Jens Malte Fischer, *Karl Kraus*, Stuttgart 1974 (Sammlung Metzler, 131); Werner Kraft, *K. K. Beiträge zum Verständnis seines Werkes*, Salzburg 1956. – NÖB XVI, S. 153–169.

Frühe Schriften. 1892–1900. Hrsg. von Johannes J. Braakenburg. Bd. 2: 1897–1900. München: Kösel, 1979. S. 65–71. (3) S. 271–297. (5)
Die demolirte Literatur. Wien: A. Bauer, [5]1899. (5)
Die Fackel. Nr. 1. April 1899. S. 1–3. (1) Auch in: Die Fackel. 1899–1936. 922 Nummern in 37 Jahrgängen. Repr. München: Kösel, 1968 ff.

Wiener Rundschau. Bd. 2. Nr. 13. S. 511–515. (2, 4)
Breslauer Zeitung. Jg. 78. Nr. 340. 16. Mai 1897. Morgenausg. S. 1 f. (3)

ANTON LINDNER (Pseud. Pierre d'Aubecq, 24. 12. 1874 Lemberg – 30. 12. 1928 Wandsbek bei Hamburg)

Schriftsteller und Publizist. – »Sohn des Wiener Augenarztes und Kaiserl. Rates Dr. med. Siegmund Lindner. Er absolvierte das Franz-Josef-Gymnasium in Wien, studierte an der dortigen Universität und widmete sich dann dem literarischen und journalistischen Berufe. Er redigierte die Zeitschrift für Kultur und Kunst ›Wiener Rundschau‹, die Zeitschrift für Theaterwesen, Literatur und Musik ›Bühne und Welt‹, trat auch den Redaktionen verschiedener Tageszeitungen bei, war in Wien zuletzt im ›Wiener Fremdenblatt‹ tätig und erhielt 1904 eine Berufung nach Hamburg, wo er als Redakteur der ›Neuen Hamburger Zeitung‹ und Korrespondent namhafter Organe der in- und ausländischen Presse publizistisch wirkte. Er veröffentlichte zahlreiche Dichtungen und eine große Reihe essayistischer Arbeiten aus diversen Wissensgebieten (Theaterkritik und Theatergeschichte, Kunstkritik und Kunstgeschichte, Dramaturgie und Bühnenkunde etc.) und wurde dreimal für literarische Leistungen mit ersten Preisen gekrönt« (Freundliche Mitteilung von Herrn Lukas Valentin Lindner, Boltenhagen/Mecklenburg).
W: *Die Barrisons* (Studie), 1897; *Ton vom Tode* (G.), 1900 (Erster Preis des »Deutschen Dichterheims«).

Österreichische Dichter zum 60. Geburtstage Detlev von Liliencrons. Hrsg. von Adolph Donath. Wien: Carl Konegen, 1904. S. 91.

RUDOLF LOTHAR (d. i. Rudolf Spitzer, 23. 2. 1865 Budapest – 2. 10. 1943 Budapest)

»Lebte nach vollendetem Studium in Paris im Kreis der Brüder Goncourt, wurde 1889 Feuilletonist an der ›Neuen Freien Presse‹. Von 1898–1902 war er Herausgeber der ›Wage‹. Bekanntgeworden ist er zunächst durch seine ›Kritischen Studien zur Psychologie der

Literatur‹ (1895) und durch sein 1899 erschienenes Buch über ›Das Wiener Burgtheater‹. Das Maskenspiel ›König Harlekin‹ (1900), anfänglich von der Zensur verboten, dann in viele Sprachen übersetzt und Hunderte von Malen erfolgreich aufgeführt, sei für seine umfangreiche, zum Teil recht mittelmäßige und in den ›Erotischen Komödien‹, 1924 (›Casanovas Sohn‹, ›Der Wehrwolf‹, ›Die schwarze Messe‹) gipfelnde Bühnenschriftstellerei angeführt« (Marbach, S. 243 f.).

Das Deutsche Drama der Gegenwart. München/Leipzig: Georg Müller, 1905. S. 104–106. (3)
Die Zeit. Bd. 3. Nr. 31. 4. Mai 1895. S. 73 f. (1)
Die Wage. Jg. 2. Nr. 4. 22. Januar 1899. S. 60–62. (2)

ERNST MACH (18. 2. 1838 Turany, Mittelslowakei – 19. 2. 1916 Haar bei München)

Österreichischer Physiker, Philosoph und Psychologe. – In Graz seit 1864 Professor für Mathematik, in Prag seit 1867 für Experimentalphysik. Übernahm 1895 in Wien den eigens für ihn eingerichteten Lehrstuhl für Physik.
W: *Beiträge zur Analyse der Empfindungen*, 1886.
L: J. Thiele, »E. M.-Bibliographie«, in: *Centaurus* 8 (1963) S. 189; Hugo Dingler, *Die Grundgedanken der Mach'schen Philosophie*, Leipzig 1924. – NÖB I, S. 93–102.

Die Analyse der Empfindungen und das Verhältnis des Physischen zum Psychischen. Jena: Gustav Fischer, [4]1903. S. 1–30.

GUSTAV MAHLER (7. 7. 1860 Kalischt, Böhmen – 18. 5. 1911 Wien)

Komponist (Liederzyklen, 10 Sinfonien) und Dirigent. – Nach dem Studium am Wiener Konservatorium Kapellmeister in mehreren deutschen Städten. 1897 zum künstlerischen Direktor der Wiener Hofoper berufen, von deren Leitung er 1907 zurücktrat.

L: *Arnold Schönberg, Ernst Bloch, Otto Klemperer, Erwin Katz, Hans Mayer, Dieter Schnebel, Theodor W. Adorno über G. M.*, Tübingen 1966. – NÖB XIII, S. 164 f.

Die Nacht blickt mild aus stummen ewigen Fernen [1884] . . . 598

Der Merker. Jg. 3. 1912. S. 183.

HERMANN MENKES (15. 7. 1863 Lemberg – 12. 6. 1931 Wien)

Erzähler, Journalist beim *Neuen Wiener Journal*, 1905 Redakteur des *Czernowitzer Tagblatts*.
W: *Aus Rotrußland. Zersplittert* (N.), 1891; *Skizzenbuch eines Einsamen*, 1894.

Louis Couperus [gekürzt] 347

Die Zeit. Bd. 5. Nr. 58. 9. November 1895. S. 88 f.

MAX MESSER (7. 7. 1875 Wien – 25. 12. 1930 Wien)

Erzähler und Essayist. – Gymnasium und Studium der Rechte (Dr. jur.) in Wien. Lebte 1899/1900 in München und Berlin, ausschließlich literarisch tätig. Seit seiner Rückkehr nach Wien Rechtsanwalt. Verkehrte im Café Griensteidl.
W: *Die moderne Seele*, 1899, [3]1902; *Wiener Bummelgeschichten*, 1900; *Der Traum vom Weibe* (R.), 1900; *Moderne Essays*, 1901; *Variété des Geistes*, 1902; *Max Stirner* (Ess.), 1906.
L: Hermann Bahr, »Ein Jüngling«, in: *Die Zeit*, Bd. 20, Nr. 249, 8. Juli 1899, S. 27.

[Drei Reiche der Kunst. Über] Maurice Maeterlinck [gekürzt] 334

Die Wage. Jg. 2. H. 20. 14. Mai 1899. S. 339 f.

ROBERT MUSIL (d. i. R. Edler von M., 6. 11. 1880 Klagenfurt – 15. 4. 1942 Genf)

Erzähler, Dramatiker und Essayist. – Militärische Erziehung. Maschinenbau-Studium. 1902/03 Assistent an der Hochschule Stuttgart. Im Anschluß Studium der Philosophie, Psychologie und Mathematik. 1911–14 Bibliothekar der Technischen Hochschule Wien. 1914 Redakteur der *Neuen Rundschau*. Während des Ersten

Weltkrieges Frontdienst; Mitarbeiter im Kriegspressequartier, später im Heeresministerium. Bis 1922 beamtet. In den dreißiger Jahren Theaterkritiker der *Prager Presse*, des *Wiener Morgen* und des *Tag*. 1938 Emigration zunächst nach Zürich. Lebte zuletzt fast unbeachtet in Genf.
W: *Die Verwirrungen des Zöglings Törleß* (E.), 1906; *Der Mann ohne Eigenschaften* (R.), ersch. 1930–52; *Gesammelte Werke*, hrsg. von Adolf Frisé, Reinbek b. Hamburg 1978.
L: Jürgen C. Thöming, *R.-M.-Bibliographie*, Bad Homburg v. d. H. 1968; Marie-Louise Roth, *R. M. Ethik und Ästhetik*, München 1972; Wilfried Berghahn, *R. M. in Selbstzeugnissen und Bilddokumenten*, Reinbek b. Hamburg [2]1972 (rowohlts monographien, 81).

Gesammelte Werke. 9 Bde. Hrsg. von Adolf Frisé. Reinbek b. Hamburg: Rowohlt, 1978. Bd. 1. S. 9 f.

HANS NATONEK (28. 10. 1892 Prag – 23. 10. 1963 Tucson, Arizona)

Dr. phil., Romancier und Novellist.
W.: *Schminke und Alltag. Bunte Prosa*, 1927; *Der Mann, der nie genug hat* (R.), 1929; *Geld regiert die Welt oder Die Abenteuer des Gewissens* (R.), 1930; *Kinder einer Stadt* (R.), 1932; *Der Schlemihl* (R.) 1936, 1949; *In search of myself* (Autobiographie), 1944; *Between two languages* (Ess.); *Fare well to the German Language?* (Ess.); *Der Mann ohne Schatten* (Neubearb. des *Schlemihl*), 1958.

Die Schaubühne. Jg. 11. Bd. 2. 1915. S. 454–457.

FRIEDRICH WILHELM NIETZSCHE (15. 10. 1844 Röcken bei Lützen – 25. 8. 1900 Weimar)

Pfarrerssohn. Seit 1864 Studium der Klassischen Philologie. 1868 Bekanntschaft mit Richard Wagner. 1869 noch vor der Promotion Professor der Klassischen Philologie in Basel. Seit 1876/77 aus Gesundheitsgründen im Ruhestand. Vollendung seines Werks bis 1889 in der Schweiz und Italien. Später geisteskrank. Als Philosoph

und Kulturkritiker von großer Wirkung auf die gesamte Literatur zwischen Naturalismus und Expressionismus; darüber hinaus literarisch bedeutsam durch seine Kunstprosa und freien Rhythmen.
W: *Werke. Kritische Gesamtausgabe*, hrsg. von Giorgio Colli und Mazzino Montinari, ca. 20 Bde., Berlin 1967 ff.; *Briefwechsel. Kritische Gesamtausgabe*, hrsg. von Giorgio Colli und Mazzino Montinari, ca. 20 Bde., Berlin 1975 ff.; *Sämtliche Werke. Kritische Studienausgabe in 15 Bänden*, hrsg. von Giorgio Colli und Mazzino Montinari, München 1980 (dtv, Kass. 5977).
L: Herbert William Reichert / Karl Schlechta, *International N. bibliography*, Chapel Hill, [2]1968.

Werke in drei Bänden. Hrsg. von Karl Schlechta. München: Carl Hanser, [7]1973. Bd. 2. S. 756.

HUGO OEHLER (13. 6. 1877 Troppau – ?)

Novellist und Dramatiker. – Lebte als Schriftsteller in Graz, seit 1902 in Berlin, seit 1939 in Wien.
W: *Abschied* (Dr.), 1898; *Schicksal* (K.), 1899; *Hetären* (N.), 1904.

Jung-Deutschland. Neue Folge des »Liebetraut«. Jg. 1. Nr. 4. Juli 1900. S. 57–59.

JULIUS PAP (9. 1. 1868 Wien – Winter 1918 Wien)

»Arbeitete sich ganz von unten empor, nutzte seine freien Stunden, um sich für die Reifeprüfung vorzubereiten, inskribierte Philologie und Kunstgeschichte, schrieb während seiner Studienzeit für die ›Neue Revue‹ eine Menge ästhetischer Betrachtungen, die vielfach Aufmerksamkeit erregten. Einige Jahre arbeitete er als Privatsekretär bei dem Philosophen Theodor Gomperz, aber ehe es ihm vergönnt war, sein Können voll zu entfalten, verurteilte ihn ein tückisches Lungenleiden zu hoffnungslosem Siechtum« (Castle IV, S. 1707).

Neue Revue. Jg. 6. Nr. 13. 27. März 1895. S. 411 f.

EMIL REICH (29. 10. 1864 Kotitschau, Mähren – 13. 12. 1940 Wien)

Literaturhistoriker. – Lehrte an der Universität Wien 1890–1933.
W: *Henrik Ibsens Dramen*, 1894, [14]1925; *Leben und Dichtung. Aufsätze und Vorträge*, 1911.

Ibsen und das Recht der Frau [gekürzt] 349

Leben und Dichtung. Aufsätze und Vorträge. Leipzig: A. Kröner, 1911. S. 395–422.
Ibsen auf der deutschen Bühne. Texte zur Rezeption. Ausgew., eingel. und hrsg. von Wilhelm Friese. Tübingen: Max Niemeyer, 1976. S. 67–90.
Jahresberichte des Vereins für erweiterte Frauenbildung. Wien 1891.

FELIX SALTEN (d. i. Siegmund Salzmann, 6. 9. 1869 Budapest – 8. 10. 1947 Zürich)

Erzähler, Dramatiker, Essayist. – Besuch des Gymnasiums in Wien; »hatte wegen der materiellen Notlage der Eltern den Plan eines Philologiestudiums aufgegeben und zunächst eine Stelle als Kontorist annehmen müssen. Journalistisch gewandt wurde er 1891 Mitarbeiter an der von Wilhelm Lauser herausgegebenen ›Allgemeinen Kunst-Chronik‹ und bald darauf Burgtheater- und Kunstreferent der ›Wiener Allgemeinen Zeitung‹« (Marbach, S. 122). Später Feuilletonredakteur der *Zeit* in Wien, 1906 der Berliner *Morgenpost* sowie Theaterreferent der *Neuen Freien Presse*. 1938 emigrierte er in die USA und lebte seit seiner Rückkehr nach Europa in Zürich. Er gehörte zum engsten Freundeskreis Schnitzlers, Hofmannsthals, Beer-Hofmanns.
W: *Die Gedenktafel der Prinzessin Anna* (N.), 1901; *Olga Frohgemuth* (R.), 1910; *Das österreichische Antlitz* (Ess.), 1910; *Bambi*, 1923 (verfilmt von Walt Disney 1941/42); *Gesammelte Werke in Einzelausgaben*, 6 Bde., Wien 1928–32.
L: Kurt Riedmüller, *F. S. als Mensch, Dichter und Kritiker*, Diss. Wien 1949.

1. Elisabeth [gekürzt] 97
2. Lueger [gekürzt] 124

Das österreichische Antlitz. Essays. Berlin: S. Fischer, 1910. S. 257–263. (1) S. 129–142. (2)

JOSEPH SCHALK (24. 3. 1857 Wien – 7. 11. 1900 Wien)

Schüler Anton Bruckners. Professor für Klavier am Conservatorium in Wien. Auch Musikschriftsteller.

Gesammelte Aufsätze über Hugo Wolf. Mit einem Vorw. von Hermann Bahr. Hrsg. vom Hugo Wolf-Verein in Wien. Berlin: S. Fischer, 1898. S. 18–25.
Der Kunstfreund. II. Stück. 1890.

ARTHUR SCHNITZLER (15. 5. 1862 Wien – 21. 10. 1931 Wien)

Dramatiker und Erzähler. – Arzt. Nach dem Medizinstudium seit 1886 am Allgemeinen Krankenhaus in Wien und Assistent an der Poliklinik, dann praktischer Arzt. Lebte später als freier Schriftsteller in Wien. Einer der meistgespielten deutschen Dramatiker in der Zeit vor dem Ersten Weltkrieg. Auch als Erzähler Repräsentant des Wiener Impressionismus. Seit seinem 1893 erschienenen Erstling *Anatol* als scharfer psychologischer Beobachter mit ironischer Skepsis Chronist der Wiener Décadence des Fin de siècle. Umfangreiche Briefwechsel mit Otto Brahm, Hugo von Hofmannsthal, Georg Brandes, Raoul Auernheimer und Max Reinhardt.
W: *Gesammelte Werke in 2 Abteilungen*, 7 Bde., Berlin 1912–14; erweit. Neuaufl., 9 Bde., Berlin 1922/23; *Die erzählenden Schriften*, 2 Bde., Frankfurt a. M. 1961; *Die dramatischen Werke*, 2 Bde., Frankfurt a. M. 1961; *Gesammelte Werke in Einzelausgaben*, 15 Bde., Frankfurt a. M. 1977–79 (Fischer Taschenbuch, 1960–74); *Der Briefwechsel A. Sch. / Otto Brahm*, vollst. Ausg., hrsg., eingel. und erl. von Oskar Seidlin, Tübingen 1975 (Deutsche Texte, 35).
L: Richard H. Allen, *An annotated A. Sch. bibliography*, Chapel Hill 1966; Rolf-Peter Janz / Klaus Laermann, *A. Sch.: Zur Diagnose des Wiener Bürgertums im Fin de Siècle*, Stuttgart 1977. – NÖB XIV, S. 129–136.

Jugend in Wien. Eine Autobiographie. Hrsg. von Therese Nickl und Heinrich Schnitzler. Wien/München/Zürich: Molden, 1968. Frankfurt a. M.: S. Fischer, 1980. (Fischer Taschenbuch. 2068.) S. 136 bis 141. (1)
Hugo von Hofmannsthal / Arthur Schnitzler: Briefwechsel. Frankfurt a. M.: S. Fischer, 1964. S. 9 f. (2)
Gesammelte Werke in Einzelausgaben. Frankfurt a. M.: S. Fischer, 1961 ff. Die erzählenden Schriften I. 1961. S. 337–366. (3) Die dramatischen Werke I. 1962. S. 30–41. (4)
Neue Freie Presse. 25. Dezember 1900. S. 35–41. (3)

ARNOLD SCHÖNBERG (13. 9. 1874 Wien – 14. 7. 1951 Los Angeles)

Komponist. – Entwickelte die Zwölftontechnik. Autodidakt, dann Schüler von Zemlinsky, Kapellmeister in Berlin. Im ersten Jahrzehnt des 20. Jahrhunderts Privatlehrer in Wien, wo zu seinen Schülern Alban Berg zählte. Ausgedehnte Konzertreisen. Gründete 1918 in Wien den »Verein für musikalische Privataufführungen«. Vor seiner Emigration in die Vereinigten Staaten Kompositionslehrer an der Preußischen Akademie der Künste in Berlin. Betätigte sich auch als Maler.
L: Hans Heinz Stuckenschmidt, *Schönberg. Leben, Umwelt, Werk*, Zürich / Freiburg i. Br. 1974. – NÖB XVI, S. 170–175.

Harmonielehre. [Wien:] Universal Edition, o. J. S. V–VII. (1)
Der Merker. Jg. 3. 1912. S. 182 f. (2) Jg. 1. H. 2. 25. Oktober 1909. S. 59–64. (3)

HANS SITTENBERGER (20. 4. 1863 Klagenfurt – 2. 11. 1943 Eisgrub, Mähren)

Erzähler und Dramatiker. – Nach dem Gymnasium in Klagenfurt studierte er in Wien und Graz Alte Sprachen und Germanistik (Dr. phil.) und wurde Gymnasiallehrer. Unter Max von Millenkovich (1917) Dramaturg am Burgtheater.
W: *Scholastica Bergamin*, (E.), 1898; *Das dramatische Schaffen in Österreich*, 1898; *Einführung in die Geschichte der deutschen Litera-*

tur, 1909; *Der geheilte Vitus* (R.), 1910; *Die Wallfahrt nach Kythera* (R.), 1912.

Das dramatische Schaffen in Österreich. München: C. H. Beck, 1898. (Studien zur Dramaturgie der Gegenwart. Erste Reihe.) S. 210–214. (1) S. 214–218. (2)

CLEMENS SOKAL (nicht ermittelt)

Neue Revue. Jg. 6. Nr. 22. 29. Mai 1895. S. 689–692.

RICHARD SPECHT (7. 12. 1870 Wien – 19. 3. 1932 Wien)

»Richard Specht war Wiener von Geburt. Erzogen wurde er von dem jungen Rudolf Steiner, der in der Familie des wohlhabenden Baumwollimporteurs eine Hauslehrerstelle erhalten hatte. Im Elternhaus waren die großen Komponisten der Zeit ständige Gäste. Seit früher Kindheit von einem Asthmaleiden geplagt, mußte er das Architektur-Studium abbrechen. Nach einer ebenfalls wieder aufgegebenen kaufmännischen Tätigkeit wurde er Berichterstatter für Zeitungen und Zeitschriften – ›Wiener Illustriertes Extrablatt‹, ›Wiener Allgemeine Zeitung‹, ›Die Zeit‹, ›Die Wage‹ – und später, 1910, Mitherausgeber der Zeitschrift für Musik und Theater ›Der Merker‹. Specht zählt mehr durch seine Bekanntschaften mit Schnitzler und anderen jungen Dichtern als durch die wenigen Dichtungen, die er in den neunziger Jahren herausbrachte, zum Kreis der ›Jung-Wiener‹. Literarisch nur wenig erfolgreich, wandte er sich nach der Jahrhundertwende mehr und mehr der Musikgeschichte, der Theater- und Musikkritik zu. Frucht sind die Bücher über Mahler, Richard Strauss und Beethoven. Aufgrund dieser Tätigkeit wurde er 1925 Professor an der Wiener Akademie für Musik und darstellende Kunst« (Marbach, S. 126).
W: *Sündentraum*, 1892; *Gedichte*, 1893; *Das Gastmahl des Plato* (K.), 1895; *Gustav Mahler*, 1905; *Johann Strauß*, 1909; *Richard Strauss und sein Werk*, 1921; *Arthur Schnitzler. Der Dichter und sein Werk. Eine Studie*, 1922.

Anatol. Von Arthur Schnitzler. Berlin 1893, Verlag des Bibliographischen Bureaus [gekürzt] 495

Wiener Literatur-Zeitung. Jg. 4. H. 2. Februar 1893. S. 18 f.

LUDWIG SPEIDEL (11. 4. 1830 Ulm – 3. 2. 1906 Wien)

Bedeutender, von den Zeitgenossen hochgeschätzter Kritiker. – Sohn eines Musiklehrers und Dirigenten. Zunächst Musikkritiker der *Allgemeinen Zeitung*. Verkehrte in München im Hause des Malers Kaulbach. Kam 1853 nach Wien und gehörte dem Feuilleton der *Neuen Freien Presse* seit ihrer Gründung bis zu seinem Tode an.
W: *Schriften*, 4 Bde., Berlin 1910/11; *Ausgewählte Schriften*, hrsg. von Sigismund von Radecki, Wedel 1947; *Kritische Schriften*, ausgew., eingel. und erl. von Julius Rütsch, Zürich/Stuttgart 1963.
L: Ludwig Hevesi, *L. Sp. Eine literarisch-biographische Würdigung*, Berlin 1910.

Charlotte Wolter. 1834–1897 [1897; gekürzt] 619

Schriften. Bd. 4: Schauspieler. Berlin: Meyer & Jessen, 1911. S. 277–284.

OTTOKAR STAUF VON DER MARCH (d. i. Ottokar Chalupka, 29. 8. 1868 Olmütz, Mähren – 12. 3. 1941 Wien)

Völkisch-konservativer Lyriker, Erzähler und Publizist. – Lebte als freier Schriftsteller in Wien.
W: *Literarische Studien und Schattenrisse*, 1903.

Die Neurotischen [aus: Décadence; gekürzt] 239

Litterarische Studien und Schattenrisse. Dresden: E. Pierson, 1903. S. 13–30. [Leicht erweitert gegenüber dem Erstdruck in: Die Gesellschaft.]
Die Gesellschaft. Jg. 10. April 1894. S. 526–533.

OTTO STOESSL (2. 5. 1875 Wien – 15. 9. 1936 Wien)

»[. . .] promovierte 1899 zum Dr. jur. und arbeitete dann im Tarif-Bureau der Wiener Nordbahn. Schon in seinen Studentenjahren

schrieb er für verschiedene Zeitungen und Zeitschriften (›Neue Freie Presse‹, ›Die Wage‹, ›Die Zeit‹, später auch für die ›Fackel‹). Im Café Griensteidl wurde er mit Bahr und Altenberg bekannt, schloß sich später aber mehr an Karl Kraus an. Literarisch begann er mit einem sozialkritisch-naturalistischen Drama ›Die Ware‹ (1897), das er zusammen mit Robert Scheu schrieb. Es folgten Erzählungen, die dem Realismus von Gottfried Keller, C. F. Meyer und Stifter verpflichtet waren; jedem dieser Vorbilder widmete er später einen Essay. In den ersten Erzählungen ›Leile‹ (1898) und ›Kinderfrühling‹ versuchte Stoessl, sich vom Zwang schwerer Kindheitserlebnisse zu befreien« (Marbach, S. 370).
W: *Gottfried Keller* (Ess.), 1904; *C. F. Meyer* (Ess.), 1906; *Sonjas letzter Name* (R.), 1908; *Was nützen mir die schönen Schuhe* (N.), 1913; *Lebensform und Dichtungsform* (Ess.), 1914; *Das Haus Erath* (R.), 1920.
L: Magda Maetz, *O. St. Leben und Jugendwerke*, Diss. Wien 1948; Herta Mreule, *O. St.s spätere Schaffensperiode*, Diss. Wien 1948.

Liebelei. Eine Wiener Wochenschrift. Nr. 2. 13. Januar 1896. S. 40 f.

RUDOLF STRAUSS (25. 7. 1874 Bielitz – ?)

»Studierte Jura in Berlin und Wien. Sein Name ist mit drei Zeitschriften der neunziger Jahre verknüpft. Anfang Januar 1896 gab er gemeinsam mit Rolf Baron Brockdorff die ›Liebelei‹ heraus, eine Halbmonatsschrift, die hoffte, durch die Namensentlehnung am Erfolg des Schnitzlerschen Schauspiels partizipieren zu können. Mehr als drei Monate Lebensdauer war ihr jedoch nicht beschieden. Im November desselben Jahres zeichnete Strauss als Herausgeber der ›Wiener Rundschau‹, die gleich mit den ersten Heften einen spektakulären Erfolg erzielte und der ›Kunst an sich‹ eine Zufluchtstätte bieten, dem Symbolismus zur gerechten Geltung verhelfen wollte. Dementsprechend bot sie Baudelaire, Mallarmé, Verlaine, Rimbaud und Gide, Maeterlinck und Verhaeren sowie d'Annunzio immer wieder Raum. Von den Wiener Schriftstellern ist vor allem Peter Altenberg stark vertreten. Adalbert von Goldschmidt, Reinhold Maurice von Stern, Karl von Levetzow, Karl Federn, Paul Wilhelm, Jacob Julius David, Ada Christen, Hermann Hango, die delle Grazie und auch Ferdinand von Saar, Raoul Auernheimer,

Richard Schaukal, Emil Lucka und Jakob Wassermann gehören zu den Beiträgern der in den späteren Jahrgängen von Gustav Schoenaich, Felix Rappaport und Constantin Christomanos redigierten Zeitschrift. Es ist kein Zufall, daß die ›Wiener Rundschau‹, die ihr Augenmerk zunehmend auch auf okkulte Psychologie und transzendentale Physik als Basis für ihre kritischen Bemühungen richtete, 1901 ihr Erscheinen einstellte. – Nachdem Strauss die Redaktion der ›Wiener Rundschau‹ niedergelegt hatte, übernahm er 1898 die der ›Wage‹, einer eben von Rudolf Lothar gegründeten Zeitschrift, in die auch die ›Neue Revue‹ eingegangen war. 1899 schließlich kam Rudolf Strauss in die Redaktion der ›Neuen Freien Presse‹, der er die nächsten Jahrzehnte angehörte. Strauss hat sich auch als Novellist, Essayist, Stückeschreiber und politischer Satiriker versucht, und er zählte zu den ersten, die Bücher für den Film schrieben« (Marbach, S. 241).
W: *Mädchen und Frauen* (Novelletten), 1898; *Die Waffe des Don Juan* (K.), 1901; *Sumpf und Sonne* (N., Skizzen), 1906.

Die Gesellschaft. Jg. 12. Juni 1896. S. 823–825.

HERMANN UBELL (3. 3. 1876 Graz – 13. 8. 1947 Linz)

Kunsthistoriker (Dr. phil.). Konservator (1907) und Museumsdirektor in Linz.
W: *Stundenreigen* (G.), 1903; *Vier Kapitel vom Thanatos*, 1903; *Die griechische Tragödie*, 1905.

Österreichische Dichter zum 60. Geburtstage Detlev von Liliencrons. Hrsg. v. Adolph Donath. Wien: Konegen, 1904. S. 230. (1)
Die Zeit. Bd. 19. Nr. 242. 20. Mai 1899. S. 122–124. (2)

OTTO WAGNER (13. 7. 1841 Penzing bei Wien – 11. 4. 1918 Wien)

Führender österreichischer Architekt. – Studium an der Technischen Hochschule Wien und an der Bauakademie in Berlin. Zunächst vor allem Mietshäuser in Wien. Berühmt für seine aus Funktion, Kon-

struktion und Material bestimmte »Nutzstil«-Architektur. 1894 bis 1912 Professor an der Kunstakademie in Wien. Zu seinen Schülern zählten Adolf Loos und Josef Maria Olbrich. Seine bedeutendsten Bauwerke erstellte er für die Wiener Stadtbahn und das Wiener Postsparkassenamt. Wirkte überdies auf publizistischem Sektor (u. a. *Moderne Architektur*).
L: Heinz Geretsegger / Max Peintner, *O. W. 1841–1918. Unbegrenzte Großstadt – Beginn der modernen Architektur*, München 1980 (dtv, 2864). – NÖB I, S. 178–187.

Nachruf auf Joseph M. Olbrich [1908] 535

Otto Breicha / Gerhard Fritsch (Hrsg.): Finale und Auftakt. Wien 1898–1914. Salzburg: Otto Müller, 1964. S. 213–215.

OTTO WEININGER (3. 4. 1880 Wien – 4. 10. 1903 Wien)

Entwarf eine Philosophie der Geschlechter (*Geschlecht und Charakter*, 1903, [28]1947), die sich an dem überkommenen Gegensatzpaar Weib–Trieb / Mann–Geist orientierte.
W: *Geschlecht und Charakter. Eine prinzipielle Untersuchung*, im Anh. W.s Tagebuch, Briefe August Strindbergs sowie Beiträge aus heutiger Sicht von Annegret Stopczyk, Gisela Dischner und Roberto Calasso, München 1980.
L: Carl Dallago, *O. W. und sein Werk*, Innsbruck 1912. – NÖB XVII, S. 119–129.

[Machs Wartesaal für Empfindungen; gekürzt] 146

Geschlecht und Charakter. Eine prinzipielle Untersuchung. Wien: Wilhelm Braumüller, 1903. [22]1921. S. 191 f.

EDMUND WENGRAF (9. 1. 1860 Nicolsburg, Mähren – 8. 12. 1933 Wien)

Erzähler. Studium der Rechte und der Philosophie in Wien (Dr. jur.). 1889–93 Theaterreferent und sozialpolitischer Mitarbeiter an der Wiener *Allgemeinen Zeitung*, 1893 Gründer der *Neuen Revue* (gemeinsam mit Heinrich Osten), 1898 der *Wage*; später in der Redaktion der *Zeit*. Präsident der Wiener literarischen Vereinigung »Concordia«; im Vorstand des Wiener Vereins »Freie Bühne«.

W: *Die gebildete Welt*, 1886; *Wie wir wirtschaften*, 1887; *Wie man ein Sozialist wird*, 1888; *Armer Leute Kinder* (R.), 1894.

Wiener Literatur-Zeitung. Jg. 2. Nr. 7. 15. Mai 1891. S. 1 f.

PAUL WERTHEIMER (4. 2. 1874 Wien – 19. 3. 1937 Wien)

Lyriker, Dramatiker, Erzähler, Essayist. – Kaufmannssohn. Studium der Rechte in Wien und Zürich (Dr. jur.). Rechtsanwalt in Wien, später Redakteur der *Neuen Freien Presse*.
W: *Gedichte*, 1896; *Neue Gedichte*, 1904; *Kritische Miniaturen. Essays zur modernen Literatur*, 1912; *Brüder im Geiste. Ein Kulturbilderbuch*, 1923; *Respektlose Geschichten*, 1929.

Gedichte. Leipzig: Georg Heinrich Meyer, 1896. S. 17–20. (1)
Gedichte. Leipzig: Georg Heinrich Meyer, 1906. S. 32. (2)

PAUL WILHELM (d. i. Wilhelm Dworaczek, 25. 4. 1873 Wien – 25. 11. 1916 Wien)

Mitglied der literarischen Gesellschaft »Iduna« und Gründer des Literaturvereins »Splitter«.
W: *Dämmerungen* (G.), 1894; *Welt und Seele* (G.), 1898; *La Vallière* (Dr.), 1906 (Bauernfeld-Preis 1906); *Der Martersteig* (Volksstück), 1909.
L: Castle IV, S. 1721.

Österreichische Dichter zum 60. Geburtstage Detlev von Liliencrons. Hrsg. von Adolph Donath. Wien: Carl Konegen, 1904. S. 68. (1)
Neues Wiener Journal. Nr. 5467. 10. Januar 1909. S. 3. (2)

BERTHA ZUCKERKANDL (12. 4. 1863 Wien – 16. 10. 1945 Paris)

Journalistin. – Tochter des Gründers des *Neuen Wiener Tagblatts* Moriz Szeps, der mit dem Kronprinzen Rudolf eine ausführliche politische Korrespondenz führte. Verheiratet mit dem Anatom Emil Zuckerkandl, Schwägerin von Georges Clémenceau. Schrieb für die *Allgemeine Zeitung*, später für das *Neue Wiener Journal*, für *Ver Sacrum* u. a. Sie war entscheidend an der Errichtung der »Wiener Werkstätten« beteiligt und setzte sich intensiv für die Neue Sachlichkeit in Architektur und Kunstgewerbe ein.

W: *Zeitkunst. Wien 1901–1907*, 1908; *Ich erlebte fünfzig Jahre Weltgeschichte*, 1939; *Österreich intim. Erinnerungen 1892–1942*, hrsg. von Reinhard Federmann, Frankfurt a. M. / Berlin / Wien 1970.

Österreich intim. Erinnerungen 1892–1942. Hrsg. von Reinhard Federmann. Frankfurt a. M. / Berlin / Wien: Propyläen, 1970. S. 75–83. (1)

Die Zeit. Bd. 1. Nr. 5. 3. November 1894. S. 72 f. (2) Bd. 10. Nr. 119. 9. Januar 1897. S. 26 f. (3)

Abbildungsnachweis

)sterreichische Autoren
les 20. Jahrhunderts

ı RECLAMS UNIVERSAL-BIBLIOTHEK

---

se Aichinger: *Dialoge. Erzählungen. Gedichte.* Ausgew. und hrsg. von Heinz F. Schafroth. 7939

eter Altenberg: *Sonnenuntergang im Prater.* 55 Prosastücke. Ausw. und Nachw. von Hans Dieter Schäfer. 8560

[. C. Artmann: *»wer dichten kann ist dichtersmann«.* Hrsg. von Christina Weiss und Karl Riha. 8264

ıgeborg Bachmann: *Undine geht. Das Gebell. Ein Wildermuth.* Drei Erzn. 8008

[ermann Bahr: *Das Konzert.* Lustspiel. 8646

ichard Beer-Hofmann: *Der Tod Georgs.* Nachw. von Hartmut Scheible. 9989

homas Bernhard: *An der Baumgrenze.* Erzn. 8334 – *Der Wetterfleck.* Erzn. (Jauregg. Der Zimmerer). Nachw. von Otto F. Best. 9818

lois Brandstetter: *Landessäure.* Starke Stücke und schöne Geschichten. Hrsg. von Hans-Jürgen Schrader. 8335

[ermann Broch: *Leutnant Jaretzki. Hanna Wendling.* Nachw. von Paul Michael Lützeler. 9828

lias Canetti: *Komödie der Eitelkeit.* Drama in 3 Teilen. Nachw. von Wolfgang Kraus. 7678

[eimito v. Doderer: *Das letzte Abenteuer.* Ritter-Roman. Autobiogr. Nachw. Hrsg. von Wendelin Schmidt-Dengler. 7806

arbara Frischmuth: *Unzeit.* Erzn. Ausw. und Nachw. von Christa Melchinger. 8295

riedrich v. Gagern: *Der Marterpfahl.* Novelle. Nachw. von Robert Hohlbaum. 6533

eter Handke: *Der Rand der Wörter.* Erzn., Gedichte, Stücke. Ausw. und Nachw. von Heinz F. Schafroth. 9774

ritz Hochwälder: *Das heilige Experiment.* Schauspiel. Nachw. von Otto Rommel. 8100 – *Der öffentliche Ankläger.* Schauspiel. Nachw. von Jean R. v. Salis. 9775

Hugo v. Hofmannsthal: *Wege und Begegnungen* (Das Erlebnis des Marschalls von Bassompierre. Erinnerung schöner Tage. Die Wege und die Begegnungen. Augenblicke in Griechenland). Nachw. von Walther Brecht. 7171

Ernst Jandl: *Laut und Luise.* Nachw. von Helmut Heißenbüttel. 9823 – *Sprechblasen.* Nachw. des Autors: »Autobiographische Ansätze«. 9940

Karl Kraus: *Heine und die Folgen.* Schriften zur Literatur. Ausgew. und erl. von Christian Wagenknecht. 8309

Friederike Mayröcker: *Das Anheben der Arme bei Feuersglut.* Gedichte und Prosa. Ausw. und Nachw. von Heinz F. Schafroth. 8236

Franz Molnar: *Liliom.* Vorstadtlegende in 7 Bildern und einem szenischen Prolog. Bearb. von Alfred Polgar. Nachw. von Otto F. Beer. 9937

Robert Musil: *Die Amsel. Bilder.* Nachw. von Heinz-Peter Pütz. 8526

Peter Rosei: *Franz und ich.* Erzn. und Essays. Ausw. und Nachw. von Adolf Fink. 8099

Joseph Roth: *Die Büste des Kaisers. Kleine Prosa.* Nachw. von Fritz Hackert. 8597

Arthur Schnitzler: *Anatol. Anatols Größenwahn. Der grüne Kakadu.* Nachw. von Gerhart Baumann. 8399 – *Die Braut. Traumnovelle.* Nachw. von Hartmut Scheible. 9811 – *Der einsame Weg.* Schauspiel. Mit einem Nachw. 8664 – *Die letzten Masken. Literatur. Stunden des Erkennens.* Nachw. von Hartmut Scheible. 7959

Karl Schönherr: *Erde.* Komödie. Nachw. von Vinzenz Chiavacci. 8758

J. Schutting: *Findhunde.* Prosa. Ausw. und Nachw. von Gisela Steinlechner. 8517

Georg Trakl: *Werke – Entwürfe – Briefe.* Hrsg. von Hans-Georg Kemper und Frank Rainer Max. 8251

Stefan Zweig: *Angst.* Novelle. Nachw. von Richard Friedenthal. 6540 – *Der verwandelte Komödiant.* Spiel aus dem deutschen Rokoko. 6374

Philipp Reclam jun. Stuttgart